U0570295

**国家社会科学基金重大项目**
20世纪中国婚姻史研究（15ZDB050）

主　编　梁景和

副主编　王歌雅　张志永

# 20世纪中国婚姻史

## 第1卷

*1901—1927*

王栋亮　著

中华书局

图书在版编目(CIP)数据

20 世纪中国婚姻史/梁景和主编;王歌雅,张志永副主编. —北京:中华书局,2025. 6. —ISBN 978-7-101-17011-5

Ⅰ. K892. 22

中国国家版本馆 CIP 数据核字第 20252LU905 号

书　　名　20 世纪中国婚姻史(全 5 卷)
主　　编　梁景和
副 主 编　王歌雅　张志永
著　　者　王栋亮　余华林　李慧波　李秉奎　董怀良(按卷次排序)
责任编辑　欧阳红
特约编辑　张荣国
装帧设计　周　玉
责任印制　陈丽娜
出版发行　中华书局
(北京市丰台区太平桥西里 38 号　100073)
http://www. zhbc. com. cn
E-mail:zhbc@ zhbc. com. cn
印　　刷　河北品睿印刷有限公司
版　　次　2025 年 6 月第 1 版
2025 年 6 月第 1 次印刷
规　　格　开本/710×1000 毫米　1/16
印张 135　插页 10　字数 2000 千字
印　　数　1-800 册
国际书号　ISBN 978-7-101-17011-5
定　　价　680. 00 元

# 目　录

序　言 / 1
导　论 / 1

绪　论 / 1

第一章　近代民族国家叙事下婚姻变革的价值建构 / 24

第一节　清末民初民族国家建构中的婚姻改良 / 24
第二节　五四时期个性主义引导下的婚姻变革 / 45
本章小结 / 66

第二章　自由恋爱观念引导下的情感生活 / 68

第一节　近代恋爱观念的新释义 / 68
第二节　恋爱观的辩论与认知的分野 / 113
第三节　青年知识群体的恋爱生活 / 154
本章小结 / 175

第三章　新思想与旧道德交织中的择偶观念 / 177

第一节　“学堂知己结婚姻”：清末以来知识青年的择偶新观念 / 177
第二节　1920 年代征婚广告与社会调查中的择偶观 / 210
本章小结 / 235

第四章　过渡时代青年群体的自由结婚 / 237

第一节　反抗包办婚姻的构想与选择 / 237
第二节　城市青年的自由结婚时尚 / 259
第三节　传统婚礼的现代审视 / 278

本章小结 / 310

第五章　女性解放意识推动下的自由离婚 / 312

第一节　新性道德视野中的离婚观 / 313
第二节　清末以来知识青年的离婚 / 344
第三节　五四时期自由离婚的难局 / 376
第四节　五四时期知识界救济离婚的举措 / 392
本章小结 / 410

第六章　近代民族国家话语下的独身、废婚与情人制 / 412

第一节　近代启蒙规训中的女性独身选择 / 412
第二节　无政府主义者两性关系的新构想 / 427
第三节　张竞生的浪漫“情人制”畅想 / 452
本章小结 / 467

结语 / 469

参考文献 / 483
后记 / 503

# 序 言

梁景和

婚姻是民生问题，是人类基本的生活方式和生活内容之一。人们不但要深刻认识婚姻存在的基本价值和意义，而且要管理规范好婚姻的方式和内容。自从人类有了婚姻，不同地域、不同国家、不同族群就逐渐产生和形成了自己的婚姻文化并反映在择偶观念、婚姻程序、结婚仪式、婚姻生活等诸多方面。形成后的婚姻文化在漫长的岁月里会发生着微弱的变化，但一般不易出现根本性的变革，这是由社会形态相对稳定决定的。当社会政治经济形态发生重大变动，婚姻文化也将随之出现重要变革。20 世纪是中国风云变幻，制度更替的鼎革时代，一百年间先后更迭着清王朝、中华民国、中华人民共和国的国家政治制度；先后经历着小农经济、资本经济、计划经济和市场经济的经济形态。20 世纪是中国婚姻文化变革——节奏快捷、形式多样、内容丰富、特点鲜明、思想活跃、观念更新、法律渐变、行为多元、争鸣激越——的独特时代。今天我们需要从学理上探索和思考 20 世纪中国婚姻变革与时代政治、经济、思想、社会、文化互动的内在联系和逻辑。《20 世纪中国婚姻史》就是对 20 世纪中国婚姻演变大势的一个深入的探索，可作为今天和未来婚姻生活的一种借鉴和参考。

## 一、问题意识与研究思路

本书的目的在于从另一个角度认识 20 世纪中国社会发生的沧桑巨变。我们从近代中国社会走向文明、进步和现代的过程中，审视中国社会婚姻生活领域发生的时代转变，进而从一个特定的视域绘制中国百年历史演化的图卷。本书的核心问题是 20 世纪中国的婚姻到底发生了什么变化？包括婚姻观念、婚姻制度、婚姻习俗、婚姻生活等等。具体而言，它与中国传统婚姻有什么根本性的不同？它百年发展的脉络如何？百年内各个不同时期变革的特征是什么？婚姻礼仪发生了哪些变化？人们婚姻心态产生了哪些变动？促使婚姻变化的根本原因和相关因素是什么？等等。对这些问题的回答和诠释无疑有益于加深对中国婚姻文化多样性和复杂性的透视和理解。

关于 20 世纪中国婚姻史的研究前人已经做了许多有价值的工作，比如对于婚姻的基本理论问题，对于中国传统的婚姻制度、婚姻习俗、婚姻伦理问题，对于当代新式婚姻现象和婚姻变革问题，都已经进行了相关的探索，为进一步的研究打下了坚实的基础。综合来看，目前的中国婚姻史研究有三个特点：首先，在研究角度上，从宏观走向微观。在 20 世纪八九十年代，学者往往习惯于宏观考察婚姻家庭问题，撰写了一大批有关婚姻家庭的通论、通史性著作。进入 21 世纪以后，学界更加注重从某个具体的角度来观察婚姻问题，通史性质的研究著作相对减少。这一时期学者们一般将研究对象限定在某个时段或者某个视角的婚姻问题，研究对象更加具体微观，研究呈现出一定的深度。其次，在研究资料上，越来越注重对新资料的挖掘和利用。以往的研究资料往往来源于官方文书、法律条例或报刊。随着研究的逐步深入和学科间的相互渗透，新的资料也逐渐被重视起来，不但注重对档案资料的发掘和利用，而且积极开展口述访谈，以口述史料来弥补文献记载的不足。20 世纪婚姻史料极为丰富，人们不但掌握了大量的第一手材料，包括档案、方志、报纸、杂志、文集、日记、回忆录等，而且掌握了相当数量的访谈和口述资料。最后，在研究方法上，由传统的研究方法向跨学科研究方法转变。20 世纪中国婚姻史在时段上，上自清末下迄当代，本身就处于各种人文社会学科的视野之内。各个学科从自己的研究范畴出发，均对这一问题进行了有益的探索，而且在研究中越来越注重跨学科方法的综合运用，如在社会学的研究中，人类学、民族学等学科的理论和方法往往贯穿其中；在历史学的研究中也开始注重借鉴社会学和人类学的田野考察、问卷调查和口述访谈等方法，可见在研究方法上有着多学科交叉互动的新趋势。但从新的高度来看，20 世纪中国婚姻史综合研究的深度仍显不足，20 世纪中国婚姻史还需要进行再研究，并形成新的知识体系。以往对 20 世纪中国婚姻史的研究成果，为进一步深入研究奠定了基础。

本书的研究思路是以社会文化史作为研究的方法和视角，将 20 世纪中国婚姻的变迁置于近代以来思想解放运动和社会改造运动之中，将婚姻变革与社会变迁联系起来，注重研究婚姻中三个方面的互动关系：一是观念与生活的互动。近代以来，伴随着恋爱自由、婚姻自由、一夫一妻主义等新式婚姻观念的广泛传播，自主择偶、自由恋爱、自由结婚、自由离婚、战时重婚、非婚同居等婚姻生活现象也十分突出，文明婚礼、集体婚礼等新式婚姻礼俗也随之流行。新旧婚恋思潮的碰撞与融合及其与婚姻生活、婚姻习俗之间的互动关系是本书一个重要考察对象；二是各种婚姻现象之间的互动。伴随着婚姻自由而来的是择偶自由、恋爱自由、结婚自由、离婚自由、再婚自由，纳妾与重婚居然也能以“自由”为护符。这些婚姻现象之间也存在着紧密的联系和互动关系，围绕一件离婚案，人们讨论的范围就涵盖了择偶方式、恋爱方式、结婚仪式等等内容，这些问题纠缠在一起，产生了婚姻现象之间的相互影响；三是婚姻与社会的互动。婚姻自主或自由的践行不仅受个体觉悟的影响，还受诸多外在条件的制约，如性别的差异、经济独立与否、教育水平的高低等，都将影响婚姻自由的践行力度。同时，婚姻作为人类社会生活的基础，也必然会对社会生活和社会的整体改造产生重要的影响，不仅使得婚姻问题是一个重要的社会问题，而且婚姻的改造也是社会改造的基础和重要内容之一。中华人民共和国成立之后正式颁布的第一部法律就是婚姻法，可见婚姻变革在社会变革中的重要地位。

## 二、总体框架与基本内容

本书的主要内容不是广义的婚姻家庭问题，不是将婚姻与家庭问题糅杂在一起的综合研究，而是狭义的婚姻问题，即我们的关注点仅在于婚姻方面的诸如择偶、恋爱、婚龄、聘礼、嫁妆、婚俗、婚礼、夫妻、离婚、复婚、再婚、婚制、婚姻观念、婚姻伦理等问题，重点论述 20 世纪中国婚姻变革的内容、特征、脉络、缘由以及发展趋向等问题。至于家庭方面的家庭结构、家庭规模、家务劳动、收入消费、遗产继承、子女教育、父子母子婆媳等家庭成员之间的关系等等，不在本书研究的范围之内。

20 世纪中国婚姻发展变化的历程是一步步渐进的，无论从地域和人群都体现了这样的特点，从大城市到中小城市再到广袤的农村，从东南沿海地区到西北内陆地区；从上层精英、知识分子、青年学生到一般阶层的普通民众。

本书按五个时期进行框架结构的设计，每一时段婚姻演变的内容自成一卷。

第一卷从1901年至1927年。这一时期的婚姻变革，与救亡图存和民族国家的建构紧密结合，全面批判传统的婚姻陋俗文化，主张新的婚姻自由观。在上层精英和知识分子中出现了结婚自由和离婚自由的新风尚，甚至出现了某些激进的婚姻主张，诸如“废婚主义”和“情人制”等。这一阶段的婚姻变革体现着一种思想的深刻性。

第二卷从1927年至1950年。这一时期形成了新式恋爱观、新式贞操观和新贤妻良母主义。《中华民国刑法》《民法·亲属编》《中华苏维埃共和国婚姻条例》《中华苏维埃共和国婚姻法》《陕甘宁边区婚姻条例》的颁布，规范了婚姻的行为方式。根据地、[①] 国统区和沦陷区各有其独特的婚姻特色。这一阶段的婚姻变革体现着一种社会的多样性。

第三卷从1950年至1966年。《中华人民共和国婚姻法》提出了婚姻自由、一夫一妻、男女平等、保护妇女和子女合法权益的具体条文，并在全国开展了贯彻执行《婚姻法》的运动。这一时期进一步出现了半自主婚姻、自主婚姻、自由恋爱、取消彩礼、新式婚礼等文明的婚姻风尚。这一阶段的婚姻变革体现着一种法律政策的规范性。

第四卷从1966年至1980年。“文革”初年，一些红卫兵与青年造反派在情感上“无欲无求”，认为谈情说爱是缺德，是流氓。“文革”持续中，青年红卫兵出现失落感，一些人开始抽烟、喝酒、唱“黄歌”、“拍婆子”。“文革”中后期知青的婚姻体现在晚婚、扎根婚和回城婚等方面。这一阶段的婚姻变革体现着一种组织的管控性。

第五卷从1980年至2000年。这一时期，人们逐渐重视个人的爱情感受以及爱情在婚姻中的位置。80年代，青年男女可以公开表达彼此的爱恋之

① 根据地是中国共产党在新民主主义革命的不同历史时期建立的“苏区”“边区”和“解放区”的统称。

情。90 年代，青年人恋爱的方式和亲密关系多样化，出现了试婚、同性婚、涉外婚、独身等，婚姻的契约意识增强。同时，社会上也出现了婚外恋、重婚、纳妾、包二奶等备受争议的婚恋现象。1980 年《婚姻法》的颁布，推动了婚姻从“人治”向“法治”的转变。这一阶段的婚姻变革体现着一种观念与行为的开放性。

20 世纪中国婚姻的演变并非直线的向前发展，在向前发展的过程中体现着一种曲折、反复甚或回转的特征，这与现实社会的客观态势紧密相连。上述五卷是 20 世纪五个时期婚姻问题的具体研究，五卷在时间上前后承接，反映了 20 世纪中国婚姻演变的一条基本的历史路径。

## 三、学术价值与应用价值

探究一百年来不同历史时期婚姻演变的重要内容、基本脉络、历史根源、经验教训、发展趋向等，不但有其重要的学术价值，而且有着重要的理论和现实意义。本书既系统呈现了中国 20 世纪婚姻变革的历史面貌，且能够启发人们追求高质量的婚姻生活，有助于人们认识和理解近代以来国人的精神进化和精神解放的过程。研究 20 世纪中国婚姻史有着重要的学术价值和应用价值。

学术价值重点反映在如下两个方面。其一，厘清了 20 世纪中国婚姻演变的基本线索。20 世纪中国婚姻是沿着从包办到自由这样一条基本线索逐步发展变化的。中国传统婚姻的一个重要特征就是婚姻的他主性，婚姻缔结的基本原则是“父母之命，媒妁之言”，当事人几乎没有主宰自己婚姻命运的自主权利，酿成了诸多的人生悲剧，造成了很多人的婚姻痛苦。20 世纪初年对传统婚姻的改造就是从批判“父母之命，媒妁之言”和主张婚姻自由开始的；五四时期进一步主张婚姻自由；中华人民共和国成立后的第一部法律就是 1950 年颁布的《婚姻法》，把婚姻自由用法律的形式固定下来；改革开放后，婚姻自由的程度越来越高。一百年来虽然前往婚姻自由的道路并不平坦，但到了 20 世纪末中国婚姻的包办态势已经弱化，而自由成了婚姻缔结的基本理念，故从包办到自由是 20 世纪中国婚姻演变的一条基本线索。其二，认识到 20 世纪中国婚姻演变与国势的联系。虽然我们看到了20世纪中国婚姻演变的基本线索，但婚姻演变的复杂性与一个国家的国势有着紧密的联系。20世纪初年提出变革婚姻的主张与当年严重的民族危机和救亡图存的时代主题相关。思想者认为建设一个新的民族国家，要靠国民，不能靠满身奴性的臣民，而打破传统的婚姻制度是培育国民的第一步。五四时期，思想解放、民主自由之风浸润人心，迎来了婚姻自由的新时代。抗战时期，由于军人的特殊身份和利益，虽然主张婚姻自由，但也要用法律来保护军人的婚姻稳定。三年困难时期，由于生存的需要，包办婚姻在穷苦的地区死灰复燃。“文革”时期的婚姻自由与阶级斗争的形势与个体的政治身份密切关联。改革开放时代，随着思想的解放、观念的更新，婚姻自由达到了前所未有的开放程度。可见，20世纪中国婚姻的演变与整个国家的政治、经济、文化态势密切相连。

应用价值重点反映在如下两个方面。其一，辩证看待当今多元婚姻形态的优劣得失。当今社会婚姻形态出现了一些异于常态的多元状态，诸如未婚同居、试婚、周末夫妻、闪婚、换偶、形式婚姻、不婚等等。评价这些婚姻形态，不能一味地肯定或否定，要进行深入的分析和评判。本书通过深入地探索，呈现出中国20世纪婚姻变革的历史面貌，这在一定程度上有助于提高人们对婚姻形态优劣高低的认识、理解、判断和选择，进而启迪人们去追求和营造高质量的婚姻生活。其二，激发人们对未来婚姻形态的思考和设计。20世纪初康有为就阐述过未来时代的大同婚姻观；五四时期张竞生曾主张过“情人制”的婚姻观；五四时期还有废婚主义的婚姻观等；改革开放时期出现了松散的一夫一妻制、“智力等级”型的婚姻模式、自愿“联合”的婚姻体制等。这些观念和行为都反映出人们对未来婚姻的诸多思考。恩格斯认为，“如果说只有以爱情为基础的婚姻才是合乎道德的，那么也只有继续保持爱情的婚姻才合乎道德”。他把未来的婚姻认定为纯粹爱情的结合，那么在达到纯粹爱情结合的婚姻之前，还会有哪些合理可行的婚姻形态的存在？对20世纪婚姻史的研究，有助于人们对未来婚姻形态进行深入的思考、探索和设计。

2023年8月30日

# 导论：从包办到自由——20 世纪中国婚姻的演变

梁景和

## 一、引子

从导论的标题中我们看到了两个关键词，即“包办”与“自由”。这是20 世纪中国婚姻变革最基本的一条线索，这条线索是指婚姻从包办到自由的演变。

何为婚姻？按《现代汉语词典》的解释，婚姻是指“结婚的事”和“因结婚而产生的夫妻关系”。[①] 这是在一般意义上最普通的一种解释。如果从学理上专门研究婚姻问题，每位研究者都有必要对婚姻的概念作更为科学和精确的界定。我从事婚姻研究多年，对婚姻的界定前后有些变化。我以前认为“婚姻是人类异性之间通过被社会认同的方式而结成的一种夫妻关系”。[②] 后来我把它修正为“婚姻是人类两性之间通过被社会认同的方式而结成的一种配偶关系”。[③] 现在我认为“婚姻是人类通过被社会认同的方式而结成的一种配偶关系”。[④] 用配偶替换夫妻以及不再用“异性”或“两性”的词汇，表明在性别上已经无需还要特别强调和设置什么明晰的界限，显得含有一种模糊的包容性。

自从人类发展到一定阶段，也就有了人类的婚姻生活，而且这种婚姻生活的形态也在慢慢地发生着变化。考察人类婚姻形态的发展轨迹，一般认为大致经历了如下几个阶段，即原始群的杂婚；同辈血缘婚；排斥同辈同胞血缘的伙婚；对偶婚；一夫一妻制的专偶婚等等。[⑤] 研究婚姻史有着极其重要的意义和价值，因为婚姻是人类重要的社会生活内容。

---

① 中国社会科学院语言研究所词典编辑室编：《现代汉语词典》第 7 版，商务印书馆，2016 年，第 588 页。

② 梁景和：《近代中国陋俗文化嬗变研究》，首都师范大学出版社，1998 年，第 32 页。

③ 梁景和：《近代中国陋俗文化嬗变研究》（修订本），首都师范大学出版社，2009 年，第 29 页。

④ 2021 年在给硕士研究生授课时的表述。

⑤ 摩尔根、勒土尔诺、索绪尔、韦斯特马尔克、埃斯潘纳斯、巴霍芬、法森、麦克伦南、莱特、柯瓦列夫斯基、霍伊斯勒等学人都对婚姻形态做过阐述，参见［德］恩格斯：《家庭、私有制和国家的起源》，《马克思恩格斯选集》第 4 卷，人民出版社，1995 年。

我认为社会生活的概念有广义与狭义的区分，广义的社会生活是指人类整体的生活状态，它包括政治生活状态、经济（物质）生活状态、文化（精神）生活状态和日常生活状态。而狭义的社会生活专指日常生活状态。作为狭义社会生活的日常生活，其内容也极为广泛，并随着社会的发展变化而发展变化。我曾经例举过日常生活的一些具体内容，诸如“衣食住行、婚丧嫁娶、两性伦理、休闲娱乐、流行时尚、装饰美容、强身健体、休养生息、医疗救治、心理卫生、生老病死、福利保障、民俗风情、节日旅游、日常消费、宗教信仰、迷信祭祀、求职就业等等”，① 具体的日常生活内容还要多得多，以上不过是例举而已，而且不同时代的日常生活内容还有所不同。但在日常生活中有些内容几乎能够贯穿于任何时代之中，它是人类生活最为基本的方式和内容，我称之为生活的第一主题。它主要包括衣食住行、婚姻家庭、两性伦理、休闲娱乐、生老病死等，可见婚姻是人类日常生活中的第一主题之一。② 为了人们能够更好地生活，更好地提高生活质量，我们就不得不关注生活的第一主题，也就不得不关注第一主题中的婚姻问题。而学习与研究婚姻史可以帮助人们进一步认识婚姻、理解婚姻、评价婚姻、设计婚姻、选择婚姻，进而提高人们的婚姻生活质量，并提升人们的生活幸福感。

## 二、中国传统婚姻的基本特征

“天下之本在国，国之本在家”，③ 家庭又立基于婚姻之上，故婚姻乃全部社会生活之“万世之始也”。④ 中华民族通过长期的婚俗传承和沿革，最终形成了传统婚姻观念与行为方式上的五个基本特征。

第一，他主性。中国传统婚姻俗制体现着一种他主性的特征。当事人往往对自己的婚姻没有直接参与意见的权力，尤其是初次婚配，基本是由他人

---

① 梁景和主编：《社会生活探索》第1辑，首都师范大学出版社，2009年，《序言》第3页。

② 参阅梁景和：《中国近代早期国人眼中的欧美生活——以〈走向世界丛书〉为例》，《首都师范大学学报》2012年第1期。

③ 《孟子·离娄章句上》，（清）阮元校勘：《十三经注疏》（下），中华书局，1980年，第2718页。

④ 《礼记·郊特牲》，（清）阮元校勘：《十三经注疏》（下），中华书局，1980年，第1456页。

做主。“父母之命，媒妁之言”既是男婚女嫁总的婚配原则，又是婚姻合法性的评判尺度。《白虎通·嫁娶》中说，“男不自专娶，女不自专嫁，必由父母，须媒妁”。[①]《孟子·滕文公下》说，“不待父母之命、媒妁之言，钻穴隙相窥，逾墙相从，则父母国人皆贱之”。[②] 其中把不经父母同意、媒妁说合的男女双方的倾慕相爱视为“私会”“淫奔”，是不合法的，是违背伦理道德的，要遭到父母及他人的鄙视和唾弃。

“父母之命”表现为父母对子女的婚姻有决定权。早在《诗经》时代，就有所谓“蓺麻如之何？衡从其亩；娶妻如之何？必告父母”[③] 的说法。中国传统社会无数青年人的婚姻就是由“父母之命”决定的，其造成的婚姻悲剧俯拾即是，历代不绝。汉代乐府诗《孔雀东南飞》描述了焦仲卿与刘兰芝夫妻恩爱却硬被其母逼散，使双方殉情而死的婚姻悲剧；宋代大诗人陆游与表妹唐琬结为伉俪，两人相敬相爱，幸福美满。一对恩爱夫妻却被陆游的母亲活活拆散，一个忧郁而逝，一个抱恨终身。“父母之命”在指腹婚、襁褓婚、赠与婚、收继婚、童婚、转房婚、交换婚中表现得最为突出。在传统婚姻中，“父母之命”还能扩张膨胀，推及父母以外的其他尊长，如祖父母、伯叔、兄长等。有些家长就管起孙子的婚事，“凡诸孙论婚，须先禀知，切勿径许”。[④]“父母之命”与子女的个人私情往往发生尖锐的对立或冲突，但传统婚姻俗制认同前者，不容后者。

“媒妁之言”在婚姻俗制中与“父母之命”同等重要。《说文解字》说，“媒、谋也，谋合二姓者也”，“妁、酌也，斟酌二姓者也”。[⑤] 在他主性婚姻中，它与“父母之命”互为辅伴。《诗经》云：“取妻如之何？匪媒不得”。[⑥]《礼记》曰：“男女非有行媒，不相知名”，[⑦]“男女无媒不交”。[⑧] 男子无媒终

① 《白虎通·嫁娶》，《百子全书》第 6 册，浙江人民出版社，1984 年。
② 《孟子·滕文公下》，（清）阮元校勘：《十三经注疏》（下），中华书局，1980 年，第 2711 页。
③ 《诗经·齐风·南山》，（清）阮元校勘：《十三经注疏》（上），中华书局，1980 年，第 352 页。
④ 《左宗棠全集（诗文·家书）》，岳麓书社，1987 年，第 216 页。
⑤ （汉）许慎撰，（清）段玉裁注：《说文解字注·女部》，上海古籍出版社，1988 年，第 613 页。
⑥ 《诗经·齐风·南山》，（清）阮元校勘：《十三经注疏》（上），中华书局，1980 年，第 353 页。
⑦ 《礼记·曲礼上》，（清）阮元校勘：《十三经注疏》（上），中华书局，1980 年，第 1241 页。
⑧ 《礼记·坊记》，（清）阮元校勘：《十三经注疏》（下），中华书局 1980 年，第 1622 页。

身不娶，女子无媒老而不嫁，故《战国策》说，“处女无媒，老且不嫁；舍媒而自炫，弊而不售。顺而无败，售而不弊者，唯媒而已矣”。[①] 民间俗谚说，“天上无云不下雨，地上无媒不成亲”，可见人们视“媒”重要之程度：“媒氏掌万民之判，凡男女自成名以上，皆书年月日名焉。”[②]“媒”握有未婚男女名册的权力。唐代，媒妁入律，为法律条文所承认。以后宋元明清各代亦有相同的规定。在道德和法律的双重认同下，媒妁“隔男女，防淫佚，养廉耻”[③] 的功用为人们所共识，并普遍渗透于人们的观念当中。“媒妁之言”与“父母之命”一道构成中国传统婚姻中的重要价值规则，并普遍影响和制约着人们的婚姻理念与行为。

第二，买卖性。人类之间的很多交往都是有条件的，涉及交往双方的切身利益。中国传统婚姻的构成似乎也不例外，体现了一种买卖性的特征。古籍有言：伏羲（太昊）“制嫁娶，以俪皮为礼”，[④]“非受币不交不亲”，[⑤]“凡嫁子娶妻，入币纯帛”，[⑥]“虽无许婚之书，但受聘财，亦是”，[⑦]“凡婚嫁无不以财币为事，争多竞少，恬不为怪”。[⑧] 通过上述记载，我们看到了如下几点：其一，原始社会末期，中国就出现了以“俪皮”为聘礼形式的买卖婚姻；其二，财礼为婚姻成立之要件，无财礼不成婚，已为民间世俗所认同；其三，财礼有“婚书”之信用，为法律所认可。

买卖婚姻视人为商品，视婚姻为交易。我国传统婚姻形式直接打上了买卖婚姻的烙印，这在交换婚、服役婚、典妻婚、招养婚、招养夫婚中体现得尤为明显和突出。买卖婚姻造成了极其严重的后果。

首先，上层统治集团往往通过丰富的彩礼把婚礼办得越加奢侈豪华，无形中把沉重的负担转嫁到社会和百姓身上。如汉代天子娶后，以巨额黄金钱

---

① 《战国策·卷二十九·燕一·燕王谓苏代》，赵敏俐、尹小林主编：《国学备览》第3卷，首都师范大学出版社，2007年，第481页。

② 《周礼·地官·媒氏》，（清）阮元校勘：《十三经注疏》（上），中华书局，1980年，第732—733页。

③ 陈鹏：《中国婚姻史稿》，中华书局，1990年，第317页。

④ 司马贞：《补史记·三皇本纪》，《景印文渊阁四库全书》第244册，台湾商务印书馆发行，第964页。

⑤ 《礼记·曲礼上》，（清）阮元校勘：《十三经注疏》（上），中华书局，1980年，第1241页。

⑥ 《周礼·地官·媒氏》，（清）阮元校勘：《十三经注疏》（上），中华书局，1980年，第733页。

⑦ （清）薛允升撰：《唐明律合编》，法律出版社，1999年，第321页。

⑧ （清）赵翼：《廿二史札记》，世界书局，1939年，第197页。

帛为聘礼，“汉高后制，聘后黄金二百斤，马十二匹。夫人金五十斤，马四匹”。[①] 但事实上用币不止此数，平帝纳王莽女为后，“聘皇后黄金二万斤，为钱二万万”。[②] 汉献帝纳曹操女为夫人，“聘以束帛玄纁五万匹”。[③] 上层统治集团高金巨款的聘礼在古代社会可谓比比皆是，典籍中不乏记载。

其次，婚姻既以财钱为重，故富室多不愿以女嫁贫人，而常人亦不屑娶贫家女。贫者虽为博学知名之士，因筹措不起巨额的聘金，而无以成婚。如西汉开国功臣陈平，“少时家贫，好读书……及平长，可娶妻，富人莫肯与者，贫者平亦耻之。久之，户牖富人有张负，张负女孙五嫁而夫辄死，人莫敢娶。平欲得之”，张负“卒与女。为平贫，乃假贷币以聘，予酒肉之资以内妇”；[④] 南朝梁代文学理论批评家刘勰因贫无聘财，终不能娶，而皈依佛门。在明代，湘、鄂地区的男子，三四十岁尚不能婚娶者，多为无力筹措聘金所致。[⑤]

婚俗既以男家聘财之厚薄，女家妆奁之丰俭为双方缔结婚姻之基础，婚姻与钱财紧紧相连，密不可分，使诸多美满婚姻，因无聘礼而告吹。甚者，还引发贩卖人口、拐卖妇女之罪恶。

第三，抑女性。“夫为妻纲”，乃中国封建社会夫妻关系之大伦。“天尊地卑，乾坤定矣”，“乾道成男，坤道成女”[⑥] 的性别伦理，体现在婚姻上便有“夫妇有别”“夫尊妇卑”的观念。女子处于这种被压制的地位反映着传统婚姻的抑女性特征。这一特征又是通过婚姻中的诸多俗制来表现的。

首先，婚姻中“夫有再娶之义，妇无二适之文”，[⑦] 丈夫有离婚和再娶的专有权，而妻子在礼法上是无独立性的附属物，往往是丈夫利益的牺牲品。“夫者，扶也”，“妇者，服也”，[⑧] 性别权利的失衡使作为妻子的女性整体上

---

① 《晋书·礼志》，《晋书》第3册，中华书局，1996年，第665页。

② 《汉书·王莽传》，《汉书》第12册，中华书局，1996年，第4052页。

③ 《后汉书·献穆曹皇后》，《后汉书》第2册，中华书局，1996年，第455页。

④ 《史记·卷五十六·陈丞相世家》，《二十五史·史记》第1册，上海古籍出版社、上海书店，1986年，第238页。

⑤ 《明史·黄宗载传》，《明史》第14册，中华书局，1974年，第4309页；《明史·朱鉴传》，《明史》第15册，中华书局，1974年，第4588页。

⑥ 《易经·系辞上》，（清）阮元校勘：《十三经注疏》（上），中华书局，1980年，第75—76页。

⑦ （汉）班昭：《女诫·专心第五》，引自（明）陶宗仪编：《说郛》，《景印文渊阁四库全书》第880册，台湾商务印书馆发行，第45页。

⑧ 《白虎通·嫁娶》，《百子全书》第6册，浙江人民出版社，1984年。

处于弱势地位。丈夫若不满意妻子，便可把她送归母家，称为出妻。先秦时代，丈夫抛弃妻子是随心所欲的，并不需要什么理由。到了汉代，为了对夫权有所限制，特别规定了出妻的七项条件，称作“七出”。《大戴礼记》记载：“妇有七去，不顺父母去，无子去，淫去，妒去，有恶疾去，多言去，窃盗去。不顺父母去，为其逆德也；无子，为其绝世也；淫，为其乱族也；妒，为其乱家也；有恶疾，为其不可与共粢盛也；口多言，为其离亲也；盗窃，为其反义也”。[①]“七出”虽有保护女性之本意，但与夫妻感情是否破裂丝毫无关，内容仍呈现出宗法社会的特征。

其次，鼓励死去丈夫的女子守寡或殉夫。“妻者齐也”，[②]“一与之齐，终身不改，故夫死不嫁”。[③]这是当前认为最早反对寡妇再嫁的文字。秦始皇曾在越地立下的《会稽刻石》中有“有子而嫁，倍死不贞”[④]的话，也有要求女子守贞的意味。至宋代，朱熹《近思录》中记述了大理学家程颐的名言“饿死事小，失节事大”，从此它既成为劝戒寡妇守节的一句箴言，也是婚姻俗制中的一条道德训诫。宋以后，历代王朝对寡妇守节极力褒奖，《元典章》《明会典》《清会典》中都有此一规定。如《清会典》规定：“守节之妇，不论妻妾，自三十岁以前守节至五十岁；或年未五十身故，其守节已及六年，果系孝义兼全、厄穷堪悯者，俱准旌表。”[⑤]统治者的提倡，更使此一陋风愈演愈烈。元代，殉夫习俗开始流行。烈女殉夫，是男子对女子人身占有达到极尽的表现，是女子为丈夫守贞最极端的操行。女子“自缢死”“投水死”“投崖而死”，[⑥]去做殉夫的烈女，以赢得舆论的称赞与褒扬。

第四，承嗣性。婚姻者“合二姓之好，上以事宗庙，而下以继后世也”；[⑦]“人道所以有嫁娶何？……重人伦，广继嗣也”。[⑧]这里均强调了婚姻

---

① 《大戴礼记·春秋繁露》，《四部丛刊初编·经部》，商务印书馆，1922年，第69页。
② 《白虎通·嫁娶》，《百子全书》第6册，浙江人民出版社，1984年。
③ 《礼记·郊特牲》，（清）阮元校勘：《十三经注疏》（下），中华书局，1980年，第1456页。
④ 《史记·秦始皇本纪》，《史记》第1册，中华书局，2013年，第329页。
⑤ 《清会典·卷30·礼部》，中华书局影印，1991年，第254页。
⑥ 《元史·列女传》，《元史》第15册，中华书局，1976年，第4485、4502、4509页。
⑦ 《礼记·昏义》，（清）阮元校勘：《十三经注疏》（下），中华书局，1980年，第1680页。
⑧ 《白虎通·嫁娶》，《百子全书》第6册，浙江人民出版社，1984年。

的一个重要目的是为了满足“人类自身的生产，即种的蕃衍”。[①] 应当肯定这是人类自身延续的基本需要之一，是人类缔结婚姻的一项重要目的。然而，中国传统婚姻“继后嗣”中之所以蕴涵了陋俗文化的意味，是因为它把“继后嗣”强调成为唯一的婚姻目的，而排斥了其他合情合理的婚姻生活内容。在传统婚姻生活中，把自身的“蕃衍”与情感的享受对立起来，只强调“大昏，万世之嗣也”，[②] 而否定了婚姻的爱与美。夫妻性爱“非为色也，乃为后也”，正符合中国传统的“天理”“人欲”观。《礼记·乐记》中首先把“天理”“人欲”作为一对道德范畴而提出，认为“穷人欲”“灭天理”是“悖逆诈伪之心”、“淫泆作乱之事”[③] 的根源。这种思想影响了宋明理学家，并自觉形成了“存天理，灭人欲”的理学思想。朱熹说，“人之一心，天理存，则人欲亡；人欲胜，则天理灭；未有天理人欲夹杂者”，[④] 这一思想强化了传统婚姻生活中“继后嗣”的“天理”意识。婚姻的“天理”是“继后嗣”，这与人们普遍接受的孟子“不孝有三，无后为大”[⑤] 这一符合“天理”规范的传统观念正好吻合，我们也就自然理解民间普遍存在的“多子多福”“无子不成家”“有子万事足”“三兄四弟一条心，门前泥土变黄金”等俗谚所反映的社会心理了。故“凡年至四五十而尚未有子者，辄引以为大忧，惧他日为若敖之鬼也，他人亦为之鳃鳃虑，视灭国之痛尤过之，盖狭义灭种之惧也”。[⑥] 由于“继后嗣”观念的束缚，所以在婚姻生活中又引发了一系列陋俗事象：

其一，早婚早育。只有早婚才能早育，只有早育才能早得贵子，所以形成我国的早婚习俗，古诗云：“十四为君妇，羞颜未尝开”，[⑦] “十六知礼仪，十七遣汝嫁”，[⑧] “十三能织绮，十四采桑南陌头，十五嫁为卢郎妇，十六生

① ［德］恩格斯：《家庭、私有制和国家的起源》，《马克思恩格斯选集》第4卷，人民出版社，1995年，第2页。

② 《礼记·哀公问》，（清）阮元校勘：《十三经注疏》（下），中华书局，1980年，第1611页。

③ 《礼记·乐记》，（清）阮元校勘：《十三经注疏》（下），中华书局，1980年，第1529页。

④ （宋）黎靖德编：《朱子语类》第1册，中华书局，1986年，第224页。

⑤ 《孟子·离娄上》，（清）阮元校勘：《十三经注疏》（下），中华书局，1980年，第2723页。

⑥ （清）徐珂编：《清稗类钞》第5册，中华书局，1984年，第2191页。

⑦ （唐）李白：《长干行》，《李太白全集》（上），中华书局，1977年，第256页。

⑧ 《焦仲卿妻》，（宋）郭茂倩：《乐府诗集》第3册，中华书局，1979年，第1036页。

儿字阿侯”。[①] 可见，未晓男女之事的小姑娘就已完婚生子了。从各朝各代的律令看，自战国至清代，一般男子为十五六岁成婚，女子为十三四结婚，反映了我国早婚现象的普遍性。

其二，出妻纳妾。无子为七出之一，“妻以无子而被出者，似颇成俗”。[②] 在传统社会，天子、达官显贵大多有娶妾之好，礼俗许之。《礼记·曲礼》曰：“天子有后，有夫人，有世妇，有嫔、有妻、有妾。”[③] 民间也有纳妾之风，“广继嗣”“崇孝道”是其重要的缘故。特别是在妻不生子的情况下，被怂恿纳妾，更为天经地义：“妻子虽在，多年不能生育；或因多病，眼见得不能生育，可以另行娶妻，与原妻并行，不分上下。”[④] “如果没有儿子，只有女儿，就要再娶一个小老婆生儿子。”[⑤]

其三，重男轻女。传统社会的宗法性，决定了承嗣的只能是男性，“人死后，有了儿子才有人给他供香烛，使他的灵魂得到超度”，[⑥] 所以父母双方有重男轻女的心理，遂有“乃生男子，载寝之床，载衣之裳，载弄之璋。……乃生女子，载寝之地，载衣之裼，载弄之瓦”[⑦] 之不同。“生男则喜，生女则戚”，[⑧] 甚至演化为“溺女”的民间恶俗。

第五，繁缛性。《礼记·昏义》开宗明义地说，“是以婚礼，纳采、问名、纳吉、纳征、请期，皆主人筵几于庙，而拜迎于门外。入，揖让而升，听命于庙，所以敬慎重正昏礼也。……敬慎重正，而后亲之，礼之大体。而所以成男女之别，而立夫妇之义也。男女有别，而后夫妇有义，夫妇有义，而后父子有亲，父子有亲，而后君臣有正，故曰：昏礼者，礼之本也。”[⑨] 婚礼之意义，一言以蔽之，为男女有别。只有男女有别，才能夫妻有义，父子

① （南朝梁）萧衍：《河中之水歌》，余冠英选注：《汉魏六朝诗选》，人民文学出版社，1978年，第257页。

② 陈鹏：《中国婚姻史稿》，中华书局，1990年，第615页。

③ 《礼记·曲礼》，（清）阮元校勘：《十三经注疏》（下），中华书局，1980年，第1261页。

④ 周建人：《中国旧家庭制度的变动》，《妇女杂志》1921年第7卷第6号。

⑤ 《计划生育与传宗接代》，1982年5月，中国民主促进会中央宣传部编：《周建人文选》，中国文史出版社，1988年，第374页。

⑥ 《计划生育与传宗接代》，1982年5月，中国民主促进会中央宣传部编：《周建人文选》，中国文史出版社，1988年，第374—375页。

⑦ 《诗经·小雅·斯干》，（清）阮元校勘：《十三经注疏》（上），中华书局，1980年，第437、438页。

⑧ （宋）司马光：《司马温公书仪·卷之三·婚仪上·亲迎》，研香书屋藏版。

⑨ 《礼记·昏义》，（清）阮元校勘：《十三经注疏》（下），中华书局，1980年，第1680—1681页。

有亲，君臣有正，从而达到社会有序，天下安宁，故婚礼为“礼之本也”，婚姻只有按礼的程序去做才是合法的。“聘则为妻，奔则为妾”，[①] 即只有具备婚礼，明媒正娶才能取得做妻子的合法身份，而不经聘娶礼仪者只能屈居妾的地位。婚礼从简至繁，到周朝日趋完善，形成六礼。六礼是中国传统婚姻必须遵守的礼仪程序，遵行六礼的婚姻算严肃合法，乃为社会承认。所谓六礼，即纳采、问名、纳吉、纳征、请期、亲迎。“纳采用雁，将欲与彼合婚姻，必先使媒氏下通其言，女氏许之。乃后使人纳其采择之礼”；“问名，问名者将归卜其吉凶”；“纳吉，归卜于庙，得吉兆，复使使者往告，婚姻之事于是定”；“纳征，使使者纳币以成婚礼”；“请期，阳倡阴和，期日宜由夫家来也，夫家必先卜之，得吉日乃使使者往辞，即告之”；“亲迎，所以重之亲之”。[②] 此上可略见六礼之意义。上述只是言其大意，每一仪礼中多有繁缛细微之处，此不赘言。六礼于历代虽略有变更，但烦杂琐碎之形式始终不变。相反，其繁缛形式使婚姻当事人及相关者被束其中，既糜钱财，又遭劳瘁。六礼为婚姻大礼，此外烦琐的婚姻仪礼千姿百态，数不胜数。言其大略，诸如催妆、障车、青庐、却扇、铺房、合髻、盖头、障面、撒谷豆、转席、传代、铺毡、跨马鞍、护姑粉、泼水、跨火、拜堂、牵巾、系臂、合卺、撒帐、闹房、回门等。这些俗礼包括诸多不成文的具体规定，民间就依此法去履行婚礼的每一程序，疲于琐微，不堪言表。

我们将中国传统婚姻的基本特征归结为“他主性”“买卖性”“抑女性”“承嗣性”“繁缛性”五个方面，这是与产生阶级之前的社会形态及现代社会形态相比较而言的，是对传统婚姻俗制的一种纵向的审视和把握。这些特征的形成无疑有着相互联系的诸多因素的相互制约，包括地理条件的、民族文化及民族心理的、经济的、政治的、社会的等诸多因素的作用。由于上述诸因素的客观性，那么它所造就的历史本身乃具一定程度的合理性。观察和思考人类婚姻史也是这样，如果我们不是从今天所视的婚姻陋俗的角度而是从婚姻史的角度进行考察，那么上述五种特征在特定的历史阶段（甚至不受历

① 《礼记·内则》，（清）阮元校勘：《十三经注疏》（下），中华书局，1980年，第1471页。
② 《仪礼·士昏礼》，（清）阮元校勘：《十三经注疏》（上），中华书局，1980年，第961—963页。

史阶段的限制）也具有某种合理性。如婚姻的承嗣性，它是人类本身“种的蕃衍”的需要，是某些人认定婚姻意义的重要体现；婚礼采取一定的形式并非完全可以否定，它既是获得社会承认的需要，又是男女双方巩固已建立的婚姻关系的需要，“礼的要义，礼的真意，就是在社会人生各种节目上要人沉着、郑重、认真其事，而莫轻浮随便苟且出之”。[①] 可见，举行婚礼是某些人表示对婚姻大事的慎重态度。即便是聘金彩礼，亦为实现婚姻中的交换价值，在特定历史时期，它是经济生活的一种被人们普遍接受的特定要求。我们既然承认上述婚姻特征有其合理性，又把它视为传统婚姻陋俗文化的特征，其原因在于婚姻俗制在历史演化过程中把上述特征强调到过分的程度，使之在量的转化中变成了文化糟粕，而使婚姻蔑视和摒弃了人的自由意志、情感欲求、精神享乐而变为被动、机械、违心的僵死程序和过程，使中国传统婚姻俗制变成了束缚人性的枷锁。

通过前文的引述，我们看到，在《易经》《诗经》《礼记》《周礼》《仪礼》《论语》《孟子》等文化典籍中，均有对婚姻观念、婚姻行为、婚姻礼仪的详细阐述和严格规定。婚姻俗制也基本是以上述文化典籍的要求而渐次形成的。上述文化典籍的诞生，是中华民族从愚钝走向文明的标志。它的产生曾对中华民族的文明历程予与指路和导航。文化典籍的历史功绩绝不能抹煞。问题在于，社会并不是静止的，人类对世界的认识也不会穷尽，我们若把文化典籍视为千古不变的死的教条，视为永恒的道德标准和行为准则，那将会给人类社会生活带来难言的痛楚和鄙陋，可是传统社会的人们还很难摆脱这样的束缚。人被文化传统释放出来的力量驱使着，且在这种力量面前好像无所适从，只能百依百顺。学得文化容易，超越和否定文化难。人创造了文化，又被文化所束缚，这是文化的效能，这是人的局限。然而当历史条件发生变化，人们的价值观念和生活方式就要随之变化。19世纪中叶，中国传统社会走到尽头，传统文化观念发生了动摇，而这其中就包括对传统婚姻观的批判和否定。由觉醒了的仁人志士渐次到更为广泛的民众阶层，开始背叛传统婚姻方式而去追求新的婚姻生活，历史走到这一天，也就迎来了中国传

① 梁漱溟：《人心与人生》，学林出版社，1984年，第243页。

统婚姻俗制发生变革的新时代。

## 三、20 世纪婚姻变革的基本内容

20 世纪的婚姻演变是在 19 世纪下半叶婚姻观念变化的基础上进行的。近代国门打开之后，国人开始观察和了解西方的近代文明，此时国人的婚姻观念逐渐出现了新变化。

早期观察西方婚姻文化的是中国近代的出国者。这其中有中国的驻外使节，有赴国外考察、游历、学习的文人学者和留学生，如容闳、王韬、郭嵩焘、薛福成、曾纪泽、斌椿、张德彝、志刚、孙家谷、黄遵宪、严复等就是最早走出国门的典型代表。这些国人走出国门之后，细心观察和思考欧美的政治、经济、文化与社会以及民众的日常生活，并把所闻所见记录在他们所撰写的游记或日记中。这些记述包含他们观察到的欧美日常生活的方方面面，如穿衣戴帽、吃喝饮食、居家住宿、车马交通、丧葬礼俗、男女社交、两性伦理、医疗卫生等都在他们的记述之列。他们尤其对西方婚姻内容的记述较多，诸如介绍男女婚配之俗，包括结婚礼仪、教堂婚礼、婚宴、伴郎以及旅行结婚等婚礼形式，还有对金婚、银婚、金刚石婚以及终身不嫁等现象的记述等。[①] 有些内容作者们记述得还比较详细，这表明中西方婚姻文化的迥异使国人倍感新奇，同时也反映了国人对西方婚姻的兴趣，认为值得效仿。这里国人特别关注的是外国的婚姻自主、婚配自择的情爱婚姻特征。早期出国者对西方婚姻文化的记述是近代以来西方婚姻文化对国人较早的一种影响。

传教士东来，对西方文化的传介，成为中国人认识了解西方的一个重要渠道。进入近代以后，西方传教士为了传教，他们通过创办报刊、兴办学校来促进西方文化的传播，为国人了解西方、认识西方提供了方便。传教士不仅传播近代科学知识，传播资产阶级民主、自由、平等思想，而且在传播西方近代婚姻文化习俗方面也作了重要的宣介工作。传教士在上海创办的《万

---

① 参阅梁景和：《中国近代早期国人眼中的欧美生活——以〈走向世界丛书〉为例》，《首都师范大学学报》2012 年第 1 期。

国公报》就较多地登载了一些介绍西方国家婚姻制度的文章。诸如，介绍西方“一人不得娶二妻”,[①]“既取妻不准纳妾，此例固人所共遵而不敢犯，且为人所乐从”,[②]“夫妇离异之律”，“以公道处之”。[③] 传教士们的这些传介对国人认识中国婚姻陋俗文化是有影响的。传教士自身严格实行一夫一妻制，亦为改造中国婚姻陋俗做出了榜样，使某些国人后来开始批判和摒弃纳妾之风以及与之相连带的一些婚姻陋俗。

中国近代对传统婚姻文化进行自觉地批判是从早期维新派和维新派开始的。早期维新派批判传统的一夫多妻制，认为“几等妇女为玩好之物，其于天地生人男女并重之说不大相刺谬哉”,[④] 并主张婚姻自主、一夫一妇、男女离异自由、革除童养媳的陋俗。如王韬认为“一夫一妇，实天之经也，地之义也”;[⑤] 宋恕则提出婚后男女均有权提出离婚，并“宜定三出、五去礼律”。[⑥] 早期维新派的婚姻主张零散而不系统，但这些零星的观点却包含了对婚姻自由的渴望。维新派的变法思想中也有对传统婚姻陋俗的批判，指出“婚嫁太早之俗，必不可以不更”,[⑦] 并提出了变革传统婚姻的具体主张，诸如“夫妇择偶判妻，皆由两情自愿”;[⑧]“男女自行择配”，“实为天理之所宜，而又为将来必至之俗”;[⑨]“夫妇不合，辄自离异”。[⑩] 他们还主张聘礼简省，婚礼简便，“无论家道如何丰富，总以简省为宜”，婚姻之礼“择其简便者用之”。[⑪] 维新派的婚姻改革主张是近代国人较为具体的婚姻变革思想，达到了19 世纪中国进步婚姻观的最高水平。而 20 世纪的婚姻演变正是在 19 世纪婚姻观念变化的基础上开展的。

20 世纪百年的时间，婚姻前后的变革是非常显著的，为了更好地探索这

---

① ［美］林乐知译：《基督教有益于欧洲说》，《万国公报》1895 年第 83 册。

② 《大英国事：议改婚嫁旧例未果》，《万国公报》1875 年第 332 卷。

③ ［英］布兰飏著，［美］林乐知译：《美女可贵说》，《万国公报》1899 年第 125 册。

④ 《原人》，王韬编：《弢园文录外编》，上海书店出版社，2002 年，第 4 页。

⑤ 《原人》，王韬编：《弢园文录外编》，上海书店出版社，2002 年，第 5 页。

⑥ 《六字课斋卑议（印本）》，1897 年 6 月，胡珠生编：《宋恕集》（上），中华书局，1993 年，第 149 页。

⑦ 《法意》，王栻编：《严复集》第 4 册，中华书局，1986 年，第 987 页。

⑧ 《仁学》，蔡尚思、方行编：《谭嗣同全集》（下），中华书局，1981 年，第 351 页。

⑨ 《论沪上创兴女学堂事》，王栻编：《严复集》第 2 册，中华书局，1986 年，第 470 页。

⑩ 《大同书》，姜义华等编：《康有为全集》第 7 集，中国人民大学出版社，2007 年，第 60 页。

⑪ 《湖南不缠足会嫁娶章程》，蔡尚思、方行编：《谭嗣同全集》（下），中华书局，1981 年，第 396—397 页。

一百年来婚姻的演变，我们把它划分为五个阶段进行探讨。第一阶段从 1901 年至 1927 年，1927 年南京国民政府成立后，中国步入新的发展时期；第二阶段从 1927 年至 1950 年；第三阶段从 1950 年至 1966 年，1950 年《婚姻法》的颁布，使中国的婚姻发生了一次重大的变革；第四阶段从 1966 年至 1980 年；第五阶段从 1980 年至 2000 年，1980 年《婚姻法》的颁布，使中国的婚姻发生了一次新变革。这样的划分与宏观的历史发展阶段基本吻合，也符合婚姻变革的基本事实。下面就各个阶段婚姻变革的基本内容做一概括记述。

1. 第一阶段——1901 年至 1927 年

这是 20 世纪婚姻变革的起始阶段。这一阶段婚姻的变革是由其重要的内外因素决定的。近代中国的败落，引发了严重的民族危机，救亡成为时代的主题，这就激发了清末知识分子构建民族国家的意志，而新的国民才是构建民族国家的基石。中国知识精英进一步发现，只有批判传统家族主义和变革传统婚姻制度，才能真正塑造新的国民。民初宪政的失败，促进知识分子再次深度反思，决心以个人主义理念根除国人的奴性而重塑民族国家，而改造人的奴性又必须打破家族主义的束缚和婚姻制度的压迫。可见，变革婚姻是中国近代国运这个客观因素决定的。从家族主义到国家主义再到个人主义，是构建民族国家的基本思想链条。而中国社会传统的婚姻制度，束缚了个体，压抑了个性，人们在自己的婚姻问题上没有个人的意志可言，使一代代国人蒙受了婚姻生活的痛苦，人们被迫奋起反抗传统的婚姻制度，这又是 20 世纪这一阶段婚姻变革的内在因素。

这一阶段婚姻观念的变化已经明显出现了从包办到自主再到自由的一个变化过程。自主比包办多了些知情权和参与权，而自由则完全是个体来主宰自己的婚姻命运，包括恋爱、择偶、结婚、离婚和再婚的自由。事实上从包办到自主再到自由这一变化一直贯穿 20 世纪的始终，受影响的人群及自觉行动的人群范围也越来越广。

这一阶段包括清末民初和五四两个时期。清末民初时期婚姻变革主要体现在：第一，对传统婚姻习俗进行了系统批判，包括批判父母主婚之弊；媒妁之弊；男女不相见之弊；聘仪奁赠之弊；早婚之弊；繁文缛节之弊；迷信术数之弊；礼法婚姻之弊等。第二，主张新式婚姻观，包括要婚姻自主；主张晚婚；革除买卖婚姻；主张商定婚等。第三，婚姻习俗的演变，表现在自由婚与同意婚的出现；出现离婚与再嫁的婚姻现象；开始注重婚姻法规和婚姻契约；婚姻礼仪的变化；婚礼服饰的变化；婚俗删繁就简以求节俭；婚姻媒介方式的增新等。清末民初中国婚姻发生的变化仅仅是个开端，它绝不广泛和普遍，其历史局限性是显而易见的。其特征在于：首先是地域的特征，城市强于农村，东南沿海强于内陆；其次是人群的特征，知识分子和青年学生是主体；再次是新旧习俗的掺和；最后是女性比男性能力较弱，整体处于被动的状态等。

五四时期提倡的婚姻观念主要体现在如下方面：第一，自由恋爱，强调恋爱与婚姻的统一；第二，自由结婚，把婚姻完全看成是个人的事情，是由个人情感决定的；第三，自由离婚，双方一旦失去爱情，就可离婚；第四，再嫁自由，寡妇有再嫁的意愿，就可再嫁；第五，同姓结婚自由，只要没有血统关系，可以同姓结婚。五四时期出现了一次婚姻生活变革的高潮：一是部分废除旧的婚俗形式，包括解除婚约，废除订婚，废除婚宴，不收财礼等；二是公开背弃包办婚姻，或离家出走，或以智抗争；三是追求个人幸福的自由婚姻，“向蔡同盟”和“五四夫妻”① 成为典型；四是出现了离婚高潮，“离婚的事件骤然增多”。② 五四时期婚姻变革的一个突出的特征就是经历了一场针锋相对的思想论战，诸如有主张废除订婚、征婚形式的，也有赞同采用订婚、征婚形式的；有主张自由恋爱、自由结婚的，也有反对自由恋爱、自由结婚的；有主张晚婚的，也有主张早婚的。双方的论战非常激烈。而另一个突出特征就是婚姻变革主张的多样性与复杂性，诸如主张独身、废婚、不离婚而恋爱、多妻制恋爱、情人制等。各种主张的多样与差异，表明当时人们深入和多维的思考取向。

2. 第二阶段——1927年至1950年

---

① “向蔡同盟”指向警予与蔡和森经自由恋爱而缔结的婚姻；“五四夫妻”指上海几对青年男女在学生运动中自由结为夫妻。

② 开时：《离婚与恋爱》，《妇女杂志》1925年第11卷第3号。

从 1927 年至 1950 年，在婚姻方面的某些讨论较之五四时期更为深入，形成了新式恋爱观、新式贞操观和新贤妻良母主义等。这一时期婚姻的变化主要体现在城市青年的婚姻变革、农村的婚姻演变、苏区的婚姻改造、边区的婚姻建设、沦陷区的婚姻状态等几个方面。尤其是《中华民国刑法》与《民法・亲属编》的颁布，对规范婚姻产生了新的作用。

在城市青年的婚姻变革方面，主要体现在要求婚姻自决，寻求自己心仪的伴侣，提倡晚婚和一夫一妻，追求灵与肉的结合、赞成鳏寡者再娶再嫁、反对封建贞操观。同时，30 年代政府提出并倡导集团婚礼，抗战时期集团结婚在西南后方开展起来。内政部于 1942 年 11 月 1 日颁布《集团结婚办法》，它成为战乱时期很多青年的选择。抗战胜利后，各地再度掀起集团结婚的热潮。

在农村婚姻的演变方面，这一时期农村经济趋于破产，婚姻论财进一步增强，婚嫁费用在农家经济支出中占很大比例。当时农村早婚盛行，不但富裕家庭的男子要早婚，穷家的女子也要早嫁，一般家庭也多有早抱孙子接香火的观念，所以一般也要早婚。另一方面，一部分人由于受西方婚姻观的影响，加之受教育程度的提高，以及国民党的新生活运动和乡村改造各派在乡村的实验，这些都对乡村婚姻的变化带来了积极的影响。

在苏区的婚姻改造上，主要涉及婚姻解放、禁止童养媳和买卖婚姻、军婚问题、建立婚姻法等诸多方面。苏区婚姻自由作为社会变革的一项内容成为人们关心的热点问题，各地苏区也明令禁止童养媳及废除买卖婚姻，“离婚结婚绝对自由”的口号开始流行，但同时也产生了副作用，“专闹自由恋爱”，以致“发现婚姻混乱现象”，少数地方甚至出现性病。简单的离婚结婚绝对自由事实上并不利于婚姻解放，自然影响社会的稳定，不利于革命的大局。面对这种情形，有些地方政府对策又来了一百八十度的大转弯，在婚姻案件的实际处理中，对婚姻自由采取了简单禁止的态度。在婚姻自由的大潮中，一些军婚出现了动摇，引起红军士兵对地方政府和废约女子的怨恨，导致军心不稳。面对来势汹汹的军婚纠纷，有些地方苏维埃各自出台了一些“红军妻子一律不准离婚”的武断规定。随着苏区的扩大和婚姻状况的复杂，需要制定一个统一的婚姻法规。1931 年 11 月 18 日，中华苏维埃共和国中央执行委员会第一次会议通过了《中华苏维埃共和国婚姻条例》。《条例》确定了婚姻自由、废除买卖婚姻、禁止童养媳以及确立一夫一妻制等原则。1934年又出台了《中华苏维埃共和国婚姻法》，对《婚姻条例》做了相应的修正。《婚姻法》较《婚姻条例》更细致，更符合实际情况，这是在实践中不断探索的结果。

在抗战时期的根据地婚姻建设上，包括婚姻法制的初步建设、边区婚姻解放热潮等问题。抗战时期，陕甘宁边区在1939年4月颁布了《陕甘宁边区婚姻条例》，其后各敌后根据地以此为蓝本，根据当地的实际情况，纷纷颁布了各自的婚姻法规。这些婚姻条例有着以下共同的特点：确立了婚姻自由原则；废除了包办买卖婚姻，禁止童养媳和童养婚；规定了初婚的年龄；提出了结婚的生理条件；对于离婚的条件做出了细致的规定；对离婚后的子女的抚养以及财产和债务的分割做了详细的规定；对于军人婚姻问题做了详细的规定。这些婚姻条例的颁布极大地促进了抗日根据地婚姻解放热潮。乡村女子了解到政府保护婚姻自由，女子开始解除不合理婚姻，自由恋爱结婚的逐渐增多，寡妇再嫁出现宽松的趋势，早婚在一段时间内消除了，童养媳与买卖婚姻得到了一定程度的控制，有些地方结婚仪式由新式的开会致贺取代了原来的三跪九叩等旧形式。

在沦陷区，日伪在婚姻文化上进行了以“三从四德”“贤妻良母主义”“妇女回家去”“严守贞操”为主要内容的复古文化建构，企图以此影响民众观念，稳定婚姻关系和家庭秩序，以维持其殖民统治。然而，这些文化建构的努力并未真正落实在日常生活领域，因战争与普遍贫困带来的婚姻家庭关系的破裂与重组，客观上宣告日伪当局企图“塑造顺民”的奴化婚姻文化建构破产。

3. 第三阶段——1950年至1966年

1949年中华人民共和国成立后，中国共产党开始了对国家、社会、民众的全新管理，而1950年颁布的第一部法律《中华人民共和国婚姻法》（以下简称《婚姻法》），是对国人婚姻生活的法律规定，其中提出了婚姻自由、一夫一妻、男女平等、保护妇女和子女合法权益的具体条文。为了贯彻落实

《婚姻法》，国家在全国范围内集中开展了贯彻执行《婚姻法》的运动，这个运动大致分为四个阶段，即贯彻《婚姻法》初步动员阶段（1950年4月—1951年9月）、检查《婚姻法》执行情况阶段（1951年9月—1951年12月）、全国贯彻《婚姻法》的高潮阶段（1952年7月—1953年4月）和三年困难时期《婚姻法》的宣传贯彻阶段（1960年前后）。由于政府的高度重视和基层干部的积极努力，新婚姻法律的执行情况在短时间内取得较大的成效；并出台相应的规章制度作为《婚姻法》的补充条文，来解决在执行《婚姻法》过程中所面临的实际问题和困难。此外，还有大量关于继承、管辖、婚姻程序等方面的规定和政策。这些规定和政策解决了当时《婚姻法》执行过程中一些细节操作层面的问题，进一步完善了婚姻制度。《婚姻法》和相关婚姻规章制度的颁布，体现了共和国婚姻制度的大变革。

通过国家和基层的多重互动方式和实践活动，很多国人在婚姻观念上有了新变化，体现在不同群体和不同年龄人们的恋爱观、结婚观和离婚观以及择偶途径、择偶标准和婚姻礼仪等诸多方面。这一阶段，广大青年男女在生产劳动中逐渐扩大了接触的机会以及婚姻自主等法律法规的保障，为自由恋爱创造了条件，自由恋爱者不断增多。农村贫雇农和城市贫民因“家庭出身”优渥而容易取得招工、招兵、升学、提干、入党、入团的资格和机会，进而拥有获得优质资源的机会；而原先处于社会上层的地主、富农、资本家则沦落到社会底层。这在择偶上就出现了愿意选择前者而冷落后者的社会现象。同时，这一时期对于军人、新疆建设兵团官兵这类特殊群体，组织往往介入其中，为他们的婚姻提供支持。由于国家禁止彩礼，倡导简朴婚礼，这一阶段旧式婚礼受到批判，婚姻程式由复杂变为简洁，以生产为中心的简朴婚礼受到推崇。共和国成立后，由于女性经济上的逐渐独立，在婚姻中有了更多的话语权，为其婚姻自由创造了更有利的条件，全国离婚案件也迅速上升，形成共和国成立后的第一次离婚高潮。这一阶段国家同样注重对军人离婚问题的保护和尊重，并通过制定政策调解干部和华侨的离婚问题。在婚姻习俗的改革中，国家采取“移风易俗”与“入乡随俗”辩证统一的策略方式，一方面通过“移风易俗”积极推进婚姻习俗的破旧立新，另一方面通过

“入乡随俗”使更多的民众响应国家新的婚姻法律和政策，故全社会在婚姻习俗上产生了新变化，包办买卖婚姻、童养媳、早婚、重婚、纳妾、干涉寡妇再嫁等婚姻陋俗出现进一步革除的趋向，而更多出现了半自主婚姻、自主婚姻、自由恋爱、取消彩礼、新式婚礼等文明的婚姻习尚。“介绍人”逐渐取代了媒人，晚婚教育取得成效，寡妇再嫁也逐渐为人们所接受。这一阶段家庭内部权力从家长向个体成员转移，男女两性的社会权益从不平等趋向于平等，而婚姻与国家意志结合得更加紧密，婚姻政治化与革命化的趋向初显，婚姻从家庭权威向国家权威逐步转换。

4. 第四阶段——1966年至1980年

“文革”初期政治运动的狂风巨澜几乎把婚姻问题从人们的视线中移开，并在公共领域内似乎销声匿迹。报刊、电影、电台基本上很少涉及婚姻问题，曾经广泛讨论婚姻、家庭问题的《中国妇女》也在1967年初停刊。当时人们耳熟能详的“八大样板戏”及少数允许公开发表的文艺作品，多数也是以未婚男女或鳏夫寡妇以及独居者为主角，《红灯记》中的李玉和没有妻子、《海港》中的方海珍没有丈夫、《龙江颂》中的江水英没有丈夫、《智取威虎山》中的李勇奇的妻子跳崖身亡、《沙家浜》中阿庆嫂的丈夫阿庆也不在身边，跑单帮去了。反映和关注婚姻生活是一种资产阶级“低俗化”的禁区，谈情说爱是“低级趣味”。“文革”后期，随着人们参与政治运动热情的下降，人们还是要关心家庭和私人生活，还是要面对恋爱和婚姻的人生环节。

城市青年的婚姻选择与政治运动的发展态势有很大关联。在“文革”前期，曾经被称为“小太阳”的红卫兵群体与青年造反派杀向阶级斗争的战场，情感上“无欲无求”，女性衣着、言行男性化，无性别意识，不爱红装爱武装，认为谈情说爱是缺德，甚至是流氓，公园里就有把恋人当作流氓驱赶或抓起来的情况发生。“文革”持续中，红卫兵出现失落感，有些人开始抽烟、喝酒、唱“黄歌”、①“拍婆子”。②“文革”后期婚恋已经成为难以抑

① 所谓黄歌不过是国外的一些抒情歌曲，如《外国民歌200首》之类。
② “拍婆子”，指北京“文革”期间青年男女交友、恋爱的现象，其中含有“男孩勾搭不相识的女孩”的意味。

制的一股潜流，处于晚婚年龄的青年男女还是坦然地进入了恋爱婚姻的生活之中。城市包办婚有进一步向自由婚转化的趋向，婚姻由朋友介绍和自己认识的占百分之八十以上，父母包办的只占百分之三左右。

农村的包办婚、半自主婚、自主婚同时存在。中国在 1966—1980 年间，从国家法律制度上明确废除了家长对子女婚姻的包办，提倡青年人自由恋爱、自主择偶。但是，经济收入和个体生存能力的薄弱又迫使农村青年不得不依赖家庭，这就普遍限制了他们本应享受的“择偶自主”或“婚姻自由”。“父母之命，媒妁之言”的习俗在农村仍然大量存在，父母仍保有对子女婚姻问题上的主导权。不过，看似矛盾的是，家庭独立运行的功能受到农村集体经济的限制，家长在家庭中的权威受到削弱，子女又部分地获得恋爱和婚姻方面的自主性。以上正是农村青年择偶行为中“自己认识”途径所占比例较小的原因，同时也是父母与子女同意型婚姻增加的原因。婚姻由父母、亲戚与媒人介绍的远远多于同事、朋友和自己认识的。

“文革”期间基本形成了城乡两个通婚圈。户籍制度将全国人口划分成“农业户口”和“非农业户口”两大社会集团，一般情况下，农村青年通常只能在“农业户口”范围内择偶，城市青年只愿在“非农业户口”范围内择偶。二元体制下的社会巨大差异，迫使人们在各自同类户籍中选择配偶。

“文革”时期的择偶除了受上述城乡婚姻圈的影响，还受政治身份和职业的影响。阶级成分、家庭出身等政治身份如“红五类”[①]和“黑五类”[②]等，前者是被青睐的择偶对象，而后者则是被鄙夷的择偶群体。从职业上看，工人、干部、军人、医生、司机、售货员是受女性向往的择偶人群，而老师属于臭老九，是不太被人接受的一个人群。

“文革”期间，国家提倡“婚事新办”、反对“铺张浪费”，其核心在于简化婚礼仪式、降低结婚消费。婚礼经常出现的象征性仪式是“向毛主席像三鞠躬”、唱颂歌、赠送《毛泽东选集》和《毛主席语录》等，这象征着忠于毛主席，心向共产党。在农村有的赠送锄头或镰刀等，把关注点转移到

---

① “红五类”是划分阶级成分的特定指称，指 1949 年以后出身为革命军人、革命干部、工人、贫农、下中农的人及其子女。

② “黑五类”指地富反坏右（即地主、富农、反革命分子、坏分子、右派分子）及其子女。

“抓革命、促生产”上来。

“文革”期间的离婚行为通常多以零发、散发的形式出现，是20世纪后半叶离婚率最低的一段时期。这一时期基本有三种离婚类型：“遗弃”式离婚，是指夫妻一方在配偶遇到困难时拒绝承担义务，向配偶提出离婚要求的行为；“保护”式离婚，是夫妻一方为保证配偶安全而主动采取解除婚姻关系的行为，它同时还是为子女免受牵连而采取的家庭“自保策略”的离婚行为，诸如因自己的政治问题而怕连累家人的离婚现象；“感情不和”式离婚，是感情不和或因政治观念不合而导致感情不和的离婚行为。

“文革”时期知青的婚姻是一个重要问题。知青分为“兵团知青”和“插队知青”两类人群，他们的婚姻主要体现在晚婚、扎根婚和回城婚等几个方面。知青响应国家晚婚号召以及为了招工、参军、升学、转干和回城而出现了晚婚现象；知青响应国家扎根农村的号召而在农村结婚扎根，这样的知青人数不多，其中也有后来为了回城而离婚的；大多数知青基本上是回城之后再结婚的。知青的结婚类型主要包括知青之间、知青与农民之间、知青与国家职工和军人之间的婚姻。女知青在农村结婚有些属于“寻求佑护型”的婚姻，因劳动强度大、生活困难或逃避被人骚扰而结婚的。

5. 第五阶段——1980年至2000年

改革开放引起了社会的全方位变化，中国从相对封闭的、稳定的、人治的社会向开放的、变动的、法治的社会发展。这种变革引发国家、社会、家庭和个人关系的变化，进而使婚姻领域发生演变。婚姻嬗变的动力主要来自思想、政治和经济三个方面的社会变革。在思想上，国内的思想解放运动和涌入的西方思潮激荡在一起，促使政治化价值观逐渐衰弱以及个人主义的勃兴，人们的开放意识、自由意识和多元意识日益增强。在政治上，民主建设和法治建设为婚姻自由创造了条件。在经济上，计划经济体制用来管控社会的集体化组织逐渐改变，农村人民公社体制逐渐解体，城市单位也逐渐减弱对职工生活的介入，这种改变使国家、社会与婚姻的关系逐渐松弛，婚姻的个体自由程度增强，逐渐走向个人私事的历史进程。

改革开放后，虽然国家仍然对爱情赋予社会主义道德的要求和为社会主义建设服务的意义，但爱情的政治色彩逐渐淡化，国家行政干预在爱情领域逐渐弱化，爱情的政治束缚逐渐被突破。人们逐渐把爱情和国家、社会的利益分开，爱情的个人本位日益凸显，重视个人的爱情感受以及爱情在婚姻中的位置。社会主流舆论认可了人们对爱情的诉求，人们积极争取有爱情的婚姻，超越政治，强调精神共鸣的爱情成为人们的理想追求，恋爱日趋成为青年人培植爱情的过程。80 年代，恋爱的风气逐渐兴起。青年男女在公共场合敢于用拉手、拥抱和接吻来表达彼此的爱恋之情。90 年代，国家对恋爱的社会意义诉求淡化，青年人恋爱日趋自由，恋爱的方式和亲密关系多样化，贞操观淡漠，性尝试与婚前性行为明显增多。

改革开放以后，择偶的方式和观念发生了新的变化。择偶方式突破传统模式而日趋多样化，报刊征婚、婚姻介绍所、“电视红娘”、“网络红娘”等择偶方式的兴起给人们开辟了新式择偶平台，为择偶自由创造了条件。择偶的人际网络也日益社会化，由地缘、亲缘关系为主逐渐向业缘发展，这就削弱了父母家庭对子女择偶的影响，代际间的权力格局发生变化，父辈主控权力下降，而子辈自主权力上升，择偶逐渐由父母包办转向与子女的代际协商。人们的择偶标准多元共存，物质化明显。80 年代文凭热，高等学历者为人们瞩目。90 年代经商热，有经济实力者为人们瞩目。经济条件在择偶市场的分量持续加重，从新四大件到有房有车成为人们新的物质追求。

这一时期在婚姻礼仪上，国家反对高额彩礼、大操大办、奢侈浪费等现象，倡导集体婚礼，引导良风益俗。个人既要顺应国家的要求，也要努力表达个人自由的诉求。所以婚姻礼仪的演变一方面体现在订婚、婚姻支付、婚礼仪式和结婚消费过程中，当事人的自主程度增强，婚礼仪式从神圣性向娱乐性转变，从社会性向个人性过渡，婚礼上新郎新娘成为主角，表现出个性化、多样化的特征。另一方面，婚姻消费标准出现了趋同的社会潮流，无论城乡婚姻礼仪主要由家庭和当事人共同完成，婚姻礼仪的趋同性又制约了个性的发展，体现了婚姻礼仪演变的复杂性。

改革开放以后，离婚和再婚的外部束缚日趋减弱，国家的“调解和好”和遏制离婚的原则逐渐松弛，“感情破裂”被确立为判决离婚的唯一标准，

“调解和好”逐渐向尊重当事人的意愿转变。离婚的社会氛围也逐渐宽松，离婚者所受到的道德谴责和歧视也逐渐减少，人们对离婚者的理解日趋增多。当事人的离婚和再婚观念也日益发生变化，“从一而终”的观念几乎销声匿迹，“闹”离婚的方式减少，协议离婚和诉讼离婚日趋成为当事人的选择，个人的婚姻幸福日益成为离婚和再婚的主要考虑因素，婚姻生活质量日益受到人们的重视。离婚法规的完善越来越有利于人们实现离婚自由。从一而终、离婚不光彩等观念逐渐淡化，再婚越来越容易。受以上因素的影响，文明离婚逐渐成为社会潮流。

这一时期随着传统的伦理道德观念被逐渐打破，价值多元化逐步确立，社会婚姻生活也增添了许多新的方式，涉外婚姻增多，独身现象增加，出现了丁克、试婚、同性婚，婚姻的契约意识逐渐增强。这些新的婚姻方式反映了个性主义和自我意识的增强。同时，社会上也出现了婚外恋、重婚、纳妾、包二奶等备受争议的婚恋现象，进而激发了人们对未来婚姻的思考。

1980年，国家颁布了新的《婚姻法》。随着我国30年来社会生活的发展变化，婚姻关系中出现了很多新问题，1950年的《婚姻法》已经不能完全适应婚姻生活的实际情况，加之包办、买卖婚姻的重新抬头，需要一部新的婚姻法规。1980年9月10日，《中华人民共和国婚姻法》颁布，并于1981年1月1日起实施。该法共5章37条，是1950年《婚姻法》的继承与发展。它重申了1950年《婚姻法》的基本原则，并根据实际需要调整了相关内容，在11个方面进行了修改和补充。其中社会影响比较大，备受关注的有三个方面：一是“感情确已破裂”成为法定离婚标准；二是法定结婚年龄提高两岁，男不得早于22周岁，女不得早于20周岁；三是计划生育成为基本国策。此外，新的《婚姻法》还推动了男女平权，加强了对妇女、儿童和老年人权益的保护，在夫妻财产的规定中增加了约定财产制，夫妻在婚姻关系存续期间所得的财产，归夫妻共同所有等内容。1980年《婚姻法》推动了婚姻领域从“人治”转向“法治”的进程，从法律制度上结束了婚姻的政治化，重视以人为本，婚姻自由平等权利开始得到切实的保障。改革开放以后，婚姻出现了一些新的问题，为了更好地解决婚外情、重婚、家庭暴力、离婚率升高等问题，90 年代国家推动了关于处理婚姻问题的大讨论，学者们提出重新修正《婚姻法》的建议。社会各界积极参与了这场大讨论，讨论的核心为是否尊重私权问题，法律和道德的功能边界问题等，争论的焦点集中体现在《婚姻法》要不要限制离婚自由、要不要惩罚“第三者”等内容上。经过 90 年代一系列的讨论，2001 年制定了《婚姻法修正案》，把婚姻美德融入《婚姻法》，保护婚姻中的弱者，促进社会公平和正义，推动了《婚姻法》从形式正义向实质正义的发展。

20 世纪婚姻变革的宏观旨意在于女子解放、男女平等和婚姻自由。几乎贯穿于 20 世纪始终的婚姻变革的具体内容主要体现于变革早婚、买卖婚，主张一夫一妻、自由结婚、自由离婚、自由再嫁等，虽然在各个阶段侧重点略有差异，但总的趋向大体如此，在上面的叙述中，我们已经充分地感受到这一点。20 世纪中国婚姻发展变化的一条基本线索就是从包办婚姻逐步向半自主、自主和自由的方向发展。这种发展的历程是一步步渐进的，无论从地域和人群都体现了这样的一个特点，从大城市到中小城市再到广袤的农村，从东南沿海到西北内陆；从上层精英、知识分子、青年学生到一般阶层的普通民众。

## 四、未来婚姻观

20 世纪婚姻变革实际上可以划分为两个问题。第一个问题就是对 20 世纪的婚姻问题进行阐述，这个问题的特点是有理论、有实践、有变化。第二个问题就是对未来的婚姻问题进行阐述，这个问题的特点是有理论、无实践或有偶发的案例存在。20 世纪婚姻变革的第一个问题上文作了基本的阐述，即 20 世纪婚姻变革的基本状态。下面叙述 20 世纪婚姻变革的第二个问题，概括起来就是 20 世纪有人对未来的婚姻问题进行了思考和设计以及在理论上的阐述。我们称之为未来婚姻观。

### （一）国外早期学者的未来婚姻观

在 19 世纪和 20 世纪上半叶就有很多外国学者对未来的婚姻问题进行过思考，下面重点介绍几位。

英国哲学家伯特兰·罗素（1872—1970）在婚姻方面提出了一系列主张，他在一百年前就提倡性教育、离婚自由、试婚、人工授精等，当年罗素提出的主张现在有些已经习以为常了。他甚至提出婚外情、通奸这样一些惊世骇俗的主张。

美国著名未来学家阿尔温·托夫勒（1928—2016）主张未婚同居，试婚和离婚自由，认为人生将出现“连续婚姻”的现象，即人的婚姻轨迹将由多段短时间的婚姻组成，指出人生中将有几个决定婚姻走向的关键点，即试婚阶段、成年孩子离家、退休后，每一个关键点都有可能使婚姻走向终结。他预测最终人的平均结婚次数会增加，并且“暂时性的婚姻将是未来家庭生活的标准特征”。托夫勒对未来婚恋的预测有些已成为现实。他所描绘的多种家庭形式大部分都已在中国出现，如丁克家庭、未婚同居家庭等，另外如AA制家庭、老年人契约家庭等也不鲜见。

英国著名作家阿道斯·赫胥黎（1894—1963）的未来婚姻观有着截然相反的两方面内容。其一，是他对未来婚姻的预测，认为未来人类每个女性和男性彼此相属，可以自由地享有彼此的肉体，但反对固定关系，社会的婚姻、家庭将不复存在。其二，他认为人追求感情的本性是无法抑制的，所以他所希望的未来人类社会的婚姻与家庭依然可以存在和发展。

瑞典著名作家、妇女运动活动家爱伦·凯（1849—1926），在一百多年前就主张自由恋爱、自由结婚、自由离婚。她认为理想的结婚，有三种条件：一，不可无恋爱；二，精神、肉体都很健全的男女；三，认为结婚生活，不可不以真正的恋爱为中心，而恋爱乃是灵肉的高尚结合。今天已经实现了爱伦·凯的部分愿景。

德国哲学家格奥尔格·威廉·弗里德里希·黑格尔（1770—1831）认为婚姻的本质是“爱”的要素与“伦理”要素的合一。他认为在婚姻制度上，必须是一夫一妻制，婚姻具有排他性，反对婚前同居。婚姻的实现要通过举行婚礼的正规形式。夫妻彼此感情的消逝，有导致离异的可能，但“反对任性离婚”，而主张理性离婚。

英国社会评论家乔纳森·哈迪曾说：“在今后的30—40年中将会发生三

件大事：私通与契约婚姻会变得更为普遍，大约占婚姻总数的10—15%，然而一夫一妻制婚姻形式还将继续以压倒多数的中心制度而存在；离婚率将会继续增长，估计全部婚姻中大约有50%将会以离婚收场；鉴于上述发展趋势，第二次婚姻将会作为更稳定的婚姻形式而存在。”①

以上例举的几位西方学者当年提出的未来婚姻观，有些已经随着社会的发展而成为现实。他们的未来婚姻观作为人类婚姻的积极思考，无疑具有深刻的理论价值和现实的生活意义。

**（二）20世纪上半叶中国的未来婚姻观**

在20世纪之初，康有为对大同社会的婚姻形态做过详细的设计，他把大同社会婚姻设计成五个方面的内容：其一，婚姻要自己做主决定，若自己觉得双方在情感志趣方面相投，就可以订立合约，而且双方不再用以往的“夫妇”旧名相称，而是用“交好之约”这一新的称谓。其二，男女婚姻要有期限，不能有终身约定；若两人永远相好，可以不断续约，相守一辈子；有了新欢，可与新欢订约；若与旧欢重新和好，可以再行续约。康有为特别强调，感情相投者可以续约永远相好，允许志趣不同的夫妻改变初衷并与他人订约，若夫妻产生厌恶之心，想离弃者可马上分开。其三，婚期约定最短必须满一个月，最长不能超过一年。其四，设立媒介官员，男女结婚要到当地的媒介官那里领取结婚证，订立契约，保证婚期内要相互恩爱。其五，没有文化以及学业未成不能领取毕业证的女子，而且不能自立还要依靠丈夫抚养的女子，不能享用这些权利。以上五个方面是康有为大同婚姻思想的基本内容。②

五四时期的未来婚姻观主要体现在废婚主义和情人制两个方面。

首先看废婚主义。1920年中国出现一场“废婚”大论战。“废婚派”对旧式婚姻（专制婚姻）和新式婚姻（自由婚姻）均表示反对，极力主张废婚，提出了废婚的主张，认为废除婚制“是为世界人类（男女）谋幸福”。③人类最大的幸福是每个个体的“自由的人格”，而“婚姻制度，是不适合于

① ［英］乔纳森·哈迪著，苏斌、娄梅婴译：《情爱·结婚·离婚》，河北人民出版社，1988年，第335页。
② 《大同书》，姜义华等编：《康有为全集》第7集，中国人民大学出版社，2007年，第76—77页。
③ 哲民：《废除婚姻问题的讨论（一）》，《觉悟》1920年5月11日。

'自由的人格'的"，故当废弃之。即便是自由婚姻也是"一种专利的结婚"，"就是爱情专利和性交专利。我们一个人自己是要有一个'自由的人格'，不应当属于谁某所有的。我底爱情……为人家所专利，就是表示我没有'自由的人格'，人家底爱情……为我所专利，就是侮弄人家底'自由的人格'。总之，我专利人，人专利我，都是很不应该的，于'自由的人格'有损的"。①他们认为废婚的意义就在于"去束缚而取自由"。② 由于对"自由的人格"的追求，废婚派还肯定了"移情"现象，认为"恋爱是复杂的感情，随时随地可以变的"；③ 也肯定了婚外性关系，认为"满足性欲，是人类（不止人类）正当的要求，谁也不能阻止他"。④ 废婚派把废婚后的社会视为太平的理想社会："那时候，无父子，无夫妇，无家庭，无名分的种种无谓的束缚，所谓不独亲其亲，不独子其子，岂不是一个很太平的世界，大同的社会吗?"⑤ 废婚派正是通过以上的阐述提出了废婚主张。

五四时期"废婚主义"的产生与当时流行的无政府主义思潮有着密切的联系，所以二者在理论上的弱点也体现出一定的相似性，即双方要求绝对的自由与平等，不受一切政治、宗教、文化、形式的束缚和规制，追求实现无限制、无服从、随心所欲的太平世界，这在理论和思想上还有些不切实际的凭空想象。因此，在他们凭借一时的热情、尽兴摄入时髦的思想主张时，似乎缺乏对婚姻复杂性和多样性的思考。五四时期是中国近代婚姻文化变革的重要时期，废除婚制虽然也是其中的一项内容，但它属于对未来婚姻问题的一种思考。

再看情人制。1920年初，张竞生从法国学成回国，受聘于北大哲学系。在北京大学任教的五年间他出版了《美的人生观》和《美的社会组织法》等一系列成果。他在《美的社会组织法》一书中提出了"情人制"的主张。他说，"顾名思义，情人制当然以情爱为男女结合的根本条件"，"惟有行情人

① 存统：《废除婚制问题》，《觉悟》1920年5月25日。
② 孙祖基：《自由恋爱是什么?》，《觉悟》1920年5月26日。
③ 翠英：《结婚到底是什么?》，《觉悟》1920年5月16日。
④ 存统：《废除婚制问题》，《觉悟》1920年5月25日。
⑤ 哲民：《废除婚姻制度底讨论》，《觉悟》1920年5月8日。

制的男女才能彼此互相欣赏，谁不为谁所占有，谁也不愿给予谁”。情爱讲的是彼此欣赏而不是彼此占有和彼此给予。张竞生从定情之前、定情之后、情爱破裂三个方面阐释了男女彼此欣赏而不是彼此占有和彼此给予的意蕴所在，并得出情人制的四点益处。他的“情人制”的本质讲求的是有情爱的男女才能结合在一起，而这种结合只是在一起生活，没有婚姻制度的约束。情爱消失，男女也就不能一起生活了。所以他的“情人制”特点是，“或许男女终身不曾得到一个伴侣，但时时反能领略真正的情爱”，而这恰恰与婚姻制不同，他认为婚姻制“或许男女日日得到一个伴侣而终身不能得到一个固定的爱人”。张竞生对“情人制”也持辩证的态度，认为“情人制自然与人间一切制度一样有利又有害，但它的利多而害少，不比婚姻制的害多而利少，故情人制是男女结合最好的方法”。张竞生的“情人制”主张与废婚主义同样是反对婚姻制度的，正如他所说，“自婚姻制立，夫妇之道苦多而乐少了……自有婚姻制，遂生出了无数怨偶的家庭，其恶劣的不是夫凌虐妻，便是妻凌虐夫，其良善的，也不过得了狭窄的家庭生活而已。男女的交合本为乐趣，而爱情的范围不仅限于家庭之内，故就时势的推移与人性的要求，一切婚姻制度必定逐渐消灭，而代为‘情人制’”。[①] 张竞生的情人制主张，在当时社会或未来相当长的社会中，很难成为一般恋人关系而在更多的人群中践行，可能只会在极为少数的个别人中留下些许的痕迹而已。

另外，20 世纪 40 年代，社会学家吴景超读了费孝通先生的《生育制度》后颇有感触，并对中国社会的婚姻走向发表了自己的见解。他认为，家庭是婚姻的基础，“家庭在变，婚姻也在变，将来会变成什么样子，谁都不能预言。但作为一种制度看，他正如私有财产制度一样，好些人以为他是永存的，哪知在转眼之间，他已变了花样了”。[②] 吴氏认为，婚姻是社会制度的产物，其变迁具有不可逆转性，但婚姻在未来会变成什么样子则是未知数。

### （三）改革开放时期中国的未来婚姻观

改革开放 20 年中国学者们开始了对未来婚姻问题的探讨，他们主要围

---

① 《美的社会组织法》，江中孝编：《张竞生文集》（上），广州出版社，1998 年，第 151—152、155 页。

② 吴景超：《婚姻向何处去?》，《新路周刊》1948 年第 1 卷第 1 期。

绕着夫妻关系和婚姻形式两个方面进行了多方阐述。

在夫妻关系上，有些学者认为，社会发展的多样化会带来思想观念的个性化，从而使其出现松散的特性。鲍宗豪指出，“未来人们的恋爱婚姻，必将集中地表现为多样性和个性化，社会化和现代化的生产及其物质生活，意味着快节奏、多联系、多变化的生活内容。这就使人们有更多的和更快的产生爱情与选择配偶的机会”，“在多样化的社会中，平静型、开拓型，甚至冒险型的生活都有其位置，有其价值。人愈走向生活深度，愈显示出个性的差异，而个性又正是爱情的一个特点”，“未来的婚姻还具有松散性。人是感情动物，非常重视和珍惜夫妻之间真挚的爱情。可是，如果由于种种客观原因使他们的爱情遭到破坏，那么维系婚姻的基础就不复存在。因此，离异便是十分自然的事情。自然的离异，保证了爱情始终成为所有的夫妻和夫妻关系的基础，也保障了婚姻家庭的稳定”，“未来还趋向重视爱情的价值，使婚姻成为如恩格斯曾预言的，体现相互爱慕，而没有别的动机的纯粹婚姻”，“在未来，人们将自己顾及自己的爱，无须去干预别人的爱。因为那时候已经不再存在从干预别人的爱情婚姻中得到好处的可能性”，“爱情是美好的，但婚姻永远不会十全十美”，“尽管如此，婚姻仍然是未来人间一种美好的关系。它仍将迈着稳健的步伐走向未来”。① 陈晓律主张未来应当是松散的一夫一妻制，认为“一种新型的夫妻关系应当是一种适度的松散结合关系，双方在关切对方时又同时保留着自己的个性，双方都互相尊重对方却又保留个人隐私以及结交朋友（包括异性朋友）的权利”。“理想的新型夫妻关系应当是一种在共同承担家庭责任的前提下，相互尊重对方权利的‘淡如水’的‘君子之交’。”② 吴建国提出了“联偶婚”的概念，即以双方自愿“联合”为特征，其主要特点表现在，“婚姻双方聚散自愿，且每一方都可根据自己的意愿终止婚姻；婚姻双方财富归各自所有，在配偶允许的条件下可以互相使用；互相间责任与义务有限，且是道义上的，而非法律规定的”。③

对于未来的夫妻关系，上述三位学者主要从个性的视角来阐发其松散

① 鲍宗豪：《婚俗文化：中国婚俗的轨迹》，上海人民出版社，1990年，第227—229页。
② 陈晓律：《性与观念的变革》，《青年论坛》1987年第1期。
③ 吴建国：《婚姻制度演进历程与趋势》，《蒲峪学刊》1997年第4期。

性，而其他学者则强调个性基础上双方合作的意义。陈宗瑜认为，更高层次的婚姻类型应该是爱情和事业综合型的婚姻，“在这种类型的婚姻中，夫妇之间仅仅有爱情是不够的，还要求建立一种更加完美的夫妻关系。即不仅彼此深深相爱，而且还要求在事业上志同道合，要求彼此有健全的思维能力、高尚的情操志趣，高度的事业心和责任心，有很强的自制能力和调适能力，彼此既有充分的独立自主性和相互间的调适性，又能以经久不衰的亲情相处”。他主张的这种婚姻类型是与较低层次的“性伙伴型”，以及较高层次的“爱情型”或“事业型”相比较而言的，认为“爱情和事业综合型”类型“是一种更高层次的婚姻”。① 陈一筠认为，在未来社会发展中，“两性合作代替两性的权力竞争应是建立新时代两性秩序的取向”，而“选择配偶时应当重视文化上‘门当户对’的条件”，② 这样才能把婚姻创造和建设成女人和男人和谐相处、平等分享的温馨港湾。

在婚姻形式上，学者们的阐发焦点又有两个，即社会发展和人的性爱需求与婚姻乃至家庭变革的关系。从唯物论的视角看，生产方式的变动对上层建筑的革新有重要推动作用。金一虹认为，生产的社会化能够改变婚姻家庭的方式，并指出“生产的社会化趋势不断提出新的优生优育的标准，这是家庭这个生育单位永远不能胜任下去的。生产的社会化对家庭起着瓦解作用，而人类的发展，无论是社会的、还是生物意义上的进化，前途都在于社会化。生育的社会化应该说是一种历史的必然”。③ 成卉青指出，未来“作为一夫一妻婚姻产物的个体家庭，有脱离婚姻关系本身而朝社会化家庭演变的趋势”，这种脱离婚姻关系的非婚姻家庭“最大的变化是独身（包括非婚姻的同居）家庭的大量出现和高离婚率带来的只有母方（或只有父方）及子女（或无子女而独身）的家庭大量出现，以及同子女分居的独身（父或母及其它长辈老人）家庭的大量出现”，总之，未来“一夫一妻个体家庭以外的各

① 陈宗瑜：《婚姻家庭制度论》，湖南出版社，1993年，第251、252页。
② 陈一筠主编：《情感与婚姻》，中国协和医科大学出版社，2003年，第406、430页。
③ 金一虹：《家庭、生育和人类进化》，《家庭》编辑部编：《婚姻家庭探索》，广东人民出版社，1985年，第520页。

种家庭的总量将继续保持增多的势头”。[①] 刘发岑则认为，未来的婚姻与“智力等级”相联系，指出“在实行着智力等级制度的社会里，物质上的供应已做到了各取所需，无性繁殖已经普及，子女为社会公养，后人的概念是公有的，政治学变成了研究怎样使管理方法适应于生产力发展之需要的科学，经济学研究怎样使工作服从精神享乐，社会学研究怎样使职务与才能一致，伦理学研究如何提高精神文明的程度。社会关系靠道德准则维持。婚姻关系既不受财产支配，又无子女问题上的牵连与顾虑，它将发展成：以爱情为基础、受智力支配、为事业服务、适应于工作需要这样一种模式”。[②]

未来社会的发展，为人类情感多样化需求的满足提供了条件，这也将逐渐改变婚姻的形式。唐达等人认为，未来婚姻中的爱情比重会日趋增加，具体将表现为两个方面。首先，婚姻结合途径的趋势将逐渐摆脱父母包办，并从亲友介绍向自己认识的方向发展。其次，择偶中对经济及其派生因素的考虑将越来越少，爱情的位置变得越来越重要。“到21世纪以后，婚姻以爱情为基础的思想将为全社会所公认。到那时，人们都不会像今天这样围绕‘爱情论’、‘经济论’、‘综合论’之类争论不休。到那时，人们择偶的标准将不再是地位与物质，而是感情与人品。”他们进一步提出，“当着人们不再受经济关系的束缚和压抑，可以自由地相爱，并以爱情为基础结合而为夫妻，组成家庭，走向爱情并以爱情和性欲的完美结合为准绳和中心内容的形式和境界。这便是人们追求的目标，也将是婚姻文明的终极形态”。[③] 徐纪敏等人认为，“未来人类婚姻制度的任何变革，都应当坚持恩格斯所曾经设想过的指向原则：婚姻应当有利于一对自由、平等的男女在灵与肉两方面高度和谐的结合，它既不受罪恶感（传统伦理）的困惑和良心的折磨，也不害怕社会舆论和法律的惩罚，未来的婚姻将是人性自由和人类道德之间达到最高和谐统一的境界。男女结合为了得到感情上的满足，将成为婚姻的主旋律。性爱是

---

① 成卉青：《家庭与婚姻的“分离趋势”》，《家庭》编辑部编：《婚姻家庭探索》，广东人民出版社，1985年，第499、504页。

② 刘发岑：《婚姻通史》，辽宁人民出版社，1991年，第450页。

③ 唐达等：《文化传统与婚姻演变：对中国婚姻文化轨迹的探寻》，文汇出版社，1991年，第219、215、234页。

婚姻唯一的基础”。[①] 对于婚姻来说，性爱因素是高于经济因素的，而当未来物质资源极大丰富时，人们将不再受经济因素束缚，性爱就会成为婚姻唯一的基础。

不过，对于性爱和婚姻的关系，有些学者则有不同见解。王仲根据近些年来婚前同居、不婚而居、性行为提前、多个性伙伴等情况的普遍出现，认为在人们的心目中，“性行为与婚姻制度不再是唯一相关的，是可以分离的，性行为只是解决人的生理需要和满足感情的需要，甚至于只是为了一种文化理念和个人偏好，而婚姻制度和家庭更作为人的社会需要”，进而提出，“随着婚内道德与婚外道德的进一步认同，性与婚姻将更加明白地在家庭内部被区分开来，说到底，这还是因为人们对婚姻的本质有了进一步的认识，将婚姻归于到其本来的面目，与其它外在因素区分开来”，并理解和认可“追求新型的生活方式将成为夫妻异地而居的最好理由，周末夫妻与分房而居都将会成为一种潮流，这种分居与感情好不好无任何关系，只是一种新的生活方式”，并且“也会出现许多其它类型的家庭，如丁克家庭（即只有夫妻双方，而自愿不生育子女）、单亲家庭（即父母一方与婚生子女）或未婚一方甚至双方与未婚生子女组成的家庭”。[②] 程京认为，“在未来的年代里，一夫一妻制仍然是主流。同时，还有其他一些婚姻形式与一夫一妻制并存，如双偶婚、多偶婚、公社式婚姻和群婚等，以及各种同居形式”。[③] 梁景和则以量变与质变为分析理论，认为在婚姻制度灭亡之前存在一个婚姻的过渡形态，即“一夫一妻多情制”。之所以存在这样一个过渡形态，是因为真正以性爱为基础而建立起来并得以永恒的一夫一妻制是人类的理想，在实践中并不多见。在实际的婚姻生活中，因夫妻生活的不完全适应、不满足和不幸福，必然会导致对于外在情感的追求。但这种“情感伙伴”的出现并非夫妻感情破裂造成，而是夫妻感情降温而达不到情感满足所至，是情感调适理论的现实

① 徐纪敏、王烈主编：《婚姻学》，山西教育出版社，1992年，第474页。
② 王仲：《当前我国婚姻家庭形式的趋向分析》，《西北人口》2007年第3期。
③ 程京：《人类两性关系的未来》，《道德与文明》1989年第4期。

折射。①

在性爱与婚姻的关系上，有些学者的认知更大胆一些，认为作为婚姻内容之一的性爱可能会取代婚姻本身。侯岐山认为："未来的婚姻不是婚姻，应该是两性的自由结合。只有在没有任何勉强、没有任何附加条件下的结合，才是真正的自由结合，才是人在两性关系上的最高境界。待到那遥远的未来，人类真正摆脱了前面说过的约束，人与人个体的结合，应该是在完全自愿的情况下实现的。互相感到幸福、愉悦，可以数十年甚至直到离开这个人间；有一个感到不愉快、想分手，可以立即分开并且可以不再见面。那是真正的互相爱悦，没有一丝一毫的勉强。"② 张平治认为，未来是个情人的世界，这个世界"是否需要'婚姻的形式'，那可以悉听人们的尊便。因为，爱情才是一切，而不是婚姻才是一切"，当未来家庭的生产职能、生育职能、教育职能、消费职能消失后，"家庭最终仅剩下了一个情感的职能，即两性之间在感情上的联系。说的坦率一点，性生活也主要是为了欢娱享受，而不是为了传宗接代"。③

改革开放后的20多年里，学界对未来的婚姻有广泛的思考和探究。这是改革开放后人们思想禁锢被逐渐打破，思想自由程度提高，视野渐次开阔，看见更多新型的国内外两性关系的现状，正是在这样的基础上产生了对未来婚姻的思考，并形成了未来的婚姻观。总的看来，这些未来婚姻观有如下之特点：其一，是对近期婚姻发展变化的认知和预测，有些后来已成为现实；其二，有些是对遥远未来婚姻发展变化的推理和期许，这些作为哲学的思考有一定的理论意义和价值；其三，有些可能是一般的想象和推测，缺乏存在和实践的基础和条件，故只能是说说而已，实践价值有限。

## 五、两个理论思考

中国传统文化认为，世界有几个重要的相互联系紧密的基本要素，这就

① 梁景和：《论近代的"废婚主义"——兼论废婚过渡期的婚姻补充形态》，《史论与论史》第1卷，中国社会科学出版社，2016年，第128—145页。

② 侯岐山：《漫话人生》，军事谊文出版社，2002年，第153页。

③ 张平治：《未来的情人世界》，《中国性科学》2004年第9期。

是天地、万物、男女、夫妇、父子、君臣等等。故《易》曰：“有天地，然后有万物。有万物，然后有男女。有男女，然后有夫妇。有夫妇，然后有父子。有父子，然后有君臣。”① 上述表述把婚姻中的夫妇关系，看成是自然界的基本要素之一。而就人类社会而言，“人情之始，莫若夫妇”，② 婚姻被视为人情伦理之始，人类社会关系的源头。正如吕思勉所说：“社会之组织，实源于家族，而家族之本，又由于男女之牉合也。”③ 可见，婚姻在人类社会中的影响之大。传统婚姻的具体价值在于和两姓之好，上以事宗庙，下以继后世，这是中国传统文化尤其强调的婚姻意义。我们若站在今天的立场和视角看待婚姻，可以关注如下两个重要的理论问题。

### （一）婚姻的本质

一般而言，婚姻的本质是要解决物欲、性欲、爱欲和伴欲最基本的几个问题。

所谓物欲是一个广义的概念，是指物质方面的生活，包括衣食住行这类基本的生活内容。男女结婚，男女两性都要为物质生活做出奉献，中国传统社会所说的男主外女主内、男耕女织就是要夫妻承担起更好地提供物质生活的责任。中国民间俚语“嫁汉嫁汉，穿衣吃饭”，指女人结婚嫁人是为了衣食的物欲而已。中国传统经典的婚姻论财也阐述的是这样一种观念。传统婚姻素来讲究“聘仪奁赠之礼”，《礼记·昏义》注疏中说：“纳征者，纳聘财也。征，成也。先纳聘财，而后昏成。”④ 婚礼成立与否需要钱财的支撑，这种古已有之的风习一直延续着，某时某地的婚俗都有所体现，如清代桂阳、博罗、内乡等地的县志都多有记载。⑤ 婚姻论财是解决物欲的需要，在某种程度上有利于物质生活的改善。当然，婚姻论财导致的恶俗也屡见不鲜，买妻、出妻、典妻等陋俗屡禁不止，对妇女的人格和身心造成严重的伤害等等，这也是婚姻为什么需要改革的一个重要原因和一项重要的内容。

---

① 《周易·序卦》，（清）阮元校勘：《十三经注疏》（上），中华书局，1980 年，第 96 页。
② 《白虎通·四卷·嫁娶》，《百子全书》第 6 册，浙江人民出版社，1984 年。
③ 吕思勉：《中国文化史六讲》，《中国文化思想史九种》（上），上海古籍出版社，2020 年，第 244 页。
④ （清）孙希旦撰，沈啸寰、王星贤点校：《礼记集解》（下），中华书局，1989 年，第 1417 页。
⑤ 《桂阳县志》卷 10，嘉庆二十二年（1817）刻本；《博罗县志》卷 9，乾隆二十八年（1763）刻本；《内乡县志》卷 5《风俗志》，康熙三十二年（1693）刻本。

所谓性欲是指人的一个最为基本的生理特征与生理要求。告子指出：食色，性也。其意是说食欲和性欲属于人性，是人生离不开的两件事。性欲是激发性行为的心理与生理因素，是人们与生俱来的希望满足机体需要的一种本能冲动，是生物在进化过程中形成而由遗传固定下来的，但又与社会环境、文化传统、生活习惯、宗教信仰等密切相关。在不伤害自身健康、不妨碍他人的基础上，人们可以在法律和社会规范允许的范围内，通过正当的、适合的手段使性欲得到宣泄和满足。从人类有了婚姻以来，婚姻制度就成为一个具有绵长历史并与人类性活动紧密相连的重要机制，成为人类宣泄和满足性欲的道德与合法的渠道，即婚姻关系成为性关系的一种形式，正如蔼理士所言，“婚姻是性的关系的一种”。[①] 与此同时，性欲也是完成繁衍后代的基本机能。中国传统讲求“下以继后世”“不孝有三，无后为大”，[②] 对于繁衍后代，传宗接代极为重视，所以民俗中讲究早婚早育、儿孙满堂、养儿防老、承嗣香火、传宗接代，而绝后就成了诅咒和骂人的同义语。可见婚姻、性欲、繁衍后代是紧密相关的一个链条。

所谓爱欲是指追求爱情的欲望。爱情是受社会因素影响的生理、心理和主观情感相互结合的复杂现象。不同时代、不同文化环境、不同的个体对爱情有着不同的理解和感受。构成爱情的因素比较复杂，时而是激情，时而是亲密，时而又是奉献、获取、承诺等等。爱情是彼此之间奇特的一种美好浪漫的心理感受。爱情的产生符合人的生存进化规律，即拥有这种感情的人能获得更多的温暖与保护，能更好地生存下来。罗素与瓦西列夫都对爱情有过阐述。罗素认为，“爱情是人类生活中最重要的事物之一”，“爱情在某些社会中比其他社会更普遍存在”，“罗曼蒂克的爱情在浪漫主义运动中达到顶峰”。[③] 瓦西列夫阐释爱情的视角更加多样化，如他认为爱情是“在传宗接代的本能基础上产生于男女之间、使人能获得特别强烈的肉体和精神享受的这种综合的（既是生物的，又是社会的）互相倾慕和交往之情”，“人的爱情不可能不反映人的本质的深度，不可能无视社会关系，也就是说，不可能仅仅

① ［英］蔼理士著，潘光旦译：《性心理学》，生活·读书·新知三联书店，1987年，第330页。

② “无后为大”的本意是“没有尽到后辈的责任为最大”，后来在民间就把它理解为“没有后代为最大”。

③ ［英］罗素著，汪文娟译：《论婚姻与道德》，上海人民出版社，2021年，第68、42页。

是纯生物的、本能的、性欲的联系。爱情的内容是丰富的、无穷尽的，它是冲动和意识的仙境，是性欲和精神渴求的神奇融合”，“爱情是人性的自由表露的形式，是生活隐秘领域中美好的高尚、理性和善的观念的实际体现”，“爱情的实质是精神的自由振奋，是主体的自我实现”，“爱情作为必然范围的自由意志的表现，是情感的高度的、大胆的倾泻。然而它又随时发挥着在亲昵情谊中的道义责任感”，“爱情是肯定人的个性达到成年的形式，是个性现实化的一个重要心理因素”。① 可见，爱情是强烈的肉体和精神之间互相倾慕的神奇融合；爱情是精神丰富、无穷、冲动、高尚、理性的内在仙境；爱情是精神振奋、充满想象、大胆倾泻的自由意志；爱情是具有道德责任的成人心理。总之，爱情是欢乐之源，是人的本质的深度体现。婚姻与爱欲应当是统一的，婚姻追求爱，被爱是幸福的，爱则更幸福，婚姻就是爱与被爱的给予与接受的统一。有着美好爱情的婚姻才能使彼此双方收获真正的人生幸福。爱欲是婚姻中高层次的精神追求，故不是每桩婚姻当事人都能获得爱欲的享受。

所谓伴欲是希望在平日的生活中有人相伴的欲望。伴欲是人们希望自己的身边有人相伴，有人说话、有人表白、有人述说、有人倾诉、有人倾听、有人帮助、有人对你知冷知热的欲望，这也是人的基本欲望。婚姻有这方面的基本功能，用以满足人的这一伴欲。中国对婚姻的祝福有一句话就叫“白头到老”或“白头偕老”，其基本意义就是希望婚姻中的另一方陪伴你一辈子。所以，民间把自己的老年配偶称为“老伴儿”，就是陪伴你到老，满足你平日的伴欲，故伴欲是婚姻的本质之一。

婚姻的本质是一个重要的理论问题，应当引起重视并要进行广泛而深入的探索。笔者从物欲、性欲、爱欲和伴欲的视角来探索婚姻的本质，希望仅用自己的一得之见来抛砖引玉。

### （二）20 世纪婚姻变革与人的精神进化

我曾经阐述过，纵观人类历史的进程，人类自身觉悟，即人类精神进化

---

① ［保］瓦西列夫著，赵永穆等译：《情爱论》，生活・读书・新知三联书店，1984 年，《引言》第 5 页；第 29、168 页。

或精神解放反映在三个宏观层次上。第一，人类相对摆脱自然（神）的束缚，看重和强调人类本身的价值，确立人类的优越和中心地位，而获得人类整体的相对自由；第二，个人相对摆脱传统人伦文化的束缚，看重和强调个体价值，确立个体的人身地位，从而获得人类个体间的相对平等和自由；第三，个人相对摆脱自身束缚，注重个体异化，在不断否定自己的过程中，使自身的灵与肉相对分离，人类个体获得精神异化的相对自由。①

在茫茫大地上，自从有了人，便开始人类精神的进化过程。人类最初的精神世界极为自卑，他们的内心深处，更多的是对自然的恐惧和畏怯，进而对这“伟大”而又“崇高”的自然（神）产生一种真诚的崇拜和仰慕。到了历史进化的“轴心时代”，终于迎来人类自身的第一次觉醒，确立人类整体的自我中心地位。荀子对人的天资禀性作了深刻的揭示，“水火有气而无生，草木有生而无知，禽兽有知而无义，人有气、有生、有知，亦且有义，故最为天下贵”。② 子产说，“天道远，人道迩”。③ 孔子说，“敬鬼神而远之”。④先贤们共同创造了规定人际关系准则的人伦文化，它的诞生标志着人类精神的第一次进化。这次人类精神的进化所产生的人伦文化又经过了漫长的历史过程，最终无可奈何地衰朽了，而导致人类精神的再次进化。近代中国迎来了国人精神进化的新时代，这种精神进化是对新的人文精神的再创造，而自由、平等、个性主义则是人类精神再次进化的主要内容和标志。20世纪中国婚姻的变革与第二层次的人的精神进化紧密相联。第二层次的人的精神进化反映在生活的各个领域，自然也反映在人们的婚姻生活当中。20世纪的婚姻变革就是要摆脱传统人伦文化的束缚，主张从传统的包办婚姻向自由婚姻迈进，这个过程通过百年的实践，取得了重大的成果，并将沿着这样的方向继续向前。第二层次的人的精神进化还有很长的路要走，所以各领域的生活变革并不会一帆风顺，出现的困难和障碍在所难免。包括人们的婚姻生活，还要经过反复的博弈，才能实现从传统包办婚姻向自由婚姻的彻底变革。

---

① 参阅梁景和：《近代中国陋俗文化嬗变研究》，首都师范大学出版社，1998年，第320—334页。

② 《荀子·王制》，《百子全书》第1册，浙江人民出版社，1984年。

③ 《左传·昭公十八年》，（清）阮元校勘：《十三经注疏》（下），中华书局，1980年，第2085页。

④ 《论语·雍也》，（清）阮元校勘：《十三经注疏》（下），中华书局，1980年，第2479页。

## 六、结语

第一，“天下之本在国，国之本在家”，家庭又立基于婚姻之上，故婚姻乃全部社会生活之“万世之始也”。中华民族通过长期的婚俗传承和沿革，最终形成了中国传统婚姻观念与行为方式上的五个基本特征。本书对这五个特征即中国传统婚姻的他主性、买卖性、抑女性、承嗣性、繁缛性进行了系统阐述。这是与产生阶级之前的社会形态及现代社会形态相比较而言的，是对传统婚姻俗制的一种纵向的审视和把握。这些特征的形成无疑有着相互联系的诸多因素的相互制约，包括地理条件的、民族文化及民族心理的、经济的、政治的、社会的等诸多因素的作用与影响。

第二，本书通过五个阶段研讨了 20 世纪中国婚姻走过了从包办到自由的一个演变过程。第一阶段从 1901 年至 1927 年，这一阶段的中国婚姻变革体现着一种婚姻变革思想的深刻性；第二阶段从 1927 年至 1950 年，这一阶段的中国婚姻变革体现着一种社会的多样性；第三阶段从 1950 年至 1966 年，这一阶段的中国婚姻变革体现着一种法律政策的规范性；第四阶段从 1966 年至 1980 年，这一阶段的中国婚姻变革体现着一种政治的管控性；第五阶段从 1980 年至 2000 年，这一阶段的中国婚姻变革体现着一种观念与行为的开放性。20 世纪婚姻变革的宏观旨意在于女子解放、男女平等和婚姻自由。整个 20 世纪婚姻旧俗的变革经历了从开始出现的微弱变化，到随着时间的延续而逐渐扩展，直到 20 世纪末叶变化的大致完成这样一个过程，但变化绝非百分之百的实现，婚俗旧俗绝非百分之百的消失。有些婚姻旧俗依然在一定的人群和地域中存在，甚或还有屡屡反复的现象。但总的来看，20 世纪中国婚姻发生了根本性的变革，婚姻从包办到自由的演变过程中，已经取得了可观的进步。

第三，本书探索了婚姻本质的理论以及婚姻变革与人的精神进化理论的关系。婚姻本质的理论阐述了婚姻的本质一般而言是解决物欲、性欲、爱欲和伴欲这样几个最为基本的人生问题。婚姻变革与人的精神进化的理论阐述了人类精神进化或精神解放反映在三个宏观层次上，而 20 世纪中国婚姻的变革与第二层次的人的精神进化紧密相连。

2023年2月20日

# 绪 论

## 一、问题的提出

历史学家吕思勉指出："社会之组织，实源于家族，而家族之本，又由于男女之牉合也。欲知文化之源者，必不容不知婚制及族制审矣。"[①] 他认为，从婚姻、家族、社会三者生成的逻辑关系看，婚姻、家族制度是探寻民族文化发展源头的重要切入点，这意味着婚姻可以成为透视社会文明形态的棱镜，实际上抓住了中国传统文化的重心。

西周时期，中国确立了完善的封建宗法制，并制定了相应的婚姻规范巩固这一制度。家族的继承和延续需要保证子嗣血统的纯正，正如恩格斯所言："其明显的目的就是生育确凿无疑的出自一定父亲的子女；而确定出生自一定的父亲之所以必要，是因为子女将来要以亲生的继承人的资格继承他们父亲的财产。"[②] 为了保证血统的纯正，保障家族的利益与名誉，就须"别

① 吕思勉：《中国文化史六讲》，《中国文化思想史九种》（上），上海古籍出版社，2009 年，第 244 页。

② ［德］恩格斯：《家庭、私有制和国家的起源》，《马克思恩格斯选集》第 4 卷，人民出版社，1995 年，第 59 页。

男女”“防淫佚”，故而“嫁娶须由媒妁”，[①] 它与宗法、父权制一起构成了“父母之命，媒妁之言”的婚姻规范，并成为婚姻取得合法性的根本依据。为了更好地实现“别男女”这一目的，又制定了“六礼”完备的婚姻礼仪，“婚礼享聘者，所以别男女，明夫妇之道也”。[②] 研究表明，“周代的政治架构，落于宗法与婚姻两块基石之上”。[③] 因此，我们便不难理解，周代的社会精英希望通过制定、实施规范的婚姻制度，实现家族的稳定，夯实政治统治的基础，进而构建社会稳定的基石。在家国同构的体制下，婚姻与政治、社会具有密切的关联，并成为意识形态建构的重要载体。

自周以降两千多年，朝代更迭频仍，但“中国婚姻礼制，历代相承，体例虽略有增删，原则初无更易”。[④] 作为传统社会意识形态的载体，婚姻必然会在相当大的程度上影响、塑造中国人。正因为如此，林语堂先生曾感慨地说：“生命中没有什么像婚姻那样，能在生命机理和人类灵魂上烙下深深的印记。”[⑤] 既然婚姻可以作为审视文化发展和中国人精神变化的镜子，那么梳理近代社会婚姻的变迁轨迹，则有利于把握近代中国人思想进化的脉络，以此来深入理解近代中国社会的变迁轨迹。

近代中国的婚姻变革是现代化转型的产物，而现代化转型则是应对西方殖民主义的被动选择，并形塑了现代民族主义。甲午一役深刻刺激了知识分子的神经，推动了他们的民族觉醒，从而掀起了近代史上具有自觉意识的启蒙、救亡热潮。令人感兴趣的是，近代中国的婚姻变革几乎与启蒙、救亡同步展开，这是偶然还是必然呢？如果是后者，二者之间是什么关系？从现代化的启动类型看，中国属于外发型模式，是应对殖民主义危机的策略性选择，这决定了启蒙的目的在于救亡。启蒙与救亡的同步，意味着婚姻变革承载着民族复兴的工具理性价值，那么启蒙知识分子又赋予了它什么功能？这些问题都需要进一步梳理和深入阐释。

---

① 陈鹏：《中国婚姻史稿》，中华书局，1990年，第22页。
② （清）王聘珍撰，王文锦点校：《大戴礼记解诂》，中华书局，1983年，第144页。
③ 林鹄：《宗法、婚姻与周代政治——以青铜礼器为视角》，《中国历史文物》2003年第2期。
④ 陈鹏：《中国婚姻史稿》，中华书局，1990年，《例言》第1页。
⑤ 林语堂：《美国的精神》，《林语堂文集》，群言出版社，2011年，第204页。

清末至五四的20多年间是近代中国思想变动最为剧烈的时期，也是现代思想奠基的重要历史时期。[①] 美国学者汤尼·白露认为，中国的思想启蒙是“新知识分子借以精心策划的路线，去构思政策、意识形态、社会和学术批评、策略和所有实际的思想现代性理论和方案”。[②] 所谓“精心策划”的判断并不准确，思想启蒙其实是多源并发的，其中充斥着歧义和多重面向，但其共同点在于它们都指向具有现代性的理论和方案。现代性奠基的关键在于“人”的重塑，这是伦理革命的核心内容，也是启蒙者关注的根本问题。以启蒙大师梁启超发表《新民说》为开端，知识界将这一问题的认识逐步推向深入，并在五四时期达到一个历史新高度。从民族国家的构建到国家主义的退潮，惨痛的经历让五四知识界充分认识到，现代转型的核心问题是人的问题，“欲图根本之救亡，所需乎国民性质行为之改善”。[③] 这表明，伦理革命的价值指向是政治革命，即以伦理革命夯筑共和制度的道德基础。伦理革命的核心内容是塑造什么样的人以及如何塑造人，清末至五四时期的婚姻变革既是伦理革命的产物，又承担着伦理革命的使命。

随着启蒙知识界对这一问题思考的深入，婚姻变革也逐步走向高潮。那么，引导婚姻变革的西方思想资源与传统思想如何相融、相克，启蒙知识分子如何进行思想资源的置换，作为受众的知识青年又如何接受这一理念？知识界的预期与知识青年的理解、践行是否完全一致，这又对婚姻变革产生什么影响？青年人在婚姻问题上的种种行为，又表明其现代转型的何种程度？这些问题的阐释，不仅有助于梳理五四时期婚姻变迁的脉络，而且能够深入理解五四时代观念的复杂性，进而在观念与行为的张力中深刻把握现代转型的艰巨性。

婚姻变革是近代中国社会变迁的缩影，它的产生与启蒙、救亡思潮中的现代转型密切相关，也是近代中国思想文化转型的重要体现。正如恩格斯所

---

① 张灏认为，1895—1920年初是近代中国思想文化从传统过渡到近代的转型期，参见张灏：《中国近代思想史上的转型时期》，《二十一世纪》1999年4月号。

② ［美］汤尼·白露著，沈齐齐译：《中国女性主义思想史中的妇女问题》，上海人民出版社，2012年，第124页。

③ 陈独秀：《我之爱国主义》，《新青年》1916年第2卷第2号。

言，根据婚姻形态，“我们就可以研究文明社会内部充分发展着的对立和矛盾的本质”。[①] 因此，婚姻史的研究能帮助我们明晰其在近代中国社会变迁中的定位，考辨近代思想文化转型的中国特征。现代化转型的核心就是人的转型。婚姻变革从理念到实践的梳理，有助于我们进一步把握五四时代人们精神变化的路向和对幸福生活的理解，这是衡量现代性的重要参考。上述问题的解决，将深化中国人的精神进化史，为理解当代中国人的行为选择提供一定参照。

为了提升问题研究的准确性，必须对本卷研究所涉及的时段和对象予以界定。哈佛大学东亚系王德威教授曾提出“没有晚清，何来‘五四’?”[②] 的论断，意图从文学视角强调现代性意识在近代中国发展的连续性，以强调五四时期所呈现的现代性面貌是晚清以来量变累积的结果，阐明了历史发展的内在连续性和逻辑性。作为“20 世纪中国婚姻史”研究的第一部分，必须要考量清末社会变迁与婚姻变革的关系。又因目前国际通行的世纪计算方法是“101”法，故本卷的时间上限确定为 1901 年。南京国民政府成立后，中国逐渐步入了稳定发展的“黄金十年”，这意味着狂飙突进的五四时代基本结束了。女权运动的推动者们认识到，“妇女问题的解决，不得不与社会问题的解决同时”[③] 进行，婚姻变革与意识形态建构的同步关系逐渐疏离，婚姻的生活意义在逐步增强，生活观念的自我选择成为市民生活的突出特点，[④] 故本卷以南京国民政府的成立作为研究的时间下限。不过，笔者会根据研究的实际需要，对与研究主题密切相关的研究对象和史料做时间上的适度延展。

本卷的研究时段由两个重要的时间概念组成。其一是“清末民初”。这是中国近代史研究中经常提到的时间指称，但并无明确的时间断限，研究者会根据研究对象的转换而进行上下调整。根据研究的实际需要，清末起自

① ［德］恩格斯：《家庭、私有制和国家的起源》，《马克思恩格斯选集》第 4 卷，人民出版社，1995 年，第 63 页。

② ［美］王德威著，宋伟杰译：《被压抑的现代性——晚清小说新论》，北京大学出版社，2005 年，第 1—19 页。

③ 章锡琛：《废刊词》，《新女性》1929 年第 4 卷第 12 号。

④ 何一民：《近代中国城市发展与社会变迁》，科学出版社，2004 年，第 477 页。

1901年，民初止于1917年《新青年》杂志同仁推广新文学运动。其二是“五四时期”。五四运动是中国近代史上的重要历史事件，无论在政治史还是思想史研究领域都占有重要地位。从政治史角度看，五四时期的断限清晰，一般是指1915年9月《青年杂志》创刊到1921年7月中国共产党成立这段时期。在思想史研究领域，五四时期的断限分歧较大。许纪霖以1915年《新青年》的创办为起点，以1925年国民革命的兴起为终点；[①] 而余英时则将起点认定为1917年的新文学运动，终点是1927年北伐的成功。[②] 美国学者周策纵从梳理五四时期主要事件的脉络入手，认为可以1917年的新文学运动为起点，以1921年为终点。同时，他又认为，这一时期上可延伸到1915年《青年杂志》的创刊，下可到1923年的科玄论战。[③] 美国学者格里德尔以1915年《青年杂志》的创刊为起点，以1927年南京国民政府的成立为终点。[④] 本卷研究与思想史有密切关联，结合婚姻史发展的轨迹，并借鉴上述学者的观点，兹以1917年《新青年》同仁推广新文学运动为五四时期的起点，以1927年南京国民政府的成立为终点。

思想变革的深刻性是这一时期的突出特点，而这要归功于近代思想启蒙运动。知识人建构的启蒙思想虽在清末就已呈现下移趋向，[⑤] 但整体而言该时期的文化传播，主要集中在知识精英和以青年学生为主体的大众知识群体之间。因此，本卷研究关注的区域是城市，研究对象则是知识精英和大众知识群体，以及两者之间的文化传播过程。因为婚姻新观念的产生不仅是中西思想文化交流的产物，还是近代中国社会变迁的结果，故而其发轫之初主要践行于新知识群体身上，而他们又主要集中在城市。作为新生事物，其发展之初无论是在地域还是践行的群体都存在一定的局限，但它代表了婚姻新文化发展的趋势。从这个意义上讲，城市知识阶层婚姻文化的嬗变，基本可以代表全国范围内婚姻文化变迁的潮流。

---

① 许纪霖：《家国天下：现代中国的个人、国家与世界认同》，上海人民出版社，2017年，第236页。

② 余英时：《中国思想传统及其现代变迁》，广西师范大学出版社，2004年，第82页。

③ ［美］周策纵著，周子平等译：《五四运动：现代中国的思想革命》，江苏人民出版社，1999年，《导言》第6页。

④ ［美］格里德尔著，单正平译：《知识分子与现代中国》，南开大学出版社，2002年，第235页。

⑤ 参见李孝悌：《清末的下层社会启蒙运动（1901—1911）》，台北中研院近代史研究所，1998年。

## 二、研究现状

从中西比较的视野看，婚姻问题的学术研究发端于西方。19世纪中期，逐步摆脱了神学思想支配的西方学者开始以进化论的视角，审视人类婚姻，试图探寻人类文明进化的轨迹。

1861年，瑞士人类学家巴霍芬出版了其代表作《母权论》，他在知识界第一次提出了母权制的概念，并指出人类的早期两性关系处于“杂婚”状态，世系只能由母亲来确定，故享有尊贵的地位。妇女通过有限制的献身，实现了人类从群婚到对偶婚的过渡。① 这本著作的观点并没有直接的史料证明，用现代学术标准来衡量《母权论》，可能会认为这只是一种“母婚猜想”，但恩格斯还是给予了较高评价。1865年，苏格兰原始社会学家麦克伦南撰写的《原始婚姻：婚姻仪式中掠夺形式源流考》问世。他发现，世界各民族遗存的抢婚习俗是人类原始时代存在外婚制的重要证据，从而认定母权制的世系制度是人类最初的婚姻制度。② 美国社会学家、民族学家摩尔根撰写了被恩格斯称为“划时代少数著作之一”的《古代社会》，认为人类历史分为蒙昧、野蛮和文明三个阶段，婚姻也从“乱婚”发展到“群婚”、“对偶婚”，最后发展到以单偶婚为主的一夫一妻制家庭，标志着人类步入文明社会。③

《古代社会》的研究带有自发的唯物主义色彩，恩格斯的《家庭、私有制和国家的起源》则充分体现了马克思主义的唯物史观，在更广阔的背景下赋予了人类社会史以更深刻的内涵。它科学分析了人类早期发展阶段的历史，揭示了不同社会经济形态中家庭关系的发展特点和演变规律，论证了原始公社解体和以私有制为基础的阶级社会形成的过程，深刻剖析了国家的起源和实质。④ 1891年，芬兰人类学家韦斯特马克的《人类婚姻史》

---

① ［瑞］巴霍芬著，孜子译：《母权论》，生活·读书·新知三联书店，2018年。

② ［英］麦克伦南：《原始婚姻：婚姻仪式中掠夺形式源流考》，彭立荣主编：《婚姻家庭大辞典》，上海社会科学院出版，1988年，第251页。

③ ［美］摩尔根著，杨东莼等译：《古代社会》，商务印书馆，1977年。

④ ［德］恩格斯：《家庭、私有制和国家的起源》，《马克思恩格斯选集》第4卷，人民出版社，1995年，第1—179页。

在伦敦出版。他用大量证据尤其是生物学方面的证据来证明一夫一妻制家庭的古老性和永恒性，并认为原始婚姻是由于需要核心家庭而出现的，核心家庭是社会基本和普遍的单位。① 韦氏的观点和摩尔根的观点对立，故而受到恩格斯的强烈批判，其中关涉到的是人类的发展史及对私有制和父权制的认知与评价。

上述著作是研究人类婚姻史的重要参考书目，然而中国作为历史悠久的文明古国，其婚姻形态既有上述著作提及的共性问题，又有其独特的文化特色。因而，国外学界对于中国婚姻问题的关注由来已久。早在 19 世纪末 20 世纪初，一些西方人就开始记录或介绍中国的家庭和婚姻制度，如美国传教士玛莎·克劳福德在《中国新娘：一个真实生活的故事》中就对中国新娘在家庭中的角色进行了描述。② 美国传教士明恩溥则在《中国乡村生活：社会学研究》中用大量的篇幅描述了中国乡村的家庭生活，评述了他对中国传统婚姻的认知。③ 加拿大的玛格丽特·麦克莱恩根据其 1905 年在华 4 周的旅行经历撰写了《中国的家庭主妇》。④ 美国教士何德兰的《中国的家庭生活》也介绍了中国的儿童生活、处于不同社会角色的妇女、婚俗礼仪等内容。⑤ 再如巴什福德在《中国：一个解释》中讲述了中国人的家庭关系、包办婚姻的历史等。⑥ 英国律师威金生的《传统式的中国家庭》也涉及中国的家庭结构、血缘关系、亲属制度等内容。⑦

20 世纪 30 年代美国学者奥尔加·兰对中国家庭开展了实地研究，撰写的《中国的家庭与社会》全面论述了中国的家庭结构，⑧ 被认为是 20 世纪 70 年代以前有关中国研究的经典著作之一，是当时“有关中国家庭的真正科学的研究”。美国女教士海珥玛的《中国西部的家庭生活》，对中国西部地区

---

① ［芬］韦斯特马克著，李彬译，李毅夫校：《人类婚姻史》，商务印书馆，2011 年。

② Martha Foster Crawford, *The Chinese Bride*: *A Story of Real Life*, American Baptist Publication Society, 1869.

③ Arthur H. Smith, *Village Life in China*: *A Study in Sociology*, Fleming H. Company, 1899.

④ Margaret Maclean, *Chinese Ladies at Home*, Tokyo: Published for the author by the Methodist Pub. House, 1906.

⑤ Isaac Taylor Headland, *Home Life in China*, The Macmillan company, 1914.

⑥ James W. Bashford, *China*: *An Interpretation*, New York: Abingdon Press, 1914.

⑦ Hiram Parkes Wilkinson, *The Family in Classical China*, London: Macmillan, 1926.

⑧ Olga Lang, *Chinese Family and Society*, New Haven, Yale University Press, 1946.

的日常生活和家庭关系进行了描述和分析。[①] 以上这些研究主要侧重于人类学和社会学的角度。

我国以现代化视野关注婚姻始于清末。19、20 世纪之交，具有家国情怀的中国人开始把婚姻问题与国家命运联系起来，并以西方社会学为指导提出了改良婚姻的主张。同时，20 世纪以来中国经济结构和社会生产方式的持续变化，增强了个人主义观念，为 1920 年代的婚姻伦理革命提供了坚实的动力。知识界在除旧布新构建婚姻新理念的同时，也进行了学理性研究，相关著述陆续问世。

1922 年，易家钺与罗敦伟合著的《中国家庭问题》出版，鼓吹灵肉一致的恋爱，主张打破家庭制度，实现全人类的幸福和发展。[②] 潘光旦虽不同意其毁家的观念，但认为这是中国研究家庭问题的首部专著。[③] 1928 年，教育史家陈东原出版了《中国妇女生活史》，建立了“压迫—解放”的妇女研究模式，开启了以政治—朝代为标准的妇女史分期方法等，成为后世学者研究的参考起点和重新思考的坐标。[④] 1929 年，史学家吕思勉出版了《中国婚姻制度史》，在叙述中国婚姻制度的起源、流变之外，还对同姓不婚之制，婚龄的变迁，婚姻的结合、离异、婚令、婚仪，夫妇关系、蓄妾起源，嫡庶之分等，分别做了考订，澄清了史实。[⑤]

1931 年，罗敦伟出版了《中国之婚姻问题》，继续宣扬爱伦凯、倍倍儿等人的恋爱结婚、自由离婚的观念。[⑥] 基督教女青年会会长谭纫就女士出版了《中国离婚的研究》，梳理了中国离婚的历史与法律，并附有上海等各大城市 1929 年的离婚统计和离婚原因分析。[⑦] 截止到 1940 年代，学术界还有杨树达的《汉代婚丧礼俗考》、金穆的《一千八百年前的中国家庭》、陶希圣的《婚姻与家族》、董家遵的《论汉唐时代的离婚》、陈顾远的《中国婚姻

---

① Irma Highbaugh，*Family Life in West China*，New York：Agricultural Missions，Inc，1948.

② 易家钺、罗敦伟：《中国家庭问题》，上海泰东书局，1922 年。

③ 潘光旦：《斯文悬一发》，群言出版社，2015 年，第 39 页。

④ 李志生：《陈东原与〈中国妇女生活史〉》，陈东原：《中国妇女生活史》，商务印书馆，2015 年，第 334—340 页。

⑤ 吕思勉：《中国婚姻制度史》，上海中山书局，1929 年。

⑥ 罗敦伟：《中国之婚姻问题》，大东书局，1931 年。

⑦ 谭纫就：《中国离婚的研究》，中华基督教女青年会全国协会，1932 年。

史》、潘光旦的《明清两代嘉兴的望族》等一批有质量的著述。[①]

总体而言，清末至民国时期中国学人的研究成果，大多是运用“以我国问题为本位，以社会学观点为中心”的方法理念来研究婚姻问题，其目的是为了解决当时的婚姻问题和社会问题，因而对传统婚姻制度和当时的婚姻问题所做的论述未必全面和客观，对其观点和内容仍需进行甄别。西方学人对于中国婚姻、家庭的观察、记录和研究多从人类学和社会学角度出发，其视角和观点虽新颖，值得借鉴，但受西方文化本位主义的影响，他们对中国婚姻、家庭的认知会存在不同程度的扭曲，其观点引述同样需要仔细斟酌。

共和国成立后，受革命史观范式的影响，婚姻史基本淡出了学术界的研究视野。据郭松义先生的梳理，上世纪五六十年代仅有专著一部，论文两篇。[②] 改革开放尤其是在 20 世纪 90 年代以后，学界在刘志琴、梁景和、李长莉等学者的推动下，开拓了史学研究的新领域——社会文化史，延展了史学研究的视野，近代中国尤其是清末至五四时期的婚姻史研究取得了丰硕成果。近代中国社会变迁的复杂性使婚姻呈现了形态各异的面相，在不同研究视角、学科理论的指导下，研究成果异彩纷呈。根据研究成果的不同侧重，笔者将其分成以下几个主题做简要梳理，以期廓清研究视野。

20 世纪 90 年代的研究，主要着眼于清末民初的婚姻变革思潮，侧重于描述婚姻变革的宏观发展趋向。刘志琴等学者认为，社会生活的变动是婚姻理念及行为变动的基础。[③] 行龙指出，婚姻生活的新动向首先表现在主婚权、媒介形式、择偶标准与范围、离婚与再嫁等方面渐趋文明，同时呈现出“去土求洋”“不平衡性”“局限性”等特征。[④] 陈振江认为，清末民初的婚姻家庭变革发端于维新改良运动，高涨于民主革命勃兴之时，至五四运动前后形

---

① 杨树达：《汉代婚丧礼俗考》，商务印书馆，1933 年；金穆：《一千八百年前的中国家庭》，《人言周刊》1934 年第 1 卷第 29 期；陶希圣：《婚姻与家族》，商务印书馆，1934 年；董家遵：《论汉唐时代的离婚》，《社会科学季刊》1935 年第 1 卷第 1 期；陈顾远：《中国婚姻史》，上海书店影印，1985 年；潘光旦：《明清两代嘉兴的望族》，商务印书馆，1947 年。

② 董家遵：《中国收继婚之史的研究》，岭南大学西南社会经济研究所印行，1950 年；马起：《婚姻家庭在历史上的演变》，《东北人民大学学报》1956 年第 6 期；赵守俨：《唐代婚姻礼俗考略》，《文史》1963 年第 3 辑。上述记录可参见郭松义：《中国社会史研究五十年》，《中国史研究》1999 年第 4 期。

③ 刘志琴主编：《近代中国社会文化变迁录》，浙江人民出版社，1998 年。

④ 行龙：《清末民初婚姻生活中的新潮》，《近代史研究》1991 年第 3 期。

成高潮，主要表现在倡导以恋爱为基础的一夫一妻制和鼓吹废婚、毁家，这是人性觉醒的标志。[①] 严昌洪从社会运动与习俗变迁的角度指出了婚姻变迁的动力所在，认为五四婚姻新理念虽对移风易俗有一定的积极作用，但也存在一些局限。[②] 陈蕴茜、叶青指出，在婚姻制度上，时人提倡婚恋自由、自主，男女交往日趋公开，婚姻目的由承嗣转向追求人生幸福，婚龄逐渐趋晚，礼俗逐渐由传统转向现代；在婚姻生活上，反对大家庭的一夫一妻制，提倡妇女离婚。[③]

进入21世纪以来，婚姻史研究逐步走向深入，从宏观逐步走向微观的专题化研究，如婚姻法、恋爱与贞操观念、征婚、离婚等方面成果都颇丰。

婚姻法是婚姻的制度性保障，它的建设与贯彻力度对婚姻变革有重要意义。肖爱树运用历史社会学方法，考察了20世纪婚姻制度尤其是婚姻立法、法规变革的内在机制、运作过程和总体性特征。[④] 王歌雅从国家与社会互动的角度，探寻了中国近代婚姻立法与婚俗改革的时代背景，以及太平天国、清末、北洋、国民政府婚姻立法对婚俗的推动作用。[⑤] 蒋月着眼于对整个20世纪婚姻家庭法的现代化进程进行总体论述，从立法背景、立法思路、立法价值、内容框架、立法模式等多层面，研究评析了多个法律文本及其司法解释，探讨了婚姻家庭法的传统及其现代化的问题，并指出了婚姻家庭法的未来改革之路。[⑥] 上述成果把20世纪中国婚姻法制建设的轨迹基本捋顺清晰，那么在法制的实践上当时又处在何种状态呢？胡雪莲以《大清律例》与民国时期的诸多“新颁法律”为参照，认为“新颁法律”在立法精神上逐渐由家族主义转向个人主义。在实际新闻报道中，新旧法律用语杂陈，既体现清代法律意旨，也体现了新颁法律的精神，显示出报纸法律意识的不确定性。[⑦] 裴庚辛、郭旭红认为，民国时期婚姻法虽有所变化，但对于一夫一妻制的规

---

① 陈振江：《清末民初婚姻家庭变革运动的趋向》，《南开学报》1997年第4期。
② 严昌洪：《五四运动与社会风俗变迁》，《华中师范大学学报》1999年第3期。
③ 陈蕴茜、叶青：《论民国时期城市婚姻的变迁》，《近代史研究》1998年第6期。
④ 肖爱树：《20世纪中国婚姻制度研究》，知识产权出版社，2005年。
⑤ 王歌雅：《中国近代的婚姻立法与婚俗改革》，法律出版社，2011年。
⑥ 蒋月：《20世纪婚姻家庭法：从传统到现代化》，中国社会科学出版社，2015年。
⑦ 胡雪莲：《民国广州报纸婚姻案件报道中的法律词语——从法律变革的视角看》，《中山大学学报》2006年第3期。

定有名而无实；“新旧并存，中西共用”是这一时期婚姻习俗演变的主要特点。① 徐静莉通过分析大理院档案发现，受传统婚姻制度与习俗的影响，民国初年的女性仍非婚姻主体，但在西方民法理念及国内妇女运动的影响下，女性的婚姻权体现出由客体而主体的变化趋势。② 通过上述成果的分析不难发现，在立法以及司法实践中，中西、新旧的问题并未妥善解决好，而女性在司法实践中的主体性也有待提高。

恋爱是婚姻自由观中的核心概念，故而是婚姻史研究的重要内容。陈文联对婚姻自由的概念做出了解释。他认为，婚姻自由以情爱为中心进行转移，它强调婚姻当事人的自由权。婚姻自由的实现途径不仅在于经济的独立，还在于社会组织的全面改造。③ 吕芳上梳理了1920年代知识群体关于“爱情定则”的讨论与当时革命和恋爱的关系两大问题：“爱情定则”的讨论是知识界第一次关于情爱问题的学理性交流，这是中国人思想观念的革命性变革。关于“革命”与“恋爱”的关系，不同的团体都有着自己的理解：工团主义者陷入了爱情乌托邦，国民党主张理欲平衡的三民主义，共产党认为爱情要向革命让步，这意味着刚刚开启的私人空间又被关闭了。④

观念向实践的转化力度是社会文化史研究关注的重要面向。王印焕讨论了学生婚恋自由权的实现环境。她认为，民国时期的学生虽有自由恋爱的冲动，但当时的主客观环境并不利于学生的恋爱。现实的困境致使相当一部分学生对自己的婚姻不满，这在某种程度上催发了婚姻问题的产生。⑤ 关于婚恋自由权实施进度，京津两地所能普及的范围仅达到舆论与法规层面，在社会现实中则困难重重。家长在缔结婚姻中的绝对权力以及不容毁约的传统习俗，都是横跨在婚姻自由实施途径中的巨大障碍。⑥ 相较而言，学界更加关注女性的婚姻自由权。梁惠锦从对新旧妇女的不同影响来分析。她认为，旧

---

① 裴庚辛、郭旭红：《民国时期的婚嫁习俗与婚姻法》，《兰州大学学报》2008年第1期。

② 徐静莉：《由客体到主体：民初女性婚姻权利的变化——以大理院婚约判解为例》，《妇女研究论丛》2011年第1期。

③ 陈文联：《论五四时期探求“婚姻自由”的社会思潮》，《江汉论坛》2003年第6期。

④ 吕芳上：《1920年代中国知识分子有关情爱问题的抉择与讨论》，《无声之声（Ⅰ）：近代中国的妇女与国家（1600—1950）》，台北“中研院”近代史研究所，2003年，第73—102页。

⑤ 王印焕：《试论民国时期学生自由恋爱的现实困境》，《史学月刊》2006年第11期。

⑥ 王印焕：《试论民国时期京津两市婚姻自由的实施进度》，《北京社会科学》2006年第6期。

式妻子往往遭到新式丈夫的鄙夷，离婚时成了殃及的池鱼；新式女性往往因迷恋感情的因素，陷入同居的漩涡，有时候出现鸡飞蛋打的命运；妾的存在影响了妻子的权利，而妾自身的婚姻权也无从落实。[①] 艾晶则从女性的抗争来论述自由权问题。她指出，清末民初的女性获得了一定的地位和权利，并以自杀、杀人、与人通奸或潜逃等手段对其不平等地位进行消极反抗。虽然也有部分女性通过离婚或控诉的形式来摆脱不幸的命运，但多数未能如愿。[②] 雷家琼则重点论述了逃婚这一方式。许多接受了自由理念的女性选择以逃婚的形式来争取婚姻自主权，但由于家庭和社会的苛责以及法律支持乏力，逃婚女性脱离家庭后往往陷入困厄境地，备尝艰辛。[③] 余华林的研究动态地展示了民国女性对于爱情的追求与不良婚姻的反抗，探讨了女性恋爱悲剧的成因与恋爱对于平民女性的真实意义，梳理了妇女离婚问题的主动与被动状况。[④] 通过上述研究可见，观念与实践之间存在一定程度的落差。

五四时期由于社交公开的范围有限，故而广告征婚是该时期的重要择偶方式。在广告文本的话语上，征婚广告是婚姻私人话语向公共叙事转化的表征，其中蕴含着丰富的个人与社会信息。征婚者以男性高学历者为主，广告语言中体现了新旧杂糅、中西交汇的特色，体现了近代中国社会变迁的复杂性。[⑤] 在思想观念的反映上，陈湘涵研究了1912年至1949年的征婚广告，发现民国时期的婚姻观念新旧混杂，受征求者动机的影响，征婚广告既是旧式婚姻观的载体，也传递着新式婚姻理念，同时又反映旧有的婚姻实践。[⑥] 在媒体功能与文化展示的关系上，张艳以学科交叉方法对《申报》的征婚广告进行回应。她认为，征婚广告作为一种特殊的广告类别，扮演了连接私人与公众的中介角色，施展了媒体的社会化功能与作用，反映了征婚者媒介呈现、自我形塑、异性想象、性别认同以及社会婚姻观念的嬗变，其背后反映

① 梁惠锦：《婚姻自由权的争取及其问题》，吕芳上主编：《无声之声（Ⅰ）：近代中国的妇女与国家（1600—1950）》，台北"中研院"近代史研究所，2003年，第103—128页。

② 艾晶：《无奈的抗争：清末民初女性对不良婚姻家庭的反抗》，《中华女子学院学报》2008年第4期。

③ 雷家琼：《艰难的抗争：五四后十年间逃婚女性的生存困境》，《社会科学战线》2011年第11期。

④ 余华林：《女性的重塑：民国时期城市妇女婚姻问题研究》，商务印书馆，2009年。

⑤ 赵良坤：《近代中国征婚广告探析——以〈大公报〉为例（1900—1937）》，四川大学硕士学位论文，2006年；孙会：《〈大公报〉的征婚广告与近代社会变迁》，《社会科学论坛》2008年第8期。

⑥ 陈湘涵：《寻觅良伴——近代中国的征婚广告（1912—1949）》，台北"国史馆"，2011年。

的是民国时期社会教育、社会思潮、经济变动、战事发展对人们生活的现实影响，以及传统向现代转型过程中婚姻社会化书写表达的过渡状态，深刻地反映了上海作为国际化大都市复杂、多元与异质的文化景观。[①]

关于离婚问题，学界研究从思想史和社会史两个层面展开。在思想史层面，许慧琦通过梳理《妇女杂志》的离婚文本，认为自由离婚是近代新知识界摆脱传统制度的表现。从性别角度看，自由离婚可以看作新时代男性追求现代性的尝试。男女两性在自由离婚的接受程度与能力上存在明显的性别差异。[②] 笔者曾指出，离婚问题的理论构建与实践存在内在张力，女性自身的不足不仅给自己造成了困境，也给男性的自由离婚造成了压力，这是近代中国现代转型矛盾的缩影。[③] 赵妍杰认为，在男女尚未取得平等之前，离婚问题的提出仍是个男权问题。[④] 在社会史层面，温文芳通过对晚清孀妇再醮婚姻状况的梳理发现，妇女生活中的进步信息虽然越来越多，但当时的社会条件却无法真正实现妇女的解放。[⑤] 这一状态在民国同样存在。艾晶认为，民国法律虽赋予了女性自由离婚权，但社会并未做好让女性充分享有这项权力的准备。妇女未能自立是导致其难以摆脱不幸婚姻的根本原因，而非离婚便能实现自由、自立。[⑥] 与前面的结论相比，上海的情况较为乐观。张伟指出，与北京、天津、广州、成都等四城市相比较，上海离婚状况更为文明。这不仅表示上海婚姻近代转型在30年代就完成了，还表示离婚当事人意识与生活的双重独立。[⑦] 上述研究在思想史层面，主要聚焦在性别权利上，而社会史研究则重点关照社会问题。其实，性别问题本质上仍是一个社会问题。

在婚姻自由观念中，贞操与恋爱和婚姻是密切关联的问题。赵德雷从伦

---

① 张艳：《媒介呈现、生产与文化透析：民国〈申报〉征婚广告镜像》，商务印书馆，2017年。

② 许慧琦：《〈妇女杂志〉所反映的自由离婚思想及其实践——从性别差异谈起》，《近代中国妇女史研究》2004年第12期。

③ 王栋亮：《自由的维度：五四时期知识青年离婚问题透视》，《安徽史学》2017年第5期。

④ 赵妍杰：《离婚自由：五四前后婚姻解体的去道德化及正面化》，《福建论坛（人文社会科学版）》2019年第9期。

⑤ 温文芳：《晚清孀妇再醮婚姻状况的研究与思考》，《江苏社会科学》2007年第5期。

⑥ 艾晶：《离婚的权力与离婚的难局：民国女性离婚状况的探究》，《新疆社会科学》2006年第6期。

⑦ 张伟：《近代上海离婚难状况比较》，《社会科学》2000年第12期。

理学角度界定了贞操概念的同时，肯定了传统贞操观的积极作用，并认为在现代社会贞节观仍需发挥其约束性行为的作用。[①] 其他学者则多从社会文化史的角度着眼，重在关注恋爱贞操观的现代意义。如梁景和指出，传统贞操观是对女性单方面的性禁锢，历史上有识之士曾对此进行了批判，但五四时期的批判最深刻、最尖锐，启发了人们的伦理觉悟，促进了人们生活习俗的新变化。[②] 陈文联则认为，五四先进分子对封建贞操观的批判具有鲜明的时代特征，同时也有无法掩饰的局限性。[③] 尹丹萍认为，新文化运动中贞操问题的讨论动摇了传统贞操观的基础，成为女性主义思潮展开的起点。[④] 哈玉红等认为，新式贞操观的构建为其现代转型提供了理论武器，是从传统向现代转型的实际表征。[⑤] 恋爱贞操观的建构与现代知识的生成和传播关系密切，故而余华林指出，贞操观的新诠释反映了中国知识结构及话语体系的现代转型。[⑥] 还有的学者从社会史角度，研究下层女性的生存贞操问题。如成淑君考察了天津贫民窟女性性行为的失范与异化，认为是下层社会的贫困与生存的艰难促使她们冲破了封建贞操观，从而走向了极端。[⑦] 张淑娟则以1935年北京刘景桂情杀案为分析切入点，认为造成这一结果的原因在于女性权利与行为能力的脱节，根源在于近代法律文本移植的冒进、大众媒体的盲目引导与社会法律文化变迁的缓慢。[⑧]

跨国婚姻也引起了学界的注意。闵杰介绍了近代跨国婚姻的特点以及李方的跨国离婚案件。[⑨] 其实，影响跨国婚姻的因素很多，婚姻的缔结要克服不少困难。熊月之在分析近代上海的跨国婚姻时认为，当时中外联姻的数量并不多，影响联姻的因素主要是与文化隔阂、意识形态、国策等相关。[⑩] 王

---

① 赵德雷：《论贞节观对婚姻家庭的影响》，《青海社会科学》2006年第1期。

② 梁景和：《五四时期思想界对“贞操观”的批判》，《首都师范大学学报》1998年第2期。

③ 陈文联：《五四思想界对封建贞操观的批判》，《南通师范学院学报》2001年第4期。

④ 尹丹萍：《新文化运动中关于贞操问题的讨论》，《妇女研究论丛》2003年第1期。

⑤ 哈玉红、门忠民：《传统与现代：“五四”时期贞操观的现代转型》，《甘肃社会科学》2012年第1期。

⑥ 余华林：《20世纪二三十年代知识界对贞操的现代诠释》，《近代史研究》2020年第3期。

⑦ 成淑君：《贞操与生存：民国时期天津贫民性行为失范现象探析》，《济南大学学报》2009年第5期。

⑧ 张淑娟：《民国女性解放与贞操观的吊诡及司法判解论析——以1935年北京刘景桂案为中心》，《山西师范大学大学学报》2017年第2期。

⑨ 闵杰：《近代中国最早的离婚诉讼和跨国婚姻》，《百年潮》1999年第9期。

⑩ 熊月之：《近代上海跨种族婚姻与混血儿问题》，《上海大学学报》2010年第4期。

淑会的研究表明，留学生是19世纪末20世纪初跨国婚姻的主体，虽然“通种说”为留学生的中外联姻提供了理论支撑，但在民族主义的影响下，知识分子和官方对此持有异议，而这并未真正影响到留学生的异国婚恋。[①]

女性独身问题是与婚姻史密切相关的问题，学界比较关注其社会根源和思想来源。刘正刚等认为，近代中国女性的独身现象既是对传统夫权社会的软弱反抗，又是经济水平提高的结果，它的出现是女性解放的标志和女性自主意识的流露。[②] 张国义认为，五四时期知识女性的独身论是康有为《大同书》以及20世纪初无政府主义“废婚毁家”主张的延续，并受到西方妇女解放思潮的影响。倡导独身论反映了五四知识女性把握自身命运时面临的时代困境。[③] 罗检秋则认为，独身现象在中国由来已久，五四时期的独身现象之所以备受重视，主要是因为不易求得合于人生真义的婚姻，因而独身者多是对婚姻的恐惧或抗争而产生。独身现象在当时比较复杂，无论在新界还是旧界都不容易被接受。[④] 游鉴明重点分析了20世纪上半叶知识界对独身问题的言论文本，阐明了知识界对独身现象焦虑感的由来。[⑤]

在婚姻文化研究受到重视的同时，关于近代废婚的问题也并不落寞。梁景和系统梳理了1920年代《民国日报·觉悟》关于废婚问题的论战，认为其废婚观念与无政府主义有关联，但又有所不同，这是知识界构建新的社会改造方案的表现。[⑥] 赵妍杰则认为，激进知识分子废婚毁家表面上看是破坏婚姻和家庭，实则尝试构建一个生育、生产、生活彻底社会化的乌托邦世界，触及了人类社会基本组织形式的探索。[⑦] 康有为是近代主张废婚的代表性人物，其思想值得研究。梁景和注意到，康有为大同婚姻思想的形成，与国内外的思想文化、社会现实以及康有为个人的婚姻生活有一定联系，而且

---

① 王淑会：《国家与个人：近代中国留学生的国际婚姻》，《文化学刊》2016年第8期。

② 刘正刚、乔素玲：《近代中国女性的独身现象》，《史学月刊》2001年第3期。

③ 张国义：《五四时期知识女性独身论试探》，《妇女研究论丛》2008年第2期。

④ 罗检秋：《论五四时期的“独身主义”》，梁景和主编：《第二届中国近现代社会文化史国际学术研讨会论文集》，社会科学文献出版社，2013年，第25—39页。

⑤ 游鉴明：《千山我独行？廿世纪前半期中国有关女性独身的言论》，《近代中国妇女史研究》2001年第9期。

⑥ 梁景和：《五四时期社会文化嬗变研究》，人民出版社，2010年，第32—39页。

⑦ 赵妍杰：《面向未来：近代中国废婚毁家论述的一个特色》，《探索与争鸣》2017年第8期。

由于其思维方式处于意识流状态，故而在结构逻辑认证上缺乏精确，影响了他对婚姻问题的深入阐述。[①] 刘中一的研究证明，康有为《大同书》的“毁家废婚”意在取消封建伦理，20世纪初无政府主义者重在破坏一切权威，而五四时期的言论则孕育着妇女解放与性别平等的建设观念。[②]

改革开放之后，在婚姻史成为国内学界研究热点的同时，由于中国重新向世界敞开了大门，西方社会学、人类学界对中国的研究也开始复兴，社会史的研究随之启动，有关中国家庭结构和亲属制度的研究得以延续。如沃尔夫和黄介山的《1845—1945年间中国的婚姻和收养状况》，以田野调查材料及户口登记材料为基础，重点研究了台湾三峡地区婚姻与收养制度。[③] 贾尼丝·斯托卡德在《珠江三角洲的女儿：华南婚姻形式与经济策略，1860—1930》描绘了珠江三角洲地区“自梳女”的婚姻情况，分析了丝织业技术的变革对当地婚姻和家庭习俗的影响。[④]

80年代以后，西方学界的新文化史开始取代传统的“经济—社会”的研究取向，更加注重微观研究，注重对社会生活进行文化阐释。如德国学者罗梅君考察了19世纪以来中国的生育、婚姻、丧葬礼俗变迁，她认为婚姻改革是新上层家庭革命和社会改革要求的核心部分，但至今在城市上层人士中以爱情为核心的自由婚只是有限地得到了贯彻，而在农村地区家庭经济利益仍是衡量婚姻的一个重要因素。[⑤] 21世纪以来，西方的中国婚姻史研究佳作频仍。美国学者李海燕重点探讨了“爱情”作为一个词汇、一种观念在近现代中国的言说历史。作者把爱情放在情感之中进行考察，提炼出儒家、启蒙、革命的三种感觉结构，用以深度描述中国人情感的复杂结构和互动演变，呈现了近现代中国人如何利用爱情以及情感的话语构建身份、道德、性别、权力、群体乃至国族与世界。[⑥]

---

① 梁景和、徐全民：《论康有为的大同婚姻思想》，《首都师范大学学报》2019年第5期。

② 刘中一：《近代“废婚毁家论”及其对妇女解放的思想启蒙》，《中国妇运》2017年第6期。

③ Wolf, Arthur P. and Chieh-shan Huang, *Marriage and Adoption in China*, 1845-1945, Stanford University Press, 1985.

④ Janice Stockard, *Daughters of the Canton Delta: Marriage Patterns and Economic Strategies in South China*, 1860—1930, Stanford University Press, 1989.

⑤ ［德］罗梅君著，王燕生等译：《北京的生育婚姻和丧葬》，中华书局，2001年。

⑥ ［美］李海燕著，修佳明译：《心灵的革命：现代中国的爱情谱系》，北京大学出版社，2018年。

日本与中国一衣带水，对于中国社会素有观察和研究。清水贤一郎的研究揭示了胡适提倡“易卜生主义”与工读互助团之间的内在联系，说明标榜“新生活”的工读互助团在青年知识分子心中，是追求恋爱和革命同时实现的乌托邦。[①] 洗礼了中国五四知识界的爱伦凯在日本影响也很大，白水纪子以 1920 年代《妇女杂志》展开的新性道德论争为切入点，分析了中国知识界对爱伦凯观点的见解和思想。[②] 清地ゆき子从词源学的角度，分析了“恋爱”一词如何从日本传入中国，并被中国学者赋予“高尚”精神性而普及的过程。[③] 高岛航详细梳理了 1920 年代征婚数量的变化，认为 1925 年前广告征婚数量较少，其后则数量持续上升。通过对征婚广告定性与定量的分析，作者认为征婚广告既体现了新式理念，又促进了旧式婚姻的完成。[④]

综合改革开放后中外学术界对清末民国时期婚姻史的研究看，其成果丰硕、成绩斐然，主要有以下几点：

第一，婚姻问题成为多学科的研究对象。外国学者尤其是西方学者对于中国婚姻史的研究大多具有社会学、人类学、民族学等学科背景，长于理论阐释的建构和问题意识的推进，其研究视角和分析框架富有新意；中国学者涉及历史学、伦理学、法学，又涉及社会学、心理学等，他们长于史料的搜集与史实的构建。

第二，研究方法与视角的多样化。西方学者注重人类学的田野调查法，后来则注重“经济—社会”的研究取向，20 世纪 80 年代以后兴起的新文化史则引进了社会性别理论，提出了理想化理念、生活时间和女性视角的“三重动态模式”；中国学者对婚姻史的研究既有传统社会史方法，又有社会文化史的方法，注重社会上层精英与下层群众、思想观念与生活实践的互动，同时也引进了社会性别理论。

---

① ［日］清水贤一郎：《革命与恋爱的乌托邦——胡适的“易卜生主义”和工读互助团》，吴俊编译：《东洋文论——日本现代中国文学论》，浙江人民出版社，1998 年，第 200—222 页。

② ［日］白水纪子：《〈妇女杂志〉所展开的新性道德论——以爱伦凯为中心》，吴俊编译：《东洋文论——日本现代中国文学论》，浙江人民出版社，1998 年，第 507—528 页。

③ ［日］清地ゆき子著，姚红译：《近代译词“恋爱”的成立及其意义的普及》，《东亚观念史集刊》2014 年第 6 期。

④ ［日］高岛航：《1920 年代的征婚广告》，梁景和主编：《近代中国社会与民间文化——首届中国近代社会史国际学术研讨会论文集》，社会科学文献出版社，2005 年，第 301—318 页。

第三，研究内容全面、论证深入。在既有成果中，从 20 世纪 90 年代的宏观研究逐步走向了微观的专题研究，内容有恋爱、择偶、结婚、离婚等婚姻问题，还涉及废婚、独身等问题。因研究方法与视角的转换推动了专题研究的深入。

现有成果研究视角的多样性以及成果的创新点，值得笔者深入学习和借鉴，在稍后的写作中将力所能及地加以吸收和运用。当然，既有研究成果仍有可以继续完善与深化之处，具体而言主要集中在以下四点：

第一，近代社会变迁与婚姻变革的内在关联薄弱。近代社会生活的变动是婚姻变革的根本动力，这在既有研究中已然达成共识，而对于推动婚姻变革的价值源泉，即婚姻变革承载着何种使命，尤其是知识界如何构建二者之间的逻辑关联，尚需要进一步细致梳理和深入分析。

第二，五四婚姻新观念的建构缺乏系统性。包括恋爱自由、结婚自由、离婚自由、再嫁自由在内的婚姻自由观发端于清末，经五四启蒙知识界的阐释和宣扬而被青年群体所接受。现有成果多因篇幅所限多流于静态描述，缺少必要的发展源流和脉络的梳理，从而使其呈现的历史感不够充分。

第三，五四婚姻新观念的多样性和歧义性重视不够。在西方历时性发展的思想观念同时汇聚在五四启蒙旗帜之下，在营造异彩纷呈的复调五四的同时，不可避免地影响了婚姻理念建构的统一性和延续性，造成了启蒙知识界的分裂，影响了被启蒙者对婚姻新理念的理解和接受度。那么，启蒙知识界的内部分歧点在哪里，这些分歧与其文化政治建构有何逻辑关联，对此还可深入挖掘与分析。

第四，近代婚姻变革与中国人伦理精神进化的关联尚须深入分析。中华文化的显著特性是伦理性，婚姻是伦理文化的重要载体。那么，近代婚姻变革如何反映伦理文化的近代转型，作为伦理主体的“人”呈现出何种精神风貌，现有成果对此呈现的还不够。

鉴于现有成果的研究现状，笔者重点从以下四方面进行突破：

第一，捋清近代中国社会启蒙、救亡与婚姻变革的关系，分析知识界缘何要以婚姻作为民族国家构建和现代化转型的切入点，其思考问题的分析逻辑是什么，二者之间的逻辑关系又是如何建立起来的。

第二，系统梳理包括恋爱、择偶、结婚、离婚等要素在内的婚姻自由观的构建过程，启蒙知识界又通过何种方式去影响被启蒙者，他们又在何种程度上接受了新观念；系统阐述恋爱、择偶、结婚、离婚等方面观念与行为以及性别之间的巨大张力，分析张力产生的诸多要素，剖析五四时期思想观念转型的复杂性。

第三，分析民族国家话语下知识女性独身的意义，阐述废婚、情人制与民族国家建构之间的关联。

第四，阐释近代婚姻的现代转型与伦理精神进化的关系，分析五四时代所塑造的“人”的精神特质。

## 三、资料介绍

近代史家梁启超指出，“史料为史之组织细胞，史料不具或不确，则无复史之可言”。[①] 此言即谓史料是史学研究的基础。从认识论的角度看，没有史料就没有历史，也就无从谈及史学，历史研究必须注重史料。北大学者李剑鸣在《历史学家的技艺与修养》中指出，历史学家的拿手好戏不外是史料的爬梳剔抉。因此，史料的搜集、整理与分析是深入开展本研究的必要基础。

### （一）传统文献及法律典籍

《礼记》《白虎通疏证》《孝经注疏》《大戴礼记解诂》《潜书》《周礼正义》《钦定大清会典事例》《大清律例汇辑便览》《大清律例》《大理院判例宗旨汇览》《最高法院判例要旨：一九二七年至一九九四年》等。

儒家伦理思想是传统社会的主流意识形态，渗透于国家的政治生活和百姓的日常生活之中。通过儒家传统文献的记载，我们可以看到传统社会人们生活的常态和静态。以《白虎通疏证》为例，在卷十《嫁娶篇》中系统介绍了传统社会婚姻的目的、婚龄、婚礼、婚时、婚制、夫妻伦理等内容。自汉以降的传统社会，婚姻制度因时代和地域、经济水平等方面的差异而略有变

---

① 梁启超：《中国历史研究法》，岳麓书社，2010 年，第 36 页。

动，但婚制的主体内容如六礼、夫妻伦理等都基本沿袭下来。因此，对这部分文献的运用可以描述传统婚制的基本运作状况。

法律是社会意识形态的制度化，它以国家机器来保障意识形态的贯彻。以《大清律例》为例，在卷十《婚姻》部分详细规定了两性婚姻应遵循的基本原则，如主婚权、婚姻禁忌等内容，如有违逆应该如何量刑等。这些法律条例，是对儒家典籍宣扬的意识形态的制度保障。因此，儒家文献和法律典籍的结合是对传统社会婚姻主流价值观念和婚姻常态的描绘，从这个角度看这些典籍是可靠的。但国人素有“法理不外人情”的观念，在司法解释中常出现“以情释法”的情况，以致解释条例与法律规制偏离较远。传统婚姻禁忌中有“同姓不婚”的特性，这在《大清律例》中有明确规定：“凡同姓为婚者，各杖六十，离异。”根据瞿同祖的研究，在清代社会生活中，同姓不同宗者婚配的大有人在，只要不被仇家告发或家庭内部发生刑事案件，官府奉行“民不告，官不究”的原则，这点在野史中也有记载，可以印证。因此，《大清律例汇辑便览》《大理院判例宗旨汇览》《大理院判决例全书》等史料，可以呈现法律运作的实况和民众婚姻生活的原貌。

**（二）年谱、传记、回忆录**

《蔡元培年谱长编》《陈独秀年谱》《邹韬奋年谱长编》《周建人评传》《郑振铎传》《我的一个世纪》《最后的闺秀》《辛亥革命回忆录》等。

年谱是个人的编年体传记，它是按照时间顺序记载的当事人的生平活动轨迹，是研究个人活动及其思想的重要史料，如《蔡元培年谱长编》就记载了蔡元培征婚的详细时间记录和相关内容。人物传记对于了解宏大社会背景以及人物的生活、思想等微观层面的史实提供便利，但因其多系后人所作，作者的立场、视角以及学术素养都会影响到其真实性，须与其他资料补充使用，如《我的一个世纪》是董竹君女士自己撰写的传记，对于历史事件的评述不免带有个人的主观认识，就需要与其他史料相互印证。回忆史料是作者亲身经历或耳闻目睹的，反映了相当的真实性，但因作者受记忆力、个人利害、政治环境、地位等因素的影响，会存在一定程度的失真，也需要与其他文献资料印证比较，如吴觉农撰写的《怀念老友章锡琛》与他人的回忆都各有侧重，既有重叠又有不同，就需要在印证的基础上加以使用。

**（三）文集、文选、资料集**

《郑观应集》《秋瑾集》《冯友兰文集》《茅盾全集》《严复集》《黄遵宪集》《张竞生文集》《独秀文存》《走向世界丛书》《五四时期妇女问题文选》《中国妇女运动历史资料》《天津女星社》等。

文集是社会变迁的文化缩影，故而是研究个体思想、行为的基本依据。它能够提供时代变迁以及社会思潮和社会发展趋势的指向，便于研究者把握，如《严复集》等就属于此类。资料集是关于某一专题研究资料的集合，便于研究者全面了解该领域的总体状况与变化动态。以《天津女星社》为例，它是关于天津妇女解放运动的资料集，里面涉及“妇女解放的论述”“女子教育”等内容，里面有不少关于恋爱、家庭问题的资料，从中既得以了解妇女解放者在这些方面的观念，又能反映普通青年在恋爱、家庭中的实际状态。不过，研究者要尽可能与文章首次刊发的状况做比较，及时发现后人在收集、整理和编校中可能出现的问题，并做出相关解释。

**（四）日记、书信**

《退想斋日记》《忘山庐日记》《胡适日记》《胡适遗稿及秘藏书信》《梁启超未刊书信稿》等。

日记是作者自我交流的一种形式，被誉为拒绝与人对话的心灵史，具有丰富性与私密性，从而决定了其真实可靠的特性，是研究社会思潮、社会文化以及日常生活重建的重要依据。如《忘山庐日记》中就记载了作者对西方伦理的仰慕和对传统伦理的鄙弃，这对于掌握清末知识界的思想动向具有重要参考价值。书信一般是作者向亲友或家人报告情况、交流思想、提出请求等，其中所述事件以及自己的思想是真实情感的流露，信息基本可靠，属于历史研究的一手资料。如梁启超在书信中就曾明确表达了对自己为子女择偶的钦佩之情，他的做法与知识界宣扬的婚姻自由又有不同，这对于我们了解五四时期思想的多元性不无裨益。

**（五）方志、调查报告**

《中国风土志丛刊》《中华全国风俗志》《中国地方志民俗资料汇编》《北

平风俗类征》《中国地方志集成》《北京郊区乡村家庭生活调查札记》《定县社会概况调查》《现代中国社会问题》《邹平试验县户口调查报告》《民国时期社会调查丛编》等。

方志是中国特有的史书体例，是地方百科全书式的历史资料汇编，对于地方社会文化多有记载，是了解地方婚俗的重要资料。它具体、详实、可靠，可与正史、国史记载互相补充使用。社会调查是步出书斋、走向社会，访问田野，了解社会生活历史的重要方式，是中国近现代历史研究的优势。将文献解读与田野调查相结合，能更好地呈现历史的真实情态。如《民国时期社会调查丛编》中1920年代的几次婚姻调查，清晰展现了当时学生对于婚姻问题的认知与态度，可与报刊文献观点相互印证，从而推动研究的深入。

**（六）报纸、杂志**

《申报》《大公报》《湘报》《时报》《民国日报》《北京晨报》《天义报》《清议报》《万国公报》《民立报》《盛京时报》《江苏》《留日女学会杂志》《现代评论》《社会学界》《大中》《东方杂志》《女学报》《解放与改造》《妇女杂志》《新青年》《觉悟》等。

报纸、杂志是紧密反映当时社会动态的窗口，透过这个窗口能及时反映婚姻现象与婚姻变革的思潮，是论文写作利用的第一手资料。如果说杂志以反映思想动态为主，报纸则较多地动态展示了婚姻的多重面相，二者可以相互印证。以《申报》为例，作为近代中国发行时间最久、具有广泛社会影响的报纸，它登载了比较多的婚姻信息，这些信息既有世界婚姻习俗的介绍，又有国内婚姻习俗的改良，同时还大量存在旧式婚姻形态。从这些信息中能真正体会到在新旧交替的社会中新旧思想碰撞的激烈，它一方面反映婚姻习俗在逐步改良的事实和趋向，另一方面又能看到在旧土壤的包围中其发展必然要经历种种波折。杂志的优势是集中反映了知识界对于专题问题的认识。以《妇女杂志》为例，它的主基调以倡导妇女解放为主，内容涉及婚姻、家庭、妇女生活等多个方面。其中所包含的关于择偶、恋爱、婚姻、离婚等内容都比较多，是启蒙思想的集中表达，因而是婚姻史写作必不可少的史料。杂志所体现的思想优势，是报纸的快餐式报道所不能比拟的。不过，对它们的利用要注意做“史料社会史”的解读，对其生产机制与史料的有效性做好评估。[①]

## 四、研究思路

本卷打破了以时间逻辑进行内容排列的形式，采取了专题研究方式探讨近代婚姻的系列问题。具体研究按照纵向和横向两条线索同时展开。就纵向而言，主要探讨婚姻变革与民族国家构建之间的关联，对构成现代婚姻的基本要素恋爱、择偶、结婚、离婚以及与婚姻密切相关的废婚、独身等问题展开深入研究，并以近代婚姻变迁的时间轴线，构建婚姻观念从传统向现代的演进脉络。就横向而言，各专题采用社会文化史的基本研究思路，按照从观念构建到行为实践，从精英启蒙到知识青年接受的发展逻辑，阐明婚姻新理念的传递路径、扩张度、影响力和相关群体的理解、感受，乃至呈现的相关特征。纵向和横向两条线索的交织构成了本卷的主体框架。

---

① 王东杰：《作为近代中国“基础设施”的报刊》，《史林》2021 年第 5 期。

# 第一章 近代民族国家叙事下婚姻变革的价值建构

在西力冲击之下，近代中国经历了“三千年未有之变局”。深重的民族危机引发了持续的救亡思潮，推动了民族主义的发酵，开启了近代中国社会的变革历程。在此背景下，清末民初的知识分子渐次掀起了婚姻变革，并在五四时期汇聚成高潮。那么，婚姻变革的价值源泉来自哪里？它与民族主义主导下的救亡思潮有什么关联？当时的知识分子又是按照什么逻辑赋予婚姻新使命，从而持续推动婚姻变革的，厘清知识界启蒙话语体系的建构逻辑，把握知识界的思维特征，有助于深化理解婚姻变革与现代化转型之间的关系。

## 第一节 清末民初民族国家建构中的婚姻改良

近代国运的衰变激发了知识界的民族主义意识，民族建国成为实现强国之路的重要选择。近代民族国家的建构须以具有个体意识的国民为社会基础，这就需要重塑具有家族主义意识的臣民，以推动国家的现代转型。婚姻是家庭产生的前提，而家庭又是社会的细胞。[①] 从这个逻辑出发，婚姻变革可以看作社会变革的源头。因此，启蒙知识界以民族主义话语为主线，将婚姻变革、国民性重塑与国家转型链接起来，构建了一套新的话语体系，赋予了婚姻变革的伦理正义性。

## 一、民族主义主导下的国民观建构

一般认为，近代意义上的民族主义起源于欧洲。它兴起于文艺复兴时期，兴盛于 18 世纪末 19 世纪的中叶，其发端之初是欧洲早期民族国家缔造者摧毁基督教的普世主义和封建割据的地方主义的有力武器。在其发展过程中，有三大事态成为直接推动力："一是法国大革命，特别是在这场革命中出现的人民民主主权论；二是作为对启蒙运动及其世界主义思想之反应的德意志浪漫主义和历史主义；三是工业革命及其引起的社会大转型。"[②] 从其形成过程看，它是"千千万万个学者、思想家和政治家对民族利益和民族关系问题所作的理论思考"[③] 的结果，适应了当时社会历史发展的需要，尤其是建立民族国家所需要的意识形态。在世界民族国家的构建过程中，"民族主义是一个非常多样化的现象，它从属于它所诞生和成长的历史和地理条件"，[④] 这决定了其表征和概念认知的多样化。但从本质上讲，"它是一种建立在'主权'观念基础上的民族自我意识，一种追求、保护本民族利益和发展壮大自身的主体自觉状态"。[⑤] 因此，它是一个具有现代性范畴的概念。

在鸦片战争之前，中国并未产生近代意义上的民族主义。然而，中华民族历史悠久，文明发展长期领先于世界，传统民族主义较早地在华夏民族中

---

① 奥地利学者迈克尔·米特罗尔认为，从历史角度看这一观点的正确性是有限的（参见［奥］米特罗尔著，赵世玲等译：《欧洲家庭史：中世纪至今的父权制到伙伴关系》，赵世玲等译，华夏出版社，1987 年，第 4 页），而笔者从社会有机体理论审视家庭与社会的关系，仍坚持此说。

② 时殷弘：《民族主义与国家增生的类型及伦理道德思考》，《战略与管理》1994 年第 5 期。

③ 宁骚：《民族与国家——民族关系与民族政策的国际比较》，北京大学出版社，1995 年，第 93 页。

④ ［西］胡安·诺格著，徐鹤林等译：《民族主义与领土》，中央民族大学出版社，2009 年，第 6 页。

⑤ 朱润生：《近代民族主义与民族国家构建的关系思考》，《江汉大学学报》2012 年第 4 期。

生根、发芽。章太炎指出，“民族主义，自太古原人之世，其根性固已潜再，远至今日，乃始发达，此生民之良知本能也”。[①] 孙中山认为：“盖民族主义，实吾先民所遗留，初无待于外烁者也。”[②] 近代两位先知者都明确表示，民族主义是本土固有的思想意识，并非西学东渐的产物，它在近代的兴盛发展是“外激内活”的结果。事实上，他们的表述并不完全符合实际，不过是应对西方文化冲击的策略性阐释。

中国传统民族主义思想以“华夏中心观”为基础，生成了“华尊夷卑”观，进而有了“华夷之辨”。传统民族主义的“华夏中心观”以“天圆地方”的地理空间认知为基础。古代中国人认为，自己居住的地方就是天下的中心，故“居天地之中者曰中国，居天地之偏者曰四夷，四夷外也，中国内也”。[③] 研究表明，“华夏”“中国”两词在西周已出现，并被反复使用，成为当时和后世中国人的自我称谓。[④] 这一情况表明，在华夏中心之外已经有了“他者”的出现。

事实上，中国自古以来就是一个多民族国家，由于地理环境的差异，各民族之间的社会和文化发展参差不齐。由于黄河流域的华夏文明形成较早，文明程度较高，在当时的中华文明中居于中心地位。古代中国人从“天处乎上，地处乎下”的天道论衍生出了“华贵夷卑”的观念，这种观念因中国相对封闭的地理位置和小农经济结构而不断强化。尤其是在宋代，周边少数民族虎视眈眈，北宋王朝经常纳币称臣，以自我为中心的天下主义遭遇挫折，致使自我中心的民族主义兴起。正如葛兆光所指出的那样：“在民族和国家的地位日益降低的时代，民族和国家的自我意识却在日益升高。”[⑤] 为此，北宋的知识界提出“正统论”“天理”和“道统”学说，着力构建汉族中心的“中国”文明边界，以抵御异族的入侵和渗透。吕思勉总结说：“理学讲尊王攘夷，严义利之辨，重君子小人之别，遂使中国

① 《驳康有为论革命书》，1903 年 5 月，汤志钧编：《章太炎政论选集》（上），中华书局，1977 年，第 194 页。

② 《中国革命史》，1923 年 1 月 29 日，《孙中山全集》第 7 卷，中华书局，1985 年，第 60 页。

③ （宋）石介：《中国论》，陈植锷点校：《徂徕石先生文集》，中华书局，1984 年，第 116 页。

④ 罗福惠：《中国民族主义思想论稿》，华中师范大学出版社，1996 年，第 43 页。

⑤ 葛兆光：《宅兹中国：重建有关“中国”的历史论述》，中华书局，2011 年，第 42 页。

之民族主义，植下深厚根基。”[①] 吕氏之言虽重在强调传统民族主义发展的外力要素，但仍指出了其核心要义，那就是强调“华夷之辨”的种族之别，其差别主要在于种族和文明程度的高低。因此，中国传统的民族主义既是种族民族主义，又是文化民族主义。[②]

以秦王朝为起点，中国虽较早地建立了以汉族为主体的大一统国家，但并不强调族群对国家的忠诚，只希望臣民服从皇权和认同“天下”的文化意识。这样，“国家观念消融在天下或世界的观念里，他们只把民族和国家当作一个文化有机体，并不存有狭义的民族观与狭义的国家观，‘民族’与‘国家’都只为文化而存在”。[③] 强调“华夷之辨”的春秋大义是儒家思想的重要组成部分，尤其是华夏农耕文明面临游牧文化冲击时，春秋大义就成了激励华夏民族抵御外来侵略、保卫先进农耕文明的有力思想武器。夷狄可以用武力打败中国，但最终会同化于华夏文化。民族国家是竞争的产物，竞争态势既然不能长期保持，近代民族主义观念也就难以发展。

在传统知识分子意识中，中国文明就是天下文明。钱穆在总结古代中国人的观念时说，夷狄与华夏有一个区别的标准，“这个标准，不是‘血统’而是‘文化’。所谓‘诸侯用夷礼则夷之，夷狄进于中国则中国之’，此即是以文化为华夷分别之明证”。[④] 当然，这种观念给古代中国人的世界想象带来了一定的弹性空间，当异族崛起或异域文明进入时可以用“礼失求诸野”来进行心理调节，从而为传统民族主义的近代转型积淀了文化心理基础。

1840 年之后，中国在与西方强国的对垒中接连败北，并签订了一系列不平等条约，“条约制度”瓦解了中国的“天下体系”。在“条约制度”的框架下，中国屈辱地发现，自己并非世界的中心，而只是弱肉强食世界中的一员，而且是低人一等的国家。不管自己是否情愿，中国只能被强行纳入世界民族国家体系，并且极不受尊重，中国知识分子被迫进行自己的民族主义思考。

---

① 吕思勉：《吕思勉集》，花城出版社，2011 年，第 334 页。
② 郑大华：《论中国近代民族主义的思想来源及形成》，《浙江学刊》2007 年第 1 期。
③ 钱穆：《中国文化史纲要》，商务印书馆，2000 年，第 22—23 页。
④ 钱穆：《中国文化史导论》，商务印书馆，1994 年，第 41 页。

开明的士大夫开始正视西方文明，意识到了解西方的必要，并通过《海国图志》等书的编写，逐步突破了“华夏中心论”的完整体系，还有一些士大夫走上了学习、研究自然科学的道路。随着学习的深入，其认识也发生了重要改变，主张以“洋”替代“夷”字。冯桂芬、郑观应、曾纪泽等人深刻批判了传统夷夏观，主张放弃华夏文化优越意识，效法西方变法自强，为洋务运动的开展奠定了思想基础。综合来看，洋务运动“中体西用”的指导思想，目的在于守护传统伦理纲常，尚未脱离传统文化民族主义的范畴。

英国著名政治理论家迈克尔·弗里登指出：“民族主义只有在短暂的时段内变得极为重要，即在民族建构、征服、外部危险、领土争议或内部受到敌对族群或文化群体的主宰等危机时，民族主义才显得极为重要。”①20世纪初，深重的民族危机推动了西方民族主义观念的传播，以及中国民族主义从传统向现代的深刻转型。综合中国近代民族主义的发展进程看，它既是传统民族主义思想在近代的转型，又是西方近代民族思想引入后相互融合的结果。②

20世纪初，西方近代民族主义经由日本传入中国。新知识分子“正是通过使用从日本传入的现代‘民族’和‘民族主义’等概念，最终在较为完整的意义上确立了现代‘民族’观念和意识”。③然而，“受从日本舶来的狭隘西方民族主义观念的影响，‘民族’一词在进入中国之初，大多人都将其理解为一种以血缘为基础的人类共同体，从而和种族主义等同”。④即使如此，民族主义一经传入，就被各方追捧，将其视为救国的不二法门：“今日欲救中国，无他术焉，亦先建设一民族主义之国家而已。”⑤应当说，近代民族主义在中国的兴起是外力挤压的结果。中国知识分子已然认识到，世界强国“一旦现代化，建立了官僚制的民族国家，世界的其他国家——如果没有其

① ［英］安东尼·史密斯著，叶江译：《民族主义：理论、意识形态、历史》，上海人民出版社，2006年，第24页。

② 郑大华：《论中国近代民族主义的思想来源及形成》，《浙江学刊》2007年第1期。

③ 黄兴涛：《民族自觉与符号认同：“中华民族”观念萌生与确立的历史考察》，郭双林、王续添编：《中国近代史读本》（下），北京大学出版社，2006年，第674页。

④ 张晨怡：《种族、国民与民族——辛亥革命时期三种民族主义话语辨析》，《明清论丛》2011年第11期。

⑤ 《论民族竞争之大势》，林志钧编：《饮冰室合集》第2册，中华书局，1989年，《文集之十》第35页。

他的理由——就算只是自卫，也被迫非跟着改变不可”，[①] 为此梁启超以急切的心情呼吁：“今日吾中国最急者，惟第二之参政问题与第四之民族建国问题而已。”[②]

作为启蒙之子的梁启超，在晚清的影响胜过任何同辈，他的思想代表了一个时代、一种潮流。1901 年，他在《国家思想变迁异同论》一文中，率先向国人介绍“民族主义”概念，认为民族主义是世界最光明、最正大的主义，它是国家赖以独立的根本：“不使他族侵我之自由，我亦毋侵他族之自由。其在于本国也，人之独立；其在于世界也，国之独立。”[③] 民族主义为何能达到这一目的呢？从其对民族主义概念的界定可得知其原因：“民族主义者何？各地同种族、同语言、同宗教、同习俗之人，相视如同胞，务独立自治，组织完备之政府，以谋公益而御他族是也。”[④] 梁氏认为，民族主义能将分散的个体与种族团结在一起，形成巨大合力，进而抵御侵略，避免亡国灭种的危险：“以一国之民，治一国之事，定一国之法，谋一国之利，捍一国之患，其民不可得而辱，其国不可得而亡。”[⑤] 其后，梁启超又反复撰文向国人介绍、宣传西方近代民族主义，并首次提出了“中华民族”的概念。

继梁启超之后，知识界的其他论者陆续加入了宣传西方近代民族主义的行列。在日本东京大同学校留学的湖南人周逵，以“雨尘子”之名在《新民丛报》刊登《论世界经济竞争之大势》一文，重在探讨中国如何在世界经济竞争中求得生存之道，其中说道：“近世欧洲意大利之独立，日耳曼之联邦，皆以同一种族，建一国家，民族主义之势力，大振于政治界。吾国之不振，非欧族使之然，自族不建国家之故也。”[⑥] 在该文中，作者把民族主义作为国家经济复兴、自强之道，并鼓励中国向欧洲学习。周氏在《近世欧人之三大主义》中依然竭力宣扬民族主义的价值，认为意大利的统一、希腊和

① ［美］艾凯：《世界范围内的反现代化思潮——论文化守成主义》，贵州人民出版社，1991 年，第 29 页。
② 《新民说》，林志钧编：《饮冰室合集》第 4 册，中华书局，1989 年，《专集之四》第 44 页。
③ 《国家思想变迁异同论》，林志钧编：《饮冰室合集》第 1 册，中华书局，1989 年，《文集之六》第 19 页。
④ 《新民说》，林志钧编：《饮冰室合集》第 4 册，中华书局，1989 年，《专集之四》第 4 页。
⑤ 《论近世国民竞争之大势及中国前途》，林志钧编：《饮冰室合集》第 1 册，中华书局，1989 年，《文集之四》第 56 页。
⑥ 雨尘子：《论世界经济竞争之大势》，《新民丛报》1902 年第 11 期。

罗马尼亚的独立、德意志联邦的形成，“推其中心，无不发于民族主义之动力”，故而断言，民族主义的实质就是建立民族国家。[①]《浙江潮》在1903年之初，连续刊载了作者余一的文章，他以世界强国的发展史，证明民族主义发展的必要性，其中开篇指出：“今日者，民族主义发达之时代也，而中国当其冲，故今日而再不以民族主义提倡于吾中国，则吾中国乃真亡矣。”[②] 作者试图用铁一般的事实证明，中国只有大力提倡民族主义，建立民族国家，才能避免被欧洲各国瓜分的命运。总而言之，上述作者都把民族主义视为救亡图存、建立民族国家的不二法门，“民族之于世界，犹个人之于社会，对于内有绝对之所有权，对于外有绝对之独立权。若一民族起而建独立自治之国家，无论何人，无对抗之权。此民族主义之本旨”，[③] 这切合了中国的时代需求。

上述刊物虽创刊于日本，且各有改良或革命的政治意图，但都在国内造成了不小的影响力。以《新民丛报》为例，其创刊时间长、内容广、思想新、政治色彩浓、形式活泼，并且在国内有97个发行点，遍布49个县市，满足了国内青年知识群体渴求新知的欲求，从而在国内造成了一定的影响力。[④]《浙江潮》在浙江省学界也有一定的影响力。[⑤] 因此，自1903年始，民族主义话语逐渐在国内青年知识群体中传播开来，并得到了相当程度的认同。

1903年，梁启超介绍了德国国家主义理论的提倡者伯伦知理的观点，并撰写《政治学大家伯伦知理之学说》一文，开始修正自己的民族主义观念。前已述及，欧洲的近代民族国家观念，强调的是单一民族国家建国。梁启超等先驱者介绍的近代民族主义正是这一理念，而且重点介绍了意大利、德意志文化民族主义，这与中国维护国家统一和独立的社会背景极为接近，也与传统民族

① 雨尘子：《近世欧人之三大主义》，《新民丛报》1903年第28期。

② 余一：《民族主义论》，张枬、王忍之编：《辛亥革命前十年间时论选集》第1卷（下），北京三联书店，1960年，第485页。

③ 《民族主义》，《江苏》1903年第7期。

④ 李喜所、元青：《梁启超传》，人民出版社，1993年，第143页；石云艳：《梁启超与日本》，天津人民出版社，2005年，第214页。

⑤ 汪林茂编：《浙江辛亥革命史料集》第7辑，浙江古籍出版社，2013年，第150页。

主义有相似之处。梁启超通过学习伯伦知理的理论，厘清了国民与民族的区别和联系，接受了多民族建国的合理化理论，因为“世界文明每由诸种民族互相教导互相引进而成，一国之政务亦往往因他族之补助而愈良”。[①]

20 世纪初，推动中国近代民族主义发展的力量，除了以梁启超为代表的立宪派，还有以孙中山为代表的革命派。在民族建国的问题上，双方达成了共识，但在如何建国，以及建立什么样的民族国家问题上存在分歧。革命派从传统种族民族主义出发主张排满，并以西方近代民族主义单一民族建国的思想为依据，主张建立单一的汉民族国家；立宪派从传统文化民族主义和西方近代民族主义以文化划分民族、建立多民族国家的思想出发，主张联合满族，建立统一的多民族国家。双方围绕这个问题展开激烈争论，并在论战过程中不断吸收对方理念来修正自己的观点。1912 年元旦，孙中山在《临时大总统宣言书》中宣布，五族的共和与平等是中华民国处理国内民族关系的基本原则。这意味着建立独立、民主和统一的多民族国家成为双方共同的目标，标志着中国近代民族主义的形成。[②]

为了将近代中国建设成为强大的民族主义国家，就应当着手培养国人的国家思想、民族观念，树立民族的自尊、自信，以及国家、民族利益至上的观念，彻底改变“民不知有国，国不知有民”[③] 之状况，使有民权的国民集合成为强大的国家。

近代民族国家的建立，主要诉诸民族精神的重塑，以为其提供历史动力。正因为国民对于民族国家的建构意义重大，从而使其成为民族主义的突出标志。“国民”一词在近代有着特定的含义。传统中国社会以注重宗法血缘的家族为社会基础，以三纲五常为道德纽带来维系上下尊卑秩序。在日常生活中，中国人“知有一己而不知有国家”，[④] “人民的公忠是对个人或家庭

① 《政治学大家伯伦知理之学说》，林志钧编：《饮冰室合集》第 2 册，中华书局，1989 年，《文集之十三》第 71—72 页。

② 郑大华：《中国近代思想脉络中的民族主义》，社会科学文献出版社，2018 年，第 53—54 页。

③ 《论近世国民竞争之大势及中国前途》，林志钧编：《饮冰室合集》第 1 册，中华书局，1989 年，《文集之四》第 56 页。

④ 《新民说》，林志钧编：《饮冰室合集》第 4 册，中华书局，1989 年，《专集之四》第 21 页。

或地方的，不是对国家”。[①] 反映主奴关系的“臣民”“庶民”等是常用的字眼，“中国人不知有国民也，数千年来通行之语，只有以国家二字并称者，未闻有以国民二字并称者”。[②] 研究表明，近代意义上国民概念的使用始自维新派领袖康有为。[③] 他在 1898 年的《请开学校折》中使用了“国民学”与“国民”两个新概念，前者指代西方的近代教育，后者为由新教育塑造而成的治国兴邦之才。康有为在此使用的国民概念语意模糊，并未对其做出清晰界定，完成这一重任的是他的弟子梁启超。

维新变法血的教训擦亮了维新者的眼睛，他们认识到“凡一国之进步也，其主动者在多数之国民”，[④] 国民的意义进一步凸显，从而深化了对它的认知。1899 年，梁启超在《论近世国民竞争之大势及中国前途》一文中，否定了朕即国家的传统国家观，并对国民概念作了初步界定。他认为，“国民者，以国为人民公产也。国者积民而成，舍民之外，则无有国。以一国之民，治一国之事，定一国之法，谋一国之利，捍一国之患，其民不可得而侮，其国不可得而亡，是之谓国民”。[⑤] 从现代逻辑学的角度看，这个概念的界定显然不完整、不严密，但它确是清末国民意识生成和发展的重要开端。从概念的界定看，梁启超深受严复《天演论》的影响，认为“生存竞争，优胜劣败”是决定世界国家民族盛衰的不二法门。因此，民族的生存、竞争是他构建国民思想的根本落脚点。

梁启超的国民概念阐释，深受斯宾塞社会有机体论的影响，认为国与民是整体与部分的关系。1902 年，他又在《新民说》中进一步指出，国家由全体国民组合而成，国家的盛衰强弱取决于国民的素质，“在民族主义立国之今日，民弱者国弱，民强者国强”。[⑥] 此后，受伯伦知理观点的启发，认识到一个民族要有立国之志和践行之群体才能真正创建国家，而这一切必须使民

① 《革命与专制》，《独立评论》1933 年第 81 号。

② 《论近世国民竞争之大势及中国前途》，林志钧编：《饮冰室合集》第 1 册，中华书局，1989 年，《文集之四》第 56 页。

③ 梁景和：《清末国民意识与参政意识研究》，湖南教育出版社，1999 年，第 9 页。

④ 《过渡时代论》，林志钧编：《饮冰室合集》第 1 册，中华书局，1989 年，《文集之六》第 32 页。

⑤ 《论近世国民竞争之大势及中国前途》，林志钧编：《饮冰室合集》第 1 册，中华书局，1989 年，《文集之四》第 56 页。

⑥ 《新民说》，林志钧编：《饮冰室合集》第 4 册，中华书局，1989 年，《专集之四》第 7 页。

族的成员具有“国民资格”，即要有“发表其思想，制定其权力”的独立人格和在国家内充分活动的“法团”精神。因此，国民资格的塑造是创建民族国家所急需的。[①]

20 世纪初的知识分子，无论分属何种政治派别，都充分认识到“开通民智”“塑造国民”的重要性，“有新国家必有新国政，有新国政必有新国民”。[②] 城市与教育的近代化，为新知的传播提供了技术条件和公共文化空间。清末宣传新思想的刊物如《国民报》《湖北学生界》《浙江潮》《江苏》《游学艺编》《中国白话报》《觉民》《竞业旬报》等如雨后春笋般被创办，搭建了讨论、宣传新知的公共文化空间，深化了对于国民问题的认识，在一定程度上起到了开启民智的作用。

“国民”概念是相对于“奴隶”而提出的。先识者们认为，中国人过去是奴隶，如今要争做国民，两者互相对立，本质不同：“何谓国民？曰：天使吾为民而吾能尽其为民者也。何谓奴隶？曰：天使吾为民而卒不能尽其为民者也。故奴隶无权利，而国民有权利；奴隶无责任，而国民有责任；奴隶甘压制，而国民喜自由；奴隶尚尊卑，而国民言平等；奴隶好依傍，而国民尚独立。此奴隶与国民之别也。”[③] 作者以对比手法强调了国民应有的品质，即权利、责任、自由、平等和独立意识。其他论者如邹容等人，也用辛辣的笔触反复批判国人的奴隶性，试图构建新时代国民。时人对于国民概念的论述虽各有侧重，但内涵基本一致：“国民何谓也，试言之，凡为国之一民，其身即国之一分子不放弃一分子之责任者，即可谓之国民。理言之，非有独立之精神，有合群之性质，有自主之品格，有进取之能力，有协图公利之思想，有不受外界抑制之气魄，不足以为国民。”[④] 从知识界的想象可以看到，新时代的国民必须具有独立自主之品格，积极进取之能力，为国奉献之精神，有此方为近代民族国家之国民。

---

① 《政治学大家伯伦知理之学说》，林志钧编：《饮冰室合集》第 2 册，中华书局，1989 年，《文集之十三》第 71—72 页。

② 遁园：《论民族之自治》，《扬子江》1904 年第 3 期。

③ 《说国民》，《国民报》1901 年第 1 卷第 2 期。

④ 万声扬：《中国当重国民教育》，《湖北学生界》1903 年第 2 期。

然而，从奴隶到国民的转变显非一朝之功，它是一个漫长的渐变过程。时人已经清醒地认识到，国民性的塑造，远非“空言所能造成者也！必先广播国民之种子，然后可静观国民之结果，广播国民之种子，舍教育奚由，舍教育奚由”。[①] 为了培养近代国民，清末社会各界从学校教育、报刊引导、文艺熏染等方式入手进行文化启蒙，[②] 以达到改造民族精神的目的，从而开创了一个“国民主义之时代”。[③]

国民意识的凝聚与传播实质是启蒙与被启蒙的关系，开启了双方之间的双向互动，但其前提是启蒙者本身应先于被启蒙者而觉醒，他们的觉醒状态决定了自身是否具备启蒙者的资格。从上述言论看，新知识分子已经把自己看作一种具有独立社会地位的政治、道德或文化的社会力量，试图主动参与社会以及文化的变革，以实现“士”的自身价值。他们不再把国家的命运，简单地寄托于“圣主”或“圣人之道”，而相信自我的力量是实现个人价值、担当历史使命的根本。梁启超云：“今日之责任，不在他人，而全在我少年。”[④] 秋瑾在敬告女同胞时说：“要知天下事靠人是不行的，总要求己为是。”[⑤] 从先识者的言论看，他们把自我看作社会变革行动的出发点和原动力，相信自己的力量可以完成启蒙，改变社会。这种自我的认知虽存在着夸大或想象，却是内心自尊及自信精神的表征，可以看作国民精神崛起的标志。

国民精神的崛起是中国近代民族主义发展的产物，也是西方民族主义刺激的结果。不过，西方民族主义是公民式民族主义，它以个人主义为本位，所构建的民族国家是以社会契约为基础的自由结社组织，因此，其所强调的群体性并不掩盖个体性，并能在二者之间得到平衡。缺失中产阶级的农业中国无法孕育公民性的社会组织，个人主义观念较弱，由此产生的是族群式民族主义，带有强烈的集体主义性格，它视国家民族为有机体组织，个人只是

---

① 万声扬：《中国当重国民教育》，《湖北学生界》1903年第2期。

② 梁景和：《清末国民意识与参政意识研究》，湖南教育出版社，1999年，第9页。

③ 《论中国之前途及国民应尽之责任》，《湖北学生界》1903年第3期。

④ 《少年中国说》，林志钧编：《饮冰室合集》第1册，中华书局，1989年，《文集之五》第12页。

⑤ 《敬告中国二万万女同胞》，上海古籍出版社编印：《秋瑾集》，上海古籍出版社，1991年，第5页。

有机体的细胞，缺少独立的价值。

独立、自由、权利意识虽是近代新国民应有的素质和意识，但在群体或国家理性至上的理论框架内，国民个人的权利与自由在价值上始终居于国家利益和自由之下，并且只有在国家利益得到充分保障后，才有个人幸福可言。一旦国民的利益与国家利益冲突时，个人应当“曲己以伸群”。国民在清末知识分子视野中的境遇，与其被当作救亡图存、增强国力的工具有重大关系，知识分子关注的焦点实际上是国家利益和国家的强大。所有对于国民的颂扬和国民公德的提倡，其目的在于让国民为国家奉献一切。[①] 因此，由近代民族主义激发的国民意识，目的在于重置个人、家族和国家的关系，树立个人的权利和责任意识，推动以国家为本位的国民观的形塑。这促进了近代中国人主体自觉意识的初步觉醒，是“人的近代化”的重要开端。

## 二、新国民塑造语境下的婚姻改良

自近代西力东渐以来，中国在与世界强国的角逐中屡屡败北，特别是甲午中日战争的惨败引发了知识分子强烈的思想震荡，从而开启了启蒙与救亡的闸门。构建近代意义上的民族国家以抵御外来侵略，实现强国梦想，就成为救亡知识分子的共同目标。

清末新知识界构建的国家主义与家族主义相抵牾。纵观人类几千年的文明史，家庭几乎都被视为社会的基本单位。在传统体制中，家庭是中国文化抽象理想之纲纪的核心成分；[②] 在传统读书人的视野中，家庭是温馨的港湾。[③] 但是，在国家主义视野中，传统家庭被视为救国兴邦的桎梏、国家民族发展的障碍。[④] 时人认为，传统家训不外乎“爱身而不爱国，利己而

① 陈永森：《告别臣民的尝试——清末民初的公民意识与公民行为》，中国人民大学出版社，2004 年，第 155 页。

② 陈寅恪：《王观堂先生挽词并序》，《陈寅恪集·诗集》，生活·读书·新知三联书店，2011 年，第 12—13 页。

③ 参阅（清）沈复：《浮生六记》，人民文学出版社，1999 年。

④ 罗志田：《权势转移：近代中国的思想与社会》，北京师范大学出版社，2014 年，第 159—160 页。

不利群”，[①] 造成了国人“爱身家之念厚，爱国家之念薄”[②] 的状况。因此，拥护改良、赞成君主立宪的杨度指出，在以国家为竞争单位的时代，家族主义是国家主义的障碍，要承担国民的责任和义务，就必须“出于家人登于国民”。[③]

以国民的独立、自由、尚权等特性为参照，作为臣民的奴隶性必然受到批判。1900年，梁启超指出，“中国数千年之腐败，其祸极于今日，推其大原，皆必自奴隶性来”。[④] 对于国民奴隶性的认知在知识界逐渐蔓延开来，成为国人的普遍观感。章士钊为此指出：“近时之知言者，涉及吾族，殆无不曰奴隶奴隶，仿佛奴隶之徽号，为吾族所认受焉。”国人的奴性由何而来呢？专制制度是造成国民奴隶性的根本原因，在家国同构的体制下寻根探源，家庭被当作奴隶性熔铸的渊薮。他进一步解释说，所谓“凡为人之父兄者，必皆秉有奴性之人也”，因为中国3000年来家庭教育的秘诀就是奴隶教育。[⑤]《女学报》的撰稿人言淑华女士认为，传统家庭教育理念中男子的价值在于获取功名，女子的价值体现在相夫教子、做男子的附庸，故传统家庭教育无法塑造有资格的国民。[⑥] 因此，要塑造高尚、勇毅的国民必须变革家庭，而家庭的革新又须始于婚姻的改良，婚姻改良又从何着手呢？新知识界为了解决这一问题，精心编织了一套自成逻辑的话语体系。

清末新知识界受进化论的影响，习惯从传统与现代、进步与落后、中国与西方的二元对照思维进行思考，进而产生了男权特质的焦虑与自卑。在中华民族的文化编码中，性别符号有着特殊的意义，“母亲”的形象成为国家人格化的象征。因此，在反思民族积弱的根源时，他们从女性这一文化符号入手，来衡量国家的强盛和文明与否。

为了凝聚民族精神，新知识界建构了“东亚病夫”这一具有男性气质的

---

① 家庭立宪者：《家庭革命说》，张枬、王忍之编：《辛亥革命前十年间时论选集》第1卷（下），生活·读书·新知三联书店，1960年，第833—835页。

② 《论中国合群当自地方自治始》，《汉声》1903年第7—8期。

③ 《论国家主义与家族主义之区别》，1910年12月5日，刘晴波主编：《杨度集》（1），湖南人民出版社，2008年，第531页。

④ 丁文江、赵丰田编：《梁启超年谱长编》，上海人民出版社，2009年，第235页。

⑤ 《箴奴隶》，1903年8月8日，王均熙编：《章士钊全集》第1卷，文汇出版社，2000年，第46、50页。

⑥ 言淑华：《家庭教育为造就国民的基础》，上海《女学报》1902年第4期。

国族形象。[①] 那么，“病夫”是如何养成的？他们认为，女性群体的愚昧落后是造成国家贫弱的根源，她们“妨文明之进化，蠹社会之资财”，[②] 是“天下积弱之本”，[③] “我中国之所以养成今日麻木不仁之民族者，实四千年来沉沉黑狱之女界之结果也”。[④] 在这个论述逻辑中，“病夫当国”的罪责显然需要女性来承担。正如后世学者所论，“从晚清到‘五四’新文化时期，有着落后和依从的女性身份，一直是一个与民族存亡息息相关的紧迫问题。当帝国主义侵略加剧时，受害女性成了中华民族本身的象征——被男性强权‘强奸’和征服。对作为整体的中华民族的政治解放也对中国进入现代世界来说，女性启蒙成了一个先决条件”。[⑤] 在传统性别权力格局中，女性是男性的附属，如今则受到了男性知识精英的格外重视，将其塑造为中国近代化转型的重要前提。女性主义者克内则威克观察到：“在历史上，无论什么时候，当深刻的社会变化发生时，当整个社会似乎受到威胁时，女人就会被‘邀请’去参加公共生活。”[⑥] 这表明，女性被邀请参与民族国家建构的行为在世界范围内具有普遍性，中国也不例外。

女性启蒙的目的在于引导她们参与民族国家的重建。受男权的挤压和礼教的束缚，中国女性变得目光如豆、浅陋无知，无法清醒地认识到自己在当下应承担的责任，这是新知识界的共识。因此，男性有义务为女性代言，代替她们争取权益，[⑦] 由此形成了中国近代女性启蒙中男权特色的宣传口径。以宣传民主革命为主旨的《江苏》杂志，先后刊文阐发女子对于国家构建的责任问题。胡彬女士撰文声称，中国的贫弱男子固然不能辞其咎，然而最令作者痛心的是女子。她们“识见卑陋，眼光如豆，自私自利之见，固结于胸

---

① 杨瑞松：《病夫、黄祸与睡狮：西方视野中的中国形象与近代中国国族论述想像》，政大出版社，2010 年，第 17—68 页。

② 佛群：《兴女学说》，《中国新女界杂志》1907 年第 3 期。

③ 《论女学》，林志钧编：《饮冰室合集》第 1 册，中华书局，1989 年，《文集之一》第 39 页。

④ 黄公：《大魂篇》，《中国女报》1906 年第 1 期。

⑤ ［美］高彦颐著，李志生译：《闺塾师——明末清初江南的才女文化》，江苏人民出版社，2005 年，《绪论》第 1—2 页。

⑥ ［克罗地亚］克内则威克著，北塔、薛翠译，陈惠芳校：《情感的民族主义》，陈顺馨、戴锦华编：《妇女、民族与女性主义》，中央编译出版社，2004 年，第 145 页。

⑦ 忆琴：《论中国女子之前途》，《江苏》1903 年第 4 期。

中，妄尊妄大之心时形于辞色，涂脂抹粉效时装以自炫，不特人视之为玩物，即己亦自居于玩物而不辞”，如此这般显然不能尽国民之责任和国家之义务。为此，她以西方国家妇女的生活状态为参照，呼吁中国女性，“自此以后，凡我女子，苟人人以中国之患难为己之患难，中国之腐败为己腐败，抱此思想，达其目的，则中国之兴如反掌耳！若袖手旁观，任其灭亡，而反委过于男子，是直不以人类自处，何其暴弃至是耶?”[①] 胡女士从国民视角出发，认为男女两性对国家的兴亡负有同等责任，这是清末以来知识界呼吁的男女平权的直接体现。反过来说，女性要争得与男子同等地位，就必须与男子负同等的责任，“国民二字，非但男子负此资格，即女子亦纳此范围中。文明之国，男女有平等之权利，即有平等之责任”。[②] 留日女学生何香凝同样痛斥了传统女性的积习，进而表达了自己的殷切期望：“我姊妹乎！其急湔除旧习，灌输新知，游学外国，成己成人，勿放弃责任，坐以待毙。”[③] 上述发自《江苏》杂志的声音，要求女性与男性共同担负起民族国家重建的重任，这是当时新知识界对女性共同的期望。

女性既然与男子同为国民，那么其职责又如何履行呢？换句话说，女性国民在民族国家的创建过程中主要承担着何种义务呢？1904年，作者亚特刊发《论铸造国民母》一文，强调女子对于国民塑造的意义，其中指出：“国无国民母，则国民安生？国无国民母，所生之国民，则国将不国。故欲铸造国民，必先铸造国民母始。”[④] 当时编唱的《女国民歌》的歌词更通俗易懂：“改良种姓育国民，黄金前途希汝造。”[⑤] 梁启超对其解释为：“上可相夫，下可教子，近可宜家，远可善种。”[⑥] 在知识界的阐释中，女性由“子民之母”演变为“国民之母”，其职责在于发挥性别优势来诞育、教育国民，以此塑造出符合时代要求的新女性形象。吕碧城直言：“女子为国民之母，对国家

① 胡彬：《论中国之衰弱女子不得辞其罪》，《江苏》1903年第3期。
② 《论文明先女子》，《东方杂志》1907年第4卷第10号。
③ 何香凝：《敬告我同胞姊妹》，《江苏》1903年第4期。
④ 亚特：《论铸造国民母》，《女子世界》1904年第1卷第7期。
⑤ 吕清扬：《女国民歌》，《顺天时报》，1910年1月27日。
⑥ 《倡议女学堂启》，林志钧编：《饮冰室合集》第1册，中华书局，1989年，《文集之二》第19页。

有传种改良之义务。"[1] 蒋维乔亦曰："女子者，国民之母，种族所由来也。"[2] 种族在此不仅仅指代生物学意义上的族群，还有民族国家之意。"国民之母"的角色定位，成为引导女性参与民族国家建设的重要手段。

既然新国民的塑造需要自"铸造国民母始"，那么传统女性应该如何塑造才能承担起"国民之母"的重任呢？儒家礼法对传统女性的角色期待是贤妻良母，希望她们以"三纲五常"为准绳，对男性家族提供服务。传统女性的角色规范在近代受到了批判。美国教士林乐知认为，"释放女人一端，实为拯救东方诸国之良法，而中国尤亟"。[3] 为何要释放中国女性呢？在他看来，中国女俗之弊甚深，女子无学、无社交和缠足的礼俗扭曲了中国的教化，影响了中国文明的进步。因此，他希望中国女性能够得到释放，"随男人之后，同步不停，亦能步步长进，不使男人专美于前途。如是则女人之地位日高，女人之才德日著，而世人之福乐，亦藉是以日增矣！国有如是之女人，安有不成为文明教化之上国哉！"[4] 这段话语将女性置于国家教化之本的地位，赋予了其无上的重任。以此来推断，林乐知应当深谙中国传统之道。研究表明，在明清士人群体中，确实或明或暗地有这样的意识，"女性，常能秉指可燃、身可殉的气节，以其意气风发、以其高华贞洁，隐隐然把延续道统的责任握入纤纤素手"。[5] 常身居阃内的女性，其行为俨然已关系到天下大势，其中其实还隐含着这样的认识：在传统家国同构的关系中，女性的家庭身份有延伸到社会身份的可能，而使其身份具有了某种社会性。

从这个意义上讲，包括林乐知在内的启蒙知识界在构建"国民之母"这样的新女性时，在很大程度上延续了传统中国的认识逻辑。明清之际的理学家李颙在《四书反身录》中指出，"家之兴败，全系乎妻。能齐其妻，方是

---

① 碧城：《兴女学议》，天津《大公报》1906 年 2 月 26 日。

② 《论中国女学不兴之害》，《女子世界》1904 年第 1 卷第 3 期。

③ ［美］林乐知、任保罗：《论中国变法之本务》，《万国公报》1903 年第 169 册。

④ ［美］美而文、林乐知、任保罗：《论西国振兴女人之成效》，《万国公报》1904 年第 190 册。

⑤ 秦蓁：《女子关系天下计——论明清时代男性在女性面前的惭愧意识》，熊月之、熊秉真主编：《明清以来江南社会与文化论集》，上海社会科学院出版社，2004 年，第 62 页。

能齐其家，斯家无不齐”。[①] 清初理学家陆陇其在《陆子全书》的“治家格言”中亦有“媳妇系家成败”[②] 的条例。此类论述在明清之际士大夫文集中并不鲜见，他们将女性看作家族兴衰的希望，意在强调其对于家的重要性，强化了性别分工中女性居于“内”的意义。不过，在家国同构的意识中，“齐家”与“齐国”具有同质性的意义。因此，启蒙知识界顺利地将女德从“齐家”上升到了“齐国”的高度。例如，具有排满倾向的刊物上海《女子世界》在发刊词中声称：“女子者国民之母也。欲新中国，必新女子；欲强中国，必强女子；欲文明中国，必先文明我女子，欲普救中国，必先普救我女子，无可疑也。”[③] 总之，在这样一个男性特质强烈的言论中强调着这样一个舆论导向，即未来中国富强、文明的希望系于女性之手。

按照上述逻辑，既然女性为国家教化与文明发展之本，那么“做女子时强，做母时也必强，母强子必强，种强国必强，所以要国民强，必先女子强，这是世界的公理，这是天演的公例”。[④] 在时人眼中，女性的孱弱与女智不开有关系，梁启超指出：“吾推极天下积弱之本，则必自妇人不学始。”[⑤] 郑观应向有意经办女学的经元善介绍了梁启超的观点，指出中国“欲富强，必须广育人才。如广育人才，必自蒙养始；蒙养之本，必自母教始；母教之本，必自学校始。推女学之源，国家之兴衰存亡系焉”。[⑥] 总之，“女学是强种的根本，女学是强国的基础”，[⑦] 这是新知识界的普遍共识，“有学问的文明女子，可以为贤妇，可以为贤母，可以主张家庭教育，于国家有密切的关系”。[⑧] 在其言论的逻辑推演中，学问是文明的标志，也是女性成就贤妇、贤母的基本资质。只有具备这个资质，才能“端天下之母范”，[⑨] 培育的国民才能与欧美民族相抗衡。

---

① （清）李颙：《二曲集》，中华书局，1996年，第410页。
② 转引自赵园：《家人父子：由人伦探访明清之际士大夫的生活世界》，北京大学出版社，2015年，第2页。
③ 金一：《女子世界发刊词》，《女子世界》1904年第1卷第1期。
④ 《女子为国民之母》，《顺天时报》1905年7月19日。
⑤ 《论女学》，林志钧编：《饮冰室合集》第1册，中华书局，1989年，《文集之一》第37页。
⑥ 《致居易斋主人论谈女学校书》，夏东元编：《郑观应集》（下），上海人民出版社，1988年，第264页。
⑦ 《女子为国民之母》，《顺天时报》1905年7月19日。
⑧ 《敬告我女国民同胞》，《顺天时报》1906年5月3日。
⑨ 清如：《论女学》，《中国新女界杂志》1907年第2期。

女子教育是新知识界关注的焦点问题，而女性教育在现实中却有诸多困境，婚姻问题就是其中的重要阻碍。无政府主义者江亢虎分析说，古今中外学问家、实业家中女性非常稀少，究其原因在于“女子求学问之时期较短，一经嫁人，则门户井臼之计，胎产哺育之责，樊然并来，更无余隙为学求讲贯地矣”，那么这一难题又如何解决呢？他指出：“近日社会主义，多主张恋爱自由，教育公共，以绝家庭之羁勒，卸儿女之负担，救敝补偏，法良意美，此趋势所必至，亦事理所当然也。”① 作为女性，鲍蕴华女士对此体会更深，她哀叹道：“比年以来，非无一二聪明有志女子，当其求学伊始，勇猛坚锐，以开辟女子学界自期。无如不数年间，所学未成，而已身为人妇，房中巾栉，厨下羹汤，种种拮据，更仆难数。当此之时，俗务纠纷，遑论修学？遑论办事？呜呼！红丝一系，生平志事，从此付之东流矣！”为此，她指出：“自由婚姻之风不倡，则女学永无兴盛之日。”②

中国素有早婚习俗，上述论者所言不虚。因此，梁启超在1902年就呼吁禁止早婚，认为其有诸多弊害，而影响学业就在其中，这是制约国民素质提升的重要因由。③ 而且，他还指出，“婚姻实群治之第一位也”。这里的“群”有团体之意，实质就是全体国民的指代，从而打通了塑造国民、兴女权与婚姻改良之间的逻辑关系。这一分析逻辑在新知识界迅速达成了共识，《女子世界》的主编丁初我说：“婚姻自由，为吾国最大问题，而必为将来发达女权之所自始。”④《女学报》的创办者陈撷芬精辟地指出：“婚姻自由，为女学进步之初基。”⑤ 还有论者论证说，“要晓得婚姻自由，是与女学关系最密切的。女子本来是社会的主动力，再济以学问，还她自由，家庭自然整饬了，国本也就强固了。国本一固，哪有外力不膨胀的道理呢”。⑥ 如此一来，婚姻变革、女学振兴和民族国家的发展，就有机地组成了一个问题链，并成为知识界阐发婚姻问题的切入点。

---

① 《江亢虎先生忠告女同胞》，《女子白话旬报》1912年第5期。

② 《鲍蕴华女士由神户来函》，上海《女学报》1903年第2期。

③ 《禁早婚议》，林志钧编：《饮冰室合集》第1册，中华书局，1989年，《文集之七》第107—114页。

④ 初我：《女子家庭革命说》，《女子世界》1904年第1卷第4期。

⑤ 《鲍蕴华女士由神户来函》，上海《女学报》1903年第2期。

⑥ 汪毓真：《论婚姻自由的关系》，《女子世界》1904年第1卷第9期。

浙江绍兴人杜士珍是近代著名教育家陈黻宸的高足，受其师影响，素有民主革命之志。1903 年，他在《新世界学报》刊文，系统阐发婚制改良与政治革新的关系问题。杜士珍同样指出，“夫为政必先群治，而群治起原尤在夫妇”。他认为，政治改革必须以社会改革为先导，而社会改革以培育健全国民为中心，“不然，以无智、无识、无伦类、无品格、无秩序、无文化之愚民，骤列以高等之地位，施以欧美各国宪法、民主之文明，益见其腐败不可收拾”。因此，要培育健全之国民，必须从婚姻改革入手。有人则认为，在 20 世纪初的中国，社会亟待改革的事务众多，“他务未遑，汲汲然以婚制改革为言，毋乃舍其本而逐于末，见其小而遗其大者欤?”杜士珍对此并不认同。他认为，天下的问题必须寻求其根源，才能找到解决根本之道。同样，社会的起点在家庭，而家庭又源于婚姻。因此，婚姻与社会乃至世界的关系紧密，“言群治者，不可不致意乎此；言政治者，不可以不致意乎此；言教女育者，不可以不致意乎此；言人种进化者，不可以不致意乎此”。作者在行文中，连续用了六个排比句，历数传统婚制不良的恶果，由此得出结论：“迄今思政治之改革，决不能不先社会之改良，而社会之改良尤必在男女之进化。”① 从家—国—天下的分析逻辑逆向推理，作者把国家主义的实现寄希望于婚姻改革，希望借此培育健全的国民，最终实现政治的改良。通过这一分析链条的构建，婚姻改革被作者赋予了道德正义性。

阐发改良婚姻与革新政治的关系，是当时知识界论述婚姻问题的焦点所在。汪毓真女士在《女子世界》撰文指出，家族主义的不良导致了国势、民力的不振，“只有求热心的诸大君子，力倡婚姻自由，破数千年幽嗟怨郁的戾气，开四万万人文明强武的机关”。② 在汪女士的叙事逻辑中，婚姻自由是清除家族主义弊病，把中国导向文明富强之路的关键抉择。

为了更好地阐释婚姻改良与政治革新的关系，不少作者还将中外婚姻做了比较。在陈王的意识中，西方自由婚姻中的夫妻关系完美融洽，“入其室，喁喁如也；睹其人，怡怡如也”；与之形成鲜明对比的是，传统婚姻是家庭

① 杜士珍：《婚制改革论》，《新世界学报》1903 年第 14 期。
② 汪毓真：《论婚姻自由的关系》，《女子世界》1904 年第 1 卷第 9 期。

矛盾的渊薮，影响到了社会进化。要根除这些矛盾，必须正本清源，“自正正俗，允为大人；自新新民，实惟君子”。为此作者提出，“我今欲发大愿，出大力，振大铎，奋大笔，以独立分居为根据地，以自由结婚为归着点，扫荡社会上种种风云，打破家庭间重重魔障，使全国婚界放一层异彩，为同胞男女辟一片新土，破坏男女之依赖，推倒专制之恶风，遏绝媒妁之干涉，斩殳仪文之琐屑。咄！我务将此极名誉、极完全、极灿烂、极庄严之一个至高无上、花团锦簇之婚姻自由权，攫而献之于我同胞四万万自由结婚之主人翁！”① 很明显，陈王希望能以婚姻改良来塑造新家庭，以此作为清除根深蒂固的专制风气的手段，达到塑造拥有独立、自由特质的新国民之目的。

丁初我也想象了西方自由婚姻之乐，“入其室而和气迎人，登其堂而交际有节，觇其道路而同车携手，乐意融融。欧美自由之空气，直弥漫于夫妇之生涯”，以此来反衬中国婚姻之苦：“吾中国民权不复久矣，而独至闺房之内，俨然具有第二君主之威权，杀人无死刑，役人如犬马。对称贱曰妾，自号尊为天。呜呼！男子何修，女子何罪！吾叹中国夫妇之道苦，直起因于结婚之问题，而结果于相从地下，此身一误，蹂躏终生，悲哉，悲哉！”与西方婚姻相比，中国婚姻的问题在于专制恶习的浸染，形成了男尊女卑的夫妇之伦。“欲革国命，先革家命；欲革家命，还请先革一身之命。有个人之自治，而后有团体之建设；有不依赖之能力，而后有真破坏之实行。”② 上述描绘既是近代中国人对做自由人渴望的表达，又是对欧美富国强兵的现代体制在伦理关系上的投射，所有这些都是近代中国人对现代性追求的体现。在这里，丁初我如同其他论者一样，将个人、家庭与国家置放在同一分析链条中，把家庭革命与婚姻改良看作国家变革的伦理基础，从而将婚姻家庭问题引入民族国家重建的序列中来。

民国肇建，国家建设需要新国民的参与，女性依然是被动员的对象。中国近代首所私立大学震旦学院的创始人马相伯，在北京女子敦谊会上发表演说，阐发女子与国家、社会的关系。他认为，中国女权素来不发达，今天不

① 陈王：《论婚礼之弊》，《觉民》1904 年 1—5 期合订本。
② 初我：《女子家庭革命说》，《女子世界》1904 年第 1 卷第 4 期。

少青年志士以提倡女权为宗旨，而发达女权目的在于谋求家庭改良，“外国男子皆得专心治事，而中国男子，时不免有内顾之忧。家庭既不若外国，因而社会国家，皆不克与外人相抗衡。故欲中国富强，当自家庭教育改良始。欲改良家庭教育，其责任则在女子”。[①] 从马氏演说内容的组织逻辑看，民初知识分子仍将家庭革新看作国家振兴的基本出发点，而女性仍旧承担着家庭革新的重任，其使命在于治家。

1913年，有人在《亚东丛报》撰文指出，只有改良婚姻、革新家庭，才能增进女子的学问与自立能力，这一变动有利于维系个人、社会与国家之间的紧密关系。[②] 次年，《妇女时报》刊文再次宣扬国民之母的理念，阐释女性的价值意义：“铸造国民，为女子之大功德、大事业。责任既比男子更重，报酬自比男子更优。世有国民母，其真为国民标准矣哉。”[③]

《新青年》杂志创刊后，特别开辟《女子问题》专栏来探讨女性与社会发展的关系。作者陈华珍刊文指出，中国从清末就提倡改良，试图通过发展农业、整顿工商来增强国力，但始终缺乏健全的国民来实践。要解决这个问题，“非培植健良完全之国民，以任国家之事不为功。顾欲培植健良完全之国民，舍从女界上进行，其谁属哉？然则普及女子教育，改良婚姻与育儿问题，岂非今日之第一急务哉！”[④] 其他论者也谈到，“今之女子，非复一家一族之女子，而属于国家社会。其教育遂亦不仅系于一家一姓之兴衰，而系于社会国家之治乱”。[⑤] 郑佩昂对包括女性在内的广大青年告诫道，“吾侪青年，生兹贫弱之中国，处此竞争之世界，狭而对于国家，广而对于世界，莫不肩有发达国力，促进文明之重大责任”。青年人要发挥自己对于国家的责任，必须拥有健康的体魄、发达的智慧、健全的精神，而这一切的实现必须从禁止早婚开始。[⑥] 总之，“一切关系家庭之问题要皆关系国度。国之强弱，视家庭之良否以为断。故端正之士，能成立一清洁快乐之家庭，而后方能于

---

① 姜泣群撰：《朝野新谭》，车吉心等主编：《中华野史》（民国卷），泰山出版社，2000年，第359页。
② 《改良家庭之商榷》，《亚东丛报》1913年第3期。
③ 孙宋我：《论铸造国民母》，《妇女时报》1914年第14期。
④ 陈华珍：《论中国女子婚姻与育儿问题》，《新青年》1917年第3卷第3号。
⑤ 陶履恭：《女子问题：新社会问题之一》，《新青年》1918年第4卷第1号。
⑥ 郑佩昂：《说青年早婚之害》，《新青年》1917年第3卷第5号。

社会上谋公益。齐家治国之道，息息相通。余故曰：改良家庭与国家有密切之关系”。[①]

美国汉学家杜赞奇对这一情境总结指出：“中国‘五四’时期的文化叛逆者利用另外一种策略把妇女纳入现代民族国家之中，这些激进分子试图把妇女直接吸收为国民，从而使之拒绝家庭中建立在亲属关系基础上的性别角色。”[②] 塑造女国民以推动民族国家的建构，是清末民初启蒙知识界推动婚姻变革的理论依据，至于女性是否放弃了其在传统家庭中的性别角色应做具体分析。

综上分析，西力的冲击激发了知识分子构建民族国家的热情，进而产生了国家主义观念。他们认为，中国国际竞争失利的根本原因在于国人受家族主义束缚，缺乏对国家的责任感，因而试图重置个人与家庭、国家与天下的关系，而这必须从改革婚姻入手，“如是定律，颁行天下，无自由结婚之流弊，有家庭亲乐之和风，而男女间爱情之花潜滋而暗长，家庭日以治，社会日以良，国家日以涵濡而发育”。[③] 新知识界把校正两性伦理、改良婚姻作为解决社会问题的根本出发点，由此家庭、社会发育将日趋健全，最终达到强国的目的。在这一逻辑论证与构建过程中，女性跨越了传统性别界限，“被邀请”参与了民族国家的构建，改革不良婚俗正是激活其参与热情的重要手段。

## 第二节　五四时期个性主义引导下的婚姻变革

在清末民初，民族主义的重心聚焦在民族国家的建构之上。民初宪政的失败，使喧嚣一时的国家主义退潮，民族主义的重心从“国家”转向

---

① 孙鸣琪：《改良家庭与国家有密切之关系》，《新青年》1917 年第 3 卷第 4 号。

② ［美］杜赞奇著，王宪明等译：《从民族国家拯救历史：民族主义话语与中国现代史研究》，社会科学文献出版社，2003 年，《导论》第 10 页。

③ 亚兰：《论婚律》，《女子世界》1905 年第 2 卷第 4—5 期。

“个人”，从而推动了五四时代个人主义的崛起，形塑了“以自我为中心”[①]的个性主义理念。其中浓厚的乐利主义色彩，使追求个人幸福成为伦理革命的重要价值取向。婚姻变革是伦理革命的题中之义，同时也是塑造个人的手段。由于婚姻被赋予了新意涵，从而使其变革具有了伦理正义性。

## 一、个人主义在五四时代的崛起

清末知识分子对未来民族国家的构建做了美好的畅想，中华民国创建也使共和的政治秩序得到初步认同。然而，军阀混战、强人政治和称帝复辟等一系列政治乱象，意味着新生的民国远离了共和精神，这使民初的知识分子对清末以来喧嚣一时的国家主义深感失望。与此同时，一战也促使知识界对国家和国家主义进行反思，认为民族国家是导致这场战争的思想根源，故而将国家作为鄙弃、批判的对象。

知识界在上述反思中悄然实现了思想转变。“二次革命”之后，他们关注的焦点由政治改造逐步转向社会改造。《东方杂志》的主编杜亚泉注意到，“向之以政治改造为惟一之希望者，今则以改造社会为惟一之鹄的矣”。[②] 民初知名新闻记者黄远庸明确把社会与个人紧密联系起来，“欲改革国家，必须改造社会。欲改造社会，必须改造个人。社会者，国家之根底也，个人者，社会之根底也”。[③] 国家政治的颓败在于社会肌体不健全，而要健全社会肌体就必须改造个人。那么，个人应该具备什么素质要求呢？张东荪指出：“中国国运之兴也，不在有万能之政府，而在有健全自由之社会，而健全自由之社会唯由人民之人格优秀以成立……易言之，中国之存亡惟在人民人格之充实与健全。”[④] 1917年，在杭州主编《新教育》杂志的蒋梦麟，就将杂志的宗旨定位在“养成健全之个人，创造进化的社会”。[⑤] 所谓“健全之个人”，就是张东荪所讲的有独立人格的个人，这被视为社会改造与国家政治

---

① 陈独秀：《一九一六年》，《新青年》1916年第1卷第5号。

② 伧父：《命运说》，《东方杂志》1915年第12卷第7号。

③ 远生：《忏悔录》，《东方杂志》1915年第12卷第11号。

④ 张东荪：《中国之将来与近世文明国立国之原则》，《正谊》1915年第1卷第7号。

⑤ 蒋梦麟：《西潮·新潮》，岳麓书社，2000年，第114页。

秩序重塑的根基所在。换句话说，知识界将具有现代公民精神的个体的塑造视为最重要的价值，从而推动了五四时期“‘个人的崛起’时代”[①] 的到来。

在知识界的上述论述中，“个人”的存在与“社会”概念密切关联。“社会”是传统文化语境中的既有概念，主要指民间的各种迎神赛会，它通过民间的机制自主运行，呈现出与官府维持的伦理秩序隐然对立的格局。[②] 近代意义上的“社会”概念，由日本引进而来。日本人在 19 世纪 70 年代把西方“society”与“社会”对译，将之与公共领域和市民社会关联并固定下来。戊戌维新时期，“社会”概念传入中国，并被黄遵宪、梁启超等维新人士所采用，但此时更为流行的概念是“群”。梁启超于 1904 年在《新民丛报》上对其做出了清晰界定，把“社会”视为基于相互依存、交往而形成的具有内在凝聚力的人群结合形态。[③] 在 1904 年前后，“社会”逐渐取代了“群”，成为知识界阐发民族国家意识的切口。[④]“社会”概念之所以在此时被维新知识界所接受，与其对国人缺乏组织力、合群力、团结力的反省有关系，它与传统的尚“公”观念迅速结合，在政治、社会、文化层面产生了巨大效应。

“社会”作为新时代的聚焦方向与国家紧密联系在一起，承载着国运兴衰的重任：“从来国运之升降，恒视社会之变迁以为标准。盖积人民而成社会，积社会而成国家。国家之文明，实萌芽于社会。”[⑤] 因此，“社会”对于近代中国而言，是一个充满现代性的概念。[⑥] 知识界对于“社会”的期许，在于它能构建一个“通力合作，守望相助，疾病相扶持，互为团结，互为保护”[⑦] 的新组织形态，以提高国人的组织力、合群力和团结力，进而汇聚民族国家复兴的力量。正是在国家意识的关照下，知识界对“社会”概念的认

---

① 许纪霖：《个人主义在中国——“五四”时期的自我观研究》，童世骏主编：《西学在中国：五四运动 90 周年的思考》，生活·读书·新知三联书店，2010 年，第 277 页。

② 李恭忠：《Society 与社会的早期相遇：一项概念史的考察》，《近代史研究》2020 年第 3 期。

③ 《新释名一·社会》，《新民丛报》1904 年第 50 期。

④ 金观涛、刘青峰：《从“群”、“社会”到“社会主义”》，台北《“中研院”近代史研究所集刊》2000 年第 35 期。

⑤ 《论中国社会之缺点》，《东方杂志》1907 年第 4 卷第 8 号。

⑥ 黄兴涛：《清末民初新名词新概念的“现代性”问题——兼论“思想现代性”与现代性“社会”概念的中国认同》，《天津社会科学》2005 年第 4 期。

⑦ 可轩：《社说·国耻篇》，《东方杂志》1904 年第 1 卷第 10 号。

知逐步清晰起来。[1]

知识界想象中的“社会”具有团结、互助的自治特性，这与西方的公民社会颇多契合之处。既然“社会”概念与公民社会紧密联系在一起，那么它就是一个与个人相关的概念，正如时人所认识的那样，“社会为个人之集合团也”，[2] 此处的“个人”显然具备了西方原子式个人的某些特性。只有明晰了这个时代背景，才能真正理解五四时期的“社会”与“个人”为何多联袂出场，以及“个人”所具备的特性。

如前所述，个人主义的兴起与国家主义的退潮有重要关联。清末国家主义意识中的国民观以国家为本位，它虽要求个人摆脱对君主的依附，但只能作为国民整体中的一分子从属于国家，当个人的独立、自由和权利与国家利益相抵触时，个人只能退居其后。因此，国家主义的国民观虽能促进近代中国人主体意识的觉醒，却不能完全唤醒他们的主体意识，这也是近代政治变革裹足不前的重要因由。既然国家本位的国民观不能实现强国之道，那么又有什么思想可以解决这个问题呢？启蒙知识分子很快找到了答案。陈独秀指出，要推动中国社会的进步，必须借用西方文明，“以个人本位主义，易家族本位主义”。[3] 他认为，民初宪政的失败在于国人的奴隶劣根性，这种劣根性已成为民族心理的一部分，而其根源就是以三纲五常为主轴，以家族主义为基点的儒家宗法伦理对社会的熏染。因此，要破除儒家宗法伦理，就必须铲除家族主义。19世纪英国历史法学派的代表人物梅因指出，现代化是一个由家族本位的“身份”社会向个人本位的“契约”社会转型的过程。[4] 由此便不难理解，陈氏要用西方现代公民精神来批判并取代传统儒家伦理，以个人本位主义重塑中国人的独立人格，进而酝酿推动中国社会进步的新思想，借以实现现代化转型。

个人主义是欧洲启蒙运动的产物，它是马克思·韦伯所讲的“祛魅”的结果，表征着个体从神主宰的意义世界中剥离出来，获得了独立自主性，从

---

① 章清：《清季民国时期的“思想界”》（上），社会科学文献出版社，2014年，第66页。
② 《中国之改造》，《大陆》1903年第3期。
③ 陈独秀：《东西民族根本思想之差异》，《青年杂志》1915年第1卷第4号。
④ ［英］梅因著，沈景一译：《古代法》，商务印书馆，1959年，第72—97页。

而产生了主体特殊性。个体的权利、尊严和功绩得到保护、满足和承认，构建了充满活力的市民社会，使之成为现代社会秩序的价值基石。如果说个人主义是人类现代文明的精神表征，那么植根于宗法农业社会的中国文化则缺乏这种个体意识。作为传统中国主流意识形态的儒家文化是一套整体主义的价值体系，其威权主义政治伦理、家族主义宗法伦理和反商主义经济伦理，均以抑制个体以实现整体和谐为价值目标。道家老庄求自得而不求自进的个人观，与约翰·密尔以发展个人之智能为旨趣的个人主义大有不同。[①] 因此，自由独立精神的缺失，成为中国走向现代文明的根本障碍。

不过，自由独立精神的缺失，并不意味着中国完全没有接纳个人主义的文化土壤。儒家的"二元权威论"，尤其是王阳明的心学理论成为清末以来知识界接受个人主义伦理的重要本土思想资源。他相信，每个人都有善根与良知，人人都可以成为圣人，因此个人道德实践的重心在于自我的"人心"，个人由此获得了道德自主性和人格自由的正当性。其中包含的个人意志的自主性，与个人主义有相通之处。个人主义在西方有不同的思想传统，它在跨文化的传播中分别与传统思想的不同内容相契合：斯宾塞等作为方法论的个人主义与传统"群己观"相结合，约翰·密尔等作为个性论的个人主义则与儒家宋明理学中的"人格主义"接轨。外来观念催化了本土传统，传统思想资源中独特的"自我观"，在晚清语境下发酵为近代的个人主义观念。[②] 于是乎，个人的觉醒成为五四新文化启蒙的中心课题。从清末到五四时期，启蒙知识界的强国梦经历了从富强到文明的转变。富强以国家为本位，文明则更清晰的确立了个人的伦理价值，因而使伦理革命出现了新面向。从这个意义上讲，对于个人主义的关注是理解五四时期民族主义的关键切入点。

个人的觉醒奠基于对家族主义的批判。清末知识分子已经敏锐地认识到，家族主义是造成国家恶政的根基。1901 年，《国民报》刊发《家族政治》一文，作者从家国同构的视角出发，历数中国专制政体的种种弊病，从而将

① 萧公权：《中国政治思想史》，辽宁教育出版社，1998 年，第 176 页。

② 许纪霖：《个人主义在中国——"五四"时期的自我观研究》，童世骏主编：《西学在中国：五四运动 90 周年的思考》，生活·读书·新知三联书店，2010 年，第 279 页。

家族主义置于被批判的境地。[①] 1903年，作者瑞香把家族改良视为推翻专制政体，构建民族国家的必要手段，“欲达之民族主义，必先革专制之政体；欲革专制之政体，必先由地方自治；欲地方之自治，必由家族之改革”。[②] 这个分析逻辑在清末新知识界中达成了共识。不过，这一时期对家族主义的批评，目的在于培养具有一定现代观念的现代国民，其内涵特质虽与个人主义不同，但仍推动了个体意识的觉醒。

在个体意识觉醒的同时，西方个人主义也走入了新知识界的视野。1902年10月，杨度在《游学艺编·叙》中，论及了18世纪以来欧洲流行的各种主义，其中就提到了个人主义这一概念。[③] 1903年，《大陆》杂志刊登了《中国之改造》一文，作者明确指出，“夫国家组织之目的，在于社会幸福之增进及伸张个人之自由”，而国家则是“个人之集合体也，社会亦个人之集合体也。凡健全之个人，思想发达而同其利害者，即可造一政治的团体”。[④] 文中给予了国家功能的现代化解释，指出了现代国家中个人应具备的基本素养，乃至个人与国家之间的关系。1906年，《新民丛报》刊载了作者光益译介的文章，其中初步介绍了个人主义的欧洲源流及其基本观点。文章认为，“此主义之所主张，谓一切个人，皆有平等之价值，平等之权利，故对于各个人，不可不附与以发展其能力之自由权，而于道德范围之内，不可不许以行动自由”。在个人与社会的关系上，文中指出：“无个人则无社会。社会由个人而成立，社会者实不过由各个人所成之契约，而所谓社会的意思，决非实有者，故实存于世间之物，唯个人而已，个人的意思而已。社会一切之事物，皆归于个人的意思，发个人的意思，凡言语、风俗、法律、宗教所有社会上精神的产物，皆随个人的意思自由制作者也。”[⑤] 很明显，文章在此表达了个人优先原则，这是本文与其他相关论述的不同之处。很可惜，此文并不代表译者的立场，因为作者在《新民丛报》还同时译介了

① 《家族政治》，《国民报》1901年第1卷第3期。
② 瑞香：《家族改革论》，《童子世界》1903年第33期。
③ 《〈游学艺编〉叙》，1903年10月，刘晴波主编：《杨度集》（1），湖南人民出版社，2008年，第74页。
④ 《中国之改造》，《大陆》1903年第3期。
⑤ 光益：《个人主义教育》，《新民丛报》1906年第4卷第22号。

《国家主义教育》一文。

在清末改革的背景下，如何有效地建立民族国家成为知识界优先考虑的问题，而中国尚群的传统，使国家对个人和社会具有当仁不让的优先性，对于个人的过度关注很容易被误解。鲁迅对此评论说："个人一语，入中国未三四年，号称识时之士，多引以为大诟，苟被其谥，与民贼同。意者未遑深知明察，而迷误为害人利己之义也欤？夷考其实，至不然矣。"[①] 对于社会"识时之士"的观点，鲁迅并不认同，他梳理了欧洲18—19世纪以来的文化传统，认为卢梭、黑格尔、叔本华以及易卜生都代表了个人的尊严之声。通过中西文化传统的比较，他做出了"轻物质，尊个人"的选择，并认为个人主义有利于个体对自身价值的认同和自我精神的张扬，乃至民族精神的凝聚。作者莎泉生对此也有同感，他注意到，欧美社会视为绝对价值的个人主义在中国却被看作洪水猛兽，批评其"重小己而轻大群，竞私利而忘公益"，甚至不惜亡国灭种以保功名利禄，导致国病民穷。在作者看来，这其实都是误解，因为"个人主义者，政治自由之极致也，变词言之，即谓国家之设，原为各个人，国家不得反借群力而干涉个人之自由"。[②] 作者显然不认同时人以爱国公益为名，不惜剥夺个人私利而使政府尊荣的想法。为此，他主张个人不仅是国家、社会的一分子，个人自身亦有独立之价值。在国家、社会面前，个人有足够的优先权。不过，上述二人的观点并不是清末知识界的主流观念，国家主义依然占据上风。

民初宪政失败后，启蒙知识分子重新反思清末以来的现代化之路，逐步认识到了个人主义的价值。从上海商务印书馆创办最早且非常有影响力的刊物《东方杂志》刊发的系列文章，可以看到知识界思想变动的脉络。

1914年，主编杜亚泉在该杂志的头版头条发表《个人之改革》一文，呼吁民国政府应当注意个人改造问题，表达了自己对于个人问题的重视。他在文中指出，过去几十年进行的各种改革仅仅停留在宏观层面的政治体系、教育制度及商业经济等方面，而对个人或个性的改造缺乏适当的关注。因此，

---

① 鲁迅：《文化偏至论》，《鲁迅全集》第1卷，人民文学出版社，2005年，第51页。
② 莎泉生：《个人主义之研究》，《牖报》1908年第8号。

体制的更替并没有对原有的官僚体系和官僚阶层产生多少触动，原先的变革者也同化为打着共和旗号的新官僚。因此，他强调真正的改革必须从人的改造开始。[①] 杜亚泉是文化调和主义者，他从传统思维逻辑出发，把个人置放到西方的社会概念中进行考察，以确定二者之间的关系，强调二者的一致性和关联性，这与梁启超在《新民说》中提出的国家优先观念大不相同。

1916年，《东方杂志》连续两期刊文阐释个人主义。在《我》中，作者民质运用中国古典哲学语言，以深沉的历史意识来倡导个人的自立。[②] 他指出，当前国家处于四分五裂的状态，人们饱受贫穷、动荡和灾害的侵袭，个人失去了立足之地。在帝制统治下，人们可以在将其传达给皇帝的愿望中得到慰藉，而如今个人则束手无策。在此情境下，个人只能在回归自我中去寻求力量，依靠个人的自我成为人在现代世界中生存的途径。为了论证这一观点，他划分了“公我”和“私我”两个范畴，二者互为表里，互相促进。对“私我”的追寻，即自我利益的实现可以像烛光一样惠及他人，而“公我”则是一种不断争取实现个人权利的道德使命感，实际上是为了更好地推进“私我”的实现。于是，民质在这里将个人确立了某种绝对价值观念。

在随后刊出的《个位主义》一文中，作者家义则在文中明确提倡西方启蒙式的个人观念，认为个人主义是治疗中国顽疾的特效药。[③] 该文是为回应民初知名记者黄远庸的《国家之公毒》一文而作，其中赞同黄氏所提出的重要观点，即中国思想的“笼统”是国家软弱的根源，而要解决这个问题惟有“个位主义”，因为这是近代文明发展的源泉。那么何谓文明呢？“曰科学之分科，曰社会之分业，曰个性之解放，曰人格之独立。”在他看来，现代世界的主宰性范畴是“分”，世界的各种事物都需要按照科学法则分类、分解和分析。不仅如此，他还认为，个人主义是随着现代学科知识的建立而出现的，是心理学、社会学乃至伦理学发展的产物，这些学科本身就是为个人的发展和自我实现而创立的。这样，现代的个人被描绘成与社会群体相对立的形象，理想的国家、社会与家庭都应该为个人的成长创造条件，而不是阻碍

① 伧父：《个人之改革》，《东方杂志》1914年第10卷第12号。
② 民质：《我》，《东方杂志》1916年第13卷第1号。
③ 家义：《个位主义》，《东方杂志》1916年第13卷第2号。

个人意志的实现。以个人的发展来衡量国家及群体价值的分析逻辑，是五四时期启蒙知识界的通用手法。

1917 年，杜亚泉发表了另外一篇文章《个人与国家之界说》，来讨论个人与国家之间的关系问题。[①] 作者指出，国家权力是把双刃剑，如若缺乏明确界限，就会发生“牺牲多数个人，以殉主持国事之少数人”的悲剧。因此，在个人与国家之间应该划定一条界线，以便双方都不侵害对方的利益。在其文字表述中，个人与国家虽有无法脱离之关系，但强调个人价值的独立性是文章的主旨。

通过对《东方杂志》相关文章的梳理不难发现，新知识界的观念在对民初混乱政治的反思中，迅速从国家主义转向了个人主义。杜亚泉时代主编的《东方杂志》，是当时中国销量最大、最具影响力的综合性杂志，[②] 它以“启导民智”为宗旨，思想具有开放性，能够基本反映当时知识界的思想走向，其观念与以《新青年》为营垒的知识群体有不谋而合之处。

就读于日本明治大学政治系的高一涵，在个人主义的认知上更具有专业优势。1915 年，他在《新青年》上发表《国家非人生之归宿论》，文中明确提出，“国家者，非人生之归宿，乃求得归宿之途径也。人民、国家，有互相对立之资格……故欲定国家之蕲向，必先问国家何为而生存；又须知国家之资格，与人民之资格相对立，损其一以利其一，皆为无当”。[③] 作者认为，把国家作为人生归宿，为了国家可以损害国民权利的主张实属本末倒置。国家是为了人的自身需要而设立，国家应当保护国民权利，违反人民意志、损害人民权利不利于国家的持续发展。通过对国家主义的批判，进一步凸显、强化了个人主义的意义。

新文化运动阵营的同仁当中，陈独秀对个人主义的倡导最有力。他在著名的《东西民族根本思想之差异》中，首次提出个人本位和家族本位对立之论。陈氏认为，西洋各国从古至今都是奉行个人主义伦理的民族，英、美、法、德等皆是如此。稍有常识者就能判断出此论并不准确，但这并不说明陈

① 高劳：《个人与国家之界说》，《东方杂志》1917 年第 14 卷第 3 号。
② 周一凝：《封面上的往事》，中央广播电视大学出版社，2015 年，第 14 页。
③ 高一涵：《国家非人生之归宿论》，《新青年》1915 年第 1 卷第 4 号。

独秀的知识有缺陷，更好的解释是他为了强调个人主义合理性而采用的表达策略。陈独秀所理解的西方个人主义是这样的："举一切伦理，道德，政治，法律，社会之所向往，国家之祈求，拥护个人之自由权利与幸福而已。思想言论之自由，谋个性之发展也。法律之前，个人平等也。个人之自由权利，载诸宪章，国法不得而剥夺之，所谓人权是也。人权者，成人以往，自非努力，悉享此权，无有差别。此纯粹个人主义之大精神也。"① 在其理解中，个人与国家相比具备了先天的优先权，国家、社会乃至法律、道德的存在，都只是为了保障个人的自由权和幸福的实现；思想言论的自由，是为了激励人的个性发展。宪法所赋予的所有人权，任何法律都无权剥夺，这就是个人主义的真实表现。那么，个人主义伦理的精髓又是什么呢？陈独秀在《一九一六年》中做出了解释，他认为"尊重个人独立自主之人格，勿为他人之附属品"是个人主义的精髓。② 文章以 1916 年作为世界乃至中国社会转折变动的分界点，其后"吾人首当一新其心血，以新人格，以新国家，以新社会，以新家庭，以新民族，必追民族更新，吾人之愿始偿"。在此分析链条中，民族、国家的更新依赖于个人人格的独立。陈独秀抨击中国传统道德中的"三纲"学说是奴隶道德，这是近代中国社会沉沦的根源。只有个人人格高尚，国家整体的国格才能提高，国权才能真正巩固。

在新文化运动阵营中，除了陈独秀之外，胡适是阐扬个人主义思想最积极、论述最详尽的学者。由于欧洲各国文化传统不尽相同，个人主义伦理类型多样，即有英美自由主义的个人主义，还有尼采式的个人主义、易卜生主义等等。陈独秀、高一涵等所宣扬的是前者，而胡适所大力倡导的就是后者——易卜生主义。

易卜生是现代现实主义戏剧的创始人，其作品《人民公敌》《玩偶之家》等意在批判资产阶级的家庭、道德和宗教，因而获得了"问号大师"的美誉。1918 年，《新青年》出版《易卜生专号》，着力介绍易卜生的观念，以批判中国社会现实。胡适撰写的《易卜生主义》是专号的领衔文章，他通过对

① 陈独秀：《东西民族根本思想之差异》，《新青年》1915 年第 1 卷第 4 号。
② 陈独秀：《一九一六年》，《新青年》1916 年第 1 卷第 5 号。

易卜生戏剧和书信的分析，较为全面地宣传了易卜生思想，同时也表达了自己的主张：文学应该宣扬维新革命，张扬个性解放，以实现启蒙的目的。因此，他集中批评了社会束缚个性的问题，“社会最大的罪恶，莫过于摧折个人的个性，不使他自由发展”。那么，如何发展人的个性呢？胡适指出，“发展个人的个性须有两个条件。第一，须使个人有自由意志。第二，须使个人担干系，负责任”。[①] 也就是说，个性的发展不仅要求个体具有独立人格，而且能够在社会以及国家的发展中有所担当，实质上表达的是个人与社会和国家之间应该保持何种关系。李大钊明确指出，个性自由的目的在于整肃新生活、新秩序，它是实现现代转型必不可少的要件。[②]

蒋梦麟对上述问题做了更通俗的解释。他在《个性主义与个人主义》一文中，从教育观念出发对二者的差异做了区分：前者是指发展自身固有之特性，是一种教育方法；后者是指个人不为政府、家庭所压制，享有自由平等的机会。并且他认为，国家和社会有义务保障个人享有自由平等的权利，否则个人有权推翻、重组它，其核心仍在于保障个性的发展。[③] 从上述两人的表述看，个人主义既是一种教育方法，又是“人”的现代性特质的重要体现。个人主义的实现是个性发展的前提，国家、社会是个性发展的保障，而个体又在责任承担中实现、张扬个性，并最终实现了个人主义和个性主义的合流。

经过《新青年》《新潮》等刊物的大力推介，易卜生主义风靡五四知识界。之所以出现如此的轰动效应，是因为这些戏剧的译介配合了当时社会改革的需要。文学评论家阿英说，“易卜生在当时的中国社会里，就引起了巨大的波澜，新的人没有一个不狂热地喜爱他，也几乎没有一种报刊不谈论他，在中国妇女中出现了不少的娜拉。易卜生的戏剧，特别是《娜拉》，在当时的妇女解放运动中，是起了决定性的作用的”。[④]《玩偶之家》的女主人公娜拉在青年们要冲出家庭、寻求恋爱自由和追求社会改造的双重期待中出

① 胡适：《易卜生主义》，《新青年》1918年第4卷第6期。
② 《平民主义》，1923年1月，《李大钊全集》第4卷，人民出版社，2006年，第123页。
③ 蒋梦麟：《个性主义与个人主义》，《教育杂志》1919年第11卷第2期。
④ 阿英：《易卜生的作品在中国》，《阿英文集》，生活·读书·新知三联书店，1981年，第741页。

场，遂成为新青年追求个性解放和女性解放的精神楷模。

近代中国知识界宣扬的个人主义，浸润着浓厚的乐利主义色彩。清末民初，随着传统专制体制的削弱与瓦解，儒家强调心灵秩序与社会政治秩序统一的传统德性论逐渐崩塌，根据个人的自由意志来重估一切价值成为道德合理性的源头，乐利主义进而逐步取而代之成为新的人生观。甲午战后，严复翻译介绍了《天演论》，进化论成为当时影响最大的社会思潮，杜亚泉深有感触地说："生存竞争之学说，输入吾国以后，其流行速于置邮传命，十余年来，社会事物之变迁，几无一不受此学说之影响。"[①] 进化论的影响不仅仅在于世界观和政治层面，而且带来了伦理精神的转变，如从仁本论到自然本质论、从自我完善到自我保存、从性善论到性恶论等，人的自然本质和自利自存等因素得到首肯并传播到社会，标志着旧的伦理精神的危机和近代伦理精神重建的开端。[②]

如果说，严复译介的进化论确认了人的自然属性，为新伦理的构建提供了人性论的基础，那么梁启超则为近代伦理注入了鲜明的乐利主义色彩。他认为，"权也者，兼事与利言之也"。[③] 在梁启超彰显新民的法权人格特征，突出人的自主之权时，自然地也就走向了世俗化，走向了对利益的追求。他吸收了先秦墨家以及宋代李觏、陈亮等的传统功利思想，将道德与利益紧密联系起来，"道德之精神，未有不自一群之利益而生者；苟反此精神，虽至善者，时或变为至恶矣"。[④] 在这一阐释中，利益为道德的源泉，并将道德置于公意、公理之下，无疑是对传统道德的颠覆。与此同时，梁启超的道德观念还吸收了英国哲学家边沁和穆勒的功利主义原则。边沁基于"苦乐原理"和英国的经验论，将其原则的核心理念概括为最大多数人的最大快乐；穆勒修正了前者的核心概念，用幸福替代了快乐，从而将其发展为幸福主义的功利主义。在穆勒看来，幸福是一个多元的整体，对美德、金钱、权力、健康、名望的渴望以及个性的自由发展都是其组成部分，功利主义的原则就是

---

① 伧父：《静的文明与动的文明》，《东方杂志》1916年第13卷第10号。

② 郭国灿：《中国人文精神的重建》，河南大学出版社，2016年，第125—131页。

③ 《中国积弱由于防弊》，林志钧编：《饮冰室合集》第1册，中华书局，1989年，《文集之一》第99页。

④ 《新民说》，林志钧编：《饮冰室合集》第4册，中华书局，1989年，《专集之四》第15页。

实现最大多数人的最大幸福。受上述两人的影响，梁启超将快乐和幸福定义为道德的标准，“道德云者，专以产出乐利，豫防苦害为目的。其乐利关于一群之总员者，谓之公德；关于群内各员之本身者，谓之私德”。[①] 而且，他还借鉴穆勒的观念，对爱己心和爱他心进行了论述，认为二者是“异名同源”，从而将两个不同向度的概念链接为一个整体。既然追求乐利是人的不可阻遏的本能，不如因势利导，趋利避害，以推动群体幸福的实现。边沁、穆勒的功利主义在方法上是个人主义的，在目的上是集体主义的。这样，梁启超融合中西功利思想，创造性地将其转化为“利己”与“利他”“利群”相统一的体现中国特色的乐利主义。

梁启超所构建的乐利主义，以民族国家的整体利益为立论根基，实现了权利意识的觉醒和国家利益的融合，这深刻影响了五四时期的知识界。乐利主义既是一套人生观，又是一种伦理哲学。传统儒家的人生观为德性论，标榜人生的意义在于成就圣贤所教导的君子之德。乐利主义则主张，“趋乐避苦，为人生终极之目的。事无所谓善恶，趋大乐，避大苦者，谓之是，谓之善，否则谓之非，谓之恶”。[②] 高一涵在《乐利主义与人生》中详细介绍了边沁的主张，认为乐利主义以快乐主义和功利主义为基础。快乐主义引导人们去苦享乐，谋取幸福；功利主义认为，善是可衡量的，所谓的善就是为最大多数人谋取幸福。[③] 如前所言，乐利主义认为，人生的意义在于快乐和幸福，快乐就是善。陈独秀在《人生真义》一文中指出：“执行意志、满足欲望（自食色以至道德的名誉，都是欲望），是个人生存的根本理由，始终不变的。”[④] 冯友兰在《一种人生观》中解释道：“凡欲，就其本身而言，皆不为恶。凡能满足欲者，就其本身而言，就皆可谓之‘好’。”[⑤] 杜亚泉在《人生哲学》一书中也说：“人类的生活，若是善的，就是合理的且快乐的。”[⑥] 李

---

① 《乐利主义泰斗边沁之学说》，林志钧编：《饮冰室合集》第 2 册，中华书局，1989 年，《文集之十三》第 31 页。

② 陈达材：《物质文明》，《新潮》1919 年第 1 卷第 3 期。

③ 高一涵：《乐利主义与人生》，《新青年》1916 年第 2 卷第 1 号。

④ 陈独秀：《人生真义》，《新青年》1918 年第 4 卷第 2 号。

⑤ 冯友兰：《一种人生观》，《三松堂全集》第 2 卷，河南人民出版社，2001 年，第 20 页。

⑥ 《人生哲学》，田建业校：《杜亚泉著作两种》，新星出版社，2007 年，第 165 页。

亦民在《人生唯一之目的》中将人生的目的透彻明了地表达出来：“人生的唯一目的，乃是求生，追求幸福和快乐。何谓快乐者？满足感性，满足欲求之意志也。”①

启蒙知识分子几乎都从乐利主义角度论证个人主义的合理性，以为最大多数人谋最大之幸福为新的人生观。陈独秀在《人生真义》中说道：“社会是个人集成的，除去个人，便没有社会；所有个人的意志和快乐，是应该尊重的。”另一方面，“社会是个人的总寿命，社会解散，个人死后便没有联续的记忆和知觉”。因此，“个人生存的时候，当努力造成幸福，享受幸福；并且留在社会上，后来的个人也能够享受，递相授受以至无穷”。② 陈独秀从传统群己关系中探讨人生的意义，并从功利主义的立场肯定了个人欲望和追求幸福的合理性。个人的幸福并不具有终极意义，最终还要回归社会，让个人的幸福转化为大众的幸福，并能惠及后世。高一涵对此总结说：“俾最大幸福，得与最大多数人类共享之，是即乐利主义之旨归也。”③

胡适在总结中国近代思想变迁趋向时指出，1923 年之前的思想界多侧重个人主义，其后则逐渐倾向于集团主义，④ 这虽是五四前后知识界思想走向的基本反映，但其表述并不准确，其实无论是个人主义还是集团主义的意涵，都没有脱离梁启超所论的“群”的主题，国家或社会始终是或明或暗的在场。这充分说明，五四时期中国知识界视野中的个人主义，与作为思想来源的西方个人主义的旨趣有很大的不同。

西方的个人观念是与个人权利和社会契约论紧密相连的。启蒙知识界宣扬的个人主义则是西方思想与本土文化资源相合和重构的产物，表现为个性或人格的个人，即道德和意志自主之人。它既非纯粹的个别性概念，又非集合性概念，而是介于“个体与社群之间”，⑤ 金观涛将其称之为“常识个人观

---

① 李亦民：《人生唯一之目的》，《新青年》1915 年第 1 卷第 2 号。
② 陈独秀：《人生真义》，《新青年》1918 年第 4 卷第 2 号。
③ 高一涵：《乐利主义与人生》，《新青年》1916 年第 2 卷第 1 号。
④ 曹伯言整理：《胡适日记全编》第 6 卷，安徽教育出版社，2001 年，第 257 页。
⑤ 高力克：《五四的思想世界》，东方出版社，2019 年，第 38 页。

念”。[①] 这说明，五四时期启蒙知识分子虽然在鼓吹个人主义，但其背后隐含的正当价值仍是谋求推动人类、社会和国家的发展。正如学者刘禾所说，知识界把个人从家庭中剥离出来，“它导生了一个为实现解放和民族革命而创造个人的工程”。[②] 他们将自我的人生价值与创造美好社会的强烈责任感紧密联系，体现了更为深广的人类意识和世界情怀。在五四时期的伦理变革中，国家与社会并未缺席，它已转化为其中内在的价值追求。

## 二、个性主义引导下的婚姻变革

五四时期，时人在分析社会发展趋势时指出：“现代思潮，正倾向于两个相反的方向，一方面把人类社会生活展拓到全世界，他方面又把社会生活收缩成个人生活。前者是‘世界主义’，后者叫做‘个人主义’。两个潮流，互相摩荡，互相融会，互相感应，便孕育成将来社会的新生活。”[③] 作者用“世界主义”和“个人主义”两个概念，集中阐释了现代性对人类社会生活发展趋向的影响，以及对于培育个人主义的重要作用。

五四时代个人主义伦理的追求在于释放人的个性和自由，而中国传统社会立基于宗法家族制度，儒家家庭伦理塑造的是以孝悌为轴心的等级化人伦秩序，这种以父权为中心的依附性伦理，以血缘关系的温情束缚了人的个性和自由。正是基于这样的认知，吴虞明确指出，家族制度是封建专制主义的根基。[④]《新潮》杂志主编傅斯年把家族制度看作摧残个性、束缚人的向善之心的恶势力，将其称之为“万恶之原”。[⑤] 李大钊认为，传统社会“学而优则仕”的观念，让一人背负家族振兴的重任就是束缚人的个性，这同样是家族制度之恶。[⑥] 因此，要发展人的个性就必须破除“三纲五常”的礼教束缚，铲除其立足的根基——家族制度。

---

① 金观涛、刘青峰：《观念史研究：中国现代重要政治术语的形成》，法律出版社，2009 年，第 173—178 页。

② 刘禾：《语际书写——现代思想史写作批判纲要》，上海三联书店，1999 年，第 50 页。

③ 黄石：《家庭组合论》，《妇女杂志》1923 年第 9 卷第 12 号。

④ 吴虞：《家族制度为专制主义之根据论》，《新青年》1917 年第 2 卷第 6 号。

⑤ 傅斯年：《万恶之原》，《新潮》1919 年第 1 卷第 1 期。

⑥ 《万恶之源》，1919 年 7 月 13 日，《李大钊全集》第 2 卷，人民出版社，2006 年，第 365 页。

《妇女杂志》的主编章锡琛在《家庭革命新论》中指出："我们今后务要树立起个人造家国，非家国造个人，家国为个人而有，非个人为家国而有的观念，如果家国对于各个人只有损害而无利益，便该用了全力来把他打破，然后才有真正的革新可说。'不全有，宁全无'，这是一切革新的根本精神，我们应该先从家庭做起。"[①] 作者所标榜的"新"，在于用个人主义置换了国家主义，重新解释了个人与家庭和国家之间的关系，着重强调了个人相对于家庭、国家所拥有的不可撼动的独立性。同时，作者也表明个性的释放需要从改良家庭开始。

在时人看来，传统家庭对个人乃至国家的负面影响较大，"一国积弱之原，虽不必尽由于此，而以不良之故，障碍人生幸福，消阻丈夫志气，影响所及，固甚巨也"。[②] 这里的"丈夫志气"不仅仅指生理性的男性气质，还指代个人的精神面貌，更有国家雄风的意涵，从而将人格塑造、家庭改良与国家发展联系起来。知识界考察了西方文明国家的发展经验，认为社会改造须从改造家庭开始，"家庭者，社会之母也。人先有家庭而后有社会，故欲改良社会必先改良个人之家庭。家庭一新，则社会风气亦随之一变。人人有向上进步之心，则其社会不期然而然，自有改良之希望矣"。[③] 作者认为，家庭的改良有利于个性的释放，从而改变人的精神状态，激发他们昂扬向上的斗志，进而带动社会风貌和民族精神的转变。家庭改良涉及许多方面，如家庭组织形式、制度、经济、卫生、礼俗、教育等等，而家庭制度与组织形式的改良"当以个人主义为第一要义"，[④] 只有如此才能铲除旧家庭的承嗣性以及人身依赖性。

在提倡家庭改良的时论当中，婚姻问题被看作家庭问题产生的根源之一，其弊在于"中国婚姻，犹在闭关时代，为子聘娶，止凭媒妁"，[⑤] 由此夫妻不安、婆媳勃谿、姑嫂相凌等事层出不穷，自然影响个人精神气质的培

---

① 瑟庐：《家庭革命新论》，《妇女杂志》1923 年第 9 卷第 9 号。
② 陈仪兰：《改良家庭之一》，《中华妇女界》1916 年第 2 卷第 3 期。
③ 笑凡：《欲改良社会必先改良个人之家庭》，《国际公报》1925 年第 3 卷第 33 期。
④ 李淏：《家庭改良之研究》，《北京女子高师文艺会刊》1919 年第 1 期。
⑤ 陈仪兰：《改良家庭之一》，《中华妇女界》1916 年第 2 卷第 3 期。

育。因此，改良婚姻就成为解决家庭问题的重要手段。既然个人主义的乐利主义色彩浓厚，那么摆脱家族主义束缚，追求人生的幸福、快乐就成为构建新婚姻、新家庭的主要目的，也就成为五四时期的婚姻新道德。

李大钊是五四时期较早接受马克思主义的知识分子，他在《物质变动与道德变动》一文中，阐明了社会变迁与道德变动的关系。李氏先以达尔文的进化论为分析工具，认为“道德就是适应社会生活的要求之社会的本能”；尔后他又用马克思唯物论的分析框架，得出宗教、哲学、道德等都是随物质的变动而不断调整、变化的结论，从而为五四时期新道德的确立提供了充足的学理依据。[①] 那么，道德变动指向的价值追求是什么呢？暨南大学校长赵正平与夫人周文洁离婚时受到了社会的质疑，他专门为此撰文进行解释，并以此为契机指出了判定道德的标准。他认为，思想道德应该支配行为习惯，而评定道德善恶的标准就在于能够促进人生幸福，“真正的道德标准究竟在哪里？此虽个人信仰不同，但实际上各国人士所共同确信的，莫不归宿于人生底幸福。……我人判定善恶标准，必当以人生幸福为立论之本，舍此便无所谓善恶。申言之，凡行为举动能增进我人幸福的则为善，反之，而增进我人痛苦的即为恶”。[②] 赵正平的道德观念明显受到了乐利主义的影响，是否增进人生幸福是其判断道德善恶的标准，以此来表明自己的离婚合乎道德。

赵正平阐述的离婚问题属于性道德的范畴。性道德是一种特殊的规范调节方式，它是通过社会舆论、传统习俗和内心信念维系并发挥作用的性行为原则、规范的总和。[③] 通过概念的剖析可知，性道德不仅是一种道德规范，它还代表着一种实践精神，是人类把握人生和世界的一种方式。正因为如此，性道德在传统社会受到了特别的重视，被视为纯化社会风气，乃至巩固国邦的根本。在清末以来的启蒙知识界看来，传统性道德具有强烈的男权特质，基于家庭（族）利益的考量，两性情感基本被忽视了。从个人主义伦理出发，知识界试图用以爱情为核心的新性道德来改造、置换传统性道德。

---

① 《物质变动与道德变动》，1919 年 12 月 1 日，《李大钊全集》第 3 卷，人民出版社，2006 年，第 101—117 页。

② 赵正平：《我底伦理上的离婚观》，《觉悟》1924 年 2 月 23 日。

③ 王伟、高玉兰：《性伦理学》，人民出版社，1992 年，第 38 页。

19世纪60年代以来，中国人逐步走向了世界，知识分子对西方的性伦理有所认识，已然注意到了爱情与婚姻的关系。不过，基于传统文化的自信，他们当时对此并无深刻认识。[①] 面对西方的不断冲击和国家地位的进一步衰落，知识界产生了强烈的文化危机，援引西方文化资源改造中国传统价值体系就成为其必然选择，性道德的转型也就在情理之中，爱情与婚姻的关系逐渐受到重视。

1901年，有人在香港的《中国日报》撰文阐发男女平等原理，其中认为："凡人之情，必男女相悦，性情相等，彼爱此慕，然后为夫妇。"[②] 这里作者用传统文学词汇"爱"与"慕"来表达两性之间的爱情，表明他赞同爱情婚姻观的立场。1903年，被称为"中国女界之卢梭"的金天翮创作了《女界钟》，宣扬爱情婚姻观，文中说道："有天地然后有万物，有万物然后有男女，有男女后有夫妇，夫妇之际，人道之大经也。而人道何以久？非婚姻，婚姻其仪式也。仪式之中有精神，是名曰爱。"[③] 作者在分析万物进化的传统逻辑推理中，嫁接了西方的爱情观念，充实了婚姻内涵，赋予了婚姻新的意义。在这里爱情取代了家族义务，成为婚姻的精神内核。1907年，有人在《中国新女界杂志》介绍古今社会的妇女观，认为"吾国大义，妇人从一而终，近代新说，则谓夫妇本以情结"，[④] 这里的"情"自然指代爱情。从上述言论可见，以爱情为核心的婚姻观念在清末已经萌芽，这意味着性道德转型的发端。

民国建立后尤其是在五四时期，启蒙知识界宣传的易卜生主义，激发了知识青年改革婚姻、重塑家庭的热情。托尔斯泰、爱伦凯、嘉本特、阿尔伯、柯伦泰、倍倍儿、叔本华等人的恋爱观被陆续介绍进来，以帮助青年学生搞清楚"恋爱究竟是什么"，[⑤] 借以阐明"提倡一夫一妻制的必要"。[⑥]

---

① 王栋亮：《论19世纪中国出洋人员对欧美性伦和婚俗的观感——以〈走向世界丛书〉为分析蓝本》，《河北民族师范学院学报》2017年第1期。

② 《男女平等之原理》，徐辉琪等编：《中国妇女运动历史资料（1840—1918）》，中国妇女出版社，1991年，第154页。

③ 金天翮著，陈雁编校：《女界钟》，上海古籍出版社，2003年，第67页。

④ 忏碧：《妇人问题之古来观念及最近学说》，《中国新女界杂志》1907年第5期。

⑤ 郭真：《恋爱论ABC》，世界书局，1929年，《例言》。

⑥ 任白涛编：《近代恋爱名论》，上海文艺出版社，1989年，《漫话》第9页。

在众多西方女权主义者中，爱伦凯对知识界的影响最大。1920 年代，经《妇女杂志》的系统译介，瑞典女权主义者爱伦凯走进知识青年的视野，其著作《恋爱与结婚》《恋爱与道德》《妇女运动》等相继出版，并产生了广泛影响，“瑞典爱伦凯女士（Ellen Key）思想的真挚，人格的高洁，议论的卓越，与夫对于人生态度的正确，是人人共知的。现在凡是谈论妇女问题的，没一个不在这伟大的女性思想家支配之下”。[①] 以恋爱为核心的新性道德被知识青年所接纳，她的“不论如何的结婚，一定要有恋爱才算得道德。如果没有恋爱，纵使经过法律上底手续，这结婚仍是不道德的”观点成为知识青年奉行的圭臬。经过国内期刊《妇女杂志》《妇女周报》《觉悟》《晨报副镌》等不遗余力地介绍、宣扬，相当一部分知识青年认识到，“爱不仅是组织家庭的原动力，也就是维持家庭的支柱。一句话说，家庭的生活就是爱的生活，没有爱就没有家庭；家庭的关系就是爱的关系，没有爱，家庭便从此解体”。[②] 总之，爱情取代家族义务，成为缔结婚姻、维系家庭的核心要素。

以爱伦凯为代表的女权思想资源的介入，其贡献在于推动了性道德的转型与重塑。传统包办婚姻以及相应的家族伦理所衍生的性道德，使个人遭受着非正义性的伦理批判。1920 年代初，新文化运动的同仁正在寻找攻破旧道德的路径和武器。爱伦凯的相关论述，不但将婚姻的主权交回给个人，而且以爱情的有无作为婚姻是否合法的唯一前提，从而帮助启蒙知识界构建起了新性道德的基本框架。

致力于女权主义的启蒙知识界，广泛宣传新性道德观念，并不断充实其内涵。自学成才的生物学家周建人，长期关注性教育和妇女运动，他在《男女理解与性的伦理》一文中，从判断道德是非的标准出发，进而顺理成章地提出了性道德的标准。他认为，判断道德是非的出发点，“用科学的眼光来说，利于同时代的他人或将来的民族的进化的便称为善，否则便是恶。道德的本质是约束或鼓励个人行动的一种东西，使社会得以安宁，有秩序，而适

① 吴觉农：《爱伦凯的自由离婚论》，《妇女杂志》1922 年 8 卷 4 号。
② 黄石：《家庭组合论》，《妇女杂志》1923 年第 9 卷第 12 号。

于生存和进化”。按照周氏的理解，道德的本质在于鼓励人的个性发展，促进社会的和谐稳定，推动人类自身的进化和国家的发展。从其解释的内涵来看，充分体现了对人性的肯定。那么性道德又将遵循什么标准呢？他继续解释说：“性的行为的伦理，简单的说，也是这样，怎样可以使性生活安宁，幸福，这便是他的重要要求。……要使人成为自己行为的主人，不是做一个被禁止之下的奴隶，然而他的行为却是不损害，对于社会的安宁，种族的前途两无妨害的……看恋爱是一件光明的事情，但同时也有着自制，这是近代性伦理的重要原素。”[①] 周建人提倡的性道德以恋爱为核心，以是否促进两性生活的幸福、安宁为判断标准，而要实现两性生活的幸福、安宁，必须以个人人格独立为基础，自己能成为自己的主人。只有如此，才能施行光明的恋爱生活，进而推动种族的进化，实现社会的安宁。

在1925年《妇女杂志》的《新性道德专号》中，主编章锡琛与周建人一起强化了对新性道德的认知。章锡琛在《新性道德是什么》一文中，强调道德的价值在于“增进个人及社会最大多数的幸福，而使之进化和向上”，性道德的真谛在于宣扬爱他主义同时兼有利己主义的思想，[②] 其中渗透着浓厚的乐利主义观念。周建人的《性道德之科学的标准》一文紧随其后，提出道德的“标准便是不蔑视和加害他人”，所强调的实质上是爱他主义；而新性道德的核心就是“把两性关系看作极私的事，和生育女子作为极公的事”。[③] 周建人在这里把恋爱与生育做了一定的区隔，他把恋爱看作纯粹的个人私事，显现的是西方式的个人主义观念；子女的生育则超过了个人范畴，这一行为要为社会文化和民族根脉的延续负责，这又带有传统思维逻辑的印记。更有甚者，性道德的判断标准被冠以“科学”的名义，而这是新文化运动中极具权威性的价值判断尺度，由此可知性道德判定依据在周建人看来是极神圣、重要的问题。因为新性道德以恋爱作为判断两性关系道德与否的根本依据，以“图谋未来世代的进化及向上”的优生观念为依归，以达到男女幸福、后代健全之目的，最终实现“满足社会个人自由平等的要求”，这是

① 高山：《男女理解与性的伦理》，《妇女杂志》1924年第10卷第10号。
② 章锡琛：《新性道德是什么》，《妇女杂志》1925年第11卷第1号。
③ 建人：《性道德之科学的标准》，《妇女杂志》1925年第11卷第1号。

启蒙知识界积极推动婚姻变革的重要动机。

应当说，新性道德观念形塑了知识界对于恋爱婚姻的认知，他们充分认识到了恋爱对于人生、社会和国家的重要关系。有人认为，“人们在恋爱里感受的幸福，结果就可以构成社会的幸福，增进人生向上的进步，发展种族的改良”；[①] 还有人认为，婚姻问题“直接关系于男女间一生的幸福，间接影响于社会公众的安宁”。[②] 在上述认识中都提到了“幸福”一词，而“幸福”属于个人的主观体验，取决于客体对主体的满足程度，指涉到个人的深层心理。对于幸福的追求，显然是个性主义观念中个体价值的体现。在新性道德语境中，婚姻首先满足的是个人，“是使两性满足的一种适应方法”。[③] 同时，“婚姻于人生上的价值，为共同工作之开始，为增加工作之兴趣”。[④] 新性道德支配下的婚姻观，不但能够满足个体的精神需求，还直接影响到人生、社会以及人种的改良。总之，个人主义伦理追求的正义性，不仅仅体现在个人精神和幸福的满足，还要兼顾到社会的延续和国家的发展，这与个人塑造家庭和国家的认知逻辑是吻合的。

诚如前文所言，拯救民族危亡是社会转型的直接动力，女性“被邀请”参与了民族国家的重建，五四时期女性依然受到了特别关照。时人对此评论说，“自五四运动的炮声爆裂，激动了一般少壮青年，惊醒了一般在地狱里过活的女同胞，知道世界上还有一半是‘人’……这五四运动，可说是女同胞的一朵生命之花，也就是全人类的幸福之神”。[⑤] 女性之所以受到关照，正是民主政治混乱与民族危机加深的反映，“新文化更似一种政治焦虑的产物，一种自鸦片战争和东西文化碰撞以来民族主体对自身政治前途的巨大焦虑的外射物。女性在某种意义上和其他字眼——人，个性解放，民主、科学一样，成为缓解这种焦虑，象征性地满足这种政治愿望的一个意识形态筹码”。[⑥]

---

① 吕炯：《读顾绮仲张勉寅〈我们的结婚〉以后》，《妇女杂志》1922 年第 8 卷第 5 号。
② 郭心玄：《婚姻的选择和改进》，《妇女杂志》1928 年第 14 卷第 8 号。
③ C Y：《婚姻问题概论》，《妇女杂志》1928 年第 14 卷第 7 号。
④ 陈伯吹：《婚姻问题的六个片段》，《妇女杂志》1928 年第 14 卷第 8 号。
⑤ 《怎样自觉》，《女学界》1923 年第 20 期。
⑥ 孟悦、戴锦华：《浮出历史地表：现代妇女文学研究》，河南人民出版社，1989 年，《绪论》第 37 页。

正是在“人的发现”的启蒙语境中，女性问题由清末“强国保种”的民族国家视角转向了个性解放的文化思潮，女性话题成为五四时期文化启蒙运动批判攻击传统儒家文化的有力武器。从《新青年》杂志对于女性问题的关注，到周作人、鲁迅、胡适等人关于女性贞操观的讨论，再到《妇女杂志》《新女性》等等诸多杂志的创刊与议题的设置，几乎都与女性相关。他们构建了自成逻辑的“困顿—解放”话语体系，[①] 试图将女性从旧礼教、旧家庭中解放出来，做人格独立的、像男人一样的人，从而赋予了女性解放的意义，进而使婚姻变革有了充分的理由和依据，最终推动了五四时期婚姻变革高潮的到来。

## 本章小结

马克思认为：“物质生活的生产方式制约着整个社会生活、政治生活和精神生活的过程。不是人们的意识决定人们的存在，相反，是人们的社会存在决定人们的意识。”[②] 因此，从唯物论角度看，作为社会文化变迁表征之一的近代婚姻变革，应当是农业社会向资本主义工商社会转型的产物。我们固然不能否认婚姻变革中的物质驱动和支撑力，但相较而言把它定性为近代思想启蒙与救亡的结果更符合中国的实际。启蒙与救亡形塑了近代意义上的民族主义，它是现代性的内在要求，其产生又强化了现代性意识。现代性不仅包括价值观念，还涉及社会制度乃至组织形式，因而现代转型不仅仅是观念的更新，还包括制度的重建。婚姻既是社会制度的体现，又是社会文化的反映，它的变革是现代性的需求和产物，自然具备现代性特征。

现代性要求确立以国家或社会为中心的政治秩序，这推动了“人”的中心地位的回归。在进化论的引导下，以“人”为中心的世界观演化为历史目的论，“人”所承载的历史使命决定着其权利和义务的变化，这必然推动着

---

① 秦方：《从幽闭到出走：清末民初女性困顿—解放话语形成及实践》，《妇女研究论丛》2017年第7期。

② ［德］马克思：《〈政治经济学批判〉序言》，《马克思恩格斯选集》第2卷，人民出版社，1995年，第32页。

“人”从传统向现代的转型。清末至五四时期，启蒙知识界主导的子民—国民—个人的演化路径就是其直接的反映。现代性思考引发了思想文化的更新和价值体系的重建。近代启蒙知识分子虽然借用了许多西方思想资源，但其思维模式仍深刻受到传统文化中根深蒂固的一元论和唯智论倾向的影响，他们信奉“借思想文化以解决问题的途径”，相信文化改革是一切变革的基础。[①] 在政治、社会一体化的社会结构中，文化是具有贯通性的连接枢纽，而伦理性是中国文化的重要特征。从传统思维结构出发，伦理文化的改革是重塑政治、社会新一体化结构的关键，而婚姻恰恰是社会人伦关系的源头，故而以婚姻变迁推动伦理改革，进而实现一体化结构的重塑，就成为启蒙知识界构建新话语体系的思维逻辑。只有梳理清楚这个逻辑，才能搞清启蒙知识界的现代性建构与传统的关系，进而理解婚姻变革缘何以及如何与国家的现代转向建立起了密切关联，而成为反复言说的对象，这是深入把握该时期婚姻变革特性的关键。

---

① 林毓生：《中国意识的危机——五四时期激烈的反传统主义》，贵州人民出版社，1986 年，第 43—45 页。

# 第二章 自由恋爱观念引导下的情感生活

在近代中西文化的碰撞和融合中，中国人的生活轨迹发生重大变化，推动了生活方式的转变。“人们生活方式的变动，是引起社会伦理观念变动及孕育新社会伦理的温床”，[①] 近代中国人的恋爱观念的孕育正是社会伦理变动的结果。那么，恋爱观念在近代是如何产生的？时人又如何看待这一概念？知识界赋予了恋爱何种意义？知识青年如何理解、践行这一理念？这些问题的解决，有助于理解恋爱观念如何改变了近代中国人的精神生活及其形塑民族国家的意义。

## 第一节 近代恋爱观念的新释义

在传统中国，社会礼俗并不支持男女情感的正当价值诉求，甚至将其视

① 李长莉：《从“杨月楼案”看晚清社会伦理观念的变动》，《近代史研究》2001年第1期。

为不祥之物，[①] 而且缺乏相对固定的概念表达。近代中国人生活方式的变动促使传统性伦理发生了松动，为改变这一现状提供了条件。传统词汇“恋爱”被知识界赋予了新意涵，使其获得了具有现代性的新身份，从而具备了伦理正义性。性道德是把握外在世界的特殊方式，“恋爱”的现代性身份恰好成为认识近代中国社会变迁的意义符号。

## 一、清末民初恋爱概念意涵的转移

英国性心理学家霭理士指出，恋爱是在人的性欲基础上产生的复杂情绪，居于七情六欲之首。[②] 科学研究表明，恋爱是人类性欲本能的产物，但同时也是现代两性伦理的重要内容。既然其中关涉到社会属性，它定然受到社会经济形态、政治制度、道德风俗等要件的制约，故而马克思把它看作衡量人类文明水平的重要尺度。[③]

自西周封建宗法制确立以来，中国的家族制度经历了战国、两汉以及魏晋隋唐的演变，至宋代形成了我们今天所熟知的封建家族制度。无论家族制度如何演变，而从原始社会末期形成的父家长制却始终如一的延续下来，并成为主要特征之一。[④] 家族制度的演变是生产力发展内在推动的结果，正如恩格斯所指出的那样：“建立在丈夫的统治之上的，其明显的目的就是生育确凿无疑的出自一定父亲的子女；而确定出生自一定的父亲之所以必要，是因为子女将来要以亲生的继承人的资格继承他们父亲的财产。”[⑤] 如果将其中的“夫权”置换为“父权”，就可看作对中国家族制度的诠释。为了继承父辈的财产，保持子女血统的纯正就至关重要了，由此确立了“严男女之防”[⑥]的性伦理和“父母之命，媒妁之言”的主婚权，其目的在于“远耻防淫佚也”。[⑦] 实际上，礼法道德与社会生活的吻合度并不高，“钻穴隙相窥”“逾东

① 郑超麟：《郑超麟回忆录》，东方出版社，2004 年，第 124 页。

② ［英］霭理士著，潘光旦译注：《性心理学》，生活·读书·新知三联出版社，1987 年，第 434、436 页。

③ ［德］马克思：《1844 年经济学哲学手稿》，人民出版社，2018 年，第 77 页。

④ 参见徐扬杰：《中国家庭制度史》，人民出版社，1992 年。

⑤ ［德］恩格斯：《家庭、私有制和国家的起源》，《马克思恩格斯选集》第 4 卷，人民出版社，1995 年，第 59 页。

⑥ 《论沪上创兴女学堂事》，王栻主编：《严复集》第 2 册，中华书局，1986 年，第 469 页。

⑦ （清）陈立撰，吴则虞点校：《白虎通疏证》，中华书局，1994 年，第 452 页。

家墙而搂其处子”的桑间濮上之举仍时有发生。宋代以后，特别是明清社会为了维护自己的正统地位，礼法观念逐步收紧，倘有突破“男女之防”，很难取得谅解，正如孟子所言“国人皆贱之”。[①] 清末政论家汪康年在其笔记中记载了这样一件事，北京大栅栏有姓目的女子，与一货郎私下相恋。但好景不长，目姓女子身染重病，货郎与其约定死后同穴。目姓女子死后，货郎欲依约而行，但遭到目家坚决反对，从而引发冲突并诉讼到官府，货郎的行为也并未得到官方的支持。[②] 由此可见，男女私情很难得到家庭、社会的认可。

不过，“严男女之防”的礼俗难以抑制情欲的产生。《诗经》中就有大家耳熟能详的诗句：“关关雎鸠，在河之洲。窈窕淑女，君子好逑。”[③] 它描写了社会生活中男性对于女性的爱慕、渴望之情。南朝乐府诗《子夜四时歌》就以春、夏、秋、冬四节各赋诗一首，以抒发男女相思、相爱之情。[④] 冯梦龙的《喻世明言》中也有诸多男女情爱的描写，这既是宋、明时代城市爱情生活的反映，也表达了作者对社会伦理变迁的某种认同。

在传统文献中，一般用“情”来指代男女之爱，如元好问在《摸鱼儿·雁丘词》中写道：“问世间，情为何物，直教生死相许？”《明清民歌时调集》中收录了许多表达男欢女爱的民歌，《情经》就是它的别名，“情”指的就是男女之爱。“恩爱”一词也用于表达男女之情，如汉代苏武写就的名句：“结发为夫妻，恩爱两不疑。”唐代《敦煌变文集·伍子胥变文》中有这样的记录：“其妻既见殷勤，遂乃开门纳受，恩爱还同往昔，相命而归。”清代小说《二十年目睹之怪现状》中也有“活活的把一对热剌剌的恩爱夫妻拆开”[⑤] 的描述，这都是对于男女情爱的表述。

值得注意的是，“恩爱”一词在传统现实生活情境中，有时也可指代因恩义而生情愫，进而缔结姻缘的行为。清末学者俞樾在《右仙台馆笔记》中记载了这样一则事例：光绪丙子、丁丑间，直隶某县兄嫂二人，带着妹妹到

---

① （清）焦循撰，沈文倬点校：《孟子正义》（上），中华书局，1987年，第426页。
② 汪康年：《汪穰卿笔记》，中华书局，2007年，第157页。
③ 周振甫译注：《诗经译注》，中华书局，2002年，第1—2页。
④ 赵光勇编：《汉魏六朝乐府观止》，陕西人民教育出版社，1998年，第478页。
⑤ （清）吴趼人：《二十年目睹之怪现状》，岳麓书社，1993年，第407页。

天津去讨生活，行至紫竹林附近，遇见有小贩在卖糕点并得到馈赠。妹妹感到前路漫漫，生死未卜，为感谢小贩赠送糕点的恩情，决定嫁他为妻。[①] 故事的表述虽未提及因恩生情，但恩义却是二人结合的纽带，从而不言自明地表达了传统女性对于婚姻的期待，就是寻求稳定、安逸的生活，至于情感并不是优先考虑的问题。

在传统诗词歌赋中，虽不乏对于情爱的描写，但“严男女之防”的伦理道德使男女之情的滋长缺乏健康的社会氛围，也影响了与之相对应的概念的构建。因此，在近代中西文化交流之初，传统文化语境中并没有准确的词汇与西方的“Love”对应。在其后中国融入世界的过程中，这一缺憾逐步得到了解决。

1922 年 8 月，章锡琛在与王平陵讨论恋爱问题时指出，“‘Love’，这一个字，在中国不但向来没有这个概念，而且也没有这名词。近来虽然勉强把彼译成‘恋爱’，但这概念还是没有”。[②] 那么，从“Love”到“恋爱”的对应翻译是如何实现的呢？在这里并没有交代。三年之后，章锡琛在为《妇女杂志·新性道德号》做辩护时对这个问题做了进一步的阐释：“在中国的文字上，一向没有相当于英语‘Love’的意义的字，近来虽然勉强从日本的翻译，用‘恋爱’这个字来代替，然而一般人却仍没有关于这字的概念。”[③] 在引述章锡琛的两段文字中，里面三次提及了“概念”，前一个就是指恋爱概念本身，而后两次则指人们的恋爱意识。他在此强调的是，由于礼教观念的长期影响，中国民众普遍缺乏恋爱意识，这个判断基本符合事实。不过，章锡琛在这里提供的最有效的信息是，“恋爱”一词由日本借用而来，这得到了后世研究者的验证。

中国传统文化语境并非没有“恋爱”一词，但它并不专指男女相爱，而是泛指一切人类情感。据考证，“爱”的本义是“行貌”，指行走的样子，其内涵中“仁爱”“爱好”之义是周代之后才产生的；“恋”字在汉代出现后以

① （清）俞樾撰，徐明霞点校：《右仙台馆笔记》，上海古籍出版社，1986 年，第 48 页。

② 《讨论恋爱的两封信》，《妇女评论》1922 年第 56 期；《恋爱问题的讨论》，《妇女杂志》1922 年第 8 卷第 9 号。

③ 章锡琛：《驳陈百年教授“一夫多妻的新护符”》，《莽原》1925 年第 4 期。

“慕”的本义存在。因此，在古代典籍中“爱”“恋”“慕”单用或两字同义复合使用时有发生。[1] 在中文典籍中，“恋爱”或“爱恋”的搭配较早出现于魏晋南北朝时期的佛经和文学作品当中，如曹植在《圣皇篇》中写道：“侍臣省文奏，陛下体仁慈。沉吟有爱恋，不忍听可之。”在这里，无论是“恋爱”还是“爱恋”都是“恋”与“爱”的同义复合词，并非特指男女之情。北宋刘斧撰《青琐高议·后集·小莲记》中记载：“公将行，小莲泣告：‘某有所属，不能侍从，怀德恋爱，但自感恨。’”明代哲学家王廷相的著作《雅述》（上）中有记述：“生计微则家贫无所恋爱矣。”在《红楼梦》第二十一回《贤袭人娇嗔箴宝玉，俏平儿软语救贾琏》中，贾宝玉看《庄子》的《外篇·胠箧》时意兴大发，不禁提笔进行续写，其中有“戕其仙姿，无恋爱之心矣”的语句，此处的“恋爱”与上文提及的相同，仍是“恋”与“爱”的同义复合词，一般做“留恋”“眷恋”解释。

鸦片战争前后，西方来华教士为便于传教布道，一直尝试着打通中西语言的障碍，如何在汉语中找到确定的词汇与英文“Love”相对应也是他们关心的问题。1822年，英国传教士马礼逊在其编撰的《华英字典》中，用广义的“爱慕”“爱恋”对应翻译英文“Love”；狭义的男女之爱则用“情”字来对应翻译，此处的“情”与英文“Love”含义相同，用于指代某种淫荡的感情，暗含贬义。1848年，另一位英国传教士麦都思编纂完成《英华字典》，“Love”虽翻译为“恋爱”，实则与“疼爱”并列、同义；“爱情”则对应英文“affection”，表达“喜爱”之意。[2] 在华教士对于“恋爱”的理解以及翻译，与中国传统文化语境中的理解并无二致，这种情况持续到了20世纪初。

民国著名的外交家颜惠庆，早年留学美国，归国后曾任圣约翰大学英文教授、商务印书馆编辑、清朝驻美使馆参赞等职务。为了推进中西文化交流，“为文明输入之助”，他受商务印书馆委托，于1908年主编完成了

---

① 杨联芬：《浪漫的中国：性别视角下激进主义思潮与文学（1890—1940）》，人民文学出版社，2016年，第3页。

② 杨联芬：《浪漫的中国：性别视角下激进主义思潮与文学（1890—1940）》，人民文学出版社，2016年，第4页。

《英华大辞典》，其中收录的“恋爱”一词既有广义之“爱”，又可指“男女相爱之情”。[①] 应当说，词汇双意的收录是中外文化交集的结果。该词典内容浩繁、编辑认真，出版后深受欢迎，至 1916 年 6 月已经重印了七次。为了收录清末民初不断涌现的新词汇，1915 年冬，商务印书馆出版了由陆尔奎等人编撰的《辞源》，同样收录“恋爱”一词，并将其解释为“男女相悦也”，[②] 它已经正式成为特指男女相爱的新词汇。“恋爱”意涵的转化及收录，与其在国内报刊刊印的高频率和知识界的认可有关，而这一变化与日本对中国知识界的影响是分不开的。

甲午战争后，维新知识分子基于学习日本强国之道的需要，加大了对日文书籍的翻译和传播力度，日本文化对中国知识界的影响逐步增强，日本学者解释的“恋爱”概念正是在这样的背景下被中国知识界接纳。[③] 据研究，早在 17 世纪日本学者就开始为英文“Love”寻找合适的译词，但直到明治初期“恋爱”作为“Love”的译词才开始普及。中村正直翻译的《西国立志编》是这一做法的始作俑者；明治二十年后，《女学杂志》成为普及“恋爱”一词，并使其实现本土化的重要媒介。[④] 19 世纪末 20 世纪初，“恋爱”一词在日本得到普及，而此时正值中国学者和学生云集日本之时，他们在日本创办各种刊物，如《清议报》《新民丛报》《浙江潮》《四川》等等，向国内输送新文化、新思想，表达男女相爱的“恋爱”一词就由他们率先使用并传到国内。

维新变法失败后，梁启超流亡日本，并于 1898 年冬在横滨创办《清议报》，继续宣传其改良思想。从现有资料看，最早使用“恋爱”一词的正是梁启超。他在《清议报》上刊载的《饮冰室自由书》中介绍牛顿、瓦特、哥伦布等伟人的丰功伟绩，在谈及恋爱时他提及了莎士比亚的描写，其中有这样一句话：“人谁不见男女之恋爱，而因以看取人情之大动机者，惟有一瑟

① 颜惠庆主编：《英华大辞典》，上海商务印书馆，1908 年，第 1368 页。

② 陆尔奎主编：《辞源》（卯集），上海商务印书馆，1915 年，第 62 页。

③ 郑匡民：《西学的中介：清末民初的中日文化交流》，四川人民出版社，2008 年，第 168 页。

④ ［日］清地ゆき子著，姚红译：《近代译词“恋爱”的成立及其意义的普及》，《东亚观念史集刊》2014 年第 6 期。

士丕亚。”[①] 这里的“恋爱”就是男女相爱之意。但同样在《清议报》上，也有人提及“恋爱和平”[②] 的用语，其意与传统文献用法相同。1903年，近代著名教育家马君武在《新民丛报》刊发文章介绍大文豪雨果的婚姻，其中提到：“雨苟幼时与其邻女阿对儿（Adele）相恋爱，往来之恋书，蔚然成帙。”[③] 这里的恋爱是男女相爱之意。但在该文中还有“十九世纪之大文豪亦多矣。其能使人恋爱，使人崇拜者”的表达，这里的恋爱显然也与传统文献相同。同年，在浙江籍留日学生创办的《浙江潮》上，作者“侬更有情”做了小说《爱之花》和《恋爱奇谈》。前者以第一人称叙述中国爱国志士与法国著名女优的爱情传奇，后者叙述的则是以十字军东征为背景的爱情小说，其中没有出现古典文献的用法。[④]

1904年，《女子世界》的《译林》栏目刊载了《美国妇人之自活》，里面有两次提到了“恋爱”一词：“非废弃婚姻，而使男女无恋爱之情之谓。惟断其恋爱婚姻之欲念，斯为最良之方法。”[⑤] 其中的恋爱都表达男女之情。从译文中的种种痕迹看，其应译自日本。次年，该杂志刊载了周作人翻译的英国小说《荒矶》，而它恰恰被安排在“恋爱奇谈”的主题标签下，同样也译自日本。[⑥]

1905年，《大陆》报以《老教授之恋爱》为题，介绍了英国哥伦比亚大学化学教授布奈迭克亨脱博士，以70岁高龄追求富豪故嘉巴败拉脱之女，并成功订立婚约的故事。[⑦]《大陆》报是日本妇女界名流下田歌子为孙中山筹措军费而创办的，主持人戢翼翚是湖北最早的留日学生。[⑧] 1907年11月，宣扬无政府主义的刊物《天义》，刊载了正在日本的周作人撰写的《防淫奇策》，里面有“既非出于自由恋爱，则男女之大欲不克遂，淫恶之生，乃事

---

① 《自由书·慧观》，林志钧编：《饮冰室合集》第4册，中华书局，1989年，《专集之二》第47页。

② 伤心人稿：《论中国今日当以竞争求和平》，《清议报》1901年第72册。

③ 马君武：《欧学之片影：十九世纪之二大文豪》，《新民丛报》1903年第28期。

④ 侬更有情：《爱之花》，《浙江潮》1903年第6—8期；《恋爱奇谈》，《浙江潮》1903年第8期。

⑤ 慕庐：《美国妇人之自活》，《女子世界》1904年第1卷第1期。

⑥ 萍云：《荒矶》，《女子世界》1905年第2卷第2期。

⑦ 《老教授之恋爱》，《大陆》1905年第3卷第8期。

⑧ 马光仁：《上海新闻史》，复旦大学出版社，2014年，第229页。

所必然”[1] 的评论；次年 3 月，作者“志达”在《天义》发表文章介绍恩格斯的《家庭、私有制和国家的起源》，其中提道：“然此等婚姻，非含几多之恋爱也，故恒因财产而起。”[2]

据统计，清末凡是与“恋爱”一词有关联的文章几乎都与日本的影响有关。在《清议报》《新民丛报》《江苏》《安徽俗话报》《游学艺编》《民报》《湖北学生界》《天义》《新世纪》等刊载的文章中，“恋爱”一词共使用 67 次，其中 53 次专指男女之爱。[3] 这些刊物要么是留日中国学者或学生所办，如《清议报》《新民丛报》《江苏》等；要么就是有旅日背景的知识分子在本土创办，如陈独秀主编的《安徽白话报》。在清末这个剧烈动荡的时代，海内外的新知识分子无论属于哪个思想派别，身处哪个政治阵营，凡是接受自由思想熏陶者对“恋爱”都不陌生。当然，我们也看到，“恋爱”在此时有双重解释。这样我们也就能够理解，颜惠庆主编的《英华大辞典》中的释义正是对当时中国知识界思想变动的总结。

来自日本的思想文化对中国人的影响是显而易见的。章锡琛读私塾时，在家乡街头的书店看到了《新民丛报》《浙江潮》等报刊，对上面刊载的新知非常好奇，竟然读上了瘾。[4] 据鸳鸯蝴蝶派作家周瘦鹃回忆，他在上海城隍庙的旧书摊上“买了一本革命党同盟会在日本东京出版的杂志《浙江潮》，读到了一篇笔记，记的是法国一个将军的恋爱故事，悲感动人，引起了我的爱好，想把它编成一本小说，尝试一下”。[5] 正是受此影响，国内宣传恋爱的刊物逐渐多了起来。

从现有资料看，1910 年后“恋爱”一词开始频繁出现于各类刊物，并冠诸诸多文章的标题中，如《原子》杂志中刊载的《恋爱失恋歌》《恋爱策

---

① 《防淫奇策》，1907 年 11 月 30 日，钟叔河编：《周作人散文全集》第 1 卷，广西师范大学出版社，2009 年，第 79 页。

② 《社会主义思想在中国的传播》编写组：《社会主义思想在中国的传播》第 1 辑（上），中共中央党校科研办公室，1985 年，第 115 页。

③ 杨联芬：《浪漫的中国：性别视角下激进主义思潮与文学（1890—1940）》，人民文学出版社，2016 年，第 8 页。

④ 章锡琛：《从商人到商人》，《中学生》1931 年第 11 期。

⑤ 《笔墨生涯五十年》，王智毅编：《周瘦鹃研究资料》，天津人民出版社，1993 年，第 271 页。

略》；[1]《学生文艺丛刊汇编》刊载的剧本《恋爱的变迁》《自由恋爱的研究会》；[2]《社会世界》刊登了以恋爱为主题的诗词《念奴娇·恋爱自由》；[3]《妇女时报》刊载文章《恋爱之花》；[4]《大共和星期画报》刊发文章《恋爱自由之结束》。[5] 更有甚者，《培善之花》杂志在1911年第4期出版了《恋爱特号》，特别刊登以恋爱为主题的文章。以《恋爱失恋歌》为例，作者阿斗以诗歌的形式，刻画了一位男青年向心爱的女子表达爱意而被拒绝的哀鸣，其中表达男女之情的"爱"字反复出现。在《念奴娇·恋爱自由》中，作者也以浓墨重彩描绘对爱情的渴望，"有谁沉醉自由风？忘却影儿相爱，任着魔高千百丈，只许心心忏悔耳"。综合这一时期的诗词文章看，此时"恋爱"的释义范围已经缩小，它已经逐渐指向"男女之爱"了。

由清末民初恋爱概念意涵的转移不难看出，由商务印书馆推动编纂的《辞源》，其中对于恋爱概念的新释义并非偶然，它是国内伦理观念变动的反映。商务印书馆被看作中国近代文化传播的界标，"是传播我国文化的一位先驱者"，[6] 这与印书馆诸多同仁的认知是一致的。[7]《辞源》秉承了印书馆文化传播的意旨，它广泛吸纳了全球范围内社会、文化或政治等诸多领域的关键词汇和概念，并将其传递到中国，它们逐渐成为1910年代晚期和1920年代早期新文化运动的核心理念。[8] 由于辞书是将不同语言、不同文化、不同概念体系连接起来，并使之标准化、普及化的重要媒介，从这个意义上看，《辞源》对于恋爱概念"男女之爱"的新阐释，代表了知识界对于性伦理的最新认识，它的收录标志着新知识界对于恋爱概念的接纳与认同。

在《辞源》刊行的同一年，新文化运动的标志性刊物《青年杂志》（次

---

① 阿斗：《恋爱失恋歌》，《原子》1911年第1卷第1期；徐周：《恋爱策略》，《原子》1911年第1卷第3期。

② 均刊载于《学生文艺丛刊汇编》1911年第3卷第3期。

③ 天放：《念奴娇·恋爱自由》，《社会世界》1912年第5期。

④ 《恋爱之花》，《妇女时报》1912年第8期。

⑤ 《恋爱自由之结束》，《大共和星期画报》1912年第1期。

⑥ 《我和商务印书馆》，北京茅以升科技教育基金会主编：《茅以升全集》第7卷，天津教育出版社，2015年，第161页。

⑦ 具体参阅《1897—1987：商务印书馆九十年——我和商务印书馆》，商务印书馆，1987年。

⑧ ［美］高哲一：《定义现代性：〈辞源〉与现代中国语汇的创制》，周武主编：《上海学》第3辑，上海人民出版社，2016年，第49页。

年改为《新青年》）创刊，其作者群通过译介西方、日本的相关文章，有意识引导知识界探讨恋爱问题。如在第1卷第5号，陈嘏选译了俄国作家屠尔格涅甫的小说《初恋》，其中细致描述了彼得卫奇那离奇而又让人向往的恋爱经过。在第3卷第5号中，袁振英翻译了美国无政府主义者高曼女士的《结婚与恋爱》，其中大力贬斥婚姻、鼓吹恋爱对于人生的重要意义。梳理清末民初新文化的创造与传播过程，不难发现翻译在其中充当了重要媒介，知识界以文学为载体植入新概念，扩宽了中文表达的边界，推动了文化的革新。恋爱意涵的转移使其变为新概念，并在翻译文学的传播中由概念逐渐转变为观念，试图构建一种新性道德观念和生活体验。

五四时期，知识界高扬个性主义理念，引发了婚姻变革的高潮。继易卜生之后，瑞典女权女主义者爱伦凯女士的恋爱结婚论，成为衡量性道德属性的重要依据。她所宣扬的恋爱是“把人生无限的诸相现示于男子的人格的恋爱……所谓人格的恋爱乃是不论在任何的时候和场所——纵然是欢乐的瞬间——而一样地对于他人人格的尊敬”。[①]“人格”同“恋爱”一样，都是从日本借用的概念，在1899年首次以中文形式出现在留日学生编辑的《新尔雅》中。人格是人的尊严、价值和品格的总和。置放于五四这个特殊时代，人格的审视首先以“人”的发现为基本前提，其指称以个性主义为基础，它被看作“人”的“合理的感情和充分的理性的具体化”，[②]其目标在于让理性和情感的作用适应、增进和改造实际生活。因此，人格尤其是女性人格的构建，激发了五四时代青年人的主体意识和生活热情，推动了恋爱热潮的涌现。1922年7月，新女性的代表杨之华在《妇女评论》上发表文章，认为“恋爱是人格的结合……没有理解人格的意义的，是不配说‘恋爱’两字的”。[③]作为新女性兼知识群体的代表，杨氏的认知具有典型性和代表性。恋爱以人格为基础，意味着性别的平等，它的出现冲击了以男尊女卑为主要特征的传统性道德，赋予了两性尤其是女性的精神新风貌，推动了五四青年情感生活方式的转变。

---

① 任白涛编：《近代恋爱名论》，上海文艺出版社，1989年，第79页。

② 王平陵：《新妇女人格问题》，《妇女杂志》1921年第7卷第10号。

③ 杨之华：《社交和恋爱》，《妇女评论》1922年第51期。

“历史沉淀于特定概念，并在概念中得到表述和阐释。”[①] 近代恋爱概念意涵的重构之路，就是新性道德发展变化的过程。在日本明治时期发明的“恋爱”概念，经留日知识分子的介绍传入中国。新概念的产生往往不是对固有现象的称呼转换，而是对新现象的命名，它标志着一种新道德观念的产生。无论在方式、意义、体验和评价上，都赋予了传统之“情”所缺失的现代意蕴。“情”的产生是人类的本能，而“恋爱”则代表了一种与传统性道德截然不同的情感态度与生活方式，它指涉的是男女像朋友一般交往而产生的好感，其隐含的命题是男女的自由、平等。[②] 因此，当留日学者、学生接受这个概念时，恰恰是以理解和认同它所包含的个人意志和两性平等的现代意义为前提的。正是在这个意义上，恋爱被称为“心灵革命”。[③] 以此为基础，以“人”的觉醒为标志的平等理念的流播，才真正推动、实现了恋爱自由观的初步认同，“恋爱”由于自身意涵的转变而成了五四时期的关键词。

## 二、五四时期恋爱高尚精神性的塑造

1904 年，受革命思想启迪的陈独秀在芜湖创办《安徽俗话报》，开始对民众进行启蒙教育。桐城人房秩五颇有才学，他思想开明，与陈氏志同道合，故而参与了报纸教育内容的编辑工作。据他回忆，报纸的影响“风行一时，几于当时驰名全国之《杭州白话报》相埒”。[④] 在此期间，陈独秀用笔名“三爱”发表了《恶俗篇·婚姻》，以白话文的形式对民众进行恋爱意识启蒙。他在抨击寡妇守节陋俗时，并没有忽略那些因夫妻感情浓厚而不肯改嫁的女子，并指出：“这也是他的恋爱自由，旁人要逼他嫁人，这本是不通的话。”[⑤] 这是恋爱以启蒙话语的标签，进入大众视野的重要标志。

---

① 方维规：《概念史方法研究要旨——兼谈中国相关研究中存在的问题》，黄兴涛主编：《新史学》第 3 卷《文化史研究的再出发》，中华书局，2009 年，第 8 页。

② 曹一帆：《五四时期“恋爱自由”讨论的伦理困境——以“第一次爱情大讨论”为中心》，北京师范大学硕士学位论文，2013 年，第 23—24 页。

③ ［美］李海燕著，修佳明译：《心灵革命：现代中国爱情的谱系》，北京大学出版社，2018 年。

④ 房秩五：《房秩五回忆〈俗话报〉诗一首》，《安徽革命史资料研究》第 1 辑，安徽省社会科学研究所历史研究室，1980 年，第 14 页。

⑤ 三爱：《婚姻》（下），《安徽俗话报》1904 年第 6 期。

就中国固有的文化土壤而言，恋爱的新意涵具有异质性，它在跨文化的传播中必然要与传统文化产生碰撞与摩擦，从而产生误读、误解。启蒙话语中的恋爱，意在强调男女的婚姻自由权，以引导青年与传统决裂，进而塑造个体新身份。但在启蒙话语之外的大众意识中，恋爱不过是新瓶装旧酒，指代的仍是传统“男女之私”，这与新蕴涵中“自由”之意背道而驰。

传统观念强调等差有序的社会格局，自由恰恰站在了其对立面。传统语境中的自由，既有“自由自在、无拘无束”的适意，又有“随心所欲、无法无天”的任性。[①] 严复就认为，汉语中的自由“常含放诞、恣睢、无忌惮诸劣义”；[②] 同时期的汪康年同样指出，“自由之说，乃一己之私意也”，[③] 康有为甚至将自由贬斥为野蛮的特性。[④] 严复等较早接触西学的少数知识分子，虽然声明自由之本义并无褒贬之分，但这与民众既有的心理意识并不相符，在大众语言中宣扬的往往是其贬义。如李伯元的《官场现形记》就用反讽手法叙说《文明小史》，其中以贾氏三兄弟贾子猷（假自由）、贾平权（假平权）、贾葛民（假革命）的名字来讽刺移植于西方世界的自由、平权、革命理念，不过是贴着新标签的旧东西。[⑤] 如此一来，“恋爱”与“自由”的内在关联，使其处于被贬斥的境地。《妇女杂志》主编章锡琛对此总结说：“在中国的书籍上，历史上，道德上，习惯上，法律和制度上，都没有所谓恋爱……在中国人的脑筋中盘踞着的，只有‘奸淫’，所以说到‘恋爱’，便和‘奸淫’的概念相混杂了。”[⑥] 1930 年，中华民国《民法·亲属编》制定后，法律界人士在对其进行司法解释时就将恋爱同居视为奸淫关系：“爱人并无何种身份，仅有同居关系，合则留，不合则去，两造间毫无应享之权利、应有之义务，盖完全为一种奸淫行为。”[⑦] 这使得恋爱本身无形当中也蒙上了尘

---

① 熊月之：《晚清几个政治词汇的翻译和使用》，《史林》1999 年第 1 期。

② 《〈群己权界论〉译凡例》，王栻主编：《严复集》第 1 卷，中华书局，1986 年，第 132 页。

③ 汪康年：《汪穰卿笔记》，中华书局，2007 年，第 331 页。

④ 《物质救国论》，姜义华等编：《康有为全集》第 8 集，中国人民大学出版社，2007 年，第 69 页。

⑤ 何绍斌：《越界与想象：晚清新教传教士译介史论》，上海三联书店，2008 年，第 258 页；王德威：《想象中国的方法：历史·小说·叙事》，百花文艺出版社，2016 年，第 104—104 页。

⑥ 《讨论恋爱的两封信》，《妇女评论》1922 年第 56 期；《恋爱问题的讨论》，《妇女杂志》1922 年第 8 卷第 9 号。

⑦ 陈一清：《关于订婚结婚离婚之法律问题》，上海精诚书店，1931 年，第 274 页。

垢。因此，当致力于婚姻变革的启蒙知识界，将恋爱视为个人自由和男女平等的象征大肆鼓吹之时，在普通市民群体流行的通俗报刊中，恋爱与奸淫混用的现象一直贯穿于其本土化的过程之中。

创刊于 1906 年的《北京画报》，以表彰新学为其主旨。1911 年，该画报以《这也可以说是一对恋爱情人》为题，描述了某家女仆与男主人私通而被女主人驱逐的事例。[①] 女仆与男主人有尊卑之别，二者的私情有违伦常，记者将恋爱概念与之匹配，从而将其置于不道德境地。以推广新学为宗旨的杂志尚且如此，由此不难想象时人以什么心理来界定恋爱。

无独有偶，1912 年，《大共和星期画报》刊登了题为《恋爱自由之结束》的连环画，揭露上海拆白党“专以面首摄取妇女财物”的诈骗事件。连环画制作精良，画面生动，文字简洁，叙述完整。四幅图画各有小标题，并配以四段文字，起承转合间勾勒出一个完整的故事。在“初遇”图中，西装革履、彬彬有礼的年轻男子程雪卿，正主动搭讪背书包、戴眼镜、穿裙服的女学生朱自修；在“成奸”图中，二人来到僻静小巷的出租房，“始于月桃眉语，继则大路揽祛，遂苟合。因营淫窟于某所，双双飞宿，居然野鸳鸯矣”。在“交诟”图中，男子轻松挑衅坐床沿，女子蹙眉怨怼立在桌前，“其实，程一文不名，朱资亦告罄，程渐以语侵之，恶声，既反，遂成怨偶欤！”在“结讼”图中，两人已经立于法庭，双方“相詈无已，至对簿公堂，女称衣饰尽为程荡尽，程则污以种种。官以俱属无耻，两斥之”。[②] 这四幅图非常清晰地表明，这是上海拆白党钓鱼诈骗的把戏，而文中却将其称为“恋爱”。与上文一样，这里的恋爱已经成为男女非理性和非道德性关系的代称，已经被严重污名化。之所以如此，其根本原因在于异性社交打破了传统男女之大防，结合中“父母之命，媒妁之言”缺席，结局又以悲剧收场，从而验证了爱情为不祥之兆的传统观念。

其他报刊又如何审视恋爱呢？发行时间最久、具有广泛社会影响力的报纸《申报》，在民初刊登了一则短篇小说《自由女之新婚谈》。文中介绍了

① 《这也可以说是一对恋爱情人》，《北京画报》1911 年第 4 期。

② 《恋爱自由之结束》，《大共和星期画报》1912 年第 1 期。

甲、乙、丙三位女性的婚姻，其中甲女为包办婚，乙女为自主婚，丙女为恋爱婚。丙女自述说："与我夫结婚之二个月前，遇于某处会场。悦其风流俊美，翼日乃往访之。谈之甚洽，从此互相往来。约一星期，乃偕之出游，同宿旅邸者半月。历久而爱情不变，乃始订盟。"虽然丙女声称"闺房之乐，非他人可比"，但受到了甲乙两女的共同讥讽："纵欲于先，文丑于后，此之为伪订自由，何得与我辈并论。"① 很明显，这里的恋爱就是纵欲的指称，恋爱婚姻因父母的缺席也被斥之为"伪自由"。美国历史学家格奥尔格·伊格尔斯认为："伟大的小说往往会比之历史文本更贴近一个社会或者一个文化的现实。"② 因为它能够较为敏感地反映世态人心的变化，因此小说的象征意蕴足以反映民众对于恋爱的普遍认识。

创办于浙江绍兴的《越铎日报》增刊《小铎》，在1917年刊发了这样一则事例：南昌女学生胡某的父母非常钟爱她，择婿过于苛刻，而她已与戚姓男子私下交往，并私订终身。不料，好景不长，戚某又与某店之妇相识、同居。胡某知道后，斥责他负心，戚某却反骂她擅自偷情，实属无耻，并扬言要与之断绝关系。女孩遭此打击，精神失常。③ 报道文本以自由恋爱开端，以胡某的精神失常收尾，其中能看到戚某玩弄女性的无耻和对恋爱认知的旧心态。该文以《自由恋爱恶结果》点题，不仅在警告世人恋爱有风险，还把恋爱推到了一个非理性、不道德的境地，充分表明了社会心理对恋爱新道德的恐惧与排斥。

五四运动之后的1920年代，类似事例的报道也并不少见。1923年，《滑稽》杂志以漫画形式展示了青年女性嫁给手握美元之老翁的两幅图，其间配以旁白："只要大拉司到手，管他甚么老与丑。"④ 漫画以《恋爱之真相》为标题，意在讥讽社会上那些以恋爱之名而行傍大款之实的社会现象，这表明以恋爱名义复制旧式婚姻具有一定的社会普遍性，恋爱概念必然蒙上尘垢。

---

① 是龙：《自由女之新婚谈》，《申报》1912年9月19日。

② ［波兰］埃娃·多曼斯卡编，彭刚译：《邂逅：后现代主义之后的历史哲学》，北京大学出版社，2007年，第127页。

③ 《自由恋爱恶结果》，《小铎》1917年第14号。

④ 《恋爱之真相》，《滑稽》1923年第2期。

正是在这样众声喧哗的语境中，鲁迅在1921年写作《阿Q正传》时，将阿Q想跟吴妈“困觉”而遭到痛殴之事，冠之以“恋爱的悲剧”，这是对大众媒介“恋爱”用语的滑稽模仿，创造出了语言与美学的双重反讽效果。

刊登上述报道的报刊，多数都是发行量较大的流行刊物。以清末民初的画报为例，它是中国近代连环画的雏形，阅读它们能够看图知事，既好看又通俗，很受读者欢迎，是当时的流行书籍。[①] 就是增刊《小铎》也是随《越铎日报》附送的，它们适合粗通文墨的中下层人士阅览。由此不难理解，这些报刊登载此类恋爱报道，显然符合受众心理，这充分表明恋爱的污名化非常契合普通大众的既定意识。

清末以来恋爱污名化的事实，影响了知识界启蒙路线的构建，为此他们必须为其正名。五四时期四大副刊之一《觉悟》的主编邵力子指出：“自有男女以来，就有幽欢密爱，周公制礼，而孔子放周声，春秋战国期间亦淫风甚盛：弃旧恋新，亦男女间不免的现象……然而今人必归咎于‘自由恋爱’和‘自由离婚等学说’。”[②] 通过上述事实的罗列以及邵力子的悲鸣不难明白，恋爱之所以被污名化，一定程度上与其本土化过程中本质含义解释不清有关。

在恋爱污名化过程中，普通大众之外的启蒙知识界试图对其本质含义做出清晰阐释，以摆脱这种尴尬境地。1913年，作者顾鸣盛在《医学世界》刊发文章，他明确提出，“恋爱在精神不在肉体”，[③] 如果仅仅专注于肉欲的发泄，则是非常有害的。从男子方面讲，“我误用恋爱与我的妻妾，势必至精枯髓竭，缠绵床蓐，使妻妾劳于服事，瘁于担忧，卒之不免淹然物化，又俾妻妾成孤莺单凤，毕世酸心”。反之，从女子方面讲，“妻妾误用恋爱于我，终必陷我于死地，亦不爱我，实甚而害我”。作者从医学角度区了分恋爱与纵欲，其根本意图在于倡导健康的性生活。虽然他没有把恋爱与精神和性欲的关系阐释清楚，不过已然指出了恋爱的精神特质。

新文化运动发起之后，《新青年》杂志社的同仁对此也做过努力。1917

① 刘蒙之等编：《百年中国畅销书史（1912—2012）》，世界图书出版公司，2015年，第25页。
② 力子：《学说与罪恶》，《觉悟》1924年7月3日。
③ 顾鸣盛：《恋爱不可误用》，《医学世界》1913年第27期。

年 8 月，诗人刘延龄发表了《婚制之过去、现在与未来》一文，他在描述婚制变迁趋向时阐发了对恋爱的见解，即主张恋爱婚姻观，强调种族绵延和文化传承，反对“极端之自由恋爱”。陈独秀不同意其阐释并指出：“刘君此文，意在反对自由恋爱及独身生活两种思潮，以为充其类尽其量，必至文明消灭人类断绝也。”① 刘延龄反驳说：“文中只反对‘极端之自由恋爱’与独身主义，未尝反对无极端二字之‘自由恋爱’。”② 在刘延龄的认识中，恋爱有精神的结合与乱婚、纵欲两种理解，而在陈独秀的观念中却并非如此，他指出：“盖恋爱是一回事，结婚又是一事；自由恋爱是一事，自由结婚又是一事；不可并为一谈也。”③ 陈氏并不认同恋爱和婚姻之间的必然联系，同时肯定了自由恋爱的伦理正义性，间接表明恋爱具有某种高尚的性质。

在新文化运动阵营中，如刘延龄般理解恋爱的并非个案。被誉为民初“中国三少年”之一的蓝志先，在与胡适讨论贞操问题时同样把自由恋爱当作乱婚理解，认为恋爱应该有一种外部的制裁，④ 这遭到了胡适、周作人的批评。胡适把恋爱理解为两性人格的、精神的结合。⑤ 在这之前，周作人在译介日本与谢野晶子的《贞操论》时指出，精神和肉体的结合才是恋爱。⑥ 我们看到，胡、周二人在阐发恋爱本质的内涵时，已将其与高尚的精神性关联起来，把它与民间社会的误读做了基本区分。

在五四运动之前，知识界对于恋爱问题的讨论尚未形成氛围，之后知识界以《妇女杂志》《妇女评论》《妇女周报》《觉悟》等刊物为文化传播媒介，加速、拓宽了新观念在社会的流播速度和空间范围，掀起了恋爱问题讨论的热潮，使其高尚精神性的认知达成了一定共识。知识界对恋爱高尚精神性的建构是从概念分析入手的。那么，什么是恋爱呢？恋爱在异性之间何以成为可能？其存在的意义是什么呢？

---

① 刘延龄、陈独秀：《婚制之过去、现在将来》，《新青年》1917 年第 3 卷第 6 号。

② 刘延龄：《通信：自由恋爱》，《新青年》1918 年第 4 卷第 1 号。

③ 刘延龄、陈独秀：《婚制之过去、现在将来》，《新青年》1917 年第 3 卷第 6 号。

④ 蓝志先：《蓝志先答胡适书》，《新青年》1919 年第 6 卷第 4 号。

⑤ 胡适：《胡适答蓝志先书》，《新青年》1919 年第 6 卷第 4 号。

⑥ 《贞操论》，1918 年 5 月 15 日，钟叔河编：《周作人散文全集》第 2 卷，广西师范大学出版社，2009 年，第 35 页。

按照《现代汉语词典》的解释，恋爱是男女间相互爱慕的行为。[①] 按照这一理解，恋爱指两性相爱的行为，也就是爱情培育的过程。爱情是古今中外永恒的话题，但长久以来并没有一个科学、严谨的概念，保加利亚社会学家、伦理学家基尔·瓦西列夫在《情爱论》中指出，爱情是“在传宗接代的本能基础上产生于男女之间、使人能获得特别强烈的肉体和精神享受的这种综合的（既是生物的，又是社会的）互相倾慕和交往之情”。[②] 从概念阐释看，爱情是男女之间社会交往的一种形式，是人的生理、心理、审美和道德体验的综合感受。爱情本身既代表了异性社交的行为，又是行为自身产生的结果。从这个角度看，恋爱与爱情的含义在本质上并无区别。因此，我们可以说，恋爱或爱情是人的社会关系的反映，它反映的是人的本质的深度。

在高举恋爱旗帜的五四时期，恋爱与爱情确实处于同义使用的状况。作者云鹤在阐述新性道德时说，“恋爱起于肉体，而净化于精神，此性的道德与真谛也”。[③] 论者世衡指出：“‘自由恋爱’，是男女互相爱悦的一种天真烂漫最真，最善，最美的感情。”[④] 由时人对概念的运用状况看，在新性道德范畴内恋爱与爱情之意极为相近，都包括情感产生过程与情感升华结果两方面。相比较而言，前者侧重于过程，后者侧重于结果，但在绝大多数情况之下二者可以互相通用。作者仲云在译介本间久雄的文章时，就将“恋爱”与“爱情”放在一起，“恋爱或爱情是极微妙，并且极多缘多相的东西”，[⑤] 在这里就是同义使用的情况。

那么，时人是如何阐释恋爱本质的呢？它又是如何产生的？只有搞清恋爱产生的机理才能深入理解它的本质，进而明确区分恋爱与传统的男女私情以及纵欲的差别。从霭理士、瓦西列夫等人的论述看，异性之爱产生的生理基础是性，五四时期恋爱观念的扩展与性科学的传播密切相关。当时学术界大力介绍欧美近代科学知识，报刊、杂志中开始比较广泛地使用“性欲”一

---

① 中国社会科学院语言研究所词典编辑室编：《现代汉语词典》第7版，商务印书馆，2016年，第813页。

② ［保］瓦西列夫著，赵永穆等译：《情爱论》，生活·读书·新知三联书店，1984年，第5—6页。

③ 云鹤：《性的新道德之基础》，《妇女杂志》1922年第8卷第5号。

④ 世衡：《恋爱革命论》，梅生编：《中国妇女问题讨论集》第4册，上海书店，1989年，第80页。

⑤ ［日］本间久雄著，仲云译：《“自由恋爱”与贞操问题的关系》，《妇女杂志》1924年第10卷第7号。

词来讨论性观念和性活动，人们不再对男女情爱讳莫如深，而是逐渐将其看作生活的一部分，并从科学的视角客观地加以观察和分析。①

在日本京都帝国大学留学的资耀华，译介了米田庄太郎的《恋爱与文化》一文，其中明确指出了恋爱与性欲的关系："恋爱乃精神化的性欲。单纯的性欲，决不能成为恋爱；性欲的发动，达于精神化的境域，然后才成立男女间的特别爱情——恋爱。且应其精神化的程度，恋爱才从单纯性欲分化出来。精神化的程度愈少，愈近于单纯的性欲发动；精神化的程度愈大，愈远于单纯的性欲发动，而发挥其特质。"② 这表明，恋爱是性欲的产物，但其本质却是精神化的，是异性之间精神撞击的结果。

思想趋新的杨贤江在《青年的恋爱》中指出："两性间的恋爱，亦当有这种爱性灵美之作用，把性欲的爱化而为精神上的纯爱，则这个人间生活的趣味，当必有超过纯生理的生活万倍者。"③ 他认为，恋爱的意义超过了单纯的性欲满足，因为恋爱者之间具有"爱性灵美"的趣味，即带有审美、情操的追求。周建人从性科学的视角，对恋爱产生的机理和本质作了周密解读。他在《性的进化》中指出："人类的恋爱可以分析为三个原素。（一）是本能的机官的吸引，这差不多是全然不自觉的；（二）是美的吸引，如闻见对手的声音，眼目，身材，态度而发生爱；（三）最后有所谓情操的吸引，这才纯是一种心的现象。纯粹的恋爱系合此三者而成。"由周建人的阐述看，恋爱是灵与肉的结合体，它以性欲为基础并与人的审美、情操相结合，三者不可偏废，共同组成恋爱的整体。他进一步指出，文明的异性恋爱，好像一株树，其根虽深深地扎在动物的本性里，但其枝丫却高耸入云，沐浴着阳光，结出了精神的硕果。④ 总之，无论是译介他国文章，还是独立的学理探索，知识界从源头上明确了恋爱的产生机理和本质，即它是性欲本能基础上两性精神升华的结果，是两性人格的结合。正是性欲与恋爱的特殊关系，使恋爱与其他类型的爱，如友爱、父爱等截然不同。

---

① 杨力：《中国现代性观念的起源："五四"科学语境中的性话语分析》，《四川大学学报》2019 年第 6 期。

② ［日］米田庄太郎著，资耀华译：《恋爱与文化》，《妇女杂志》1922 年第 8 卷第 5 号。

③ 杨贤江：《青年的恋爱》，《少年社会》1920 年第 2 卷第 5 期。

④ 高山：《性的进化》，《妇女杂志》1924 年第 10 卷第 9 号。

真正的问题在于，怎样叫作性欲的精神化呢？或者说性欲怎样才能实现精神化呢？性欲产生之时，如瞬间就能得到满足则必不会产生恋爱。社会的进化使生活日趋复杂，并使性欲的发动与性欲满足之间，生出时间、空间的距离，男女间的心理也随之起伏。距离愈增大，其心理紧缩的程度便愈强，两性彼此会予以精神化的想象。《恋爱与文化》一文对此进行了详尽阐释："男女互相附与对象体以审美的，伦理的，宗教的，及其他文化价值而意想着。这样性欲渐渐达于精神化的极点，一个人以异性的他个人，为自己心目中意识中所积想的一个或数个之绝对价值，而欲使之实现，或空想其若能与异性的个人相结合，可以完成其现身；因而恋爱乃成一绝对价值，人人不惜为恋爱而牺牲其身家性命，——甚且有自己为恋爱牺牲其生命恋爱才能完全实现的感想。"① 也就是说，"爱情是作为男女关系上的一种特殊的审美感而发展起来的"。② 由于这种特殊美感的存在，使得恋爱中人将异性的价值无限放大，从而树立了对方在自己心目中的完美形象，最终积聚、升华为不可撼动的绝对价值观念。至此，男女双方在彼此心中的不可替代的独特性最终形成。如此而言，"问世间，情为何物，直教生死相许"的那种生死相依的爱情也就不难理解了。

时人的上述阐释与后来出版的《情爱论》的相关分析如出一辙，其中指出："如果爱情仅仅出于本能，即仅仅具有生物性，而不合乎理性，那么它就不会蕴含着精神文明的魅力，它就会仅仅表现为一时的激情。如果爱情仅仅是理性的，仅仅是来自于思想，那它就永远无法振奋心灵，它的生命力也就枯竭了。"③ 其意是说，恋爱以男女的性欲为基础，但单纯的性欲绝不是恋爱，而摒弃性欲的纯粹的"柏拉图式爱情"则是无源之水、无本之木，这样的爱情注定要萎缩。既然恋爱以性欲为基础，其中充满着人类的激情，必然保留有非理性的因素，这使恋爱成为理性和非理性、本能和精神的完美结合，这种欲求的生命力随着文明的发展而不断地升华。因此，在启蒙知识界看来，高尚的恋爱必然是灵与肉的完美结合。在灵与肉的结合之前，还有一

---

① ［日］米田庄太郎著，资耀华译：《恋爱与文化》，《妇女杂志》1922 年第 8 卷第 5 号。

② ［保］瓦西列夫著，赵永穆等译：《情爱论》，生活·读书·新知三联书店，1984 年，第 33 页。

③ ［保］瓦西列夫著，赵永穆等译：《情爱论》，生活·读书·新知三联书店，1984 年，第 117 页。

个从肉到灵的升华过程，而且只有“灵”的实现，即两性精神化的结合才算是真恋爱或真爱情。

传统士人把礼教作为人禽之间的区隔，而在以“三纲五常”为核心的礼教日趋崩解的境况下，又有什么可以作为区分文野的标志呢？那就是恋爱。周建人在《性的进化》一文中指出：“人和动物的不同点是和共同点一样重要的，到人类成为人之后，两性间复沓的吸引，即我们称为恋爱的，一部分更高化、深化、并且升华了。”① 在另一篇文章中，他进一步补充说：“人不独恋爱，又能知道恋爱。他能思想，言说，并且梦到恋爱。”② 《妇女杂志》的读者批评恋爱会使“人禽莫辨”，章锡琛则反驳说，正是为了有人禽之辨才要提倡恋爱，因为人是有意志的，与无意志的禽兽不同。较之动物的肉体欲求，“人类则更进一步，还有精神上的要求，如所谓性情投契之类。倘使认为夫妇的关系只有‘男女媾精’这一点，不但人禽莫辨，简直‘人而不如鸟’了”。③ 吴觉农翻译了厨川白村《近代的恋爱观》，从进化论视角阐明恋爱是历史进化的结果，把恋爱精神和人格结合起来，并将之与西方文明相关联，从而赋予了恋爱概念的文明属性。④ 进化论自清末以来深刻影响了启蒙知识界，以此来解构注重人禽之别的传统人伦秩序，重构注重个人主体性和精神性的恋爱伦理，正是当时中国人在文明发展向度上的追求。

上述论点产生了广泛的社会影响，在五四时代关于恋爱的论述中被反复阐释。时人指出：“爱情必须经过道德的洗炼，使感情的爱变为人格的爱，方能算的真爱。”⑤ 有人补充说：“‘恋爱自由’决不只是从陈旧的选择配偶的标准里加上自己的当面允诺，必须从人格的相合和了解为其基本的要素的。对于恋爱的实质，不当视作描写情欲的小说中所描写的那样亵秽，也不是伊甸花园里销魂的一隅的仅可供诗人吟咏的事情。”⑥ 纯洁的恋爱应当是什么样子的？它“决不是金钱的臭，肉体的香，更不是一切恶势力的诱惑，只是两

① 高山：《性的进化》，《妇女杂志》1924 年第 10 卷第 10 号。
② 高山：《男女理解与性的伦理》，《妇女杂志》1924 年第 10 卷第 10 号。
③ 《通讯》，《妇女杂志》1924 年第 10 卷第 4 号。
④ ［日］厨川白村著，Y. D. 译：《近代的恋爱观》，《妇女杂志》1922 年第 8 卷第 2 号。
⑤ 胡适：《胡适答蓝志先书》，《新青年》1919 年第 6 卷第 4 号。
⑥ 《思想改造的重要》，《妇女杂志》1924 年第 10 卷第 11 号。

性的灵魂，得着深切的了解和吸引，觉得有永远结合的需要，恋爱遂由此发生了。所以恋爱是两性灵感的契合，绝不混杂一点别的东西，也决不受别的影响而动摇，转移，损伤，消灭”。[①] 从知识界对恋爱的基本理解看，赞成恋爱者大致都认同恋爱是人格之爱，它和纵欲的区别“全在有无灵魂的真挚的灵的交感与拥抱；有的是恋爱，无的便是放纵。……凡想嵌入我们所谓恋爱的，都该先扪心自问曾否具备了这些条件。不然，我们很抱歉，我们要把渠们归入放纵即淫乱的一流了”。[②] 人格之爱是恋爱与纵欲的根本区别，胡适在讨论贞操问题时所提出的主张，成为恋爱论者推崇的核心要素。人格的结合使恋爱与传统的男女私情和纵欲有了质的区分。

为了保持恋爱精神的高尚特性，知识界甚至把恋爱内涵做了进一步细化与区分，使用了“自由恋爱”与“恋爱自由”两个概念。在有些人看来，自由恋爱就是自由的恋爱，其本意是放纵的、淫欲的，这既是国人误解自由的结果，也是爱伦凯影响使然。其实清末知识界在宣传恋爱的时候，就有“自由恋爱”与“恋爱自由”的表述，但二者本身并无不同。由于并不是所有青年人在恋爱生活中都能有所节制，从而产生诸多弊病，因此《新青年》杂志的撰稿人刘延龄在讨论婚制的发展状态时，曾提出“自由恋爱”和“极端自由恋爱”的表述，以区分正当恋爱与淫欲的放纵。陈独秀虽然当时并不同意刘氏的这种提法，但也并未有合适的概念替代。

五四运动之后，爱伦凯的恋爱观影响逐渐加深，她提出的“自由恋爱”与“恋爱自由”概念也深刻影响了知识界。爱伦凯在其专著《恋爱与结婚》第三章中，对具有纵欲含义的“自由恋爱”进行了强烈批判，李三无在《妇女杂志》刊发的《自由离婚论》中，将它介绍给了中国知识界，其中说：“大凡无灵魂感觉本位的爱情，是本能的冲动的爱情，就是所谓‘自由恋爱’；无感觉本位的爱情，是空灵的爱情。这两种都不是爱女士所取”；“她所尊重的不是‘自由恋爱’（Free Love），乃是‘恋爱的自由’（Love of Freedom）；不是自由的恋爱，乃是自由和责任相伴的恋爱。”[③] 他在此反复强调

① 葆荪：《结婚与幸福》，《妇女杂志》1930年第16卷第1号。
② 晓风：《恋爱论发凡》，梅生编：《中国妇女问题讨论集》第4册，上海书店，1989年，第1—4页。
③ 李三无：《自由离婚论》，《妇女杂志》1920年第6卷第7号。

了“自由恋爱”与“恋爱自由”的不同，因为这是理解爱伦凯恋爱观的关键点。[①] 爱伦凯聚焦恋爱的目的在于结婚和生儿育女，两性伦理变革营造的不仅仅是个人生活的幸福，更在于种族的绵延和文化的传承。在她看来，只有经由恋爱自由产生的一夫一妻，才能完成这个重任，这是她反对“自由恋爱”的初衷。

日本早稻田大学文学教授本间久雄的文章，经过仲云等人的译介也在知识界广为传播。本氏的性道德观念深受爱伦凯的影响，故他也认为，“自由恋爱一语至少有两种含义：一是用为形容词，若将所谓自由，置于放恣，淫逸，与无责任的场合中解释之，则所谓自由恋爱实即放恣淫逸的恋爱之意”。第二种含义就是“对于结婚以为首当以恋爱为根柢，并且这种恋爱不仅须有情意，还不可不有结婚当事者男女二人间相互人格的尊重——即须相信夫妇在或种意味完全如友朋一般”。爱伦凯为了把这两者加以区分，特将后者称之为“恋爱自由”。[②] “无责任”也就是无人格之意，这种解释与爱伦凯的认知基本一致，自由恋爱完全具有负面意义。

由于中国社会素来缺乏恋爱意识，不少青年人难以区分恋爱与纵欲的差别，而策划关于恋爱问题的讨论则有利于解决这个问题。正因为如此，《妇女杂志》特意开辟了“自由恋爱”与“恋爱自由”的讨论专栏，化名 Y. D. 的吴觉农先生与浙江的凤子女士，为此展开了激烈辩论。凤子认为，自由恋爱偏重性欲，恋爱自由偏重精神与人格，吴觉农对凤子的观点表示了疑义，为此双方展开了拉锯战。[③] 杂志主编章锡琛在裁决二人观点时，发表了自己的观点：“所谓自由恋爱的恋爱，是有可结婚的可不结婚的自由；是有可仅一朝相处或可终身相守的自由的；是有可异居或可同居的自由的；是有可同时恋爱多人或只恋爱一人的自由的，是有对于子女可负责任或可不负责任的自由的；是有可只有性交或可兼有灵感的自由的”，“所谓恋爱的自由……就

---

① ［日］白水纪子：《〈妇女杂志〉所展开的新性道德论——以爱伦凯为中心》，吴俊编译：《东洋文论》，浙江人民出版社，1998 年，第 511 页。

② ［日］本间久雄著，仲云译：《自由恋爱与贞操问题的关系》，《妇女杂志》1924 年第 10 卷第 7 号。

③ 参见拙作：《自由的维度：近代中国婚姻文化嬗变研究（1860—1930）》，社会科学文献出版社，2016 年，第 255—263 页。

对于异性有不受任何干涉的恋爱的自由。但至于有了恋爱以后，则此两性必须成为夫妇，直到恋爱破裂为止，不能再和第三人发生恋爱；并且必须组织家庭，必须对于所生的子女负相当的责任。"① 从章氏的解释看，"自由恋爱"的重点在"自由"二字，故其外延比"恋爱自由"更广，它既指性欲的放纵，又包括与婚姻无涉的人格的恋爱，还可以指称由恋爱而结婚的恋爱自由，而"恋爱自由"的含义则有确定性，它的发展路径就是由恋爱而结婚。应当说，章锡琛继承了爱伦凯的观点并有所发挥，致使两人的观念并不完全相同。

《妇女杂志》作为当时较为有影响力的刊物，其观点的宣扬应该会影响一部分人。作者长青在《妇女周报》上特意撰文阐发了"自由恋爱"与"恋爱自由"的区别，以及二者对于人生与社会发展的意义。在他看来，恋爱自由论者的爱本质上是一夫一妻的，其发展的结果是婚姻；而自由恋爱论者则不限定于一夫一妻，恋爱是两性关系最高的表达形式。② 论者祖堂在阐发"三角恋爱"问题时，也表明了自己对于自由恋爱和恋爱自由的理解。他认为，自由恋爱也是人格的恋爱，只是恋爱对象并不限于一个异性；恋爱自由则只限定一个异性对象，只有爱情消失才能与其他异性进行恋爱。③ 从目前掌握的资料看，尚无法证明两人观念的思想来源，但其与章锡琛观点的一致似乎能说明一些问题，表明启蒙阵营的扩大。不过，当时参与阐发"自由恋爱"和"恋爱自由"释义的并不多，这似乎表明"仍有一部分的男女青年，对于这自由恋爱和恋爱自由的真义和鉴别，许多尚未十分彻底的了解"。④

启蒙知识界的思想资源虽然来自西方，但要解决本土所面临的实际问题必然要做出在地化的解释。爱伦凯的新性道德观念对中国知识界产生了很大的影响，但在"自由恋爱"的解释上启蒙者们显然有自己的理解。爱伦凯基于种族绵延和文化传承的目的，批评与婚姻无涉的"自由恋爱"，而以章锡琛为代表的知识分子，却愿意将其视为解决过渡时代的"三角恋爱"问题的

① 章锡琛：《读凤子女士和YD先生的讨论》，《妇女杂志》1923年第9卷第2号。
② 长青：《恋爱与婚姻》，《妇女周报》1925年第80期。
③ 祖堂：《恋爱？自由恋爱与恋爱自由?》，《妇女周报》1925年第77期。
④ 《通讯》，《妇女杂志》1924年第10卷第5号。

方法，只要配偶方不诉诸法律且无损于社会，都可任个人的自由，并无损于道德。[①] 这一理念是后来《妇女杂志·新性道德号》中重点阐发的内容，章锡琛等人的着眼点，并非在于时人所论的“公妻”或“公夫”，而是在过渡时代的人的个性舒展，目的在于破除传统家庭制度对于人性的束缚。关注焦点的游移，造成了两人概念阐释的差异。

正是在个性主义的共识之上，不少知识分子在阐述恋爱问题时更愿意将“自由恋爱”与恋爱混同来用。作者炳文在阐发他的婚姻自由观时提到，“有自由恋爱的结合，才算真实、正确、含有意义的婚姻”。[②] 梅生在《觉悟》上发表随感录，就以“自由恋爱”为题阐发观点，“灵肉一致的恋爱，难道反可轻易成就么？所以自由恋爱，在现在只能算是一种理想目标”。[③]《云南教育杂志》刊登了一篇文章，介绍自由恋爱，文中只有一句话：“约翰马克斯(John Ruhin) 说：自由恋爱是先有爱情，然后有正当的结婚；并不是先结婚，然后再发生正当的爱情。”[④] 曾经翻译本间久雄的文章、介绍“自由恋爱”与“恋爱自由”区别的作者仲华，在阐发自己观点时说：“就自由恋爱的婚姻而言，在嫁前的爱情大概才是向上进的，上进到了顶点，便是结婚。”[⑤] 很明显，在这里“自由恋爱”与“恋爱自由”是同义使用的，这在知识界阐发恋爱问题时具有普遍性。无怪乎章锡琛说，“近来有许多人往往把这两个名词混而为一，实在大误”。[⑥] 他试图用“自由恋爱”和“恋爱自由”，来阐释两种不完全相同的恋爱生活方式，但这种努力似乎并不成功。其实，无论结果如何，这种努力既是对新性道德精神的提炼，也是两性生活新方式的直接反映，代表着近代中国人精神解放的状态和历程。

在接受了新性道德的青年人看来，传统婚姻生活因无恋爱，失却了人生的色彩，味同嚼蜡。有人就撰文声称，有的夫妻结婚十五六年，从未认真交

---

① 《选者的话》，《妇女杂志》1925 年第 11 卷第 2 号。
② 炳文：《婚姻自由》，《妇女杂志》1920 年第 6 卷第 2 号。
③ 梅生：《自由恋爱》，《觉悟》1926 年 5 月 22 日。
④ 《甚么叫自由恋爱》，《云南教育杂志》1921 年第 10 卷第 5 期。
⑤ 仲华：《嫁前与嫁后的恋爱问题》，《妇女杂志》1929 年第 15 卷第 10 号。
⑥ 章锡琛：《读凤子女士和 YD 先生的讨论》，《妇女杂志》1923 年第 9 卷第 2 号。

谈过一次，只有迫不得已时零零碎碎的话语，总共也不过20句。[1] 东南大学教授郑振壎自曝婚史，痛陈自己因与妻子在知识结构、价值观念等方面的差距而带来的种种精神苦痛。[2] 在此语境下，青年人对于恋爱的期待，就在于它能够为婚姻生活贯注人格的精神力量。

陈独秀认为："爱情者，生活之本源也。"[3] 启蒙知识界普遍认为，恋爱所具有的高尚精神特性，会使人生充满了别致的趣味。吴觉农译介了日本社会改革家贺川丰彦的文章，其中指出"有恋爱才有人生"，[4] 这一观点被恋爱论的拥趸者所认同。有人就认为，人生全部的意义，就在于那始终如一而高尚纯洁的恋爱。[5] 还有人指出，"宇宙间除了真诚的恋爱之外，什么都是虚幻的，无意识的，只有真纯的爱情，可以上参天地，下感万物"。[6] 总之，"恋爱是人生不可缺少的，也是人生不能避免的，她可以使人兴奋，使人颓废，使人努力，使人堕落，使人生，使人死，这是何等伟大的魔力！"[7] 上述言论已有明显的恋爱至上倾向，夸张的表述恰恰表达了青年人对于爱情的憧憬和人生新意义的认同。

在时人看来，恋爱能够重塑人的风貌，主要表现在它能培养积极的精神、强固的意志，调剂青年性格上的缺陷，[8] 从而完善个人的人格。不仅如此，"男女有了恋爱底维系，可以使性情融合而更进于高尚、纯洁、光明，相引着乐于为善"。[9] "无论一个男子或女子，在找到了一个情人的时候，便会把一切的烦闷消散，生出种种新的希望；他或她的心，便有了一个归宿的地方，读书和办事，都可以为爱人而更加努力，嗜好与习惯，也都可以为爱人而渐渐改正。恋爱的力量真大！恋爱的乐趣真多！"[10] 正因为恋爱对人格塑

① 青山：《镜影的婚姻史谈》，《妇女杂志》1923年第9卷第8号。
② 瞶夫：《我自己的婚姻史：对于逃婚的意见》，《妇女杂志》1923年第9卷第2号。
③ 《〈绛纱记〉序》，任建树等编：《陈独秀著作选》第1卷，上海人民出版社，1993年，第128页。
④ ［日］贺川丰彦著，Y. D. 译：《告失恋的人们》，《妇女杂志》1922年第8卷第5号。
⑤ L. C. C.：《伴侣选择号》，《女星》（《天津新民意报》副刊）1924年第31期。
⑥ 漱琴：《我之理想的配偶》，《妇女杂志》1923年第9卷第11号。
⑦ 葆荪：《结婚与幸福》，《妇女杂志》1930年第16卷第1号。
⑧ 沈兆瀛：《恋爱与青年》，《学生》1924年11卷1号。
⑨ 晓风：《恋爱论发凡》，梅生编：《中国妇女问题讨论集》第4册，上海书店，1989年，第2页。
⑩ 志坚：《失恋自杀之预防》，《妇女杂志》1928年第14卷第8号。

造和精神生活的调节有积极作用，故成为新知识界着力宣扬的焦点之一。

用今天的视野看，恋爱是“人性的自由表露的形式，是生活隐秘领域中美好和高尚、理性和善的观念的实际体现……实质是精神的自由振奋，是主体的自我实现”。[①] 因此，恋爱能够释放自我、展现个性，进而赋予了婚姻新意义。那么，这个意义从何体现呢？时人认为，这需要从两性之间新的结合与合作开始：“现代恋爱的心境，所谓‘于自己主张中，放弃自己’，即献身于自己所爱的人，肯定自己最强的主张。从恋人中间，发见自己，从‘自我’与‘非我’之间，结成同心一体，这是人格的结合。一方从自我的扩大，得真正解放的意义，得真正自由的美果，大我的基础，也从此完成。”[②] 也就是说，恋爱中人格的结合需要在“自我”与“非我”之间找到平衡点，从而实现“男女相互感觉和心灵的结合，欲望和义务的结合，自我主义和自我奉献的结合”。[③] 知识界用辩证的充满智慧的语言，表达了恋爱中理想的两性相处之道。

“自我”与“非我”结合的新境界，重新协调了两性关系，赋予了婚姻新的生机：“我们只知道有真正的爱情，才可获得无上的幸福，绝不羡慕那黄金铺地同床异梦的夫妇，也不羡慕那金玉其外败絮其中的配偶，更不羡慕那醉生梦死浪漫享乐的伴侣，因为这些，最后都要踏上痛苦的魔劫，发出罪恶的忏悔，只有真正的爱情，才可以永远的给我们以新的生命。”[④] 正如初唐四杰之一的卢照邻在《长安古意》中所渲染得那般，“得成比目何辞死，愿作鸳鸯不羡仙”，这正是对恋爱生活意义和价值的最高褒奖。

近代伦理革命的目的在于“人”的塑造，恋爱对于后代子嗣的影响也在知识界的关照之列。爱伦凯提倡恋爱结婚，“尤注重在未来人类的进化”，[⑤] 这深刻影响了知识界。李达就认为“先有恋爱，方可结为夫妇，必定彼此永久恋爱，方可为永久的夫妇。这样的结婚，后来生出子女，聪明灵秀，是改

---

① ［保］瓦西列夫著，赵永穆等译：《情爱论》，生活·读书·新知三联书店，1984 年，第 168 页。

② ［日］厨川白村著，Y. D. 译：《近代的恋爱观》，《妇女杂志》1922 年第 8 卷第 2 号。

③ 李三无：《自由离婚论》，《妇女杂志》1920 年第 6 卷第 7 号。

④ 葆荪：《结婚与幸福》，《妇女杂志》1930 年第 16 卷第 1 号。

⑤ 瑟庐：《爱伦凯的儿童两亲选择观》，《妇女杂志》1923 年第 9 卷第 11 号。

良人种的大利益，而且彼此恋爱，个人相互间的幸福愈益增进，可构成社会的真价值”。[①] 陈望道同样指出：“儿童养育在恋爱的父母俩和睦的环境之中，也更可以养成和善的性情，儿童的教育也格外有希望。儿童是第二代社会底分子，第二代社会底负担全在渠们。恋爱既能给第二代社会分子以如许益处，所以恋爱在社会为有意义为有价值。”[②] 恋爱不仅是主体的自我实现，还能调整两性生活模式，为儿童的哺育创造和谐氛围，这样的新家庭对于国家的重塑具有重要意义，也是知识界推动伦理革命的初衷。[③]

总之，在恋爱作为异质词汇进入中国文化语境时，受传统文化影响出现了污名化，启蒙知识界从概念的阐释入手，厘清了其产生的根源以及与私欲、纵欲的区别，赋予了其“高尚的精神性”，阐释了它对婚姻生活的意义，确立了恋爱在新性道德中的伦理正义性，为青年群体个性化的生活选择提供了道德依据。

## 三、恋爱贞操观：新性道德的概念化建构

传统家族主义的男权特质，形塑了以“抑女”为主要特征的贞操观，这是传统性道德的核心。传统贞操观包括“贞”“节”“烈”三部分内容，其含义是指女子操行端正，未嫁而能自守，已嫁从一而终，谓之贞；夫死守寡而不再醮，谓之节；无论已嫁未嫁，夫死以身相殉，或遇强暴凌辱而以死相抗，谓之烈。

传统社会通过旌表制度、家规族法以及教育、文化等手段，鼓励和表彰妇女坚守贞操，它不仅是传统女性处身立世的基本道德，还是妇女最高美德的体现，“人伦之大，风化之美”，[④] 全赖乎此。传统贞操观是私有制发展基础上男权特质的体现，是“男子特有的永久占有心的产物”，[⑤] 是为女性创造的专属名词和道德规范。女子的贞节虽被视为“上德”，但元代以前性道德

---

① 李鹤鸣：《女子解放论》，《解放与改造》1919年第1卷第3号。
② 晓风：《恋爱论发凡》，梅生编：《中国妇女问题讨论集》第4册，上海书店，1989年，第3页。
③ 黄肃仪：《恋爱结婚之真义》，《妇女杂志》1922年第8卷第7号。
④ （清）魏象枢：《寒松堂集》，陕西人民出版社，1992年，第729页。
⑤ 佩韦：《恋爱与贞操的关系》，《妇女评论》1921年第5期。

与日常生活的吻合度并不高，对女性的限制也并不严格。明清时期，统治阶层为强化自己的正统性，把它视为实现道德教化、社会稳定以及统治秩序的重要手段，贞节观念在这一时期得到了空前强化，并形成了所谓的“贞节政治”,[①] 使之成为女性道德操守高尚的象征。吴敬梓对此辛辣地批评说，社会“把贞节看得比妇女的生命更重，妇女的生命，只不过第二生命，贞节却是她第一生命”。[②] 因此，“贞节”二字就成为规范妇女的最高准则了。

清代学者毛奇龄、俞正燮曾试图对这一现象予以纠正，但在既定的传统道德框架下显然于事无补。清末以来，维新知识分子宋恕、康有为以及无政府主义者刘师复等人参酌西方社会文化，开始反思传统性道德。宋恕认为：“自儒者专以‘贞’、‘节’、‘烈’责妇女，于是号称‘贞者’、‘节者’、‘烈者’，多非其本心，而劫于名议，而为妇女者，人人有不聊生之势矣。”[③] 康有为指出，“人类平等是几何之公理”,[④] 从两性平等的视角，他对乡中艰难生活的孀守之妇寄予了无限同情。[⑤]《东方杂志》亦刊文说：“男子苟望女子之节义，则不可不自保其贞操。而如昔时之说，男恣其欲而女贞其守者，尽人所以为不平者也。”[⑥] 作者在文中，将平等节义观念视为现代生活特征之一。对于传统性道德的反思，有助于清末平等观念的渗透，为民主政体的创建积淀了思想基础。

民国初年，袁世凯取代孙中山成为中华民国大总统，但其政权的强权特色和民选制度的不健全使其政权面临严重的合法性危机。为恢复、巩固政权的合法性基础，袁世凯企图以传统的儒家权威及其象征方式解决政权面临的危机。为此，他大力提倡尊孔读经，掀起了复古逆流。在此形势下，清末刚刚萌芽的婚姻自主之风受到了严重压制。1914 年，袁世凯政府颁布了《褒扬条例》，其中的妇女节烈问题又与传统道德观念重新衔接，即“凡遇强暴不

---

① Jane M. Theiss, Disraceful Matters, *The Polities of Chastity in Eighteenth-Century China*, Berkeley: University of California Press, 2005.

② 吴敬梓：《儒林外史》，人民文学出版社，1958 年，第 464 页。

③ 《六字课斋卑议（印本）》，1897 年 6 月，胡珠生编：《宋恕集》（上），中华书局，1993 年，第 33 页。

④ 《实理公法全书》，姜义华等编：《康有为全集》第 1 集，中国人民大学出版社，2007 年，第 148 页。

⑤ 《大同书》，姜义华等编：《康有为全集》第 7 集，中国人民大学出版社，2007 年，第 72 页。

⑥ 为人：《现代生活之研究》，《东方杂志》1910 年第 7 卷第 5 号。

从致死或羞忿自尽及夫亡殉节者属之，其遭寇殉节者同”，[1] 其内容规定妇女节烈贞操可为模范者，应得到该条例的褒扬，并由政府官员给予匾额题字。1917年，冯国璋上台之后，又修改强化了《褒扬条例》，贞烈事件又时常见诸报端，并受到部分舆论、媒体的盛赞和褒扬，刊登在《中华新报》上的海宁朱尔迈所作之《会葬唐烈妇记》是体现当时社会风气的例证。

民初政府提倡的贞烈观念是传统“贞节政治”的延续和再现，有违民主共和之自由、平等精神，不符合现代民主政体发展的需求。因此，在新文化运动的激荡下，知识界的先进分子开始对此进行批判。1915年，有人在《妇女杂志》撰文批驳贞烈观，认为它对国家的发展、社会的建设、两性平等、人格的树立等多方面都有损害，呼吁女性应以有用之身“为社会造幸福”。[2] 1916年，《妇女时报》发表小说《不贞之夫婿》，作者借女主角婉芝之口表达了对传统贞操观的蔑视和对平等贞操观的向往。[3]《小说月报》也发表了不少文章，如《黄鹄新歌》等，以阐发性道德的男女平等之意。[4]

如果说知识界上述论述的焦点在于平等，那么1918年之后讨论的焦点则转向了恋爱。1918年，《新青年》刊登了周作人译介的日本女作家与谢野晶子的《贞操论》，以此为开端知识界渐次掀起了贞操问题的讨论热潮，阐明了恋爱与贞操的关系，赋予了贞操新的意涵，使恋爱与贞操合二为一，并成为新性道德的核心理念。

与谢野晶子是日本的和歌诗人、作家、社会改革家，大正年间积极参加妇女运动，主张男女平权。周作人留日时期，就对其鞭挞旧道德的诗集《乱发》钦慕不已。不过，相比之下周氏更关注她作为社会改革者的身份，因为与氏关于女性恋爱、贞操、结婚等问题的评论，更切合自己所关注的中国女性问题，对于解决中国问题更有效。[5] 这是他翻译该文的重要动机。

周作人在译介前言中解释说，其目的并非想借它来论中国的贞操问题，

---

① 《褒扬条例》，《政府公报》1914年3月12日。
② 施淑仪：《对于烈妇殉夫之感言》，《妇女杂志》1915年第1卷第8号。
③ 天笑、毅汉：《不贞之夫婿》，《妇女时报》1916年第20期。
④ 瞻庐：《黄鹄新歌》，《小说月报》1916年第7卷第1期。
⑤ 刘军：《日本文化视域中的周作人》，上海文艺出版社，2010年，第156—157页。

只是让中国人看一看日本先觉者是如何认识男女关系的，这番描述多少有些言不由衷。因为他随后就指出，《新青年》征集“女子问题”的文章几个月来已经寂然无声了，翻译此文的目的在于引起人们的重视，增加自身的痛切实感，因为“女子问题，终究是件重大事情，须得切实研究”。文章刊发后引起了启蒙知识界的震动，《新青年》杂志的同仁们对此也有积极回应，认为她是“极进步，极自由，极真实，极平正的大妇人”，其文“纯是健全的思想”。①

与谢野晶子《贞操论》的内容分为三部分。她首先对传统贞操道德在现代社会的适应性提出了质疑。在与氏看来，道德因生活而定，故其具有时代性。为了实现最真实、最自由、最正确和最幸福的生活，道德必须随时代的变动而不断进行调整，对不合时宜的束缚人的旧道德要进行修正或废除。因此，道德是辅助人类生活的工具，而不是主宰人类的主人。总之，贞操道德更替的目的在于规范现实生活的新道德、新制度，使人类生活更加充实、有意义。以上述论点为基础，与野谢晶子进而对“贞操单是女子的道德”这一问题提出质疑，然后逐次分析推进，最终亮出了自己的观点。她以是否增进人生幸福、促进人生发展为判断依据，将传统女性独守的片面贞操观从理论上予以击破，表达了平等的贞操观念。

与野谢晶子最后提出了贞操的归属问题，即贞操属于精神、肉体，还是灵肉一致的？她认为，贞操道德无论归属哪个层面都存在着矛盾。为了解决这个问题，与氏决定把贞操从道德的框架中剥离出来：“我对于贞操，不当他是道德；只是一种趣味，一种信仰，一种洁癖。既然是趣味、信仰、洁癖，所以没有强迫他人的性质。我所以绝对的爱重我的贞操，便是同爱艺术的美，爱学问的真一样；当作一种道德以上的高尚优美的物事来看待，——且假称作趣味，或是信仰都可。”② 她之所以这么说，无非是想解除道德的强迫性。因为贞操一旦被当成道德，某种强制或强迫的属性必然伴随而来，但

① 《贞操论》，1918年5月15日，钟叔河编：《周作人散文全集》第2卷，广西师范大学出版社，2009年，第32页。

② 《贞操论》，1918年5月15日，钟叔河编：《周作人散文全集》第2卷，广西师范大学出版社，2009年，第38页。

在实践中却未必人人都能做得到，从而使道德发生危机。因此，笔者认为，如果换一种句式来表达可能更能准确表达她的思想，即与其说贞操是一种道德，不如说它是一种趣味、信仰、洁癖。总之，贞操无论当作道德还是趣味，都要以能否从根本上促进人生发展，实现人生幸福为依归。

《贞操论》译介刊行后，《新青年》杂志的同仁胡适、鲁迅首先予以回应，并引发了胡适、蓝志先、周作人三人之间的辩论。鲁迅将讨论的中心聚焦于北洋政府提倡的“节烈救国论”。他针对当时报刊大肆宣扬节烈的事实，将其与国家政局、家族发展紧密联系起来，以辛辣的笔调质疑、批判了国家提倡“节烈”的动机。为此，他连续发问：“不节烈的女子如何害了国家?”“何以救世的责任，全在女子?”“表彰之后，有何效果?”[①] 鲁迅指出，传统“节烈观”不仅体现了男权对女性的束缚，同时也是男性不敢承担家庭、社会、国家责任的体现，其目的就是依靠愚弄女子来掩盖男子的无能。通过对这一系列问题的批驳，鲁迅彻底戳穿了国家提倡节烈的骗局。

其实，在新文化运动发起之初，陈独秀就试图挖掉传统节烈观的根。他认为，女性守节行为的根源在国家，“国人遂以家庭名誉之故，强制其子媳孀居——不自由之名节，至凄惨之生涯，年年岁岁，使许多年轻有为之妇女，身体精神俱呈异态者，乃孔子礼教之赐也”。[②] 他将女子节烈问题归咎于孔教，以确立反孔的正当性，其深层动机在于更新伦理道德，推动国家的现代转型。

胡适看了周作人译介的文章后，表示非常有感触。西方学者对性道德的研究走在了世界前列，文学界如易卜生等的作品都有所反应，现在就连专制氛围浓厚的日本都发出了如此大胆的议论，不能不引起胡适的震惊，故他说与谢野晶子的《贞操论》是“是东方文明史一件极可贺的事”。针对当时甚嚣尘上的传统节烈观，胡适觉得有必要进行讨论。他以《贞操论》的观点为立论之基，在批判传统节烈观的基础上，提出了三点见解：

首先，贞操并不是天经地义、一成不变的，而是可以研究、讨论的。他

---

① 唐俟：《我之节烈观》，《新青年》1918年第5卷第2号。

② 陈独秀：《孔子之道与现代生活》，《新青年》1916年第2卷第4号。

以《墨子·公孟》中“室以为室也”伦理来论证传统道德的破产，并指出：“这个问题，从前的人都看作‘天经地义’，一味盲从，全不研究‘贞操’两字究竟有何意义。我们生在今日，无论提倡何种道德，总该想想那种道德的真意义是什么……‘贞操’这个问题并不是‘天经地义’，是可以彻底研究，可以反复讨论的。”① 贞操既然是可以讨论的，就意味着它是可以改变的。李大钊后来对上述解释从唯物论的角度进行了回应，他说：“道德是精神现象的一种，精神现象是物质的反映，物质既不复旧，道德断无单独复旧的道理，物质既须急于开新，道德亦必跟着开新，因为物质与精神是一体的，因为道德的要求是适应物质上社会的要求而成的。……女子贞操问题也是随着物质变动而为变动。”② 李大钊的理论阐释论证了道德变动的必然性，从而为其调适提供了更充分的理由。

既然道德是随物质社会变迁而不断调适的，那么作为新性道德核心的贞操又该如何重新定义呢？胡适认为：“贞操乃是夫妇相待的一种态度。夫妇之间爱情深了，恩谊厚了，无论谁生谁死，无论生时死后，都不忍把这爱情移于别人，这便是贞操。”③ 他在与谢野晶子所提出的“信仰论”基础上，深化了对贞操的理解。胡适指出，贞操就是男女双方至死不渝的爱情，从而使二者发生了本质性关联。

其次，既然贞操是夫妇之间相守的一种态度，那么贞操就应当是平等的。传统道德伦理让妻子替丈夫守贞节，男子却可以公然嫖妓、纳妾、吊膀子，他们的再婚、多妻丝毫不损害男子的身份。若不问夫妇之间有无永久不变的爱情，若不问丈夫配不配受他妻子的贞操，只主张妻子替丈夫守节，这是偏执贞操论，不符合人情公理。胡适认为，“贞操不是个人的事，乃是人对人的事，不是一方面的事，乃是双方面的事。女子尊重男子的爱情，心思专一，不肯再爱别人，这就是贞操。贞操是一个‘人’对别一个‘人’的一

① 胡适：《贞操问题》，《新青年》1918 年第 5 卷第 1 号。

② 《物质变动与道德变动》，1919 年 12 月 1 日，《李大钊全集》第 3 卷，人民出版社，2006 年，第 101—112 页。

③ 胡适：《贞操问题》，《新青年》1918 年第 5 卷第 1 号。

种态度。因为如此，男子对于女子，也该有同等的态度”。[①] 在这里，他试图破除传统贞操观的片面性和绝对性，主张将贞操看作男女彼此相待的一种态度，从而使其具有了相对性和平等性。

第三，贞操是自动遵守的道德，反对外在制度对贞操的影响、干涉。他认为，“贞操既是个人男女双方对待的一种态度，诚意的贞操是完全自动的道德，不容有外部的干涉，不许有法律的提倡”。[②] 若用法律的褒扬作为提倡贞操的方法，势必至造成许多沽名钓誉，不诚实、无意识的贞操举动。寡妇再嫁，处女守贞等贞操问题的是非得失，都还有讨论的余地，法律不应以武断的态度制定褒贬的规条。法律对于男子的贞操既无要求，便不该单独提倡女子的贞操。以人道主义的眼光看，褒扬烈妇、烈女杀身殉夫，都是野蛮残忍的法律，在今日断没有存在的必要。

胡适、李大钊等人的贞操“变迁论”和“研究论”是贞操意涵重释的理论基础。胡适的贞操论以“人”为立论之基，使平等成为贞操的内在特征，并尝试构建贞操与恋爱的本质性关联，奠定了五四时期恋爱贞操论的讨论基调。他的贞操论刊行后，得到了北京《国民公报》社长蓝志先的热烈响应，并有意与其进行交流、讨论。[③] 综合比较双方的观点，其中既有共识也有较大分歧。其中的分歧主要集中在两点：

其一，贞操与爱情是否同质？

在蓝志先的观念中，自由恋爱与纵欲同义。他认为，如果夫妇关系纯粹是爱情问题，就会变成一种极不确定的关系，彼此可能会利用对方来满足自己一时的情欲和肉欲，其表面上虽有高尚和卑劣之分，实际上并没有什么大分别，而且发展到极端还会产生独身等病态现象。因此，爱情虽是夫妇结合的重要的因素，却不是唯一的条件。在他的观念中，恋爱有人格之爱与肉欲之爱的区别。因此，蓝氏认为，“以夫妇关系，爱情之外尚当有一种道德的制裁。简单说，就是两方应当尊崇对手的人格。从这尊崇人格上，即有一种

---

① 胡适：《贞操问题》，《新青年》1918年第5卷第1号。

② 胡适：《贞操问题》，《新青年》1918年第5卷第1号。

③ 胡适：《胡适致蓝志先书》，《新青年》1919年第6卷第4号。

不能不遵守的义务。……爱情仅有浓淡的时候，道德的制裁却始终不能动摇”。[①] 是故，贞操虽是相互对待的要求，但并不以爱情有无为标准，也不能仅看作当事者两个人的事。他特别强调道德制裁对于爱情的保障，即用人格之爱来压制肉欲之爱，为爱情的永续保驾护航。

同时，蓝志先还认为，外部的法律制裁也应当存在。因为现代文明社会虽以个人为本位，但家庭生活还占据着人类生活最重要的部分。至于儿童教养更是家庭的专职，夫妇关系对社会具有重要意义。夫妇关系既然存在，它与社会的安宁、个人的幸福就有密切关系，那外部的制裁就应当具备。夫妇如有一方破坏贞操就是毁损对方的人格，受损的一方应有请求法律保护的权利，这样外部制裁更是不可缺的条件了。总之，在蓝志先的阐释中，爱情与贞操并不具备完全的同质性。

在胡适的解释中，贞操内化于爱情之中，并与爱情融为一体。贞操就是爱情，爱情即是贞操。爱情本身就是人格之爱，“夫妇之间的正当关系应当以异性的恋爱为主要元素；异性的恋爱专注在一个目的，情愿自己制裁情欲的自由，情愿永久和他所专注的目的共同生活，这便是正当的夫妇关系。人格的爱，不是别的，就是这种正当的异性恋爱加上一种自觉心”。[②] 以此来推论，爱情基础上必然产生贞操，或者说爱情本身等同于贞操，即把“道德的制裁”看作正当的、真挚专一的异性恋爱。在这个问题上，周作人支持胡适的立场，他对蓝志先“将爱情误解作情欲”的认识持批判态度。[③] 同时，胡适还认为，人格有时候就是贞操，但又超越于贞操。从一般意义来看，夫妇间的人格问题就是“真一的异性恋爱加上一种自觉心”。人格的爱情自然应该格外尊重贞操，但人格观念超越于常人心里的贞操观念。平常人所谓的贞操是指周作人先生所说的“信实”和蓝志先所说的“一夫一妇”，但人格观念有时不限于此。以易卜生的《娜拉》为例，郝尔茂对于娜拉并不曾违背贞操道德，娜拉弃家出门并不是为了贞操问题，乃是为了人格问题，由此可见

① 蓝志先：《蓝志先答胡适书》，《新青年》1919 年第 6 卷第 4 号。

② 胡适：《胡适答蓝志先书》，《新青年》1919 年第 6 卷第 4 号。

③ 《答蓝志先君》，1919 年 4 月 15 日，钟叔河编：《周作人散文全集》第 2 卷，广西师范大学出版社，2009 年，第 146—147 页。

人格问题超越贞操问题。[①]

其二，自由恋爱是否是放荡行为，离婚是否伤风败俗？

蓝志先把自由恋爱等同于乱婚，是轻薄少年的浪荡行为。同时，他坚守严格的一夫一妻主义，认为离婚是伤风败俗的，续娶和再嫁都不应当存在。胡适的观点恰恰相反，他认为自由恋爱是尊重人格的，离婚恰恰显出人格的尊贵。他曾在《美国的妇人》中表达过相同的观点："自由结婚的根本观念就是要夫妇相敬相爱，先有精神上的契合，然后可以有形体上的结婚。不料结婚之后，方才发现从前的错误，方才知道他们两人决不能有精神上的爱情；既不能有精神上的爱情，若还依旧同居，不但违背自由结婚的原理，并且必至于坠落各人的人格。所以离婚案之多，未必全由于风俗的败坏，也未必不由于个人人格的尊贵。"[②] 胡适在此又特别强调："古今正式主张自由恋爱的人，大概总有一种个性的人生观，决不是主张性欲自由的……自由恋爱未必就有'淫乱'的危险，因为人类的通性总会趋向一个伴侣，不爱杂交；再加上朋友的交情，自然会把粗鄙的情欲变高尚了……自由恋爱的离散未必全由于性欲的厌倦，也许是因为人格上有不能再同居的理由。他们既然是人格的结合……如今觉得继续同居有妨碍于彼此的人格，自然可以由两方自由解散了。"[③] 在胡适的解释中，自由恋爱成为个性展现的重要方式，它的存续完全取决于是否有利于彼此人格的尊重。换句话说，恋爱与离婚并非不贞之行为，与伤风败俗并无内在的关联。

当然，在宏观上两人也有共识，如蓝志先赞同胡适"贞操为男女相持的一种态度，夫妇之间，是纯以爱情为主"的观点。同时，他也认可胡适将贞操视为道德的观点，并指出："一夫一妇是道德上不可不遵守的制度，贞操是一夫一妇制的生命，道德上的最高要求……要不把贞操看作一种道德，夫妇制度，就不能成立，成立以上，即有贞操的道德。与谢野晶子趣味、信仰、洁癖说，根本的错误，在忘却人有人格。吾可以下一句断语，凡是男女

① 胡适：《胡适答蓝志先书》，《新青年》1919年第6卷第4号。

② 胡适：《美国的妇人》，《新青年》1918年第5卷第3号。

③ 胡适：《胡适答蓝志先书》，《新青年》1919年第6卷第4号。

不是人格的结合，在道德上都是罪恶。"[①] 既然夫妇是两性在爱情基础上的结合，而爱情又是经道德洗礼的人格之爱，那么人格的结合本身就是一种道德关系。是故，贞操是一夫一妻制的生命线，是道德的最高要求。从中我们还看到，他并不认同与谢野晶子的观点，而认为道德是不可不的要求，与美的宗教之趣味信仰不同。胡适的观点则没有这么鲜明，他认为：从哲学角度看，道德本可当作一种信仰，一种趣味，一种洁癖。孔子的"吾未见好德如好色者也""知之者不如好之者，好之者不如乐之者"这种讨论很有道理，远胜于康德那种"绝对命令"的道德论。道德教育的最高目的是要人人都能自然行善去恶，"如恶恶臭如好好色"一般。西洋哲学史上也有许多人把道德观念当作一种美感，"要是人人都能把道德当作一种趣味，一种美感，岂不很好吗?"[②] 也就是说，胡适在此点上没有明确否认蓝的观点，但同样也承认了与谢野晶子的论调。

在上述讨论中，其内容有共识，也有分歧。在论争中形成的最大共识就是胡适所提出的恋爱贞操论，它确立了女性的独立人格，试图使女性摆脱"第二性"[③] 的二等国民身份，与男子以对等的身份共同成为家庭、社会的支柱。因此，从这个角度看，恋爱贞操论的出现是女性解放的内在要求，也将成为推动女性解放的伦理出发点。分歧主要在于新性道德维护的手段，蓝志先主张道德自律与外在制度约束并举，而胡适则基于对恋爱的理想认知，强调自我约束和自觉。之所以如此，笔者认为主要是双方考虑问题的教育文化背景不同。胡适留学于美国，思想倾向于欧美的自由主义，强调人的个性主义的展现。他以理想道德人格为思考问题的出发点，故而主张个人的自觉与自律，恋爱就成为贞操的内核和本质特征。蓝志先留学于日本，具有东方文化背景，他更习惯于从社会本位出发来考虑问题，故而针对人性的弱点主张外在道德和制度的约束。因此，文化背景的差异可能是造成双方分歧的主要根由。

---

① 蓝志先：《蓝志先答胡适书》，《新青年》1919 年第 6 卷第 4 号。

② 胡适：《胡适答蓝志先书》，《新青年》1919 年第 6 卷第 4 号。

③ 请参阅［法］波伏娃著，陶铁柱译：《第二性》，中国书籍出版社，1998 年。

如果说鲁迅、胡适等人对于贞操问题的讨论，是针对民初《褒扬条例》的反弹，那么五四运动后知识界关注的焦点则有所转移，主要集中在因婚姻而引发的诸多社会问题上。有人在演讲贞操问题时特别指出了自己关心这个问题的缘由："我眼见现社会上，对于恋爱问题发生了许多纷扰，什么三角恋爱，离婚问题，正当的解决方法，究竟应该怎样呢？倒也不能不注意了。"① 事实确实如此，当时确实因恋爱、婚姻问题发生了诸多纷扰，作者胡文撰文控诉节烈观念杀了他侄女；② 马振华因恋爱不慎被骗失身，愤而自杀。③ 面对传统贞操观引发的系列社会问题，知识界不能不有所关注和思考。他们意识到："必须打破传统的贞操观，才能发生合理的内心的爱和真诚。"④ 因此，要推动恋爱观念的传播，就必须打破传统贞操观，构建新性道德。

在性道德的理论探索上，欧、日等国家走在了中国的前面，并成为中国新伦理思想的来源地。日本的泽田顺次郎从贞操词源的本意分析入手，将其拓展到性道德领域并为之做了界定，译者沈沛恩把他的观点适时译介到了中国。文中指出，融合东西方语意，贞操可以理解为清洁，人类要清洁的不只是肉体，还有精神。从贞操来讲，肉体和精神是并重的。肉体的清洁大家自然知晓，那精神又如何清洁呢？"精神清洁之根本方法，就是保守人伦、人格和尊重性道德。性道德，就是关于 Sex 的德义。明白地说，就是对于异性的性关系，在法律和从来的习惯上，只能适用于有契约的夫妇间，夫妇以外之性的关系，是绝对的罪恶的。更进而言之，所谓贞操也者，就是巩固一夫一妇的制度，遵守一夫一妇的制度，使不致与其他异性发生性的关系的代名词。"⑤ 沈氏借用泽田顺次郎的分析框架，明确提出贞操是一种性伦理，它规范的是两性道德关系。要保持贞操，不仅肉体上不得与第三方野合，就是精神上也不能有奸淫的意念和想象，这与蓝志先、胡适的观念基本一致。

概念的厘清有助于观念的理解和深化。译者仲云介绍了本间久雄的贞操

① 吴研因、高尔松、高尔柏：《恋爱与贞操》，《觉悟》1923年9月7日。
② 胡文：《唉！片面的贞操杀了吾侄女》，《家庭研究》1923年第1卷汇刊。
③ 落霞：《打破错误的贞操观念》，《生活》1928年第3卷第21期。
④ 长青：《传统的贞操观》，《妇女周报》1923年第11期。
⑤ ［日］泽田顺次郎著，沈沛恩译：《贞操问题》，《妇女杂志》1928年第14卷第8号。

观念。本氏批判了历史上的禁欲主义和注重童贞的观念，大力颂扬恋爱神圣，并引用《性道德》的作者密赛尔的话加强自己的观点："恋爱要是弃去了肉的要素，便无异弃去自己的奉献而杀灭友谊，弃去思想的自由而绝灭科学，弃去形而上学而绝灭宗教，将恋爱加以杀害。"他同时还引用了伦理学家摩尔的观点："结婚的中心基础，常可由对于一定的异性的性的恋爱中看出来。要是没有这种幸福的性的恋爱，那么生活虽然继续下去，虽然由教会而变为神圣的，但到底不是结婚，不过是卖淫罢了。"通过对两种观点的剖析，他最终明确阐释了恋爱贞操论："贞操实与完全的恋爱共同发达，而其恋爱也是与精神的要求，肉体的要求不能相分离的……灵肉一致的状态，视为恋爱的终极，就是恋爱，至少从感情的状态上看来，要确然是灵肉一致的。"① 在灵肉一致的状态下，人们不能把精神与肉体的要求相分离。为了恋爱的实现，须将自己的人格纳入恋爱，只有这样才能感受到恋爱的幸福，并且惟有从这种恋爱中才能真正认识到恋爱的自由及伴随的责任，这就是贞操的产生过程。

本间久雄的观点深受爱伦凯的影响，在上述观点中体现的就非常充分。爱伦凯曾明确指出，"贞操好似钢铁一般，在火里经过白色的热气锻炼出来的，因为贞操只能与十分完美的恋爱合在一起，可以向上发展；他不特能够摈除所有某种之中的区别，而且使灵与感觉之间的要求，不能分开"。② 爱伦凯在这里清晰地指出，贞操是恋爱关系中人格交汇的产物，它对恋爱的推动和人格的塑造有不可低估的作用，是其恋爱贞操论的集中阐释。正如印度诗人泰戈尔所言："贞操是从丰富的爱情中生出来的资产。"③ 他们的这些观念，深刻影响了启蒙知识界，并引起了广泛共鸣。

在近代中国传统文化资源整体负面化的背景下，援引国外思想资源作为文化价值的标尺是启蒙知识界常用的做法，泽田顺次郎、本间久雄、爱伦凯等人的性道德观念被他们所普遍接受。启蒙知识界认为："道德的本质是约束或鼓励个人行动的一种东西，使社会得以安宁，有秩序，而适于生存和进

① ［日］本间久雄著，仲云译：《自由恋爱与贞操问题的关系》，《妇女杂志》1924 年第 10 卷第 7 号。
② 转引自朱锦江：《贞操之认识》，《现代妇女》1922 年第 11 期。
③ 王辉、佟飞：《爱情的七个音符》，天津社会科学出版社，1992 年，第 270 页。

化。性的行为的伦理，简单的说，也是这样，怎样可以使性生活安宁，幸福，这便是他的重要要求。”① 既然追求生活安宁、实现人生幸福是性道德进化的方向，这必然会影响到启蒙者对传统贞操观念的价值判断：“这种杀人的礼教，我们自然要彻底排斥他，但是他方面，我们又不得不建设一种合理的，平等的，人格的贞操观啦。这就是我所要高声大呼的‘贞操观革命的呼声’呵!”②

贞操革命的目的之一在于构建恋爱与贞操的同质性。周建人犀利地指出：“贞操的意义，它自然存在恋爱里，你倘若将它单独提出，恋爱的精神便死了，人间男女的关系，也便成了虚伪。”③ 在民国美术界颇有影响的朱锦江指出：“在普通社会一夫一妻制度之下，两性间互以信义相守，无论环境如何改变，总不愿与第二〔三〕者发生性的关系，甚至对于死亡，虽颠沛流离，此志亦誓守不渝。这就叫作贞操。”④ 他在其后的一篇文章中更是一针见血地说：“贞操是自由恋爱的结晶体。”⑤ 从概念的界定可知，贞操是在一夫一妻制基础上产生的夫妻之间的信义约定，是双方契约精神的体现。作者文运对贞操也有自己的理解：“贞操的解释，是‘贞训正，操训守’。贞操的意思，简单说起来，就是：守正而不为外情所动，身心两方面都保持其清正。”⑥ 有的论者直截了当地指出，“爱情的贞操，与其叫他贞操，不如叫他爱情”；⑦ “贞操只是从恋爱中精炼而出的东西，越有高上的恋爱，越有可敬可羡慕的贞操”。⑧ 总之，论者们在阐述恋爱与贞操的密切关联时，赋予了贞操高尚的精神性，使二者实现了同质性构建，最终形成了恋爱贞操观。

接受了新性道德的启蒙知识界，开始以新文化资源来批判传统贞操观。叶圣陶认为，传统贞操节烈是男子对女子施行名利的诱惑，以此设置种种美名让女子主动上当，自己废弃了人格，“仿佛女子只有做男子的妻的义务，

① 高山：《男女理解与性的伦理》，《妇女杂志》1924年第10卷第10号。
② 颜筠：《贞操观革命的呼声》，《妇女杂志》1924年第10卷第7号。
③ 周建人：《贞操》，《晨报副刊》1921年7月13日。
④ 朱锦江：《贞操之认识》，《现代妇女》1922年第11期。
⑤ 朱锦江：《妇女贞操之研究（续）》，《盛京时报》1922年12月27日。
⑥ 文运：《妇女贞操问题之医学观（一）》，《晨报副刊·家庭》1928年第2256期。
⑦ 胡怀琛：《贞操问题答彭年君》，《妇女杂志》1920年第6卷第12号。
⑧ 吴觉农：《近代的贞操观》，《妇女杂志》1922年第8卷第12号。

一经聘定之礼，就是以‘国士相待’，以身报之也甘心了”。[①] 周建人对此精辟地指出：“贞操是无形的保险箱，装女人的意志和思想的！”[②] 作为女性的刘清扬更痛恨传统贞操观的片面性，她指出：“‘片面贞操’，乃是非人道的，压制人性的，剥夺人自由权的一种恶风尚！稍有思想的莫不承认这是一种毫无公理，而在旧礼教中最当破除的信条。”[③] 丹轩女士以诗歌形式来控诉传统贞操观：“自有了你，我们都钉在这惨酷的十字架；自产生了你，我们没一日得安然的过活。贞操啊贞操！你何苦做人间的阎魔？”[④] 由于新旧价值体系的转换，传统贞操观被批驳的一无是处。

启蒙知识界普遍认为，传统婚姻中的女性没有选择的权利，只有被动承担的义务，并将其称之为“义务型贞操观”。为此，他们用恋爱贞操论来阐发新观念，“新的，真正的贞操，乃是肉体不违反灵魂，灵魂不违反肉体的那样灵肉一致的贞操。和一个自己心爱的人谐和到老，固然是最好的贞操，被强暴所污辱，被无赖所诱惑，立刻丢开了他们，另和自己心爱的人结合，这也是最好的贞操”。[⑤] 也就是说，“贞操是恋爱纯洁化，人格化的灵肉一致的产物”。[⑥] 亮尘女士撰文说：“我希望现代的男子不要把女子的贞操看作义务的。应当承认是女子自己的权利；并且要明白女子最初之性的行为，不能当为她最后的性的行为的贞操，就是她一生的运命，决不是完全要受最初之性的行为的支配。”[⑦] 她代表女性进行呼吁，希望能够将性与贞操绝对统一的关系剥离开来，实现贞操观念从“义务”向“权利”的转变，从而充实了性道德的女子主体性。

传统社会以礼法立国，贞操观的内容名目繁多。陈顾远在《中国婚姻史》中指出，传统妇女的贞节包括“所谓童贞、妇贞及从一之贞是也”。[⑧] 为

---

① 叶圣陶：《女子人格问题》，《新潮》1919 年第 1 卷第 2 号。
② 周建人：《贞操》，《晨报副刊》1921 年 7 月 13 日。
③ 刘清扬：《“贞操”与“节妇”》，中共天津市委党史资料征集委员会、天津市妇女联合会编：《天津女星社》，中共党史资料出版社，1985 年，第 114 页。
④ 丹轩：《贞操》，《妇女杂志》1922 年第 8 卷第 2 号。
⑤ 章锡琛：《中国女子的贞操问题》，《新女性》1926 年第 1 卷第 6 号。
⑥ 颜筠：《贞操观革命的呼声》，《妇女杂志》1924 年第 10 卷第 7 号。
⑦ 亮尘女士：《我所希望于男子者》，《妇女杂志》1924 年第 10 卷第 7 号。
⑧ 陈顾远：《中国婚姻史》，上海书店影印，1985 年，第 183 页。

了增强批判的深刻性，知识界从上述三个方面逐次展开。

传统贞操观是父权私有制的产物，为了保障家族血脉的纯粹，处女之贞最受重视，并衍生了许多习俗，这在各地风俗志中多有详细记载。时人评论说，“文明人讲贞操，比较上最重视的还是结婚前的贞操。因为在财产观念发达的时代，凡人购买诸般货式，都喜欢捡完整无缺的。若果买了之后，发见货物有亏缺，可以退换或索回货价。但顾客本身有什么残破亏缺，商品和卖主都无权过问的”。[①] 上述观念遭到刘清扬的批评：“女的还未嫁，男的尚未娶的时候，童男处女，本同是一样资格。又为什么在男的未娶之前，曾嫖过多次的，而在娶亲时，也依然高搭彩棚，庆贺喜期。一切亲友对这已破贞操的男子，毫无异言，毫不轻视？而未嫁之女，若有了外遇，不是受父兄打死杀死，或迫着自尽，稍和缓的办法，也只是偷着把伊再嫁个卑下穷苦之家，便老死不相往来。而亲友便明讥暗骂，以为是丢了他们十一族的鬼脸，而认为是万分无耻不堪的奇闻呢？这是如何的不人道？怎样的无公理？”[②] 颜筠女士对此同样批评说，传统婚姻中的女性“不过像一种货物似的由家长讬媒妁任意卖到哪一家，将来便是哪一家的货物了，须谨慎保持肉体，寸肤不得有所污垢毁坏，以供未来的买主好受用，这便是旧来所称的‘处女的贞操’了。一般人对于未婚的女性，严责她们须守处女的贞操，而对于未婚的男性，则未闻有须守甚么‘处男的贞操’的论说，真是怪状，真太自利”。[③] 处女之贞是衡量传统女性肉体与精神完整性的重要标志，事关女性及其家族的荣誉，而男性的道德水准则与此毫无关联，这是启蒙知识界最为不平之处。

从新性道德角度看，未婚男女有守护贞操的必要吗？又或者说未婚男女守护贞操的意义何在呢？刘清扬指出，“若以新道德而论‘贞操’，则凡真懂爱情的青年男女，当还没有嫁娶，正在访觅知音的伴侣之时，自然都当彼此

---

① 黄石：《贞操的起源》，《新女性》1929年第4卷第10号。

② 刘清扬：《“贞操”与“节妇”》，中共天津市委党史资料征集委员会、天津市妇女联合会编：《天津女星社》，中共党史资料出版社，1985年，第114页。

③ 颜筠：《贞操观革命的呼声》，《妇女杂志》1924年第10卷第7号。

保守‘贞操’，以为将来的意中人”。[①] 颜筠则说，“在这中间所守的贞操，不是为未来的丈夫（或妻）守贞操；乃是为高洁自身守贞操，完成恋爱守贞操。这就是恋爱结婚观底下的未婚时代的贞操观念，是男女两性各拥护其贞操的共同享有的一种人权”，[②] 这一观念与泽田顺次郎是一致的：“未婚者童贞处女之贞操，虽然是纯洁而有价值，但是因为没有一定配偶的缘故，责任问题便无从发生，只有为尊重自己的人格，为将来之配偶而保守贞操。”[③] 也就是说，未婚时代贞操的坚守，只是个人人格的体现，与道德并无关涉。

对于传统婚姻维持期间的妇贞，知识界也有话说。有作者引用民间谚语说，“男人插朵花，女人添个疤”，这是对片面贞操观的控诉，“世人都羞那添疤的女人，而一方面却又羡那插花的男人。然而既然有一个男人插上了花，同时当然一个女人要添上了疤；个个的男人都插了花，便是个个的女人都要添疤了！然而到了现在，还有许多人想维持并且提倡这样片面的贞操，自诩为善良的风俗”。[④] 面对这种境况，恋爱贞操论者应该如何处理呢？他们指出，“婚姻是由双方恋爱的结合，他们夫妇间的贞操也自然是双方共守的。如果一方破坏了贞操，他方自然宣告离婚。若不然，此后便是无贞操的男女关系了。是和奸了，不是夫妇了，所以无论他或她在恋爱结婚之后，若另爱上其他的异性，或不能继续恋着和自己结婚的她或他之时，都必须宣告离婚”。[⑤] 在此种情境下，离婚是恋爱贞操论者给女性的建议：“一旦双方爱情破裂，已不能维持共同生活，那样则双方的‘贞操’，也无再须彼此保守的义务。这样的‘贞操’，乃是完全出于自动而为正式的爱情而保守的，才有真正的意义与价值。”[⑥]

知识界控诉最力的莫过于妇女失偶后的贞烈选择。作者陈祖堂说，“有大多数人，他的夫婿死了，就叫女儿也死，或者不准她嫁人。倘若他女儿殉

① 刘清扬：《“贞操”与“节妇”》，中共天津市委党史资料征集委员会、天津市妇女联合会编：《天津女星社》，中共党史资料出版社，1985 年，第 114 页。

② 颜筠：《贞操观革命的呼声》，《妇女杂志》1924 年第 10 卷第 7 号。

③ ［日］泽田顺次郎，沈沛恩译：《贞操问题》，《妇女杂志》1928 年第 14 卷第 8 号。

④ 始：《杂谈·片面贞操》，《现代妇女》1922 年第 4 期。

⑤ 颜筠：《贞操观革命的呼声》，《妇女杂志》1924 年第 10 卷第 7 号。

⑥ 刘清扬：《“贞操”与“节妇”》，中共天津市委党史资料征集委员会、天津市妇女联合会编：《天津女星社》，中共党史资料出版社，1985 年，第 118 页。

夫死了，他非但不悲哀，到反觉得高兴，并且说：‘死得好！’这不是人心害理惨无人道的手段吗？”① 还有人指出：“我们中国历来把女子的人格看轻，男子的人格看重。凡是女子，夫死之后，一定要守贞操；并且法律上有褒扬的条例，甚至永没看见面长面短的未婚夫死，做未婚妻的，不得改嫁；那末才算有贞操。”② 此言虽不完全准确，但也是基本情况的反映。面对传统节烈观，恋爱贞操论又如何构建呢？颜筠建言说：“从这种‘权利说的贞操观’上看来，寡妇可以再嫁，全不成问题了。不惟可以再嫁，且有和处女同样的人权去享受灵肉一致的恋爱生活及一切的社交。”③ 从权利说看贞操，当事者的行为完全独立自主，失偶者与其他人并无分别，从而肯定了女子再嫁的权利。刘清扬指出：“如果在生时，夫妇爱情浓厚，以至两人的身心精神，永远固结如一。一旦夫死或妇亡，夫或妇，都不肯破坏其生时的爱情，必欲相守以终生。那样，则男子不愿再娶，或女子已不愿再嫁，自然也绝无强迫再娶再嫁之理。这样守节是双方都有的，是出于自动而为爱情的。这样的守节，乃才有真正的价值意义。”④ 从恋爱贞操论出发，无论守节抑或是再婚，都基于个人的自由意志来考量，这是新性道德的魅力和价值所在。

在五四时人看来，传统女性是在男权压制下被迫选择节烈的，这当然是传统贞节观念在日常生活中的重要面向。不过，研究表明，传统社会也有不少女性主动迎合贞操观念，自发去做贞节烈妇。⑤《儒林外史》中王玉辉的女婿病逝后，女儿不听公婆的劝阻执意要殉死，这亦是对传统社会观念的反映。在既定男权文化的熏陶下，接受贞操观念是部分女性的主动选择，这一举动成为她实现自身价值和不朽人生的重要抉择，这与五四知识分子刻画的女性被动受难的形象很不相符。其实，五四知识分子基于伦理重构的动机，刻意强化了男女不平等与女性的苦难，其中既有真相又不乏想象。

启蒙知识界营造的贞操新观念，对青年人的影响是显而易见的。觉悟社

---

① 陈祖堂：《贞操论》，《安定》1922年第11期。

② 张彭年：《我之贞操观》，《妇女杂志》1920年第6卷第12号。

③ 颜筠：《贞操观革命的呼声》，《妇女杂志》1924年第10卷第7号。

④ 刘清扬：《“贞操”与“节妇”》，中共天津市委党史资料征集委员会、天津市妇女联合会编：《天津女星社》，中共党史资料出版社，1985年，第118页。

⑤ ［美］卢苇菁著，秦立彦译：《矢志不渝：明清时期的贞女现象》，江苏人民出版社，2010年。

成员邓颖超的性道德观念就深受爱伦凯的影响，她从其恋爱名论中引申出贞操的概念：“夫妇间，只要爱浓了，情深了，恩谊厚了，无论怎样，颠沛流离，他们俩人总不愿把爱情移给别人的。这就是贞操。由此我们可知道贞操与否，是系乎恋爱的有无。换一句话来说：‘有恋爱，便是贞操，也便是恋爱’。”[①] 在《妇女杂志》的通讯栏目中，作者胡怀琛和张彭年就贞操问题进行了交流，其中提道两人的共识：“贞操是爱情的，双方的，自动的。”[②] 这明显是胡适贞操论中的核心观点。作者醒民在《台湾民报》撰文介绍贞操新观念时，同样以胡适的观点“贞操乃是夫妇相待的一种态度”，作为自己的立论之基。[③] 这表明，知识界构建的恋爱贞操观深刻影响了当时的知识青年。被启蒙者接受新观念后，又加入到启蒙者的行列之中，实现了身份的转换。

知识界为了实现女性启蒙与解放的目的，构建了自己独特的叙事逻辑。他们破立结合，用恋爱观念置换了传统贞操观念的内核，从而构建了新性道德，确立了恋爱贞操论。杨贤江通过译文表达了对恋爱贞操观的最新认识，认为它“是立脚于人格的相爱不绝创造的努力的”。[④] 其他论者同样认为，恋爱贞操观是人格深处觉醒的必然要求：“所谓某人的贞操，全以他自己的力，自己的气节，自己的精神为集中点。而且这一种集中的气节，精神和力，是预防外界偶然的侵害的；所以这一种的贞操，是人生的一种态度，使恋爱能够伟大的工具。因此贞操的欲求，是自己的完成，内的操守，与心灵的威严，连行于人格感情的内部的。”[⑤] 从深层意义讲，贞操是个体内在的一种操守和自律行为，它也是男女相守的一种人生态度，表达的是两性相处的一种新模式，既凸显了恋爱存在的意义，也决定了两性离婚的正当性。

恋爱贞操论的人格基础指向的是个体的独立性：“只要承认恋爱是人格的根源，结婚必须有恋爱的意义之后，就可晓得贞操问题，不是个人的‘自我’的不变，可以解决的：因为恋爱（一）必须有欲求相同的二人的

---

① 邓颖超：《姊妹们起哟》，《女权运动同盟会直隶支部特刊》1923年第3期。
② 胡怀琛：《贞操问题答彭年君》，《妇女杂志》1920年第6卷第12号。
③ 醒民：《贞操的新观念》，《台湾民报》1924年第2卷第1号。
④ ［日］帆足理一郎著，杨贤江译：《新时代之新贞操论》，《妇女杂志》1921年第7卷第7号。
⑤ 吴觉农：《爱伦凯的自由离婚论》，《妇女杂志》1922年第8卷第4号。

‘自我’；（二）两个‘自我’必须均能在两方表现。无论何人，虽然以自己的运命与他人的运命相接合，可是自己将来的全运命，决不能完全依托在他人的支配下。”[①] 个体独立性的保持要求个人要将命运掌握在自己手中，只有自主掌握自己的命运，才有可能追寻到个人的幸福，“我们只希望人人都能使自己的生活格外美满，丰富，因而使社会格外美化而且幸福”。[②] 恋爱贞操观的意义在于发展人的个性，促进人的精神解放，这有助于个人幸福生活的实现。当然，这并不是恋爱的终极意义，其背后的社会关怀才是最根本的：“男女两性的爱，是社会组织最初的根源；换言之，男女两性的爱，是人群团结唯一的要素。”[③] “人群团结”代表的是社会凝聚力，知识界显然有以恋爱为手段重塑社会的愿望，从而使恋爱具有了广泛的社会性意义。

总之，知识界以概念化的阐释，构建了恋爱贞操论的本质特征和现实意义，推动了新旧性道德的转换。新性道德打破了传统两性伦理，重构了两性道德，为青年人正视个体价值，激发自觉意识，正确理解恋爱观念，选择新的社会生活拓展了新道路。从这个意义上讲，新性道德自身带有启蒙的意义。正如时人所言：“中国衰微的根本原因，在女子没有自觉，女子没有自觉的原因虽多，最要紧的，是不明贞操观念。”[④] 这一认识逻辑本身可能并不准确，但清晰表达了知识界以伦理改造社会的自觉意识。恋爱贞操观构建的意义不仅仅在于指导女性选择新生活，更在于将“爱”扩展到社会，构建新型人际关系以推动社会的改造，[⑤] 最终实现国家的现代转型。

---

① 吴觉农：《爱伦凯的自由离婚论》，《妇女杂志》1922 年第 8 卷第 4 号。
② 章锡琛：《中国女性的贞操问题》，《新女性》1926 年第 1 卷第 6 号。
③ 徐庆誉：《男性两性爱底研究》，《妇女年鉴》1925 年第 2 回（上）。
④ 陈启修：《马克思的唯物史观与贞操问题》，《新青年》1919 年第 6 卷第 5 号。
⑤ 陈独秀：《新文化运动是什么》，《新青年》1920 年第 7 卷第 5 号。

## 第二节 恋爱观的辩论与认知的分野

为了深入推动伦理革命，知识界赋予了恋爱概念高尚的精神内涵，构建了恋爱贞操论，使之成为新性道德的核心，以捋顺两性关系，创造新生活。然而，作为一个异质性词汇，只有在学理上继续深入阐释，才能在礼教氛围浓厚的本土真正扎下根来。为此，知识界利用各种契机，阐发恋爱观念的相关机理，试图在扩张其影响力的同时，继续充实、完善新性道德的内涵。

### 一、自由的限度："爱情定则"辩论及其内在张力

五四时期，启蒙知识分子热烈讨论男女平等、婚姻自由、家庭革命等议题，对传统贞操观展开猛烈抨击，"恋爱自由""婚姻自由"被视为"人之新生"① 的标志。在此过程中，日本乃至西方学者的恋爱观开始被陆续译介过来。由朱舜琴翻译、社会改进社出版的《恋爱与结婚》一书，系统地介绍了瑞典女权主义者爱伦凯以恋爱为核心的新性道德观；② 上海大东书局出版了由任白涛翻译的《近代恋爱名论》，全面介绍了嘉本特、爱伦凯、倍倍儿、叔本华等人的恋爱观，以阐明"提倡一夫一妻制的必要"；③ 世界书局出版的《恋爱论 ABC》中，简明扼要地介绍了托尔斯泰、爱伦凯、嘉本特、阿尔伯、柯伦泰等人的恋爱观，以帮助青年们搞清楚"恋爱究竟是什么"。④

北大哲学系教授陶履恭在论及《新青年》杂志《女子问题》栏目征稿时说，"舍一二投稿家外，非背诵吾族传来之旧观念，即抄袭西方平凡著者之浅说"，⑤ 能独立阐发真知灼见者凤毛麟角。新性道德构建的状况与陶氏的描述基本吻合，当时启蒙知识界主要借用西方思想资源，还鲜有阐发独立主张

① ［日］贺川丰彦著，Y. D. 译：《恋爱之力》，《妇女杂志》1922 年第 8 卷第 9 号。
② ［瑞］爱伦凯著，朱舜琴译：《恋爱与结婚》，社会改进社，1923 年。
③ 任白涛译：《近代恋爱名论》，上海文艺出版社，1989 年，《漫话》第 9 页。
④ 郭真：《恋爱论 ABC》，世界书局，1929 年，《例言》。
⑤ 陶履恭：《女子问题》，《新青年》1918 年第 4 卷第 1 号。

者，对恋爱问题的公开辩论也不多见，北大哲学系教授张竞生主导的中国近代第一次恋爱问题的大讨论，弥补了知识界的这一缺憾。

张竞生（1888—1970），广东饶平人，20世纪二三十年代中国思想文化界的风云人物。他早年加入同盟会，被孙中山委任为南方议和团首席秘书，参与南北议和谈判；民国时期第一批稽勋留洋（法国）博士，归国后于1921—1926年任教北大哲学系；三四十年代在粤东山区开展了轰轰烈烈的乡村建设运动，时有“南张北梁”之誉。

1923年的这次爱情问题大讨论，由谭、陈联姻事件所引发。1922年3月，北大生物系主任、教授谭熙鸿（仲逵）的妻子陈纬君因病去世，6月底北京高校及留欧同学会为陈氏开了隆重的追悼会。本来这门姻亲本可就此断绝，不料在广州执信学校就读的谭熙鸿的妻妹陈淑君，因陈炯明叛乱无法在广州继续求学，乃辗转北上欲求学北大；又因其错过了招生期限而无法投考，不得已只好寄居在谭家，并在北大当旁听生。结果，两人不到两个月即由恋爱而结婚。广东学生沈厚培（春雨）闻讯赶到北京，以沈、陈二人订有口头婚约为由进行交涉，并在北京《晨报》发表文章痛斥谭熙鸿无行、陈淑君负义：“嗟夫，道德沦丧，人欲如流，吾方期置身教育界者有以正之，不谓竟自蹈之。谭此种结婚，其为任何主义许可乎？新旧道德许可乎？”[①] 陈淑君随后在《晨报》发表声明，详述了谭、陈二人结婚的详细经过，“彼此相处，以相敬相爱之程度日增，并志意相投，故遂自主结婚”，驳斥了沈厚培的指责，且再次重申：“淑与仲逵结婚，纯本乎个人自由，双方志愿，第三者实无置喙之余地。”[②]

在新旧思潮冲突异常激烈的五四时期，婚姻家庭问题是知识界关注的焦点之一，自然容易引发强烈关注。再加之谭、陈二人的身份一为北大知名教授，一为汪精卫的妻妹，两家俱是社会名流。因此，谭、沈、陈的三角关系一经传出，立即在社会上引起轩然大波，各种批评铺天盖地而来；再经陈璧

① 《谭仲逵丧妻得妻，沈厚培有妇无妇》，《晨报》1923年1月16日。

② 陈淑君：《谭仲逵与陈淑君结婚之经过》，《晨报》1923年1月17日。

君推波助澜，此事遂由北京传到上海，并波及广州，闹得满城风雨。[①]

面对这汹汹舆论，谭熙鸿留法时的学友张竞生在《晨报副刊》刊文，声援谭、陈二人。从其内容看，张竞生固然是在为谭、陈辩护，但他构建新性道德的企图更加明显。文中开篇说："现时青年男女喜讲爱情。究竟，实在知道爱情的人甚少；知道了，能去实行主义的人更少。所以我先从爱情的理论方面说一说，然后再取陈女士的事实作为佐助的材料。或者于爱情知与行二面上均有些少的贡献也未可知。"[②] 应当说，作为"中国唯一爱的创造者"，[③] 张竞生对于恋爱问题多有思考，谭、陈事件只是他借题发挥的引子而已。

张竞生认为，"爱情定则"涉及生理、心理、社会不同层面，极为繁杂，但综合归纳起来大致遵循四个原则：

第一，爱情是有条件的。这些条件主要包括感情、人格、状貌、才能、名誉、财产等项条件。凡是爱或被爱之人，都会或明或暗地地考察对方的条件。条件愈完全，爱情愈浓厚。

第二，爱情是可比较的。爱情既然是有条件的，那么就是可比较的，以组合爱情条件的多少、浓薄为择偶标准，这是人类心理的必然定则。

第三，爱情是可变迁的。有比较自然就有选择，有选择自然也就有精益求精的念头，因此爱情并非固定不变，而是变迁的。从订婚到解约，从结婚到离异，用爱情变迁的定则去衡量是合乎情理的。

第四，夫妻为朋友的一种。夫妻关系与朋友的交往相似，但比一般友情更密切、更浓厚，并有社会、家庭、经济、子女等纠葛伴随其间，所以夫妻的爱情比朋友的友谊更浓厚。

综合以上四点，张竞生进而指出，"凡要讲真正爱情的人，不可不对于所欢的——或在初交，或已订约，或经成婚——时时刻刻改善提高彼此相爱的条件。一可得爱情上时时进化的快感，一可杜绝敌手的竞争。同时，夫妻

---

① 谭伯鲁、谭幼竑：《辛亥战士　学坛先驱——回忆父亲谭熙鸿》，徐州市政协文史委员会：《徐州文史资料》第20辑，2000年，第329页。

② 张竞生：《爱情的定则与陈淑君女士事的研究》，《晨报副镌》1923年4月29日。

③ 《序文》，张竞生编：《爱情定则讨论集》，上海美的书店，1928年，第1页。

生活上，道德上，也极有巨大的影响”。[1] 这与他在《美的人生观》《美的社会组织法》中倡导的“性美论”和“情人制”理论如出一辙，目的在于使男女了解爱情的意义，让他们努力创造条件、保全爱情，以推动人类精神的进化，[2] 并据此为陈淑君辩护。他认为，陈女士是一个了解爱情并积极追求爱情的新妇女，而谭熙鸿的学问、才能、地位也不是沈所能及的。因此，从“条件论”出发，陈淑君的爱情变迁就无可厚非了。即使她已与沈厚培结婚，也可以离婚再嫁，于情理上并无不妥，何况他们只有口头婚约呢？

张竞生的“爱情定则”刊发后，迅速引起学界名流和青年学生的关注。《晨报副镌》的主编孙伏园，凭借职业新闻人的敏感，迅速捕捉到了这一事件的意义及可能引发的轰动效应。在其幕后推动下，“爱情定则”的讨论迅速走向高潮。从 1923 年 4 月 29 日至同年 6 月 25 日，经过近两个月的讨论，孙伏园收到信函 50 多封，实际刊发了 35 篇，其中包括 11 封来信。从内容看，只有北大教员梁国常等极少数人在评论谭、陈婚姻事件，绝大部分人因作为第三方不了解婚姻事件内在的是非曲直，故他们重点阐发了对张竞生“爱情定则”的理解。事实上，绝大多数论者对于“爱情定则”的主张并不认同。因此，孙伏园抱怨说：“真使我们失望，里面有大半是代表旧礼教说话。可见现在青年并不用功读书，也不用心思想，所凭借的只是从街头巷尾听来的一般人的传统见解。”[3] 也有当代学者认为，当时的年轻人“大都表现出南郭先生的心态”。[4] 那么，事实到底如何呢？这需要从双方辩论的内容进行细致梳理，以做出符合事实的判断。

张竞生的“爱情定则”是以恋爱自由为基点进行阐发的，故而其中的一些观点获得了少部分人的坚决支持。作者嵩山就表示，评价这件事的关键在于运用什么样的道德标准。如果纯粹站在新道德的立场上，那么女子要和谁结婚便和谁结婚，以前是否与人谈过恋爱、有无婚约都可不问，恋爱转变和

---

① 张竞生：《爱情的定则与陈淑君女士事的研究》，《晨报副镌》1923 年 4 月 29 日。

② 《美的社会组织法》，江中孝编：《张竞生文集》（上），广州出版社，1998 年，第 152—155 页。

③ 《〈爱情原则的讨论〉记者注》，《晨报副镌》1923 年 5 月 18 日。

④ 《代序：现代中国第一次爱情大讨论之始末》，张培忠编：《爱情定则：现代中国第一次爱情大讨论》，生活·读书·新知三联书店，2011 年，第 10 页。

破裂也都不算什么一回事，用不着大惊小怪。[①] 在多数反对者当中，不少人对“爱情定则”的第四项表示支持。北大教员冯士造表示，“在张君四定则内的第四项，我很赞成，恋爱的婚姻，本是由友谊进步而来。……仪式废除，夫妻可以说是浓厚的朋友了”。[②] 丁勒生说：“夫妻的爱，虽为一切人间爱中，最高尚，最亲昵，最密切，最浓厚，最窄狭之一种，然其结合的性质，与朋友相同，而且正规的夫妻结合，均应经历朋友这一阶段，我们就认为朋友之一种，是不能算为过分的。所以对于张君的第（四）项，我完全同意。”[③]

在这场辩论中，焦点主要围绕“爱情定则”的前三项，其中又以“爱情是有条件的”为中心。那么，他们的辩论是如何展开的呢？

参与论战的多数青年并不承认爱情是有条件的。有人认为，恋爱就是恋爱，爱情是至高无上的感情，加上性的感觉或加入人性的行为，具有神秘性，故不能规范也不能有定则。[④] 还有人认为，爱情是极神秘、不可思议的，含有无上的神秘性，不可“言宣意拟”，完全是受情感上的冲动或精神上的驱使，“连什么都忘了，何暇问及条件！”[⑤] 所以爱的对象是整体的人，而不是具体的条件。爱情是“理性和非理性、本能和精神美”[⑥] 的结合，从这个角度看爱情确实不能用具体条件来衡量的。张竞生则认为，正是因为不了解爱情才会把爱情看作神秘。“爱情定则”的效用并不限于流俗所称的科学范围，它只是“现象中的一种比较固定的关系”的别称，爱情只是其中一种。[⑦] 但多数人对此并不能认同。他们继续分析说，如果以条件的优劣来决定爱情的转移，那么就不是为爱情而讲爱情，只是出于物质上的驱使或欲望上的冲动而讲爱情，那么“这种爱情，还算爱情吗？”[⑧] 他们诘问张竞生：“如果一

---

① 嵩山：《谭仲逵的婚姻问题》，《现代妇女》1923 年第 26 期。

② 冯士造：《爱情定则的讨论》（五），《晨报副镌》1923 年 5 月 21 日。

③ 丁勒生：《爱情定则的讨论》（六），《晨报副镌》1923 年 5 月 22 日。

④ R. R. P.：《爱情定则的讨论》（十九），《晨报副镌》1923 年 6 月 5 日。

⑤ 丁文安：《爱情定则的讨论》（四），《晨报副镌》1923 年 5 月 20 日；冯士造：《爱情定则的讨论》（五），《晨报副镌》1923 年 5 月 21 日。

⑥ ［保］瓦西列夫著，赵永穆等译：《情爱论》，生活·读书·新知三联书店，1984 年，第 117 页。

⑦ 张竞生：《答复爱情定则的讨论》（续篇），《晨报副镌》1923 年 6 月 22 日。

⑧ 丁文安：《爱情定则的讨论》（四），《晨报副镌》1923 年 5 月 20 日。

个女子因为她的丈夫生而丑陋，转嫁别人，张先生以为这种行为是合理的吗？如果一个女子因张家家穷而另嫁一有钱的夫婿，张先生以为这种举动不算得弃贫重富吗？又如果一个大学教授的妻子因大学教授虽有名誉而究不及一官僚或军官，张先生以为这种女子也不应该受社会的鄙贱吗？”①

实际上，否认爱情有条件的人其底气并不足，因为他们虽然高呼爱情面前没有王子和乞丐的区别，② 但实际上有谁愿意和一个乞丐谈恋爱？又有谁愿意和那些有神经病的人、品行堕落者谈恋爱？③ 因此，有些人退而求其次，同意爱情有抽象或具体的条件，但恋爱更重在精神层面，故而爱情、才华、性情、知识、人格等不稳定因素，不能作为爱情的唯一条件。在现实中，最好的条件是可遇不可求的，人世间哪有主客观条件完美无缺的事呢？因此又人调侃道，如果一个女子遇到才能如梁启超、学问如胡适、地位如蔡元培、势力如吴佩孚的男子，是不是就不用费神选择了呢？④ 张竞生同意“美满的整个爱情，乃是由一切的条件所组合而成的，但个人主观上，各有各的‘整个的爱情’，这就是一种‘主观的爱情’”。⑤ 在实际生活中只有通盘考量，才可能避免古人所讲的婚姻陷阱：“以金交人者，金尽则交绝；以色交人者，色弛则爱衰。”⑥

张竞生的“爱情定则”虽能与现实婚姻基本吻合，但逻辑论证不够严密，主要问题在于把爱情产生的社会条件绝对化了，使人感觉“笼统、专制”。⑦ 因此，有青年学生说，爱情的产生确实是基于相对条件的考虑，但“条件的标准，各人有个人的对象”，⑧ 某些人看中某一项或某几项条件，有些人则看中另一项或另几项条件，并非条件高的人得到的爱情就浓厚。以此来判断陈淑君与谭熙鸿的结合，是因为谭氏的某些方面打动了陈淑君，而并非谭氏比沈氏的学问、才能、地位更高，这不仅削弱了理论的说服力，反而

① 陈兆畴、梁国常、张泽熙、陈兆畦：《爱情定则的讨论》（二），《晨报副镌》1923年5月19日。
② 洪钧：《恋爱的条件》，《新女性》1929年第4卷新年号。
③ 裴锡豫：《爱情定则的讨论》（二十二），《晨报副镌》1923年6月9日。
④ 子路：《爱情定则的讨论》（七），《晨报副镌》1923年5月23日。
⑤ 张竞生：《答复爱情定则的讨论》（上），《晨报副镌》1923年6月20日
⑥ 冯士造：《爱情定则的讨论》（五），《晨报副镌》1923年5月21日。
⑦ 冯士造：《爱情定则的讨论》（五），《晨报副镌》1923年5月21日。
⑧ 马复：《爱情定则的讨论》（二十一），《晨报副镌》1923年6月7日。

给人以反驳的口实，有人就说："张君多事，偏说陈女士是受条件的支配才变迁她的爱情。谭君的条件固属比沈君完备，但谭君是否现世第一条件完备的人？这句话谁也不敢断定，既不能定，那陈女士若遇着比较谭君条件更完备的人，又将如何？张君这简直是对陈女士的人格，下无情的总攻击，张君何苦来！"①

既然反对用各种标准衡量爱情，那么对于"爱情是可比较"的观点自然也难以认同。如果在男女的初恋期间，用这个比较、选择观念劝人谨慎择偶是可以接受的，但如果爱情已经培育成功，"双方的人格化臻于上，忘我忘他，舍生舍死，心中目中，只有一人，那时尚容得着比较吗？"② 因此多数论者认为，爱情是可变迁的，但这种变迁应主要发生于婚前：女子在未订婚或未结婚前慎重其事、严格挑选是正当的，而一旦与人订婚或结婚，这种选择就应该停止。总之，张竞生的爱情定则"只能适用于未订婚以前；不能适用于已定婚或已结婚"。③ 在这里，反对者们提出了爱情选择和变迁的双重标准。吊诡的是，这一标准得到了较为广泛的认同，难怪孙伏园对青年们产生失望的情绪。

青年们的恋爱观为什么表现得如此矛盾呢？其实，这与五四时期恋爱贞操观的构建有很大关系。经过知识界的反复宣传，青年们认识到恋爱贞操是人格深处觉醒的必然要求："贞操的欲求，是自己的完成，内在的操守，与心灵的威严，运行于人格感情的内部的。"④ 也就是说，恋爱贞操是个人内在的一种操守和道德自律行为；它是男女相守的人生态度，体现了对爱情、婚姻的高度责任意识。因此，北大学生章骏锜明确提出，婚姻"应当受信义与责任的道德上的制裁"，⑤ 反对无原则的比较和变迁。从这点来看，爱情选择和变迁的双重标准实际上是近代恋爱观念的产物。

恋爱自由论者内在的应当是离婚自由论者。⑥ 虽有少数人表示，爱情应

---

① 冯士造：《爱情定则的讨论》（五），《晨报副镌》1923 年 5 月 21 日。
② 维心：《爱情定则的讨论》（十），《晨报副镌》1923 年 5 月 25 日。
③ 钟冠英：《爱情定则的讨论》（九），《晨报副镌》1923 年 5 月 24 日。
④ 吴觉农：《爱伦凯的自由离婚论》，《妇女杂志》1922 年第 8 卷第 4 号。
⑤ 章骏锜：《爱情定则的讨论》（十二），《晨报副镌》1923 年 5 月 27 日。
⑥ 李三无：《自由离婚论》，《妇女杂志》1920 年第 6 卷第 7 号。

当是“一把两性永远结合的铁架锁”，[①] 反对婚姻变迁，却遭到了多数人的反对：“提倡爱情是不变的人，应该注意：这岂不是回复旧礼教的‘从一而终’吗？如果能证明不是，那就罢了，如果不能，我们又怎样可轻视或指摘从前的守寡制呢？除非我们承认守寡是对的。”[②] 因此，不少论者纷纷表示，自己并不反对离婚。钟冠英认为，倘若夫妻感情不好或者一方“人格堕落”，另一方当然可以离婚。[③] 冯士造指出，他提倡夫妻双方性情不合的离婚，反对条件比较的、虚荣的离婚。[④]

既然如此，论者们为什么支持离婚自由而反对爱情变迁呢？恋爱自由的目的在于营造幸福的家庭生活，[⑤] 在论者们看来，“爱情变迁论”违背了这一目的。有人说：“这种爱情——无常的爱情——不是每一天都可变迁，每一点钟都可破裂的爱情吗？果真到了这一境，那么，我们还有什么生趣咧！”[⑥] 这必然造成了青年们的心理紧张，有人对此说道：“爱情既有许多条件，又要千变万化，在老年人看来，或者不关紧要，至于我们这班还不知道爱人在哪里的青年，就不得不惶然大起恐慌了。……抱此感想的人，恐怕不在少数。”[⑦] 事实确实如此。不少论者表示，爱情如果要以条件做比较，必生变迁，难保不见异思迁，弄得男不得娶、女不敢嫁。因为条件是不稳固的，“今日我做大总统，明天我就许是一个平民。今天我是一个脑满肠肥的资本家，明日我就可以因投机事业失败，变成赤贫。今天我是面白唇红子都般的少年，明日我就许因出了天花，变成天公赏识的大麻子。世上哪有‘荣华富贵到白头’，‘如花的美眷，怎禁得似水流年？’”[⑧] 他们担心，如果承认爱情是可比较、选择的，那么就会出现“今天见好的，爱情变迁了，因而至于爱好的，明天见更好的，爱情变迁了，又去爱更好的”[⑨] 情形。反对者对谭熙

① 丁文安：《爱情定则的讨论》（四），《晨报副镌》1923年5月20日。
② 谭树櫆：《爱情定则的讨论》（十八），《晨报副镌》1923年6月4日。
③ 钟冠英：《爱情定则的讨论》（九），《晨报副镌》1923年5月24日。
④ 冯士造：《爱情定则的讨论》（五），《晨报副镌》1923年5月21日。
⑤ 葆荪：《结婚与幸福》，《妇女杂志》1930年第16卷第1号。
⑥ 陈羽徵：《爱情定则的讨论》（十六），《晨报副镌》1923年6月2日。
⑦ 彭拔勋：《爱情定则的讨论》（十一），《晨报副镌》1922年5月26日。
⑧ 章骏錡：《爱情定则的讨论》（十二），《晨报副镌》1923年5月27日。
⑨ 世良：《爱情定则的讨论》（三），《晨报副镌》1923年5月19日。

鸿挖苦道："我更顺便对于谭熙鸿教授，进一诚恳的忠告：防备点儿朱买臣，唱马前泼水吧。"[①] 学生们也没放过张竞生，对其揶揄道："我对于张竞生君，不禁要擦一把汗，因为他不是条件最完备的人。张竞生既是定爱情原则的，那末他的妻，当然懂得爱情原则，而且能实行其主义（受张君同化的缘故），所以我劝张竞生君速速设法去完备他的条件。"[②] 有论者总结说："如果把他的定则普遍于社会，恐怕结果除了几个地位最崇高的人、才能最高的人、财产最富的人、名望最好的人而外，谁也得不着妻子，假使能得着，谁也不敢当作自己的妻子。"[③]

面对"爱情定则"所带来的巨大心理冲击和焦虑感，青年们自然不会认同这一爱情创见，他们指出："张先生的爱情定则，比孙悟空还要变化得多。在无婚姻制度实行乱交的无政府主义时代，或者会行得通，若要在今日的中国评论今日某人婚姻的当否的确用不着。"[④]

通过"爱情定则"的辩论我们不难发现，张竞生与论者们的观点多有不同，尤其是在爱情的产生条件及其本质认识上存在重大分歧。即使如此，他们仍有一个共识，那就是自由理念的基本认同，其中渗透的其实就是知识界所构建的婚姻自由观念。正是以此为基础，产生了张竞生与论者们的第二个分歧点，那就是自由的限度问题。张竞生以"性美论"为认知基础，试图通过爱情变迁理论不断推动爱情以及人的精神进化，而这个过程是无止境的。他的这一观点，在笔者看来深受儒家文化的影响。儒家强调个人人格的自主性，目的在于拓展个人道德修炼空间的无限性，通过个人道德的提升达到个人内在的自由。当然，这种自由与权利意识无关，而主要是精神层面的心智自由和道德担当。两相比较不难发现，二者的推理逻辑惊人地相似。身具西学背景的张竞生，童年也深受儒家教育的熏陶，有此相似性也在情理当中。当然，论者普遍不同意他的观点，认为个人向上的程度是有限的，[⑤] 实践层

① 丁勒生：《爱情定则的讨论》（六），《晨报副镌》1923年5月22日。
② 黄慎独：《爱情定则的讨论》（二十），《晨报副镌》1923年6月6日。
③ 张畏民：《爱情定则的讨论》（十七），《晨报副镌》1923年6月3日。
④ 彭拔勋：《爱情定则的讨论》（十一），《晨报副镌》1922年5月26日。
⑤ 谢少鸾：《爱情定则的讨论》（十五），《晨报副镌》1922年5月31日。

面的“竭力向上”具有空想性。[①] 以恋爱自由为核心的婚姻自由观，其根本指向是构建幸福的小家庭，其间虽不乏有离婚的可能，但离婚的目的是为了实现高质量的结婚。[②] 因此，婚姻自由观所构建的婚姻是相对稳定的，这既符合知识界对婚姻变革的心理预期，也利于个人人生幸福的实现。相比较而言，“爱情定则”的变迁理论，使时人感到“‘自由’成为空无所依的符号意指，‘恋爱’往往最终将他们逼入身心交困的道德泥潭”。[③] 这不可避免地引起了青年们的恐慌与焦虑。由此出发，他们对于张竞生“爱情定则”的态度就不难理解了。因此，在笔者看来，无论是时人“代表旧礼教说话”的评判，还是今人“南郭先生”的论断，既缺乏对参与论战学生的理解与同情，又缺少对婚姻自由观构建的深度理解。

## 二、道德扩容：“新性道德”论战及内在冲突

五四时期，知识界为推动婚姻变革，精心构建了新性道德，确立了恋爱在其中的核心地位。知识界推动婚姻变革，目的在于塑造“人”的个性主义精神风貌，以徐图实现社会的改造。然而，在风云激荡的五四时期，新旧冲突激烈，新观念与旧礼俗不可避免地发生碰撞、交织，从而产生了新的社会问题，滋生了新的社会焦虑。那么，新性道德的内涵应该做怎样的调整，才能适应多变的社会呢？变动不居的社会生活为知识界又提出了一个新命题。

中国素有早婚的习俗，“现在才得着恋爱的青年男子之中，又多半是已由父母包办结过婚的”。[④] 这种状况使一夫二妻的现象，在新文化群体中具有一定的普遍性，而这与新知识界宣扬的以一夫一妻为宗旨的恋爱贞操观相抵牾。以鲁迅为例，他于1927年10月与许广平在上海正式同居，而实际上鲁迅早在1906年就和朱安女士在绍兴老家结婚了。鲁迅与许广平因恋爱而同居，并生育了儿子周海婴，二人保持着事实婚姻关系。朱安则与婆婆长期生

---

① 丁勒生：《爱情定则的讨论》（六），《晨报副镌》1923年5月22日。

② 八二：《从哲理上论我国离婚律的改良》，《妇女杂志》1928年第14卷第7号。

③ 曹一帆：《五四时期“恋爱自由”讨论的伦理困境——以“第一次爱情大讨论”为中心》，北京师范大学硕士学位论文，2013年。

④ 卓吾：《我对于婚制下弃妻者的意见和救助被弃妻的方法》，中共天津市委党史资料征集委员会、天津市妇女联合会编：《天津女星社》，中共党史资料出版社，1985年，第242页。

活在北京，她与鲁迅只有夫妻之名。这种性别关系是当时人们津津乐道的“三角恋爱”之一种，《妇女杂志》在第 11 卷第 2 号上特别组稿讨论“三角恋爱解决法”，《妇女周报》也刊发了不少文章讨论这个问题。

许广平等女性的婚姻选择，虽以新性道德为依据，但仍有不少人将其斥之为“新式的妾”。[①] 有人对此类现象批评说：“憎恶旧制度的女子，不免于放纵情欲以做妾，旧制度还能因此而消灭吗？解放女子的，重在教育的解放，以初级高级女师的程度，结果不过是自由做妾，这就是解放吗？解放女子的，重在订婚权。因为憎恶父母主持的一夫一妻，临嫁逃跑，结果不过是自由重婚，这就是解放吗？”[②] 1924 年，天津某女士因反对包办婚姻而与所爱的有妇之夫结合，天津的《妇女周报》对此大加非难，还一度引发了恋爱自由还是甘心做妾的争论。[③] 当然，也有人对鲁迅等男性重婚的做法表示愤慨，“有些已婚的男子，另外已有了恋人，却不设法与前妻离婚，实行兼收并蓄的做法，真是滑稽，不道德到已极！然而一班新人物却径行不讳，毫无内疚，真可痛心！”[④] 因此，在恋爱贞操论者看来，上述做法无论理由多么充分都有违新性道德，其性质与传统性道德并无二致。

正如时人所评论的那样，作为近代中国第一所国立女子高等学府培养的且具有女性解放意识的许广平，为什么甘愿忍受讥讽而选择与鲁迅共同生活呢？其中最主要的因素在于她是恋爱至上论者，她在散文诗中表达了自己的心志：“渺小的我既然蒙它殷殷握手，不自量也罢！不相当也罢！同类也罢！异类也罢！合法也罢！不合法也罢！这都于我们不相干，于你们无关系，总之，风子是我的爱。”[⑤] 这番表述，意味着恋爱作为婚姻的本质要高于婚姻的形式。正如《妇女杂志》主编章锡琛在回应读者的疑问时所指出的那样，“所谓‘妻’与‘妾’，无非是‘结婚形式’的问题，如果两人恋爱的程度到

---

① 采真：《废妾号发刊宣言》，朱采真编：《废妾号》，北京进步研究社，1935 年，第 3 页。

② 周毅：《女子觉悟的要件》，中共天津市委党史资料征集委员会、天津市妇女联合会编：《天津女星社》，中共党史资料出版社，1985 年，第 151 页。

③ 长青：《恋爱自由还是“甘心做妾”》，《妇女周报》1924 年第 37 期。

④ 音奇：《我所希望于男子者》，《妇女杂志》1924 年第 10 卷第 10 号。

⑤ 《风子是我的爱》，海婴编：《许广平文集》第 1 卷，江苏文艺出版社，1998 年，第 105 页。

了觉得非破坏形式不可的时候，我以为是不妨破坏的”。[①] 在恋爱至上论者看来，恋爱才是婚姻的真谛，这是许广平行为选择的道德依据。

鲁迅作为新文化阵营中的先锋人物，为什么会成为时人口中“不道德”的重婚者呢？其实，鲁迅也想与朱安离婚，但在“当时女性离婚是不光彩的”。[②] 舆论普遍认为，“凡是离婚的女子，总被认为有过失的人。女子被当作货物看待，以为没有瑕疵的货物，决不会被遗弃的”。[③] 因此，朱安为自己名誉考虑，并不同意鲁迅的离婚请求，而后者出于人道主义也并未强迫她。朱安固然是不幸的，但作为男性的鲁迅在这桩婚姻中也承受着巨大痛苦。时人在讨论东南大学教授郑振壎的包办婚姻时指出，男性“身受的痛苦，只有自己才能明白，只有加到自己身上，才肯谅解他人”。[④] 论者之意或许是呼吁世人以理解之同情，来看待郑振壎、鲁迅等人的包办婚姻，对其逃婚或重婚的选择不要有过多苛责。然而，舆论汹汹，他们依然饱受诟病。

鲁迅、许广平的尴尬处境是新观念与旧婚姻的冲突带来的。这表明，在新旧交替的过渡时期，恋爱新理念在改造旧婚姻时，依旧面临着伦理的困境。周建人注意到，在《妇女杂志》策划的各种议题的讨论中，如对于不满意的旧妻能否离婚、婚姻仪式可否废除、已婚男子恋爱其他女性如何解决等等，其意见莫衷一是，并没有形成相对集中的意见，这说明青年人在新旧交替的时代中对婚姻诸多问题的认识和选择无所适从。[⑤] 如何调适新性道德，使当事者恋爱或婚姻的个性化选择脱离这种道德困境，进而消弭由此产生的社会焦虑，需要启蒙知识界做出一定的回应。

商务印书馆的资深编辑章锡琛自接手《妇女杂志》以来，一改其“家政中之手工烹饪卫生”[⑥] 的贤妻良母主义风格，顺应罗家伦、王会吾等青年知

---

① 陈星桥—章锡琛：《通讯》，《妇女杂志》1924年第10卷第5号。
② 陈西滢：《西滢闲话》，江苏文艺出版社，2010年，第344页。
③ 克士：《爱情的表现与结婚生活》，《妇女杂志》1923年第9卷第4号。
④ Y. D.：《我的离婚的前后——兼质郑振壎先生》，《妇女杂志》1923年第9卷第4号。
⑤ 建人：《性道德之科学的标准》，《妇女杂志》1925年第11卷第1号。
⑥ 《编辑余录》，《妇女杂志》1915年第1卷第1号。

识分子的吁求,[①] 调整了宣传方向，以“谋妇女地位的向上，和家庭的革新”。[②] 他坚持“以恋爱来解决妇女问题”,[③] 着力宣扬恋爱与贞操同质的新性道德，及其对个人乃至社会发展的重要性。章锡琛以职业的敏感，触摸到了新性道德践行中滋生的社会焦虑情绪，故而他尝试着调整新性道德的内涵，拓宽人们行为选择的道德支撑点，减缓社会焦虑感，以进一步增强新性道德的意识沉淀。[④]

1924 年 11 月,《妇女杂志》以《妇女解放时代的到来》为标题，刊出杂志的“新年特号”预告，作者用极富感染力的文字介绍道：“在欢迎这黄金时代的第一年的新春时，我们将用什么与读者诸君共同庆祝呢？这便是‘新性道德’了。旧来奴隶的、束缚的性道德，已经锢蔽了无量数可贵的心灵，吞噬了无量数有为的男女，我们应该在今日给这位大魔王举行悲哀的葬礼，祝他的魂魄永永安闷灵宫，冢中枯骨，不再起为祟于人间。……觉悟的青年读者，快请惠然降临，在熠耀灿烂的黄金时代的辉光中，听这有望的宁馨儿惊人的雄壮的啼声!”[⑤] 从这生动活泼的文字表述可以看到,《妇女杂志》的同仁对其寄予了厚望，希望以此开启新性道德宣传的新时代。

新年伊始,《新性道德号》如期刊出。该号首先刊发了主编章锡琛的《新性道德是什么》，他从道德的概念界定入手，着重阐释了什么是新性道德。那么，什么是道德呢？文中指出：“所谓道德，完全在乎增进个人及社会最大多数的幸福，而使之进化和向上。”从上述表达可见，作者并没有从逻辑学角度去界定道德是什么，而是表达了其所应具有的社会功能，他用迂回的方式阐明了道德的本质特征。不过，这个表述须有一个假想的前提，即“各人的善意及爱他的感情的教育”，以此实现利己与爱他的统一。阐明了道德的概念之后，章锡琛开始去描述性道德所应有的社会功能。他认为，性欲是人类天赋的功能，性欲的满足从道德上来看是中性的。因为性的关系涉及

---

① 罗家伦:《今日中国之杂志界》,《新潮》1919 年第 1 卷第 4 号；王会吾:《中国妇女问题——圈套——解放》,《少年中国》1919 年第 4 期。

② 《编辑余录》,《妇女杂志》1921 年第 7 卷第 2 号。

③ 《恋爱问题的讨论》,《妇女杂志》1922 年第 8 卷第 9 号。

④ 章锡琛编:《新性道德讨论集》，开明书店，1926 年，第 9 页。

⑤ 《妇女杂志新年号〈新性道德号〉预告》,《妇女杂志》1924 年第 10 卷第 11 号。

的是人与人的关系，性道德的意义在于裁决第三者的关系。在五四话语中，传统性道德被认为是伪善的，有害于种族的绵延和文化的传承，故新性道德则应“为人类全体的利益计，为未来世代的幸福计”。

为了实现这个目的，章锡琛借用瑞士神经解剖学家、神经病学家奥古斯特·福莱尔的观点来阐发新性道德。福氏认为，个体不能因为性冲动和性行为而故意伤害自己及任何人，为了达到这个目的应该进行适度的禁欲练习，以使个人品性达到高尚，体现的是爱他主义和爱己主义的结合。章锡琛据此认为，“在性的生活上，能够涵养爱他主义的，方可说是性道德的极则”。在分析了损人不利己、利己而害人，以及传统婚姻等所代表的三类有害道德后，他指出：“勤恳，聪明而且身体健康的男子，由高尚的，真正的恋爱，求得同样的配偶者而与之结合，他们互相敬爱，各能把自己的才能用于社会有益的方面，相度自己教养的能力和妻的健康，生养子女，而加以周到的爱抚和教育，这才是积极的利己主义与积极的爱他主义的结合，而为我们所认为最道德的。”最后，他总结说，性道德“完全该以有益于社会及个人为绝对标准”。①

前已述及，恋爱是启蒙知识界构建的新性道德的核心，以及判断两性关系是否道德的根本依据，其要旨秉承了爱伦凯等恋爱论者的一夫一妻宗旨。综合比较章、爱两人的观点不难发现，章氏在学习、继承后者观念的同时，又拓宽了性道德的内涵。在其内涵拓宽的同时，也意味着性道德的要求降低了。知识界起先构建恋爱贞操论，目的在于塑造性别平等的一夫一妻制，贞操与道德具有内在统一性。在章锡琛重构的新性道德中，因判断标准的转移，贞操与道德有了一定程度的脱节。他指出：“已婚的夫妇，一方有不贞操时，只须承认他方有离婚的权利便好……甚至如果经过两配偶者的许可，有了一种带着一夫二妻或二夫一妻性质的不贞操形式，只要不损害社会及其他个人，也不能认为不道德的。”这里提及了知识界曾经热议的“三角恋爱”，并给予了其存在的道德空间。不过，章锡琛特别强调，“三角恋爱”的非不道德定性是以当事者选择的自由为前提的。如果这一

---

① 章锡琛：《新性道德是什么》，《妇女杂志》1925年第11卷第1号。

理念能被知识界所认可，像鲁迅、许广平、朱安此类的三角婚姻现象，就有了立锥的道德空间而不致被人非议。知识青年关于可否与旧式妻子离婚、结婚仪式的有无等问题，也都有了可参照、判断的标准，不致莫衷一是。应当说，章锡琛对于新性道德的重构过程，以学理探究为主要特征，其中又有强烈的现实关怀。

作为章锡琛的得力助手，周建人的性道德理念与其有共通性。不同的则是，章锡琛对于性道德的关注和研究是在主编《妇女杂志》之后，[①] 而周建人则长期关注性教育，翻译、写作并出版了系列著作，在学术界颇有影响。[②]周氏深受自然科学熏陶，具有科学精神和视野，故而将其性道德理念冠之以科学之名，称之为《性道德之科学的标准》，以利用五四时期科学的权威性增强其影响力。文中开篇指出，道德观念如同人们对饮食、服装的嗜好一样会有不同，并随时代的发展而变迁；即使在同一社会里，各人的观念也参差不一。作者还以世界各民族性道德的差异和西方社会性道德变迁为其观点佐证，并指出了当下青年们在与旧妻离婚、废除婚仪和三角恋爱等婚姻问题的观念差异。这些差异的存在，表明在新观念与旧礼俗的冲突中青年们思想上的无所适从。

要解决青年们思想上的困惑，必须确立客观的道德判断标准，“我们所需要的新道德无他，第一，认人的自然的欲望本是正当，但这要求的结果，须不损害自己和他人。第二，性的行为的结果，是关系于未来民族的，故一方面更须顾到民族的利益。这是今日科学的性道德基础”。如果把上述观点进一步凝练，那么新道德的核心就是“把两性关系看作极私的事，和生育女子作为极公的事”。[③] 既然两性关系纯系个人私事，那么只要不损害他人就不是不道德的，如此一来青年们思想上的种种困惑也就迎刃而解。如离婚问题，当事者确与妻子不和，不妨与她离婚另行恋爱结婚。当前多数妇女经济尚不能独立，她们往往不肯离婚，此时必须要兼顾到她的利益，不能与之强行离婚。因为抚养妻子是男子的义务，而是否与别人恋爱却是男子的自由。

---

① 《章锡琛自传》，浙江绍兴文史资料工作委员会编印：《绍兴文史资料选辑》第 10 辑，1991 年，第 37 页。

② 谢德铣：《周建人评传》，重庆出版社，1991 年，第 97—98 页。

③ 建人：《性道德之科学的标准》，《妇女杂志》1925 年第 11 卷第 1 号。

至于三角恋爱问题，只要出乎当事者的自由意愿而不损害他人时，并不发生道德问题。当然，这个认知须以章锡琛所说的“各人的善意及爱他的感情的教育”为前提，即以理想的君子人格或纯粹的个人主义为伦理基础。

综合章、周二人的观点，他们宣扬的新性道德在很大程度上继承了爱伦凯女士的思想衣钵，仍以恋爱作为判断两性关系道德与否的根本依据，以“图谋未来世代的进化及向上”的优生观念为依归，以达到男女幸福、后代健全之目的，最终实现“满足社会个人自由平等的要求”。应当说，上述两人的观点集中阐释了启蒙知识界提倡恋爱婚姻观，以推动婚姻变革的动机与目的，并非离经叛道之言。但是，思想的跨文化传播不仅会发生变化，而且还会产生创造性的解释。[①] 真正引起争议的，是章、周二人以“利己”和“爱他”作为新性道德原则的延伸之义，“至于说同时不妨恋爱二人以上的见解，以为只要是本人自己的意志如此而不损害他人时，决不发生道德问题的（女子恋爱多人也是如此）”。[②] 这番见解与爱伦凯所提倡的恋爱的一夫一妻制有所不同，它扩大了两性关系的道德基础。综合全文来看，两人实际上是从恋爱自由的原则出发，以特殊事例来阐释“利己”和“爱他”的新性道德主旨，并非倡导多夫、多妻制。

那么，章、周二人创造性解释的理论来源有哪些呢？目前比较清晰的是他们吸收了福莱尔、罗素的观点。[③] 同时，二人的阐释与倍倍尔《妇女与社会主义》中的表述也非常接近。后者在畅想未来社会妇女的独立主体性时曾指出，人只要在不损害他人或者给他人造成不利的前提下，可以尽情地满足自己的情感和性欲。[④]《妇女与社会主义》的完整中译本虽出版于1927年，但据刘宁元的研究，1920—1922年间其中的若干章节已在《新青年》《妇女杂志》《民铎》等刊物中翻译、刊登过多次。[⑤] 在论战中，他们的辩论对手陈

---

① 王中江：《进化主义在中国的兴起：一个新的全能式的世界观》，人民大学出版社，2010年，《前言》第1页。

② 建人：《性道德之科学的标准》，《妇女杂志》1925年第11卷第1号。

③ 章锡琛编：《新性道德讨论集》，开明书店，1926年，第9页。

④ ［德］倍倍儿著，葛斯、朱霞译：《妇女与社会主义》，中央编译出版社，1995年，第466页。

⑤ 刘宁元：《马克思主义妇女观中国化研究》，首都经济贸易大学出版社，2016年，第64—65页。

百年就引证过倍倍儿的观点，[①] 作为编辑他俩完全有条件借鉴、吸收、转化倍倍儿的观点。因此，扩容的新性道德的理论来源应该是多样化的。

知识界对上述解释保持了足够的警惕，面对它可能引发的消极后果，表示了强烈担忧和不满。1925 年 3 月 14 日，北大哲学系教授陈百年在《现代评论》刊发《一夫多妻的新护符》，质疑章、周二人提倡的新性道德。文中指出，一夫多妻是中国的旧礼俗，虽然自清末以来屡遭维新志士和留学生的抨击，但在当下依然有浓厚的文化氛围。尤其让人痛惜的是，曾经多妻的抨击者，不少人居然借着旧礼教的护符，安然过上了多妻的生活。就在人们怀着奢望，期待多妻的风俗在中国绝迹之时，以塑造新妇女为已任的《妇女杂志》，居然在《新性道德号》中发出此种议论，这必然深受礼教维护者和过多妻生活的志士、留学生们所欢迎，成为他们过一夫多妻生活的新借口。章、周二人的见解虽然以男女平等为理论基础，但问题在于中国当下的男女并不平等，理论与实际的脱节必然使之成为“一夫多妻”的新护符，而不能成为“一妻多夫”的护符，已然失去了平等之本意。

在指出新性道德的内在不足后，陈百年又从一夫多妻的罪恶来批评多偶的生活，提倡一夫一妻制。他认为，性欲的满足本身并非不道德，但必须要有节制，不能因为其天然性而放纵以贻害社会。在他看来，一夫多妻就是纵欲的结果，即使不是这样，那它也为人们纵欲提供了机会。男子如果性欲适度，那么就意味着妻子们的节欲，有违男女平等。而且，爱情带有专有特性，多偶容易产生嫉妒而发生争斗，不利于家庭稳定。因此，严格的一夫一妻制是最理想的婚姻制度。[②] 总之，全文的主旨强调，新性道德有提倡纵欲之嫌，它破坏了恋爱的专一性，足以成为一夫多妻者的新护符。

一石激起千层浪。陈文刊出之后，上海《晶报》以及《时事新报》副刊《青光》等报刊也有人撰文，指责章锡琛和周建人“教坏青年”，提倡女子多夫真是“此可忍，孰不可忍！”[③] 面对汹汹舆论的压力，商务印书馆要求审查

---

① 百年：《答章周二先生论一夫多妻》，《现代评论》1925 年第 1 卷第 22 期。

② 百年：《一夫多妻的新护符》，《现代评论》1925 年第 1 卷第 14 期。

③ 周建人：《答〈一夫多妻的新护符〉》，《莽原》1925 年第 4 期。

杂志的清样，章锡琛因无法接受而被调到了国文部，周建人则被安排主编《自然界》杂志去了。[①] 面对质疑与批评，章、周二人必然要进行辩解和澄清，正如前者所言，“我虽是极弱的弱者，但在这‘生死关头’的当儿，怎敢不作最后的挣扎，所以不得不再向陈教授诉说几句”。[②] 不过，不待二人回应，就已有人对陈百年的批评予以反驳、回应了。商务印书馆的年轻编辑顾均正撰文说，新性道德以恋爱为基础，蓄妾制在意义上与其有根本不同，如何拿它做护符呢？我们不能因有人拿恋爱自由做护符，就承认父母专婚是对的。最后作者重申，“凡是行为之不妨害群己者为道德”。[③] 许言午的文章重点分析的则是新性道德与纵欲、一夫多妻的不同，认为“陈先生的反抗一夫多妻的言论固很正常，但是周章二先生的那两篇文章实不在他应反抗之列”。[④]

章锡琛和周建人两人面对陈百年的质疑，为什么没有在第一时间做出回应呢？其实，他们看到陈文的第二天就各自做出了答复文章，寄到《现代评论》要求刊发。令人不解的是，《现代评论》却以陈百年远赴南方为由，未能及时刊发二人的文章，甚至也没有为此做出解释。直到 5 月 9 日，《现代评论》才刊发了两人 3 月份寄去的文章和陈百年的最新答复。文章不仅被刊登在最不显眼的位置，而且还做了不少删节。就在章、周二人有苦难言之际，鲁迅仗义出手，在其主编的期刊《莽原》上，全文刊登了他们的辩文，且在文后附以《编完写起》的短文，对文章刊发的来龙去脉做了扼要说明，在暗助章、周的同时也不忘讽刺挖苦陈百年，其中既涉及观念的分歧，甚至可能还有文化阵营的对峙。

章锡琛在《新性道德与多妻》一文中，从三个方面对陈百年的批评进行了辩护。[⑤] 首先，在关于新性道德是否是一夫多妻制的护符问题上，他认为，“无论什么主张，似乎只该考察他本身的是非，不能对于所有的流弊一一防

① 章锡琛：《漫谈商务印书馆》，《1897—1987：商务印书馆九十年——我和商务印书馆》，商务印书馆，1987 年，第 117 页。

② 章锡琛：《驳陈百年教授〈一夫多妻的新护符〉》，《莽原》1925 年第 4 期。

③ 顾均正：《读〈一夫多妻的新护符〉》，《妇女周报》1925 年第 78 期。

④ 许言午：《新性道德的讨论：读陈百年先生的〈一夫多妻的新护符〉》，《京报副刊》1925 年 4 月 16 日。

⑤ 章锡琛：《新性道德与多妻》，《现代评论》1925 年第 1 卷第 22 期。

到”。为此，他以罗兰夫人对自由的诅咒为例，说明自由虽会产生一定弊病，其实世人并未将世间的罪恶归咎于自由。按照这个逻辑，他主张的新性道德即使产生了某种流弊，也不应当承担责任。接着，章锡琛又以罗素在《社会改造原理》中对英国婚姻伪善的批评为依据，说明严格的一夫一妻制不一定产生积极的社会影响。

其次，在新性道德是否是提倡纵欲的问题上，章锡琛指出，两性间的关系绝不仅仅是单纯的低级的纵欲的关系，性解放与纵欲是有界限的，不应当混淆。流行的观点认为，多妻与纵欲有连带关系，而据英国人格里康在《多妻制下的女子》中的考察，多妻与其说是淫欲的结果，不如说是男子要获得威严、权力、财富的欲望。多妻的人固然容易纵欲，但要纵欲即使一夫一妻也未始不可，因此所谓严格的一夫一妻也只是形式上的严格。这样，他认为多妻与纵欲并没有必然联系。

再次，在恋爱与专有欲及嫉妒之间的关系上，章锡琛认为这只是普通人的偏见，而学者的研究表明，带有专有欲的决不是爱情，嫉妒只是动物的本能。爱情起于对人格的尊重，把对方视为专有则是蔑视其人格，这并不是爱情。他又援引两位学者的观点加强自己的论证：爱伦凯认为，爱情是给予的，不是占有的；霭理士的《嫉妒论》则认为嫉妒起源于财产观念，与爱情并无关联。这样，他把恋爱与专有欲以及嫉妒的关系撇清了。

周建人在上海和章锡琛住在一起，在妇女解放问题上又与其志同道合，[①]他对章氏的上述辩护主张是了解、赞同的。因此，他的文章《恋爱自由与一夫多妻》重在观点补充，主要解释了两点，即恋爱与多妻的关系、恋爱和嫉妒的关系。[②]

第一，在多妻的问题上，周建人辩解说，自己并不主张多妻或多夫，只是强调一夫一妻不必进行严格限制，只要当事者自身不发生问题，他人用不着干涉，因为三者的恋爱体现着平等原则。他进而指出，性道德的见解不在提倡某种制度，而在于扩大道德容量，因此应对一夫一妻之外的恋爱关系保

---

① 章锡琛：《漫谈商务印书馆》，《1897—1987：商务印书馆九十年——我和商务印书馆》，商务印书馆，1987年，第116页。

② 周建人：《恋爱自由与一夫多妻》，《现代评论》1925年第1卷第22期。

持宽容态度。他又从罗素所阐述的英国婚姻制度的不足，来说明其主张的必要性，进而提出“道德律要宽，但个人要有训练”，青年人只要懂得恋爱和尊重人格就不愿去纳妾或宿娼。从读者角度看，这样的见解确有纵容多角关系的嫌疑，不过实际上是作者对一夫一妻主义道德不足的思考和补充。

第二，对恋爱必然产生嫉妒，周建人表示怀疑。他指出，虽然英国学者亚理奥脱在《人类性质》中有过相关的表达，但爱伦凯认为爱情是给予的，而非占有；芬兰人类学家韦斯特马克则认为嫉妒和所有权观念的发达有关系。总之，生活中的不少实例说明，嫉妒与恋爱并无本质的关联。

对于章、周两人的辩护，陈百年依然不认同。他在《答章周二先生论一夫多妻》中，解释了为什么《现代评论》未能及时刊发两人的文章，同时对上述辩护又进行了批驳。[①] 对于章锡琛抱怨的流弊层面的攻击，他进一步解释说，如果主张本身含有某种流弊、许可某种流弊，即流弊出自主张本身，不待被人假借才有，则主张本身不能不为此负责任。因此，从流弊本身批评其主张，不能说不公平。至于他主张的严格的一夫一妻制，是表里如一的一夫一妻制，之所以加上“严格”二字，就是为了与倍倍儿所说的乱交以及罗素所说的虚伪的道德进行区分。

在性自由与纵欲的关系上，陈百年认为西方的恋爱用得太滥，使肉欲的意义占据了中心。恋爱和肉欲虽可分别，但关系密切。恋爱的男女总难免发生肉体关系，二者有时难以区分清楚。因此两性关系虽不只是肉欲的关系，也兼含肉欲关系。因为性自由的理解是多样化的，难免在理解上有偏差。其言外之意，该主张依旧有产生流弊的可能性。在多妻问题上，陈百年始终认为纵欲是此现象产生的主要动机，间接满足了权力的欲望。

在恋爱和嫉妒的关系上，他认为，除非有重大的外在力量的干预，否则恋爱必然有嫉妒，但嫉妒并不产生恋爱。因为恋爱固然是给予的，但同时也是占有的：一方面，恋爱者把自己的灵肉全部奉献于自己的恋人，为了恋人能忘却自己、牺牲一切；另一方面，恋爱者也希望对方以同样的态度对待自己，以实现两人的完全结合。如此一来，必然会产生恋人的灵肉是我的禁

---

① 百年：《答章周二先生论一夫多妻》，《现代评论》1925年第1卷第22期。

脔，他人不得染指的专有欲。

从旁观者的角度看，经过两个回合的辩论，读者已经大致明了双方辩论的焦点所在，即新性道德是否是一夫多妻制的护符，它是否提倡纵欲，恋爱与专有欲及嫉妒之间是何关系等三个方面，对各自持有的观点也能基本明晰。除却双方有恋爱观念的基本共识外，在上述三个问题上观点尖锐对立，双方各执一词都难以说服对方。正如鲁迅所言，一方在讲是非而另一方在说利害，[①] 很难找到真正的契合点。在此情境下，双方实际上已无继续辩论的必要，而问题在于陈百年的指控引起了舆论的轩然大波，给章、周二人带来巨大压力，二人已无退路。章锡琛不无委屈又略有讽刺地说："中国人往往有一种牢不可破的最坏的下流脾气，就是喜欢崇拜博士，教授，以及所谓名流，因为陈先生是一位教授，特别是所谓'全国最高学府'北京大学的有名的教授，所以他对于我们'一'下了批评，就好像立刻宣告了我们的死罪一般。"[②] 他的控诉并非没有道理，伴随着近代大学制度的确立，大学教师逐渐成为思想界的主体。近代北大学人习惯以北大为阵地来教化天下，其文化地位往往演化为无声的权势，成为裁决社会现象或文化的重要引导力量。[③] 因此，二人的辩解以及顾、许二人的声援，并没有改变舆论围剿的态势，但他俩并不打算坐以待毙，于是继续撰文为自己进行澄清。在《莽原》第 4 期，鲁迅又再次刊发了章、周的文章《驳陈百年教授〈一夫多妻的新护符〉》和《答〈一夫多妻的新护符〉》，二人围绕上述焦点问题，再次强化自己的观点。

章、周二人面对的舆论困境，实在出乎陈百年的意料之外。陈氏关注的焦点虽在利害上，但辩论也停留在学理层面，并非故意打压章、周二人。当鲁迅说："《妇女杂志》上再不见这一类文章了，想起来毛骨悚然，悚然于阶级不同的两类人，在中国竟会联成一气。"[④] 对此，陈百年也表示"不免要毛

---

① 鲁迅：《编完写起》，《鲁迅全集》第 7 卷，人民文学出版社，2005 年，第 79—80 页。

② 章锡琛：《驳陈百年教授〈一夫多妻的新护符〉》，《莽原》1925 年第 4 期。

③ ［美］魏定熙著，张蒙译：《权力源自地位：北京大学、知识分子与中国政治文化（1899—1929）》，江苏人民出版社，2015 年，第 7 页。

④ 鲁迅：《编完写起》，《鲁迅全集》第 7 卷，人民文学出版社，2005 年，第 79 页。

骨悚然。我早知道这样，我当时决不多嘴”。[①] 他为此深表歉意，表示不会为此再做回应，主动中止了这场辩论。

通过对辩论内容的细致梳理，笔者认为，章锡琛、周建人等人策划《新性道德号》的目的有两个：

其一是强化知识界已基本构建成型的新性道德。以爱伦凯、霭理士、加本特等人的女性解放学说为理论源头，知识界构建了以两性平等为基础、以恋爱为核心的新性道德话语，塑造了奠基于恋爱贞操论的一夫一妻制，章锡琛认为这是现行婚制中最进步的。[②] 然而，围绕恋爱产生的相关概念，相对于中国本土文化而言具有明显的异质性，要获得广泛的理解和认同并非易事，就有必要持续营造新性道德的宣传声势，章、周二人遭到舆论围剿的事实亦从反面证明了这种必要性。在1926年《新性道德讨论集》出版时，章锡琛就声明其目的之一就是“想使他流布得广远一点”。[③]

其二是拓展性道德的容量，调适其带来的新旧冲突。章、周所倡导的新性道德并非心血来潮的产物，他们两人的考量也有其现实性，那就是破解恋爱新观念在改造旧婚姻过程中所面临的道德困境，将当事者的婚姻选择最大限度地置于性道德框架内，缓解过渡时代行为与价值观念的冲突，从而消弭社会焦虑情绪。这一目的其实并未大张旗鼓地宣传，只是在文中含蓄地提及，即使如此已引起了众怒。

在这场辩论中，陈百年反对性道德扩容的重要的前提是当下的男女不平等，对于这个问题章、周二人并未予以正面回应。显然，他们并非觉察不到这个问题，而是另有考虑。在两人看来，男女不平等固然是事实，但章锡琛明确地把恋爱自由作为解决妇女问题的根本手段。[④] 他在辩论中指出，性道德的最高目标在于满足人的自由平等的要求，“性的道德的重要，在一切社会的道德中，实占第一位”。[⑤] 周建人同样认为：“两性的关系，是人间社会

---

① 陈百年：《给周章二先生的一封短信》，《莽原》1925年第6期。
② 章锡琛：《驳陈百年教授〈一夫多妻的新护符〉》，《莽原》1925年第4期。
③ 章锡琛编：《新性道德讨论集》，开明书店，1926年，第9页。
④ 章锡琛：《恋爱问题的讨论》，《妇女杂志》1922年第8卷第9号。
⑤ 章锡琛：《新性道德是什么》，《妇女杂志》1925年第11卷第1号。

的根本，若是这根本的结合上的态度没有改良，虽然争到了别的权利，妇女主义的要求，还是留着极大缺憾。”[①] 总而言之，他俩把性道德看作社会道德之首，认为它是解决社会问题尤其是妇女问题的根本手段。美国女性主义者凯特·米利特指出，“人们必须明白，性革命的领域更新主要的是人类的思想意识，而不是人类的制度”。[②] 由此可以判断，超越于法律、舆论、制度的恋爱自由和男女平等是新性道德的核心概念，这些概念的实践既是现实的，又指向着未来。

作者君萍在声援章、周二人时指出，“陈先生似乎是立于现在的婚姻制度下去观察”，[③] 事实确实如此。陈百年之所以反复强调制度建设的规范和引导，就是担心新性道德可能产生的流弊。当时他虽是北大哲学系主任，但其教育、学术背景却是心理学，并颇有造诣。陈氏作为时代的亲历者，对当时的社会心态应当有更敏锐、深切的感触。社会心理学表明，个人在发展过程中会将自己的生理特性、社会特性和心理特性与本身建立同一关系，并实现自我与环境的互动、互构。[④] 当环境变化时，个人的社会信仰体系会发生流动，这也能够解释曾经批判纳妾习俗的志士和留学生，为何也会加入纳妾者这一群体。事实也确实如此，纳妾习俗虽屡遭启蒙知识界的批判，但并未有多少缓解的迹象，而且在新旧交替的过渡时代花样又翻新了。[⑤] 陈独秀在批评中国青年的心态时曾指出，现代青年对新理念的理解如同醉人一般，“你说要婚姻自由，他就专门把写情书、寻异性朋友做日常重要功课”；“你说要脱离家庭压制，他就抛弃年老无依的母亲”；“你说要尊重女子底人格，他就将女子当做神圣来崇拜”。[⑥] 在社会生活中，无论是自由恋爱还是自由离婚等观念的践行，都存在诸如此类的问题。因此，从这个角度看，陈百年的担忧既有现实依据，又有学理基础，并非杞人忧天。

婚姻作为五四知识界改造社会的切入点，制度建设应更具有规范和引

---

① 高山：《新人的产生》，《妇女杂志》1923 年第 9 卷第 10 号。

② ［美］凯特·米莉特著，钟良明译：《性的政治》，社会科学文献出版社，1999 年，第 94 页。

③ 君萍：《新性道德与一夫多妻》，《妇女周报》1925 年第 26 期。

④ 吴莹等编：《文化与社会心理学》，知识产权出版社，2017 年，第 160 页。

⑤ 余华林：《女性的重塑：民国城市妇女婚姻问题研究》，商务印书馆，2009 年，第 334—354 页。

⑥ 独秀：《随感录·青年底误会》，《新青年》1921 年第 9 卷第 2 号。

导作用。

社会改造固然要着眼于未来，但当下现实问题的解决更是首要考虑的，故作为新文化运动参与者的陈百年认为，新性道德的社会功能不仅能“扬善”，还能“止恶”。从纷乱的婚姻现实出发，他坚持社会本位，主张用恋爱贞操观的一夫一妻制根治现有婚姻的乱象。章、周二人则认为，道德的扩容不仅有利于消除虚伪道德，而且能使当事者进行相应的恋爱训练，结果反而有利于巩固一夫一妻制，[①] 这既是倡导新性道德的目的，也是否认其纵欲的根本立足点。胡适在为自己的“全盘西化”主张辩护时曾指出，之所以如此就是要利用文化的惰性最终达到中西文化调和的结果。[②] 章、周二人的动机与胡适如出一辙，他俩不惜冒着被指责为“多妻”护符的风险，试图用矫枉过正、“取法乎上”的策略，最终达到巩固恋爱贞操的一夫一妻制的根本目的。

应当说，辩论双方的立论都有其现实基础，但解决问题的途径却大有不同。陈百年着眼于从制度、经济、教育等方面着手实现男女平等，章锡琛则着眼于从两性关系和男女思想入手实现两性的平等。陈百年的观点立基于社会本位，强调的是理性、法治和秩序，这与胡适处理恋爱与婚姻的态度有相似性。[③] 陈、胡二人的身份都是北大教授，占有文化和经济的双重资本，故而看重理性和秩序，这似乎可以看作学院派启蒙者的共同特征。章、周二人的观点则倾向于个人本位，其恋爱观念的个性主义表述，超越了爱伦凯的解释框架，更具有私事化特征。总而言之，这场辩论也表明，前文所表述的“个人”与“社会”之间既有内在的统一性，也有现实的张力，这是考量二者关系不能忽略的现象。

来自社会的批评以及引发的辩论，与章、周二人阐发观点的激进有很大关系。他俩的共同身份是商务印书馆旗下刊物的出版发行人，故而其知识的生产要兼具启蒙和市场的双重考量，其观点要迎合青年读者的心理诉求，故而显得激进一些。二人思想的来源也同样影响了其特性。由“利己”与“爱

---

① 君萍：《新性道德与一夫多妻》，《妇女周报》1925年第26期。

② 适之：《编辑后记》，《独立评论》1935年第142期。

③ 江勇振：《男性与自我的扮相：胡适的爱情、躯体与隐私观》，《现代中文学刊》2011年第6期。

他”主张延伸而来的性道德扩容，其思想来源于瑞士的福莱尔、英国的罗素等人。在18世纪中期前后，欧洲人逐渐“开始把婚姻视为一种‘心灵结合’”，[①] 这意味着1920年代的欧洲婚制已经有了深厚的恋爱文化根基，因此，福莱尔、罗素等人反思和批判的是恋爱贞操论的一夫一妻制。中国此时的状况大概相当于18世纪中期的欧洲，而由于传统婚姻的特殊性以及新旧冲突使其表现得更为复杂。在西方表现为“历时性”特征的女性主义思想，在中国呈现出“共时性”特征，从而不可避免地引发了思想冲突。从这个角度而言，章、周扩展道德容量的做法具有超前性，正如鲁迅所说，“这些议论发的太早”。[②]

观念的超前与现实的需求必然会引发内在的张力，造成顾此失彼，正如严复曾指出的那样，“害之除于甲者将见于乙，泯于丙者将发于丁”。[③] 新观念与旧礼俗所引发的道德困境，似乎是伦理现代转型过程中无法克服的顽症，这正是启蒙自身困境的反映。章、周二人的道德扩容，其中有传统儒家“仁”转化而来的人道主义的影响，[④] 但更多的是立基于个人主义伦理的自由观念的考量。中国没有健全的市民社会，缺乏与之相应的社会传统，作为五四启蒙思想之一的自由主义难以找到坚实的社会附着点，这决定了道德扩容的尝试难以取得广泛共识，而且在实践中确有引发伦理道德失序的风险。

新性道德的超前而带来的激进特性，被当代学人视为社会革命政治转向的一个思想动力。[⑤] 这个解释对于五四之后中国社会的革命转向具有一定的说服力，但就该事例而言并不适用。章锡琛在自办刊物《新女性》的《废刊词》中这样写道：“妇女问题的解决，不得不与社会问题的解决同时，这在今日已成为自明的真理。用了浮泛的空谈来讨论解决的方案，在阅读的人固然觉得味同嚼蜡，一毫不能感到兴味，在发论的人也自觉赧然不能下笔。”[⑥]

---

① ［奥］米特罗尔著，赵世玲等译：《欧洲家庭史：中世纪至今的父权制至伙伴关系》，华夏出版社，1987年，第116页。

② 鲁迅：《编完写起》，《鲁迅全集》第7卷，人民文学出版社，2005年，第80页。

③ 王栻主编：《严复集》第5册，中华书局，1986年，第1550页。

④ 宋惠昌：《人的解放与人的发现：近代中国价值观的多变》，四川人民出版社，2008年，第153—156页。

⑤ 邱雪松：《“新性道德论争”始末及影响》，《中国现代文学研究丛刊》2011年第5期。

⑥ 章锡琛：《废刊词》，《新女性》1929年第4卷第12号。

这说明，在南京国民政府实施训政，社会逐步趋向稳定的前提下，章锡琛已然放弃了把性道德作为解决社会问题根本手段的认识，而是把其与其他社会问题并列，共同作为解决女性问题的切入点。制度建设与秩序的维护是新政权所关注的，这在某种程度上推动了陈、章思想的合流，而非革命的转向。

## 三、“恋爱是私事”：革命背景下理和欲的博弈

章锡琛、周建人的新性道德虽以恋爱为中心，却与五四知识界社会本位的价值认知相抵牾，引发了部分人对社会伦理道德失序的深切担忧，致使二人遭到社会舆论的批评。迫于压力，章锡琛从商务印书馆离职，并在好友吴觉农、郑振铎、胡愈之等人的帮助下创办了《新女性》杂志，[①] 继续阐发他的新性道德。

由此我们不禁要问，刚刚遭受舆论抨击的章锡琛，为什么不能吸取前车之鉴的教训呢？又或者说，他是否是真诚的妇女主义者呢？有论者认为，章、周二人超前的女性解放论述是由杂志编辑的工作性质决定的，并不能简单判定他们是妇女解放运动的真诚参与者与支持者。[②] 从刊物的商业文化属性出发做出解释，有一定道理，但并不能完全让人信服。若果真如此，那么《新女性》的创办就不容易解释得通。

在新性道德论战过程中，作为章锡琛的老朋友，周作人在信中委婉地批评他不应该在营业性质的《妇女杂志》上刊登过激思想，要把“营业与真理，职务与主张”区分开，“你却是太老实地‘借别人的酒杯浇自己的块垒’，虽不愧为忠实的妇女问题研究者，却不能算是一个好编辑员了。所以我现在想忠告你一声，请你留下那些‘过激’的‘不道德’的两性伦理主张，预备登在自己的刊物上”。[③] 在信中，周作人是把章锡琛当作忠实的妇女主义者来看待的，并提醒他宣传自己的真实主张应当自办刊物。从常理推

① 章锡琛：《漫谈商务印书馆》，《1897—1987：商务印书馆九十年——我和商务印书馆》，商务印书馆，1987 年，第 117—118 页。

② 邱雪松：《“新性道德论争”始末及影响》，《中国现代文学研究丛刊》2011 年第 5 期。

③ 《与友人论性道德书》，1925 年 5 月 11 日，钟叔河编：《周作人散文全集》（4），广西师范大学出版社，2009 年，第 165 页。

测，双方作为熟识的老友，应当了解彼此的真实想法。而且后来章锡琛也回忆说，杂志中阐发的妇女问题“常常想夹七杂八的发表一点自己的意见”，[①]由此似乎可以佐证周氏的观点，即他应当是“忠实的妇女问题研究者”。

虽然章锡琛在回忆中也反思过自己在妇女问题上的过激主义，并一度表示自己是外行，为了冒充专家，议论和主张越来越激烈了。[②] 其实，过激主义是五四时代的思想特征，表达的是新旧截然对立的价值立场，章氏的风格显系当时时代特征使然。因此，笔者认为，这是作者带有自谦态度的事实描述，并不能否认他是真诚的妇女主义者。五四时期的妇女主义者，几乎都是半路出家，没有人受过女性主义的科班教育。出版固然基于职业和生活的需要，但章、周等人启蒙他者的过程，其实也是自我学习、自我启蒙的过程，完全可以成长为真诚的妇女主义者。如此也就能够解释，章、周二人为什么要接续《新性道德号》，创办《新女性》杂志了。

在恋爱问题讨论方兴未艾之际，以国共合作为基础的革命潮流席卷而来，中国社会蜕变出有别于五四新文化启蒙的新面貌。1926 年北伐战争开始后，“国民革命”成为流行词，在知识界增添了恋爱与革命的新议题。恋爱问题属于“社会革命”范畴，以个人主义为伦理基础；大革命是“政治革命”范畴，强调个人对于集体的服从，以集体主义为伦理基础。当恋爱与革命碰撞在一起，又该如何选择呢？在革命与恋爱的关系上，革命压倒恋爱成为大多数革命青年优先考虑的事情。国民党人认为，革命时代的恋爱要坚持理、欲平衡的原则；共产党人则认为，恋爱问题不应当影响到党的发展。[③] 由此可见，革命时代的到来，极大压缩了个人生活空间，恋爱必须让位于革命是革命青年的主流观点。[④] 这种境况影响了妇女刊物的发行，使其“几乎没有立足的余地。近几年来虽也看到几种，然大抵如昙花一现，

① 章锡琛：《从商人到商人》，《中学生》1931 年第 11 期。

② 锡琛：《一个最平凡的人》，宋原放主编：《中国出版史料·现代部分补卷》（上），山东教育出版社、湖北教育出版社，2006 年，第 53 页。

③ 吕芳上：《1920 年代中国知识分子有关情爱问题的抉择与讨论》，《无声之声（I）：近代中国的妇女与国家（1600—1950）》，台北“中研院”近代史研究所，2003 年，第 73—102 页。

④ 张从周：《革命与恋爱》，《觉悟》1926 年 1 月 15 日。

不久便归消灭”。[①]

然而，这并没有消弭章锡琛宣传妇女主义的斗志，他一如既往地利用各种时机宣传自己的新性道德主张。章锡琛认为，恋爱观念与其他观念一样，永远处在变动不居之中，时时都会有新进展。因此，他想借苏俄柯伦泰女士的小说《三代的恋爱》，让大家一睹近来恋爱思想的转变情形。[②] 在革命时代，章锡琛可能认为柯伦泰的小说应该具有时代指针的价值，以此做楔子可以进一步刺激人们对恋爱与新性道德的反思，以便使其成为吸引读者的新话题。

柯伦泰是列宁政府中唯一的女性政治家和社会活动家，同时又是作家、演说家，她提倡自由恋爱，主张简化结婚和离婚手续。在五四新文化运动和大革命的推动下，中国在政治、文学、性道德等诸多方面深受俄国影响。国共的分道扬镳与中苏关系的破裂，并没有立即消退这种影响。是故，《新女性》杂志适时将《三代的恋爱》引入了中国。

《三代的恋爱》讲述了祖母玛利亚、母亲奥尔伽、女儿盖尼亚三代人的三种恋爱观及其冲突，其中又以奥尔伽和盖尼亚的冲突为主线。母亲奥尔伽是在战争环境中成长起来的革命女性，强调女性人格与职业的独立，奉行恋爱贞操观，并与名叫廖勃科夫的青年男子恋爱同居。女儿盖尼亚是充满激情与活力的苏维埃新女性，对党的事业尽职尽责，全身心投入，但在两性关系上她与母亲有着截然不同的理解。通过女儿盖尼亚意外怀孕之事，母亲奥尔伽发现她不仅与自己的丈夫廖勃科夫有性关系，而且同时还与不少男子保持同样的关系。更让母亲震惊、愤怒和不解的是，即使性关系是如此混乱，盖尼亚却曾未与任何男子发生过恋爱。面对母亲的质问，盖尼亚并未感到羞愧，她反而质问母亲：如果自己是他的儿子，并且与自己中意的众多女子发生性关系是不是也会对他的“不检束”表示愤怒和绝望呢？盖尼亚还表示，自己履行党的义务和私生活并无关联。更有甚者，盖尼亚还对母亲和廖勃科夫所保持的两性关系进行了指责。她认为，母亲忙于工作没有时间和丈夫恩

① 《排完以后》，《新女性》1928年第3卷第3号。

② 编者：《新恋爱问题·征求解答》，《新女性》1928年第3卷第9期。

爱，却仍用恋爱的道德束缚他，使其不能享受性爱的乐趣，这本身就是龌龊的行为。自己同母亲一样忙于党的事务，无暇去谈长久的、缠绵的恋爱，只能去追求这暂时的、片刻的欢娱。面对女儿的指责，母亲奥尔伽思想发生了混乱：女儿是毫无感情、无热情的冷血动物还是蔑视道德的淫妇呢？又或是从新生活、新阶级中生出来的新见解、新道德呢？[①]

德国著名社会活动家奥古斯都·倍倍儿在畅想未来社会的妇女地位时曾指出："性冲动的满足同任何其他自然需要的满足一样都是个人的私事，不需要同任何人解释，更不允许无关者干涉。……未来社会的男人和女人在很大程度上将会比当今社会的男人和女人更能克制和认识自己的本性。"[②] 柯伦泰女士显然继承了他的观点，明确表达了追求平等性权力的观念，认为女性应该和男人一样从两性关系中获得精神和生理满足；女子和男子的关系只是她们日常生活的一部分。与此密切相关的就是，性道德应当脱离革命或职业生活而使恋爱成为个人纯粹的私事，这就是柯伦泰所倡导的女性本位的新恋爱观。

柯伦泰及其作品在日本同样有广泛的影响力，甚至其作品的流布比中国更早。为了增加讨论的热度，《新女性》杂志同时还刊登了林房雄和高群逸枝两位日本学者的评论文章。林房雄当时隶属于无产阶级文学阵营，也是柯伦泰小说的日本译者，其刊登在《新女性》的文章则由夏丏尊译介而来。[③]他基本赞同柯伦泰女士在小说中所渗透的观念。据他分析，柯伦泰所希望的实际上是后者，即"新生活，新感情，新概念的阶级中的新道德"，进而精炼地概括了柯伦泰的恋爱思想："恋爱是私事。"[④] 他认同柯伦泰的观念，认为性生活只是个人的私事，人类真正的价值不应当由其家庭道德行为做判别，而应视其事业、才能、意志及其对于国家社会的贡献而决定。

恋爱是一种高尚的复杂的心理活动，但在现实社会制度的束缚下恋爱很难实现，很多人享受不到恋爱的乐趣，这个问题应该如何解决呢？林氏结合

---

① ［俄］柯伦泰著，芝葳译：《三代的恋爱》，《新女性》1928 年第 3 卷第 9 期。
② ［德］倍倍儿著，葛斯、朱霞 译：《妇女与社会主义》，中央编译出版社，1995 年，第 466 页。
③ 葛晓燕、何家炜编：《夏丏尊年谱》，中国文史出版社，2012 年，第 82 页。
④ ［日］林房雄著，默之译：《新"恋爱道"——柯伦泰妇人的恋爱观》，《新女性》1928 年第 3 卷第 9 号。

玛赛尔·海斯的观点，概括提出了“恋爱游戏”这一原则为盖尼亚的行为辩护。他希望通过恋爱游戏——恋爱演习的过程，克服恋爱中无止境的利己主义、独占欲和强烈的嫉妒心。另外，通过这一过程还可以培育高洁的、以爱情为核心的贞操观，只有如此才能最大限度地培养个性化特征，避免在恋爱中迷失自我。他还认为，恋爱游戏既不是愚蠢的滑稽剧，也不是断肠的悲剧，而是无损于人格的恋爱艺术。它是培养恋爱能力的学校，只有不断积累经验，恋爱能力才会逐次提高。总之，无论是“私事论”还是“游戏论”，其践行的主体都必须是新妇女，因为“那是人格的女子。是有独自的内的世界，当作了自体的有价值的一个人。是主张自己的个性，是把发锈的性的锁链粉碎的女子，——是独立的女子，独身的女子，有着独自的职业的女子”。①

高群逸枝是日本第一位妇女史学家，她对上述论点持何种态度呢？她首先否认“恋爱是私事”的观点。在她看来，所谓私事、公事的提法本身就是一种官僚气质的反应。恋爱同食欲本能、母性爱一样，都是普通大众日常生活的重心，本无公、私之分。占人口少数的统治者为维护自己的支配性地位，“他们希望一般大众无自觉地机械地追随自己的要求，他们恐大众觉醒生活本位的思想，特斥为私事，使之轻视，而把奉承他们的欲望的事务，尊为公事以重视之。公事私事的观念，只是少数的支配者为想欺骗一般大众而发明的官僚的意见而已”。在高氏眼中，“恋爱私事论”是统治阶层愚民政策的一种反映。当然，她并不否认柯伦泰恋爱观所代表的自由特性，不过这种自由并不适合普通的妇女大众。根据高氏的了解和认识，在日本历史上，少数女性女权论者或女事业家因忙于事业而无暇谈恋爱，为满足自身性欲而与不少男子保持性关系，而这些被选择的男性几乎都是不值得尊重的被玩弄的对象。是故，高群逸枝认为，“恋爱私事论”不可避免地将恋爱置于被玩弄的境地。至于“恋爱游戏”则跟自由性交并无分别，“所谓性交者只是意识的人为的生殖器的玩弄而已”，② 其实就是人类兽欲的发泄，是对人格的贬

---

① ［日］林房雄著，默之译：《新“恋爱道”——柯伦泰妇人的恋爱观》，《新女性》1928年第3卷第9号。

② ［日］高群逸枝著，芳子译：《排官僚的恋爱论——关于柯伦泰夫人的恋爱观》，《新女性》1928年第3卷第9号。

损。总之，高氏几乎全盘否定了柯、林二人的观点。

评论观点如此截然对立，显系编辑部有意为之，他们希望以此引发知识界的关注，刺激他们发表意见的欲望，增加命题讨论的热度。编辑部的期望没有落空，确实有不少读者对此兴趣浓厚。有人说，“高张在恋爱革命声浪中最惹人注目的旗帜，谁也会举出俄国柯伦泰女士所写的《三代恋爱》”。[①] 知识分子们结合自身的学识、阅历等主观条件，剖析了《三代的恋爱》以及两位日本学者的观点，并对议题中的核心观点纷纷发表见解。编辑部到底收到了多少稿件我们不得而知，但从公开刊发的 16 篇来稿看，作者们讨论的焦点主要集中在“恋爱是私事”“恋爱游戏”和“自由性交”三个方面，其中又以第一个关注点为统领和中心。对于上述问题，作者们对其褒贬不一，并力陈自己所持的依据：

**（一）“恋爱是私事”的普遍认同**

作为“非恋爱”问题讨论的重要参与人，无政府主义者卢剑波首先阐发了自己的见解。他认为，柯伦泰女士的恋爱观并无新颖之处，《新女性》关于恋爱论与非恋爱论的争论，以及自由性交论与非恋爱论的观点，比“恋爱游戏”更为先进，但他仍对“恋爱是私事”的观点持赞赏态度：“当事人可以自由处理自己的性关系而别人毫不能过问，而社会也不能过问。性关系不是没有道德的说明，不过这种道德的说明不是不变的。而且是要和时代的精神相适应的。无论如何，对于恋人的欺骗与强迫都是不合法的。”[②] 从上述观点看，卢剑波主张性关系的自由，但并不是要以超越时代的激进面目抢夺什么风头，而是希望能随着时代的进步将其纳入道德的范畴，这与新性道德论战中“道德扩容”的目的有相通之处。

陈醉云将“恋爱私事论”称之为“个性本位的恋爱”。[③] 他认为，“恋爱是私事，是一男一女两个人由爱慕而同意的私事……两性间如果互相爱慕，互相契合，便尽可以自由的发生关系，尊重相互间的灵肉一致的要求”。不过，他所主张的恋爱的自由、性关系的自由不是无原则的，它“应当以不妨

---

① 姚方仁：《关于〈三代恋爱〉的分析观察》，《新女性》1928 年第 3 卷第 12 号。
② 剑波：《论性爱与其将来的转变》，《新女性》1928 年第 3 卷第 12 号。
③ 陈醉云：《个性本位的恋爱——应新恋爱问题的解答而说几句话》，《新女性》1928 年第 3 卷第 12 号。

碍别人的自由为原则。在两个人的同意中间，倘足使第三者发生痛苦时……也应当有同情的在可能范围以内的适当处置才是。这就是人类生活的基本条件，理性与情感的调和……在没有轶出自由的范围，在没有妨碍公众时，是不应该受任何条件的干涉的。同时，法律和道德，也应当会尊重个人恋爱上的自由，尊重适合于个人个性的恋爱自由”。也就是说，恋爱自由要与对他人的尊重相结合，双方的恋爱行为不能引发他人的痛苦。只要保持这个限度，恋爱就应当被认可、尊重，不应当被第三方势力所干涉，以保持个性自由，这种观点在作者群中有相当程度的认同。作者安之引用日本山川荣菊《柯伦泰底恋爱论》中的观点对此加以补充，他说：“所谓恋爱是个人底私事，这只在它底结果不会引致种族底衰微和退废底范围以内是可以承认的原则”,① 这与章锡琛和周建人所主张的恋爱是私事，而生育是公事的主张是一致的。应当说，从支持者的态度看，他们对于“私事”“自由”的理解非常理性，至少在理念上已克服了自由是利己主义的偏执观念。

对于“恋爱是私事”的观念表示怀疑者也有之。作者文宙认为，恋爱从生理、生物的角度完全可以解释清楚，它并不神秘、神圣。两性伦理的变化与经济的变动密切相关，三代恋爱的出现有其合理性。但在某些假定条件下，“我自然要否认柯伦泰夫人‘私事’的私字，因为我们不易为‘私生活’一词下以定义”。② 在他看来，“私”字从概念上难以把握，故“私事”难以理解和践行。实际上，他并未全盘否认“恋爱是私事”这一观点，笔者认为他只是为了规避由此带来的风险而已。

**（二）“自由性交”的褒贬不一**

对于“自由性交”论有不少人表示赞同。卢剑波在文中重申了他在《友谊与性爱》一文中的观点，他说：“性交自由论并不是要毁灭性爱，只不过要将性交与性爱的必然联属关系分开，即是说，不必要有性爱才性交。但也因为性交不即是性爱，所以性交自由便不即是性爱破坏。……性交自由不即

① 安之：《用相对性原理来应〈新女性〉九月号里所征求的关于新恋爱问题的解答》，《新女性》1928年第3卷第12号。

② 文宙：《读了〈三代的恋爱〉〈新恋爱道〉和〈排官僚的恋爱观〉三文》，《新女性》1928年第3卷第12号。

是要他或她而任何要求与之性交的人发生性交的关系，自然也不是要他或她守着贞操。”[①] 他认为，性交与性爱并无必然联系。性爱虽包含性交，但性交仍可以独立于性爱之外单独存在，性交自由并不会损害性爱的纯洁。性交之所以能够保持独立性，是由人的特殊性所致，因为“无论在任何社会制度的制度里面，人们的智愚，和人们相互间待遇的感情，决不能划一平均的”。[②] 由于个人情况不同，用统一的道德标准来要求所有人就会形成束缚，这对于个人自由的实现无疑是阻碍，这是卢剑波的分析逻辑。作为一名坚定的无政府主义者，[③] 他向往“复天然自由，去人为束缚”[④] 的自由精神，主张两性的全面平等，积极鼓吹、倡导女性解放。针对当时恋爱与婚姻存在的诸多弊病，他主张用一种新型的两性伦理以与将来社会的政治、经济相匹配，[⑤] 故而他认同“恋爱私事论”，认可盖妮亚的性交自由行为。

作者弋灵同样承认“自由性交”的合理性，但与卢剑波纯粹的学理性论证不同，他从人的生理实际需要去论证合理性：“真正的恋爱固然是在性的关系以外，还含有两性间的爱，但不能说因了这个关系，性交便不当独自存在。试想，要是一个人还没有找到合适的爱侣……可是因了自然的生理的冲动也发生了性的要求，——我们不能说没有恋爱便没有这种要求吧，那时，有一个异性也因了性的要求，或被引起了性的要求，出于自愿的和这个人发生了性的关系，这双方既不是为了金钱或是强迫，也没有所谓‘灵’的支配，只是依了自然的要求，我想，这是非常地合理，也极自然的罢！”[⑥] 从其表述来看，弋灵之所以赞成自由性交，是基于对单身群体缓解生理冲动的考虑。一旦开始恋爱，有了固定的配偶，就再没有必要与恋人以外的异性发生性交。因此，他的阐释进一步充实了卢剑波的论点。

文学翻译家章克标从否认恋爱入手去鼓吹自由性交。他认为，恋爱是镜

---

① 卢剑波：《友谊与性爱》，《新女性》1928 年第 3 卷第 7 号。

② 卢剑波：《友谊与性爱》，《新女性》1928 年第 3 卷第 7 号。

③ 喻哼仁：《卢剑波传》，政协合江县委员会文史资料委员会编印：《合江县文史资料》第 11 辑，1992 年，第 31—47 页。

④ 马叙伦：《二十世纪之新主义》，《政艺通报》1903 年第 2 卷第 14 期。

⑤ 剑波：《谈“性”》，《新女性》1928 年第 3 卷第 8 号。

⑥ 弋灵：《新恋爱问题——关于柯伦泰夫人的恋爱观》，《新女性》1928 年第 3 卷第 12 号。

花水月、海市蜃楼，恋爱是青年空漠的迷妄、痴人梦里的谵言；道德是枯骨髑髅、囹圄监狱，道德是束缚也是保护弱者的金城铁壁，道德是自由人眼中所无的枯朽栅栏。既然恋爱与道德是如此的不堪，人们也就没有必要遵守，两性关系也就自由了："放任它，让他们像路上的野狗一般乱干去吧。当中自然有天然的法则来整理的。"① 章氏的观点之所以如此极端，是因为他有强烈的唯美主义倾向，② 对事物吹毛求疵，追求形式的完美。恋爱是复杂的心理活动，理想与现实的差距使他认为世上并没有真正的恋爱，故而否认了恋爱的真实存在。由此，他认为两性之间只有性交关系，人类只能像动物那样进行自然淘汰。

更为奇妙的是，作者毛尹若竟然从恋爱和非恋爱两个角度同时论证了"自由性交"的合理性。从前者看，"恋爱的神圣在乎自由，不能有制度上和习俗上的束缚。只要他愿意爱任何人，他便可以实行，不必有所顾忌"。从后者看，"非恋爱者虽不承认有所谓恋爱，但赞成双方合意的性交自由"。③ 对于性交自由，作者认为不能从贞操观念上去评判，应从个人自由和幸福上着眼。注重个人的自由和幸福，这是性交自由论者的初衷。作者蒲察指出，自由、幸福的实现须以男女经济上的平等为基础："经济条件，是能够决定人类一切活动的。在未来的社会里，男与女的享受，地位和工作，都是同等的，决不会再有什么分别……性欲同食欲一样，需要满足时，就可以去满足。男女或感到恐慌，就可以找对手发泄。"④ 从理论上看，两性经济地位的平等必然赋予男女同等的自由权，他们有权力寻求自身欲望的充分满足，这将给自由性交提供广阔的空间。

恋爱贞操论者坚决反对上述观点。作者孙福熙认为："没有恋爱而与人性交，这在男女间是何等重大的罪恶呢！中国的旧式婚姻勉强没有爱情的人性交，已是很不合理的了……嫖妓是许多人认为万恶的，因为这种性交只是兽欲，没有爱情做他们的骨子里……盖尼亚真实比旧妇女、比卖淫妓女都不

① 章克标：《读〈三代的恋爱〉后之感想》，《新女性》1928年第3卷第12号。
② 上海辞书出版社编：《中国现代文学词典》，上海辞书出版社，1990年，第121页。
③ 毛尹若：《读〈新恋爱道〉后》，《新女性》1928年第3卷第12号。
④ 蒲察：《对于新恋爱问题的解答》，《新女性》1928年第3卷第12号。

明白的人呵！"[①] 他从恋爱贞操论的立场出发，断然否认了性交自由的合理性。洪钧则认为，"性交自由"论者漠视情感，果真如他们所鼓吹的那样包办婚姻不是很值得提倡吗？但事实上，他们却赞成性交自由而反对包办婚姻。如果说前者因自由而受到提倡，那么这种自由也只是玄学上的自由，因为他们把感情抹杀了，而事实上人是有感情的动物。因此，性交自由论者的思想与行为违背了自然规律。[②] 在此次征文中，明确表示反对"自由性交"者并不多，但从"非恋爱"与"非非恋爱"的争论看，反对"自由性交"者其实大有人在。从上述观点的阐发看，支持者以人的生理规律为依据，强调欲望的满足和幸福的实现；反对者以恋爱贞操论为依据，强调性与爱的统一。在笔者看来，作者弋灵的观点可能更符合生活的实际。

**（三）"恋爱游戏"的贬斥**

对于"恋爱游戏"，参与讨论者几乎很少有人对此表示赞同，卢剑波首先对"恋爱游戏"的存在表示了疑义。他认为，这不过"是更左倾的试验结婚一样的把戏罢了。恋爱就是恋爱，恋爱自身不是经验，不是学校吗？若说恋爱没有时间，那么，纯真的魂，仔细的心情，及心理的节制，需要相互间的充分的尊敬与戒心的恋爱游戏——'恋爱演习'不需要时间吗？——这个理论，我认为不适宜解释《三代恋爱》中盖尼亚的思想与行动"。[③] 林房雄之所以提出所谓的"恋爱游戏"，是因为当事者没有充裕的时间谈恋爱。但在卢剑波看来，"恋爱游戏"所要具备的条件并不比恋爱少。若说没有时间恋爱，当然也没有时间进行"恋爱游戏"。因此，他认为"恋爱游戏"不足以为盖尼亚的思想与行为做出合理的解释，并对此嗤之以鼻。

朱梅女士与高群逸枝一样，毫不犹豫地否定了"恋爱游戏"存在的合理性。她说："我是根本地反对这种论调，因为这是一种玩弄。人与人应该有关系，这关系不管男的对女的或女的对男的，是应该相互尊敬，因为大家都是人……这种'游戏'，充分地表现着那个人的卑劣，又可以说是欺骗；一

① 孙福熙：《〈三代的恋爱〉的二人的谈话》，《新女性》1928 年第 3 卷第 12 号。
② 洪钧：《"自由性交"与"恋爱游戏"》，《新女性》1928 年第 3 卷第 12 号。
③ 剑波：《论性爱与其将来的转变》，《新女性》1928 年第 3 卷第 12 号。

点人的爱都没有。”[①] 在她看来，“游戏”无非就是情感的玩弄和欺骗，这与神圣的恋爱背道而驰。从古至今，无论是包办婚还是自由婚，人们都认为它们是神圣的。“游戏”二字所带有的戏谑性非常不严肃，这与国人固有的观念相冲突，它不被时人所接受也在情理之中。

与朱梅不同，洪钧从逻辑上论证了“恋爱游戏”理论上的矛盾。他认为，如果有人反对与无感情的异性发生肉体关系，主张性交自由的柯伦泰等人是否会将此举视为不道德？倘若如此，那么性交的自由论就变成了强迫论；如若不然，恋爱游戏论者的非恋爱观点就变得毫无意义。[②] 既然“性交自由”与“恋爱游戏”论在逻辑上难以讲通，其存在的理论依据就被大大削弱了。

柯伦泰的新恋爱观是在革命过渡时代提出的新性道德，化名波弟的毛一波故而将其与无产阶级专政联系在一起而予以否认。他认为，“恋爱游戏”是恋爱未曾实现前的过渡产物，它的存在是一种政治主张，就如同马克思主义者提倡在革命的过渡时代应该实行无产阶级专政一样错误。[③]

当然，也有个别论者对此采取宽容态度。作者安之坚持存在即合理的主张，认为应该对新恋爱观持宽容态度：“一切事物只有相对的合理，相对地有存在底必要……在客观的条件还不容许真的恋爱状态之间，当作进向更高的两性关系底发展的过渡期中的难免的矛盾与困难之一，当作牺牲的经验之一，而有盖尼亚那样的无关心的刹那的享乐主义者来，也是不得已的事实吧。又何必大家起来攻击辩难，把她认为是问题呢？”[④] 在作者看来，既然“恋爱游戏”是社会过渡中的产物，其产生有其客观性，我们就应该对其多一些以宽容，少一些苛责。

参与论战的作者们的观点既有共识，也有分歧。但无论观点如何，多数人的态度都是认真严肃的。他们认为，恋爱是一个重大问题，必须要搞

---

① 朱梅：《恋爱的现在与将来》，《新女性》1928年第3卷第12号。

② 洪钧：《“自由性交”与“恋爱游戏”》，《新女性》1928年第3卷第12号。

③ 波弟：《读〈三代的恋爱〉后》，《新女性》1928年第3卷第12号。

④ 安之：《用相对性原理来应〈新女性〉九月号里所征求的关于新恋爱问题的解答》，《新女性》1928年第3卷第12号。

清“它是如何地值得我们注意”[1] 的，评判事物必须“屏去时代观念的拘束，以及袒新嫌旧的成就，而就事实的本身来理论”。[2] 只有如此才有可能客观公正。

《新女性》对于“新恋爱问题”讨论的策划不是偶然的，它显然承袭了章锡琛一贯的个人主义立场。章氏长期致力于女性解放，宣扬妇女主义，并认为性和恋爱是解决妇女问题的关键。[3] 1926 年创办的《新女性》杂志继承了章锡琛之前狂飙突进的时代意识，延续了新知识分子的启蒙精神，注重从妇女角度进行社会和文化批判。[4] 因此，《三代的恋爱》及相关问题的讨论是其创刊精神的充分展现。

在革命与恋爱问题的辩论中，章锡琛并未直接参与，但基于其一贯的观念，他对革命公权侵犯私领域的现象肯定有自己的想法，《三代的恋爱》中革命背景环境下的恋爱讨论其实就是这一意旨的反映。柯伦泰借助盖妮亚之口，表达了“恋爱私事论”的观点，认为恋爱问题并不关涉社会公共生活或职业生活，它应该与其割裂而成为纯粹的个人私事。五四时期构建的恋爱贞操论，植根于两性独立人格基础之上，是人格深处觉醒的内在要求，这意味着恋爱要摆脱家庭的干预而成为个人的私事。这里的“私”与“公”是相对于个人与家庭而言的，而在小说中的讨论的“公”与“私”则指代革命公权与个人私权。以往讨论所涉及的问题是国家利益实现过程中的公私博弈，实质上是个人与国家谁拥有优先权的问题。柯伦泰则采取了巧妙的方法，规避了二者之间的博弈与取舍。正如林房雄所说，人类真正的价值应由其事业、才能、意志及其对国家的贡献而定，不应由家庭道德行为做判定，这就意味着恋爱问题可以脱离国家或集体公权的影响，使其私事化倾向加深。

应当说，《三代的恋爱》的讨论将 1925 年“新性道德”辩论的议题，更加推向了深入。论者不仅主张恋爱自由，更要求个性化的自由，以适应不同智识、情感、性欲者的需求。在他们看来，“恋爱私事论”更符合人性的欲

---

① 朱梅：《恋爱的现在与将来》，《新女性》1928 年第 3 卷第 12 号。
② 陈醉云：《个性本位的恋爱——应新恋爱问题的解答而说几句话》，《新女性》1928 年第 3 卷第 12 号。
③ 刘慧英：《女性、启蒙与国民话语》，人民文学出版社，2013 年，第 186 页。
④ 周利荣：《章锡琛与五四时期的妇女报刊》，《出版史料》2011 年第 2 期。

求。有论者说：“第三代的恋爱，倒是一反以前忸忸怩怩的，黑幕重重的，被偶像所欺骗的，怪难弄的恋爱观；而能赤裸裸地，干脆地，大胆地，喊出切合于新兴阶级自身需要的恋爱观来。”① 在此观念中，两性生活是个人的私事，不需要同任何人解释，更不允许无关者干涉。法律和道德也应当尊重适合于个人个性的恋爱自由。进一步讲，它与职业生活、公共生活及其道德也并无关联，个人私生活的状态与社会义务的履行并行不悖。

在恋爱贞操论中，灵肉一致的理念使性欲与恋爱成为统一体，并成为恋爱的重要内容。但问题是，对于成年人而言，性欲并不总是与恋爱同步。性心理学研究表明，“在文明状态中，懒惰、奢侈以及过度的温饱，已经使性欲的发作特别的来得容易”，② 而恋爱由性欲、审美情趣、情操等要素构成，它的培育在常态下是一个渐进的过程，因此二者很多时候并不同步。更有甚者，成年人在恋爱之前或失恋后其性欲仍单独存在并时有冲动，这应如何解决呢？恋爱贞操论认为，爱情之外的性欲满足是不道德的。那么，成年人在恋爱前或失恋后对于性欲的适当满足又如何评判呢？恋爱贞操论在打破包办婚姻桎梏，争取婚姻自由方面起了重要指引作用，但显然并不能对此作出解答以满足个性化生活的需要。现实的需求推动着理论的不断完善。在“恋爱私事论”中，性关系这一命题被单独提出，并试图赋予它的内在合理性，将两性生活做更精细化的描绘，从而为个人生活提供更多可循的依据。由此就会发现，论者“性交自由”的主张并不是要唆使人们去乱交，它只是强调个体思想的多元化和如何合理地满足人类自身的欲求。毕竟，道德伦理的存在不是为了抑制人性，而是为了更好地满足人类的需要以激发人性的光辉。如此来看，“性交自由”合理性的论证，就有了“新性道德”论战中道德扩容的意涵。

在商业化的都市社会生活环境中，多元化的生活选择符合人们的日常需求。正是在这个意义上，《三代的恋爱》被中国读者普遍接受了。自 1928 年 9 月在《新女性》首刊后，沈端先、汪馥泉在同年再次进行了翻译，并将其

---

① 姚方仁：《关于“三代恋爱”的分析观察》，《新女性》1928 年第 3 卷第 12 号。

② ［英］霭理士著，潘光旦译注：《性心理学》，生活·读书·新知三联书店，1987 年，第 32 页。

收入《恋爱之路》一书出版。1929 年，温生民改名为《恋爱之道》第三次翻译出版。同年，左翼作家杨骚以日文为文本，再次将其翻译过来。1930 年，蔡咏裳又一次翻译《三代的恋爱》，并与柯伦泰的小说《姊妹》《伟大的恋爱》合编出版。1934 年，《三代的恋爱》被重新编译，出版了节译本。《三代的恋爱》多次翻译出版的事实，足以说明它受欢迎的程度，而这也恰恰说明小说的主题与当时中国青年的心声有多么契合。译者沈端先的朋友就经常拿《三代的恋爱》作谈话的素材，另外一些则以此品评他人所处的恋爱阶段。① 尤其是小说宣扬的个性主义特质，吸引了不少激进青年的追捧。女作家谢冰莹在《清算》中大声疾呼："柯伦泰说得好，爱正像我们喜欢穿什么衣服或吃什么东西一般，别人半点也没有权利来干涉，而且根本不会受任何人的干涉。"② 萧红即使在窘迫的生活中，当时也常读柯氏的小说，并深受其影响。③

当然，并不是所有的论者都认同这一观点和上述行为，他们以恋爱贞操论反对"性交自由"论，以此来确定相对稳定的两性关系，预防道德的滑坡与维护社会秩序的稳定。还有的论者认为，《三代的恋爱》阐扬的主题并不适合当下的中国国情，"要晓得产生'三代恋爱'的国家的情况，和我们贵国的情况绝对不同；所以第三代的恋爱观，是无补于目前的中国青年所浸沉着的恋爱病"。④ 因此，在"性交自由"问题上论者之间存在明显的分歧。更严重的是，在父权制话语的支配下，柯伦泰的恋爱观在国内的流播过程中被误读、误用，迅速蜕变为纵欲的"杯水主义"，⑤ 这无论对青年的个人生活，还是共产革命都产生了一定的负面影响，知识阶层不得不正本清源，为其正名。

柯伦泰倡导的"恋爱私事论"，其内含的前提是两性的平等。中国女性自清末以来就被以"平等"的名义号召起来参与政治变革，而她们被解

① 《茶话数则》，袁鹰、姜德明编：《夏衍全集・文学（下）》，浙江文艺出版社，2005 年，第 20 页。

② 冰莹：《清算》，《小说月报》1931 年第 22 卷第 11 期。

③ 袁培力编：《萧红年谱长编 》，陕西人民出版社，2019 年，第 55—56 页。

④ 姚方仁：《关于"三代恋爱"的分析观察》，《新女性》1928 年第 3 卷第 12 号。

⑤ 陈相因：《爱情不用翻译？父权话语下"一杯水主义"的误读、误解与误用》，《女学学志：妇女与性别研究》2022 年第 50 期。

放、动员的目的只是为了参与男权新秩序的重建，而不是女权的真正实现。[①] 上述情况与柯伦泰女士创作《三代的恋爱》的时代背景极为相似。柯伦泰作为苏维埃中央政权中的唯一女性政治家，当政治上无法实现和表达自己的理想主张时，开始转向文学创作，并于 1923 年创作了《三代的恋爱》等小说。《三代的恋爱》虽在宣扬女性本位的新性道德，实则反映的是女性面对社会变革的矛盾与彷徨，以及对自由与平等的向往和追求。她的主张在苏联受到了不少人的欢迎，认为性关系的平等将有助于实现男女政治上的平等，有的则以“杯水主义”的纵欲嫌疑进行批判。[②] 无论是“杯水主义”的纵欲引导，还是小说所暗示的个性化的私人生活，显然都与苏共对国家政治、经济、文化的统制状态不相容，故上至列宁，下至共青团员都对其大加挞伐，并为之冠以“资产阶级女权主义者”的罪名，她的小说在 1927 年以后便不再出版了。

正如有论者所指出的那样，中俄国情具有相似性，这也就决定了以私事论为核心的“新恋爱道”移植到中国后，其遭遇必然是相似的。以个人主义伦理为基础的恋爱观对于帮助五四新青年摆脱传统伦理桎梏、释放和张扬个性具有一定积极意义，但他们很快就发现，仅仅依靠个人的觉醒很难在残酷的现实中立足，脆弱的个体需要寻找新的依托场所和支撑点，从而逐步推动了“集团主义”的出现，个人主义逐步退潮，[③] 这不可避免地会影响到青年们的恋爱和婚姻。恋爱、婚姻和家庭问题在近代中国从来就不是个独立的命题，它与国民性的改造、社会风俗的变迁以及国家的振兴紧密联系在一起。反之，民族国家的重建也不可避免地对恋爱、婚姻的进化产生影响，这也就决定了恋爱问题在近代中国社会这个特殊时段不可能完全成为个人的私事。

五四之后的中国社会，革命形势日益高涨。在革命成为时代主题的背景

---

① 刘慧英：《女性、启蒙与国民话语》，人民文学出版社，2013 年，第 204 页。

② ［德］君特·施佩科维乌奇：《俄国人并非如此——苏维埃国家的人和社会》，内部印刷，1965 年，第 119 页。

③ 杨念群：《五四前后“个人主义”兴衰史——兼论其与“社会主义”“团体主义”的关系》，《近代史研究》2019 年第 2 期。

下，各政治集团大力宣扬集体主义，以凝聚力量实现御辱自强之目的。因此，婚姻、恋爱自由的价值被置放在阶级革命与维护政权利益的框架中去衡量。[①] 在大革命时期，革命思想大行其道，属于个人生活的私领域难以逃脱其影响。南京国民政府建立后，从1930年代开始推行新生活运动，并将其作为民族复兴的工具。政府大力推行集团结婚，试图以此种方式把国家意志渗透到民众日常生活中，进而增强国家的权威和认同。[②] 实际上，其着眼点也在于消弭个人主义影响，增强集体主义观念。随着抗战的爆发，基于民族动员的需要，集体主义彻底压倒了个人主义。柯伦泰的“新恋爱道”与革命时代要求的集体主义原则不相容，故而时常受到批判。邓颖超在其自述中特别强调，恋爱自由不能妨碍抗战建国大业、不能妨碍学习、工作以及身体的健康和发育，同时又坚决反对认为没有恋爱就不能结婚、不能生活的小资产阶级狂热，尤其反对任情纵欲、违反共产主义道德的“杯水主义”。[③] 从中不难看出，恋爱、婚姻自由已经服从于革命和抗战，一切损害革命工作的婚恋都是不允许的。革命战士张声震在其回忆录中提到：抗战时期，他所在部队的某些男女同志因恋爱问题影响了工作，领导为此有针对性地做了一次恋爱报告，来批判以“杯水主义”为代表的错误恋爱观。[④]“杯水主义”之所以受到批判，是因为它提倡的个人更倾向于原子式个人，有违集体主义伦理；尤其是主张个人生活与道德脱钩以满足人的自然欲望，这会使得人的精神性减弱，削弱个人与国家的道德意识，进而严重影响集体精神的凝结，妨害革命目标的完成。这意味着在革命背景下，恋爱是构建革命意识形态的重要内容，很难成为个人的私事。

综上言之，《三代的恋爱》宣扬的恋爱私事论，在观念上是对恋爱贞操观的深化与补足。恋爱贞操观是五四时人为打破旧家庭、构建新家庭而确立

---

① 黄文治：《“娜拉走后怎样”：妇女解放、婚姻自由及阶级革命——以鄂豫皖苏区为中心（1922—1932）》，《开放时代》2013年第4期。

② 谷秀青：《集团结婚与国家在场——以民国时期上海的“集团结婚”为中心》，《江苏社会科学》2007年第2期。

③ 中央文献研究室第二编研部、周恩来思想生平研究会编著：《邓颖超自述》，解放军出版社，2014年，第97页。

④ 张声震：《往事如斯》，中共党史出版社，2014年，第19页。

的新性道德，并试图通过立人进而立国的路径重塑民族国家。恋爱私事论则力图在此基础上有所突破，建立完全个人本位的恋爱观，重置个人、社会、国家之间的关系，但这种尝试并不贴合近代中国社会的实际。它既与传统的集体主义伦理相冲突，更不符合近代中国社会革命和政权建设的需要，其命运自然不难想象。这充分表明，异质性新观念能否被接受、纳入主流意识形态，既取决于与本土文化传统的融合度，又取决于能否提供解决时代主题的有效途径和方法。背离时代发展的观念变迁，只能是昙花一现，很快就淹没在时代大潮中。

## 第三节 青年知识群体的恋爱生活

以恋爱为核心的新性道德的塑造与传播，离不开公共文化空间的构建。新观念在公共文化空间中的不断辩论，渐次扩大了影响，尤其是对外界变化较为敏感的青年知识群体，“不惟尽量的在讨论和宣传‘自由恋爱’的理论，并且都献身把自己做一个实地的试验者”。[①] 恋爱从观念转向了实践，创造了两性生活的新模式，激发了青年知识群体对新生活的向往与尝试。然而，在新旧交替的过渡时代，新观念与旧礼俗的对垒非常激烈，自由恋爱的践行步履维艰，且因缺乏必要的指导而产生了种种悲剧。如何纠正恋爱的偏向，引导他们走向婚姻新生活，也是知识界关注的问题。

### 一、知识青年的观念变动与恋爱生活

晚清以来，中国社会的政治危机逐步加深，刺激推动了传统文化的转型。这一过程的实现，依赖于以报刊、新式学校、公共图书馆、广播等为载体的公共文化空间的创建。[②] 近代公共文化空间尤其是传媒的发展，拓展了信息传播空间的分布和社会阶层，重新确立了知识群体社会良心载体的地

① 仲华：《嫁前与嫁后的恋爱问题》，《妇女杂志》1929年第15卷第10号。

② 耿云志：《近代文化转型的几个重要问题——在“全球化视域下的近代中华文化转型”国际学术研讨会上的致辞》，《胡适研究通讯》2019年第3期。

位，这一切都推动了新文化、新观念的传播与接受。

科举制度废除之后，新式学堂逐步取代了传统私塾教育，日益成为青年们就学的主要选择。新学堂不仅是传播西学新知的重要场所，同时也意味着学生的学习方式由过去的个别式学习，转向了集体化、标准化，从而为形成基于现代学校体制的代际共同体提供了可能。新的聚集方式为青年学生带来了新的自觉意识，“在分散的状态下，士人之间的相互砥砺影响缺乏经常性、连续性和稳定性，加上单一向上的心理定势，对现存社会依附有余，震动不足。而学堂使学生聚居一处，空间距离缩短，相互联系密切，彼此激励制约，养成团结之心和群体意识，围绕小群体轴心的自传形成大群体意识的自觉”。[①] 总之，现代教育体制下的学校，是青年学生接受知识与形塑价值观念以及情感体验的重要场所。

青年学生是近代备受关注的群体，他们代表了新知与中国的未来，甚至是拯救民族国家的中坚力量。清末创刊的《湖北学生界》在《学生之竞争》一文中指出，青年学生是“中等社会”之代表，是国家与社会之间的平衡力量。[②] 该刊的《敬告同乡学生》则继续解释说：“学生生于二十世纪之竞争中心点。中国者，胡为乎？将曰：鼓铸国民之资格，生存黄帝之子孙，以与搏搏大地之强族争雄长权也。”[③] 梁启超认为，在危机与生机并存的时代里，“青年者流，大张旗鼓，为过渡之先锋”，[④] 为“一国进步之机键”。[⑤] 民国初期，在美国康奈尔大学留学的任鸿隽就认为，中国社会组织不完善，致使读书人用非所学，必须“改造而振作之，正唯吾留学生之责”。[⑥] 五四时期，全国各地的青年学生创办了不少以“少年”、“青年”等命名的社团、期刊，如北京的“少年中国学会”、“少年学会”，河南的“青年学会”等，都以发展个性、研究学问为目标，以“养成健全少年”或“养成青年的真精神”。[⑦] 总

---

① 章开沅、罗福惠：《比较中的审视：中国早期现代化研究》，浙江人民出版社，1993 年，第 549 页。

② 李书城：《学生之竞争》，《湖北学生界》1903 年第 2 期。

③ 《论说・敬告同乡学生》，《湖北学生界》1903 年第 5 期。

④ 《过渡时代论》，林志钧编：《饮冰室合集》第 1 册，中华书局，1989 年，《文集之六》第 30 页。

⑤ 《雅典小史》，林志钧编：《饮冰室合集》第 6 册，中华书局，1989 年，《专集之十六》第 8 页。

⑥ 任鸿隽：《建立学界论》，《留美学生季报》1914 年第 2 号。

⑦ 曹靖华：《青年学会的宗旨》，张允侯等编：《五四时期的社团》（三），生活・读书・新知三联书店，1979 年，第 69—110 页。

之，青年学生是近代怀抱革新社会、振兴民族国家的“他者”或者“自我”反复言说的对象，成为文化启蒙的重要目标。

由于青年学生可塑性很强，近代文化空间中的各种思潮不可能不影响到他们。以近代报刊为例，它不仅在西学东渐的潮涌之中向国人打开了通往新知的窗口，起到了文明示范的作用，也成为改变中国社会面貌、塑造知识群体特性的手段。青年学生通过阅读近代报刊，开阔了眼界，启迪了思想。近代知名报人曹聚仁回忆，他所就读的浙江一师在1920年彻底改革了国文授课模式，“如旧式书院一样，让学生自由阅读；教师只是我们的顾问。顶热闹的却是开讨论会，国文课变成了社会问题研究会。后来，上海新文化书局出版的《社会问题讨论集》《妇女问题讨论集》，便是我们的国文讲义”。[①] 社会问题的讨论虽然缺乏指点和引导，但毕竟他们对当时的新思潮已经有了粗浅的了解。在北京高师国文系读书的董渭川，自己在课后喜欢读商务出版的《学生杂志》《妇女杂志》《教育杂志》《小说月报》等杂志，还在高师附属的文科补习学校讲授国文课时，将其指定为学生的学习参考资料。[②] 一名中学生毕业后依然广读书报，坚持自学。他购买了文学、社会学、卫生学等最新出版的书籍，并订阅了《东方杂志》《妇女杂志》《学生杂志》以及《民国日报》等，以“明社会潮流之趋势”。[③]

趋新的青年们不仅自己阅读刊载新思想的报刊，还在亲朋之间广泛传阅，从而形成了新的交际网络：“报刊、书籍，已经翻阅得破破碎碎了，还是邮寄来邮寄去。有了新的好书，如果不寄给朋友看，好像是对不起朋友似的。友谊也往往建筑在书籍的阅读、赠送和学术的讨论上。”[④] 五四时期的青年社团之间也有密切交往，如河南二中的“青年学会”和北京高师附中的“少年学会”，就有互换读物、代印刊物等活动。[⑤] 当然，社团也会向自己的

---

① 曹聚仁：《我与我的世界》，上海三联书店，2014年，第173页。

② 渭川：《我的暑期生活》，《学生杂志》1923年第10卷第10号。

③ 李佩卿：《通讯》，《学生杂志》1925年第12卷第11号。

④ 钦文：《五四时期的学生生活》，中国社会科学院近代史所编：《五四运动回忆录》（下），中国社会科学出版社，1979年，第984—985页。

⑤ 曹靖华：《回忆青年学会》，张允侯等编：《五四时期的社团》（三），生活·读书·新知三联书店，1979年，第109页。

成员推介新书刊。被誉为引导青年走入光明之路明灯的《学生杂志》,[①] 是当时青年们喜欢的刊物之一，恋爱与婚姻也是他们首要关心的问题。[②] 为此，杂志出版了《青年与恋爱》专号，天津“青年问题讨论会”的出版物《青声》特意推荐了该期专号。文章指出，恋爱问题关系青年一生的幸福，他们对恋爱问题非常关注，但如果没有正当的观察、了解，往往会发生许多危险。因此，商务印书馆《学生杂志》的编辑者出版了专号，“想帮助中国青年解决他们的恋爱问题，供给他们一些解决的资料”,[③] 进而呼吁有志于研究恋爱的青年购买阅览。北京的《清华周刊·书报介绍副刊》也把《青年与恋爱》专号视为青年恋爱指导读物进行介绍，以解决青年恋爱征途上的乱局与危局。[④] 新书刊的交流与推介，不仅帮助青年们构建了新的交际网络，扩大了新思潮的传播范围，而且聚合了同道中人，增强了新观念践行的社会基础。

青年们通过阅读新式报刊，思想观念逐渐发生了变化。奉天安东商业学校的张名彦认为《学生杂志》改变了他的生活，其信中指出，在阅读杂志之前天天糊糊涂涂地生活，也不了解“解放”“新潮”“新文化”等新名词、新学说；偶然阅读到杂志之后，“好像我从一个旧式的人，跃而为一新式的人，从黑暗地牢里一跃而入了光明的世界”,[⑤] 在该杂志的《通讯》栏目中不少读者表达了相似的认识，由此可以想见它对青年的指导与启迪作用之大。有位青年读者针对《青年与恋爱》专号说，它的产生“无疑在现代中国性的沙漠上抛了一颗炸弹。在一般不懂恋爱的老前辈，不免要惊骇起来；而在我们身当其冲的青年，却不可把这切身的问题轻轻地放过”,[⑥] 他们进一步懂得了恋爱对于婚姻、婚姻对于社会的重要影响。《妇女杂志》虽是面向女性的专刊，实际上却是包括女性在内的广大青年的启蒙读物，他们读了都深受启发。西

---

① 高尔松、高尔柏：《我们对于〈学生杂志〉的贡献》,《学生杂志》1923 年第 10 卷第 1 号。

② 张友仁：《青年与婚姻问题》,《学生杂志》1924 年第 11 卷 1 号；张钦士：《大学生心目中的问题》,《京报副刊》1925 年第 166 号。

③ 《敢请读者注意》，天津青年问题讨论会编：《青声》1924 年第 26 号。

④ 记者：《几本专刊介绍》,《清华周刊·书报介绍副刊》1924 年第 9 期。

⑤ 张名彦：《通讯》,《学生杂志》1923 年第 10 卷第 3 号。

⑥ 金长源：《读了“青年与恋爱”专号以后》,《学生杂志》1924 年 11 卷 6 号。

安青年高崇福写信说，“我是最爱读贵志的少年”，“贵志对于‘结婚问题’，高主‘恋爱’，钦甚！钦甚!”四川青年王真麒则说：“我尝尝读《妇女杂志》，都非常满意，以为贵杂志所讨论的，都是切要问题，为我素来所欲研究的。”[①] 应当说，杂志站在时代潮头之上，其宣传议题契合了青年们的心声，引起了他们的强烈共鸣。柳亚子在家乡创办刊物《新黎里》，用白话文大力宣传包括婚姻在内的诸多社会问题，有力地推动了吴江周围地区新思潮的涌现，被家乡父老誉为金镜湖畔的“时代明灯”。[②]

文化空间的创建为新理念的传播创造了条件，接受了新理念的青年人也成为积极的实践者。富有才情的文学青年，对于爱情的追求比较热烈。苏州人周瘦鹃是鸳鸯蝴蝶派的重要代表作家。1912年，他毕业于上海民立中学，并留校任教预科一年级英文课。当时就读于城西务本中学的女生周吟萍，家就在民立中学附近，她“清淑娴雅，风姿娟然，瘦鹃见之，倾炫心魄，比诸姑射洛川”。有一次，务本女中开校庆会，演新剧，“吟萍任剧中主角，粉黛饰容，罗绮彰体，演来纤细入扣，宛转动人”，给台下观剧的瘦鹃留下了极深的印象。有时相遇于途中，周氏又羞于启齿，沉默无言。后来，他痛下决心，给吟萍修书一封，以诉衷肠。三天之后，女方复信一封，表示同意交往。此后双方互通信件，吟萍把自己的作文《探梅赋》给瘦鹃阅看，后者拜读之后尤为倾倒，双方通信更加频繁，并私订终身。但由于双方贫富悬殊，女方的父亲周采臣又极为势力，强行将其许配于富家子弟。这位富家子动辄自行环游世界，夫妻关系不睦。因此，两人仍暗地通信，并由瘦鹃的表姐代为转达。瘦鹃的同学高勇醒创办了大光明戏院，邀请他来帮忙，特意为其配备摩托车，喷涂紫罗兰色的油漆，用于二人游玩，“吟萍防着被人看见，辄以素帕障其半面”。瘦鹃有时邀请吟萍参加青阳港的菊展，欣赏各色花卉；又或者同游昆山，一起享用昆山鸭面。[③] 后来，由于周瘦鹃的结婚，周吟萍

---

① 《通讯·一个恋爱问题》，《妇女杂志》1923年第9卷第2号；《通讯·同姓不婚问题的提议》，《妇女杂志》1923年第9卷第2号。

② 李海珉：《柳亚子》，《江苏文史资料》编辑部编印：《江苏文史资料》第122辑，1999年，第56—60页。

③ 《周瘦鹃年谱》，王智毅编：《周瘦鹃研究资料》，天津人民出版社，1993年，第14—15页；郑逸梅：《郑逸梅选集》(2)，黑龙江人民出版社，1991年版，第213页；陈子善：《不日记二集》，山东画报出版社，2015年，120—124页。

的精神寄托崩塌，只身投奔在南京的兄长，从此天各一方，劳燕飞分。从周瘦鹃的经历看，公共集会、主题展览以及戏院等近代公共领域的出现，为恋爱的滋生、培育和新生活的开展创造了必要条件。

五四时期，围绕着社会改造议题创办的大量社团，为志同道合的青年人提供了活动空间。在共同的政治空间中，他们的交流、合作更容易产生情感共鸣，故而不少五四先锋青年成为恋爱新理念的坚定践行者。河北盐山县人李毅韬是觉悟社成员，天津女界爱国同志会副会长，五四运动中曾和周恩来同为与政府交涉的学生代表，后与刘清扬、邓颖超等人创办《女星》期刊、《妇女日报》。她在25岁前曾是独身主义的坚定拥护者，但当其遇到同为觉悟社成员的谌小岑后观念迅速发生了转变。过去“我所看见的男青年，多是无品性不规矩的小流氓，没有一个使我佩服的”，参加爱国运动扩展了她的视野，“在学生会办事所接洽的青年，很有些好的”。谌小岑真心敬佩李毅韬，在他眼中，她对父母的孝顺，以及“律己之严，待人之厚，任事之勇，接物之诚”，符合他心中对理想伴侣的期许。随着接触日多，谌小岑和李毅韬相爱了，并于1922年元旦结婚。婚后二人共同投入到妇女解放运动当中。[①]

梁思成与林徽因在父辈的“包办”下，顺理成章地谈起了恋爱。北京北海公园图书馆是情人约会的好地方，二人常常躲在那里谈情说爱。在爱情力量的鼓舞和推动下，林徽因刻苦学习，以优异成绩考取半公费留学生，与梁思成双双赴美留学。在康奈尔大学的学习生活中，梁思成陪伴林徽因选读了建筑课程，获得了系列资格；林徽因陪同梁思成攻读北宋官修建筑设计施工工具书《营造法式》，两人相互勉励、相互促进。当然，在学习生活中，他们也产生过矛盾，并爆发过激烈争吵，但在生活的磨练中，他们学会了在不牺牲个性和保有一定自由度条件下的相互容忍，相互取长补短、互相融合。在学业取得优异成绩之时，爱情也收获了硕果。[②]

---

① 李毅韬：《我的婚姻观念的变迁》，中共天津市委党史资料征集委员会、天津市妇女联合会编：《天津女星社》，中共党史资料出版社，1985年，第207—210页；黄季陆著：《革命人物志》（2），台湾国民党中央委员会党史委员会，1969年，第164页。

② 黄杨：《一世情缘：梁思成与林徽因》，安徽人民出版社，2000年，第40—61页。

1919年，《新潮》月刊的创办人罗家伦，以北京学生代表的身份参加了在上海召开的全国学生联合会，有幸结识了上海女学生张维帧。次年初，他从上海回到北京后，给张女士寄了两张风景明信片、两张小型风景照，而她则回赠了一张个人小照，开始了正式交往。1920年秋，罗氏赴欧美留学，其间写信指导张女士阅读外国书籍，畅谈求学方法和计划，鼓励她报考赴美清华生。随着时间的推移，彼此在性格与志趣方面的了解逐渐加深，在书信交往、礼物馈赠和安慰鼓励中维持着恋爱关系。1926年7月底，罗家伦归国并到达上海，结束了六年多的分离。他们在“法国公园”漫步、交流，决心携手共度美好人生。[①]

中国著名经济学家冀朝鼎，在五四时期曾是唯真学会的内部组织“超桃”的重要成员。“超桃”主张男女平等、婚姻自由，其成员中有几位都因反抗包办婚姻而逃离家庭。冀朝鼎的包办妻子是当时山西某校一位才貌出众的女性，后攻医学并成为名家。由于他拒不从命，这门亲事遂成泡影。1927年9月，他由美国乘船去莫斯科，途中认识了前去莫斯科参加十月革命10周年纪念会的美国女子海丽（Harriet）。在交谈中得知，她是犹太人，同亚洲人一样在美国受到种族歧视；而且她的家族观念很深，兄弟手足之间讲究提挈互助，这点和中国的大家庭相若。而且海丽和冀朝鼎一样，在恋爱问题上也受过挫折，余痛未去。这些相似的经历使其人生目标有了较多契合点，他们一见钟情，并在船上建立了恋爱关系。[②]

在恋爱的调剂下，即使已婚青年的生活也呈现别样风采。1924年初，瞿秋白与王剑虹结婚。婚后的瞿秋白异常忙碌，他既要执教上海大学，还要担任鲍罗廷的助手和翻译，参与筹备国民党“一大”，因此两人相聚的时间比较少。他俩以文学而结缘，婚后又以诗歌互诉衷肠，留下了很多见证真挚情感的诗篇。他们都有早年丧母的痛苦经历，婚后一起追寻着充实的生活、有价值的人生和真挚的爱情，这让王剑虹感到无比温暖，沉醉在

① 罗久芳：《我的父亲罗家伦》，商务印书馆，2013年，81—85页。

② 唐纪明：《生命不息，战斗不止——冀朝鼎传》，北京市政协文史资料委员会编：《北京文史资料》第53辑，北京出版社，1996年，第46、59页。

幸福的港湾之中。[①]

近代社会的转型，开辟了大量社会公共生活领域，如戏院、公园、社团、学校、公共交通工具等等，这为青年人的社交奠定了物质基础。以北京为例，北洋政府基于改善城市环境、改良社会风气的目的，先后修建了中央公园、城南公园、天坛公园、北海公园、京兆公园等多个供民众参观游览的公共场域。它们不仅是当时社会名流的“会客厅”、文人雅士的“文赏厅”，更是新时代青年男女谈情说爱的理想去处。梁实秋和女友程季淑的会面就经常选在中央公园，“我通常是在水榭的旁边守候，因为从那里可以望到公园的门口。等人是最令人心焦的事，一分一秒地耗着，不知看多少次手表，可是等到你所期待的人远远的姗姗而来，你有多少烦闷也丢到九霄云外去了”。[②] 中央公园的四宜轩、太庙的茶座、北海的金鳌玉蛛桥、漪澜堂、五龙亭等都留下了他们爱的足迹。林海音、庐隐、罗隆基，包括京味文学大师老舍等新青年，都借助公园这一新的社交平台推动了他们的恋爱进程。[③]

近代电影事业在 1920 年代蓬勃发展，大量西方影片的公映使电影院成为传递现代思想的课堂，也使之成为全新的社交场所，尤其是影院黑暗的环境为异性社交提供了便利。摩登青年乐意借助爱情电影推动他们的恋爱进度。[④] 据梁实秋回忆，他与爱人偶尔会在真光电影院观影，“飞来伯主演的《三剑客》，丽琳吉施主演的《赖婚》至今印象犹新，其余的一般影片则我们根本看不进去”。[⑤] 有文章描述说，“在轧轧的机声里，银幕处微刺的反光下，他或者，正好是陶醉的光景，他们耳语，无所不谈，由恋爱的小玩意一直到订婚结婚的终身大事”。[⑥]

总之，知识青年们的恋爱生活以社交公开为基础，共同参与政治活动、

---

① 王铁仙、刘福勤：《瞿秋白》，江苏人民出版社，2015 年，第 64—69 页。

② 梁实秋：《梁实秋散文》，人民文学出版社，2005 年，第 209—210 页。

③ 石桂芳：《公共空间视域下的民国北京公园与社交生活》，梁景和主编：《西方新文化史与中国社会文化史的理论与实践》，社会科学文献出版社，2016 年，第 106 页。

④ 岛生：《电影院里的形形色色》，《申报》1932 年 11 月 29 日。

⑤ 梁实秋：《梁实秋散文》，人民文学出版社，2005 年，第 209—210 页。

⑥ 落神：《电影院与观众》，《上海影坛》1944 年第 1 卷第 7 期。

文化活动或社会生活，两性在合作、交流中彼此进行旨趣、情感、精神的碰撞，从而产生精神的共鸣，滋生了爱情。严复在《群己权界论》中提出的“伉俪兼师友”的两性新关系，创造了有别于传统的生活新风貌，这一理想在五四时期部分地得到了实现。

社交公开是恋爱的基础，但五四时期“社交公开的声浪虽然很高，实际上离公开二字还是很远，从大范围中求个人人格的结合，还有点不可能”。[①]那么，在缺乏社交的氛围中，能否产生恋爱呢？《礼记·礼运》中指出，“饮食男女，人之大欲存焉”。性的成熟以及由此产生的对异性的爱慕，是人类天赋的本能和欲望。英国性心理学家霭理士同样指出，求爱带有生物学的属性。[②] 福建永安青年守拙，在《学生杂志》上诉说了自己从性的萌动到异性之情的产生过程。他在幼年的儿童游戏和日常生活的熏陶中萌生了最初的两性意识，读私塾期间受同学的指点懂得了性的基本知识，在读高小时对性知识又有了进一步了解，并有了异性爱的冲动。恰在这时，县里新开的戏园子来了一位颇有姿色的坤伶，作者陷入了无尽的单相思之中，并以坤伶的离开而终结。受此打击，他的精神、身体和学业都备受影响，半年之后才有所恢复。作者在省师范学校读书时，接到了要给他定亲的家书，因为女方是其儿时的心仪玩伴，精神备感振奋，于是“专一把纯洁的爱情，注射到陈凌芬身上”。有时作者按捺不住想和她通信，但又惧于礼教的流言蜚语，只得将精力投入到学习中去。由于两性社交尚未公开，双方没有正常接触的机会。只有在每年正月十五看灯会的时候，恰好要从她家门口经过，“那时她正在那儿眺望，我一见她在那儿，不由的心就陶醉了！”作者有时故意让自己顽皮的弟弟喊叫女方的名字，以赢得四目相视的机会，从而作心灵的交流。[③]

在作者的叙述中，他只提及了性的启蒙以及如何对异性产生相思之情，描写生动细腻，感情真挚，但字里行间并未表明自己是否受到了恋爱观念的影响。女方是否受过现代教育文中也未提及，而从作者要与其通信的冲动推测，她应当是识字的。而且，他与未婚妻属于包办婚姻，与其他青年相比，

---

① 乔峰：《配偶选择的价值》，《妇女杂志》1923年第9卷第11号。

② ［英］霭理士著，潘光旦译注：《性心理学》，生活·读书·新知三联书店，1987年，第31—37页。

③ 守拙：《个人的恋爱经验谈》，《学生杂志》1924年第11卷第1号。

作者幸运地遇到了幼时心仪的玩伴。研究表明，异性带有性意味的话语和动作会引发性冲动。[①] 在两性社交尚不能公开的境况下，两人只能远距离地通过眼神或者隐蔽的动作交流，这更激发了作者对“她”的思念和情感的投射，进一步催动了情感的升华。作者叙述的所谓恋爱，似乎更符合传统文本中经常提到的“情”，但从二人婚后相互尊重、劝勉的和谐关系看，其实又是恋爱者所追求的理想生活样态，这可以看作五四时期青年人情感生活的别样风貌。这表明，人类的性本能需要与更高层次的精神和人格结合在一起，以构成理性情感的亲密关系。以此来审视这一文本，可以作为剖析包办婚姻的窗口，以检验五四话语的有效性。

## 二、保守的社会心态与青年学生的恋爱困境

中国在悠久的文明发展史中，形成、积淀了相对稳定的伦理规范和婚姻传统，其“古老性的本身就被确认为是合乎规范的”，“并能够用以示范和评断当前将会流行的行为范型、艺术品范型和信仰范型”。[②] 五四时期，新思想风云激荡，影响了广大青年学生，但传统社会结构依然稳固，传统伦理观念依旧根深蒂固。如若以传统来衡量具有异质性的恋爱伦理文化，必然会引起二者的冲突。

礼教守旧者是传统文化的坚定维护者。他们依然钟情于包办婚姻，将恋爱视为洪水猛兽，“把恋爱当作兽欲，竭力加以排斥”。[③] 社交公开、自由恋爱的风潮激荡了青年们的思想，为摆脱家庭对婚姻的干预不少青年选择了潜逃。这些桃色新闻被堂而皇之登载于报刊，引起了礼教守旧者的仇视。他们认为，这些潜逃、幽会事件都是提倡自由恋爱的消极后果；还有人认为，潜逃、幽会事件虽不是自由恋爱所致，却是误解社交公开、自由恋爱的恶果。[④] 总之，在守旧者眼中，自由恋爱是对伦理秩序的破坏。其实并不尽然，纵观传统社会基本可以得出这样的结论：幽会、潜逃是传统社会私情的表现形

① 周湘斌：《性的生理心理与文化》，冶金工业出版社，2012 年，第 82 页。
② ［美］希尔斯著，傅铿等译：《论传统》，上海人民出版社，2009 年，第 220 页。
③ 瑟庐：《爱伦凯的儿童两亲选择观》，《妇女杂志》1923 年第 9 卷第 11 号。
④ 健孟：《新学说与旧礼教》，《妇女杂志》1923 年第 9 卷第 7 号。

式，跟误解新性道德观念与否并没有关联。

1922年，诗人汪静之的作品《蕙的风》在上海亚东图书馆出版，内容有对人生价值、友谊和大自然的探索与追求，更多则是抒发对爱情的渴望，表现爱的力量。孰料甫一出版就引起了轩然大波，“因为讴歌恋爱，描写大胆，又因童心赤热，天真幼稚，引起很大的注意。当年就有很多人认为他的诗有破坏道德的嫌疑，因此招致了许多卫道之士鸣鼓而攻之”。[①] 为了保护这位富有才情的年轻人，周作人出面声援汪静之，他在阐述该问题时候特意引用了路易士（E. Lewis）在《凯本德传》里的名言：“社会把恋爱关在门里，从街上驱逐他去，说他无耻：扪住他的嘴，遏止他的狂喜的歌；用了卑猥的礼法将他围住，又因了经济状况，使健全的少年人们不得在父母的创造之欢喜里成就了爱的目的：这样的社会在内部已经腐烂，已受了死刑的宣告了。”[②] 周作人援引此言的目的，在于以社会对待恋爱的态度来论证社会的开明程度，进而控诉本土社会的黑暗。

礼教维护者固然反对恋爱，其实接受了新文化者也不见得完全赞成自由恋爱。章锡琛注意到，有些“号称新思想家的，往往也把恋爱当作一种自私自利的东西，以青年人的萦心于恋爱为堕落的证据”。[③] 这部分人虽不从维护道德风俗的角度批驳恋爱，却把恋爱等同于肉欲主义。他援引爱伦凯的观点进行了批驳，其中指出：贬黜恋爱的意义，把恋爱理解为卑下的肉欲主义而加以反对，容易造成人类的堕落。如果把恋爱看作动物生活的特色，在人类之间一说到恋爱便带有羞耻的感情，恋爱当然要和肉欲生活一样的卑下了。倘若把恋爱当作一种堕落的义务，恋爱便成为被迫去保存种族的事情了，那就与包办婚姻等同了，而事实却并非如此。

还有些人虽基本认同恋爱的意义，却否认了当下践行自由恋爱的必要性。他们认为，“处于今日中国外患内乱交迫，国势危殆的时候，青年们努

---

① ［马］温梓川：《文人的另一面》，广西师范大学出版社，2004年，第49页。

② 《情诗》，1922年10月12日，钟叔河编：《周作人散文全集》第2卷，广西师范大学出版社，2009年，第583页。

③ 瑟庐：《爱伦凯的儿童两亲选择观》，《妇女杂志》1923年第9卷第11号。

力救国尚且来不及，如何可用心于讲求不重要的恋爱?"[①] 这派人虽不反对自由恋爱，但却认为自由恋爱在人生当中可有可无，值此国家危难之际尤其应集中精力参与救亡，不应在恋爱问题上耗费青春和时光。为了反驳这种观点，有作者指出，人生虽不专为恋爱而存续，但它也决不是旁枝末节。告子曾说：食色性也。这一观点由于孟子的记录而得以流传，并被国人广泛认可，性爱被置于与饮食同等重要的地位，都是人生不可或缺的生活方式。如果生命的根本都可以放弃，那么其他各种需求也就无足轻重了。因此，青年恋爱、组建新家庭，是人类生活的重要步骤。恋爱表面上似乎在消耗青年的精力，但并不一定妨害工作、生活。个人如对民族的进步不能有所贡献，即使不谈恋爱依然无所贡献。国人向来主张男女隔离，婚姻由父母代办，这样确实能省下一部分心力推动学问、事业的发展。那么，中国数千年来禁谈恋爱的结果，应当造就高度发达的社会，而事实恰恰相反。

文化保守主义者对于自由恋爱有自己独特的见解，其观点如同其思想流派一样折衷，既不赞同完全的包办婚姻，又不支持完全的自由恋爱，这在吴宓的私人日记中体现的颇为充分。1919 年 3 月 26 日，吴宓在日记中写道："宓意婚姻之要，不尽在选择，而在夫妇能互相迁就调和。若安着一付歹心肠，则无处不见神见鬼，故今之倡自由者毋宁教男女以处人接物之道，反可多享幸福。由是，则婚姻之事，决不能不重视宗教之观念（Religious feeling；faith）。梅君谓，凡言自由婚姻，则荡子流氓，必皆得志，而君子正士，必皆无成。征之中西，事实昭昭然也。"[②] 吴宓认为，婚姻的要诀在于相互迁就、调和而不在于选择。对于选择的否认，实际上变相削弱了恋爱对于婚姻的意义。正因为不完全认同自由恋爱，吴宓的婚姻缔结呈现"同意婚"色彩。1918 年冬，吴宓的同学清华丁巳级留美学生陈烈勋，介绍其姐浙江省立女师毕业生陈心一与他结婚。吴宓先让清华留美老友朱君毅的未婚妻毛彦文（与陈心一同学）了解情况，然后又禀报生父、嗣父同意，最后和陈

---

① 《中国目前的恋爱问题》，《妇女杂志》1924 年第 10 卷第 9 号。
② 吴学昭整理：《吴宓日记》第 2 册，生活·读书·新知三联书店，1998 年，第 21 页。

寅恪等朋友商量才将婚事核定。[①] 婚姻的经营固然在于调和、迁就，这未尝没有道理，但吴宓可能忘记了一点，两人的调和、迁就需要有共同的话语基础，在婚前如没有必要的选择，要实现此点可能有些困难，东南大学教授郑振壎的婚姻可能是对此最好的注脚。况且，从其后吴宓对毛彦文的“柏拉图式爱情”看，他未尝不在选择和恋爱。

恋爱自由是近代婚姻变革思潮中的核心理念，这对于正处于择偶期的青年男女，尤其是青年学生影响较大。他们思想活跃，天真率直，富有奋斗精神，愿意把恋爱当作神圣的事业去付诸实施。然而，正如上文所分析的那样，本土社会氛围颇为保守，他们“对于事不干己的恋爱事件都抱有一种猛烈的憎恨”。[②] 此论虽有所夸张，但也表明恋爱观念的践行必定步履维艰。

男女同校为异性间的接触提供了场所，社交公开的舆论也激励着他们自由恋爱的热情。时人指出，男女社交“是增进青年自治能力的唯一方法”。[③] 社交虽不专为恋爱而存在，却为自由恋爱提供了现实基础，而男女同学又为异性社交提供了天然的便利：“要实现真正而又美满的恋爱生活，非使异性间有自由的交际和公开的社交不可”，“要发达男女自由交际的纯正态度，养成社交公开的正规生活，又应使自小学以至大学绝对的男女同学。”[④] 而且，男女同学更有助于教育目标的实现：“如男女同处，交际自然，发育愈能完全，兴趣愈觉丰富，始于相知，终于相敬，而共同责任心，亦可由此发达，此即教育之最良结果也。”[⑤] 从学生的心理特征看，进入青春期之后，学生们已有了性的意识。在男女同校的环境中，他们开始下意识地关注和接触异性。从清末以来知识界心仪的“同学知己结婚姻”的择偶观看，他们既希望双方有感情基础，又要求彼此都受过相当的教育，最合适的婚恋对象莫过于自己的同学。他们彼此间朝夕相处，既有相互观察、互相接近的机会，具备由友谊而恋爱的条件。只要有男女接触的地方，就难免不发生男女恋情。

---

① 吴学昭：《吴宓与陈寅恪》，清华大学出版社，1992年，第16页。

② 《狗抓地毯》，1924年12月1日，钟叔河编：《周作人散文全集》第3卷，广西师范大学出版社，2009年，第520页。

③ 胡适：《美国的妇人》，《新青年》1918年第5卷第3号。

④ 陈宗明：《中学生问题》，上海开华书局，1931年，第99—100页。

⑤ ［英］巴德雷著，陆懋德译：《战后教育论》，商务印书馆，1920年，第50页。

然而，启蒙知识界的舆论导向与社会、家长的需求往往是对立的。有些家长听说某校有自由恋爱的风气，往往不使子女尤其是女儿入新学堂。1920 年秋，教育家陆费逵从上海奔赴香港，途经广州盘桓数日。他对广州私塾之发达极为震惊：民初私塾仅有 800 余所，如今已经骤增至 2000 余所。从前热心兴办学校者，现在均令子女入私塾。究其原因有三，其中之一就是“不愿子女为自由男女”。所谓自由男女，即倾倒于自由恋爱者。家长们普遍认为，自由恋爱贻害无穷，“初则少数女学生，醉心欧化，主张自由结婚，偶一失足，遂不自惜而放荡无归矣”。① 为此有人提醒说，“办学校的人，对这件事，如不严防或注意，一般的家庭必不送他的儿女去上学，即使家庭没有什么，社会上也不许可。所以这问题不但是儿童本身利害问题，实与社会风化有关”。②

为了避免办学的阻力，学校也采取了相应的措施，设置了重重障碍，阻挠青年男女的来往。1920 年后，男女同校已成为办学的趋势，而有的学校却“仍然畏惧外间的物议，尽力把男女禁隔着：有的把男女生分为两班，有的虽不分班，而在同教室中把男女的座位分开，更有把休息室、游戏场等特分为两部分的。他们的意思，一方面是想借此来防止‘悠悠之口’。别一方面更以为学校的所以开放女禁，只有一个使女子得受同等教育的目的，所以在可能的范围内务使男女不相接触，而把男女共学的另一目的即所谓为性教育的方法之一者全然蔑视了”。③

课外时间男女同学不能随意串寝室，一名中学生谈到，“女生宿舍，学校当局一向是把它看作禁地般的，男同学要会女同学是有会客室的，女生宿舍的楼房，简直像皇宫一般，平常没有一个男人敢于冒撞进去的”。④ 每年一度女生宿舍开放日，成了同学们狂欢的节日。私立大夏大学则规定，“男生不得进女生寝室，女生不得进男生寝室”。⑤

① 陆费逵：《教育文存》，中华书局，1922 年，第 67 页。
② 孙天泰：《中小学训育实际问题》，兰州国立西北师范学院教育系，1946 年，第 150 页。
③ 《男女共学的再成问题》，《妇女杂志》1924 年第 10 卷第 8 号。
④ 唐年华：《中学生生活》，上海中学生书局，1931 年，第 150 页。
⑤ 编者自印：《教育部立案私立大夏大学一览》，1931 年，第 36 页。

乡村师范学校男女生之间接触的机会多些，学校自然不会等闲视之，“禁止的方法，是拆信，监视，警告和开除；禁止的目的，是防止恋爱的发生”。[①] 除此之外，有的学校还开展极具针对性的训育，“在训话的时节，常常对学生说：什么自由呵！平等呵！社交公开呵！自由恋爱呵！那都是些欺人之谈，信仰那个，不独得不到实益，反足以害你”。面对学生的愤懑情绪，《妇女杂志》的编辑劝慰说：“你这样的愤懑，在我们看来，固然是极正当的，但学校也自有学校的苦处，因为他们如果不这样办，偶然出了一点事，不免要受学生家属及社会的攻击的。然我们总希望明白的教育家，能够用正当的方法来训练学生，不要专以压迫管束为尽其能事；一方面尤其须有指导社会，改造社会的精神，不要一味去服从社会才是。”[②]

以上事实说明，五四时期恋爱自由的呼声虽然很高，男女也实现了同校，但在舆论、制度等重重阻隔下，本应成为自由恋爱理想场所的学校，却成为防范自由恋爱的监督机关。在严密设防的氛围中，自然很难形成亲切自然的同学关系。在增添了少数女生的学校中，男生们处于既好奇又两难的境地：“如果太拘谨了，人家要说他腐败；如果太放纵了，人家要说他狂浪。”[③] 在这种过渡时期，男女双方都极不适应。由于求学女子人数少、易受舆论攻击而显得非常矜持，男生的过多关注，也使她们无所适从，甚至到了噤若寒蝉的地步。一名高中女生记述自己在补习班的感受时说：“我们是第一次在男校里读书，我们目光所触的都是些炯炯逼人的男同学。我们以极少数的女生，处在这种境地，几同处身旅行于百万里的荒地，前途正不知有多少危险、多少恐惧……动作举止，可不能丝毫随便，致受他们的指摘，授他们以笑柄。因此，在我们的脸上特别的加上一种严肃的气象，整天地面无笑色，像哭丧一般的，不但对外人如此，就是我们极亲热极没界限的几位女同学间，彼此也没有一点和悦的颜色。”[④]

在男女尚未平等的社会，道德舆论对女子也格外不利。在男女交往中的

---

① 王雪馨：《男女同学等三问题》，《生活》1930年第5卷第36期。
② Y. C：《屈服之下的一个呼声》，《妇女杂志》1923年第9卷第11号。
③ 苍苍：《男女同校时期男生应取的态度》，《学生杂志》1928年第15卷第12号。
④ CW：《一年来男女同学的经验》，《学生杂志》1923年第10卷第12号。

任何闪失，女子都将成为事实上的受害者。为了免受舆论非议，她们只能紧紧抓住传统美德中的冷淡与矜持作为保护伞。一名女生告诫身边的朋友说，如果没有必要，“我们宁可取闭关主义，不去交际”，因为某学校的女生因为与男生们交往很密，“结果闹得外面对他们造了许多难听的谣言，他们被斥退了”。在这种舆论环境下，男女同校也无法提供男女交往的正常环境，有时甚至还背道而驰：“某校的男女生常常是彼此相骂的。……因为女子的戒备心重，过囿于旧习的成见，不相信男子；而男子又过于囿于成见的轻视女子，感情上不能融洽所致的。”①

在限制男女自由交往的情境下，男女学生日常接触的心态自然也不会平和。由于缺乏自由交往的环境与气氛，学生们对于异性同学间的联络谨小慎微，没有必要几乎不相往来。日常接触尚且如此，自由恋爱难度就更大。居于主动方的男生或者茫然不知所措，或者贸然提出交友要求，“写许多肉麻的诗文，左一封右一封的寄个没完，害的受者因此受家庭里或学校的高压的监视”。② 女子在传统观念耳濡目染下防范心理很重，突然接到并不熟识男子的情书之后经常是惊慌失措，动辄将书信上交或公开。一位在某大学附中补习的女生，收到男生的书信后非常懊恼，她得知“某省同乡会很有力量，对于这些青年很负责任地监督他们。第二天我就把这封信交到他的同乡会去请他们裁判。果然不过几天，接着他同乡会的来道歉的信，并知道那个写信的着实受了处分，几乎撵出了他的同乡会”。③ 由此可见，在舆论与社会的压力下，男女同学没有形成良好的社会氛围，彼此之间缺乏异性交往的正常心态，这都与自由恋爱背道而驰。他们既不能直接由友谊而恋爱，又不敢向渴慕对象直接表达。沟通渠道的不畅，使异性相恋的几率大大降低。

青年学生们虽然非常渴望尝试、享受恋爱生活，但封闭扭曲的环境严重影响了恋爱观念的培育和认知。正因为不懂得恋爱的真义，青年们对恋爱的认识可谓五花八门：有以偶尔相遇，彼此示意为恋爱的；有以与异性相见即为恋爱良机，从而强行恋爱的；有已届婚龄之青年饥不择食寻找配偶，甚至

---

① CW：《一年来男女同学的经验》，《学生杂志》1923 年第 10 卷第 12 号。

② 心珠女士：《我所希望于男子者》，《妇女杂志》1924 年第 10 卷第 10 号。

③ CW：《一年来男女同学的经验》，《学生杂志》1923 年第 10 卷第 12 号。

以欺骗手段寻对方欢心为恋爱的；还有以异性间的普通友谊为恋爱的。李毅韬对此总结说：“在男子方面，在〔有〕许多要想得恋爱的生活，就组织些个甚么‘河北党’、‘月牙党’、‘蝴蝶党’……每在街上看见女子行走的时候，就趋亦趋，步亦步，希望这个女子相识相交以至于发生恋爱。”在女子方面，“偶尔认识一位男子，便要想到同他交朋友，而他们又没有正当交际的材料——因为没有人生观同事业的观念——彼此就携起手来，逛公园，看电影，听戏，游游戏场，——他们也自命之为‘社交公开’，其实，这又算得甚么社交？更何所谓公开？在这种情形之下，男女两方面必定各将劣点隐藏起来，作出种种假面具来以求对方的欢心。他们也自名之为发生了恋爱以至于结合”。[①] 这种情况下发生的恋爱，“似乎并不是因性情的契合而恋爱，是因为要恋爱，所以假作性情的投契。他们相见时，只是夸示，虚伪，隐瞒和奉承，用这些作为引入恋爱的工具”。[②] 换句话说，他们并不是寻求人格结合的恋爱，只不过是把媒人说的话由自己说出来罢了。在假面具包装下的恋爱，具有一定虚伪性和欺骗性，结婚后自身的缺点马上暴露出来，结果自然可想而知。总之，“青年走的恋爱歧途，就是对于恋爱发源点，弄的‘一错再差’”。[③]

中国素有早婚习俗，青年学生在求学之前往往早有婚约。因此，早婚习俗与恋爱自由不可避免地会撞车。可惜的是，当时退婚与离婚着实不易，且经济尚不能独立，他们不敢违拗父母意愿，只能眼巴巴看着其他同学恋爱，或者割舍早已发生的情谊。一位在外地求学的学生寄居在北京的亲戚家里，他与亲戚家的女儿“年纪相仿，性情融洽，所以在不知不觉中生出一种特异的情感来”。令人遗憾的是，此女已经订婚，他俩的恋情注定没有结果。几年之后，女士要出嫁了，他俩的情谊也只得终止：“在旧礼教的范围里，已婚的女子和别的男子，发生恋爱是算犯极大的罪恶的；我既然爱她，也决不肯使她被人家轻视和讥笑，受那永久的无形的痛苦。

---

① 峙山：《打破翁姑儿媳的关系与应采取的步骤》，中共天津市委党史资料征集委员会、天津市妇女联合会编：《天津女星社》，中共党史资料出版社，1985年，第232页。

② 《中国目前的恋爱问题》，《妇女杂志》1924年第10卷第9号。

③ 姚宾贤：《恋爱问题分析观》，《妇女旬刊汇编》1925年第1集。

所以从她嫁的那一天起，面也不见，信也不通，宁可自己忍受那酸辛滋味，决不愿她为了我引起了家庭中的波澜；于是用着强制的功夫，硬着心肠和她断绝。”①

家长的反对是学生恋爱夭亡的重要因由。两代人择偶观念的差异，常常导致代际冲突。父辈对自由恋爱误解很深，他们认为，“吾辈从前结婚时，向未闻有爱情二字，而皆白头偕老，现代之青年由恋爱而结婚者，何以离婚之案日见其多”。② 学生眼中的神圣恋爱，却被父辈看作不顾廉耻的玷污名节。两代人思想上的差异，铸成了恋爱旅途中的无数悲剧。

北京发生的刘定瑞与陈蕙卿的师生恋爱，就是自由恋爱遭遇传统抵制的典型案例。刘定瑞，北京大兴县人，1923 年 8 月至成德女子中学做汉文教员。在任职期间，他与校内女生陈蕙卿发生恋爱，并私订终身，致使其怀孕。陈父发觉后，强令女儿退学，将其软禁在家。刘定瑞一往情深，意欲求婚，多次上门均被拦阻。陈父不堪其扰，于 1924 年 6 月一纸诉状将其告到京师警察厅。警厅对刘定瑞的行为也不以为然，当即作出批示：“查刘定瑞身充教员，应知道束身自爱，乃竟向女生求婚，被人拒绝，屡缠不休，实属衣冠败类，合行抄录原呈，令仰该区查照，饬警保护，如该刘定瑞仍敢行同无赖，即予传案，以凭讯究。”陈父得到官府庇护后，将警察厅的批文登载于京报，双方陷入僵局。刘定瑞求见无果，而陈蕙卿求救信件频频外传。因此，刘定瑞于 9 月 2 日到地警厅进行控告，陈父为避丑事，举家迁返原籍，以致传唤无踪，诉讼被迫取消。其后，刘定瑞异常悲愤，随即投函给京师警察厅总监，以犀利的言辞抨击了警厅的行为，“致民夫妻活离，父子不见，可悲可哭”。京师警察厅无法接受刘的讥讽，将其羁押在案。后经刘宅四处活动，警厅才“将刘定瑞交其兄刘定寿具领”，并切具安分甘结，事情才算告一段落。③

---

① 何心冷：《我的婚姻问题解决法》，《妇女杂志》1923 年第 9 卷第 7 号。

② 生活周刊社编辑：《迷途的羔羊》，生活书店，1932 年，第 230 页。

③ 《陈其琮关于刘定瑞坚持欲与其女儿订婚并欲来面见请备案饬警保护的呈（一）》，北京档案馆藏京师警察厅档案，J181—18—22139，1924 年 6 月；《陈其琮关于刘定瑞坚持欲与其女儿订婚并欲来面见请备案饬警保护的呈（二）》，北京档案馆藏京师警察厅档案，J 181—18—22140，1924 年 10 月。

从刘定瑞所具甘结以及事件的结果看，他与陈蕙卿的爱情既不能容于父母，又不能容于社会，也不能容于执法部门。只有放弃对自由恋爱的追逐，屈服于传统势力，他才能被免予追责，事件才能平息。一段冲破世俗的纯真恋情，终被世俗所扼杀，当事人消弭了锐气之后，被迫反省自己的行为。自由恋爱与社会现实发生冲撞时只有两种结局，青年男女要么以自己的坚贞意志赢得父母的同情和支持，要么就是私奔或殉情了。恋爱需要自由的土壤，在禁锢个性的社会环境中，很难结出丰硕的果实。即使部分青年勇敢地率先探索，他们的自由恋爱也未必能有好结果。

青年学生的恋爱困境指涉了一个议题，那就是求学期间他们是否应该谈恋爱？当时不少期刊对此进行了讨论，以学生为主要发行对象的《学生杂志》特别刊行《青年与恋爱》专号进行讨论。大学生张友仁注意到，恋爱的狂热在学生中已经成为事实的存在，“试看现在的青年：不是讲离婚便是说解约；不是在拒婚，便是想逃婚；其余开口恋爱，闭口自由，更是家常便饭。书也不想读了，家庭也不要了，甚至自己生命也不顾了；一天到晚，只在婚姻问题中讨生活”。[①] 广东高师学生禤参化指出，“恋爱忙”是青年界的三个流行病之一，“怪得很！近日一般青年学生，终日盘旋脑际，绊住心头的，无非那恋爱问题——有多少误解或莫大之误解的”。[②] 在金陵大学当教授的美国人柏克都注意到，能实行男女交际的学生还是少数，但他们都想着恋爱的事情，写论文的题目也多以爱情为主。[③] 为此，有人劝告说：“婚姻问题，固然是人生中的重要问题；但只是人生重要问题中一个，还有与此同一重要的问题在呢！而且不是婚姻问题解决了，其他一切幸福就都有了啦！”[④]

在讨论中，有些论者不同意学生谈恋爱。汪汝干认为，中学生受到年龄与身心发育的限制，不可能处理好恋爱中所涉及的问题，“既然中等学生，

---

① 张友仁：《青年与婚姻问题》，《学生杂志》1924 年第 11 卷第 1 号。

② 禤参化：《青年界的流行病》，《学生杂志》1924 年第 11 卷第 4 号。

③ 落霞：《外国人嘴里的中国新式婚姻》（上），《生活》1927 年第 2 卷第 46 期；落霞：《外国人嘴里的中国新式婚姻》（中），《生活》1927 年第 2 卷第 47 期。

④ 张友仁：《青年与婚姻问题》，《学生杂志》1924 年第 11 卷第 1 号。

不能分心他事，不能有所定识，难道就能实行最易分心，最易走入歧途的恋爱吗?”至于恋爱的研究更不可能了，“因为互相研究恋爱，至引起其他影响——如手淫、鸡奸等事——更是常事！这种三五成群，聚谈恋爱，最易引起同学的堕落!”所以，他给出的建议是“不闻不问，专心读书”。[①] 南京建业大学学生周钧同样认为，中学生身体尚未发育健全，意志尚未坚定，贸然从事恋爱，易于堕落，“看着数学就头疼，见着理化便讨厌；甚至上课时只见黑板上有了个伊，看书时，只看书本上有了个伊”。因此，他希望主持教育者不要过分提倡恋爱，而一般青年对于恋爱问题要看得淡漠一些。[②] 北大学生陈东原也认为，恋爱非学生时代所有，因为恋爱要谋求灵肉一致，从而产生肉体关系和结婚问题，导致经济压力增大，因此建议“要储集其丰富的学识，训练其强健的身体，琢磨其纯洁的心灵以从事于未来的人生事业”。[③]《生活》对此议题也表示过一致意见，认为“人生意义所包含的范围很广，在个人方面学业事业亦其重要方面，为人群服务尤为重要的方面，决不是恋爱问题或婚姻问题所能一网打尽”。针对学生因失恋而颓废的现象，作者指出，“耗其精神智力，神魂颠倒于失恋中，此岂徒个人的损失，抑亦民族的隐忧”，况且“依法律在二十足岁以内，婚姻须得父母同意，无完全自主权；又在经济未能自立的时期，在中学时代，此事动不动就不免受父母的干涉，或以断绝经济为要挟，自寻苦恼，何苦来!”作者最后建议，要“用以锻炼体格，增进学识，修养品性，以备造成有用之材而为此亟待建设的国家社会的未来中坚分子”。[④]

当然，明确主张青年学生应该谈恋爱的也大有人在。金陵大学的张企留认为，以前的学校与家庭教育将恋爱过于神秘化，致使学生无法正确认识恋爱，其普遍存在的问题就是“误解两性的恋爱只为了肉欲和性交”。要了解恋爱的正轨，就非谈恋爱不可，故而建议在公民学课程中添加恋爱课程。[⑤]

---

① 汪汝干：《中等学生对恋爱应取何种态度》，《学生杂志》1924 年第 11 卷第 1 号。
② 周钧：《中等学生对恋爱应取何种态度》，《学生杂志》1924 年第 11 卷第 1 号。
③ 陈东原：《恋爱之途》，《学生杂志》1924 年第 11 卷第 1 号。
④ 中萍：《荒谬》，《生活》1931 年第 6 卷第 31 期。
⑤ 张企留：《中等学生该不该谈恋爱》，《学生杂志》1924 年第 11 卷第 1 号。

还有不少人采取折衷态度，如北京美术专科学校的胡国亭指出，要解决学生的失恋失败问题，就要增进学识，明了恋爱的真义，故而对恋爱应采取研究的态度，要稳健从事，切忌冒进，要“抱真挚的态度，作友谊的连络；审查对方的性情和意志；要有高尚的思想；要取稳健的方针，不可急就轻进”。[①] 邵彬如则主张，“自由恋爱，自由结婚，须待男女知识能力，充分固定以后，方可实行”，但“对于择偶问题，还是要十分注意；不可像乡村的儿女们，听到自己的婚事，便耳红面赤，害羞起来，把终身大事，不管好歹，任凭父母的主观，任意摆布”。[②] 问题在于，知识能力的“充分固定”并无确定的衡量标准，在实际生活中可能因人而异，故而在实践中难以把握。

总之，五四时期启蒙知识界虽在大力推介恋爱自由观念，但社会对其整体持保守态度，更重要的是其个性主义特征与传统家族主义理念冲突，故为不少家长所憎恶，多数学校也配合家长的意愿采取抵制措施。至于学生群体自身对于求学期间是否应该谈恋爱，论者也未取得基本共识。五四启蒙思想传递效应的递减和社会的整体保守，决定了恋爱观念的践行无论在地域上还是群体上，都有一定的局限。从地域上看，恋爱婚姻观传播范围广、影响程度深的区域多集中在深受五四新文化洗礼的地方；从群体上讲，接触恋爱婚姻观的人群主要局限于知识阶层，认同并能勇于实践者的数量则更少。正如陈东原后来在《中国妇女生活史》中所指出的那样，即使在自由恋爱呼声最高的五四时期，“纯粹的恋爱结合，总的还只有少数人敢去尝试”。[③]

综上所述，五四时期青年们伦理观念的更替，带动了情感生活方式的变动，恋爱者享受到与传统私情不同的情感体验。但整体而言，因社会的现代性要素发育不完全，传统社会结构根基稳固，社会对恋爱整体呈保守状态，青年人尤其是青年学生因普遍缺乏抵御社会挤压的能力，其恋爱之路困难重重，实践范围并不大，故而观念与现实之间存在巨大张力。

---

① 胡国亭：《中等学生对恋爱应取研究态度》，《学生杂志》1924年第11卷第1号。
② 邵彬如：《中等学生对恋爱应取何种态度》，《学生杂志》1924年第11卷第1号。
③ 陈东原：《中国妇女生活史》，商务印书馆，1937年，第339—402页。

## 本章小结

恩格斯在阐述欧洲中世纪的封建婚姻时指出，“仅有的那一点夫妇之爱，并不是主观的爱好，而是客观的义务；不是婚姻的基础，而是婚姻的附加物”。[①] 这一论断虽有些绝对，但也大致概括了那个时段的婚姻基本特征，以其来衡量古代中国的婚姻特性也基本适用。传统宗法社会以家族主义为基础，塑造了“重礼轻爱”的婚姻特征，故而传统社会并无表达男女之情的特定概念。概念是事物特定意涵的概括，是时代精神的积淀。“恋爱”由同义复合使用表示“眷恋”“爱恋”之意，转换为强调男女之情的特定概念，这是时代变迁中伦理关系变动的反映。对家族主义的持续批判激发了个人主体意识的觉醒，具有现代意义的“恋爱”终于取代了传统的男女之“情”。这不仅仅是词汇语意的转换，更是国人情感态度与生活方式的转变。性道德具有充分的实践精神，是人类把握世界的特殊方式。因此，以恋爱为核心的新性道德的建构，就成为认识、剖析五四时代的重要着眼点。

具有异质文化特性的恋爱观念，要在宗法文化浓厚的中国扎下根来并不容易。跨文化的观念传播不可避免地要产生摩擦和碰撞，从而产生误读、误解，社会通行的看法是将其与奸淫等不道德性行为关联在一起。为了矫正这些错误观念，知识界从恋爱与性欲的关系、恋爱与文明进化以及恋爱的意义等方面入手，廓清了恋爱与私情的差别，赋予了其高尚精神的特性。通过恋爱与贞操关联的论证，建构了以恋爱贞操观为特征的新性道德，为一夫一妻制奠定了伦理基础。为了扩大恋爱观念的影响力，知识界还不失时机地创造条件，掀起各类主题讨论，深化了对于恋爱观念的理解，鼓舞着青年们追求具有高尚精神性的恋爱生活。然而，近代中国社会发育并不完全，并未给两性恋爱创造充分条件，社会对恋爱整体持保守态度，其践行步履维艰。即使

① ［德］恩格斯：《家庭、私有制和国家的起源》，《马克思恩格斯选集》第 4 卷，人民出版社，1995 年，第 75 页。

如此，恋爱概念的新阐释依然具有伦理革命的意义，它是对两性生活新方式、新体验的阐述，其中隐含着男女自由、平等的内在命题，体现了知识界对个体价值的认知和尊重。“爱情是社会的构成力”，[①] 恋爱婚姻观意味着婚姻组织方式的革新，它以两性协作的方式促进社会肌体组织的丰富与完善，体现了知识界建构近代民族国家的思考和选择，是近代中国文明转向的重要表征。

---

① 杨贤江：《青年的恋爱》，《少年社会》1920年第2卷第5期。

# 第三章　新思想与旧道德交织中的择偶观念

传统社会的宗法性塑造了相应的婚姻规范，“父母之命，媒妁之言”是缔婚的主要准则，“门当户对”是择配优先考量的要素。清末以来，渐次兴起的个人主义观念站在家族主义的对立面，对传统婚姻规范产生了冲击，知识青年择偶的自主意识日益强烈，择偶标准也从门第转向了以知识为核心的多元考量。那么，知识界构建自由结婚权的内在逻辑是什么？择偶标准变化的内在理路是怎样的？观念和现实之间存在何种张力？其中又体现了知识青年的何种心态？这些问题有助于把握过渡时代婚姻变迁的基本特征。

## 第一节　“学堂知己结婚姻”：清末以来知识青年的择偶新观念

传统婚姻的主婚权主要操之于家长，择配重点考量对方家庭的经济水平和社会地位是否与己方匹配。对个人的考察，则在于传统性别分工模式下的家庭贡献能力，[①] 因此，传统婚姻可以说是为某种社会目的而结合的“事业型”婚姻。[②] 在国家主义和个人主义与家族主义博弈的过程中，知识青年的个体意识逐步增强，婚姻自主的要求益发强烈，不可避免地削弱了其宗法特性，性情的契合与情感的培养成为他们考虑的重要因素。因此，“学堂知己结婚姻”成为清末以来知识界构建的理想择配范型。

## 一、知识界解构传统主婚权的努力

传统观念认为，婚姻的目的在于“合二姓之好，上以事宗庙，而下以继后世”，[③] 通俗地讲就是“重人伦，广继嗣”。[④] 陈顾远解释道：“中国自周以来，宗法社会既已成立，聘娶形式视为当然，于是婚姻之目的，遂以广家族繁子孙为主，而经济关系之求内助，反居其次。至于两性恋爱之需要，虽在事实上不无发现，然往时学者既以婚礼有无，衡度两性之结合正确与否，则在所谓别男女之目的下，非仅轻视，抑或否认也。”[⑤] 因此，“重礼轻爱”是传统婚姻的特征之一。明末清初理学家张履祥在致友人书中，叙述了其兄因妇死而“情绪甚苦”的状况，他批评说：“但闻妇人以夫子为终身之托，未闻男子以妇人为荣瘁者也”，抱怨其兄“困于此妇”的状态，扰乱了夫妇伦理纲常，[⑥] 这表明理学视野中的夫妇之情并不是夫妇纲常中必不可少的。

传统婚姻既以“广家族繁子孙”为目的，那么“父母之命，媒妁之言”就理所当然成为缔婚的基本准则，目的在于“隔男女，防淫逸，养廉耻”。[⑦]《白虎通·嫁娶》中说：“男不自专娶，女不自专嫁，必由父母，须媒妁。”[⑧]《诗》云：“娶妻如之何？必告父母。……娶妻如之何？匪媒不得。”[⑨]《孟子·滕文公下》说：“不待父母之命，媒妁之言，钻穴隙相窥，逾墙相

① 丁世良、赵放主编：《中国地方志民俗资料汇编·东北卷》，书目文献出版社，1989年，第84、104页。
② 祝瑞开：《中国婚姻家庭史》，学林出版社，1999年，第2页。
③ （清）孙希旦撰，沈啸寰等点校：《礼记集解》（下），中华书局，1989年，第1416页。
④ （清）陈立撰，吴则虞点校：《白虎通疏证》，中华书局，1994年，第451页。
⑤ 陈顾远：《中国婚姻史》，上海书店影印，1985年，第6—7页。
⑥ （清）张履祥著，陈祖武校：《杨园先生全集》（上），中华书局，2002年，第125页。
⑦ 陈鹏：《中国婚姻史稿》，中华书局，1990年，第317页。
⑧ ［清］陈立撰，吴则虞点校：《白虎通疏证》，中华书局，1994年，第452页。
⑨ 周振甫译注：《诗经译注》，中华书局，2010年，第128—129页。

从，则父母国人皆贱之。”[①] 研究表明，传统社会的“礼与律亦有相径庭者”，[②] 但礼法一体的基本特点并未改变，[③] 因此该项婚姻准则最终法律化，被明文载入法典。《明律》规定：“婚娶皆由祖父母、父母主婚，祖父母、父母俱无者，从余亲主婚，其夫亡携女适人者，其女从母主婚。”[④] 清袭明制，坚决维护父母对于子女婚姻的决定权，《大清律例·户律》强调：“嫁娶皆由祖父母、父母主婚，祖父母、父母俱无者，从余亲主婚。”[⑤] 从其规定看，子女的主婚权皆决定于家长之手，倘若亲属尚在而子女自行决定婚事，要处以受杖 80 的刑罚。在家族势力强大的地方，子女婚姻的决策不仅仅取决于父母，还会受到宗族势力的干预。江苏宜兴篠里任氏家族要求，家长为子女议婚将成时，必须报告祠堂的宗长，只有取得他们的允准，婚事才能最终决定下来。[⑥] 在家国同构体制下，无论国家意志还是宗族礼法，都在维护家长的主婚权。如此这般，作为婚姻当事人的青年们自主择偶的余地相当小，无论自己是否愿意都必须服从家长的安排。

鸦片战争之后中外联系日益紧密，文化交流日趋频繁。英国学者特伦斯·霍克斯指出：“人在世界上的作用，最重要的是交流。”[⑦] 利用坚船利炮之便再次进入中国的传教士，把介绍西方文化作为精神洗礼国人的重要手段。为此，他们创办了大量报刊、兴建了不少学校，促进了西方文化的传播，扩宽了国人了解西方的渠道。传教士们认为，“首等中西互有裨益之事，敦正本也”。[⑧] 那么，什么是西方文明思想的“本”呢？自法国大革命以来，自由、平等、博爱就成为西方启蒙思想的核心，而平等观念则是现代文明之母。因此，“敦正本”意味着性别平等观的建构。英国传教士艾约瑟、美国传教士林乐知等人，立基于宗教事业，以新闻传播为手段，积

---

① （清）焦循撰，沈文倬点校：《孟子正义》（上），中华书局，1987 年，第 426 页。
② 陈鹏：《中国婚姻史稿》，中华书局，1990 年，《例言》第 1 页。
③ 张仁善：《礼·法·社会：清代法律转型与社会变迁》，天津古籍出版社，2001 年，第 28 页。
④ 《婚姻法教程》编写组：《婚姻立法资料选编》，法律出版社，1983 年，第 103 页。
⑤ 田涛、郑秦点校：《大清律例》，法律出版社，1999 年，第 204 页。
⑥ 《宜兴篠里任氏家谱》卷 25《婚娶议》，1948 年稿本。
⑦ ［英］特伦斯·霍克斯著，瞿铁鹏译：《结构主义和符号学》，上海译文出版社，1987 年，第 128 页。
⑧ 沈毓桂：《兴复〈万国公报〉序》，《万国公报》1889 年第 1 册。

极推动中国知识分子观念的转变。[①] 如复刊后的《万国公报》通过各类学校、教会和社团广为传布，与当时的维新报刊遥相呼应，激发了维新知识分子的阅读热情。[②]

传教士围绕着中国传统的两性伦理、婚姻制度著书立说，宣扬性别平等观念，不可避免地引起了维新知识分子观念的变动。以王韬为例，他长期就职于教会创办的墨海书馆和格致书院，并有多年游历海外的经历，丰富了思想，开阔了眼界。[③] 广东南海人康有为讲学长兴里时，“好浏览西学译本，凡上海广学会出版之书报，莫不尽量购置”。[④] 湖南浏阳人谭嗣同北上访学时，“广购当时江南制造局翻译官译出的自然科学，广学会译出的外国历史、地理、政治和耶稣教神学以及《西国近事汇编》《环游地球新录》”。因此，有人曾断言，“康有为等维新人士的新知识，有许多地方是从研读广学会中书籍而来的”。[⑤] 安徽籍进士龚心铭读了广学会出版的《全地五大洲女俗通考》后，认识到了重视妇女的意义，认为“一男教成，止于成就一人，一女教成，又以教成无数子女，法良意美，遗惠有穷乎?”[⑥] 研究表明，该文影响的不止龚氏一人，它对郑观应、陈炽、梁启超、康有为等人女性观的塑造都有重要指引作用。[⑦] 西方文化的输入影响了以康、梁为代表的维新知识分子，促使其思想发生了转变。

其实，平等意识在强调等差有序的传统中国也并非全无思想根基。不过，无论是老子、庄子的自然平等观，还是明清之际李贽、黄宗羲、王夫之、唐甄等人对“三纲”的批判，都并非传统思想的主流。[⑧] 清末民初，在文化权势转移的背景下，西方文明成为本土文化重建的重要参照。维新知识分子吸收了西方启蒙核心理念中的平等观，并从本体哲学和人性哲学领域为

① 参阅［美］贝奈特著，金莹译：《传教士新闻工作者在中国：林乐知和他的杂志（1860—1883）》，广西师范大学出版社，2014年。

② 蒋建国、朱慧：《〈万国公报〉的发行、阅读与社会影响》，《出版发行研究》2020年第6期。

③ 参阅［美］柯文著，雷颐等译：《在传统与现代性之间——王韬与晚清改革》，江苏人民出版社，1998年。

④ 冯自由：《革命逸史》第4册，中华书局，1981年，第240页。

⑤ 杨廷福编：《谭嗣同年谱》，人民出版社，1957年，第63、52页。

⑥ 龚心铭：《序》，上海广学会：《全地五大洲女俗通考》，华美书局，1903年，第10页。

⑦ 卢明玉：《林乐知〈全地五大洲女俗通考〉对妇女解放思想的引介》，《甘肃社会科学》2009年第6期。

⑧ 魏义霞：《平等与启蒙——从明清之际到五四运动》，中华书局，2011年，第2—3页。

之寻找依据，有力地推动了近代中国思想界的觉醒。[①] 他们开始用新理念来审视传统婚姻文化，从而迎来了对其进行自觉批判的时代。

维新知识分子以西方平等观接续了明清之际的平等意识，并使之成为批判传统“三纲”的思想武器，进而质疑“父母之命，媒妁之言”的主婚法则。宋恕为谋求进身之阶，长期游历于江、浙、沪、鄂、津等地，他“浪迹江海……所至辄从师友假四部籍及近译白人书，穷闲暇披览之，弗辍舟车中”，[②] 对于中西学问皆有见解，并形成了自己独特的论学与治学趋向。他强烈控诉女性的贞烈之风，反思父母专婚之不足，主张婚姻应取得当事人的同意。[③] 谭嗣同则说：“本非两情相愿，而强合漠不相关之人，絷之终身，以为夫妇，夫果何恃以伸其偏权而相若哉？实亦三纲之说苦之也。”[④] 还有一些知识分子，包括为数不多的知识女性，在女性报刊上表达对包办婚姻的不满。她们认为，“以自有之身，待人主婚，为人略卖，好恶不遂其志，生死悉听之人”，[⑤] 是人生之大不幸。同时她们还指出：“中国婚姻一事，最为郑重，必待父母之命，媒妁之言。礼制固属谨严，然因此而贻害亦正无穷，凤鸦错配，抱恨终生；伉俪情乖，动多反目。”[⑥] 显然，传统文化的整体负面化，不可避免地影响了启蒙知识界对传统婚姻的判断。他们认为，包办婚姻贻害的根源在于父母主婚，要铲除它就必须挖掉支撑其存立的“三纲”伦理。

进入20世纪之后，革命成为时代的最强音。知识分子为了反对封建专制体制，积极宣传社会契约论和天赋人权论，自由、平等成为近代启蒙思想最显赫的主题，开阔了中国人的眼界，提高了他们的个体意识和主体意识。基于构建现代民族国家的需要，知识分子从家国同构的特点出发试图重建家庭制度，传统婚姻不可避免地受到冲击。

在知识界看来，中国婚姻亟需变革的就是父母主婚的问题：“中国主婚

---

① 近代维新知识分子平等观念的阐发，可参阅王栋亮：《自由的维度：近代中国婚姻文化嬗变研究（1860—1930）》，社会科学文献出版社，2016年，第90—92、116—119、158—161页。

② 《六字课斋卑议（印本）·自叙》，胡珠生编：《宋恕集》（上），中华书局，1993年，第158页。

③ 《六字课斋卑议（初稿）》，胡珠生编：《宋恕集》（上），中华书局，1993年，第31页。

④ 《仁学·序》，蔡尚思、方行编：《谭嗣同全集》（下），中华书局，1981年，第348—349页。

⑤ 王春林：《男女平等论》，上海《女学报》1898年第5期。

⑥ 《贵族联姻》，上海《女学报》1898年第5期。

之全权，实在于父母，而无子女容喙之余地，此其弊之最大者也。”[①] 父母之所以坚持主婚权，是因为国人对种族绵延的特别坚持，这是为人父母者为家族应尽的义务。为实现这个神圣的目的，为儿女主婚就成为父母的重要职责：“今则不问其愿与否也，苟经父母长亲之允诺，虽其子女心有不然，而亦无可如何，引为嫌疑而避之。而为之父母长亲者，亦悍然自居，以为此固我之责任也，此固我对乎子女之主权也，于乎何侵其子女自由之甚耶?”[②] 自由平等观念已经在青年人心中掀起了波澜，但根深蒂固的家族观念的因袭显然并未让父辈们有所警醒。

儿女婚姻的缔结，意味着父母担负的家族义务的完成，传统婚姻因注重家族义务而显得特别悲壮。[③] 在他们看来，“能为子女择佳妇佳婿，以遂其一生之愿”，[④] 为人父母者为能完成家族义务而怡然自得，而接受了新知的人们则不以为然：“以天然好合之男女而假手于人，听命于神鬼，并借之以为贸易，居之以为待价，而爱之一质点遂无由而交合，种种悲欢离合，贪嗔怨慕，猜忌争夺之惨剧由是而演成，之间有好合相得者，万矢而中一的耳。”[⑤] 时人之所以强烈质疑传统婚姻，是因为其包办、论财且带有迷信色彩，最重要的是忽略了爱情这一现代婚姻的核心要素，这正是造成家庭纷争乃至人间悲欢离合的主因。

传统婚姻“重礼轻爱”使有情人难成眷属，婚姻生活难以美满幸福，这是 20 世纪初启蒙思想界的共识。有人就指出，包办婚姻往往导致所适非人，抱撼终生：“贫富异配，智愚殊偶，嫫姆而妻潘岳，西施而嫁僬侥，遗憾父母，贻害终身，以至蒸梨构衅，下堂求去。”[⑥] 康有为在《大同书》中指出：“然立义既严，困人益甚，则有两美相遇，啮臂盟深，而以事见阻，好合难完。或以门户不齐，或以名义有限，海枯泪竭，心痛山崩，则艰危万状，甚

① 履夷：《婚姻改良论》，《留日女学会杂志》1911 年第 1 期。
② 杜士珍：《婚制改革论》，《新世界学报》1903 年第 14 期。
③ 费孝通：《乡土中国　生育制度》，上海世纪出版集团，2007 年，第 466 页。
④ 履夷：《婚姻改良论》，《留日女学会杂志》1911 年第 1 期。
⑤ 亚兰：《论婚律》，《女子世界》第 1905 年 2 卷第 4—5 期。
⑥ 凰城蓉君女史来稿：《婚姻自由论》，《清议报》第 15 卷第 4 卷文苑上。

且轻生以求同穴者，乡邑频见，则全地日月不知万亿可知也。”① 他这番表述表明，传统礼教并不能杜绝男女之情的滋生，但父母专婚遏制了爱情向婚姻的发展，造成了劳燕分飞的惨剧。金天翮认为，父母专婚损害了女性人格：“今流俗之视婚姻，亦以为珍秘、庄严之事，岂知昨日陌路，今日衾裯，正使行路之人岸然立于所天之地位，欲求尊贵其女子之品格，而适使其为卑贱之行矣。”② 其意是说，婚姻本身虽然庄严、神圣，但这种择配方式败坏了女性品格，破坏了婚姻的神圣性。

他们还认为，夫妻感情不睦影响的不仅仅是个人生活，还关乎社会风气：“饮食男女，人之大欲存焉，情欲之念，必不能终郁无所施，不施于正当之配偶，则施于密约之情人，濮上桑间，所以时有不名誉之结合也。故为夫者不钟情于其妻，则狎妓蓄妾之风开矣；为妻者不钟情于其夫，则外遇私奔之事至矣。”③ 情欲是人的生理本能的产物，如果不能在配偶那里有所寄托或宣泄，不免要发生桑间濮上的私情，男性的狎妓、蓄妾或女性的私奔就不能止抑，甚至发生悲剧。陈独秀为此指出，“那守规矩的人，不是毫无爱情，难以生育，就是郁抑成疾，除死方休。那不守规矩的人，还要闹出许多新鲜的笑话儿来”。④

优生学自清末开始传入国内，士人孙宝瑄开始以此阐释包办婚姻对人口数量以及人种质量的影响。他认为，“我国人口繁殖，甲于地球之故，由男女配偶不能自择，皆为父母所强定，故男子无妻者盖少。且相传古训有云：不孝有三，无后为大。因重嗣续，于是男子几无不娶之人，此生齿所以日见其繁也”。⑤ 孙氏指出，传统婚姻的承嗣性塑造了其缔结形式和生育观念，故而造成了人口的繁盛。相比较而言，西方社会婚姻自主程度高，社会承嗣观念较轻，即使保持独身社会也并不以为非，是以人口出生率较低。同时，孙宝瑄还考察了欧洲伟人的成长历程，通过比较他发现：“凡欧洲自古大人物，

① 《大同书》，姜义华等编：《康有为全集》第 7 集，中国人民大学出版社，2007 年，第 30 页。
② 金天翮著，陈雁编校：《女界钟》，上海古籍出版社，2003 年，第 77—78 页。
③ 履夷：《婚姻改良论》，《留日女学会杂志》1911 年第 1 期。
④ 三爱：《婚姻》（上），《安徽俗话报》1904 年第 3 期。
⑤ （清）孙宝瑄：《忘山庐日记》，上海古籍出版社，1983 年，第 499 页。

强半野合而生。盖野合者，必两情相遂，故其种姓精良，造成之人往往不凡。我国男女禁自择配偶，其交合皆属勉强，故种姓不精良，而人才罕觏。国之不振，非一原因也。”① 伟人的成长固然依赖于良好的基因，但它的成长显然还有其他社会性因素的影响，不过这一点明显被孙氏过滤掉了，否则不足以突出婚姻改良的重要性。通过比较中西婚姻缔结方式的差异，他得出这样一个结论：包办婚姻是造成人种质量低下，国家人才匮乏、国运不昌的重要原因。如此一来，改良婚姻，强壮种族也就顺理成章了。

自由意识的萌发必然追求个体独立，其表现之一就是婚姻自主，“人生婚事，实居冠后，故婚姻之事，揆之公理，即之人情，例由子女自立，父母不得专尸其责”。传统婚姻恰恰走向了其对立面：“中国父母之于子女婚事，当其始，有所谓问名纳采者，则父母为之；至其中，有所谓文定纳币，则父母为之；及其终，有所谓结缡合卺者，亦莫非父母为之。……中国人以依赖根性闻于大地，而长为神州之污点者，未使非父母养成之也”。② 传统婚姻的每一步都在父母的主导下完成，婚姻当事人默然置于第三方立场。为人父母者为此殚精竭虑，但这在具备了进化论思想的时人看来，恰是养成国民依赖性，弱化民族竞争力的重要原因。

“媒妁之言”与“父母之命”相辅而行，前者是后者的延伸。既然包办婚姻受到批判，“媒妁之言”也难逃被指责的命运。传统媒妁的作用在于隔绝男女以“养廉耻”，孙宝瑄通过比较中西择偶的状况对此提出了质疑：“白种人男女自择配偶，岂皆可谓之无廉耻乎？盖文明世界，男虽与女交游，决无苟且可耻之事，故不必设媒以为介绍也。若支那，男女苟非家人至亲，则不可相见，以防可耻之嫌。故昏配必以介绍，职是故也。”③ 他对西方社会自由婚姻的说辞显然充满了想象和不实，不过在文化权势转移的背景下并没有人去深究这些细节。在他看来，媒妁不仅无法“养廉耻”，反而加剧了淫乱之风：“男与女惟太隔绝，一旦相见，电感益厉。”④ 物理学术语引入生物学

① （清）孙宝瑄：《忘山庐日记》，上海古籍出版社，1983年，第598页。
② 陈王：《论婚礼之弊》，《觉民》1904年1—5期合订本。
③ （清）孙宝瑄：《忘山庐日记》，上海古籍出版社，1983年，第318页。
④ （清）孙宝瑄：《忘山庐日记》，上海古籍出版社，1983年，第1097页。

范畴，增强了表达的形象力和说服力，意在说明异性相吸是人类具有普遍性的生理本能，男女隔绝反而放大了性的吸引力，刺激了“钻穴隙相窥，逾墙相从”之事，故而传统社会的男女私情并不鲜见。

金天翮将媒妁誉为“第二之造世主”，其作用在于“通两家之驿骑，而较量其才智品德之高下，使无有怨诽”。正因为媒妁在其中发挥着联络作用，一旦用人不当流弊甚大：“然支配不得当，较量者不在男女之才智品德，而在一己之锱铢，当抑而扬，心毁而口誉，则媒妁之毒流社会矣。”① 其他论者则鄙视媒妁的人格，“世之为媒妁者，大率皆趋附之徒，好事之辈”，② 其流毒在于上下其手，欺骗双方，以致鸳鸯错配、淫风四起，加剧了婚姻当事者的苦痛，媒妁因此被视为“自由结婚之大蟊贼”。

民国创建后尤其是在五四时期，知识界以民主与科学为思想武器，批判“三纲五常”以及家族制度，推动了自由、平等理念的传播，树立了个人主义观念。③ 他们以报刊为公共文化载体，大力批判包办婚姻，阐扬恋爱婚姻观。

1918 年夏，《新青年》杂志刊登了挪威现实主义作家易卜生的《玩偶之家》，其中阐发的主题“娜拉式出走”引发了知识界关于恋爱、婚姻自由的讨论。不久，鲁迅就在《新青年》撰文批评包办婚姻，他借用一位青年人的诗说道：“这婚姻，是全凭别人主张，别人撮合：把他们一日戏言，当我们百年的盟约。仿佛两个牲口听着主人的命令：‘咄！你们好好的住在一块儿吧！’爱情！可怜我不知道你是什么！”对此，鲁迅深有感触地说：“这是血的蒸汽，醒过来的人的真声音。爱情是什么东西？我也不知道。中国的男女……不知道有谁知道……然而无爱情的结婚的恶结果，却连续不断的进行。”④ 留学日本的鲁迅当然懂得什么是爱情，这番表述无非在强调，自己也是包办婚姻的受害者，以此来强化包办婚姻对人性束缚的控诉。

青年马克思主义者李达在《女子解放论》中指出，“若提到婚姻二字，

① 金天翮著，陈雁编校：《女界钟》，上海古籍出版社，2003 年，第 75 页。
② 陈王：《论婚礼之弊》，《觉民》1904 年 1—5 期合订本。
③ 陈独秀：《东西民族根本思想之差异》，《青年杂志》1915 年第 1 卷第 4 号。
④ 鲁迅：《随感录四十》，《鲁迅全集》第 1 卷，人民文学出版社，2005 年，第 337 页。

我敢武断说，中国数千年只有买卖婚姻，掠夺婚姻，惨无人道的东西……家庭间种种悲剧，十有九从此酿成的。最可怪者，譬如这样结成的一对夫妇，自己受了痛苦，后来反忘记了。对于自己生出来的子女，也照样画葫芦，预先为他们结些奴隶牛马的契约，一误再误，千千万万，谬种流传”。[①] 还有人认为：“这种没有自主权的结婚，直与‘强奸’之罪相等，或许更甚，因为一般的‘强奸’，不过被强奸的一个人受痛苦，而且是一时的；若在盲目结婚的‘强奸’言之，则含有永久性的，而且关乎男女两方的痛苦，同时影响家庭秩序的不安宁，更进而关联到政治上、经济上、社会上，都蒙莫大的损害。”[②] 不难看出，上述论者深受社会达尔文主义的影响，中西、新旧在他们的观念中完全不兼容，故而把包办婚姻和恋爱婚姻置放于对立的境地，甚至运用了“强奸”等耸人听闻的字眼，以引起读者的注意和共鸣，带有强烈的情感色彩。相较而言，女权主义者陈望道的表达要平和的多，他说：“我们对于婚姻眼下的实情觉得不安者，就是一般父母代定的惯习……婚姻上最适当的扶助人虽是父母及朋友，但朋友想要做他们最适当的扶助人实须具有不肯专断的精神，父母也应如此。”[③] 陈望道用平和的语调表达了对包办婚姻的批评，认为父母的责任在于扶助、指导，而非婚姻的专断。

在清末，新知识界就开始组建社团向基层社会传递文明气息。[④] 五四时期，启蒙知识界不仅在创造新知识，同时依旧利用社团搭建新理念的传播平台。研究表明，他们主要依靠团体活动和舆论宣传两大利器来宣传自己的主张。[⑤] 据不完全统计，五四时期大大小小的社团有数百个之多。[⑥] 其成员上有高级知识分子，下有中学生，他们纷纷创办刊物，组织社员学习、讨论，对外宣传自己的主张。如河南的青年学会创办了《青年》半月刊，其中就有宣传个性解放、婚姻自由的内容，[⑦] 思想敏锐的青年学生不可避免地要受到

---

① 《女子解放论》，李达文集《编辑组》编：《李达文集》第1册，人民出版社，1980年，第19页。

② 丘式儒：《我的自由结婚观》，《妇女杂志》1928年第14卷第7号。

③ 陈望道：《我的婚姻问题观》，《东方杂志》1924年第21卷纪念号。

④ 桑兵：《清末新知识界的社团与活动》，生活·读书·新知三联书店，1995年，第292页。

⑤ 陈文联：《论五四时期探求“婚姻自由”的社会思潮》，《江汉论坛》2003年第6期。

⑥ 曲广华：《中国近代文化与五四社团》，吉林大学出版社，2004年，第123页。

⑦ 《编者说明》，张允侯等编：《五四时期的社团》（三），生活·读书·新知三联书店，1979年，第100页。

影响。北京大学的学生以纯真质朴的声音表达了对包办婚姻的不满："提起中国婚制，真叫人痛心！什么'父母之命'，'媒妁之言'，子女简直没有置喙之地。糊里糊涂的就把女儿给了人！糊里糊涂的又给儿子订下媳妇了。无论子女是什么意思，完全不管。子女好像没有思想，没有意志，没有脑筋，所以由人包办。又好像买卖物具一样，随便买一个，随便卖一个，哪里想到是为子女的婚姻?"[①] 天津直隶女师的学子们以《女星》为媒介，发出了自己的呐喊："不良的'婚姻制度'，什么'父母之命，媒妁之言'……不过是束缚女子的圈套，使伊们没有说话的余地罢了。许多女子常因此服毒、吞金、自缢……演成一种悲惨的社会。"[②] 把女性的悲惨命运与婚制不良紧密联系在一起，这一叙述策略使改良婚制在情理上更易于接受。

总之，在启蒙知识界看来，传统婚姻就是"把男女当做阴阳螺旋，硬性要用机械的手段去凑合"，[③] 是"完全靠着专制的势力和虚伪欺骗的手段，把一对素不相识的青年男女，牵合在一块"。[④] 周作人在《重来》一文中解释道："我们死鬼的祖先不明白结婚的意义，以为他们是专为父母或圣贤而结的，所以一切都应该适合他们的意思，当事的两人却一点都不能干涉。"[⑤] 当然，我们的祖先并非不明白婚姻的意义，只是因为性道德的转换使婚姻的意义发生了转移。依据新性道德，"不自然的旧式婚姻没有恋爱做基础，是一种不道德的行为，而且从事实上理论上考察，这种结合不过是增加旷夫怨女，对社会对婚姻当事人都是有害而无利的"。[⑥] 接受了启蒙教育的青年人一旦接受了新思想，自然向往自由的婚姻生活，包办婚姻定然要被他们所抛弃了。

---

① 崔溥：《急需改革的中国旧式婚姻制度和由经济上来解释这种改革的天然趋势》，《共进》1922年第27号。

② 冯悟我：《被压迫的妇女应有的精神》，中共天津市委党史资料征集委员会、天津市妇女联合会编：《天津女星社》，中共党史资料出版社，1985年，第157页。

③ 陈德征：《袁舜英底死》，《新妇女》1920年第4卷第3号。

④ 妙然：《婚制改良的研究》（上），《新妇女》1920年第1卷第3号。

⑤ 《重来》，1923年6月14日，钟叔河编：《周作人散文全集》第3卷，广西师范大学出版社，2009年，第154页。

⑥ 高尔松、高尔柏：《恋爱论》，《妇女杂志》1924年第11卷第1号。

## 二、自主择偶意识下“同意婚”意愿的上升

启蒙知识界在中西、新旧的纠葛和冲突中，构建了与中国现代转型相适应的性伦理。新性伦理的构建，使包办婚姻的道德合理性不断受到挑战。这一过程从清末开始发酵至五四时期初步完成，知识界形塑了影响至今的婚姻自由观念。

19世纪末，启蒙知识分子开始倡导婚姻自主理念。谭嗣同就提出“夫妇择偶判妻，皆由两情自愿”[①] 的主张。他还在《湖南不缠足会嫁娶章程》中规定：“同会虽可互通婚姻，然必须年辈相当，两家情愿方可。不得由任指一家，以同会之故，强人为婚。”[②] 其中的条款充分体现了婚姻自主原则。康有为在《实理公法全书》中说：“凡男女如系两相爱悦者，则听其自便”，“此乃几何公理所出之法。盖天既生一男一女，则人道便当有男女之事。既两相爱悦，理宜任其有自主之权。”[③] 宋恕不仅主张婚姻自主，“许自相择偶”，[④] 他还结合家族制度、保甲制度拟定了相应的保障措施。严复也主张婚姻自主，他说：“男女自行择配，亦为事之最善者。……实为天理之所宜，而又为将来必至之俗。”[⑤] 当时的趋新女性也在报刊上撰文，力倡婚姻自主，“男女择偶，无烦月老，如或两情相契合，遂尔永结同心”。[⑥]

20世纪初，知识界倡导的自由、平等理念，激发了青年学人更为清晰的主体意识。秋瑾在《勉女权歌》中讲：“吾辈爱自由，勉励自由一杯酒。男女平权天赋就，岂甘居牛后？”[⑦] 在男女平权理念的指引下，知识分子的婚姻自主意识愈发清晰。蔡元培写下《夫妇公约》，明确主张“夫妇之事，当由男女自择”。[⑧] 以鼓吹“女界革命”为宗旨的《女子世界》刊载了不少倡导自由结婚的诗篇，其中一篇说：“放下屠刀佛便成，总缘骨肉显恩情。妙音亦

① 《仁学》，蔡尚思、方行编：《谭嗣同全集》（下），中华书局，1981年，第351页。
② 《湖南不缠足会嫁娶章程》，蔡尚思、方行编：《谭嗣同全集》（下），中华书局，1981年，第396页。
③ 《实理公法全书》，姜义华等编：《康有为全集》第1集，中国人民大学出版社，2007，第149页。
④ 《六字课斋卑议（初稿）》，胡珠生编：《宋恕集》（上），中华书局，1993年，第31页。
⑤ 《论沪上创兴女学堂事》，王栻主编：《严复集》第2册，中华书局，1986年，第470页。
⑥ 《贵族联姻》，上海《女学报》1898年第5期。
⑦ 《勉女权歌》，上海古籍出版社编印：《秋瑾集》，上海古籍出版社，1991年，第121页。
⑧ 蔡元培：《夫妇公约》，高平叔编：《蔡元培全集》第1卷，中华书局，1984年，第103页。

是真菩萨，彼岸回头渡众生。”[①] 妙音指佛教中的文殊菩萨，他是智慧的象征。作者在这里以此来劝导父母要念及骨肉亲情，给予子女婚姻自主的权利，这是为人父母者明智之举。

金天翮在《女界钟》中以对西方自由结婚的美好想象，表达了他对婚姻自主的憧憬：“欧洲结婚之事，虽尊亲如父母，不能分毫干涉。居恒选择，必于同学之生、相交之友，才智品德、蠢灵妍丑较量适当，熟习数年，爱情翕合，坦然约契，交换指环。结缡之夕，偕赴会堂，长老作证，亲知欢悦，同车并辔，握手归家，参姑嫜于堂前，开舞蹈之大会，夫如是其风流而快意也！”在这充满了浪漫气息的描述中，男女摆脱了父母的干涉，实现自主结婚。夫妻之间要么有同学之谊，要么有朋友之交，品性、才貌相当，又以爱情结合，如此的自主结婚真是风流快意。因此，他希望“移此鸟、此木于亚洲之大陆，使四千万方里化为乐土，四百兆同胞齐享幸福，则必自婚姻自由始矣”。[②] 鉴于自主择偶的种种好处，金氏欲施行移花接木之能，将此良俗移植到中国，使天下有情人皆成眷属，四亿同胞同享美满婚姻之幸福。

在启蒙知识分子看来，自主择偶的意义不仅仅在于实现个人的幸福，更重要的是以此为突破口推动国民性的重塑，进而铲除封建专制制度：“以自由结婚为归着点，扫荡社会上种种风云，打破家庭间重重魔障，使全国婚界放一层异彩，为同胞男女辟一片新土，破坏男女之依赖，推倒专制之恶风，遏绝媒妁之干涉，斩殳仪文之琐屑。咄！我务将此极名誉、极完全、极灿烂、极庄严之一个至高无上、花团锦簇之婚姻自由权，攫而献之于我同胞四万万自由结婚之主人翁！”[③] 值此民族危亡之际，自由结婚成为争取男女平等，营造良好家庭氛围，铲除社会恶俗和革新政治的良药。

传统家国同构的社会结构，形塑了伦理、政治一体化的文化结构，这都影响着知识界关于婚姻与家国关系的论述逻辑。传统观点认为，夫妇乃人伦之始，婚姻关系到一身之祸福，一生之安危，一家之兴亡，宗族之盛衰，尤

---

① 吹万：《题自由结婚第一编十首》，《女子世界》1904 年第 1 卷第 9 期。
② 金天翮著，陈雁编校：《女界钟》，上海古籍出版社，2003 年，第 78—79 页。
③ 陈王：《论婚礼之弊》，《觉民》1904 年 1—5 期合订本。

其对于宗族关系尤大。启蒙知识界构建的则是婚姻与塑造现代民族国家之间的重要关联，并以此强调婚姻的自主权，故而认为“以理论之，固不容男女之无自主之权；以情论之，又不得不使男女之有自主权。盖非经其本人许可者，其爱情必不笃，其相契必不深，而乖违之祸难免不作，此婚媾之原，所以必经两造之自主也”。① 为何要倡导婚姻的自主权呢？因为自主婚姻易于创造和谐的家庭环境，进而纯化社会风气：“昌言婚姻之自由，则必民智既开，道德日尚，我同胞女子咸知以礼自卫，守身如玉，然后于其同学、于其交友坦然订约，风流美满。其有佚情肆志者，则立一夫一妇之制以为之防，则爱情真挚。此君子之道，所以造端乎夫妇也。”② 这里描述的婚姻自由实质上就是上文提及的“两造之自主”，与五四时期的婚姻自由观有很大不同。作者认为，婚姻自主能提升人们的智识和道德水平，女子能以新道德守卫自己的贞节，同学朋友之间能坦然相处。即使偶有佚情肆志者，也因夫妻间真挚的爱情能够化解这份风险。因此，在时人充满浪漫的想象中，人类智识的进化、社会道德水平的提高，都依赖于婚姻自主能否实现。

他们还认为，婚姻自主有利于女权的提高。传统男尊女卑的两性格局造成了夫妻权力的失衡，时人慨叹中国夫妇之道苦，其根源就在于结婚问题。为此，《女子世界》的主编丁初我大声疾呼：“欲革国命，先革家命；欲革家命，还请先革一身之命。有个人之自治，而后又团体之建设；有不依赖之能力，而后有真破坏之实行……婚姻自由，为吾国最大问题，而必为将来发达女权之所自始。”③ 丁氏从家国同构的理念出发，分析了女性与家庭革命、政治革命的关系，认为唯有提高女权才能有助于家庭革命，最终实现政治革命，而解决这一切问题的根本在于自主婚姻的实现。

传统观念将自主择偶视为“淫奔”或“苟合”，有损于个人及家庭名誉。知识分子既然要提倡它，就必须为它正名，使其摆脱污名化。孙宝瑄为此说道，“夫妇配合，宜由自择，欧人之风也。然与苟合有别”。那么，其差别又体现在哪里呢？“盖当未结为夫妇之先，彼此先为朋友，必待二三年之久，

---

① 杜士珍：《婚制改革论》，《新世界学报》1903年第14期。

② 自立：《女魂篇》（续），《女子世界》1904年第1卷第4期。

③ 初我：《女子家庭革命说》，《女子世界》1904年第1卷第4期。

互相察知性情之如何，品性之如何，以及身体之强弱，学问之优劣，无不体验周备，然后两情认许，再以父母老成之敏眼认可之，方能订盟结缡，至不易也。若夫苟合者，不过因一时之情欲，苟且成婚姻，往往有后悔无及者”。[①] 从上述解释看，苟合完全是两性性欲冲动的结果，而自主择偶则是非常严肃、谨慎的事情。男女之间先以普通朋友身份公开交际，通过两三年的交往，详细审查彼此的性情、品性、身体、学问等方面，如若双方彼此中意，还要认真听取父母的意见，得到父母许可方能成婚。两相比较就会发现，自主择偶是情欲与理智的结合，而苟合完全是性欲支配的产物，二者大相径庭。从现有史料看，当时对这个问题做出清晰阐释的并不多，孙氏的上述认识难能可贵。

启蒙知识界虽倡导自主择偶，这是否意味着可以将其立即付诸实践呢？时人认为，“婚制主权之当变，庸可缓哉”。[②]《奉化不缠足会简章》中规定：“会内嫁娶诸例，现在一仍时俗，日后文明渐近，有意改良，自当由诸同人议定照行。”[③] 由此可见，不少知识分子并不主张立即实施，而是认为应当渐变、缓变，要随着国人文明程度的提高逐步实施，因为他们认识到自主择偶的实现并不是无条件的。有人对此解释说：“自由结婚，岂易言哉？不能自治其身者，不得享自由之乐；不能自养其身者，不容谋结婚之事。此文明国自由结婚之正例也，真相也。”[④] “自治其身”意味着个体独立人格的确立和理智的成熟，“自养其身”就是要实现经济独立。如果不具备这两个要件，自主择偶恐难以顺利实现。

关于自主择偶的践行，参与创办《新世界学报》的杜士珍明确提出了“秩序说”。他指出：“男女之情可通而不可塞者也。通则两相忘于无，愈塞则其为祸也益烈，特于通之中有秩序、有限制耳，非漫无经制者所可得而混也。漫无经制是真驱民于禽兽之域而无所底止矣，我岂敢哉！”[⑤] 在这

---

① （清）孙宝瑄：《忘山庐日记》，上海古籍出版社，1983 年，第 612 页。
② 杜士珍：《婚制改革论》，《新世界学报》1903 年第 14 期。
③ 《奉化不缠足会简章》，《女子世界》1904 年第 1 卷第 7 期。
④ 壮公：《自由结婚议》，《女子世界》1904 年第 1 卷第 11 期。
⑤ 杜士珍：《婚制改革论》，《新世界学报》1903 年第 14 期。

里，杜氏明确提出自主择偶要“有秩序、有限制”，否则无异于“驱民于禽兽之域”。

作者为什么要特别强调秩序呢？这与国人对自由的认知有关。自由一词是中国文化语境中固有的概念，但它与西方的自由之意相去甚远。正如前文所言，传统语境中的自由是个人私意或私利的反映，常带有贬义，这代表了国人的整体认知状况；在西方语境中，自由其实也是个人私意、私利的反映，但它的实现必须以不侵害他人利益为前提。[①] 自由在中国语境中由于缺少西式的预设前提，片面倡导势必导致自行其是、为所欲为的混乱。蒋维乔对此忧虑地说：“我国年少之士，血气未定，道德未闻，人格未完，徒喜其说之便己也，于是肆意妄行，处家庭则谩骂其父母，处社会则互相诋诽、互相讽刺，嚣嚣然曰是吾言论之自由也。”[②] 有鉴于此，蒋维乔将其斥之为“野蛮之自由”，汪康年把它视为“大乱之媒介”，[③] 可见杜士珍的担忧并非空穴来风。

自主择偶的缓行还与女性学识、阅历水平的不足等有关。蒋维乔指出：“若夫妄谈女权之弊，因吾国二万万女子，有智识者绝少……盖我国男子，学问纯美者鲜，奸猾邪慝者多，一闻维新学说有所谓自由结婚者，于是谬托志士结交女学生，颇有高尚纯洁之女士而几陷于骗贼之手者……少年女子，既无学识又无阅历，贸贸然曰自由结婚，以启奸猾者之觊觎，安有不受愚者乎？”[④] 结合当时乃至五四时期的社会实际，作者的担忧是有充分理由的。青年男女如若学识与阅历相差甚远，自主择偶难免不产生“橘生淮南为橘，生淮北为枳”的怪相。

其实，严复早在1898年就分析过上述问题。他认为：“若以我国今日之俗，即行之，则流弊不可胜言。”为什么旨在推动妇女解放的这一人间美俗，不能骤然实施呢？他拿妓女打比方解释说：“其愚者每为客所诳，而黠者则又能谎客。情伪相攻，机械百出，倏去倏来，终返故辙。使天下之妇人尽若

① ［英］密尔著，许宝骙译：《论自由》，商务印书馆，1959年，第112页。
② 竹桩：《女权说》，《女子世界》1904年第1卷第5期。
③ 汪康年：《汪穰卿笔记》，中华书局，2007年，第137页。
④ 竹桩：《女权说》，《女子世界》1904年第1卷第5期。

此，则此世界不能一日居矣……以今日之俗论之，则皆无能行之理。”其意是说，我国择配向来缺乏自主，女性普遍缺乏辨别真伪的能力，如若骤然实行自主，其中产生的问题可能并不比包办婚姻少。那么，如何解决这个问题呢？严复指出，不外乎“读书阅世二者而已。大家妇人非不知书，而所以不能与男子等者，不阅世也。娼家之女，日事宴游，而行事又若此其狼藉者，不读书也。二者兼全，则知天下之变，观古今之通，有美俗而无流弊矣”。[①] 从中我们可以看到，严复是“历史渐进论”者，故而主张在社会改革方面循序渐进，有序推进。和同时代的他者相比，他的思考更理性、更务实。

青年自主择偶权的获取，意味着父母专婚权的丧失。那么，父母在自主择偶过程中又将扮演什么角色呢？对此，时人有自己的思考。从情感角度讲，子女是父母骨血所系，集血脉与情感于一身，不可能不关心他们的婚姻。从欧美、日本等国的择偶现实看，父母并未放弃自己的职责，“例如日本之结婚，两意相投，仍须受命于父母，必得父母之同意，我中国大可效仿”。[②] 因此，他们建议父母必须参与子女的婚姻，其限度在于“约婚时彼此亲缮约婚书，各由其父母交换”，意义在于表明双方家庭的重视，进而表达“婚姻公开化，即非个人私事”。换言之，父母在此过程中“仅有裁度之责，而无阻止之权”。[③] 所谓“裁度之责”就是父母要给予子女必要的指导，使其少犯错误。

中国青年当时有一种误解，认为西方风格意味着完全自由，而美国社会学家 E. A. 罗斯对此纠正说，他们“并不知道我们西方年轻人所受到的那些无法用语言表达的限制。那些被称作‘自由女孩’者认为，她们必须完全由自己来解决心中大事，而忽视了这样的事实，父母的指导时常阻止我们的女儿犯错误”。[④] 孙宝瑄对此总结说：“必半自择，半由父母，庶得中道。”[⑤] 中庸之道是传统中国人处事的最高境界，以此来阐释父母与子女在婚姻决策中

---

① 《论沪上创兴女学堂事》，王栻主编：《严复集》第 2 册，中华书局，1986 年，第 470 页。

② 《论今日宜定婚律》，《时报》1906 年 4 月 10 日。

③ 军毅：《约婚之部》，《觉民》1904 年第 6 期。

④ ［美］E. A. 罗斯著，公茂虹、张皓译：《变化中的中国人》，中华书局，2006 年，第 130 页。

⑤ （清）孙宝瑄：《忘山庐日记》，上海古籍出版社，1983 年，第 612 页。

的关系，足见当时知识分子的文化理性和美好期待，它既借鉴了西方自由理念又参合了中国家族制度的实情，可谓西俗在地化的产物。

民国创建，万象更新，民主共和理念深入人心，自由结婚的影响日渐扩展。时人回顾这段历程时说：“自由结婚，盛行于西国，吾国自共和建定，改体更新，亦仿斯制，将见闺门雁穆，夫妇倡随，家运兴隆，子孙繁衍矣。”① 国家体制更迭推动了婚姻变革的深度和广度，尤其是“新文化运动发生，极力主张发展个性，对于旧来不合理的风习礼教，群相抨击，而所谓恋爱结婚，因此成为一般青年切身的问题”。② 婚姻问题既然成为一般青年的切身问题，表明它已经成为亟待解决的社会问题，这不能不引起启蒙知识界的关注。

启蒙知识界普遍认为，“造成幸福的主物，就是教育与婚姻”。③ 教育的影响在于社会，而婚姻的影响在于家庭，“我们谋幸福，必须社会和家庭两方面均得完善结果，方能如愿以偿”。家庭是社会的基础，故而社会的发展依赖于婚姻家庭的改良，而其根本就在于自主择偶，因为“人类配合最属自然，据例而行，足以享受生人乐趣。凡配合二人，其性情同，思念同，无有不倾向和好，伉俪笃厚者也”。④ 因此，自主择偶具有重要的伦理价值，一方面它能够增进个人生活的幸福，又能促进种族的绵延。⑤ 为此，启蒙知识界从配偶选择的进化、价值、要件以及与性教育的关系等方面着力阐释，《妇女杂志》为此专门出版了《配偶选择号》，甚至广泛开展征文活动，以推进自主择偶观的传播。

一个思想健全的新青年在配偶选择上，应当“不肯随便放过一件事，不肯对于切身的事不先去考虑注意，不肯抛弃自己所确信的‘是’，不肯使自己生活于世上而有一事大违己意——己所信的事理：这些‘不肯’应该是思想健全的青年所必具的”。⑥ 既然配偶选择不能违背个人意愿，那么觉悟的青

① 田庆雨：《誉自由结婚》，《同泽半月刊》1929 年第 2 卷第 5 期。
② 无竞：《关于配偶选择的几条要件》，《妇女杂志》1923 年第 9 卷第 11 号。
③ 周迪斐：《择婚的标准》，《妇女杂志》1920 年第 6 卷第 12 期。
④ 《夫妻择配之要点》，《妇女杂志》1920 年第 6 卷第 10 号。
⑤ 乔峰：《配偶选择的价值》，《妇女杂志》1923 年第 9 卷第 11 号。
⑥ 玄珠：《社评（一）》，《妇女周报》1923 年第 13 期。

年定会“觉得如牛羊一般的任牧人牵拢来配合是不合理的办法”，[①] 由此愈发坚定了这样的信念：“婚姻是当事者两个人的事情，并非当事者以外的人的事情。”[②] 女权主义者尤其强调女性的自主择偶权，“我们既承认我们女子是一个人，是和男子一样的一个人，不单是父母的女儿，丈夫的妻子，儿子的母亲，却还是一个人，那就我们当然该有自决自身问题的权力的”。[③] 为此作者强调，女性应该知道婚姻的真义，更应该知道婚姻权应归属谁，不要让父母糊糊涂涂的去包办。

通过知识界的启蒙和报刊媒介的倡导，自主择偶意识在青年学生心中逐步扎下了根。青年择偶意识的变化，在 1920 年代社会学者的调研中得到了验证。1921 年，被后世尊称为“幼教之父”的陈鹤琴面向全国的男学生做了婚姻调查，其中有 35. 87%的人主张婚姻自主，21. 19%的人赞成双方同意制，仅有 1. 09%的人同意父母包办。[④] 在 1923 年甘南引的调查中，已婚者自己订婚的占 5%，合订的占 9%；已订未婚者中自订者占 15%，合订者占 15%；在未定婚者中主张自订者最多，占 86%，合订者占 5%。[⑤] 1928 年，葛家栋通过对燕京大学男生的调查发现，在已订婚的男生中自己订婚的占 50%，与家庭合订的占 14. 28%；在未定婚的男生中，主张自己订婚的占 63. 63%，与家庭合订的占 35. 6%。[⑥] 1929 年，陈利兰对燕京大学女生进行了婚姻调查，结果发现其状况跟甘南引的调查类似，但各项所占比例要比前者高。在已婚者中自己订婚的占 35%，合订的占 15%；已订未婚者中自订者占 50%，合订者占 30%；在未定婚者中主张自订者最多，占 62. 5%，合订者占 30. 8%。[⑦] 通过上述婚姻调查发现，即使在已婚者中自主择偶也保持

---

① 高山：《旧家庭制度的破裂》，《妇女周报》1923 年第 1 期。

② 丘式儒：《我的自由结婚观》，《妇女杂志》1928 年第 14 卷第 7 号。

③ 吴庶五：《女子底自觉》，《妇女周报》1923 年第 2 期。

④ 陈鹤琴：《学生婚姻问题之研究》（续），《东方杂志》1921 年 18 卷第 5 号。

⑤ 甘南引：《中国青年婚姻问题调查》，李文海主编：《民国时期社会调查丛编（婚姻家庭卷）》，福建教育出版社，2005 年，第 127 页。

⑥ 葛家栋：《燕大男生对于婚姻态度之调查》，李文海主编：《民国时期社会调查丛编（婚姻家庭卷）》，福建教育出版社，2005 年，第 46、49 页。

⑦ 陈利兰：《中国女子对于婚姻的态度之研究》，李文海主编：《民国时期社会调查丛编（婚姻家庭卷）》，福建教育出版社，2005 年，第 230 页。

了一定的比例，在已订未婚和未定婚者中婚姻自择的比例在逐渐升高，这表明父母的包办代订开始呈现没落的趋势。这种状况在潘光旦、周叔昭以及社会科学会社会研究组的调研中也有充分的体现。①

正如清末以来不少知识分子所担忧的那样，由于中国青年长久以来缺乏自主择偶的训练，如今自由乍现难保不出现问题，马振华女士自杀事件足以说明问题。周建人对此形象地说："人在黑暗的旧习惯下居住既已长久，一旦出来到有阳光照着的地上，难免没有睁不开眼睛的弊病，因此在这狭小的范围内选择，错认目标的事情也在所不免。我们常见有些自主结婚的青年，往往不久发生苦痛，大概便是这个原因。"② 那么，如何避免这个问题呢？有青年学生现身说法，表达了他们自己的想法："选择之要出自男女，主持之权掌由父母，斯则稍为完善耳。"③ 还有人认为："结婚之事必先经子女之相知相爱，心中情愿，然后各告父母，而父母又必细细察之访之，知其性情善良、品行端庄而后许可之。"④ 这些建议既肯定了青年人的自主选择权，以彰显主体意志，又要求父母负有监督、考察之权来规避其中的风险，表达了对婚姻的审慎态度。

知识精英们对此也深表赞同。1917年，《东方杂志》的主编杜亚泉结合自己的成长经历，系统阐述了他对自由结婚特别是主婚权问题的认识。杜亚泉是一位"温和渐进改革"者，⑤ 主张"接续主义"。在他看来，有保守而无开拓只会拘泥于旧俗，有开拓而无保守会使新旧风俗中断。⑥ 因此，东西方婚俗的调和是最佳之选择。实际上，杜亚泉希望在传统婚俗中增强西方个人主义观念，打破传统婚姻僵化的形式，以丰富其内涵。是故，杜亚泉虽赞成社交公开，但并不主张纯粹个人结合的自由婚姻，在主婚权上他始终坚持不能剥夺父母的建议之权，甚至建议由睿智、开明的父母来主婚。⑦《生活》杂

---

① 李文海主编：《民国时期社会调查丛编（婚姻家庭卷）》，福建教育出版社，2005年，第285—286、372页；社会科学会社会研究组编制：《大学生婚姻调查报告》，《复旦月刊》1928年第2卷第3号。

② 乔峰：《配偶选择的价值》，《妇女杂志》1923年第9卷第11号。

③ 吴荣琳：《父母主婚与自由结婚得失评议》，《东中学生文艺》1920年第1期。

④ 徐丛桢：《父母主婚与自由结婚得失评议》，《东中学生文艺》1920年第1期。

⑤ 王元化：《杜亚泉与东西文化问题论战》，傅杰编：《海上文学百家文库·王元化卷》（119），上海文艺出版社，2010年，第267页。

⑥ 伧父：《接续主义》，《东方杂志》1914年第11卷第1号。

⑦ 伧父：《自由结婚》，《东方杂志》1917年第14卷第5号。

志主编邹韬奋建议："在这个过渡时代，我觉得即由父母物色好了，虽不能使双方当局就先做朋友，也要暂勿宣布，先由两方家族来往（例如约期宴会或聚餐之类），使两方当局本人有相当机会见面，谈谈天，然后再征求同意，比'素昧平生'，只叫他们点点头就算数，妥当得多了！这似乎是过渡时代最低限度的适当办法。"①

具有社会学背景的知识精英对自主择偶同样持谨慎态度。华裔作家温梓川回忆，潘光旦在给学生上课时曾说："父母之命，媒妁之言，并不是专制，而是慎重将事。当然过去的盲婚、童婚等等，是要不得的，可是现在已经可以改正了。在正正当当的介绍之下，在经过严密考察之下，给你们介绍，你们自己可以看见他们，同他们往来、谈话、通信。为了慎重其事，为了终身的大事，婚姻双方负责，有什么理由反对呢？"② 麦惠庭将这种办法称之为"同意婚"，并把它视为专制婚向真正自由婚转变的过渡方式。③ 虽然有人批评"同意婚"，认为它是君主立宪的产物而要将其打倒，④ 但它的存在符合大众心理。事实上，从权力角度将"同意婚"与政治体制相类比，并没有多少道理。"同意婚"在形式上取得了父辈的指导和认可，而权力的重心则转移到子辈手中。父辈参与的意义在于指导、考察，其实是以带血缘的特殊关系发挥着朋辈的建议、参考作用，这与政治上的"太上皇"完全不同。

1927 年，潘光旦通过《学灯》向读者调研婚姻问题，他发现认同"同意婚"的读者占了绝大多数，这与光华大学社会调查的结果基本相同。⑤ 笔者通过比较发现，1920 年代中后期的社会调查中"同意婚"的占比数值，明显高于初期的调查数据。而且，周叔昭综合自己与潘光旦的数据发现，女性赞成"同意婚"的比例又高于男性。⑥ 过滤掉社会调查群体的差异，这些数据或许仍可以说明，从五四婚姻自由实践走过来的知识青年，逐渐意识到了自

---

① ［美］佚名：《一位美国人嫁与一位中国人的自述》，龙文出版社股份有限公司，1994 年，第 19 页。

② ［马］温梓川：《文人的另一面》，广西师范大学出版社，2004 年，第 116 页。

③ 麦惠庭：《中国家庭改造问题》，商务印书馆，1935 年，第 133 页。

④ 陆秋心：《婚姻问题的三个时间》，《新妇女》1920 年第 2 卷第 2 期。

⑤ 潘光旦：《中国之家庭问题》，李文海主编：《民国时期社会调查丛编（婚姻家庭卷）》，福建教育出版社，2005 年，第 286 页。

⑥ 周叔昭：《家庭问题的调查——与潘光旦先生的调查比较》，李文海主编：《民国时期社会调查丛编（婚姻家庭卷）》，福建教育出版社，2005 年，第 372 页。

主择偶过程中父辈参与的价值所在。女性赞成“同意婚”的高比例，在一定程度上表明她们意识到了自己在知人阅世方面的缺陷，更需要父母、亲朋的指导和建议。“同意婚”既承接了传统，又不妨害子女主体意志的实现，这时的父母实际上只起到审查、指导作用。因此，它实质上体现的仍是“当事者相互的合意”这一婚姻精髓。上文提及的婚姻社会调查普遍显示，与父母合订的婚姻和自订婚一样，其幸福指数明显高于包办婚姻。

从清末至五四时期的发展历程看，中间虽经历了个人主义崛起的高亢时期，但完全由个人自主择偶产生的诸多问题，促使知识界与青年知识群体有所反思和警醒，推动了五四后期和清末的合流。这种合流并非观念的倒退，而是经过择偶实践之后的深刻反思，是生活理性选择的结果。总之，通过清末以来知识界的大力倡导，打破包办婚姻，实行自主择偶的理念在五四一代青年中影响日渐深入。知识界参合中西婚姻传统，并结合青年缺乏异性社交经验的实际，提倡保留父母的建议、指导权，尽可能防止自由乍现带来的盲目和风险，切实推动婚姻生活幸福度的提高。

## 三、新女性：知识青年文明想象中的佳偶

传统社会强调等级尊卑，婚姻奉行“良贱不通婚”“尊卑不通婚”的准则，如有违背就有受到法律惩戒的风险。[①] 某些世家大族的族谱特别强调：“婚姻乃人道之本，必须良贱有辨，慎选礼仪不愆，温良醇厚有家法者”，[②] 地方志资料中多有“士大夫缔姻多重门第”[③] 的记载。清初廉吏于成龙在其《治家规范》中谈到婚娶原则时认为，“结亲惟取门当户对，不可攀高，亦不可就下”。[④] 因此，婚姻论门第就是传统婚姻遵循的基本准则。

从全国各地的地方志资料看，婚娶论门第的记载具有普遍性。不过，令人疑惑的是其中对于婚姻当事人才能、品行的考察却鲜有提及，即使偶有记述也多语焉不详，这是否意味着缔婚家庭只注重门第、产业而轻视个人品行

① 田涛、郑秦点校：《大清律例》，法律出版社，1999年，第212、208页。
② 《华阳邵氏宗谱》卷4，《潭渡孝里黄氏家训》，1947年稿本。
③ 光绪《镇海县志》卷3《风俗》，光绪五年（1879）刊本。
④ 《于清端公治家规范》，楼含松主编：《历代家训集成》（6），浙江古籍出版社，2017年，第3806页。

呢？事实并非如此，在一些世家大族的家训中对此有明确规定，如金甡在《家诫》中说："娶妇与择婿，所重惟才贤，勿徒羡门阀。"[①]《茗州吴氏家典》中明确记载："婚姻必须择温良有家法者。"[②] 乾隆时期，昆山秀才龚炜认为，择婚须"门楣求其称，婿妇惟其贤，财帛抑末矣"。[③] 对此，有人说："世人结婚，当以其家父母子女之贤良为主；其次只要门户对，纵贫富贵贱不宜太过。"[④] 那么，注重个人品行是否就一定意味着弱化了门第观念呢？仔细梳理上述言论不难看出，这些家族虽然重视择婿、选媳的人品或贤淑，其实并未以此淡化门第观念。相反，在他们看来，贤良淑德的品性在某种程度上恰是门第或者是家风的产物。

美国社会学家威廉·古德指出，一切择偶制度都倾向于同类联姻，即阶级或阶层地位大致相当的人才可结婚，这是讨价还价的产物。[⑤] 因此，婚姻讲究门第是社会化的产物，有其自身意义所在。"门当户对"强调双方家庭社会地位的大致对等，体现的是"同类性原则"，它对于维护家庭稳定功不可没。因为人的教养是在微观环境，即家庭中慢慢培养出来的，父母的言传身教具有潜移默化的深远意义。门第相当的家庭培养的子女，在个人爱好、价值观念和生活习惯上具有相似性。从这个意义上看，注重门第其实就是肯定其与子女品性之间的关联性，从而也就能够理解地方志中为何淡化子女品性的考察和记载。

在传统社会，男性对女性的角色期待是贤妻良母。为了规训女性，儒家提出了一套"三从四德"的女性规范，其中妇德、妇言、妇容、妇功等"四德"的内容成为男性择偶的普遍要求，而对于知识则并不看重。传统社会尊崇"女子无才便是德"的观念，明清社会虽在江南形成了备受称道的"才女"文化，[⑥] 但放眼全国能读书识字的女性寥若晨星，即使出身书香门第而不识字者比比皆是。据民国著名影评家、著作家冒舒湮回忆，她的母亲是翰

---

① （清）张应昌编：《清诗铎》（下），中华书局，1960 年，第 783 页。
② （清）吴翟辑撰，刘梦芙点校：《茗州吴氏家典》，黄山书社，2006 年，第 23 页。
③ （清）龚炜：《巢林笔谈》，中华书局，1981 年，第 56 页。
④ （清）石金成：《传家宝全集》（1），线装书局，2008 年，第 96 页。
⑤ ［美］W·古德著，魏章玲译：《家庭》，社会科学文献出版社，1986 年，第 76 页。
⑥ ［美］高彦颐著，李志生译：《闺塾师：明末清初的江南才女文化》，江苏人民出版社，2005 年。

林黄叔颂的长女，竟然目不识丁，他的姨妈同样如此。[①] 梁启超为此哀叹道：“海内之女二万万，求其解文义，娴雕虫，能为花草风月之言者，则已如凤毛、如麟角。”[②]

中国社会步入近代之后，现代化转型需要新的权利和义务主体，这推动着“人”的现代化转变，自然也包括女性在内。汤尼·白露指出，近代中国的新女性出现在社会生活的现代领域中，是她对现代性本身提出要求的重要标志。[③] 其实，女性对现代性能够提出要求，在很大程度上是知识界启蒙的结果。

如前所述，女性地位成为清末启蒙知识界衡量文野的重要标志，作为启蒙之子的梁启超意图借助新女性的形象作为其“新民”这一民族主义计划的激发器。1897 年，梁启超发表了《记江西康女士》一文，它是中国第一位女医生康爱德的传记。康女士被传教士收养，并在美国接受了教育。作者在记述其成长经历时，特别强调了教育对她的重要影响，认为没有教育她定然“蚩蚩然、块块然、戢戢然，与常女无以异”。[④] “蚩蚩然、块块然、戢戢然”是近代男性启蒙意识对女性精神风貌的价值判断，具有浓厚的意识形态色彩，“妇女的悲惨命运与生存状况间或成为社会动员的有利方式之一，成为控诉前现代或殖民时代社会暴行的最佳例证，成为传播、印证现代性话语的成功途径”。[⑤] 妇女议题成为强有力的社会动员思想资源。因此，康爱德传记面向的并不仅仅是她本人，而至少是中国女性全体，其本意在于将女性教育与民族改良勾连在一起。换言之，这则传记传递的信息是教育塑造了新女性的主体价值，赋予了其现代和文明的特性。

这里的教育并非诗礼传统，而是与现代性相关的专业教育。为此，梁启超刻意清除传统“才女”形象：“古之号称才女者，则批风抹月，拈花弄草，

① 冒舒湮：《我的家世追忆》，中国人民政治协商会议北京市委员会编：《北京文史资料》第 53 辑，北京出版社，1996 年，第 210 页。

② 梁启超：《记江西康女士》，《时务报》1897 年第 21 册。

③ ［美］汤尼·白露著，沈齐齐译：《中国女性主义思想史中的妇女问题》，上海人民出版社，2012 年，第 182 页。

④ 梁启超：《记江西康女士》，《时务报》1897 年第 21 册。

⑤ 戴锦华：《导言二：两难之间或突围可能》，陈顺馨、戴锦华编：《妇女、民族与女性主义》，中央编译出版社，2004 年，第 32 页。

能为伤春惜别之语，成诗词集数卷，斯为至矣。若此等事，本不能目之为学。”那么，什么才是现代意义上的“学”呢？他随后指出：“所谓学者，内之以拓其心胸，外之以助其生计，一举而获数善。”① 梁启超对于“学”的现代阐释，实际上沿袭了传统“内圣外王”的结构，但给予了它现代生活化的意义，即内具有宽阔的心胸和视野，外具有独立生活的能力。他要求摒弃传统女学的贵族特性，对国民进行普及教育，建设助推中华民族现代化转型的有用之学。因此，康爱德女士作为精通西医的“才”，被赋予了巨大的代表性力量。

梁启超引领了清末知识界的启蒙风向。民族国家构建和现代化转型的现实需要，推动着女性从传统向现代的转变，传统妇德的内容开始修正。女学对于女性至少具有两重意义，这不仅是她们进化趋新、文明化的标志，还是成就贤妇和贤母的基本素质，只有如此才能“端天下之母范”，② 培育出与欧美民族相抗衡的国民。因此，“齐家治国”是新女性“妇德”的核心内容，知识界进而构建了“国民之母”的新女性形象。前已述及，在此不赘。

清末新政开启了近代教育的改革，迎来了近代女学的起步与发展。截止到1909年，全国学堂数有59177所，学生数量达到1639921人。到1912年，全国学堂达到87470所，学生数近300万人。③ 清末教育的跃进也促进了女子教育的发展，1907年全国女学堂总数达到428所，学生数达到15496人。④ 清末十年也是近代留学教育，特别是留日教育的黄金发展时期。到日本留学的学生达万人以上，⑤ 其中女子留学生1910年达到125名。⑥ 清末近代教育的井喷式发展，整体上提高了国人的科学文化水平。其中，女子教育传授现代科学知识，重视体育健身，注重培养学生的自立、自强精神，使之呈现与传统女性不同的精神风貌，既为接受男女平权理念、改良婚姻习俗奠

① 《论女学》，林志钧编：《饮冰室合集》第1册，中华书局，1989年，《文集之一》第39页。
② 清如：《论女学》，《中国新女界杂志》1907年第2期。
③ 陈学恂主编：《中国教育史研究（近代卷）》，华东师范大学出版社，2009年，第129页。
④ 乔素玲著：《教育与女性：近代中国女子教育与知识女性觉醒（1840—1921）》，天津古籍出版社，2009年，第29页。
⑤ 李喜所：《清末留日学生人数小考》，《文史哲》1982年第3期。
⑥ 周一川：《清末留日学生中的女性》，《历史研究》1989年第6期。

定了基础，又为知识精英提供了新的择配群体。

在构建“国民之母”新女性形象的同时，启蒙知识界进而认识到，“男女程度不能立于平等之地，则夫妇之间易生嫌怨”。[①] 为了建立和谐的家庭，培育适应现代国家发展的国民，新女性成为男性知识精英择偶的首选对象，因为她既是启蒙知识界基于现代文明构建的产物，又满足了知识精英构建民族国家的需要，从而推动了清末择偶观念的变动。

近代教育家蔡元培本是旧学出身，但又主张维新故而兼治新学，思想观念较之旧派人物开通许多。[②] 他的原配夫人王昭病逝后，朋友都劝其续娶并为之做媒。蔡元培随之提出一些惊世骇俗的条件：“（一）天足者；（二）识字者；（三）男子不得娶妾；（四）夫妇意见不合时，可以解约；（五）夫死后，妻可以再嫁。同乡的人，对于（一）、（二）两条，竟不易合格；而对于（四）条又不免恐慌，因而久不得当。”[③] 在五项条件当中，前两项是对女性个人的要求，后三项属于性道德范畴。这表明20世纪初的男性知识精英已经尝试着突破传统妇德的要求，故而对女性的学识提出了新要求，身体解放也成为其中的要件。

由山西留日同乡会编辑的《第一晋话报》，以救亡图存、变革社会为主旨，其中记载了这样一则实例：山西太原府有富豪陈某，其子甚为聪慧，年近20尚未婚配。附近财主、势家的女儿都想嫁给陈某之子，但他都予以拒绝，其理由是：“那些女儿姿容未尝不好，只惜没有入过学堂，又不是天足，故我是甚不愿意的。”此时邻县恰好设立一个天足会，会中有一女子，刚刚12岁，未曾缠足，又是初入学堂，遂与之定婚，待五年之后完婚。记者对此深有感触地说：“那时节他一双文明的夫妻真是令人可羡慕的。”[④] 从报道看，清末新兴知识精英的择偶观念发生了变化，缠足、女红、打理家务等传统女德开始受到唾弃，进而转向对女子学问和健康躯体的追求。记者对其“文明”的褒扬，说明知识界意图对女性的精神风貌和外在形象进行全面重塑，

① 师竹：《论女学之关系》，《云南》1909年第18期。
② 蔡元培：《蔡元培自述》，中国言实出版社，2014年，第40页。
③ 王世儒编撰：《蔡元培先生年谱》（上），北京大学出版社，1998年，第46页。
④ 《文明家之择婚》，《第一晋话报》1906年第4期。

以肩负起启蒙知识界赋予的重任。

革命女侠秋瑾鉴于时势的变化，对青年人的择偶标准做了美好的想象与总结。她指出："学堂知己结婚姻。一来是品行学问心皆晓，二来是性情志愿尽皆知闻，爱情深切方为偶，不比那一面无亲陌路人。平日间相亲相爱多尊重，自然是宜家宜室两无嗔。"① 秋瑾之所以提出"学堂知己结婚姻"的范式，是因为男女同学之间容易相互了解，无论品性、学问、性情、志向等都可通过平时的接触，或者同学、师长的介绍来摸清，日常学问的切磋是积淀爱情的基础。正如金天翮所叙述的那般，"道德之相合，品性之相符，学问之相等，才技之相敌，臭味之相和，而后感情生焉。况于夫妇之交，种幸福于帷房之内，所谓'天然佳偶'者，非金追玉琢，乃其兰蕙之芳、水乳之味，所因袭融泄而成者也"。② 显然，金氏在这里把以金玉为代表的门第婚和以学问为代表的爱情婚姻作为了区分，并以"兰蕙之芳、水乳之味"隐喻精神气质相和者才是天然佳偶。社会学研究认为："人们往往与具有同类特性的人结婚……认为同样的文化背景，同等的教育水平，同样的生活方式或地位会使婚姻更美满。"③ 这表明"学堂知己结婚姻"的范例符合社会学中配偶选择的机理，具有理论和现实的双重合理性。

孙宝瑄博学多才，对旧学与新学均有涉猎和研究。他从进化论角度论述择偶问题，指出："世界文明之极则，男女自择配偶，以学问为媒妁，并以学问为防限。"④ 其表述中有"极则"一词，笔者以为并不能做文明最高形态讲，而是表达了这样一种心境，即"以学问为媒妁"的自主择偶是文明进化之路上的必然选择。年仅 17 岁的朱品璋，求新学不过一年即已深受其惠，为此写信给未来的岳父，请求准许其"年已及笄，成人在即"的未婚妻及时游学，以增进知识，洞悉人情世故，进而达到齐家治国之目的。朱品璋此举深受《觉民》杂志编者的赞赏，并呼吁奉父母之命而早聘的男女，"效法朱君使同受教育"，以免因"男女思想不等，志趣不同"而不能安享家

---

① 《精卫石》，上海古籍出版社编印：《秋瑾集》，上海古籍出版社，1991 年，第 160 页。
② 金天翮著，陈雁编校：《女界钟》，上海古籍出版社，2003 年，第 77 页。
③ ［美］W・古德，魏章玲译：《家庭》，社会科学文献出版社，1986 年，第 86—87 页。
④ （清）孙宝瑄：《忘山庐日记》，上海古籍出版社，1983 年，第 612 页。

庭幸福。[①]

美国社会学家 E. A. 罗斯在回忆清末择偶观念的变动时说，大学毕业的年轻人喜欢到教会学校去寻找文化程度和能力相当的女学生做配偶。[②] 实际上，不光是教会学校培养的女学生受欢迎，在其他学堂毕业或学习的女性都受到具有革新意识的知识男性的青睐。1905 年 11 月，《女子世界》报道了无锡廉砺卿和桐城姚女士在上海张园（又称味莼园）举行婚礼的新闻。其中，男方为文明书局老板廉泉之弟，日本西京大学法科留学生，女方的学历没有明确介绍。但从男女宾客的代表人为务本女学堂的校长吴馨夫妇判断，姚女士很可能是该校的学生。[③]《女子世界》在其后的报道中以《文明结婚》或《婚礼一新》为题又陆续介绍了六对文明结婚的楷模，结婚者的身份绝大多数为学堂学生，如张鞠存为复旦公学学生，其妻王忍之拟入务本女学堂读书；吴回范毕业于日本士官学校，新娘顾璧为镇江承志女学堂学生；刘千里将游学欧美，必已有文化根基，其妻吴小馥为宜兴著名盐商吴馥荪之女，廉泉夫人吴芝瑛的侄女，新学、旧学应当都有基础；王雅先为上海爱国学社毕业生，其妻吴震就学于上海务本女学堂；范绍洛与其妻林惠都是日本留学生。郑端甫与张瑞娥均为上海人，报道中对二人的学历均未提及，但从出席婚礼的宾客判断他们也应为知识阶层。[④]

“学堂知己结婚姻”字面意思是指男女同学的结合，而当时男女学生尚未同校，多数学堂仍处于“启发知识”和“保存礼教”的调和、折中状态，[⑤]异性社交的空间非常小，他们的结识并不容易，仍需中间人牵线搭桥。因此，“学堂知己结婚姻”在实际生活中很难实现，婚姻实践往往指的是具有学识的异性结合，这从上述结婚当事人的状况可以得到有效验证。

与男性相比，女性的入学率很低，放眼全国女学生的数量还比较少。因此，通过婚前、婚后的改造，让目不识丁的女子接受新教育、新知识，仍能

---

① 《朱品璋致岳丈书》，《觉民》1904 年第 1—5 期合本。
② ［美］E. A. 罗斯著，公茂虹、张皓译：《变化中的中国人》，中华书局，2006 年，第 129 页。
③ 《文明结婚》，《女子世界》1905 年第 2 卷第 3 期。
④ 《文明结婚》，《女子世界》1905 年第 2 卷第 3 期；《婚礼一新》，《女子世界》1905 年第 2 卷第 6 期。
⑤ 夏晓虹：《晚清女性与近代中国》，北京大学出版社，2004 年，第 38 页。

实现“学堂知己结婚姻”的理想，柳亚子的婚姻就属于这种情况。柳亚子自幼向往维新，倡导种族革命和女权革命，其心中的理想配偶已颠覆了传统观念：“我最初的目标，自然希望找一位才貌双全的配偶。但到辛丑、壬寅之间，天足运动起来，目标便又转移了。一个理想的条件，应该是知书识字的天足女学生。更理想一点，则要懂得革命，或竟是能够实行革命的，像法国玛丽侬、俄国苏菲亚一流人物才行。”柳亚子择偶观念的转变与清末思想界的变化基本同步，对女性的要求从“天足”转向“知识”，最后升华到“革命”。对革命伴侣的要求，并不意味着放弃了天足和知识的要求，实际上是三者的兼容。不过，这些要求对身居乡野的柳亚子来说无疑是奢侈的。在其家乡不要说革命，就是“要找一位十五六岁没有缠足的女孩子，也绝对找不出来”。他虽极具反抗精神，毅然拒绝了母亲为其选择的小脚未婚妻，并在上海谈起了恋爱，但仍无法坚持到底，最终还是与叔父介绍的郑佩宜女士结婚。柳亚子送郑氏入学堂的要求虽未能满足于婚前，但婚后郑氏在丈夫的熏染下努力学习，最终成为柳亚子满意的终身伴侣。[①]

在启蒙知识界看来，知识和学问对于调剂两性生活具有重要作用，“结婚而后，互相讨论，互相切磋，互相问难，互相质疑”，[②] 在学问的相互切磋中爱情潜滋暗长，稳固了两性关系，提高了家庭生活质量，“以爱情结合，而不容夹入他种之观念”，[③] 学问成为纯化夫妻情感的重要手段。不仅如此，由同学而结为夫妻，学问切磋改变了夫妻相处模式，别有一番乐趣在其中：“前之夫妇，以媒妁之一言，而订百年之契约；今则男女联姻，学问生计，皆须立于平等之地位，床笫之间，几成讲学之地。”[④] 甚至有人要求将“治理平均”写入“约婚书”中，以表明二人“足以交相扶助”。[⑤] 其实，类似场景在传统社会的小范围内也存在。古代中国的两性伦理具有一定弹性，即使在“男尊女卑”的遮蔽下，还有“古风妻似友”的诗意生活，夫妻之伦中寓有

① 柳亚子：《五十七年》，《柳亚子文集（自传・年谱・日记）》，上海人民出版社，1986 年，第 160—169。
② 壮公：《自由结婚议》，《女子世界》1904 年第 1 卷第 11 期。
③ 履夷：《婚姻改良论》，《留日女学会杂志》1911 年第 1 期。
④ 《新人篇》，《湖北学生界》1903 年第 5 期。
⑤ 军毅：《约婚之部》，《觉民》1904 年第 6 期。

些许平等之意。在学者赵园的研究中，提及了明清士人茅坤、叶绍袁、孙奇逢等人，如友朋般的夫妇之伦，甚至还有亦师亦友夫妻切磋学问的场景。[①]学者高彦颐将其称之为“社会性别平等的有限实践”，是对另类夫妇之伦的恰当概括和认知。上述独特性的呈现，依赖于儒家伦理实践的弹性以及女性教育的实现。清末女子教育的发展，无疑为上述充满尊重、温情、喜爱和寓有平等之意的夫妇伦理的实现拓展了新空间。

教育对婚姻的重要改良作用甚至上升到国家层面。在当时，风闻管学大臣张百熙拟定婚嫁章程之风说，限令“不问男女，未婚未嫁时，必先入学校肄业云”。[②] 此闻令《女子世界》的主编丁初我颇不以为然，“老大专制宇下乃颁此文明之法律。此风声，此臆语，吾姑作为一则快事谈”。其虽断言不可能，但同时也反映了他念兹在兹的心愿，其他知识分子也表达了这种强烈的心愿。革命知识分子履夷就提出：“凡青年男女，其能入学读书者，虽在专门大学之学校，亦必俟其毕业，方许成婚。而寻常一般之人，其结婚之期，亦必限于各有职业之后。”[③] 青年必须接受教育并有独立能力方可成婚，这与中国先成家后立业的传统相悖，这样的择婚规范显然取法于西方。燕斌以知情人的口吻谈论说：“吾观文明国民之结婚也，必有相当之学力，有相当之职业，有相投之意气。”[④] 其之所以被纳入新知识界的视野，是因为它与国家的前途命运密切相关：“或相取以学识，或相重于人品，或相尊以职务。如是则为男女者，益不得不勤其学，励其行，奋发于其职务，则于国家之进步，不大有影响哉！”[⑤] 总之，在启蒙知识界看来，青年学识水平的提升，从小处着眼有利于婚俗改良，从大处着眼则有利于国家民族的进步。

民国初期，教育部颁行“壬子癸卯学制”，推动了女子教育的快速发展。

---

① 赵园：《家人父子：由人伦探访明清之际士大夫的生活世界》，北京大学出版社，2015年，第54—55页。

② 《婚嫁章程》，《四川官报》1905年第12期。

③ 履夷：《婚姻改良论》，《留日女学会杂志》1911年第1期。

④ 炼石：《中国婚俗五大弊说》，《中国新女界杂志》1907年第3期。

⑤ 师竹：《论女学之关系》，《云南》1909年第18期。

1918 年，全国女子师范学校达到 46 所;[①] 1919 年，女子职业学校达到 20 所。[②] 1922 年教育部公布《新学制系统改革令》，建立单轨教育体制，女性享受平等教育的机会增多。截止到该年，全国初等小学女生占总数的 6. 34%，达到 368560 人；全国高等小学女生占总数的 6%，达到 35182 人。[③] 1923 年，全国女子师范学校 275 所，学生总数 38277 人，其中女子师范学校 67 所，女学生 6724 人，占总数的 17. 57%。[④] 女子教育的快速发展，为“学堂知己结婚姻”创造了更多的现实条件。

五四时期，知识界接续了清末以来构建的新女性形象，接受了恋爱婚姻观的知识青年，将寻觅知识女性视为培育爱情的必要条件。他们认为，两性的学识、性情如能匹配，有助于男女间的“机能调和，就能进于高尚、纯洁、光明的路上去”。[⑤] 因此，有人强调，婚姻自决必须“对于对手方面的性情、道德、学识、志趣、身体等，要详加观察!”[⑥] 然而，在早婚习俗的影响下，知识青年大多都有包办妻子，他们在诉说不满时，最难以接受的就是“她没有受过教育”,[⑦] 这与社会学者调查的结论基本吻合，“不满意其妻的，以不满意无学问智识为最多”。[⑧] 鸳鸯蝴蝶派作家何海鸣曾这样概括青年学生的心态：“女子无学，偶侪于通人，以彼劣习惯、劣根性与常识常理相搏战，眼光不同，所见各异，胜之不武，争之无味，然偶一放弛则又不可收拾，似此而言室家，非故作昧心之苛语，盖直是与野人偶耳。”[⑨] 为此，青年学生“对于结婚的希望，重要的是在希望女子有相当的学识。……青年们为了要求未婚妻的求学，往往不惜费许多力气，冒许多困难，或甚至说，如果不送

① 琚鑫圭等编：《实业教育　师范教育》，上海教育出版社，1994 年，第 899—907 页。

② 中国第二历史档案馆编：《中华民国史档案资料汇编》第 3 辑《教育》，凤凰出版社，2010 年，第 439—440 页。

③ 庄俞等编：《三十五年来之中国教育史》，商务印书馆，1931 年，第 190 页。

④ 陈启天：《最近卅年中国教育史》，文星书局，1962 年，第 319—321 页。

⑤ CY：《婚姻问题概论》，《妇女杂志》1928 年第 14 卷第 7 号。

⑥ 汤宗威：《“自由结婚”的我见》，《新妇女》1920 年第 2 卷第 6 期。

⑦ 菊华：《尊重女性的男子可否与自己不满意的旧式妻子离婚?》，《妇女杂志》1924 年第 10 卷第 10 号。

⑧ 甘南引：《中国青年婚姻问题调查》，李文海主编：《民国时期社会调查丛编（婚姻家庭卷）》，福建教育出版社，2005 年，第 140 页。

⑨ 何海鸣撰，刘春整理：《求幸福斋随笔》，车吉心等主编：《中华野史》（民国卷），泰山出版社，2000 年，第 648 页。

她入学读书则宁可解约”。[①] 有无学识不仅是趋新与守旧的标识，还被青年人看作感情培育的必要手段，故而成为青年人择偶的重要考量。

实际上，新女性与婚姻的关系比较复杂，并非知识界构建的线性逻辑表述那样简单，这与知识界对其主体构建状态有关。在清末，梁启超以康爱德女士为样板构建出了新女性形象，其特征是具备现代专业知识，并由此培育出独立生活和奉献社会的能力，因而“独立人格”应当是新女性的核心特质。不过吊诡的是，启蒙知识界集体构建的新女性角色却是“国民之母”，它虽不否定女性的自立特质，但最希望其担负的角色仍是家庭中的母亲。这一角色的构建显然具有男性气质，因而遭到女性知识精英如何震、秋瑾、陈撷芬等人的否定。她们不认同梁启超等男性精英构建的女性解放论，认为他们赋予女性的权利与义务仍将导致女子处于从属地位，“故吾谓女子欲获解放之幸福，必由女子之自求，决不以解放望男子”。[②] 因此，她们拒绝“国民之母”的角色塑造，决心主动追求女性权利，实现女性的自主、自立。

五四时期，胡适在北京女子师范学校演讲《美国的妇人》时指出，中美女性的差别不在于知识和学问，而在于“超于贤妻良母的人生观”，即具备自立精神，并认为这是美国妇女的代表精神之一，以鼓励中国女性摆脱依赖心理。[③] 胡适在这里提出了“新妇女”的概念，用来指称那些文化、思想以及道德水平极高，且具备自立精神和能力的女性。从现有资料看，明确提出“新女性”概念的是《时报》编辑部。1923 年春，该报以《我所理想的新女性》为题进行征文。陈学昭依要求应征，结果以第二名的成绩被录取，由此走上了写作道路。[④]

真正让“新女性”这一概念风靡全国的要归功于《新女性》的创刊。1925 年 12 月 12 日，《民国日报》副刊《觉悟》刊登了《“新女性”的檄

---

① 健孟：《配偶选择与疾病》，《妇女杂志》1923 年第 9 卷第 11 号。

② 震述：《女子解放问题》，张枬、王忍之编：《辛亥革命前十年间时论选集》第 2 卷（下），生活·读书·新知三联书店，1963 年，第 964 页。

③ 胡适：《美国的妇人》，《新青年》1918 年第 5 卷第 3 号。

④ 陈学昭：《创作杂忆》，丁茂远编：《陈学昭研究专集》，浙江文艺出版社，1983 年，第 271 页。

文》，意在推介即将创刊的《新女性》，其宗旨在于号召青年们“来和这吃人，吃女人的礼教宣战”，争做“新女性”。[①]《新女性》甫经创刊就引起了读者的注意，并以《新女性》命名自己的文章来介绍创刊号中的重点文章。[②]《新女性》创刊后重在性教育和性道德的建设，以打破家族主义，建设婚姻新制度，提高女性的社会地位，这实际上延续了章锡琛主编《妇女杂志》时期的精神主旨。他的女性解放主张，淡化了其在经济、法律和社会的平等权，重在重建性道德以实现性的自由，进而完成种族绵延和文化传承的使命，这与梁启超、胡适所阐发的新女性特质有所不同，却产生了广泛的影响力。

新女性从清末形象的建构至五四时期概念的提出，自始至终都与民族国家建构紧密相连，虽有女性知识精英对此提出过异议，但并未从根本上改变知识界对女性角色的建构逻辑。因此，新女性的核心特质——独立人格并未从根本上建构起来，这也就意味着知识界所构建的新女性缺乏主体性，她们虽被现代知识武装起来，但依旧难以摆脱依赖的心理：“她们在家不必如旧式妇女的执畚帚扫地，不必上灶做菜，只要弹弹钢琴，高兴的时候做做蛋糕，就可以自由自在的做一个快乐的主妇；因为丈夫有名望，她的声名也煊赫起来了。”[③] 时人对此说：“她们看到鸡吃糠极不满意，以为吃蛋粉是令人羡慕的，殊不知其被人豢养是相同的。”[④] 知识界尤其是女界虽然经常撰文鼓励知识女性群体要有独立人格，[⑤] 但实际效果并不理想。作者木行就注意到，女性解放加深了一部分女子对男性的依赖，她们公开要求男性增加物质供给，反而加重了他们的负担。[⑥] 张爱玲的小说《五四遗事》中就塑造了“密斯范”这样的女性形象。她受过学堂教育，对恋爱充满憧憬，婚后却过上了阔太太般的寄生生活，其“十指不沾阳春水”的慵懒生活状态，使婚姻生活

① 《“新女性”的檄文》，《觉悟》1925 年 12 月 12 日。

② 卢慧珍：《新女性》，《鉴赏周报》1925 年第 30 期。

③ 《觉悟和努力》，《妇女杂志》1924 年第 10 卷第 9 号。

④ 《怎样自觉》，《女学界》1923 年第 20 期。

⑤ 张鹓瑛：《吾所望于求学时代之女子》，《妇女时报》1914 年第 12 期；曾志学女士：《妇女之敌是谁》，《妇女杂志》1922 年第 8 卷第 5 号；陈兰言：《我底新希望》，《妇女旬刊汇编》1925 年第 1 集。

⑥ 木行：《新的依赖观——请一部分新女性觉悟》，《觉悟》1930 年 12 月 26 日。

变得异常糟糕。作者以此切割了新女性与幸福婚姻的必然联系，打碎了启蒙知识界构建的神话和知识青年的迷梦。这表明，启蒙知识界虽然勾画出新旧女性两大对立阵营，而在实际生活中“趋新”与“守旧”的特性往往交织在一起，往往很难将个体划归某阵营。

总之，“学堂知己结婚姻”的择偶范例体现的不仅是主婚权的转换，还标志着择偶标准的现代转向，这一变化与知识界所赋予女性的使命密切相关。以重塑文明为特征的现代转型，要求女性不仅能善种宜家，还要具有“治世”的能力，这就不得不修正传统妇德以重塑女性。知识界构建的启蒙话语反映到择偶上，使具备西学新知的新女性受到知识青年的热烈追捧，其意义在于为情感培育奠基，调剂两性生活，增加人生兴味。不过，事实表明，知识界以是否具备现代知识作为判断女性趋新与守旧的标志，多少有些一厢情愿。学习、掌握现代新知的根本目的在于培养女性的自立精神和能力，但由于知识界构建的新女性内涵模糊不清，其主体性构建并不充分，自立精神的孕育不足。因此，具备相同的知识背景，固然能够为恋爱培育基础，但它并不一定能塑造幸福的婚姻生活。

## 第二节 1920 年代征婚广告与社会调查中的择偶观

自清末以来，知识界煞费苦心地抨击包办婚姻，倡导婚姻自由，并构建了“学堂知己结婚姻”的择偶范例，且深入地影响了知识青年。那么，他们在社会生活中对配偶会提出何种要求？男女性之间又有何性别差异？这些差异体现了什么样的时代特征？笔者以《申报》的征婚广告和《妇女杂志》的社会调查为分析对象，对上述问题予以回应。

### 一、《申报》征婚广告中择偶的时代诉求

近代中国的征婚广告一直是学界研究的热点问题。从传播学角度看，征婚广告“是指征婚广告发布者将征婚者及其择偶对象等相关信息，通过各种

传播媒介在社会上广泛传播，以期达到选择理想配偶目的的一种信息传播方式”。[①] 征婚广告包括信息发布者、传播信息、传播媒介三要素，因而是一种付费刊登的非人员性信息传播，目的在于选择合适的配偶。中国新闻史学的拓荒者戈公振指出：“广告为商业发展之史乘，亦即文化进步之记录。”[②] 因此，征婚广告虽只有寥寥数语，却蕴含着征婚者自我形象的塑造、异性的想象叙述、性别政治的暗涌以及社会风习的浸润，因而是破解时代密码的钥匙。[③] 既然征婚广告是一把破解时代密码的钥匙，那么它作为近代中国的历史现象，又承载着什么社会意义？征婚广告呈现怎样的发展轨迹与特征？发布征婚信息者都是谁，其诉求又怎样呢？是否达到了预期的目的？社会各界对此反响如何呢？这些问题都需要仔细梳理。

征婚广告的历史可谓源远流长。据考证，世界最早的征婚广告出现在英国。1695 年 7 月 16 日，一位英国男子在约翰·雷顿创办的杂志《家政与经商》中写道：“一位年约 30 岁的绅士，财产丰厚，愿征一位拥有 3000 英镑财产的年轻淑女为偶。”[④] 因年代久远，缺乏资料佐证，其结果不得而知，但他却开创了世界广告征婚之先河。[⑤] 其后，其他国家的征婚广告陆续出现。据研究，法国的征婚广告出现于 18 世纪末，当时已有期刊登载各式征婚广告；而中国的近邻日本的征婚广告则出现于 1881 年。[⑥]

古代中国虽有世界上最早的官报，但并没有兴盛发达起来，“其故盖西人之官报乃与民阅，而我国乃与官阅也”。[⑦] 既然官报没有给私人预留空间，也就不可能有征婚广告的存在，但这并不等于古代中国没有征婚这一社会现象。北周时期，鲜卑贵族窦毅认为女儿才貌俱佳，不可轻易许人，应当为其择一佳婿。于是，窦毅在“门屏画二孔雀，诸公子有求婚者，辄与两箭射

① 张艳：《媒介呈现、生产与文化透析：民国〈申报〉征婚广告镜像》，商务印书馆，2017 年，第 18 页。

② 戈公振：《中国报学史》，生活·读书·新知三联书店，2011 年，第 201 页。

③ 张伯存：《征婚广告：从私人话语到公共叙事》，《当代作家评论》2004 年第 4 期。

④ 武仲平：《广告征婚小史》，《社会》1993 年第 11 期；高万全、宋红梅：《征婚与征婚广告趣谈》，《中州今古》1995 年第 2 期。

⑤ 民国期刊《月报》（1937 年第 1 卷第 4 期）以《世界最古的征婚广告》为题，记载了一位名叫 Helen Morrision 的姑娘，于 1727 年在《曼彻斯特周刊》刊发征婚广告，结果被英当局关入迁善所进行教导的事情。从时间来看，它并不是最早的征婚广告记录。

⑥ 陈湘涵：《寻觅良伴——近代中国的征婚广告》，台北“国史馆”，2011 年，第 3—4 页。

⑦ 戈公振：《中国报学史》，生活·读书·新知三联书店，2011 年，第 60 页。

之，潜约中目者许之。前后数十辈莫能中，高祖后至，两发各中一目”。窦毅知道后非常高兴，于是把女儿嫁给了李渊。[①] 隋末唐初诗人王绩，年轻时候题诗《山中叙志》征婚，其中诗云：“物外知何事，山中无所有。风鸣静夜琴，月照芳春酒。直置百年内，谁论千载后！张奉聘贤妻，老莱藉佳偶。”之后的细节已经难以探明，但王绩因此很快娶妻梁氏是可以确定的。[②] 唐代开元年间，边关战事吃紧，玄宗皇帝因此命宫女为边防军缝制军衣。有位战士在战袍中得诗一首：“沙场征战客，寒苦若为眠；战袍经手作，知落阿谁边！蓄意多添线，含情更着绵。今生已过也，更结身后缘。”唐玄宗知道此事后，从中撮合，玉成此事。[③]

针对古代以诗文征婚的事实，鲁迅先生说：“所谓才子者，大抵能作些诗，才子和佳人之遇合，就每每以题诗为媒介。”[④] 除却比武招亲与诗文征婚外，还有彩球择偶的征婚形式。一些富贵人家，通常让女儿从楼上向自己中意的征婚者抛绣球，之后举行婚礼。[⑤]

古代中国人上述行为的征婚目的非常明确，但并非近代意义上的征婚广告。当然，古人的智慧也被近代知识分子所继承。1900年，蔡元培的发妻王昭因病去世。一年之后，亲朋好友均劝其续娶，并为之做媒。蔡氏在书房挥毫泼墨写下了他人生中第一张征婚启事，提出了天足、识字等五项择偶要求，并将其贴在书房的墙壁上，最终觅得他的第二任妻子黄世振。[⑥]“民国初年，金华有一位小姐，公然在一家照相馆墙上题诗征婚。当选的是我们的历史教师邵振青先生，一时传为佳话。振青先生，便是后来的名记者：邵飘萍先生。”[⑦] 这就是汤修慧女士与邵飘萍的传奇婚姻。从这两个案例看，蔡元培先生的征婚启事因贴在自己的书房中，其传播范围也仅限于亲朋之间；汤女士的征婚诗题写在照相馆的墙上，也仅限于顾客间的传播。因

---

① 刘昫等修：《旧唐书·后妃列传（上）》，《二十五史》，浙江古籍出版社，1998年，第142页。
② 顾农：《王绩征婚诗》，《沧桑》2002年第4期。
③ 高万全、宋红梅：《征婚与征婚广告趣谈》，《中州今古》1995年第2期。
④ 鲁迅：《中国小说的历史的变迁》，《鲁迅全集》第9卷，人民文学出版社，2005年，第341页。
⑤ 高万全、宋红梅：《征婚与征婚广告趣谈》，《中州今古》1995年第2期。
⑥ 王世儒编撰：《蔡元培先生年谱》（上），北京大学出版社，1998年，第46、54—55页。
⑦ 王启发：《曹聚仁笔下的金华人》，《金华日报》2001年7月15日。

此，从征婚广告涉及的要素来判断，汤、蔡二人的行为可以看作传统征婚在近代社会的延续。

中国近代意义上最早的征婚广告由“北来游学”的“南清志士某君”所刊发。1902 年 6 月 26—27 日，天津《大公报》连续两天刊登了这样一则求偶广告，其内容如下：

> 今有南清志士某君，北来游学。此君尚未娶妇，意访求天下有志女子，聘定为室。其主义如下：一要天足。二要通晓中西学术门径。三聘娶仪节悉照文明通例，尽除中国旧有之陋俗。如有能合以上诸格及自愿出嫁又有完全主权者，毋论满汉新旧，贫富贵贱，长幼妍媸，均可。请即邮寄亲笔复函，若在外埠能附寄大著或玉照，更妙。信面写 AAA，托天津大公报馆或青年会二处代收。①

该则征婚广告与蔡元培征婚中“识字”的要求相比较，前者显然更倾向于接受过新教育的女性。征婚者提出的三条择偶标准，分别代表了当时国人有关妇女问题的三种最新观念，即破除缠足恶习以提倡人体自然美，创兴女学以提高妇女文化修养，摒弃传统婚仪的繁文缛节以趋向文明。该则征婚广告的出现，不仅代表了求婚形式的变化，而且反映了知识男性择偶标准的新趋向。以此之故，7 月 27 日的《中外日报》在刊登这则广告时，特意加上了异常醒目的大标题：《世界最文明之求婚广告》，以表达编者的赞誉之情。

这位开风气之先的“南清志士”在受到社会赞誉的同时，却遭到了女权主义者林宗素的痛斥。她以女性特有的敏感，看出了这位征婚者单向择偶、不报家门的疏漏，并从女性的立场给予谴责。② 在她看来，这种疏漏实属有意为之，表明当时知识男性在接受西方新理念的同时，依然不自觉地留有男子中心主义思想。这种批评未尝没有道理，但他者如能进行换位思考，考虑到首开先河者要承受来自社会和家庭的诸多压力，也许就会多些宽容之心。

三年之后，这种自匿家门的不足被人弥补。1905 年，留学日本的王建善在《女子世界》上刊登《通信订婚法：敬告女同志》的征婚广告。与“南清

---

① 《求偶》，天津《大公报》1902 年 6 月 26 日。

② 上海图书馆编：《汪康年师友书札》(2)，上海古籍出版社，1986 年，第 1157—1158 页。

志士”相比，王氏最大的改变在于公开了自己的姓名、住址、职业等信息，而且整个征婚广告不提对女方的要求，充分表现了一个受过现代教育的新青年对女性的尊重。不过，这并不意味着作者对应征女性没有要求。作为应征者只有赞同其主张才会回应，而这又要以读书识字为基础，其指向其实是新女性群体。

王氏之所以提倡通信订婚法，乃有感于西方对中国婚俗的批判，“西人言中国人婚配，如牛马任人牵弄，此言殊酷，近人所以有自由结婚之说也。然吾国教化幼稚，骤令男女会合，或反紊纲纪，识者又忧之”。为避免紊乱男女纲纪，给卫道者反对婚姻自由的口实，故而创设这一良策：

> 余以为宜由男女互通信，先各抒衷曲，质疑问难，徐议订婚，既可免嫌疑，又不致妍媸误配，诚一夫一妻偕老同穴之善法也。创法自我始，敢告女同志，如欲与余通信，可照下开地址邮寄。信到，誓不示他人，并望亦示地址，令可写回信，藉通信以讲学，亦文明风俗所许，正不必拘于婚字也。[①]

其实，王建善的担忧并非空穴来风。清末民初的两性社交仍处于相对封闭的状态，就连女英雄秋瑾对此也谨慎从事，强调“平日并无苟且事”，时人故而主张“欲享自由之福，必须规步绳趋，一举一动，皆含有道德在内，始为自由之真谛”。否则“若假自由为口实，弃节义廉耻于不顾，肆其淫荡，以刁泼为进化，以无耻为开通，以厚颜为旷达，以嚣张为解事，男女往来，禽居而兽爱”，[②] 容易被清末舆论斥之为“逞其兽行”。[③] 王建善的“通信法订婚法”既恪守了传统道德框架，避免了“禽居而兽爱”的指责，又加强了男女之间的交往，为自由择配创立了便利条件。由于作者信息公开，且明白无误地表达了求偶或征友的意愿，其真诚的态度很快被女性所认同，取得了良好的效应。为此，作者感到此法确有实效，故再次刊登广告予以推广，并

① 王建善：《通信订婚法：敬告女同志》，《女子世界》1905年第2卷第1期；《通信结婚法：敬告女同志》《时报》1905年7月5日。

② 《口直心快》，《申报》1912年6月21日。

③ 《时评・论今日新党之新名词》，《东方杂志》1904年第1卷第11号。

给予广大青年以鼓励：

> 此法由男女先行通信，各抒衷曲，徐议订婚是也。自将此法登报后，竟有与仆通信者，足见斯道不孤。男女配合，以专一为贵，故须守一夫一妻主义。然择偶之际，不妨多其途以求之。如有女同志愿与余通信者，请奋自由之勇气，幸勿以怯懦自阻。唯此系人类高尚之行，仆当守平生正直主义，加意恭敬将事。①

通信订婚法大致分为七步：第一次通信说明婚姻大意，由自己做主，将来不必怨恨父母、媒妁；第二次通信则互寄照片，可避免因面貌丑陋生出恶感；第三次通信主要讨论权限、家室的处置及办事的方针，以振兴日后的家庭经济；第四次则针对男女之间最亲密的问题做讨论，不致使婚后发生不快；其后的三次通信主要论及是否愿意结婚、婚礼如何举办等问题。② 往复七次通信在于表明青年们对于婚姻的重视、谨慎以及文明属性，同时也可以看到王建善等新青年试图改良婚姻的诚意和努力。

研究表明，王建善的上述举动虽有征婚的意图，但重在为其即将发行的《通信订婚法》一书造势。③ 果不其然，王建善随后就将《通信订婚法》编撰成册加以发行，向国人大力推荐这一文明妙法。该书再版广告称："出版《通信订婚法》说明，印刷不多，出版后立即售罄，爰速再版，以应诸君之求。"④ 从其出版情况看，对通信结婚法感兴趣者大有人在，其观念和方法的流播必然会推动其他人的进一步效仿，如 1905 年《女子世界》第 3 期已有署名"慕蝶"的《求妻告白》了。难能可贵的是，两年之后已有女性刊登广告征婚了。1907 年冬，《笑林报》刊登了这样一条广告：

> 今有奉天卒业学生艾兰芳，年十九岁，家道清白，有一残废老母与女相依。生养死葬费，自有五千金，并不须赘婿供养。现该女拟结文明婚礼，男子须在三十以内，得有中学堂卒业文凭，无暗疾，无嗜好，方

① 《通信订婚法声明：敬告女同志》，《时报》1905 年 8 月 2 日。
② 《演说王立才通信订婚法》，《顺天时报》（附张）1906 年 2 月 21 日。
③ 张仲民：《种瓜得豆：清末民初的阅读文化与接受政治》，社会科学文献出版社，2021 年，第 151 页。
④ 《通信订婚法第四告白》，《时报》1905 年 11 月 1 日。

为合格。尤须江、浙、皖、湘、鄂五省人。如愿结此婚者，请书明住址、姓名，凭借《笑林》告白，以便予前往接洽可也。江宁周叔冈代白。[①]

与上述二位男子刊登的征婚广告不同，这则广告由报馆职员周叔冈代刊，同时也注明前期由周氏代为接洽，转达双方意愿。广告中“该女拟结文明婚礼”以及对男子年龄、学业、身体、籍贯的要求却是女子个人的意愿，是清末“学堂知己结婚姻”择偶范例的体现。这一过程既体现了婚姻自主之实，又可避免越礼放纵之名，符合清末社会的实际状况。

囿于时代条件，清末广告征婚者凤毛麟角。师竹指出：“近来热心志士，于结婚一事，几经研究，欲提倡而改良之。乃按之事实，卒未易行。非法之不善，实时之未至也。其在何时乎？非女学大兴之后不可。”[②] 作者此言不虚。读书识字是通信订婚法实施的基本条件，而清末女学刚刚起步，能够读书识字者不多，思想观念也未必能跟得上时代的发展。

民国创建之后，征婚广告涌现于各大媒体之上，如《申报》《大公报》《世界日报》等都有刊载，这与近代城市文明的发展、婚姻习俗变迁、大众传媒的兴盛以及教育的飞跃发展有很大关系。

鸦片战争拉开了中国近代化的历史进程，而城市近代化是这个进程的核心环节。沿海和开埠城市深受欧风美雨的浸润，又是中西文化交流、融合和知识分子聚集之地，并成为价值观念、生活方式、社会风气转变的先导，是极具扩张力和吸引力的现代化新贵。城市的现代化建设使城市社会拥有了新的交通、企业、学校、新闻和通讯体验，不断扩展了人们活动的社会空间，促进了人的社会化，为社会文化领域的现代化尝试提供了更适宜的土壤。[③] 正因为如此，近代婚姻变革首先从城市拉开序幕。

近代城市的发展为以报纸为主的大众传媒的兴盛提供了物质基础。城市生活空间改变了以往农村社会人际交往的狭隘、封闭的圈子，创造了一个更

---

① 《结文明婚看者》，《笑林报》1907年11月20日。

② 师竹：《论女学之关系》，《云南》1909年第18期。

③ 何一民：《近代中国城市发展与社会变迁（1840—1949）》，科学出版社，2004年，第639页。

开放、自由、广阔的社会空间。在此背景下，大众传媒应运而生，极大促进了人们的信息交流和沟通。自清末以来，宣传维新、革命的报刊杂志如雨后春笋般繁盛。民国创建后，相对宽松的政治环境推动了新闻事业的飞跃发展。据统计，武昌起义后的半年内，全国报纸由十年前的 100 多种陡增至近 500 种。仅 1912 年 2 月以后，在北京民政部要求登记创办的报纸就达 90 余种。[①] 这为人们谋求自由话语权和公共舆论空间提供了重要平台，同时也为征婚广告提供了新媒体平台，使之具有了现代意义。南京国民政府建立后，政治上相对稳定，文化事业繁荣，民营报业迎来了发展的黄金时代。[②] 民国教育的发展使民众的阅读水平有了一定提升，“故报纸杂志之阅读能力，增加甚速。加以时处过渡，事物之变动急而夥，故无论何人，凡稍识字者，皆知有读报纸杂志之必要”，[③] 从而使民众与媒体之间能够实现互动。

《申报》是近代中国存在时间最长、最具影响力的商业化报纸，从 1872 年创刊至 1949 年停刊，历时 77 年之久。《申报》的发展几经波折，在史量才经营期间（1912—1934）其经营模式日趋成熟，发展进入鼎盛期，报纸发行由国内逐渐扩展至欧美。[④] 因此，《申报》获得了较高的权威性和可靠性，江南士人以“申报纸”作为报纸的统称，其影响力可见一斑。从读者定位看，《申报》创刊后主要以官绅和知识分子为主要群体，史量才接手后将其扩大到普通市民阶层，在栏目以及内容上都进行了调整，以适应各方读者的需求。而且，广告历来是《申报》的规定栏目，并成为该报的重要收入来源。[⑤]《申报》的这些特征和变化都成为征婚广告数量较多的决定性因素，故而成为大众传媒的代表性媒介，承载着传递个人信息的功能，使得私密性极强的婚姻呈现更多的公共特性。在五四时期，一些有影响力的报纸都有征婚

---

① 方汉奇：《中国近代报刊史》，山西人民出版社，1981 年，第 676 页。

② 张立勤：《1927—1937 年民营报业经营研究——以〈申报〉〈新闻报〉为考察中心》，浙江工商大学出版社，2014 年，第 21 页。

③ 戈公振：《中国新闻事业之将来》，《东方杂志》1923 年第 20 卷第 15 号。

④ 胡太春：《中国报业经营管理史》，山西教育出版社，1999 年，第 63 页。

⑤ 方汉奇：《中国近代报刊史》，山西人民出版社，1981 年，第 58 页。

广告刊登。经过综合比较，《申报》在连续性和刊载数量上都高居榜首，[①] 故笔者以《申报》为中心进行分析。

从现有资料看，《申报》最早的征婚广告刊载于1913年11月19日第11版的最上方。广告图文并茂，在标题上方加以“红叶”标志，使之与《红叶作良媒》的题目形成较好的呼应。在此之前，虽有“求婚”字眼的标题，其实则是倡导报纸征婚的广告：“当此国民进化之际，男女宜得结婚自由，然如西俗之借交际以物色人才，颇费时日，不如直截爽快，征求夫婿或悬访美妇。”[②] 为打破父母专婚，推动青年人结婚自由的实现，这类广告在五四时期仍在推广。有文章写道：“要是把自己的性情和志趣，以及家庭状况、个人学问，一一写了出来，登上一段分类广告，恰巧有位同心的女子，也抱着想嫁这种丈夫的心思，就是不肯告诉人，必定亦来通函应征。”[③] 在各要素的交互影响下，《申报》征婚广告的数量呈现先慢后快的增长趋势。据统计，在1912—1949年间《申报》征婚广告共有不重复样本1391例，其中五四运动前有7例，[④] 其后的1920年代共有161例。[⑤]

五四时期征婚广告的变化既与婚姻变革思潮的态势相关，也与民国政局的转向紧密相连。近代婚姻变革是社会变革的重要组成部分，民初政局的复杂与动荡，使得婚姻变革步履维艰，征婚广告这种新颖的择偶方式饱受争议，故而数量不多。在新文化运动的推动下，婚姻自由理念的影响日渐深入。婚姻自由的实现要以社交公开为前提，知识界大力鼓吹社交公开的合理性和正当性，并在知识界和学生群体中产生一定影响。在对各省女学生的调研中，有53.4%的人支持社交公开；燕大男生则有74.74%的人赞成社交公

① 陈湘涵：《寻觅良伴——近代中国的征婚广告（1912—1949）》，台北“国史馆”，2011年，第104—105页；张艳：《媒介呈现、生产与文化透析：民国〈申报〉征婚广告镜像》，商务印书馆，2017年，第50、57、74页。

② 《求婚告白》，《申报》1912年5月1日。

③ 《分类广告与征婚》，《申报》1925年11月1日。

④ 张艳：《媒介呈现、生产与文化透析：民国〈申报〉征婚广告镜像》，商务印书馆，2017年，第120、50页。

⑤ ［日］高岛航：《1920年代的征婚广告》，梁景和主编：《近代中国社会与文化——首届中国近代社会史国际学术研讨会论文集》，社会科学文献出版社，2005年，第308页。

开。[①] 然而，观念与社会的实际相差甚远，久在礼教氛围中熏染的中国人，依然难以摆脱旧有的积习。直到抗战前夕，男女社交的限度依然很小。作者牧童感叹说，男女同学在学生时代还有交往的机会，一旦进了社会社交的机会便大幅减少，因为职场里的女性实在寥寥无几。[②] 社交空间的逼仄是征婚广告受到瞩目的另一重要原因。

五四时期中国迎来了近代婚姻变革的高潮，《申报》的征婚广告也由此蓬勃发展起来。因此，笔者以五四运动之后的1920年代为考察时段，借助征婚广告的实例和相关学者的计量统计，考察征婚者的群体镜像、征婚者自我形象描述以及对异性配偶的要求。

在1920年代的161例广告中，男性征婚者为131例，女性征婚者为32例。因为有的广告涉及多人征婚，故征婚者总数多于广告数。女性应征者自己投稿的只有1人，其他则为男性家人代为投稿。[③] 因此，征婚广告的参与者几乎都为男性，这在整个民国时期属于常态表现。研究者在对1912—1949年间《申报》的征婚广告进行综合考察时发现，男性征婚者占比依然高达68%。[④] 之所以如此，一方面因为上海是移民城市，人口迁入以男性为主，男女比例失衡严重；[⑤] 另一方面，上海、北京、天津等地女性文盲率依然较高，[⑥] 而“而能得到机会受教育的女子，又大半为闺阁教育。致伊们虽毕业于学校，尚不知己身为何物者，实占多数。因此伊们对于为一生幸福关键的婚姻问题，亦不知重视，听父母兄弟为之代办”。[⑦] 这些闺阁女性普遍缺乏自立能力，即使偶有自主意愿也会招致父权的干涉。1926年7月4日，有人替居住在栩园的一位旧家闺秀发布了征婚广告，孰料半月之后被其父察觉，遂

① 李文海：《民国时期社会调查丛编（婚姻家庭卷）》，福建教育出版社，2005年，第237、39页。

② 牧童：《终身大事：选择过高难免独身》，《世界日报》1936年4月6日。

③ ［日］高岛航：《1920年代的征婚广告》，梁景和主编：《近代中国社会与文化——首届中国近代社会史国际学术研讨会论文集》，社会科学文献出版社，2005年，第308页。

④ 张艳：《媒介呈现、生产与文化透析：民国〈申报〉征婚广告镜像》，商务印书馆，2017年，第120页。

⑤ 邹依仁：《旧上海人口变迁的研究》，上海人民出版社，1980年，第45—46、123—124页。

⑥ 刘英等：《中国婚姻家庭研究》，社会科学文献出版社，1987年，第254页。

⑦ 小岑：《本刊第十九期的话》，中共天津市委党史资料征集委员会、天津市妇女联合会编：《天津女星社》，中共党史资料出版社，1985年，第31页。

发布《栩园启事》痛斥征婚之举，撤销了征婚广告。[①] 综合以上几端，对于女性应征者数量偏少的状况就不难理解了。

既然是征婚，无论语言如何组织，必然都要涉及征婚者自我形象的描述与理想配偶的想象两方面内容。如一位男性征婚时是这样描述自己的，“某君，年廿六岁，品学兼优，现任中学校长”，[②] 其中提到了年龄、品格以及职业等有效信息，职业与征婚者的地位、收入状况关系紧密；一位女性征婚者则这样陈述自己的形象：“某女士，年二十七岁，现任学校教授。”[③] 其中的有效信息是年龄和职业，做教员的职业代表她是知识女性，是学识能力的表征。整体而言，征婚男性在描述自我形象时，提及最多的是职业，其次是学历、年龄、品格、性情；女性提及最多的是年龄，其次是学历、容貌、家室、家政。[④] 征婚者在介绍自己时多描述符合性别特征的优点，因此即使这些事项的描述都是真实的，也并不是征婚者个人的实像。

即使如此，征婚男女描述的上述事项已经足以代表征婚者自身的特质了。1920 年代《申报》征婚者的自我表述，与整个民国时期的征婚状况基本相符。据研究，民国时期《申报》征婚男性自我表述时提及最多的是职业，其后依次是年龄、学识、品性；女性应征者提及最多的是年龄，其后依次是学识、品性和相貌。[⑤]《大公报》中征婚者自我形象的描述与此大致类似，男性征婚者提及要素的排序是年龄、职业、学识、收入；女性应征者提及要素的排序是年龄、学识、相貌、品性。[⑥] 虽然与《申报》中提及的要素略有出入，但两性所描述的核心要素基本是一致的。

那么，运用反向思维逆推，征婚者刻意进行自我表述的，就应该是异性配偶所看重的。事实是否如此呢？一名大学生征婚时对女方的要求是这样

---

① 《征婚》，《申报》1926 年 7 月 4 日；《栩园启事》，《申报》1926 年 7 月 21 日。

② 《征婚》，《申报》1923 年 1 月 9 日。

③ 《征婚》，《申报》1925 年 9 月 28 日。

④ ［日］高岛航：《1920 年代的征婚广告》，梁景和主编：《近代中国社会与文化——首届中国近代社会史国际学术研讨会论文集》，社会科学文献出版社，2005 年，第 309 页。

⑤ 张艳：《媒介呈现、生产与文化透析：民国〈申报〉征婚广告镜像》，商务印书馆，2017 年，第 120—121 页。

⑥ 赵良坤：《近代中国征婚广告探析——以〈大公报〉为例（1900—1937）》，四川大学硕士学位论文，2006 年。

的："欲征一相当女子为终身良伴，凡教育界女士欲求人生幸福，享受新家庭之乐趣，确有诚意者请投函。"① 在这则启事中，男方对女方的年龄并无明确要求，但对女方学识或职业的描述非常清晰，说明男方非常看重这一点。上文的女教员对男方的要求则是，"政学商界年稍长而有学识之士"，② 从择偶要件看，其要求职业在前，个人学识的素养要求在后。尤其是职业要求，"政学商界"都是比较体面且收入稳定的职业类别。从总体情况看，男性对配偶要求中提及最多的是学历，其次是年龄、品格、家世、性情；女性对配偶的要求提及最多的是职业，其次是年龄、品格、学历、财产。③ 从两性的择偶标准和个人的自我介绍来比对，双方条件大致是匹配的。当然，这其中也存在明显的性别差异。女性在自我推介时，对于自己的年龄、容貌和职业提及率比较高。年龄、容貌最能表达女性的性别气质，而职业则宣示自己是独立的新女性，其主要意义在于表明自己的非传统性。女性的自我推介大致符合男性的要求，但在诸多条件之中，男性对配偶学识的要求却是最迫切的，有的征婚者甚至为此声称，再醮妇也符合自己的择偶要求，④ 这说明男女两性在推介与需求之间有些许错位。

征婚广告既然是破解时代特征的密钥，通过征婚广告就能够反映 1920 年代婚姻新理念从观念向实践转化的限度。征婚广告从介质的使用以及流播的广度来看，都是近代的新生事物，其本意是为践行婚姻新理念。一位名叫魏冰心的作者撰文声称，1915 年他看见报纸上刊登了一则妇女征婚的广告，内容大致是"兹有女士，年二十岁，中学一年级程度，欲求佳偶，如有年满二十四岁，有一定职业，意欲求婚者，投函申报馆某号信箱，合意者由女士保护人约期接洽"。他觉得自己的教育程度和生活情况正好符合广告中的条件，于是真的就写了一封应征信。后来两人经过数次见面晤谈，彼此感觉满意，居然成就了婚事。⑤ 魏氏的婚姻虽非直接由男女同学恋爱而来，但学识、

① 《学生征婚》，《申报》1927 年 5 月 2 日。

② 《征婚》，《申报》1925 年 9 月 28 日。

③ ［日］高岛航：《1920 年代的征婚广告》，梁景和主编：《近代中国社会与文化——首届中国近代社会史国际学术研讨会论文集》，社会科学文献出版社，2005 年，第 310 页。

④ 《征婚启事》，《申报》1928 年 4 月 28 日。

⑤ 魏冰心：《我之婚姻谈》，《妇女杂志》1920 年第 6 卷第 3 号。

年龄、性情的匹配符合婚姻自由理念中“当事者合意”的实质。

事实上，征婚广告并不总是意味着与婚姻新理念的关联，它与旧式婚姻并不对立。1925年的一则征婚广告中说：“沪渎旧家闺女，年尽廿五，精于女红，能操家政。惟以自幼丧父，侍母有年，亲友趣嫁，未之许也。兹有老母催促，不得已而由亲友等代登广告征婚。但求身家清白，持有相当职业，家产在所不计，无谓结发续弦尽可。先行通信，一俟女方调查满意，即当答复，并可交换照片，正式央媒说和。”[①] 从材料中看到，在对女性的介绍中不断放大的是传统女性的德行与技艺，因侍奉老母而致婚姻失时是广告征婚的重要原因。这位女性的家境较差，因而提出的择偶条件也比较低。令人印象深刻的是，订婚的程序几乎都是传统的，本人的择偶意愿几乎难以触摸。

上文提及的上海栩园中旧家闺秀的征婚也基本如此。栩园中的闺秀是名门望族，自小受到了良好的传统教育，守礼能文，有“谢家咏絮之才，兼工针黹，卫女响花之筝，尤擅丹青”，要求男方提供三代履历、个人职业与规划、家庭和亲属状况等，如果女方合意则遣媒妁进行下一步沟通。[②] 这位征婚者具有传统女性的美德与才华，婚姻意愿的表达以及对于男方门第和职业能力的考察，几乎都遵循传统婚姻程序，无非就是借助报纸媒介扩大了婚姻圈。现代媒介外衣下包裹的依然是传统婚姻观念，而且利用这一新形式有利于旧式婚姻的完成。

男性利用征婚广告的择偶动机也是多重的。有则广告说：“因内子多病，艰于子嗣，欲求一品格高尚、性情温和、文字通顺之女子，永为伴侣。”[③] 这则广告名为“求偶”，实则求妾。另一则征婚启事这样写道：“某君，年念三岁，面貌美丽，品学兼优，在实业家服务多年。现拟征求略有家产之小姐为终身伴侣，至面孔之美丑，才学之有无，在所不计。”[④] 在这则启事中，出现了对于男子容貌的描述，这是其他征婚广告中不多见的。这位青年在实业家

① 《征婚》，《申报》1925年10月10日。
② 《征婚》，《申报》1926年7月4日。
③ 《求偶》，《申报》1925年8月6日。
④ 《征婚》，《申报》1929年6月6日。

中服务多年，是否上过学堂实未可知，且声称品学兼优，令人生疑。或许是受生存环境的影响，这位青年显然不想过苦日子，试图通过婚姻来改变自身的处境，而对于女方的个人条件已经不做考虑了，这已与爱情婚姻观的主旨相背离。

正因为广告征婚的复杂性，故而从它诞生之初就饱受争议。民初，知识界“风闻”[①] 国学大师章太炎征婚，“鄙人近感鳏况沉寂，欲获一白头伴侣励我家室。然必具以下三事者，方为合适。一，须文理通顺，能做短篇文字者；二，系出名家闺秀，举止大方者；三，有服从性质，不染习气者”。[②] 消息虽未经证实，但一经传出，立刻引起舆论界的批评。有人在《申报》刊文质问说：“大凡服从二字，强国与弱国，奴隶与主人，相为对待之名称、事理之对不平等者也，至于夫妇之道，既无强弱之异，更无主奴之分，夫亦何必界定奴隶之资格，以好逑天下之淑女耶?”[③] 还有人以女性身份化名张别古，把自己描述为面貌奇丑的女子来戏谑、讽刺此事：“妾貌奇丑……即以先生丰仪，并坐而比照之，恐亦未易分优劣也。先生文名满天下，妾久作侍奉箕帚之想，今何幸得好机会，从容自荐于先生。”[④] 第一位作者的质疑源于章太炎新旧杂糅的婚姻观念，因而指斥其为野蛮、不人道的征婚；后者虽无明确指摘，实则从内容到形式都有全盘否定之意。

五四时期，知识青年受到启蒙思想的洗礼，对广告征婚的认同度有所提高，不过反对者仍大有人在。1924 年，《妇女杂志》以《用广告征婚的可否》为题进行征文，并刊发了 14 篇文章，其中持赞成态度的六篇，反对的八篇。赞成者认为，此举既扩大了择偶范围，又保证了公开透明，是推进自由结婚的重要形式；[⑤] 反对者认为，此举是媒妁的变相，跟货物买卖并无二致，而且交往对象的底细不容易考察，会产生不少潜在的危险。[⑥] 支持者看重的是

---

① 此处用“风闻”二字，是因为章太炎征婚是否确有其事在学界饱受争议，至今尚未发现有利证据。具体可参阅丁守伟：《章太炎“征婚”考》，《民国档案》2014 年第 3 期。

② 转引自《章太炎的征婚启事》，《新声》1946 年第 3 期。

③ 《质问章太炎先生求婚广告书》，《申报》1912 年 12 月 20 日。

④ 《张别古小姐致章太炎先生书》，《申报》1912 年 12 月 20 日。

⑤ 参阅量之、沈望之、文中、李昶中等 6 人的文章，《妇女杂志》1924 年第 10 卷第 7 号。

⑥ 参阅民声、西融、墨乡、刘尊一、朱葆桓等 8 人的文章，《妇女杂志》1924 年第 10 卷第 7 号。

新方式可能带来的好处，即扩大了婚姻圈。在传统的农业中国，农民的通婚圈大致以基层市场为中心，范围并不大。[①] 在近代化的都市中，因职业的分立、社交圈的狭小以及门当户对择偶观的影响，婚姻圈也并不见得有所扩大。因此，报纸媒介的流动性对于扩大婚姻圈很有帮助。反对者担忧其潜在的风险，尤其是女性在缺乏必要监护和指导的情境下，风险还是比较大的。江苏泰兴女子赵某，家道小康，受过初级师范教育，年逾而立尚未婚配，故而急于结婚。为此，她便刊登广告进行征婚，并与应征者闪婚。不料对方意欲图财，赵某险些丧命。[②] 综合考量社会的实际情况，章锡琛最后总结说，广告征婚的错误在于把恋爱和婚姻分开来对待，不能抱着结婚的目的求恋爱；同时又不得不承认广告征婚是目前社交尚未公开时期的权宜之计。[③]

章锡琛的表态大致反映了知识界对征婚的暧昧态度。有位作者在对征婚青年的婚姻困境略做同情之后，接着就对广告征婚进行了批评。他表示，征婚广告都说得冠冕堂皇，应征者"将自己的履历和人格，带着胭脂粉去达到目的"，而实际上"丝毫没有带着一点双方恋爱的真义！"[④] 文章所表达的态度与章锡琛基本保持了一致，就是征婚行为割裂了恋爱与结婚的关系，这与其他知识精英对广告征婚的态度相吻合。[⑤]

不过，实际情形却是广告征婚在争议当中日益发展壮大。之所以如此，是因为"不同立场的人怀有不同的目的来征婚。征婚既可以体现新婚姻观的理想，又可以促进旧式婚姻的完成"。[⑥] 换言之，征婚依赖于广告媒介，而媒介的转换只是技术进步的产物，其本身并无新旧之道德属性。是故，广告征婚能够满足不同层次、不同目的人的实际婚姻需要，这充分反映了过渡时期新旧杂糅的时代特色。

---

① ［美］施坚雅著，史建云等译：《中国农村的市场和社会结构》，中国社会科学出版社，1998年，第45—46页。

② 陈帮贤撰，王春生整理：《自勉斋随笔》，车吉心等主编：《中华野史》（民国卷），泰山出版社，2000年，第812—813页。

③ 《用广告求婚的可否·记者附注》，《妇女杂志》1924年第10卷第7号。

④ 卞焕章：《征婚与自由恋爱》，《现代妇女》1923年第29期。

⑤ 参见：《一个总答复》，《生活》1928年第3卷第49期；章文卿：《介绍婚姻居然有点意思》，《生活》1925年第4卷第3期；麦惠庭：《中国家庭改造问题》，商务印书馆，1935年，第145—149页。

⑥ ［日］高岛航：《1920年代的征婚广告》，梁景和主编：《近代中国社会与文化——首届中国近代社会史国际学术研讨会论文集》，社会科学文献出版社，2005年，第314页。

## 二、《妇女杂志》择偶调研中的性别差异

《妇女杂志》创刊于1915年，是商务印书馆发行的四大刊之一，为五四时期重要的妇女刊物。尤其是章锡琛主编《妇女杂志》期间，将它由“家政参考书”锐变成“妇女解放言论利器”,[①] 婚姻自由是其宣传的主要内容。他们在启蒙浪潮中积极宣传新理念的同时，还就婚姻问题做了不少社会调查。

1923年，《妇女杂志》策划、出版了《配偶选择号》专辑，其中为“窥测我国现代青年择偶选择的倾向”，章锡琛以《我之理想配偶》为题进行征文活动。为使“应征者自由发表意见起见，特不取心理测验的形式，列成各项问题，以免应征者受到何等的暗示”。[②] 问卷调研法的优点是通过数字统计能比较直观地看到思想动态的变化，但也存在调研群体的数量是否能代表全体民众、职业的选取是否合理等问题，在一定程度上会降低问卷调查的精准度。但总体而言，通过调研问卷仍能大致窥测青年择偶的倾向性。

从统计结果看，参与调研的总人数为155人，其中男性为129人，占比达到83.23%；女性为26人，占比为16.77%。在男性来稿者当中，有62.02%的为学生，17.05%为学校教职员。女性来稿者当中10人是学生，占38.64%；7人为教职员，占26.92%。在参与者当中，已订婚或已结婚者占16.78%，年龄以18—24岁为最多。

从参与者的性别构成看，男子参与的数量远远超过女子，这与《申报》征婚广告的状况极为相似，这是否说明男性比女性更关心自己的配偶问题呢？事实可能并非如此。因为从两性受教育的情况看，女子数量要比男性少得多。以高等教育为例，1922—1923年全国大学和各类专门学校共计125所，共有在校学生34880人，其中女生887人，仅占总数的2.54%。[③] 从男女受教育的比例看，女性能做此征文的必定要少于男性。章锡琛认为，女性参与的比例低可能与其娇羞、腼腆的性格有关，又或者女性受到的束缚较男

① 王秀田：《章锡琛与〈妇女杂志〉改革》，《首都师范大学学报》2011年第3期。

② 瑟庐：《现代青年男女配偶选择的倾向》，《妇女杂志》1923年第9卷第11号。

③ 俞庆棠：《三十五年来中国之女子教育》，庄俞等编：《三十五年来之中国教育史》，商务印书馆，1931年，第199页。

子大，故而缺少参与的胆量，这种猜测有一定道理。但笔者认为，另一种解释可能更具说服力，那就是与章锡琛主编《妇女杂志》思想过于激进有关，毕竟只有接受了新文化洗礼的女性才能认同其妇女解放思想，这在受教育的女性群体中又是少数。[①] 杜就田接替章氏担任主编后编辑思想重归保守，反而唤醒了女性的主体性表达，有更多女性参与到投稿行列。因此，女性参与比例低应是多种因素综合的结果，而并非章锡琛估计的那样简单。

从参与者的职业构成看，以学生群体和教职员为主。学生处于青年时期，对于外在事物比较敏感，且大多数人属于未婚状态，故对这个问题比较关注。当然，也有已经结婚或订婚的青年参与应征。在女性应征者中，最引人注目的是竟然有一个从前的所谓"未亡人"，因不满足于现状而想寻找理想的配偶，这在维持纲常名教的礼教先生们看来是"世风日下"的证据，而在维护新性道德者看来，却是女性个性觉醒的又一重要标志。

从参与者的年龄段来看，表明青年求偶最旺盛的时期大致应在 18—24 岁之间。在五四时期，也有不少人认为学生们过度关注恋爱和婚姻问题，包括在华的外国人也观察到此现象，认为这是青年堕落的象征。[②] 不过，在《妇女杂志》的同仁们看来，这恰是"青年个性发达的现象"。[③] 青年们个性的觉醒，意味着配偶选择要求的多样化，应征者对配偶的身体、容貌、才识、品格等诸多方面都提出了要求。为了便于阐发观点，调查者还从性别角度做了详细的数据统计，如下表：

**男性应征者求偶标准统计表**

| 条件 | 细项 | 提及次数 | 所占百分比 |
|---|---|---|---|
| 身体 | 健康无病 | 63 | 48.64 |
| 容貌 | 中资 | 38 | 29.64 |
| | 美丽 | 20 | 15.50 |

① ［韩］金润秀：《〈妇女杂志〉（1920—1925）的"新女性"形象研究》，复旦大学博士学位论文，2012 年。
② 落霞：《外国人嘴里的中国新式婚姻》（上），《生活》1927 年第 2 卷第 46 期。
③ 瑟庐：《现代青年男女配偶选择的倾向》，《妇女杂志》1923 年第 9 卷第 11 号。

（续表）

| 条件 | 细项 | 提及次数 | 所占百分比 |
|---|---|---|---|
| 年龄 | 较小 | 26 | 20.16 |
| | 相等 | 11 | 7.90 |
| | 较大 | 4 | 3.10 |
| 教育 | 中等 | 46 | 35.66 |
| | 普通 | 26 | 20.16 |
| | 小学（高小） | 9 | 6.98 |
| | 高等（大学或专门） | 8 | 6.02 |
| 人格 | 高尚 | 21 | 16.28 |
| 性情 | 温和 | 49 | 37.98 |
| | 刚强 | 22 | 17.05 |
| | 活泼 | 11 | 7.90 |
| | 沉静 | 7 | 5.43 |
| 行为 | 勤俭朴实、不慕虚荣 | 49 | 37.98 |
| | 无恶嗜好 | 25 | 19.38 |
| 研究趣味 | 文学艺术或教育 | 32 | 24.81 |
| | 科学 | 2 | 1.55 |
| | 医学 | 2 | 1.55 |
| | 农业 | 1 | 0.78 |
| 宗教 | 不信仰宗教 | 7 | 5.43 |
| | 信仰基督教 | 5 | 3.88 |
| 才识 | 能独立谋生 | 49 | 37.98 |
| | 能操持家政 | 42 | 32.56 |
| | 有新思想 | 28 | 20.71 |
| | 干练 | 18 | 13.95 |
| | 善交际 | 18 | 13.95 |
| | 能跳舞琴歌 | 9 | 6.98 |

（续表）

| 条件 | 细项 | 提及次数 | 所占百分比 |
| --- | --- | --- | --- |
| 爱情 | 真挚纯洁 | 23 | 17.83 |
| | 永久（守贞操） | 14 | 10.85 |
| 装饰 | 朴素 | 23 | 17.83 |
| | 天足 | 14 | 10.85 |
| 装饰 | 不束胸 | 8 | 6.20 |
| | 剪发 | 8 | 6.20 |

依照上表的统计数据，若以提到次数的总量来算，提到次数最多的是才识，共有164次；其次为性情，共有90次；再次为教育，共有89次；第四是行为，共有74次。若从单项来看，提及最频繁的是身体健康问题，共有63次；其次为性情、品行、独立谋生等内容，共提及49次；再次为教育，共出现46次；第四为家政服务能力，共出现42次。那么，女性的择偶标准又体现在哪些方面呢？如下表所示：

**女性应征者求偶标准统计表**

| 条件 | 细目 | 提及次数 | 所占百分比 |
| --- | --- | --- | --- |
| 身体 | 健康无病 | 16 | 61.54 |
| 容貌 | 中姿 | 5 | 19.23 |
| 年龄 | 相等 | 2 | 7.69 |
| | 较小 | 1 | 3.85 |
| | 较大 | 1 | 3.85 |
| 教育 | 高等 | 6 | 23.08 |
| | 中等 | 5 | 19.23 |
| | 普通 | 4 | 15.38 |
| 人格 | 高尚 | 6 | 23.08 |
| 性情 | 温和 | 8 | 30.77 |
| | 诚实 | 4 | 15.39 |
| | 勇敢 | 3 | 11.54 |

（续表）

| 条件 | 细目 | 提及次数 | 所占百分比 |
| --- | --- | --- | --- |
| 行为 | 无恶嗜好 | 10 | 38.46 |
| | 不慕虚荣 | 6 | 23.08 |
| | 尊重女性 | 5 | 19.23 |
| 研究趣味 | 文学美术或教育 | 6 | 23.08 |
| | 理科 | 1 | 3.85 |
| 职业 | 教育家 | 5 | 19.23 |
| | 正当 | 3 | 11.54 |
| | 文学家 | 3 | 11.54 |
| | 新闻记者 | 1 | 3.85 |
| | 劳动者 | 1 | 3.85 |
| 宗教 | 不信仰宗教 | 1 | 3.85 |
| | 信仰基督教 | 1 | 3.85 |
| 才识 | 干练 | 5 | 19.23 |
| | 有新思想 | 5 | 19.23 |
| 爱情 | 真挚纯洁 | 10 | 38.46 |
| | 能守贞操 | 3 | 11.54 |
| | 永久 | 1 | 3.85 |
| 财产 | 中等 | 5 | 19.23 |
| | 无财产 | 3 | 11.54 |

依照上表的统计数据，从各项统计总量看，提及次数最多的是行为，共有21次；其次是身体16次；再次为教育、性情15次。若以单项来看，提及频率最高的是身体16次，占女性应征者的61.54；其次为10次的无恶嗜好和爱情纯洁真挚，各占38.46%；再次为8次的性情温和，占比为30.77%。

综合男女双方的要求及选择比例看，健康、学识与性情是青年们关注度最高的三方面，这一点在其他学者的调查中也得到了验证。在1928年对燕京大学男生的调查发现，他们“以对方性情为第一重要；身体第二；

品貌第三；品行第四；才能第五；学问第六；年岁第七；家世第八”。[①] 在稍后调查的燕京大学女生中，性情仍占第一，其后依次是学问、身体、才识等等。[②] 在 1930 年陈利兰对女学生的调查中，其情况也基本如此。这些女生无论已婚或未婚，她们对于配偶的要求主要集中在健康、学识、情感等三方面。[③]

青年们对配偶的身体状况都提出了较高的要求，他们懂得了“健康是人生最重大的要件。健全的精神，寓于健全的身体，身体如果不健康，便不能发挥自己的才能……一经入了性的生活，更有肉体的交涉，不健康者便不能完成其性的任务。所以选择配偶的时候，不可不注意于双方的健康”。[④] 这是男女双方的共识，表明优生学对他们产生了重要影响。优生学的意义在于改善人类的智力和体质，促进优秀基因的遗传，当时的报刊如《妇女杂志》等登载了不少文章，介绍善种学和婚姻的关系，提醒青年人要注意遗传和人种改良问题。作者健孟对此予以特别提醒，择偶一定要注意体质的考察，避免疾病遗传。[⑤] 因为“爱情引起的标准，当以有康健的身躯，优美的容颜，颖慧的智力，成功的能力，忠实的德性，愉快的禀赋为皈依。此种品性，在择婚时，其求婚者与求婚者的祖先，均宜具备最好”。[⑥]

不过，从性别角度看，男女双方对“健康”的理解还略有差异。男性知识精英倾向于从强国保种的高度关注健康，因而有男性作者指出：“有强健的身躯，才能担任重大的责任……而且将来的‘小国民’和母体有极大的关系，多愁多病的母体是亡国的病症、是灭种的现象。”[⑦] 还有作者认为，“你若是一个才子、伟人，或是一个有为青年，你必须娶一个才德高尚身体健全的女子，因为非但对于你本身能够得到生活上的快乐和满意，并且对于国

---

① 葛家栋：《燕大男生对于婚姻态度之调查》，李文海主编：《民国时期社会调查丛编（婚姻家庭卷）》，福建教育出版社，2005 年，第 43 页。

② 梁议生：《燕京大学 60 女生之婚姻调查》，李文海主编：《民国时期社会调查丛编（婚姻家庭卷）》，福建教育出版社，2005 年，第 63—64 页。

③ 陈利兰：《中国女子对于婚姻的态度之研究》，李文海主编：《民国时期社会调查丛编（婚姻家庭卷）》，福建教育出版社，2005 年，第 234 页。

④ 无竞：《关于配偶选择的几条要件》，《妇女杂志》1923 年第 9 卷第 11 号。

⑤ 健孟：《配偶选择与疾病》，《妇女杂志》1923 年第 9 卷第 11 号。

⑥ 方乔：《优种学与择婚》，《妇女杂志》1930 年第 16 卷第 1 号。

⑦ 谭祥烈：《我之理想的配偶·三》，《妇女杂志》1923 年第 9 卷第 11 号。

家、社会和后裔，无不有莫大的关系。且不可因为她的美貌或者金钱的诱惑，娶了一个低能儿来，那就不堪设想了”。[①] 时人已经充分注意到，体力、智力等方面的遗传不仅关系到小家庭的和乐幸福，还事关中华民族发展元气的恢复，故而备受潘光旦等社会学家关注。[②]

但是，从女性自身来看，其自身未必认同这种工具化色彩的表述。波伏娃就认为，“种”的利益与女性作为个体的利益无关。[③] 这个论断虽有些绝对化，但至少从女性立场表明了她们对“种”的态度，这与当时女性精英的态度基本吻合，故而她们更倾向于借助体育改善女性体质，以达到男女平等的目的。在女性自身看来，她们追求健康是为了造就身心健康的女子，达成自己救国的心愿。[④] 从生活角度而言，健康的躯体有助于人生事业的发展和家庭生活质量，“一生的事业、思想、志向，全仗着这身体的健康才能实行”。[⑤] 男性爱好各种游戏或比赛运动，还能够增添家庭生活的情趣。[⑥] 总体来看，女性更愿意从个体和家庭生活视角来关注健康问题。

教育与配偶选择的关系也极为密切。“在配偶的选择上，教育确是极重大的要件。选择了没有教育的配偶，不但是非常错误，并且招致自己人生的灭亡。”[⑦] 因为，教育水平相当有利于培养共同的志趣，志趣相投有利于婚姻的稳定：“夫妇的志趣如果同一，感情便常能一致，对于个人性的发挥及样式，可以互相诱导，互相援助，以实现人生的目的，而收成功及福利，恋爱当然也能安全巩固了。如果再在这志趣的一致上加双方相互的人格，那理解便愈加健实，恋爱遂带永久不变的性质，这是可以深信的。”[⑧] 教育问题在两性共识之外，性别差异体现也非常明显。从对教育要求的强烈程度看，男性要高于女性，“青年们为了要求未婚妻的求学，往往不

① 《择偶与遗传》，《科学世界》1930 年创刊号。
② 参阅潘乃穆编：《潘光旦文集》第 2 卷，北京大学出版社，1994 年。
③ ［法］波伏娃著，王友琴等译：《女人是什么》，中国文联出版社，1988 年，第 167 页。
④ 游鉴明：《近代中国女子体育观初探》，台湾《新史学》1996 年第 7 卷第 4 期。
⑤ W. T. 女士：《我之理想的配偶・二十一》，《妇女杂志》1923 年第 9 卷第 11 号。
⑥ 秋心：《我之理想的配偶・十六》，《妇女杂志》1923 年第 9 卷第 11 号。
⑦ 无競：《关于配偶选择的几条要件》，《妇女杂志》1923 年第 9 卷第 11 号。
⑧ 无競：《关于配偶选择的几条要件》，《妇女杂志》1923 年第 9 卷第 11 号。

惜费许多力气，冒许多困难，或甚至说，如果不送她入学读书则宁可解约”。[①] 但男性要求的水平并不高，仅要求普通以上即可。反观知识女性对配偶教育水平的要求更高，这无论是在瑟庐的调查还是燕大女生的反应都得到验证。

事实上，知识分子早就注意到这个问题，“一个女中学生，就想对方是一个大学生，一个女大学生，就想对方是由外国毕业回来，挟有博士或学士头衔的了”。[②] 对这个问题的产生根源，有人认为是“现在女学生较少的缘故”。[③] 自清末以来，新女性就被想象为男子的理想配偶，而受多种因素的影响女子的入学率远低于男性，故女学生的数量远少于知识男性。受婚姻市场供求关系的影响，知识女性提出这样的要求也就容易理解了。还有一种观点认为，由于女性识字率较低，故而养成了部分知识女性虚骄的心理，“会说了几句外国话，做了几篇本国文，就要趾高气扬，心满意足，不是自命为扫眉才子，就说是巾帼英雄了”。[④] 还有人认为，这是女学生“门第观念还不曾打破的”[⑤] 的结果。上述观点从不同侧面剖析了这个问题，都有其合理性。笔者认为，女性择偶在学历要求的梯度特征，还与“男尊女卑”传统形成的男性崇拜心理有关。研究表明，在两性关系中女性尤其是少女有一种想被控制的欲望，这与她的自恋和自尊共存，这决定了多数女性只能接受具有光环的男性的控制。[⑥] 因此，女性只有找到具有某种强势特征的男性，才能获得被扶助的满足感和安全感，才能心安理得地为人妻母，故而多提出梯度性的择偶要求。

在“性情”问题上，无论男女大多希望配偶有温和的性情，但在同一命题下男性强调的“温和”是女性的顺服和顺从；而女性则要求男性在待己、待人温和的同时又具有刚强的意志。这正如后世学者所分析的那样：“当女性性别角色发生变化的时候，无论男人还是女人自己，对

---

① 健孟：《配偶选择与疾病》，《妇女杂志》1923年第9卷第11号。
② 绿珊：《资格和择偶》，《妇女杂志》1925年第11卷第6号。
③ 紫瑚：《学历和择偶》，《妇女杂志》1922年第8卷第3号。
④ 陈兰言：《我底新希望》，《妇女旬刊汇编》1925年第1集。
⑤ 绿珊：《资格和择偶》，《妇女杂志》1925年第11卷第6号。
⑥ ［法］波伏瓦著，王友琴等译：《女人是什么》，中国文联出版社，1988年，第201—202页。

性别人格的感受并没有发生也不可能发生相应、相等的变化，在两性深层心理组织中，仍然固守着沿袭千年的情感生活的需求。在男子一方，即便最开明的，也依然怀揣着对贤妻良母的眷恋，高度赞美顺从忘我的女性气质；而在女子一方哪怕是拿了最高学位的知识女性，在情感上仍是执着地寻找持强扶弱的男子汉。"[①] 这与女性对男性学历上的要求所反映的心理基本是一致的。

在才识的要求上，男性和女性的要求并不相同。女性对于男性的才识要求并不清晰，笔者揣测其着眼点更主要的是谋求职业的能力："职业实在是人生所不可缺的必要条件，人格陶冶的唯一机关。……配偶选择的时候，以有确实的正业为要件；男子没有定职的，尤其不应该有可以做女子的恋人的资格。"[②] 民国时期的社会经济结构未有大变动，因此"女子就业的范围，至今还是太狭了"；[③] 再加之传统依赖心理的因袭，希望男子"肯尽量的供给她们的需要"。[④] 相较而言，男性对于女性才识的要求更具体：一方面，在受教育的基础上具备独立谋生的能力；另一方面，更在意她们是否具备操持家政的能力，这是众多男性对于女性的要求。作者毕云程注意到，他的朋友因太注重女性的容貌而娶了无操持家政能力的妻子，其妻虽终日忙碌但家中仍凌乱不堪。他在总结了诸多婚姻实例后说："我以为在择配之前……不要太放纵一时的感情冲动。尤当注意男女都有良好的品性，都有治事的能力，都有健康的体格。"[⑤] 其中所谓"治事的能力"，尤指独立的能力和操持家政而言。毕云程还在不经意间暗示，漂亮的容貌、高贵的气质、金钱的魅力都抵挡不住生活的磨练。因此，健康的体魄、性情志趣相投，职业或治家能力，都应当是择偶过程中特别注意的。在张爱玲的小说《五四遗事》中，主人公罗文涛的婚姻从自由恋爱开始到三美团圆的结局，这一变化与其作为新女性的妻子密斯范缺乏治事能力密切相关。[⑥]

---

① 李小江：《性沟》，生活·读书·新知三联书店，1989年，第42页。
② 无竞：《关于配偶选择的几条要件》，《妇女杂志》1923年第9卷第11号。
③ 《雷洁琼谈妇女运动》，贺家宝：《北大红楼忆旧》，大众文艺出版社，2007年，第59页。
④ 健孟：《配偶选择与疾病》，《妇女杂志》1923年第9卷第11号。
⑤ 毕云程：《举几个做夫妻的实例》，《生活》1927年第3卷第29期。
⑥ 张爱玲：《五四遗事》，《张爱玲全集》第3集，北京十月文艺出版社，2012年，第87—98页。

不过，在女子才识这个问题上，男子充分展示了自己的矛盾心态。一方面要求女子摆脱传统贤妻良母角色，要有自立能力，另一方面依然认为“女子就业在外，夫权将因此有所损失”。[①] 因此，他们期待的女性“要曾在保姆学校毕业的，预备将来任家庭教育的感化力，次代国民的好母亲；要学过心理学的，将来能够实施到家庭方面，尤其以儿童心理学为重要”。[②] 有人强调说：“我不想她有特殊之才能，我所希望于她的，只要有治家理政，教育儿女和在不得已时有一技之长，足能自己谋生活的本领。”[③] 由此可见，传统两性分工模式在不少男性心中依然根深蒂固，但新时代的贤妻良母需要具备的素质是多元的，不仅要有家政能力、相夫教子的意识，还要有现代科学知识，最好还要有独立谋生的技能。而女性对于男性能力的要求则主要为工作能力强，办事干练，能支撑家庭生活的重担等。知识男女择偶观念的这种差别，实际上也反映了两性在社会和家庭地位上的差异。

通过章锡琛以及1920年代其他学者的婚姻调研来看，当时中国青年的择偶标准与作为文明借鉴的西方社会青年的观念有一定差异。《京津画报》曾刊发《择偶借镜》一文，介绍了美国加利福尼亚康明斯女子大学和吴弗德男子大学学生的择偶标准，男学生对女性的容貌、年龄、身体、体重、鞋码、烹饪以及如何化妆都提出了要求，而女学生对男性的身高、体重、头发、眉毛、嘴型、鞋码以及能否职业自立等提出要求。从双方的要求看，美国学生的择偶标准更趋向于个人审美，个性主义十足。鉴于此，作者有感而发：“美国择偶标准，虽可以为借镜，但我华人之理想，与美人相同者至多不此〔过〕十之五。倘荷我同文以国人择偶的标准见示，鄙人当表示十二分的欢迎。”[④] 相较而言，五四时期中国青年的择偶要求仍局限于学识等基本素质要求，而美国学生择偶要求显得更加多元和个性，表明两国现代化程度存在明显代差。

---

① 周叔昭：《家庭问题的调查——与潘光旦先生的调查比较》，李文海主编：《民国时期社会调查丛编（婚姻家庭卷）》，福建教育出版社，2005年，第395页。

② 余竹籁：《我之理想的配偶·四十二》，《妇女杂志》1923年第9卷第11号。

③ 赵公遂：《我之理想的配偶·四十三》，《妇女杂志》1923年第9卷第11号。

④ 博忆：《择偶借镜：美国人择偶之标准》，《京津画报》1927年第6期。

综合来看，清末民初尤其是新文化运动以来，近代知识分子择偶倾向的发展变化，既是对传统礼教和婚姻伦理的抵制和反抗，也是对近代新婚恋观的传播和接受。① 在这一过程中，知识男性有选择地摒弃传统观念，渴盼与一位学识相当、身体健康且具有一定新思想的女性，结成具备知己和爱情双重属性的婚姻关系，同时又要求女性要继续做好贤妻良母，承担相夫教子的传统职责。也就是说，在男性眼中，同时具备新知识和旧道德的女性最受欢迎，这与当时婚姻市场的状况相吻合。② 而女性在新观念的影响下，逐步挣脱传统和家庭的羁绊，积极争取婚恋自由权，尤其是对浪漫爱情的向往甚至表现得比男性还要积极和热烈。但是，社会对独立女性的接受程度有限，实际上她们在潜意识中仍希望寻求男性的庇护。因此，婚姻自主观念引导下的择偶观，仍体现了两性彼此对传统妥协的特征，表明时代转型与婚姻变革的复杂与艰难。

## 本章小结

传统社会的宗法性决定了“父母之命，媒妁之言”是婚姻合法性的根本标志，并形成了“门当户对”的择偶标准。“门当户对”符合社会学的同类性原则，有利于婚姻、家庭的稳定，具有一定积极意义。然而，由于近代中国在国际竞争中的落伍，刺激、推动了知识界的反思。基于激发主体意识、塑造独立人格的需要，他们开始质疑、批判传统缔婚原则，倡导自主择偶，推动了主婚权的代际转移。

重塑女德是择偶标准变迁的思想动力。在启蒙知识界看来，正因为传统女性不能胜任母职，才造成了国民素质低下，进而导致了国家竞争的失败。正如论者所言：“中国女权主义的先驱，他的出发点是在一个全球国家的竞

① 黄顺力、王风先：《近代中国知识分子的择偶倾向与取舍——以报刊媒介的两性话题为视角》，《厦门大学学报》2012 年第 5 期。

② 章锡琛：《新思想旧道德的女子》，《新女性》1928 年第 3 卷第 6 号。

争当中自己觉得比不上他人，回过头来又把这种羞耻加之于身边的女人。”①启蒙的发端虽充满了男权特质，但它提出了一个“新民”的全新课题，即适应现代国际竞争的国民应诞育自何种家庭？他的父母应具备何种素质？启蒙知识界由此构建了“国民之母”的新女性角色，要求她们承担起诞育新国民的重任，从而推动了传统女德的现代转向。具备科学新知和治世能力，同时又能担负起“贤妻良母”的家庭角色，这是启蒙知识界对女性的新要求，也是判断女性新旧、文野的重要衡量标准。

女德的重塑推动了清末以来青年择偶标准的变迁。掌握西学新知的女性受到男性青年的追捧，开启了近代以知识为标准的择偶新时代。秋瑾提出“学堂知己结婚姻”的择偶范例，正是迎合了时代的新变化，它要求学识的匹配和性情的契合，从而为塑造温馨家庭、培育新国民创造必要条件。五四时期，知识青年对配偶的教育要求愈发强烈，并形成了多元化的择偶标准。然而，在实际生活中，青年群体的择偶行为表现得很复杂。在主婚权上，他们虽要求自主，同时也逐步意识到父母监察和指导的重要性，“同意婚”的意愿逐渐上升。在择偶要求上，男性最欢迎具备新知识和旧道德的女性；而女性既有追求婚姻自主获得爱情的渴望，又有寻求男性庇护的内在需求。以新媒介为载体的广告征婚表现出同样的特性，它既体现了新式婚姻理想，又促进了旧式婚姻的完成。总之，青年群体的择偶行为，体现了新观念与旧传统既对立又妥协的复杂特征。

① 王政等：《从〈女界钟〉到“男界钟”：男性主体、国族主义与现代性》，杜芳琴、王政主编：《社会性别》第2辑，天津人民出版社，2004年，第33页。

# 第四章　过渡时代青年群体的自由结婚

20 世纪初的 20 多年间是近代中国转型的重要历史时期，新旧思想交锋激烈，故而“过渡时代”成为新性道德论争过程中出现的高频词之一。那么，何为婚姻语境下的“过渡时代”呢？时人认为，它是指“现代中国的青年男女为解脱封建时代那种包办的、买卖的、压迫的婚姻制度，而转入自由结婚、离婚时代中间的时代而言”。[①] 不言而喻，新旧交替是这个时代的典型特征，在此背景下知识青年如何实现自由结婚呢？其中会遭遇哪些困境，他们又当如何克服，其结果又会怎样呢？自由结婚必然伴随着婚礼的革新，它又会呈现何种面相呢？这些问题都是考量婚姻现代转型的重要因素。

## 第一节　反抗包办婚姻的构想与选择

在新旧交替的过渡时代，向往婚姻自由的知识青年大多成长于传统家

① 铁英：《过渡时代中之离婚问题》，《华北日报妇女周刊》1929 年第 9 期。

庭，新旧思想冲突激烈，自由结婚并不容易实现，他们由此备感烦闷、苦恼。为了化解这一难题，知识界围绕重婚、逃婚等方法展开讨论，试图在道德、法理与现实中找到诸多可能性。在现实当中，已婚者往往以自由恋爱消弭包办婚姻的苦闷；未婚青年多采用逃婚方式，更激烈的则以死相争，用极端手段来控诉包办婚姻。这些社会问题表明，过渡时代面临着难以克服的伦理困境。

## 一、知识界关于重婚、逃婚问题的辩论

自清末以来，启蒙知识界不断对传统性伦理和婚姻制度进行批判，试图构建在恋爱基础上的新家庭。新文化运动使思想启蒙达到了前所未有的深度，促使“素来陈腐固陋的思想界，受了这种新的激荡和灌溉，也奔向新生的道上”，[①] 进一步推动了“人”的觉醒。这种觉醒被后世学者称之为“人的自我意识的猛烈骚动和确立，就是将人的解放置于自觉并为之勇敢呐喊”，[②] 其表现之一就是知识界鼓吹、确立了恋爱婚姻观，并在一定程度上影响了知识青年。

马克思认为，婚姻是“一种排他性的私有财产的形式”。[③] 他从唯物论立场阐明了婚姻与经济结构的关系，这一方法为当时的知识分子所掌握。因此，有人分析说：“当社会的生产力发展到某一程度，新的经济状况把社会的生活大大改变时，人类在这种情势之下，就要感着以前的制度之不满，而要求一个更适应、更合理的制度之必要。……新制度在旧社会母胎内，若是未曾充分发育完全，断不能遽然蜕化出来；那旧制度在旧社会未曾失却基础，也同样的不能遽然崩坏。”事实确实如此。在近代中国，机器大工业发展的同时，还伴有大量封建自然经济的残余，经济领域中的这种矛盾反映在婚姻问题上就是包办婚与自由婚之间的争斗：“机器工业的发达，家庭手工业的破产，以致于女子不能株守闺门，渐为城市工业发展所吸收，与男子接

① 邓颖超：《错误的恋爱》，中共天津市委党史资料征集委员会、天津市妇女联合会编：《天津女星社》，中共党史资料出版社，1985 年，第 54 页。

② 杨雪聘：《五四精神就是人的觉醒》，《江西大学学报》1989 年第 2 期。

③ ［德］马克思：《1844 年经济学哲学手稿》，人民出版社，2018 年，第 76 页。

触的机会多，所以社交公开之说倡。大多数的青年，觉着以前无爱情婚姻，已不行了，以前的婚姻制度，因而发生问题。而一般固执不化者与旧社会的舆论，必不许他们有爱情的结婚，必欲维持以前的父母之命，媒妁之言的无爱情的婚姻。”[①] 总之，经济基础、社会结构会深刻影响到婚姻以及婚姻的表现形式，“社会的经济基础和社会结构的改变，必然导致缔结婚姻的动机、婚姻家庭的形式和性质的改变，也必然导致婚姻家庭生活的物质方面同精神方面之间的相互关系的改变”。[②]

近代经济、社会的变迁引发了文化的革新和价值系统的重建。新文化运动虽然一度营造了声势浩大的婚姻变革思潮，但封建自然经济的大量存在使奠基于其上的家族主义根基依然根深蒂固，“新潮流虽然鼓荡起万个潮头，尽力的撞击，涓滴也休想渗漏了进去”。[③] 在此情境下，新旧冲突非常激烈，从而给知识青年带来了无尽的烦恼。

1923 年 6 月，《女星》杂志刊登了青年学生张华民的来信，介绍了他所面临的婚姻困境。张的父母在 1922 年春天给他订了一门亲，虽然他当时极力反对，但父母仍然偷偷地把婚事给订了下来。他认为：“这种包办婚姻，两人丝毫恋爱都没有，将来焉能得美满的结果呢？所以我觉得前途一生的希望已绝，只见黑暗而不见光明。”[④] 因此，他特向编辑们请教用何良策才能摆脱包办婚姻。其实，张华民的事情并非孤例，这在当时比比皆是，《生活》杂志对此就多有刊发。1928 年，该杂志刊登了青年学生路玉苌的来信。其中介绍说，去年暑假时父亲的不少朋友屡次来提亲，都被他破坏掉。因此，他的父亲甚为愤怒，决定等其返校后帮他把亲事订下来。路玉苌百般哀求，请求延缓订婚，并以包办婚姻易生枝节等陈情，但其父不为所动，固执地把亲事订下来。为此，父子关系非常紧张，而且其父经常把怒气撒到他的母亲和弟弟身上，家庭氛围极不和谐。不得已他只能向父亲妥协，允诺年底结婚。

① 刘仪宾：《婚姻的过去与将来》，《妇女杂志》1928 年第 14 卷第 7 号。
② 罗国杰：《伦理学》，人民出版社，1989 年，第 298 页。
③ 吴双热：《婚误》，《礼拜六》1921 年第 112 期。
④ 《张华民君的婚姻问题》，中共天津市委党史资料征集委员会、天津市妇女联合会：《天津女星社》，中共党史资料出版社，1985 年，第 433 页。

这其实是缓兵之计，他总想寻找办法把这桩婚事推掉，万般无奈之下决定给《生活》杂志写信求救。①

青年学生在婚姻问题上所面临的困境引起了知识界的极大关注。他们本着悲天悯人的心态和社会重建的目的积极献言献策，试图帮助青年学生摆脱旧婚制的束缚。1920 年 11 月 18 日，南京高等师范学校的学生怪君、雪存、缉明、迺刚等四人联名给《觉悟》杂志主编邵力子写信，讨论如何救济旧式婚姻，从而率先谈起了重婚问题，引起了知识界新一轮的讨论。先后参与论战的除邵力子外，还有陈望道、更生、舜霸、朱珍、倪茜芸等人，其中尤以邵力子与怪君等人的交锋最为激烈。

怪君等人认为，在现行的社会环境下，由于习惯势力的影响离婚极不容易做到，而觉悟的青年如果确实无法改造自己的旧式妻子，也难以产生爱情，则不妨采取重婚方式来救济旧婚制所带来的痛苦。他们主张重婚的依据在于，爱情是有所寄托的东西，如果与自己的妻子不能发生爱情又无法离婚，爱情势必被关在牢笼中，如此这般可能会发生“吊膀子”“嫖婊子”的不道德行为，故重婚的目的是避免违背人类的天性以及不道德行为的发生，同时对于旧式妻子的生活还能提供必要的保障。② 最后，他们再次声明并不主张一夫多妻制，只不过在这过渡时代，这是为尊重神圣的恋爱和人类的本性而实行的不得已之办法。

或许是怪君等几名学生处在适婚年龄之故，他们对青年们所面临的婚姻困境感触很深，并试图打破目前的现状。确实如他们所言，离婚难是当时婚姻生活中的一大顽疾，并引发了一系列社会问题。即使如此，邵力子对四人所主张的重婚观点并不赞成，他从法律和现实两方面提出了自己的观点：

从法律来看，《民国民律草案》第 1102 条规定：“有配偶者，不得重婚。”③ 故重婚为法律所不允许，如果打算抛弃法律，那就做一个彻底的决裂者，不要作茧自缚而投入到“婚姻的网罗”里面去。维持婚制的是法律，既言“婚”，绝不能“重”。从现实来看，现在社会上不讲恋爱神圣而

---

① 路玉苌：《屈伏呢 ？ 赖婚呢?》，《生活》1928 年第 3 卷第 39 期。

② 力子：《救济旧式婚姻的一个商榷》，《觉悟》1920 年 11 月 18 日。

③ 杨立新点校：《大清民律草案 民国民律草案》，吉林人民出版社，2002 年，第 350 页。

重婚的人已经为数不少，现在公然主张重婚，结果只怕是“教猱升木”，为放纵肉欲、喜新厌旧者增添护符罢了。在这过渡时代，要使受苦的人都各得圆满的结果，是无法办到的。在婚姻问题上，凡已铸成大错的，正当的方法只有离婚。离婚如若无法办到，只有委曲求全、忍受痛苦；不能勉强相爱的，那只能将感情转移到两性之外的学问或事业上。假使真的在婚姻之外发生恋爱，那应当学习罗素和布拉克女士无夫妇之名而不避男女关系的先例。①

重婚确实难以取得法律层面的支持，即使在古代社会也是如此，如《大清律例》中规定：“若有妻更娶妻者，亦杖九十，后娶之妻离异、归宗。”②从邵氏的解释看，他并非不知怪君等人的用意和苦心，但他看重的则是现实社会的伦理秩序和婚姻制度的维护。与历史上其他统治时期相比，北洋政府的社会控制力相对较弱，而市民又稍染自由之风，故而重婚现象突出。只要翻阅当时的《新闻报》《民国日报》等刊物，就会发现重婚的新闻在公众视野频繁出现，俨然已成了当时的社会问题。面对这种境况，邵力子不希望再火上浇油，表示他绝不赞成重婚，进而提出了“离婚”和“忍受”两方法。针对上述批评，怪君等人对其观点进行了解释和正名：

首先，法律是维护人类幸福的福星，不是束缚人类幸福的恶魔。重婚的主张不过是维护一部分人的幸福起见，在理想上与法律的精神并没有冲突。现实的法律如此死板，不管人类环境怎样，仅起到了束缚人类本性的作用，这样的法律必须打破。退一步来讲，既然法律不许重婚，何以社会上三妻四妾如此之多而法律并未干涉呢？因此，实际的法律只是徒具形式，在实际并不发生作用。

其次，他们再次重申，之所以主张重婚，乃是现行婚制无法打破而采取的无奈之举，并不是主张一夫多妻，更不是为放纵肉欲张目。他们观念中的重婚是恋爱的重婚、神圣的重婚，凡是与恋爱无关的重婚都是他们极力反对的。在现行条件下，完全打破婚姻制度纯粹是乌托邦般的幻想，难以在社会

---

① 力子：《救济旧式婚姻的一个商榷》，《觉悟》1920 年 11 月 18 日。
② 田涛、郑秦点校：《大清律例》，法律出版社，1999 年，第 206 页。

中实现。

第三，邵力子解决现行婚姻问题的主张虽然动听，但在现实上行不通。离婚在现实中多数人无法做到，如若做不到怎么办呢？那就只有自己忍受苦难，如若这痛苦也忍受不了又当如何？那现实的出路只有一条，就是自杀了。

第四，用转移注意力的方法来解决情感问题根本行不通，因为感情问题是无法用其他事物来代替的，而罗素的事例绝大多数青年也做不到，因为毕竟不是每个人都能成为“哲学家”“救世主”。①

不管怪君等人如何解释，邵力子仍如前法进行反驳，但对两方之间的分歧阐述得更为详细：首先，他从法律角度详细解释了什么是重婚罪。所谓重婚罪是指原有婚姻的效力并未消灭或撤销，而又重新结婚的，叫作重婚。《新刑律》第 291 条规定“有配偶而重为婚姻者，处四等以下有期徒刑及拘役；其知为有配偶之人而与为婚姻者亦同”。从法律的相关规定看，重婚是一种犯罪行为，固不足取。其次，他认为怪君等人混淆了重婚与再婚的概念，如若婚姻效力消灭或撤销，自然有再婚的权利；倘若已经结婚，这就是法律行为，不管其结合是否自由都应当受到法律的约束。只要未经离婚手续，在法律上即是有配偶的人，不许“重为婚姻”。再次，他力图澄清怪君等人的误解。彻底打破婚姻制度的主张只是其坚决不同意重婚的形象说法而已，并不是引导青年去打破婚姻制度。对于怪君等人的良苦用心并非不晓得，只是重婚在形式上实在无法与社会上一般重婚者相区别。②

结合五四时期的婚姻现实，邵力子的担忧并非没有道理，但对于怪君等人让青年忍受痛苦有可能致其自杀的质疑则反击无力，只是强调“流毒如何，当非主张提倡者所料及”。正当邵力子与怪君等人缠斗之时，陈望道加入战端对邵力子进行声援，其观点主要有三点：

首先，为正本清源，他主张应该搞清怎样才算是“婚”或“婚姻”，如

① 《关于“重婚”的辩论》，《觉悟》1920 年 11 月 24 日。
② 《关于“重婚”的辩论》，《觉悟》1920 年 11 月 24 日。

何不是“婚”或“婚姻”，只有如此才能辨清妻与妾和伴侣的区别。《民国民律草案》第1107条规定：“婚姻经呈报于户籍吏登记后，发生效力。”[①] 从法律上讲，不呈报户籍吏的不具备婚姻效力，故只要不呈报就不算重婚。妻和妾的区别就在于是否呈报这一点，妾和伴侣（自由恋爱的对象）在不呈报这一点上是相同的，都是法外的男女结合。所不同的是，妾的对象是公有的，而伴侣则是专有，这点搞不清极易同“吊膀子”混淆。

其次，怪君等人认为重婚在理想和法律上没有冲突是错误的。重婚在法律上是被禁止的，同时法律基于强权思维并不理会理想怎么样，法律只管呈报形式并不管实际情形如何。因此，重婚必然要呈报，这无异于引导青年犯罪。

再次，重婚是主张男子的片面利益，这无疑是荒谬的。因此，陈望道质问怪君等人，难道你们同时也主张女子重婚吗？同时，他借用其他论者的话进一步质疑重婚的合理性：“主张重婚，就算不反背人类本性，难道男子便可代表人类吗？女子有了生活，便可违背本性的吗？”[②]

陈望道的声援并没有泯灭邵力子论战的欲望，他承接陈的思路继续阐发对于“重婚”的观点：

首先，他对陈望道婚姻呈报的解释进行了补充。法律规定婚姻呈报户籍吏方发生效力，但国家实际尚未设置户籍吏。法律条例的解释例中还有这样的规定：“无婚书或财礼即无婚姻效力，不成立重婚罪。”[③] 从上述解释看，户籍吏虽不存在，但民间固存的婚礼程序与呈报发生同样的效力。因此，不要以为婚姻没有呈报就不会受到法律的干涉。

其次，必须明确夫妇之间互有权利与义务，这在法律中有明文规定；如双方只能算作伴侣，则法律层面不涉及这些权利与义务。另外，无效婚姻所生儿女为私生子，其在社会之地位不容乐观，故重婚要慎重。

最后，邵力子从尊重妇女人格、体谅妇女疾苦的立场出发，再次阐释了他的观点：自由恋爱的完全践行必须在社会问题总解决以后才能实现，在这

① 杨立新点校：《大清民律草案　民国民律草案》，吉林人民出版社，2002年，第351页。

② 望道：《救济旧式婚姻问题》，《觉悟》1920年11月25日。

③ 吴建禽编：《大理院解释例汇编》(1)，上海易堂书局，1924年，第56页。

之前婚姻问题的解决总以“离婚”“忍痛”两法最为妥善。[1]

陈、邵二人从法律和习俗两个角度，解释了重婚与再婚和伴侣的不同，再次强调婚姻是个法律问题，重婚要受到法律的惩戒。当时因为重婚经常引发社会问题，如关瑞麟弃妻重婚洋女案，在上海就引起了轩然大波，受到了女界的公开谴责。[2] 在新旧交替的时期，有些人利用成文法与习惯法之间的漏洞而重婚，引发了因妻、妾名分之争的诉讼，[3] 或者抢婚等社会问题。[4] 因此，在当时的各种公报中，经常对重婚问题做出司法解释。[5] 《新闻报》《民国日报》中也陆续报道了因重婚而受到惩戒的新闻事件，如在教育部佥事牛献周的重婚骗娶诱拐贩卖案中，他被判刑八年，并终身褫夺公权。[6] 因此，综合各种因素考虑，二人主张要从女性主义立场出发，不能为了自己的私欲而牺牲女性。

对于邵力子、陈望道的法律解释说辞，怪君等人显然不能认同。他们依然沿袭了以前的论调，即重婚乃基于爱情的结合，是离婚不得、废婚不能的无奈之举。男女伴侣的这种精神结合，几乎没有多少人能做到，而重婚仅可用极简单的礼节和仪式就能达到，根本不需要呈报。至于夫妇间的待遇根本不必顾虑，因为两者是爱情的结合；私生子更不成问题，现实中大户人家私生子的利益并没有发生什么损害。总而言之，重婚是为救济旧婚制的苦痛或解决恋爱者的苦难而设想，无论对男女双方还是旧式妻子都有益处，并不是主张男子的片面利益。而邵力子则坚持认为，男女间只要有礼仪就发生婚姻效力，就可以加以重婚的罪名，简单与复杂是没有区别的。另外，在夫妇关系上两者不可能实现真正的平等，如果两性真能完全平等，又何必在乎夫妇之名呢？同样是恋爱自由，男子在恋爱之外为什么还要加上礼仪的保障呢？因此，他认为重婚是绝对不妥当的。[7]

---

① 《“救济旧式婚制”底讨论》，《觉悟》1920年11月25日。
② 《关瑞麟弃妻重婚洋女案志详：罪状之宣布》，《神州女报》1913年第3期。
③ 《妻抑妾？坐花轿？行婚礼?》，上海《民国日报》1929年5月24日。
④ 《重婚激起抢婚》，上海《民国日报》1919年3月15日。
⑤ 《重婚罪以有配偶者为要件》，《司法公报》1916年第65期。
⑥ 《教育部佥事重婚案判决》，上海《民国日报》1921年2月1日。
⑦ 《“救济旧式婚制”的第三次讨论》，《觉悟》1920年12月1日。

正在邵力子、陈望道与怪君等人激辩正酣之时，作者更生又加入了论战的阵营。他说，木已成舟的旧式婚姻向来无可救药，重婚固为法律所不许，离婚又非人情所愿，在旧式妻子缺乏自立能力的情况下，一意孤行的离婚是“只知有己不知有人”的残酷之举。而且，更生认为，既然男子不能代表全人类，女性也难以代表全人类，由此表达了自己反对重婚，又对怪君等人报以同情的折中立场。他还认为，眼下很难有两全其美的妙招，惟有抱点委屈，献身女子解放事业，等待女子解放了自然会同意离婚，重婚的问题自然也就不存在了。邵力子的解决之道还有“离婚”和“忍痛”两法，更生则批判了离婚而将希望放到“忍痛”上。[①] 他的解决之道引起了作者舜霸的强力反弹，他从“是否离婚”和“人类本性”两方面进行反驳：

首先，他为离婚进行了辩解。在婚姻问题上，人们固然应该有点牺牲精神，但这总是令双方吃苦的不得已之法。倘若用充足的理由和动听的言语说动双方及亲属，虽不能保证女子不吃亏，但总比“夫妻其名，仇敌其实”的活受罪要强。让男子抱着委屈，实在是男子的不幸。

其次，他对陈望道、邵力子的观点也有所怀疑。他认为，主张重婚与违不违反人类本性是两回事。主张重婚固是违反人类本性，但不重婚未必不是违反本性。因此，反对重婚尽可说反对重婚，不要说违反人类本性之事。邵力子、陈望道的方法本是解决人类本性之道，但不重婚却是以女子代表人类和仅让男子违背本性，这从道理上根本讲不通。

更生面对舜霸的质疑也不甘示弱。他再次表明自己反对自由离婚是鉴于妇女的生存现状而做的决定，并非故意让男子受委屈，反对重婚只是担心违背了妇女意愿。在她们没有自愿离婚的觉悟之前，难以找到解决问题的两全之道。因此，他认为旧式婚姻从根本上是不可救药的。[②]

关于重婚的辩论，论辩双方进行了反复拉锯，终于在 1920 年底偃旗息鼓了。辩论的焦点其实有两个，即重婚的界定和后果。对于前者，怪君等人

---

① 《无可救济的旧式婚姻》，《觉悟》1920 年 11 月 26 日。
② 《“主张离婚”者的辩论》，《觉悟》1920 年 12 月 6 日。

从现实出发，把重婚限定为包办婚姻之外的恋爱结合；邵力子和陈望道等人则从司法解释入手，认定重婚是一种犯罪行为。对于后者，怪君认为重婚能解决青年被旧式婚姻所折磨而产生的苦痛，这不仅使两性实现了爱情基础上的自由结合，同时对旧式妻子依然提供生活保障；邵力子、陈望道等人则坚持认为这是违法行为，构成了对现实婚姻制度的挑战，体现了男权的任性和对女性人格的损害，易于造成放纵肉欲的不良影响。

双方各持己见，僵持不下。之所以形成这种状况，是因为双方都基于社会的部分事实作为立论之基。邵、陈等对重婚的消极后果的担忧不无道理，“重婚是暂时补救的办法，但习惯自然，一倡百从，狂浮的少年，必定把彼做了幌子，恣意妄为，这是狠可怕的。总之社会上的人，大半学善难，学恶易。好好的新思潮且能戴了出来作恶，何况有了重婚这名词，自然更合他们的意了”。[①] 就连一贯鼓吹新性道德的章锡琛都坚决抵制法律上的重婚之举。[②] 但所谓的“忍痛”之法在实践上却面临着现实的困境，胡适与江冬秀的婚姻之所以被传为佳话，就在于觉悟青年维持包办婚姻的艰巨性。怪君等人的重婚主张固然于法不容，但确实是部分觉悟青年解决情感问题的选择。新文化运动斗士吴虞之女辟畺与潘力山自由恋爱结婚，潘在家中本有妻子。[③] 鲁迅作为五四新文化运动的旗手，其婚姻的解决可能更典型。他与许广平的“同居”[④] 是情感的结合，朱安作为其结发妻子仍受到鲁迅的供养。对于鲁迅的选择，朱安作为一个女人未尝不感到痛苦。但对于一个旧式女子而言，自身的生存比情感的安慰更重要，鲁迅对其生活的保障显得那么有人情味，以至于朱安在鲁迅死后仍是感恩戴德。[⑤] 对于五四时期的激进青年而言，恋爱才是婚姻的本质，是当事者合意的表现，至于婚姻的形式他们根本不在乎。因此，对于不少自由恋爱结合者而言，虽然他们已经形成了今天称谓的“事实婚姻”，但因缺少成文法与习惯法中规定或约定俗成的要件，其恋爱结合

---

① 倪茜芸：《竟要提倡重婚吗?》，《新妇女》1920年第4卷第5期。

② 李希龙、袁懋君、章锡琛：《关于重婚问题的两封信》，《妇女杂志》1923年第9卷第12号。

③ 《寄吴又陵先生书》，季羡林主编：《胡适全集》第1卷，安徽教育出版社，2003年，第755—756页。

④ 从恋爱婚姻观看，许广平应是鲁迅的妻子，但基于朱安存在的事实，许广平还是以“同居”来界定他和鲁迅的关系，具体参见段国超著：《鲁迅家室》，教育科学出版社，1998年，第202页。

⑤ 段国超：《鲁迅家室》，教育科学出版社，1998年，第179—206页。

以重婚之外的形式流行于知识界。

在重婚之外，还有人建议用逃婚方式来解决这个问题。在传统社会，逃婚现象并不鲜见。五四时期，逃婚大量涌现，并成为青年争取婚姻自主权的普遍策略，带有鲜明的时代色彩。研究表明，家庭与社会对逃婚行为很难谅解，法律层面也缺乏支持。[①] 那么，知识界对此又持何种态度呢？如果是女性逃婚，基于对女性弱势地位的考量，知识界普遍认为这无可厚非，“一无所指摘”，[②] 但对于男子逃婚其态度则复杂得多，并引发了热议。

1923 年，东南大学教授郑振壎在《妇女杂志》发表了《我自己的婚姻史》一文，以数万字的篇幅较为详细地叙述了自己的婚姻经历，表达了对当下婚姻的苦闷情绪，并提出了逃婚的主张，以供知识界讨论。

他认为，面包问题同婚姻问题一样重要。社会经济制度不良会逼人去做娼妓、乞丐、盗贼，婚姻制度不良则会逼出通奸、纳妾、谋杀等事来，而这些手段在他看来都是下等手段。他指出，解决婚姻问题的上等良策就是逃婚，其方式多种多样：有未婚而逃者、有已婚而遁入空门者、有出逃与家庭断绝关系另娶者。总之，在他看来，逃婚之举益处多多：首先，逃婚无损于人。逃掉一个人跟死掉一个人差不多，其危害至多不过少一个生产者。逃婚对妻子造成的痛苦与她做活寡妇的痛苦差不多，而且因家长包办婚姻其父母也要承担部分责任。其次，逃婚是最公允的。个人既然不愿意承受父母的包办婚姻，自己就应该放弃对家产的继承。传统女性没有能力干涉丈夫的婚姻自由，生存能力也较弱，应当将财产留给妻子。再次，逃婚最容易、有效。逃婚是脱离父母掌控的最好方式，它不必经过法庭的允许和家属的许可，打起行囊就能实行，自然也就成为反抗包办婚姻最为有效的方式。第四，逃婚最和平。中国人比较顾及脸面，逃婚相较于离婚更能照顾到家族的颜面。家中只要有男子几人、媳妇几房就算保持了家庭的完整，儿子逃婚在外即相当于传统社会在外做官。[③]

---

① 雷家琼：《论五四后十年间逃婚女性的生存环境》，梁景和主编：《首届中国近现代社会文化史国际学术研讨会论文集》，社会科学文献出版社，2012 年，第 151—168 页。

② 德征：《自由离婚和逃婚》，《现代妇女》1923 年第 18 期。

③ 瞶夫：《我自己的婚姻史：对于逃婚的意见》，《妇女杂志》1923 年第 9 卷第 2 号。

一石激起千层浪，郑振壎的婚姻经历被知识界认为是“研究现代的婚姻问题极有价值的参考资料……这不只是一人的写照，实在可以代表现代许多不美满的婚姻的经过，与最后决定的情况”。① 正因为如此，此文在知识界产生了共鸣，知识分子们以郑振壎的婚姻为议题展开了热烈讨论，有的对其改造旧式妻子的尝试大加赞赏，② 有的对其以男子标准改造女子的行为提出质疑，③ 但对其逃婚主张评议的并不多，这对郑振壎来说多少有些遗憾。

在这不多的评论中，对其逃婚主张几乎很少有人毫无保留地支持，但大都持同情态度。具体来说，参与讨论者大致分为两派，即反对派和支持派。

反对派的代表人物是陈德征和周作人。陈德征在《现代妇女》发文对此进行回应，他说：“逃婚，是一种变态的单面的自由离婚。要是有自由离婚这条路，没有窒碍，逃婚的现象，是可免除的。”④ 这与郑振壎及众多杀妻、逃婚的情况是相符的，郑氏本人就多次强调，逃婚是青年们不能离婚情况下的无奈抉择。⑤ 从境遇上看，作者是同情郑振壎的，但他又果断否认了其逃婚主张的合理性，即“发生于女性方面的自由离婚或逃婚，一无所指摘，如发生于男性方面的自由离婚，须先顾到女性生理的或心理的生活之安全；而发生于男性方面的逃婚，全然不能行”。从其主张看，陈氏赞成男性有条件地提出离婚，前提是“须先顾到女性生理的或心理的生活之安全”。既然他认为逃婚是变相的离婚，又赞成有条件的离婚，为什么却断然否认了逃婚的合理性呢？在他看来，离婚已是处理婚姻关系的万般无奈之举，带有自由离婚称谓的逃婚更是可耻。男子逃婚说明他是生活的强者，逃婚更证明了他是觉悟者。在这过渡时代，觉悟的男子“应稍稍牺牲强者的势力，或者竟把自己自由的幸福牺牲了，替弱者

① 克士：《爱情的表现与结婚生活》，《妇女杂志》1923年第9卷第4号。

② 曾广勋：《读前号》，《妇女杂志》1923年第9卷第4号；郑瑞彭：《读前号》，《妇女杂志》1923年第9卷第4号。

③ 徐呵梅：《偏见的男性之偏见——责矌夫先生》，《妇女杂志》1923年第9卷第4号。

④ 德征：《自由离婚和逃婚》，《现代妇女》1923年第18期。

⑤ 矌夫：《我自己的婚姻史：对于逃婚的意见》，《妇女杂志》1923年第9卷第2号。

加添一些威权和胆力”。

此后，陈德征在《妇女杂志》上撰文再次强调了他的立场。他认为：“真正懂得恋爱的人第一步，自然是尊崇一般女性，提携一般被压迫的女性。果然，使那无知的女性羞愧而死，或无形中使他饱受了人间的指摘，抑郁而死，都不是恋爱认识者所当做的了。”① 如果单从恋爱的角度审视婚姻，无论离婚还是逃婚都具有合理性。但鉴于传统女性还不能自立或者还不明白什么是自立，或还没有了解离婚的意义而不敢离婚的时候，有觉悟的男子无论受着多少委屈与苦痛，均不能在得不到妻子同意的情况下离婚或逃婚，这是陈氏的基本态度。

作家周作人对于妇女问题素有关注，他读了郑振壎的婚姻自述和逃婚主张后，也发表了自己的观点。对于离婚主张，他持鲜明的赞同态度，“负担经济的离婚与放弃遗产的离婚，我以为都可以行，不必勉强希望他们形式的复合”。显然，他所认可的离婚，都以对女性生活扶助的人道主义立场为前提。不过，他同时劝告郑振壎：“世间万事都不得不迁就一点；如其不愿迁就，那只好预备牺牲，不过所牺牲者要是自己而不是别人：这是预先应该有的决心。倘或对于妻儿不肯迁就，牺牲了别人，对于社会却大迁就而特迁就，那又不免是笑话了。”② 对于逃婚周作人虽没有明确表态，但这种对于女性不负责任的态度肯定不是他所支持的。

支持者的主要代表是沈雁冰和元启。作者元启是郑振壎唯一的彻底支持者，他认为郑振壎与其夫人在婚姻中的表现各有缺点，但二人对此均不用负什么责任。同时，他还表达了对郑氏改造旧式夫人的敬佩之情。更重要的是，他对逃婚表示出由衷的赞赏：“我更表同情于‘逃婚’。我以为这是最简单，最爽快，最合理，最幸福，并且也是鼓励真正做‘人’的路。……逃婚！逃婚！逃婚就是图‘生存’，求‘幸福’，保‘真’，存‘爱’，鼓舞‘独立’。总而言之，逃婚就是做‘真’的‘人’。”③ 在他的认识当中，逃婚似乎是追求真爱和获得人生幸福的必由之路。

---

① 陈德征：《女性观和恋爱观》，《妇女杂志》1923 年第 9 卷第 4 号。

② 作人：《离婚与结婚》，《晨报副镌》1923 年 4 月 25 日。

③ 元启：《对于“逃婚”的同情》，《妇女杂志》1923 年第 9 卷第 4 号。

沈雁冰面对逃婚讨论冷场的状况，也发表了自己的见解。但令人惊讶的是，作为女权主义者的沈雁冰对逃婚主张投了赞成票。据他所说，因为难以找到反对郑振壎逃婚的理由。[①] 沈雁冰详细分析了郑振壎主张逃婚的依据，除去难以离婚外还有三点：首先，他的感情因对其夫人屡次失望而冷却，断难发生爱情；其次，因爱情失落他感受到极大的痛苦，几乎要丧失生活的信心和勇气；再次，夫妻二人的爱情观不同，二者难以契合。通过分析，沈雁冰认为他几乎难以找到解决上述问题的办法。因此，他只能同意郑振壎的主张："郑君处在现在的地位，逃婚是正当而且很妥的办法。希望渠们复合，是为抵触'夫妇关系应筑基在双方自觉的恋爱上'这一个大原则。希望郑君用人道主义来积极的去爱他夫人，是为教郑君自欺，是为侮辱郑夫人独立的人格，不把伊当作一个和男子平等的人，却把伊当作名花珍禽，有爱抚而无尊敬。"从这里来看，沈雁冰的观点明显站到了陈德征的反面。他之所以有如此结论，是因为"唯有男女两性都自觉他们的各自独立的地位，都能以平等观点眼光相对，于是两性的关系方达到了最正当的一步"。既然他们的夫妇关系是如此不正当，故沈氏是支持逃婚的。但在立论上沈雁冰有一个臆造的前提，那就是"郑夫人独立的人格"问题。作为旧式女子有无独立人格本就是值得探讨的问题，故以此为起点分析问题不免有些牵强。

综合上述两派观点，不难发现一个有趣的现象，那就是陈德征和沈雁冰思考问题的依据其实并不矛盾。二人的结论之所以大相径庭，是因为他们对人性关照的对象不同。陈德征赞同自由离婚而反对逃婚，理由是要更多考虑弱势女性的实际生活状态，其分析合情合理；沈雁冰的分析也持之有据，其更多着眼于以郑振壎为代表的觉悟青年的苦痛。由于性别的对立，双方的观点似乎陷入了非此即彼的困境。针对这一棘手问题，社会学者孙本文提出加强女子教育、提升女性素质的主张，同时两性要多些舍己为人、扶助弱者的同情之心。[②]

---

① 沈雁冰：《评郑振壎君所主张的"逃婚"》，《妇女评论》1923年第91期。

② 孙本文：《我对于郑振壎一类婚姻问题的意见》，《现代妇女》1923年第27期。

综上可见，无论是重婚还是逃婚的讨论，都面临着性别不平等所带来的难题。如果侧重于男性本位来考虑问题，就会遭到玩弄、抛弃女性的指责；如果侧重于女性本位，“忍痛”之法并非每个青年都能如胡适那般能够承受。被誉为当代“茶圣”的吴觉农针对这种尴尬的困境指出，“现代的妇女经济还没有独立，性的新道德还没有确立，由男性主动，难免‘玩弄女性’‘压迫弱者’的讥评，但是身受的痛苦，只有自己才能明白，只有加到自己身上，才肯谅解他人”。[①] 出于人道主义，缺乏生存能力的女性的生存状况不能不考虑，而作为觉悟青年的郑振壎的痛苦也绝不是无病呻吟，这突出反映了知识界在过渡时代的社会转型中所面对的伦理困境。

## 二、青年群体反抗包办婚姻的行为选择

在上述讨论中，重婚法主要试图解决已婚者的困境，而对于大多数社会根基尚浅的未婚青年而言，他们更倾向于郑振壎所主张的逃婚法。的确如他所说，逃婚最容易实施，故而不少青年人以此作为摆脱包办婚姻的手段。

民国初年，民主共和的自由之风浸染了部分年轻人，为他们逃婚提供了思想支撑。云南女学生刘宇岐离婚后，与滇军第四连第三大队长黄临庄结识，并与其自由结婚。身为女学堂教习的刘父以其悖逆伦理为由强烈反对，刘宇岐被迫逃匿，并一纸诉状将其父告到云南都督府，控诉他违背了民主自由之意。官方虽痛斥刘宇岐丑化其父的行为，但也对自由结婚表示同情。[②] 1913 年，台州海门北山高等小学会计冯勤身与妓女陶懿琴因恋爱而潜逃，在途中被淞沪警察厅查获。因了解到二人系男未婚女未嫁，审判厅责令冯勤身寻找媒妁来牵线搭桥，以玉成此事。[③] 上述事例说明，民主共和的自由精神对社会产生了某种程度的影响力，为逃婚提供了容身的片瓦之地。

受五四新文化运动的影响，恋爱婚姻观逐步被知识青年们所熟悉和接

---

① Y. D.：《我的离婚的前后——兼质郑振壎先生》，《妇女杂志》1923 年第 9 卷第 4 号。
② 李定夷撰：《民国趣史》，车吉心等主编：《中华野史》（民国卷），泰山出版社，2000 年，第 434 页。
③ 姜泣群撰：《朝野新谭》，车吉心等主编：《中华野史》（民国卷），泰山出版社，2000 年，第 353 页。

受，“在操场的树荫下，在宿舍里常常聚着一簇簇人，争得面红耳赤，热火朝天。后来变为抗婚、逃婚，以实际行动反抗旧礼教，争得妇女婚姻自由”。[①] 新性道德为青年们选择新生活提供了支撑依据。

1917年，徐悲鸿成为江苏宜兴县第一个砸开封建包办婚姻枷锁的勇士。他与出身名门的蒋碧薇女士一见钟情，而蒋却早已有婚约。当男方要迎娶蒋碧薇的消息传来时，她在徐悲鸿的鼓励下一起逃到上海并举行了婚礼。[②] 江西籍女子万朴原来在家乡办教育，并充任县属某小学校长，此时父亲来信催促她回家与包办丈夫结婚。万女士接到信后，认为婚姻是人生大事，应当以恋爱为基础，万不能唯父命是从。其父乃前清官吏，思想比较保守，故接到此信后大为震怒，对她大加斥责并要以武力强迫结婚。迫于压力，万女士将首饰、衣服典当一空，只身负笈来京，并考入中国大学。[③]《生活》杂志曾报道了婢女阿芙因逃婚而喜结良缘的事例。阿芙起先在某君家中做婢女，工作之余她就在某君子女学习的书桌旁进行旁听，并且非常好学。某君的夫人大发慈悲，将阿芙送入临近女校学习，因她勤奋刻苦，两年就初小毕业，已能看报、写信。后来，阿芙的父母将其召回乡，后因其父欲强行给她订婚，只得再次跑到上海某君家中乞援，央求某君夫人劝阻她的婚事。这位夫人仗义出手，阻止了阿芙的包办婚姻，并将她介绍给上海商界的后起之秀。婚后生活颇为美满，并传为佳话。[④]

还有部分青年学生以外出求学或工作作为逃避包办婚姻的手段。青年学生秉一因无法抗拒包办婚姻而被迫结婚，但因夫妻两人无法精神交流而感到异常痛苦。因此，学校放假后他经常借故不回家，但这并不能减轻自己的痛苦：“惜乎这种逃婚是不能永久的……不还家么？‘白发高堂，倚闾而望。’

---

① 王一知：《五四时代的一个女中》，中国社会科学院近代史所编：《五四运动回忆录》（上），中国社会科学出版社，1979年，第518页。

② 徐铸成：《旧闻杂忆续篇》，四川人民出版社，1982年，第139页。

③ 《婚姻问题与经济问题》，上海《民国日报》1922年2月13日。

④ 潮声：《前尘影事：又是一位婢学妇人》，《生活》1927年第2卷第51期。

归家么？地狱式的生活，叫我怎样过呢？”[①] 为此，秉一处于进退维谷的尴尬境地。北京李邦典的一位同学，同样迫于父母压力而结婚，婚后夫妻两人最多不过说了十句话，后来干脆跑到法国留学而不愿归国。李邦典询问他：“你这样就算解决了吗？”他说：“吾先在外国快活几年，谁还管她呢！”[②]

传统社会传播媒介落后，逃婚等社会新闻传播范围很小，而“近年来因报纸的行销渐广，于是某人与某人幽会，或某人随某人潜逃的消息，也得广传于社会了”。[③] 报纸的刊行扩张了文化空间，使其在更广的范围内流播，从而使逃婚问题受到广泛关注，无形当中也具有启发性。在上述案例中，逃婚者有男有女，但从舆论关注度看女性显然更引人注目。她们在传统性别空间中活动范围受到限制，而在社交风气初开的五四时期，其活动空间有所拓展，为生活提供了更多选择，有别于传统的精神风貌自然更惹人注目。

逃婚者中既有接受过现代学校教育的知识青年，还有社会下层的青年群体。那么，在广泛报道的逃婚案例中哪个群体占主体呢？研究者以上海《民国日报》为蓝本，系统梳理了1921—1930年间的103则案例。在可以确定身份的52人中，有28人是青年学生，占比达到53.8%。[④] 知识青年成为这一时期逃婚的主体并非偶然，这与新教育对他们的启蒙有直接关系。

长沙女学生李欣淑在母亲的支持下到自治女校读了几年书，喜欢看《新青年》《新潮》等刊物，常在“鼓吹新思潮很力”[⑤] 的长沙《大公报》投稿。作家谢冰莹的父亲看到女儿与自己理论主婚权问题，气愤地骂道：“学校不知是什么魔窟，凡是进去的人，都像着了魔一般，回来都闹着退婚；只要是父母代定的婚姻，不论好歹，都不承认。”[⑥] 她们不仅是新思想的接受者和传

① 《秉一君要解决的一个问题》，中共天津市委党史资料征集委员会、天津市妇女联合会：《天津女星社》，中共党史资料出版社，1985年，第424—425页。

② 李邦典：《关于离婚的两件事实》，《妇女杂志》1922年第8卷第4号。

③ 健孟：《新学说与旧礼教》，《妇女杂志》1923年第9卷第7号。

④ 雷家琼：《“五四”后10年间女性逃婚与婚姻自主权的争取》，李长莉、左玉河主编：《近代中国社会与民间文化》，社会科学文献出版社，2007年，第269页。

⑤ 耿云志编：《胡适遗稿及秘藏书信》(28)，黄山书社，1994年，第213页。

⑥ 谢冰莹：《女兵自传》，中国华侨出版社，1994年，第85—86页。

播者，同时还是新思想的践行者。由于自身文化水平较高，具备独立向社会发声的能力，故而她们能充分表达对婚姻的态度。逃婚群体中的社会下层青年，其思想意识不可能与旧传统彻底决裂，但已有朦胧的婚姻自主意识和争取婚姻自由的行为，这说明新思想的传播渠道是多元的。[①]

对于饱受包办婚姻困扰的青年人而言，逃婚是勇敢者所为，部分人因之摆脱了包办婚姻。上文提及的婢女阿芙逃婚后，得到了雇主的帮助，结局较为圆满。长沙女生李欣淑逃婚时，不仅有热心朋友的帮助，还得到了弟弟的经济援助。逃到北京后，她住在哥哥家中，又获得了胡适、黎儆非在经济、学业上的帮助，从而站稳了脚跟。[②] 但是，她们的逃婚并非不会产生恶果。传统社会向来主张父母主婚，子女“不许违拗，若自己参与，反以为羞”。[③] 因此，逃婚必定会成为舆论的焦点，让父母、家族蒙羞。

1914 年，《盛京时报》刊载了这样一条新闻：“辽宁奉天大北关神庙后胡同住户赵氏孀妇年逾花甲，生有一女名唤桂荣，年方二八，风姿俊俏，尚未许人，因与邻右某无赖有染，遂暗定白头之约。日昨该妇将女许于西关景德当胡同张广发之子为室，得身价洋二百五十元，无赖得知即携该女秘密逃去。”[④] 在这则报道中，因信息量有限，并不十分清楚两人的具体身份，似乎并非受过教育的新青年。如果推断成立，那么所谓的“有染”大概是传统社会的私情，逃婚可能只是维护这段私情，他们并非一定就反对包办婚姻。在报道中，桂荣的邻居被记者称之为“无赖”，由此可见民间舆论对逃婚的态度。

李欣淑因逃婚被新青年们视为了解新思想、践行新思想的湖南第一人，但批评的汹汹舆论同样接踵而来：“一般自命为孔二先生几十代的徒孙的，摇头摆尾的说道：‘世风日下，沧海横流，濮上桑中，在今日竟不算一回事，

---

① 雷家琼：《“五四”后 10 年间女性逃婚与婚姻自主权的争取》，李长莉、左玉河主编：《近代中国社会与民间文化》，社会科学文献出版社，2007 年，第 275 页。

② 耿云志编：《胡适遗稿及秘藏书信》（28），黄山书社，1994 年，第 214—215 页。

③ 周建人：《中国旧家庭制度的变动》，《妇女杂志》1921 年第 7 卷第 6 号。

④ 《野鸳鸯双双飞去》，《盛京时报》1914 年 4 月 5 日。

不图李文恭公生出这样的子孙。’又有一班‘将就木焉’的老朽，同‘甘为玩具’的太太们，就说她不晓得三从四德，又说她不应该带彭家下定的金器同走。”① 李文恭即李星沅，近代湖南“以经济而兼文章”著称的三君子之一，他是李欣淑的曾祖。舆论抨击她不遵守三从四德，令先祖蒙羞。中国素有敬祖的传统，辱骂祖宗在中国可能是最恶毒的咒骂了。由此可以想象，其他女性的逃婚必定也不会风平浪静。

在司法层面，逃婚行为也很难取得法律的支持。北京朝阳门内王玉青，与安定门外19岁的于姓女子订有婚约，但该女临嫁潜逃，于是男方以女方诈骗钱财为由进行控告。为摆脱尴尬的处境，女方被迫以16岁的次女代为出嫁才安抚了男方。② 对于逃婚毁约行为，在1919年1月—1923年12月的大理院判例中，多采用和平赔偿的方式来协调矛盾。③ 面对日益增多的逃婚，北京司法部在1924年发出咨文：“兹查各处女士，每受不正当学说煽惑，以致临嫁潜逃。日后如遇类似此等案件发生，应以奸非及诈欺罪论！倘当事人无从获案，亦应究办女生之父母——借正风化。”④ 司法部的公文在司法和行政系统中都具有法律效力，以此充分表达了政府的态度，即要对逃婚女性给予严厉惩处。周作人对此表示，这条禁令足以“表示出中国司法界的缺点来了”，临嫁潜逃问题的根源在于父母代订婚姻，“不是这样就可以解决的”。⑤ 萧楚女的反应则要激烈的多，他评论说：“明明摆下刀山油锅，驱使青年入内；青年若要逃避，又以犯罪论刑！真所谓‘民无所措其手足’矣！”⑥ 显然，知识阶层对北洋政府压制个性自由的做法多有不满。

在国民革命进程中，国民党在第二次全国代表大会通过了《妇女运动决议案》，其中规定“根据结婚离婚绝对自由的原则，制定婚姻法；保护被压

① 湖南省哲学社会科学研究所编：《五四时期湖南人民革命斗争史料选编》，湖南人民出版社，1979年，第388页。

② 《姊妹易嫁》，上海《民国日报》1924年10月10日。

③ 大理院编辑处编印：《大理院判例要旨汇览续编》（上），1924年，第35页。

④ 《告国内的妇女团体》，《妇女周报》1924年第28期。

⑤ 《临嫁潜逃的罪》，1924年3月3日，钟叔河编：《周作人散文全集》第3卷，广西师范大学出版社，2009年，第361—362页

⑥ 楚女：《取缔女学生离婚问题》，《觉悟》1924年10月18日。

迫而逃婚的妇女”,[①] 南京国民政府在1929年发布上字第2072号法令，规定：“男女婚姻须经双方合意，尤须经过一定之婚姻仪式方能认为合法成立。”[②] 在1930年发布上字第783号法令，重申：“婚约应当由男女当事人自行订定，其非男女当事人自行订定之婚约，非得其本人追认自难生效。”[③] 在上述法律条文中，都无一例外地承认了男女当事人的婚姻自主权，而在司法实践中往往出现与条文相背离的问题。在金招弟和顾德明的案例中，纱厂工人金招弟逃婚到恋人顾德明处，并请律师朱树桢代表自已发表婚姻通告：“此系遵照党纲自由结合，依法他人不得干预。”[④] 如从司法条文看，他们二人的婚姻算是尘埃落定了。谁知，金招弟的母亲又和女婿将她领回家中，并将其送到包办对象施阿小家成婚。为此，顾德明请律师朱树桢到地方法院起诉，确认其婚姻的法律效力，但法官认为“原告主张之自由婚约完全不合自由之真谛，谓为自由恋爱则可，谓为自由婚姻则不合，故判决原告之诉驳斥”，并由顾德明承担诉讼费。[⑤] 失去法律的有力保障，以逃婚为争取婚姻自由权的希望变得渺茫了。

逃婚之后经济的困顿使青年们举步维艰，对女性而言尤其如此。上文提及的万朴女士，“抵京后举目无亲，好不伤心，遂仍修书致其父，告以困苦情况，请求接济学费。翘首企望，半载于今，渺无回音。告贷于戚友，复因什么男女授受不亲，有嫌疑难犯的缘故，卒未得要领，因极形灰心”。[⑥] 在北京举目无亲、告贷无门，父亲又与之断绝了关系，万女士很快就举步维艰了。在求学期间，万朴常常与校内外的朋友进行交际，为此招致不少流言蜚语。她在朋友的劝说下本想与父亲和解，但他却执意不肯。种种刺激使她意图自杀，幸亏友人发现及时，避免了一场悲剧。[⑦] 民国著名女作家萧红逃婚到哈尔滨时，“到处向亲友、同学求助，但也到处碰壁。有段时间，她甚至

① 《中国国民党第二次全国代表大会妇女运动决议案》，中华全国妇女联合会妇女运动历史研究室编：《中国妇女运动历史资料》(1921—1927)，人民出版社，1986年，第506页。

② 张藹编编：《最高法院裁判要旨》(2)，会文堂新记书局，1936年，第162页。

③ 施启扬编：《最高法院判例要旨：一九二七年至一九九四年》，台湾最高法院发行，1997年，第472页。

④ 《朱树桢律师代表顾金氏通告成婚》，上海《民国日报》1929年1月22日。

⑤ 《上海地方法院民事判决》，上海《民国日报》1929年2月26日。

⑥ 《婚姻问题与经济问题》，上海《民国日报》1922年2月13日。

⑦ 《中大女生之伤心史》，上海《民国日报》1922年6月9日。

趁以往同学去上课的时候，借她们的床铺睡觉，靠人家接济过日子。到了晚上就只好到处流浪，随地栖身……由于饥寒交迫，加上又有身孕，种种凄凉，她心灰意冷而觉得好像已经被整个社会所摒弃”。[①] 直到遇到萧军，她才暂时摆脱困境。

同为女作家的谢冰莹，其经历与萧红相仿。她先后四次逃婚，最后一次才成功逃到长沙，并与男方达成登报解除婚约的协议。到上海后，她在孙伏园的帮助下成功投考上海艺大中国文学系。学校虽然为她减免学费，但由于缺乏家庭的经济援助，依旧过着饥寒交迫的生活。朋友送她一件破棉袄，她手拿棉衣立刻觉得增加了体温似的。一双布鞋穿了整整半年，已经到了空前绝后的地步。袜子虽有两双在换洗，已补丁摞补丁，烂的不像话；遇到雨雪天就是一双湿脚回来，第二天一双湿脚出去。因为脱下的袜子没有火烘干，索性就穿着湿袜子睡到天亮。[②] 最后直到《从军日记》出版，才帮她渡过难关。

从以上三方面可以看到，无论是在家庭、社会舆论还是法律层面，逃婚者尤其是逃婚女性都难以取得谅解和支持，特别是青年学生普遍缺乏自立能力，远在他乡又举目无亲，备尝生活的艰辛。

有些青年在向父母陈情未果，逃婚不成的情况下，决心以“不自由，毋宁死”的精神对包办婚姻作最后一击。1919 年 11 月 14 日，长沙发生了轰动全国的赵五贞自杀事件。南阳街眼镜店赵海楼之女赵五贞，被许配给柑子园开古董店的吴凤林。她请求父母解除婚约未被允准，要求延缓婚期也得不到回应，于是产生了自杀念头。出嫁当天，她私藏剃刀上轿，并在途中割断了自己的喉咙。赵五贞自杀后，引起了知识界的强烈关注，他们期望赵女士的死能够唤醒国人，促动女子的觉醒：“愿我们女界同胞，大家都要醒悟过来。女子要解放，是要从女子自己做起，不必要等别人要解放你，你才可以解放。”[③]

---

① 葛浩文：《萧红评传》，北方文艺出版社，1985 年，第 23—24 页。

② 谢冰莹：《女兵自传》，中国华侨出版社，1994 年，第 177—178 页。

③ 《关于赵女士自刎以后的言论（选登）》（二），1919 年 11 月 21 日，中华全国妇女联合会、妇女运动历史研究室编：《五四时期妇女问题文选》，中国妇女出版社，1981 年，第 206—208、205 页。

绍兴人黄阿德住在上海法新租界蒲柏路明德里91号，女儿黄美仁年方20岁，尚未婚配。其父与她谈论婚姻问题时双方意见不合，黄美仁便佯装回房睡觉，随后用利刃割断了自己的喉管，在送往医院的途中便已身亡。[①] 1924年旧历五月二十六日，广东新会县河面发现男女两具浮尸，顺流而下，被沿途渔船捞获。经乡局局董查验，男女双方约20岁，衣饰华美，左右手均紧握不放。男子左手写“未婚妻玉娟”，右手写“愿结来生缘”；女子右手写“我夫陈幼堂”，左手写“生作鸳鸯侣”。男子身上有一封信，写有数十字：“我与何玉娟女士，情投意合，暗定终身，奈为专制家庭所阻，未能如愿；是以持厌世主义，与何女士在上帝之前，誓结再生夫妇，已承上帝俞允，故同蹈海而亡，此乃出于自愿，非被迫也。”[②] 绍兴女子卢阿娥年方19岁，容貌尚好，长期在沪佣工。数日前，其母在原籍将她许配给一位年仅14岁的小丈夫，并以书信告之。卢阿娥长期在沪，耳闻目睹知晓男女婚姻自由，为此深为懊恼，顿现抑郁之态。虽经雇主百般劝喻，但卢氏认为终身幸福已无希望，最终吞食鸦片而死。[③]

在当时，妇女因婚姻问题而自杀的报道不绝于耳。1924年2月份的前21天，天津妇女发生的惨剧有57起，因婚姻不自由而自杀的就有8起；[④] 在4月份，天津自杀的妇女达48人，其中“为专制婚姻而自杀的五人”。[⑤] 天津仅两个月因反抗包办婚姻而自杀者就有13起。从常理推测，被媒体报道的自杀妇女应是少数，实际数量远比这个数字要多，如果放眼全国这个数字无疑是惊人的。由此不难推断，这是当时较为严重的社会问题。

通过对上述问题的简要梳理不难发现，自由结婚从理念向实践的转化可谓困难重重，其实践的广度和深度都非常有限。自杀抑或逃婚是近代婚姻变革背景下青年们对个人生活的无奈抉择，但并不能笼统地说自杀与逃婚都是对包办婚姻制度的反抗。对于接受了新思想的知识青年而言，面对新思想与

① 《一个为婚姻不自由而死的女子》，《妇女周报》1923年第2期。

② 《广东新会县一双情死的男女》，《妇女周报》1924年第48期。

③ 《婚姻不自由，吞生烟毙命》，《申报》1930年7月8日。

④ 记者：《这一月的统计》，中共天津市委党史资料征集委员会、天津市妇女联合会：《天津女星社》，中共党史资料出版社，1985年，第254—255页。

⑤ 《阴森森的妇女界的消息》，《妇女周报》1924年第37期。

旧制度之间的冲突，逃婚和自杀是对旧制度的有意识反抗。对于底层社会青年而言，情况就相对复杂一些。一部分人的逃婚或者自杀是因不满意特定的包办对象而做出的选择；再或者是原有婚姻因经济困扰难以为继，逃婚只是为了解决生存问题，其本身并不一定反对包办制度，[①] 只是因为事件发生在这一特殊时期而承载了时代的光环，其本人的思想意识并未超脱所属阶层的限制。还有一部分人虽与传统意识无明显断裂，但因久居都市、耳濡目染，同样充满了对婚姻自由的渴望，这说明新理念的传播渠道是多元的。在社会发展过程中，各阶层的生活交叉不可避免地推动了新理念从社会上层向下层的转移，从而汇聚了婚姻变革潮流。

## 第二节　城市青年的自由结婚时尚

近代中国人负载着沉重的传统蹒跚前行，不断冲击着礼教壁垒。在新旧伦理的嬗变中，自由结婚逐步成为知识青年的生活选择。自由结婚既是思想启蒙的产物，又是近代中国人社会生活方式转变的结果。清末民初的涉外群体，特别是留学生得风气之先，首开自由结婚之先河，这不能不影响到国内的青年。尤其是经五四新文化运动的洗礼，恋爱婚姻观被很多年轻人奉为圭臬，自由结婚成为社会生活的风尚。

### 一、清末民初青年群体的涉外婚

涉外婚姻的概念有广义和狭义之分。从广义上看，它是指不同国籍的公民或同一国籍的公民在他国的结婚、复婚或离婚。这类婚姻关系的涉外因素包括主体涉外和地域涉外，是两个以上国家或地区的当事人之间的婚姻，或者是婚姻事项在本国境外办理。狭义的涉外婚姻是指在中国境内，中国公民与外国公民，或外国人与外国人按照我国法律办理结婚、离婚或复婚。[②] 由

① 马钊：《司法理念和社会观念：民国北平地区妇女“背夫潜逃”现象研究》，林乾主编：《法律史学研究》(1)，中国法制出版社，2004 年，212—229 页。

② 巫昌祯、夏吟兰主编：《婚姻家庭法学》，中国政法大学出版社，2016 年，第 294 页。

涉外婚姻的概念界定可知，这里涉及一个核心要素国籍，它的产生要以现代主权国家为基础。因此，涉外婚姻是一个具有现代性的概念。本节从广义的涉外婚姻概念着手，进行相关问题的阐述。

古代中国与周边民族的联姻并不鲜见，和亲就是其中的重要形式，它是古代中国与周边民族的政治联姻，尤以汉唐为典型。汉初，高祖刘邦率兵攻打匈奴，兵败被围白登山，七天七夜始解围。军事征服不成，刘邦被迫采纳了大臣刘敬的和亲建议，以此来安抚匈奴，这是汉代和亲之始。[①]自此，和亲政策被中原王朝广泛运用到处理民族关系之中。唐代开国之初即以和亲方式处理其与周边民族政权的关系，并与突厥、铁勒、回鹘、吐蕃展开了广泛的和亲，加强了大唐与边疆民族国家之间的联系，促进了边疆地区的开发。[②] 随着国力的日益强盛，唐代成为一个兼具世界主义的帝国，以极度包容的心态实行对外开放。当时亚、非、欧许多国家的外国人到中国来求学、经商、传教、出使、游历、行医、卖艺、避难等，从而为中外联姻创造了充分条件，从人员和血统两方面给中华民族的发展注入了活力。[③] 传统中国只有天下观，并无现代意义的国家观和主权观，所谓的中外联姻与和亲联姻在统治阶层的意识中并无本质性区别。因此，此类婚姻并非现代意义上的涉外婚姻。

鸦片战争之后，中国社会的沉沦激发了民族主义的兴起，现代主权国家观念逐步形成，也就有了真正意义的涉外婚姻。在外力的强力冲击下，闭关锁国的壁垒逐步被破除，中外交流日渐频繁，涉外群体应运而生，为涉外联姻创造了现实条件。

1860 年，上海道台吴煦与买办商人杨坊联手抵御太平军，并雇佣美国冒险家华尔为洋枪队队长，杨坊“以其女嫁华尔为妻”。[④] 英籍犹太人哈同来上海淘金，结识了以女佣为业的中法混血儿罗迦陵，二人于 1886 年在上海结

① 刘光胜：《试说刘邦“白登之围”与汉匈“和亲”的开始》，《历史教学》1982 年第 9 期。

② 范香立：《唐代和亲研究》，陕西人民出版社，2017 年。

③ 付永聚：《唐代的涉外婚姻》，《人文杂志》1994 年第 3 期。

④ 《浙江人物简志》（中），浙江人民出版社，1986 年，第 398 页。

婚。罗迦陵“命大福大，相夫有术”，辅佐丈夫经营房地产，使其成为上海首富。[①] 上海圣玛丽亚书院的女校长黄素娥，于 1888 年与美国圣公会宣教士、上海圣约翰学院校长卜舫济结婚。[②] 驻法公使裕庚的女儿“德菱思嫁一美国富商”，[③] 后于 1909 年嫁给了美国驻上海副领事韦特。[④] 1910 年，一位被拐卖到美国的河北姑娘，与名叫查理的加利福尼亚人结婚，两人相濡以沫，互敬互爱。这位女子去世前要求与已去世的查理合葬在一起。他们的深情感动了当地人，人们为这对异国情侣建了一座石碑。[⑤] 民国初年，高等女子师范教习周美玉与丹麦人康侃友结婚，并采用西式婚礼。[⑥]

上述婚姻几乎都是中国女性嫁于外国男性的案例，但研究表明，中外通婚的家庭“丈夫以华人为多，妻子多为欧美人或日本人，中国女子嫁给外国人的情况比较少见”。[⑦] 之所以出现这种情况，一方面是因为男性在出使人员和留学生中占比过高，另一方面又与根深蒂固的传统观念有关，当时视女子嫁洋人为丢脸面之事。元代儒生孔齐认为，“先人居家，誓不以女嫁异俗之类，尝曰：娶他之女尚不可，岂可以己女往事以辱百世之祖宗乎?”[⑧] 孔氏的观点基本能够代表儒家对于异族联姻的态度，自然会影响到此时涉外婚姻的状态。

晚清留学运动肇始于在华西方教会学校推动的宗教留学，其中的先驱者容闳学成后立志教育救国，从而推动了洋务运动时期的官派留学运动。在清末维新、新政等政治变革的推动下，尤其是科举制度废除之后，出国留学形成了热潮。在留学过程中，部分学生被异域女子别样的风采所吸引，从而喜结连理。正如徐柯所言：“欧化东渐，竞事猎取，而国家婚姻一语，尤为留

① 龙碧秋：《中国近代商业史话》，中国商业出版社，1991 年，第 180 页；胡伟立：《上海故事》，上海书店出版社，2013 年，第 114—116 页。

② 陈高华等主编：《中国风俗通史（民国卷）》，上海文艺出版社，2012 年，第 393 页。

③ （清）夏仁虎：《枝巢四述　旧京琐记》，辽宁教育出版社，1998 年，第 99 页；

④ 陈重伊：《中国婚姻家庭的非常裂变》，中央编译出版社，2005 年，第 24 页。

⑤ 张威：《跨国婚姻：悲剧·喜剧·正剧》，世界知识出版社，1999 年，第 10 页。

⑥ 《中西结婚之谨见》，《道南报》1913 年 8 月 15 日。

⑦ 李长莉：《中国近代社会生活史》，中国社会科学出版社，2015 年，第 286 页。

⑧ （元）孔齐：《不嫁异俗》，《至正直记》卷 3。

学青年所艳羡，望风附和，接迹国中。”[①] 此语虽近于消极，却道出了留学生在涉外婚姻方面处于领潮地位的事实。

“中国留学生之父”容闳曾自言平生有两大愿望，“一为予之教育计划，愿遣多数青年子弟游学美国；一则愿得美妇以为室”。[②] 1875年，他终于如愿以偿，娶得康州名媛玛丽·克洛（Mary Louisa Kellogy）为妻。早期自费留英的何启在留学期间，与当时英国议员获根约翰（John Walkden）的女儿雅丽氏（Alice Walkden）彼此相爱，在他获得大律师资格后，两人喜结连理，开中英联姻之先河。[③] 1906年，四川青年陈新知从日本留学归来，娶日本女子山口智慧为妻。其妻在大梁子五公馆教授日本语，陈为助教。[④] 20世纪初，中国留美学生黄添福冲破家庭的重重阻力与美国女子结婚，1916年病逝于美国。其妻独立抚养三个孩子，并留下了《一位美国人嫁与一位中国人的自述》，成为研究婚姻史的重要参考资料。[⑤]

19世纪60年代，为加强政治交往中国开始派出自己的使领人员，他们以自己的才识赢得了异域女子的青睐。作为中法文化交流使者的陈季同，以其博学的才识赢得了法国女子佛伦西的青睐，二人相恋并结为伉俪。与此同时，一名叫玛德的英国女子也为陈氏横溢的才华所折服并爱上了他，陈季同也为她的美丽、痴情所迷恋。他回国时，将二女同时带回中国。不久，陈的行为被佛伦西发现，并与玛德发生了争执。[⑥] 这段经历在小说《孽海花》中也有所反映。民国外交家陆徵祥在清末时曾任驻俄参赞，时年28岁的他结识了44岁的比利时女子培德·博斐，并一见倾心。培德·博斐不仅美丽且才华横溢，二人跨越了年龄的差距私订终身。陆氏不顾官场的反对之声，毅然于1898年与培德在圣彼得堡教堂结婚。[⑦] 1902年，驻法公使裕庚的二公

① （清）徐柯编撰：《清稗类钞》第5册，中华书局，1984年，第2115页。

② 容闳：《西学东渐记》，钟叔河主编：《西学东渐记 游美洲日记 随使法国记林 苏格兰游学指南》，岳麓书社，1985年，第52页。

③ 《佛山历史文化丛书》编委会编：《佛山历史人物录》，广东人民出版社，2016年，第137页。

④ 《东语夜课》，《广益丛报》1906年第3号。

⑤ 佚名：《一位美国人嫁与一位中国人的自述》，龙文出版社股份有限公司，1994年。

⑥ 张威：《跨国婚姻：悲剧·喜剧·正剧》，世界知识出版社，1999年，第6—7页；魏秀春主编：《中外文化交流史轶闻趣事》，山东画报出版社，2008年，第417—419页。

⑦ 张威：《跨国婚姻：悲剧·喜剧·正剧》，世界知识出版社，1999年，第7—8页。

子与法国女子地拿斯结婚，婚礼在巴黎的斐力比教堂举行。地拿斯本为裕庚女儿的家庭教师，二公子见了甚为喜爱，并与之相爱，最终喜结连理。①

还有一些外国女教士在传教期间与中国教徒结婚。1898 年前后，挪威女教士某君嫁于华人教士成秀琪，并改名为成玉英。婚后育有一女，夫妇二人在山西太原海子边设立戒烟局。1899 年，在广州的美国女教士哈尔佛生与华人蓝子英结婚，并得到美国官方的认可。②

民国之后，中外互婚的热潮并没有衰退。1913 年，保定军校校长蒋百里深感报国之志难酬，在给学生训话时因激愤突然拔枪自杀，但并没有击中要害。其后，袁世凯迅速派出日本医疗组为蒋疗伤，在这期间他与日本护士佐藤屋子产生感情，并于 1914 年在天津德国饭店结为夫妇。③ 1916 年，郭沫若置包办婚姻于不顾，疯狂地爱上了日本护士佐藤富子，异国之恋抒写了这位抒情诗人浪漫生活的第一篇章。④ 在民国初期，中外互婚的事例可谓比比皆是。在文化界，有诗人李金发、作家徐仲年、雕塑家王临乙、画家张道藩、画家李凤白、美术家常书鸿、北平市长何思源、北大教授张凤举、平民教育家晏阳初等；在科技界中则有物理学家夏元瑮、现代生理学奠基人林可胜、化学冶金学科奠基人叶渚沛、结核病学家吴绍青等。⑤ 他们以自己的跨国奇缘，抒写了民初婚姻自主热潮中的美丽篇章。

上述涉外婚中的中国男性都是社会精英阶层，而下层中国男性娶外国妻子的也不在少数。鸦片战争后，部分中国人因生活所迫开始出国务工，到美国淘金者不在少数。京师同文馆学生张德彝于 19 世纪 60 年代在美国游历时，就发现广东人王阿秀在波士顿经营茶叶，获利甚厚，并娶了美国妻子，且生育二子一女。⑥ 再以旧金山为例，1876 年，在此做工或经商的华人有四五位娶了外国老婆；1885 年，“中国城”内已有十位美国妇女嫁给了中国人。

① 《记裕公子娶法国女子事》，《中外日报》1902 年 11 月 28 日。

② 《女教士嫁华人》，《中外日报》1899 年 11 月 26 日。

③ 陶菊隐：《蒋百里传》，中华书局，1985 年，第 30—35 页。

④ 张威：《跨国婚姻：悲剧·喜剧·正剧》，世界知识出版社，1999 年，第 12 页。

⑤ 散木：《闲话晚清以来的中外通婚潮流》，《书屋》2002 年第 9 期；张威：《跨国婚姻：悲剧·喜剧·正剧》，世界知识出版社，1999 年，第 12—14 页。

⑥ （清）张德彝：《欧美环游记》，钟叔河主编：《走向世界丛书》，岳麓书社，1985 年，第 689 页。

在纽约，1888 年中美通婚所生子女已有近百人了。这些白人妇女生活贫苦，嫁给中国人后都衣食丰足了。[①] 一战爆发后，中国派遣 14 万华工远涉重洋，支援欧洲战场，其中有近 4 万名赴法。他们因作风正派，受到了法国女性的青睐，“初则因好奇之心，而生起趣味，由趣味而发感情。及感情日深，于是婚姻之问题出现矣”。[②] 一战结束后，至少有 3000 名华工留在了法国，他们大多都同法国女子结了婚。[③]

清末民初的中外互婚，打破了东西方民族的界限，冲破了传统观念的束缚，有利于文化的交融与新观念的培育。有竹枝词说：“婚姻条例近颁行，劳动工人未许轻。黄白何须分界限，养成种子亦文明。”[④] 就是这一状况的反映。然而，跨国婚姻并不仅仅是两个人的结合，其中还牵涉到文化习俗、法律、种族观念、民族观念等问题，这些都会直接影响到婚姻的存续与生活质量，因而有一定的特殊性。

在异国男女结合之初，习俗差异以及由此产生的民族隔阂是不容易克服的障碍。为此，伍廷芳先生在伦敦种族会上表示：“两族通婚，是进步的象征，中国人与欧美通婚，是一件好事……为沟通文化起见，为联络邦交起见，他希望中西的男女通婚。可是他后来又说，这种主张虽好，可是实行起来困难很多。”[⑤]

容闳的侄子容揆恋爱时就遭到女方家庭的反对，在经历了 13 年马拉松式的不懈追求后，有情人才终成眷属，并成为当时美国的一大新闻。[⑥] 在黄添福的涉外婚姻中，二人虽然爱情浓厚，但他的未婚妻起先对异国联姻并无信心，感觉到似乎有不能超越的距离。在黄添福的坚持下，二人订了婚，并把这件事告知了远在中国的父母。他虽然信誓旦旦地表示能妥善处理此事，不会影响他们的婚姻，但他的未婚妻仍觉得精神异常不安。事实确实如此，当他把与美国妻子订婚的消息告知父母时，立即遭到了他们的反对。黄的父

① 吴景超：《中美通婚的研究》（中），《生活》1928 年第 4 卷第 8 期。
② 《华工与法女结婚问题》，《广益杂志》1919 年第 2 期。
③ 徐国琦：《一战中的华工》，上海人民出版社，2014 年，第 155 页。
④ 少芹：《华法通婚竹枝词》，《小说新报》1920 年第 6 卷第 3 期。
⑤ 吴景超：《中美通婚的研究》（下），《生活》1928 年第 4 卷第 9 期。
⑥ 钱钢、胡劲草：《留美幼童——中国最早的官派留学生》，文汇出版社，2004 年，第 161—162 页。

亲写信给他，晓之以理动之以情，最后还以断绝父子关系相要挟使其就范。他的美国朋友、表兄也写信相告诫，告诉他与美国妻子生活是如何困难，试图迫使其放弃联姻的意图。[①]

林语堂在其代表作《京华烟云》中借他人之口明确表示，中国男子不能娶洋媳妇，因为民族之间的习俗不同。[②] 黄添福的未婚妻在与其交往之初就认识到："在他的心里却含有牢不可破的一种东方观念，就是对于恋爱的女子，存着'独有'的严格观念，排除所爱者对于他方的友谊；这种绝端的观念，是西方人梦想不到的。"[③] 因此，这位黄先生对妻子要教授男学生的做法表示强烈反对。万幸的是，他的妻子因为爱违心地遵从了丈夫的意愿，避免了婚姻冲突。一些外国女性通过小说、电影或者传教士的口中接受了许多不正确的中国观念，从而对中国产生误解，害怕跟随丈夫到中国定居。一位美国女子收到了中国女性朋友的来信，说其父因娶妾闹得家庭不和，从而引发了这位美国女性对未来婚姻生活的担忧。因此，她百般央求丈夫不要回到中国，直到丈夫答应才安下了心。[④]

在另外一些家庭里就没有这么幸运了。一位法国女子跟随丈夫回国之后，因为语言不通无法和丈夫的家人进行沟通。当这位法国夫人生育了一个玲珑可爱的混血宝宝后，孩子的叔叔经常亲吻孩子的脸颊，而他恰恰是个大烟鬼，唾液黏在孩子的脸上臭气逼人，这让素来喜欢干净、讲究卫生的法国嫂嫂难以忍受。为此，家中经常为此闹得不可开交。[⑤] 一位在美国西部开店的华侨与白人妻子结了婚，这位洋太太要求丈夫与自己度蜜月，而这位丈夫对此完全不能理解：家里有富丽堂皇的新房为什么不住，而要跑出去东游西逛呢？而且店里很忙，根本走不开。因此，他出钱让太太自己去旅行蜜月，自己在家中经营店铺。一场婚姻如此开场，结局可想而知。不久，他们就离婚了，而且这位华侨的家产也被分去了大半。[⑥] 1908 年，大理院推事李方与

---

① ［美］佚名：《一位美国人嫁与一位中国人的自述》，龙文出版社股份有限公司，1994 年，第 17—21 页。
② 林语堂：《京华烟云》（上），《林语堂文集》，群言出版社，2010 年，第 201 页。
③ ［美］佚名：《一位美国人嫁与一位中国人的自述》，龙文出版社股份有限公司，1994 年，第 28 页。
④ 吴景超：《中美通婚的研究》（下），《生活》1928 年第 4 卷第 9 期。
⑤ ［美］佚名：《一位美国人嫁与一位中国人的自述》，龙文出版社股份有限公司，1994 年，第 78 页。
⑥ 吴景超：《中美通婚的研究》（下），《生活》1928 年第 4 卷第 9 期。

英国妻子拍尔利的离婚案也充分反映了这一问题。二人于1899年在英国结婚，至1908年拍尔利返英不归，二人共同生活了九年。其中，1905年至1908年这段时间，恰恰是夫妇二人返华在中国家庭生活的时段。拍尔利远离故土随夫来华，不适应异国的风土人情、饮食起居乃至婆媳关系，以致来华三年突然离去。①

中外联姻除了习俗差异的影响外，还有西方国家的种族主义偏见。华裔商人梅光达幼年随叔父到达澳洲，1886年他与英国姑娘玛格丽特·斯卡利特结婚，但遭到女方家人强烈反对，玛格丽特的父亲甚至拒绝出席女儿的婚礼。② 澳洲华人社会之父刘光福是中英混血儿，他母亲的娘家因为她下嫁给一位黄种人而与其断绝了关系，不仅不参加她的婚礼，即使生了孩子也不曾去探望。③

1911年，英国驻成都领事干涉胡继曾和海伦的婚姻，引起了轩然大波。胡继曾是四川人，家中富有，年轻时留学西洋。在英国期间，他与英国姑娘海伦认识并结婚。在结婚之前，胡氏曾告诉海伦，他在国内已有妻室，但海伦对此并不在意。婚后，海伦随同丈夫回到家乡，并生育了两个孩子，家庭生活和谐甜美。谁知天有不测风云，一位侨居成都的英国妇女听闻海伦是自己的同胞，还做了中国人的妾，非常气愤，几次找到海伦要她自动解除婚姻，遭到她的严词拒绝。于是，她写信给英国驻成都领事，要求领事出面与四川官方交涉，判他们离婚。英国领事致函四川总督王人文，要其按照重婚治罪，而王总督据中国传统与法律予以驳斥、拒绝。该领事随之将其上报英国驻华公使，该公使打电报给海伦，对其威逼利诱，但海伦根本不为所动。最后，英国公使向清政府施加压力，撤销了胡继曾的一切职务，将其遣送至西藏苦寒之地。为此报纸评论说："胡郝氏与胡姓结婚，为个人情爱上之问题，与第三人毫无关涉。今英领事强以国际问题牵涉，逼令胡郝氏离婚，质言之强国妇女不肯嫁于弱国人民，而弱国妇女尽可作强国人民之妻之妾之玩

---

① （清）徐柯编撰：《清稗类钞》第5册，中华书局，1984年，第2115页。

② 罗凌：《澳洲著名华人梅光达的一生》，中国人民政治协商会议广东省委员会文史资料研究委员会编：《广东文史资料》第70辑，广东人民出版社，1993年，第210页。

③ 政协台山市委员会编印：《星熠台山》，2009年，第34页。

物。噫，可胜叹哉。今胡郝氏至死不离亲爱，如此坚忍，如彼真不愧为英国之妇女矣，可敬可叹。”[①] 在此案例中，英方表面上是维护一夫一妻制，保护本国妇女名誉，实际上是从殖民者的民族偏见出发，粗暴地干涉个人婚姻自由，践踏人性尊严。中方记者在评论中指出，爱情是可以跨越国界、种族的，与国家的强弱以及他者并无丝毫关系。在他的表达中，民族主义情绪的宣泄已跃然纸上。

不仅西方人对中外联姻有种族偏见，就是日本人对中日跨国联姻也抱有成见。当佐藤富子与郭沫若同居的消息传到日本时，她妹妹佐藤操最初的反应就是漠然与厌恶，家里人及邻里都认为和支那人结婚辱没了祖宗。后来当佐藤操也与中国人陶晶孙结了婚，她父母依旧反对；亲戚们在其父母的授意下，对她进行谴责，并拒绝出席婚礼。[②]

正因为如此，国内对涉外婚姻的态度颇为复杂。戊戌变法前后，一些知识分子基于救亡强种的需要，构建了“通种”学说，以期达到强盛种族的目的。康有为在《大同书》中说：“夫欲合人类于平等大同，必自人类之形状、体格相同始。苟形状、体格既不同，则礼节、事业、亲爱自不能同。夫欲合形状、体格之不同而变之使同，舍男女交合之法，无能变之者矣。”[③] 他试图通过“杂婚”之法，徐图达到大同之目的，而康有为也是这样做的，自己就娶了一位日本太太。梁启超也认为：“二十世纪则两大文明结婚之时代也，吾欲我同胞张灯置酒，迓轮俟门，三揖三让，以行亲迎之大典，彼西方美人必能为我家育宁馨儿，以亢我宗也。”[④] 湖南维新志士易鼐在《湘学报》上鼓吹“合种”的意义：“何谓合种？黄人与白人互婚也。”“如以黄白种人互为雌雄，则生子必硕大而强健，文秀而聪颖。”[⑤] 同样主张变法的湖南人唐才常从植物学、动物学以及历史、宗教等多领域对“通种”问题进行了广泛论

---

① 参阅《胡继曾之国际婚姻案》《胡继曾国际婚姻案之续闻》，天津《大公报》1911 年 6 月 16 日、6 月 20 日。

② 董炳月：《“国民作家”的立场：中日现代文学关系研究》，生活·读书·新知三联书店，2006 年，第 169—170 页。

③ 《大同书》，姜义华等编：《康有为全集》第 7 集，中国人民大学出版社，2007 年，第 45 页。

④ 《论中国学术思想变迁之大势》，林志钧主编：《饮冰室合集》第 1 册，中华书局，1989 年，《文集之七》第 4 页。

⑤ 易鼐：《中国宜以弱为强说》，《湘报类纂（甲集上）》，台北大通书局，1968 年，第 18—24 页。

证，认为黄白通婚则“黄人之强也可立待也”。如果拒绝“通种”则“黄种之存亡未可知，而疲弱不振之患，十且七八也”。[①] 从上述言论看，这些知识分子把涉外婚姻看作强我种族，实现民族振兴的重要手段。

从优生学角度看，知识界的想象有一定道理，然而这常与民族主义情绪相抵牾。知识界在深入了解世事的基础上，不断修正着对涉外婚姻的看法。1903年，梁启超赴美游历，通过与留美学生的深入交谈，对他们的学业感到非常不满。他认为之所以造成这种状况，是因为“人人皆有一西妇，此亦与爱国心不相容之原因”。[②] 在梁启超看来，涉外婚姻消磨了留学生的爱国之心、报国之志，进而影响了学业，这与之前他对涉外婚姻的美好期待已有根本不同。

其后，国内反对涉外婚姻的理由大都从民族主义立场来阐发。1908年，有人在《广益丛报》刊文，明确表示反对留学生与西人结婚。作者从两方面进行了分析，从家庭角度看：“与西人结婚是俗尚不同，嗜欲不同，生活不同，西妇来居我国，万不能塞其欲望，此其害之在于一家者。”从国家角度看：“现在之留学生即未来之主操中国事业者……一旦归国，天下师之，故吾恐此风一开，靡所忌惮。官吏不知所节制，借为媚外之途。士子相期为鸿鹄，试为进身之路。而异日主持国事者，咸此一流人，则其害有甚于洪水猛兽者。至于种族之关系，吾姑置之勿言。试问此一流人，使之主外交，能力争乎？主军事，能力战乎？盖感情之交洽已夺其志而败其心矣。至于割吾民脂膏以为闺帏脂粉，忘危忍耻而偷乐异国，此一时之害之易见者，犹其小焉者耳。”[③] 作者认为，西洋女性与我国人习俗不同，且生性奢靡，欲壑难填，有悖于中国勤俭持家之道，这一判断并非虚言。早在30年前，出使英国的张德彝已经注意到这个问题，并认为这一习惯影响到了该国男女的正常婚嫁。[④] 当然，这还仅是从小处而言。从大处来说，这些青年学生为满足妻子的奢欲可能会搜刮民脂民膏，甚至受妻子的影响还可能会有媚外之举，从而

① 《通种说》，湖南省社会科学哲学研究所编：《唐才常集》，中华书局，1980年，第100—104页。
② 梁启超：《新大陆游记（节录）》，中华书局，1941年，第47页。
③ 《论外交官与留学生不宜与西人结婚》，《广益丛报》1908年1月13日。
④ （清）张德彝：《随使英俄记》，钟叔河主编：《走向世界丛书》，岳麓书社，1986年，第452页。

对外交、国家安全产生危害。

作者的担心很快就演化为实际行动。1911 年，驻日参赞吴振麟与日本妻子结婚，遭到了留学生的群体攻击。之所以如此，与当时面临的民族危机和风起云涌的民族主义情绪相关。时逢中俄两国重新勘定内蒙古东北部与俄国毗邻的疆界，沙俄趁机强占中国领土，而留日学生欲组织救国会与国民军保卫领土完整，却遭到驻日使馆的阻扰。值此关口，吴氏的婚姻自然成为留日学生宣泄民族情绪的借口，他们集体向外务部呈文，指责、揭发吴振麟不顾国家安危，金屋藏娇、贪图享乐。[①] 1918 年，中日签署了两国共同防敌的相关军事协定，引发了留日学生的集体罢课风潮。一部分极富爱国心的学生组织了诛汉奸会，“凡是有日本老婆的人都被认为汉奸，先给他们一个警告，叫他们立地离婚，不然便要用武力对待”。[②] 受此影响，当时离婚的不在少数。

民族主义情绪还搅动着当事者在不同处境中的心境。在向恺然著的《留东外史》中，他把日本塑造成卖淫国，追逐、玩弄、抛弃日本女人成为留日学生日常生活的主要内容。他们把征服日本女体等同于征服日本国体，东洋女性的身体成为发泄国仇家恨的载体，这显然是阿 Q 式的精神胜利法。[③] 郁达夫则在作品《雪夜》中，清晰地表达了因弱国地位而在情场中极为郁闷压抑的事实：“国际地位不平等的反应，弱国民族所受的侮辱与欺凌，感觉得最深切亦最难受的地方，是在男女两性，正中了爱神毒箭的那一刹那。”“最恼乱我的心灵的，是男女两性间的种种牵引，以及国际地位落后的大悲哀。”[④] 在自传《十年情场》中，张竞生曾自豪地回忆自己在法国与德国学生竞争情人获胜时的心情：“我以为能打败德人的情敌，是我以弱国的地位，也算莫大的光荣。所以当他在热烈进行时，我也同样或且比他更热烈去追逐。终于他告失败，而我则凯旋成功了，我与她成为亲切的情人了。”[⑤] 很显

① 《留学生攻揭吴振麟之纳日妇》，《申报》1911 年 4 月 3 日。
② 《创造十年》，《郭沫若全集·文学编》第 12 卷，人民文学出版社，1992 年，39—40 页。
③ 施晔：《近代留日小说中的东京镜像——以向恺然〈留东外史〉为代表》，《社会科学》2010 年第 3 期。
④ 《雪夜》，《郁达夫文集》第 4 卷，花城出版社，1982 年，第 94 页。
⑤ 《十年情场》，江中孝主编：《张竞生文集》（下），广州出版社，1998 年，第 131 页。

然，在张竞生心目中，他情场竞争的胜利不仅仅是个人的胜利，还象征着弱国对强国的胜利，故而难以掩盖内心的喜悦。上述三人对跨国情恋的不同心境和态度，实际上都是弱国民族主义情绪的表达。

民族主义还影响到了留学政策的调整，国家开始有意识地限制留学生的跨国婚姻。在外力挤压下中国虽然加强了与西方的交流，但“华夷之辨”在多数中国人的意识中还是根深蒂固的。尤其是在国家地位衰落、民族矛盾激化的前提下，留学生被寄予了国家复兴的期望。面对未来可能存在的肇乱之源，清政府是有所警惕的。1910 年，学部奏请朝廷禁止留学生与外国人结婚。他们认为，“外洋女子习尚较奢，而游学生之学费有限，赡养既多所耗费”，“在游学生则当修业之际，家室之累重则学问之年轻”。而且“游学生既娶外国妇女，易有乐居异域厌弃祖国之思，则虽造就成材而不思归国效用，亦复何裨于时艰”。因此，学部决定“嗣后游学生未毕业时，均禁止其与外国妇女订婚及结婚。违者毕业时不给证明书，官费生追缴学费，以戒怠慌而励进修”。[①] 学部的这一精神在《顺天时报》《政治官报》等报章中被反复报道。

民国创建以后，教育部对官费留学生的婚姻仍有限制：“查留学生与外国人结婚一节，于国家于个人均有损无益”，遂禁止留学生与外国人结婚，并规定“嗣后如再有官费留学生与外国人结婚情事，应即停止官费，以儆怠玩而肃学风”。[②] 1920 年，驻巴黎总领事因侨法华人与“西女”结婚事件日渐增多，请订专章。教育部随即下令，“自费各生及一切身隶学籍之人，一并禁止与外国妇女结婚”。[③] 自此，民国政府对官费、自费留学生的国际婚姻一并采取干涉的态度。

从清末至民国，政府虽屡次重申涉外婚姻禁令，但执行效果并不尽如人意。1912 年，留日记者公会为敦促清帝退位，推动各国承认南京临时政府，召开了全体大会，其决议规定：“凡留学生已娶有日妇者，均当勒令改入华

① 《学部奏禁止游学生与外国人结婚片》，1910 年 4 月 24 日，陈学恂主编：《中国近代教育史资料汇编·留学教育》，上海教育出版社，2007 年，第 74 页。

② 《咨各省长留学生禁与外国人结婚文》，《教育公报》1918 年第 5 卷第 5 期。

③ 《令各留学生监督：留外学生禁与外国妇女结婚》，《教育公报》1920 年第 7 卷第 3 期。

籍，组织妇人会，以重国体。此后凡学生欲娶日妇者，须先行报告使馆，由使馆承认入籍方得结婚。”[①] 这实际上是为中日联姻打开了一个缺口，与其他国家的联姻也大致如此。当时“领官费不读书伴妻子者实屡见不一，此亦留学界之小小新闻也”。[②] 横滨领事馆为此专门电告外交部：“近查滨埠留学生本年娶日妇者竟有十七人之多。若不实行禁止，足妨学业，请咨教部转电学生监督严为阻止。”[③] 上述材料充分证明，政府干预留学生婚姻的举措并未收到奇效。这是因为近代中国政局动荡、国力衰弱，国内尚且自顾不暇，对海外留学生的监控自然削弱，“学生监督虽有耳目，然孰愿做恶人”。[④]

总之，近代中国融入世界的进程，逐步改变了中国人的社会生活状态，这是促动青年群体实现中外联姻的根本动因。在这个过程中，民族主义起到了双刃剑的作用，它既推动着知识分子以“强种”重塑国民的国族主义想象，又不可避免地冲击着涉外婚姻。然而，留学生长期旅居海外，饱受自由观念的熏陶，充满异国情调的女子又大大有别于中国传统女性，故而深深地打动了他们的内心，这在张资平、郁达夫、胡适的记录中可见一斑。[⑤] 再者，他们又远离家园，家长的干预鞭长莫及，传统伦理的影响减弱，这都为涉外婚姻创造了现实条件。

## 二、清末以来国内青年的自由婚

上述涉外婚姻经过国内各类报刊的反复报道，潜移默化地影响了国内青年，并成为他们效仿的对象。再加之清末以来知识界不断批判包办婚姻，鼓吹婚姻自由，为国内知识青年争取婚姻自由打开了新通道。

其实，揆诸史料不难发现，“父母之命，媒妁之言”虽然是传统婚姻成立的必要条件，而在实际生活中这并不总是意味着包办。据《清稗类钞》记

---

① 《驻日使馆引渡之交涉》，《申报》1912 年 1 月 31 日。

② 振声：《留英法学生琐谈》，《申报》1921 年 12 月 10 日。

③ 《专电》，《申报》1920 年 12 月 31 日。

④ 振声：《留英法学生琐谈》，《申报》1921 年 12 月 10 日。

⑤ 张资平：《资平自传》，张玉法、张瑞德主编：《中国现代自传丛书》（1），龙文出版社股份有限公司，1989 年，第 79 页；《雪夜》，《郁达夫文集》第 4 卷，花城出版社，1982 年，第 93 页；《十年情场》，江中孝编：《张竞生文集》（下），广州出版社，1998 年，第 131 页。

载，广东南海人朱星擅长绘画，尤以仕女图最为精绝，人们争相收藏。邻女金翠芬也擅长于此，并能吟诗作对。当金氏看到朱星的画后，感叹地说道："得此郎嫁之，足矣。"她把朱星的画题以自己精心酝酿的绝句，天天吟诵。金父以其成年，将她许配给王氏，翠芬知道后绝食两天以示抗议，并赋诗一首交给父亲。金父不解其意，让翠芬的母亲去探寻女儿的心意，但翠芬并未告知实情。于是，翠芬自己赋百韵诗一首寄给朱星，他知金氏心意后，乃遣媒人求婚，二人随结为伉俪，时人以"画姻缘"称颂于乡里。[①] 这桩婚姻表面上虽遵循了"父母之命，媒妁之言"的礼法，但实际上女方的自主择偶意向非常明确，媒人只起到了穿针引线的作用。类似的婚姻在《清稗类钞》中还有不少记载，它实际上是传统社会生活的民间书写，在一定程度上反映了传统婚姻的另类面相。

晚清以来，中西文化的融合逐步加深了自由、平权理念对知识界的影响，为自由结婚提供了依据。在清末，天津学界中人创办了"议婚小社"，改良婚礼，倡导婚姻自主。[②] 据柳亚子回忆，苏州同里明华学校的孙济扶就"和浙江大学陆军的周赤忱自由订婚"。[③] 在《女子世界》关于"文明婚礼"的报道中，范绍洛与林惠的结婚尤其引人注目，他们二人均是日本留学生。记者特别指出，"范君林君的系自由结婚，在东京订定，尤为特色云"。[④] 他俩的婚姻之所以成为特色，应当是经由恋爱而结婚，这在当时着实不多见。

学生界得风气之先，开自由结婚之先河，而革命党人在共同反清的革命生涯中，往往结下深厚的友谊而成为夫妇，黄兴与徐宗汉的结合就属此例。黄花岗起义失败后，黄兴藏在厕所中躲避了抓捕，后又逃到一米店中躲藏。逃出广州城后，他遇到了徐宗汉女士。当时黄兴断了一指，鲜血淋漓，徐女士帮他简单包扎；在轮渡时，黄兴假装成病人的模样，而徐女士谎称是他的夫人，二人一起逃到了香港。在医院里，徐宗汉女士又以家属

---

① （清）徐柯编撰：《清稗类钞》第5册，中华书局，1984年，第2114页。
② 《天津倡办议婚小社》，《广益丛报》1909年第200期。
③ 柳亚子：《五十七年》，《柳亚子文集（自传·年谱·日记）》，上海人民出版社，1986年，第192页。
④ 《婚礼一新》，《女子世界》1905年第2卷第6期。

名义做了术前签字。经过这次患难，二人结成了夫妇，被称之为“天作之合”。[①] 革命夫妇以革命事业为媒介，以志同道合的志趣为粘合剂，同样是当时自由结婚的典范。

在一些风气开化地区，底层社会的女性也能勇敢地破除陋俗偏见，追求婚姻自由，较为典型的就是梁保屏自由结婚事件。广东顺德女子梁保屏，曾为未婚亡夫守节八年。1904 年，她结识了以照相为职业的陈燧生，并私订终身。二人恐双方父母拘于礼俗而不允准，遂双双赴香港登记结婚，引起了家乡绅耆的激烈反对。为此，梁保屏具禀香港华民政务司，申诉其结婚理由。从其禀词中我们可以看到一个深受旧婚姻折磨的女性如何去寻求自身的幸福。[②] 在古代，男女追求自由婚姻因无所依托多数要私奔，而梁保屏则懂得“托庇于文明宇下”去香港注册结婚，这里固然有地理上的便利，实际上也是时代风气转化的必然结果。梁保屏的禀词被当时香港的各大报纸刊发，“均馨香而神圣之，甚或著为论说，许以自由结婚之美名”。梁保屏的命运如何因缺乏后续报导而无从知晓，但有一点确定无疑，那就是在专制文化层层围堵中的女性，要争取到婚姻自由极为不易，必须付出百倍的努力。

《女子世界》曾以《吐弃功名》为题，介绍了女性争取婚姻自由的事例。广东嘉应的何君向来喜欢新学，尝以开通风气为已任。其母去世后，乃父要求他隐匿丁忧之实，以求取功名，遭到了未婚妻邱氏的反对。她希望自己的未婚夫能够在学业上有所精进，但并不希望他去做官，何君听从了邱氏的建议。在丁忧期间，邱女士的母亲以“地僻为嫌”有悔婚之意，但她坚决不从。其母知道女儿的心思，最终被迫答应了二人的婚事。报道的记者说，此“可谓得自由结婚之权矣”。[③] 邱氏公然违背父母之意，坚决要求嫁给何君，并为此与母亲争斗了三年，确实是自由结婚的范例。不过，仔细揣摩便不难

---

① 陈帮贤撰，工春生整理：《自勉斋随笔》，车吉心等主编：《中华野史》（民国卷），泰山出版社，2000 年，第 767 页。

② 《真女权钬》，《女子世界》1904 年第 1 卷第 10 期；《婚姻奇案》，天津《大公报》（附张）1904 年 9 月 7 日。

③ 《吐弃功名》，《女子世界》1904 年第 1 卷第 10 期。

发现，邱氏的故事颇有才子佳人的叙事传统。女性是男性迈向成功征途的助力者和精神引领者，她以贤内助的形式强化了男权社会特质，这是当时倡导婚姻自由过程中无法克服的伦理困境。

辛亥革命打破了传统伦理与政制系统的高度结合，松懈了政治对文化的控制。传统伦理道德、价值信仰虽仍在影响人们的观念、行为，但因失去了政治的支持和行政贯彻的渠道，其原有的神圣性和规范力已失去了往日的威慑，它关于社会、身份以及文化的种种观念似乎都成了昨日黄花，减轻了人们行为是否与传统伦理秩序相吻合的顾虑。南京临时中央政府在民主共和框架下积极倡导社会文化变革，推动了民初文明婚姻的发展。

据记载，民国初期的北京民智已开，结婚双方也有了一定的发言权。在媒人的撮合下，由父母将对方情况转告子女，并验看照片。如果双方有意，可以见面相看。① 在苏州，男女“大都以照片互相交换”。② 某女校毕业生蒋女士，早年由媒人撮合许给杂货店老板之子胡连根。在胡家欲迎娶蒋女士之际，蒋氏却以胡家是小商户为由意图悔婚，并声称共和法律首重自由结婚。胡连根盛怒之下，跑到蒋家兴师问罪。此时，蒋女士见到自己的未婚夫竟是翩翩少年郎，急忙收回悔婚之成命。③ 从互换照片和蒋女士悔婚的情况看，民初婚姻自由的内涵指向的其实是自主，而且是非常有限度的，婚姻当事人在很大程度上只是有了知情权，双方实际上缺乏直接接触和了解。

在自传小说《宝姑》中，作者王莹对她父亲的择偶过程有细致的描述。据她讲，其父母都进过洋学堂，受过新教育，“他们的婚姻，照祖母的话，是：一半儿新法，一半儿旧法去办的——首先，由他们自己‘看’中了意，然后才下聘的”。当她的父亲再婚时，其父和祖母就是通过照片相亲，“那些女子有的坐着，有的站着，面前都摆着几盆花，看上去年岁都在十七八岁和二十一二之间，他们的模样虽不同，神情却有相似之处，个个抿着嘴，似笑

① 吴士贤、吴敬晨：《北京汉族的旧式婚礼》，北京燕山出版社编印：《旧京人物与风情》，北京燕山出版社，1996年，第364—365页。

② 朱惠贞：《苏州婚嫁之风俗》，《妇女时报》1911年第3期。

③ 《女学生自由》，《中华新报》1917年6月23日。

不笑；眼睛似看不看，像是不自在，又像是害羞。我对这些照片，虽然一点不感兴趣，可是父亲和祖母却一张张翻来覆去地仔细比较”。[①] 这些细节描写，生动还原了婚姻自由理念在民初知识家庭渗透和实践的过程。

青年人利用共和理念追求婚姻自由的事情也时常见诸报端。吉林北极门外回民麻某有一女儿 16 岁，姿色绝丽，与董姓书生相爱。一日，此女与女师范生林某讨论婚姻问题时，受其自由结婚观念的影响，顿觉恍然大悟，并于当晚即与董姓书生订夫妇之约，并于次日行聘。次日，当董姓书生来拜见岳父时，“其父不知何故，嗣经向女问询，该女以自由结婚相告，其父以木已成舟亦不谴责矣”。[②] 更有意思的是，在自由理念的影响下还发生了女子“单独结婚”之事。有称之为“王大娘”的女子，钟情于“晋昌公子”。不料，落花有意，流水无情，“晋昌公子”对“王大娘”的痴情无动于衷。“王大娘”并不因吃了闭门羹而改变初衷，反而发表了“单独结婚”宣言，以表达自己的不渝之志：

> 现今时代婚姻所以崇尚自由者，无非欲求室家之和好耳。妾标梅已届，情窦早开，正所谓“小姑居处，不惯无郎”。会有晋昌公子者，家声克绍，仪度翩翩，闻其久断鸾胶，逍遥海上。妾不觉梦魂颠倒，以为如我两人者，才貌相当，工力悉敌，苟谐伉俪，则闺房和好，当有甚于画眉……妾已抱定嫁郎之宗旨，纵被挡驾，亦知从一而终之义。与其悲悲切切，害单相思之病，何如老老面皮，开单独结婚之语？是用正式宣言，使戚族咸知，彼虽不以我为妻，我必以彼为最亲爱之夫。[③]

从材料看，“王大娘”的“单独结婚”属于单相思。古代妇女往往将相思之情转化成诗词聊以自慰，并不大张旗鼓地宣传。像“王大娘”这样明目张胆地公开自己的相思之情，并用从一而终之义来激励自己要坚决守

---

① 王莹：《宝姑》，中国青年出版社，1982 年，第 21、72 页。

② 《自由结婚》，《盛京时报》1912 年 5 月 15 日。

③ 虞公撰，马燕整理：《民国趣闻》，车吉心等主编：《中华野史》（民国卷），泰山出版社，2000 年，第 467 页。

护这份相思之情的女子并不多见。其思想之中既有个体意志的体现，同时又混杂着礼教旧思想。“王大娘”对于这份情感的坚守到底能维持多久，因史料缺乏我们不得而知，但她的宣言无疑在一定程度上体现了婚姻自由的精神。

五四时期，知识界热烈鼓吹以社交为媒介、以恋爱为核心的婚姻自由观，自由结婚日益受到知识青年的追捧。对幸福人生充满渴望的青年人开始寻找自己的真爱，并顺理成章地步入婚姻殿堂。

早期妇女活动家向警予的自由婚姻，成为五四青年的榜样。她素有报国之志，怀揣“妇女解放”和“教育救国”的抱负，积极提倡新风尚、宣传新思想。在湖南老家时，曾以“以身许国，终身不婚”的态度婉拒了湘西军阀周则范的求婚。在留法勤工俭学时，向警予和蔡和森冲破了包办婚姻的牢笼，由自由恋爱而结婚。婚后，他们给国内的亲人寄了一张结婚照，两人肩并肩坐着，共同捧着一本打开的《资本论》，表明他们的结合是建立在马克思主义的共同信仰之上。[①] 毛泽东听闻“向蔡同盟”之事为之一喜，他认为向、蔡二人已冲破了旧的婚姻制度，应该成为大家的榜样，在婚姻问题上要奉向、蔡做首领。[②]

对于接受了欧风美雨浸润的留洋知识分子而言，接受自由结婚顺理成章。1920年9月，森仁医院留洋大夫杨步伟在好友冯织文家中认识了留美博士赵元任，两人通过一年的交往彼此加深了了解，建立了恋爱关系，并于1921年自由结婚。[③]《晨报》曾以《新人物之新式婚姻》[④] 为标题进行了报道。1921年7月，刘文端和刘文庄姐妹相继出嫁。刘文端为高师教育研究科主任，嫁与芝加哥大学博士、东南大学心理系主任陆志韦；刘文庄为北大、燕大的心理教师，嫁与哥伦比亚大学法政学硕士、香港大学讲师徐淑希，证婚人有张伯苓、杜威等人。[⑤]

---

① 戴绪恭：《向警予传》，人民出版社，1981年，第36页。
② 《致罗学瓒信》，《毛泽东早期文稿》，湖南出版社，1990年，第567页。
③ 杨步伟：《一个女人的自传》，岳麓书社，1987年，第180—208页。
④ 《新人物之新式婚姻》，《晨报》1921年6月6日。
⑤ 《两起新人物的新式结婚》，《晨报》1921年7月9日。

教育界中思想趋新的教师，同样热衷于自由结婚。安庆省立师范男校的“徐君履卿者，为男师范著名教员”，从事女子师范教育的谢女士是“英雌中翘楚”。经兼任男女师范的杨姓教员撮合，两人恋爱结婚。时人评论说：“徐郎之美，谢女之才，指顾间当孕育文明种子，乃皖中学界佳话也。”[①] 郎才女貌在传统观念中历来是备受称道的择配观念，今媒体乾坤倒置，以“徐郎之美，谢女之才”赞誉这桩婚姻，足见当时知识界发达女权之意愿。

富有才情的文学青年，也勇于追求自由婚姻。郑振铎与高君箴既有师生之谊，又以文学结缘。在神州女校教务主任谢六逸的撮合下，在高君箴的父亲商务印书馆编译所所长高梦旦的支持下，两人正式确立了恋爱关系。二人畅谈文学、结伴旅行，培养了深厚的感情。1923 年 10 月 10 日，两人在上海一品香饭店举行婚礼。[②] 1923 年，在文坛已小有名气的冰心与清华才子吴文藻在赴美留学的邮轮杰克逊号上相识，并对真诚、直率的吴氏产生好感。到美国后，两人书信往返，密切往来，加深了了解。1925 年夏，冰心和吴文藻不约而同到康奈尔大学补习法语，这对远在异乡的年轻人终于由相知进而相爱了。在征求冰心父母的同意后，两人于 1929 年在燕京大学临湖轩举行了简单的婚礼。[③] 1925 年 5 月，邹韬奋在参观苏州女子职业学校时结识了美术科主任沈粹缜，两人经过半年多的交往和恋爱，于 1926 年元旦在上海南京路永安公司楼上大东酒家举行婚礼。[④]

在现实生活中还有因文学而结缘者。据《生活》杂志报道，王一之先生所著的《旅美观察谈》每日连载于《申报·自由谈》，一度引起了社会轰动。商务印书馆李拔可先生的女儿李昭实女士，对该文甚为折服，每日必读，以致她由仰慕变为爱慕，竟然达到“寤寐求之，辗转反侧”的程度。李先生爱女情深，将王一之先生邀至家中，并约一友人作陪。李昭实女士果然一见倾心，二人遂结秦晋之好。[⑤]

---

① 李定夷撰：《民国趣史》，车吉心等主编：《中华野史》（民国卷），泰山出版社，2000 年，第 435 页。

② 奚明：《社评（一）》，《妇女周报》1923 年第 15 期；陈福康：《郑振铎传》，上海外语教育出版社，1996 年，第 119—129 页。

③ 《名人传记》编辑部：《老照片》，河南文艺出版社，2015 年，第 151—154 页。

④ 邹嘉骊编著：《邹韬奋年谱》（上），上海文艺出版社，2005 年，第 46 页。

⑤ 秋月：《由报上得来的夫人》，《生活》第 1928 年 3 卷第 14 期。

开明的政界人士也是自由结婚的践行者。1928 年 2 月 12 日，上海工务局局长沈君怡和中西女塾毕业生应懿凝结婚，其介绍人之一是黄伯樵夫妇。在婚礼上，黄先生发表演说："沈先生与应女士认识后，有半年功夫，在这半年里面，沈先生与应女士事事都是直接商量，直接研究，直接讨论，直接了解，直接商定，结果遂有彻底的直接的敬爱。做媒妁的可以说是完全没有功劳，这件圆满的佳偶既是他们两方自己弄成功的，所以他对这件事不负责任。"[①] 沈、应二人虽由黄伯樵等人牵线搭桥而结识，但他们之所以能结成夫妇完全是恋爱的结果。因此，黄伯樵先生幽默地说对此不负责任。对于黄先生的这番演讲，《生活》杂志的编辑分析说，"介绍人这样的不负责任，正是他大负责任的地方"。

从社会生活的实际看，传统婚姻虽强调"父母之命，媒妁之言"的礼俗，但仍难以遮蔽青年人朦胧的自主意识，它是情欲自然发展的结果。五四时期婚姻自由观奠基于现代权利意识，与那种朦胧的自主意识有本质不同。通过对清末至五四时期自由婚发展历程的简要梳理不难发现，婚姻自由的内涵在不断充实和丰富。清末民初的自由婚，只是在传统婚姻基础上增加了当事者首肯的环节，称之为自主婚姻更为恰当；而五四时期的自由婚则以社交为媒介，以恋爱为核心，注重知识、性情、旨趣的契合，充分体现了当事者是否合意的自由精髓，其婚姻形态与传统婚姻有了本质区别。

## 第三节 传统婚礼的现代审视

在传统观念中，婚姻是社会人伦关系的起点，婚礼被赋予了构建社会人伦秩序的使命，故而成为社会礼俗的核心内容。近代个人意识的兴起使传统婚姻饱受批评，作为传统社会礼俗核心的婚礼也难以独善其身。鉴于婚礼在构建伦常秩序中的重要性，知识界试图通过改良婚礼来

---

① 落霞：《黄伯樵先生做媒不负责任》，《生活》1928 年第 3 卷第 15 期。

重塑伦理观念。

## 一、传统婚礼的现代文明转向

我国自古以来号称礼仪之邦，“礼”成为我国一切文化现象的主要特征。在儒家经典著作中，“礼”的阐释周详完备。《礼记·礼器》曰：“礼者，犹体也，体不备，君子谓之不成人。”在这里，“礼”被看作人的身体，无“礼”也就不成为人，强调的是“礼”在传统文化中的主体性。《左传》中指出：“礼，经国家，定社稷，序人民，利后嗣者也。”这里着重强调“礼”的功能在于使异者有别，纷者有序。有别有序则治，无别无序则乱，阐发的是“礼”与国家治理的关系。《礼记·仲尼燕居》中提出：“礼也者，理也，君子无理不动。”其意是说，凡是合乎礼仪者就是合理的，否则就是非理的。因此，“礼”又是人们日常行为规范的指针。

在传统观念中，婚姻历来备受重视。《礼记》明确指出：“夫妇者，万世之始也。”《中庸》中提出：“君子之道，造端乎夫妇，及其至也，察乎天地。”孔子删诗书、订礼乐、修春秋、赞易象，礼重婚冠；诗首关雎、春秋正名、易始乾坤，均以婚姻为首。由此可见，婚姻是传统社会人伦秩序的起点，人类社会生活皆发轫于以婚姻为基础的家庭。既然婚姻在人生中是如此重要，婚礼自然格外受到重视。《礼记·昏义》开宗明义地说：“敬慎重正，而后亲之，礼之大体，而所以成男女之别，而立夫妇之义也。男女有别，而后夫妇有义；夫妇有义，而后父子有亲；父子有亲，而后君臣有正。故曰：‘昏礼者，礼之本也。’”[①] 陈顾远对此简要概括为：“别男女定人道之两目的，为婚礼存在之理由矣。”[②]

葛兆光指出：“仪式把这种来自‘宇宙’的自然秩序投射到‘历史’的社会秩序之中，把人类社会的等级秩序在仪式上表现出来，并通过仪式赋予它与自然秩序一样的权威性和合理性。”[③] 他认为，古代中国人社会秩序的规范来自对自然世界的认识，而仪式恰恰是自然秩序向现实世界秩序转化的媒

① （清）孙希旦撰，沈啸寰等点校：《礼记集解》（下），中华书局，1989 年，第 1416、1418 页。
② 陈顾远：《中国法制史》，商务印书馆，2011 年，第 268 页。
③ 葛兆光：《中国思想史》第 1 册，复旦大学出版社，2001 年，第 54 页。

介，从而使仪式具有了秩序的意义。传统婚礼仪式的社会化，目的在于分男女之别，进而实现夫妇有义、父子有亲、君臣有正的人伦秩序，最终达到社会有序、天下安宁的目的。

由于婚礼事关伦理秩序与天下安宁，必然要遵循严格的程序，以维护其社会意义的严肃性："纳采用雁，将欲与彼合婚姻，必先使媒氏下通其言，女氏许之，乃后使人纳其采择之礼"；"问名，问名者将归卜其吉凶"；"纳吉，归卜于庙，得吉兆，复使使者往告，婚姻之事于是定"；"纳征，使使者纳币以成婚礼"；"请期，阳倡阴和，期日宜由夫家来也，夫家必先卜之，得吉日乃使使者往辞，即告之"；"亲迎，所以重之亲之"。[①] 上述虽仅言之大略，但"六礼"之意已明。"纳采"就是合婚或者说媒，由媒人向女方述说男方的求婚之意，征求女方的意见。若女方认为男方门当户对，尚合东床之选，则开具女子的生辰八字，交给媒人回男方家找术士来合婚。"问名"大致就是订婚，俗称"小定""大定"或"换龙凤帖"。庚帖中除却男女双方的生辰八字外，还要注明双方三代的名讳、籍贯、里居及曾任职务，知晓双方的门第或所处社会地位。"纳吉"在古时为卜吉，要问卜于祖先，以决定这桩婚事是否合适，后来演变为"小聘"，即男方向女方致送订婚礼物。女方如已"纳吉"，则必以冠履及文房用品回礼，如此婚约即算彻底完成。"纳征"古称"纳币"，按《周礼》对纳币的物品和数量都有明文规定。晚近以来，将其改为"聘礼"或"过大礼"，就是男方按照议婚时所议定的条件，将盛饰仪仗送到女方。女家将礼饼或其他食物分赠亲友，以示女儿出嫁有期。"请期"就是近代以来的"催妆"，男方要择定迎娶日期，以照会女方。"亲迎"是新郎躬率鼓乐、仪仗、彩舆，迎娶新娘以归。至此，"六礼"才算结束。

在"六礼"中，有五礼都要用"雁"，因为它是"候鸟""信鸟"，取其南北往返而不失节；雁又能"飞成行，止成列，长幼有序"，其意义不言而喻。在聘礼中，"茶"是不可或缺的，"古人结婚，必以茶为礼，取其不移植

---

① （汉）郑玄注，（唐）贾公彦疏，王辉点校：《仪礼注疏》，上海古籍出版社，2008年，第87—105页。

子之意也”。[①] 其他如枣子、花生、胶、漆等也各有其寓意。也就是说，在“六礼”制定之初，其所用之礼物并非看重它的经济价值，而是取其象征意义。在迎娶之时，“撒谷豆”“跨马鞍”，新娘胸前挂铜镜或新郎对着花轿射箭，都是为了辟邪、求保安全。综合来看，传统婚礼和穿插其中的习俗很多都有寻求吉祥的意义，象征着人们对美好生活的无限向往，这是重估传统婚礼和婚俗价值的着眼点。

“六礼”形成于周代，自此以降，千百年来，凡婚嫁无论议婚还是迎娶，都以其为基础。在婚姻礼俗的演进中，各地民众基于生活便利之目的对其有所简化和更改。据《北平风俗类征》记载：“《朱文公家礼》止用纳采、纳征、亲迎，以从简要。丘濬谓问名附于纳采，纳吉、请期附于纳征，六礼之目自在焉。乡绅士民悉准行之。”[②] 其实，婚礼无论繁与简，并未丝毫减损婚姻的意义。

自西学东渐以来，中西文化的融合推动了中国的现代转型。从人类历史的发展进程看，现代性以启蒙运动为先导，以理性为观念核心，以科学技术及哲学思想的发展为基础，以人类主体性的树立为标志，以资本主义的发展为目的。学界通行的观点认为，“个人观念是现代性的核心”。[③] 从个人观念或意识出发，去审视以构建家族主义为根本目的传统婚礼，必然会得出有别于传统的认识。

20 世纪初，知识界开始系统批判传统婚姻，作为其内核的婚礼自然难以幸免。1903 年，金天翮在《女界钟》中抨击传统婚礼漠视或扭曲女性人格的问题：“中国婚姻一事，吾百思而不得其解：居恒渺不相涉之人，犹可得而平视，或加以品评嘲笑，恬不为怪；及至红丝一系，隐然藁砧，一旦迎面而来，则狂奔绝叫，如逢怪魔。至于男子亲迎之夕，东阶三揖，西阶三让，拜跪起立，如环无端，宾相喃喃，疑诵番咒，一人呆立，万夫揶揄。而为女子者，红巾被面，无颜见人，不病而扶，当笑而哭，闭目入定，如是三日，洗

① （明）许次纾撰：《茶疏》，转引自顾易：《〈茶经〉与中国茶道》，广东高等教育出版社，2022 年，第 74 页。

② 李家瑞：《北平风俗类征》，商务印书馆，1937 年，第 123 页。

③ 金观涛、刘青峰：《观念史研究：中国现代重要政治术语的形成》，法律出版社，2009 年，第 178 页。

手入厨，而羹汤之大事来矣。”[①] 作者亚兰指陈的则是传统婚礼繁杂无序的问题：“我国婚礼至繁且重，跪拜之虚文，宾相之呓语，从役简贴之纷繁，红拂绿巾之牵制。至于啼哭无端，送迎无序，一切由于社会之风尚、迷信之习惯而来。”[②] 传统婚礼服务于家族利益，形成了一套自成体系的礼仪规范。从个人观念出发，所有传统仪式都成了“虚文”而变得毫无意义，婚礼的步骤变得“无序”而表现的混乱不堪，象征美好寓意的习俗被看作科学的对立面——迷信的象征。总之，由于观念的转换，传统婚礼在新人物眼中已然失去了其神圣的社会性意义，成为野蛮、落后、迷信的象征。

陈独秀在其创办的《安徽俗话报》上，对传统婚姻礼俗也极尽嘲讽之能事。他指出，新娘子过门的时候，“穿大红，戴凤冠，记〔系〕玉带，好像妆殓死人一般。另外头上还要披一块大红方巾，浑身上下通红，手脸一点都看不见，乍一见真真有些吓人”。就是坐轿这一环节也是问题丛生：“那顶大花轿，上下四旁，没有一点空儿出气，角门还要锁住，那身体弱的人，便要闷个七死八活。上下轿的时候，自己还不能随便走，必定学那瘫子似的，要好几位牵亲太太扶着上轿下轿。”进了门夫妻相会之后，“二人都呆子似的坐在床沿上，名叫做‘坐账’。坐了片刻，又有人牵了去，拜天地、拜祖宗、拜堂、拜花烛、拜床，满屋拜得团团转，真是令人头昏脑晕”。[③]

如果说上述习俗还只是让人感到受罪，闹房可能就更让人无法忍受了。闹房是传统婚俗中的惯例，它是一种什么情景呢？在江苏淮安，其闹房“则在侮弄新娘及伴房者。淫词戏语，信口而出，或评新娘头足，或以新娘脂粉涂他人面，任意调笑，兴尽而止。婚家则百般忍耐，听其所为，而莫可如何也”。[④] 在广东南海，“若夫新妇初来之夕，集宾客，聚宗族，入洞房，索妇物，多者千百数十金，少亦十数，终夕勒索，丑言恶气；妇若不应，扯其衣饰，焚以炮爆，甚或以热水火钳烫其手足，至于面损足伤，以为欢笑”。[⑤] 在

① 金天翮著，陈雁编校：《女界钟》，上海古籍出版社，2003年，第78页。
② 亚兰：《论婚律》，《女子世界》1905年第2卷第4—5期。
③ 三爱：《婚姻》（中），《安徽俗话报》1904年第4期。
④ 胡朴安编：《中华全国风俗志》（下），河北人民出版社，1986年，第187页。
⑤ 《大同书》，姜义华等编：《康有为全集》第7集，中国人民大学出版社，2007年，第62页。

安徽怀宁，“成婚三日以内，不分尊卑长幼亲疏内外的人，都可以想些新鲜奇怪的法子，来糟践新人。那一班表弟兄弟同学的朋友们，更是要拿烟送茶，捏脚看手，胡行乱语，无所不至。可怜那新人任人怎地糟蹋，只得合着眼，低着头，半句话也不能说，好像犯了什么大法，应该任人凌辱的一般”。[①]

启蒙知识分子对此深恶痛绝，康有为就反问道：“此与狱吏之迫索囚徒财物何异？妇女何罪，新昏燕尔，方为兄弟之好，洞房窕窅，乃为狱囚之迫？中国号称教化礼义之国而乃出是，岂不悖欤！”[②] 在他看来，宗族之人聚众索取新妇财物，对待新妇的手段与狱卒对待犯人般野蛮、残酷，这是对妇女物权与人权的侵害。新婚燕尔本是大喜之事，新妇为何要饱受这般苦楚呢？如此野蛮的行为与号称礼仪之邦的美名截然相悖。文明婚俗与个人尊严和独立人格紧密联系在一起，闹房者形骸放荡有失文明，羞辱新妇是对女性人格的践踏。因此，要完成从野蛮到文明的进化，就必须剔除这些陋俗。

1904 年，《觉民》杂志刊发了《论婚礼之弊》一文，全面、系统地批评了传统婚礼的繁冗之弊。作者从“纳采”出发，对专婚、论财、早婚等习俗进行了剖析与抨击，“夫乐工礼生谓之六局，喜婆媒媪是为六婆，此两六者，实惟赘人，亦曰惰民，大之足以蠹国，小之足以病身……徒以一人之事，动劳百千之众，揆之公德，已属有亏；况以耳目之故，驱人于奴隶之域，上以病国，下以殃民乎！由是言之，繁文缛节之制，其弊有如此者”。[③] 受家族观念支配，国人认为替子孙操办婚礼天经地义，并乐此不疲。倘用另一种观念审察传统婚礼，其价值就很值得商榷了。在作者看来，传统婚礼不仅劳师动众，还产生了一批专营婚礼的惰民。以个人的私事来劳师动众，有损个人私德；为满足耳目的私欲而驱使众人操劳，无异于祸国殃民。在传统观念中，婚姻从来不是个人的私事，而此处作者却把婚姻看作私事，其意识深处关照的国家就有了“公”的意涵，这充分表明传统“公”“私”观念已经松动。

从 20 世纪初期知识分子对传统婚礼的批判看，他们都以西方文明为参照系来反观中国传统文化。在清末思想文化权势转移的背景下，西方文明获

---

① 三爱：《婚姻》（中），《安徽俗话报》1904 年第 4 期。

② 《大同书》，姜义华等编：《康有为全集》第 7 集，中国人民大学出版社，2007 年，第 62 页。

③ 陈王：《论婚礼之弊》，《觉民》1904 年 1—5 期合订本。

得了不证自明的学理、道德正义性，以此为参照传统婚姻被批驳得一无是处。从他们批驳的焦点看，其中关涉到个人权利、人格尊严，还有迷信与科学、公与私等观念的对立阐释。传统中国素来缺乏科学意识和国家观念，依附性人伦关系也使个人缺少独立人格的主体意识，自然也就没有与之相应的权利观和人格、尊严意识。因此，知识界试图从作为礼俗之本的婚礼入手，重塑社会伦理与思想价值体系，这些理念在新知识界中颇有影响力。以《女界钟》为例，其甫一出版就风行一时，上海大同书局出版几个月后就告售罄，后来在日本修订重版。1903 年后的很多妇女杂志，如《女子世界》《中国新女界杂志》宣扬的核心主张大多也没有超越《女界钟》，有些文章的观点，或受其影响，或从中移植而来。五四时期很多妇女主义的观点，也大都停留在《女界钟》的高度。20 多年后，治妇女生活史的陈东原先生看到《女界钟》仍赞不绝口。[①]

当然，知识界的批判也并不完全是危言耸听，不管先人们起初对传统婚礼抱有多么美好的愿望，但在后世流传中流弊在所难免，这在晚近多有报道。如传统婚姻有“取吉”的习俗，婚礼须选择在吉日、吉时举行，而这一习俗对结婚多有影响。结婚选择吉日容易导致结婚扎堆，使花轿的需求量增大，进而提高了雇佣花轿的费用。[②] 而所谓的吉日也并非真正的吉祥：“有侯家后张姓，经某先生选定，酉时进门，大吉大利。讵彩舆行至中途，忽然大雨暴来，势如倾河倒峡，一时吹手、执事，东奔西窜，扰攘难堪。迨至新妇登堂，无不拖泥带水，求吉反不吉。”在该则报道的按语中，记者揶揄道：“今因待吉时而遇雨，不知星学家将何说以解之?”[③]

在传统婚礼中，聘仪奁赠是少不了的。受世俗风习的影响，不仅男方要在聘礼上大费周折，支付高昂费用，就是女方的妆奁花费也不小，“货侈奁具，有破产嫁女者”。[④] 1906 年，扬州女子陆英嫁给了合肥人张武龄，给她送嫁妆的队伍从四牌楼一直延伸到龙门巷，足足排了十条街。丰厚的嫁妆显

---

① 熊月之：《万川集》，上海辞书出版社，2004 年，第 267 页。
② ［美］明恩溥著，陈午晴、唐军译：《中国乡村生活》，中华书局，2006 年，第 210—211 页。
③ 侯杰、王昆江编著：《醒俗画报（精选）》，天津人民出版社，2005 年，第 37 页。
④ 胡朴安编：《中华全国风俗志》（上），河北人民出版社，1986 年，第 223 页。

示出她的父母对这场婚姻的重视，这是他们对她最后的呵护。这种做法，无非是要保证女儿在夫家的新生活有一个最佳的开端。陆英的母亲为了准备这些嫁妆，花了十年的时间。当一切打点完毕，女儿出阁不久，她也因操劳过度而离开了人世。① 在当时婚礼所念的彩词中也有对于嫁妆的特别关照：

手提花烛进洞房，（好！）观看新人好家妆；（好！）
台上高悬八宝镜，（好！）满房金玉放毫光；（好！）
左边锦绣多齐整，（好！）右边灿烂美非常；（好！）
两边摆的橱箱柜，（好！）中间摆的象牙床。（好！）
象牙床上鸳鸯枕，（好！）鸳鸯枕上配凤凰。（好！）②

从上述彩词对嫁妆的描述与夸耀不难明白，民间社会非常重视嫁妆问题，它是女方家族家产与社会地位的充分体现，这足以为新嫁娘在婆家赢得一个好的生活开端。③ 传统婚礼的奢华与夸耀并非没有风险。据报道，北京齐化门小街牌坊胡同的住户庆存家结婚，当晚不幸发生火灾，结婚器物以及新娘子的20余抬嫁妆，皆被付之一炬。记者对此评论说："京津每遇婚嫁之事，则必高撑席棚，彻夜通宵，灯火不绝。一或不慎，祸即因之以起，庆某肇祸之由，亦系蹈袭此弊。此事实由于疏忽与夸耀二者酝酿而成。"④

传统婚礼中的诸多问题也被西方观察家所注意。久居中国的美国传教士明恩溥指出，中国婚礼的奢华与体面很多时候都是装出来的，这个论断虽不完全准确，当然也并不是空穴来风。他注意到，作为中国婚礼象征的花轿，从远处看装饰得极为华丽，从近处看却是普通的框架上蒙一层俗气而花哨的装饰，而这些装饰因为磨损已经不能再用了。新娘子一下轿，就会被当着所有客人的面撤走。新娘的礼服很多时候是随花轿一起临时租来的，经常会因各种损害而发生争吵。对于中国人而言，这都习以为常了；而在西方人看

① 金安平著，凌云岚等译：《合肥四姐妹》，生活·读书·新知三联书店，2007年，第1、5页。
② 廖国芳：《从彩词中看出的婚姻观念》，《妇女杂志》1928年第14卷第7号。
③ 毛立平：《清代嫁妆研究》，中国人民大学出版社，2007年，第6—8页。
④ 侯杰、王昆江编著：《醒俗画报（精选）》，天津人民出版社，2005年，第41页。

来，这些都与喜庆的气氛极不融洽。为此，明恩溥断言，中国人不太注重感情。[①] 当然，这个断言我们是不能同意的，但他所提出的问题不能不促使我们进行思考。

国学大师夏仁虎在《旧京琐记》中曾记载："满人家与府第结亲，往往破家，盖房族多，仪文烦，不堪酬应也。"[②] 繁缛的仪礼使婚姻当事人束缚其中，婚姻的操办者也深陷于琐碎的事务而疲于奔命，既靡费钱财，又遭劳瘁。因此，清末新知识界在批判传统婚礼繁缛、铺张、迷信充斥的同时，主张婚礼要删繁就简以节省资金，降低人力、物力的损耗。

传统中国人结婚喜欢选择黄道吉日，而吉祥与否则取决于卜筮之士。时人认为，这种日期择取之法不仅荒诞不经，毫无科学根据，而且婚期往往由男方单独决定，丝毫不能反映女子的意志，此举甚为不公。因此，结婚日期"苟非斟酌尽善，彼此无勉强，则不得任定婚期。俟日期已定，即以结婚书亲自交递，其一切繁文，删除不用"。[③] 即是说婚期的选择应由男女双方共同定夺，不需要假手于他方，以缩减程序节省开支，并取男女平等之意。

传统婚姻有论财的习俗，无论是聘币还是妆奁都对双方家庭带来不小的经济压力，知识界为此做了一些改革设想。亚兰认为，聘币嫁奁应当有所限制。聘币嫁奁本是礼的象征，但后世流变将其视为聚敛财富的手段，因而买卖之风日盛。因此，他认为："今宜酌定一聘币嫁奁之制限，断以百两为衡，虽在富贵之家，不得逾越，而社会贪黩之风稍戢矣。"[④] 定价百两的财礼对于富裕之家可能算不得像样的支出，但对寻常百姓之家仍不啻天文数字。数量断限虽有一定局限，但这并没有丝毫减损他改良风俗、革除社会贪黩之风的良苦用心。还有人认为，结婚的"当日婚费，男女各任其半。至日用器皿费，则由男子独任"。[⑤] 费用之所以要男女均摊，是基于男女平等及其作为婚姻当事人的事实而设定，而且婚礼当天的来宾，都来自男女双方家族，更应

① ［美］明恩溥著，陈午晴、唐军译：《中国乡村生活》，中华书局，2006年，第212页。

② 夏仁虎撰，骈宇骞整理：《旧京琐记》，车吉心等主编：《中华野史》（清朝卷五），泰山出版社，2000年，第5093页。

③ 军毅：《结婚之部》，《觉民》1904年第6期。

④ 亚兰：《论婚律》，《女子世界》1905年第2卷第4—5期。

⑤ 军毅：《结婚之部》，《觉民》1904年第6期。

当平摊费用。

国人建造房屋之时，稍有资财者必造大厦大厅，其功能之一即作婚丧大事之用，但平时却基本弃置不用。以有用之地而供不急之需，显得较为铺张浪费。因此，“结婚之仪，于公众地行之”，[①] 或用庙宇改建婚丧专所，或租借公馆、会馆，以节省房屋建造大厦大厅之费用。基于对于婚礼的重视，有人参酌西方教堂的环境，建议“建造一厅，四周草地，植以花草，厅中设结婚台，下设座位，以便宾客休息之用。其厅曰文明结婚厅，欲行文明结婚者，须在该厅行礼”。[②] 优美的环境与文明婚礼的现场相得益彰，表达了作者对文明结婚的美好期望与想象。

另外，传统婚礼中亲友交往、盘桓耗时较长。一旦遇到婚事，亲友团聚往往会盘桓数日，其间饮酒作乐，聚众赌博，无所不为，废时失业，莫过于此。“今限自上午九小时至下午四小时止，一切行仪宴会及跳舞欢歌等事，皆在其中。前者之弊，其亦可免矣。”[③] 这个建议试图既压缩婚礼时间，又不误人情交际，保留热闹欢娱之气氛，以达到一举两得之功效。

既然传统婚仪被批评为繁缛、虚文、迷信，那么简化或废除其繁文缛节就在情理之中了。亚兰主张，婚礼应“参照泰西诸国之通例，定一社会通行之礼仪。长老作证，新人交揖，姑嫜参见，来宾颂辞。一堂之上，风琴杂奏，秩序雍然焉”。[④] 19 世纪六七十年代，初出国门的国人在异域已经了解到欧美社会的婚姻习俗，而依然保持着文化优越感的文人雅士当时只是将其看作奇闻异俗。[⑤] 如今，知识界参酌东西方婚姻习俗，提出了有别于传统的婚仪：“至行仪之时，来宾左右分立，男女盛装，各由其父母导入……男自东阶升，女自西阶升，既登中堂而立，相向四揖。来宾之代表……即于此时出而读祝辞，男女各三鞠躬以答之。礼毕，男女更向其父母四揖，父母亦以四揖答之。礼毕，两氏之亲戚朋友东西分立，或别为一室，男至女党，女至

① 军毅：《结婚之部》，《觉民》1904 年第 6 期。

② 《上海应有而未有之事·文明结婚厅》，《时报》1911 年 6 月 10 日。

③ 军毅：《结婚之部》，《觉民》1904 年第 6 期。

④ 亚兰：《论婚律》，《女子世界》1905 年第 2 卷第 4—5 期。

⑤ 王栋亮：《论 19 世纪中国出洋人员对欧美性伦和婚俗的观感——以〈走向世界丛书〉为分析蓝本》，《河北民族师范学院学报》2017 年第 1 期。

男党，各依亲疏，奉揖有差。”[①]

仪式承载的是婚姻的社会意义，故程式虽可变更，但其所代表的核心理念不能有丝毫减损。杜士珍指出，婚仪庄重与否和夫妇情感的牢固程度密切相关，故仪式与男女之伦的关系重大。同时，他还认为，欧美婚制的优点在于宗教仪式。他参合儒学深入影响中国的事实，欲将其与婚礼结合在一起：“今中国孔教未兴，教堂固未遍设也，然学宫即教堂也，煌煌在上，为一县一邑之所风仰，凡男女成婚者，即莅此而从事焉，其礼制岂非甚重。即不能如此，亦当令家悬孔子之像而使之成事于其前，此非我过作骇怪之语也，天下事固有非浅见寡闻者所得而知者矣。”[②] 杜士珍对欧美婚制的观察未必那么精准，但其欲仿欧美以改良中国婚俗，进而实现强我国族的意愿表露无遗。

哈佛大学东亚系王德威教授曾提出“没有晚清，何来‘五四’?”[③] 的论断，强调“现代性”意识在近代中国发展的连续性，以阐明五四时代所呈现的现代性面貌是晚清以来量变累积的结果。这一论断虽可进行双向阐释，但就现代性的接续而言其判断基本是准确的。民国创建以后，特别是经过五四新文化运动的洗礼，伦理革命受到知识界的格外关注，婚姻变革不能不影响到婚礼的改良。

五四时期知识界的婚礼改良，接续了清末的观念认知。是故，时人旗帜鲜明地指出，婚礼改革的重点在于“去虚伪，节靡费”。[④] 围绕这个中心议题，不少人提出了见解。

传统婚礼中的非现代性要素，依然是知识界非议的焦点。有人指出：“我国的风俗，向来是尚繁华的，婚礼上觉得更加厉害，索聘金了，争嫁奁了，奢侈的了不得。往往为了死争面子，就是冒了负债同倾产的危险，都要去做的。”[⑤] 作者王纯农在《申报》撰文说：“我却见过许多人家，竟弄到产业荡然。唉！婚嫁常事，何苦如此。这个原因都是要场面、要争胜、要做蠢

① 军毅：《结婚之部》，《觉民》1904年第6期。

② 杜士珍：《婚制改革论》，《新世界学报》1903年第14期。

③ ［美］王德威著，宋伟杰译：《被压抑的现代性——晚清小说新论》，北京大学出版社，2005年，第1—19页。

④ 徐日生：《改革婚礼意见书》，《新黎里》1924年第20期。

⑤ 罗妻梅：《主张订婚难结婚易》，《妇女旬刊汇编》1925年第1集。

头。一婚一嫁，弄得来穷到精光。”[①] 针对婚礼奢靡这一问题，杨鸿烈从社会学角度出发，全面分析了“嫁礼”和“娶礼”靡费所带来的消极后果。从“嫁礼”看，妆奁的奢华引发了溺女风俗和财力无谓的损耗；从“娶礼”看，男方在其中花费较大，跟西方交换戒指的形式相比，买卖婚的痕迹较为明显。[②] 杨氏在这里阐述了婚礼对于社会习俗养成的重要影响，从反面论证了婚礼改良的必要性。他的文章侧重于学理性论述，显然比一般文章的观点要深刻得多。

婚礼改革的动向无可避免地波及了学生界，他们也发表了对传统婚礼的看法。江苏省立二师学生周振韶认为，传统婚礼有四点需要改革：第一是“无意识”，传统婚礼是习惯势力支配的产物，把新婚男女当作了木偶或玩具，剥夺了他们的自由；第二是“伤身体”，女子婚前仅吃少量食物，以防止大小便，而闹房、磕头、喝酒都搞得新婚夫妇头昏眼花、身心疲倦；第三是“费金钱”，传统婚礼竞尚奢侈，为了撑面子借贷结婚者不乏其人，因此而破产者也有之；第四是“丧时间”，为了准备婚礼需要花费许多时日进行准备，耽误了许多正经事，而结婚当天更忙得不得了。综合以上四端，传统婚礼必须进行改良。[③] 学生界囿于学识的限制，虽说分析略显浅薄，但也表明了自己趋新的态度。

在婚礼改良问题上，如果说在清末以批判、解构为主，那么五四时期知识界则侧重于重构。他们重点围绕“去虚伪，节靡费”来建构新婚仪，以实现婚姻的本真意义。作者元健开宗明义地提出：“文明结婚首在表彰俭德，一切无谓之繁文缛节悉举而删之，扫除价卖婚之陋习，以尊人格。故不论财，提倡小家庭之组织，以期自立。”[④] 既然文明结婚不论财，那么“结婚不必苛求形色上的好看，倘使男女间具精神上的互相契合，那末就是采用最简单的仪式”。[⑤] 作者从恋爱婚姻观出发，提倡精神的契合，尽量采用

① 王纯农：《婚嫁改良谈》，《申报》1922 年 2 月 6 日。
② 杨鸿烈：《中国婚礼的研究》，《社会学杂志》1923 年第 1 卷第 5 期。
③ 周振韶：《改良婚礼谈》，《江苏省立二师半月刊》1925 年第 4 期。
④ 元健：《文明结婚之释义》，《申报》1925 年 3 月 20 日。
⑤ 罗妻梅：《主张订婚难结婚易》，《妇女旬刊汇编》1925 年第 1 集。

最简单的仪式。

那么，既简单又有内涵的婚礼应该如何操办呢？松江的《婚嫁改良会章程》规定，结婚无论采用新式还是旧式，要以简单为主，无谓之军乐、顶马等应立即废止。[①] 简化了的婚礼，其仪式又如何呈现呢？有作者提出："假一文明戏社之戏台为结婚之地，在未开幕之前做结婚一幕。幕内布设礼堂及一切礼节完备后，嘱一人先报告新郎新娘之历史，以一人为司仪者……凡双方男女来宾，均可在台下参观，而该戏社仍可照常营业，任人观览。"[②] 作者对此设计颇为得意，将其命名为"最新式的结婚"，认为"此种结婚办法，诚属简单且少靡费，一概无谓之麻烦，皆能根本铲除矣"。作者黄中建议，婚礼废除聘金和妆奁，限制宴请宾客的数量以及婚礼举行的时间和地点。[③] 新家庭建设所需的"服饰、器具取简单而适用，且男女各置备若干器物，既有合作之精神，又不以担负累。家长以茶点款待来宾，免人送礼已，亦可省却酒席等费"。[④] 作者将此法视为"文明之真际"。

勤俭一直以来被视为中华民族的传统美德，这在传统典籍中多有记载。《尚书·大禹谟》中说："克勤于邦，克俭于家。"它劝导人们为国家工作要勤劳，居家生活要简朴。《周易·否》中指出，"君子以俭德辟难，不可荣以禄"。其意是说，君子以节俭为德而避开危难，不可追求荣华而谋取禄位，旨在表明勤俭是君子修身立命之本。上述记载说明勤俭在修身、持家、兴邦三个层面都具有重要意义，故而成为中华传统道德的重要德目。

传统婚礼的排场与靡费既削弱了国家实力，又形塑了不良社会风俗，这既背离了传统美德，又不具有现代文明表征。因此，重建道德规范，推动伦理的现代文明转向就成为知识界的重任。陈独秀认为，儒家文化的德性原则具有普世道德意义，故以勤俭、廉洁、诚信为救国之要道。[⑤] 实际上，他意图以"俭"作为新道德，来规范国民之行为。民初乃至五四时期，李石曾、

① 《松江婚嫁改良会章程》，《申报》1920年5月28日。
② 信生：《最新式的结婚》，《申报》1920年9月5日。
③ 黄中：《婚嫁改良与经济关系》，《申报》1922年8月25日。
④ 元健：《文明结婚之释义》，《申报》1925年3月20日。
⑤ 陈独秀：《我之爱国主义》，《新青年》1916年第2卷第2号。

蔡元培均发起成立“进德会”，章士钊对此深以为然，并论述说：“今者民国初立，百事更张，社会之改良，颇有绝大之机会与政治改良同时并进……‘为社会树之风声，庶新社会可以成立，而国风丕变焉’。”[①] 从中不难看到，“进德会”成立目的在于推动新道德建设，因为他们相信个人道德品质的提升有助于社会改良，而社会改良能够解决政治混乱、国家衰落的问题。正如西方伦理学家麦金太尔所言，无论一种规则多么完备，如果人们不具备良好的德性或品格，就不可能对人的行为发生作用。[②] 从这个意义上看，婚礼的节俭不仅关乎个人道德的塑造，还承载着改良风俗、整肃政治风气的期望，它是知识界推进文明进化的重要手段。

文化具有区域特性，而文明则具有普世意义。清末至五四时期，知识界将儒家传统德目“俭”提升到文明的高度，推动了传统婚礼的现代转向，这是当时与世界主流文化接轨的重要标志。在近代启蒙救亡的时代背景下，这一具有西化表征的转向，不仅是近代中国文化更替的方向，还为知识界治国兴邦找到了可依赖的路径。这些变化说明，传统婚礼的变革既是西方文明示范效应引领的结果，又是传统道德外激内活的产物。

## 二、都市知识阶层的文明婚礼

清末自由结婚的兴起，推动了婚礼的革新：“光、宣以还，欧风东渐，衣冠之族、章掖之伦，损益繁缛，酌剂文节，谓之文明结婚。”[③] 这则史料大致交代了文明结婚出现的时间以及盛行的群体。文明婚礼最早出现于 19 世纪末 20 世纪初，它以西式婚礼为参考蓝本，适当渗透、融合了中国文化元素。至 1905 年，在北京、上海、天津等地，中西合璧的文明婚礼已成为“衣冠之族、章掖之伦”的时尚。

西学东渐是文明婚礼产生的文化驱动力，而这又与近代国人对西学的认知密切相关。具体而言，基督教的传播和留学活动深化了国人对西学的理解，推动了文明结婚的出现。据王韬记载，中国人举行西式婚礼大约出现在

① 《论进德会》，1912 年 2 月 26 日，王均熙编：《章士钊全集》第 2 卷，文汇出版社，2000 年，第 40 页。
② ［美］麦金太尔著，龚群等译：《德性之后》，中国社会科学出版社，1995 年，第 246 页。
③ 丁世良、赵放主编：《中国地方志民俗资料汇编·东北卷》，书目文献出版社，1989 年，第 46 页。

1859 年左右，结婚者是一名男性基督徒。[①] 基督教婚礼给他留下的深刻印象就是“殊为简略”。大约 30 多年后，华人牧师颜永京给长子举行基督教婚礼。早期留美的颜永京父子深受美国生活方式的影响，鄙夷传统婚姻习俗。因此，其长子结婚时，“新娘不是坐红轿来的，而是从楼上走下来的，她没有蒙红绸巾。他们举行的是基督教式的新型婚礼。客人们被谢绝闹洞房，更不允许戏谑新娘”。[②] 颜永京父子既是基督徒又是留学生，自然深受西方文化的影响，他们倾心于西式婚礼这本不奇怪。

清末的留日学生群体也有人醉心于文明婚礼。1902 年，《大公报》报道了这样一则新闻：“日本清华学校西文教授、东京工科大学毕业生、杭州翰淑琦，文定天津张女士淑德为室，兹于本月初四假河东佘宅举行婚礼，参用东西各国礼仪，将中国旧有之恶俗删除大半。”[③] 记者对此评论道：“神州莽莽，女学淹沉，如二君者，力造文明，导国民以先路，此正支那前途之幸福，岂第为津人创开风气已耶。”记者评论中的“力造文明”一语，是对新式婚礼的最高褒奖。两位当事者被认定为文明之路的先行者，是引导中国走向幸福、光明前途的引路人。其中也暗含这样的认识，要解决中国的政治和文化危机，只有依赖于西方文明路径。

文明婚礼在国内的流行得益于 1905 年《婚姻谈》一书的译介。该书由法国斯达康女士撰写，中国驻法二等参赞刘式训将其翻译成中文，并由上海时中书局出版。[④] 该书成为国人了解西方婚姻礼仪的参考书，具有规范和指导意义。同年 9 月 4 日，《时报》在介绍该书时说：“此乃泰西礼俗新编之一，其中叙文明结婚礼式既详且明，序次秩然，诚我国志士改良婚礼之参考书也。”[⑤]《婚姻谈》不仅提供了文明婚礼的指导，同时还以西方文明为依据做了价值判断：“我国婚姻之野蛮也，如马牛然，任人牵弄。于是矫其弊者，乃欲举行婚姻自由之制，以增进社会之幸福。不知泰西所谓婚姻自由，男女

---

① 方行、汤志钧整理：《王韬日记》，中华书局，1987 年，第 111 页。

② 颜惠庆著，吴建雍等译：《颜惠庆自传：一位民国元老的历史记忆》，商务印书馆，2003 年，第 12—13 页。

③ 《文明婚礼》，天津《大公报》1902 年 9 月 7 日。

④ 张泽贤：《民国出版标记大观续集》，上海远东出版社，2012 年，第 414 页。

⑤ 《广告：看！看!! 看!!!〈婚姻谈〉出现》，《时报》1905 年 9 月 4 日。

主之，而父母谐之，教主证之，非苟焉而已。谓予不信，请观是编，当知吾言之不诬也。”[①] 在这里，婚姻的自由与专制被界定为“文明”与“野蛮”的分野，这是近代知识分子融入以西方文明为主导的世界秩序过程中，对“现代”与“传统”所做出的二元价值判断，体现了那个时代知识分子的文化认知，这与上文《大公报》记者的评论如出一辙。

与传统婚礼相比，文明婚礼的优势体现在哪里？清末就有人指出，新婚仪是时代文明的本质表达：第一，子女个人意愿在先，父母承认在后，整个过程既体现当事人的自由意志，又使得婚姻合乎社会性，即婚姻乃公约而非个人私约；第二，当事人以求学自立为目的，不拘泥于家庭俗务；第三，婚礼简单、节俭，避免了因奢靡浪费而影响日后的生活。[②] 概括来说，就是“不慊于旧俗之繁礼多仪，故创为新法，以省浮华”，[③] 其中最核心的理念在于彰显了个人的独立主体性，体现了时代最前沿的呼声。

光、宣之交的文明结婚乍现神州，还无固定制式，但各地的婚礼仪式大同小异。据记载，从奏响婚乐到婚宴结束，大致有 43 个步骤，可以归类为三个环节：第一是行结婚礼，男女二人行礼、交换信物等，包括第一至 22 步；第二是受贺礼，来宾代表发言祝福新人，包括 23 至 33 步；第三是行见家族礼，包括 34 至 41 步。[④] 总体上讲，文明结婚礼仪主要包括这三个环节，每个环节中的内容可以酌情调剂。无锡廉砺卿与姚女士的婚礼记载详尽地展示了这一过程：

> （甲）结婚。诸男宾伴送新郎，诸女宾伴送新娘，至礼堂北面立；主婚者西南面立，展读证书。新郎、新娘、主婚人、绍介人各用印毕，主婚者为新郎、新娘对换一饰品（如指环、时针类），即对立行鞠躬礼。主婚人读颂词，新郎、新娘谢主婚人，次谢介绍人，均鞠躬退，此时贺客均拍手欢呼。

---

① 《广告：新任法钦使刘式训所译〈婚姻谈〉出现》，《时报》1905 年 10 月 16 日。

② （清）徐柯编撰：《清稗类钞》第 5 册，中华书局，1984 年，第 1987 页。

③ 知新室主人：《自由结婚》，《月月小说》1908 年第 14 号。

④ （清）徐柯编撰：《清稗类钞》第 5 册，中华书局，1984 年，第 1987—1988 页；周人：《婚仪略说》，《广益杂志》1919 年第 9 期。

> （乙）见家族礼。先谒尊长叩头，次同辈，次下辈，彼此鞠躬行礼毕，时均授新郎、新娘以金银牌，或他饰物；下辈则各献花为贺（俱入礼堂瓶内），新郎、新娘则于次日报酬之。
>
> （丙）受贺。男女宾各依新郎、新娘，以次排列，行一鞠躬礼。男女宾代表人出读颂词毕，各执花一束，插于新郎、新娘襟上。复位，又一鞠躬，新郎、新娘出位读答词，谢众客，行一鞠躬礼，来宾又拍手欢呼。礼毕，乃宴饮，饮时随意举杯祝颂，或歌舞，尽欢而散。①

《女子世界》的创办者们对文明结婚给予了极高赞誉，主编丁初我说："吾国文明结婚之举，从未有闻。自去年海上廉君举行后，一年间已并此四焉。吾国诸父老故旧，其亦知此举之出自贵族，出自学人，出自诸名誉人之赞成，或亦一洗繁缛节文之习惯而造成。自由完美之家庭，使吾国数年间风俗史上骤现一新家礼，其亦家庭改革之先声矣。"② 从上我们看到，文明结婚的践行者主要是士绅、学人或地方名流。丁初我把文明结婚视为家庭改革的先声，是风俗变迁史中的大事件。同时，我们还看到，文明结婚在"衣冠之族、章掖之伦"等社会贤达中颇有市场。在见诸报道的文明结婚中，参与婚礼的嘉宾多为学界或商界名流。以张鞠存与王忍之的婚礼为例，到场祝贺的有教育界名流马相伯、商界知名人士穆抒斋；吴回范与顾璧的婚礼上，证婚人曹家麟为承志学堂校长，孙铭为新军部队中的中层军官。喻廛涧与潘裴秋夫妇在天津举办婚礼，主婚人是教育家张伯苓。③

婚礼参与者中很多都是教育界名流或者学生，属于传统"士"的范畴，而"士"的中心任务就是"文化和思想的传承与创新"。④ 因此，他们对于文明婚礼的倡导不仅标志着近代文化的转型，也在相当程度上引领了社会风尚，故而对世人产生了强大吸引力。以吴回范与顾璧婚礼为例，参与人达到200余人；私立中学学生马仁声与普育女学教员张祝春结婚时，前去观礼的

---

① 《创新婚礼》，《女子世界》1904年第1卷第11期。
② 《文明结婚》，《女子世界》1905年第2卷第3期。
③ 《文明结婚》，天津《大公报》1911年7月21日。
④ 余英时：《士与中国文化》，上海人民出版社，1987年，《自序》第1页。

人数达到了400余人。[①] 据汪康年记载："扬州有自由结婚者，发券过限，屋将不容，而来者竟入，亦以水退之。"[②] 其记载虽意在讥讽自由婚，但从反面亦证明了文明结婚对世人的巨大吸引力。

为了拓展文明结婚的影响范围，有的新婚夫妇干脆将婚礼的内容在报刊上布告周知，这可以算作中国早期的结婚启事。1905年9月1日，刘千里、吴小馥在上海张园举办文明婚礼，主持人为文明书局创办人廉泉，介绍人为上海和无锡的实业大亨周舜卿和薛南溟。婚礼举行当日，他们在上海《时报》刊登了《文明结婚礼式单》，详细介绍了举行婚礼的时间、地点，婚礼过程、结婚人的情况。[③] 此举既表明了婚姻的社会性，又通过报刊向社会宣扬了文明结婚的理念。

清末寥若晨星的文明结婚，在民国初期逐步拓展。宋教仁、汪精卫、蔡元培、唐绍仪等革命党人为移风易俗以践行民主共和理念，积极倡导社会改良，推行文明结婚。[④] 有人主张国家公职人员要做文明结婚的表率："满清官吏于婚礼极事奢华，是其劣性使然，固无足怪。吾愿民国公仆婚礼当从节俭。"[⑤] 他们试图通过公权的影响力和公职人员的表率，推动婚礼变革。还有人将文明结婚的优点编成朗朗上口的歌谣以利于传颂："文明结婚……戒指为定，大媒就作见证人。最要紧，结婚书呀，双方盖印……礼节呼腰，西装汉服随人好……结婚由呀，新人可自表……主婚再通告……郎才女貌两情愿，合家欢。入洞房呀，客人只好看……勿好再瞎缠……改良新礼……论是非，实骨子呀，简便而已。"[⑥] 文明婚礼因简洁而不失庄重故而在民初继续受到追捧："梳一东洋头，披件西式衣，穿双西式履，凡凤冠霞帔、锦衣绣裙、红鞋绿袜一概不用，便利一。马车一到昂然登舆，香花簇拥，四无障碍，无须伪啼假哭、扶持背负，便利二。宣传婚约，互换约指，才一鞠躬，即携手

① 《文明结婚》，天津《大公报》1910年10月3日。
② 汪康年：《汪穰卿笔记》，中华书局，2007年，第217页。
③ 《文明结婚礼式单》，《时报》1905年9月1日。
④ 《社会改良会宣言》，1912年2月23日，陈旭麓主编：《宋教仁集》（下），中华书局，1981年，第377—379页。
⑤ 《心直口快》，《申报》1912年4月11日。
⑥ 褚博甫：《文明结婚五更调》，《申报》1912年6月24日。

同归，无嫔相催请跪拜起立之烦，便利三。”①

民初的文明结婚如同清末一般，主要流行于官宦、社会名流群体。梁启超的女儿梁令娴与周希哲结婚时，婚仪由梁启超亲自定制，新旧参半。其中，男方主婚人为周子怡总长，女方主婚人为梁启超，主礼是马湘伯，大宾为孙宝琦总理与前任总理熊希龄。婚礼的参与者要么是达官显贵，要么是社会名流，其场景可谓蔚为大观。② 袁世凯称帝前为拉拢冯国璋，将家庭教师周道如女士许配给冯国璋，其婚礼参用中西，举行文明仪式。③ 1914年8月24日，袁世凯的四公子袁克端在北京结婚，礼堂设在怀仁堂。新郎穿西装、披红绸，新娘穿粉红色裙衫。所用仪仗、仪礼系新旧结合，沿途有军乐前导，彩舆前后有军队，结婚队伍所过之地，观者如堵。④

文明婚礼不仅盛行于大都市的官宦与社会名流之家，即使地方缙绅也开始仿行文明结婚。据地方志记载，辽宁铁岭“自民国成立，改行文明结婚礼，其礼制颇称慎重，诗礼之家从之”；⑤ 在江苏武进，“民国以来，旧式未改，参用新礼”；⑥ 在浙江海宁，“近皆欧化风行，古礼蔑弃，号为文明，别成婚缔。变媒妁之称曰介绍人，男谐女允，证人定盟。设礼堂，会宾朋，观礼有券，裙屐如云。登台演说，贺辞缤纷，指环交换，鞠躬有礼，百年偕老”；⑦ 在河北晋县，“自欧风东渐，自由结婚盛行一时，婚礼亦变更新制”；⑧ 在四川巴县，“入民国，其仪又变，或临时酌定，曰‘文明结婚’”。⑨ 上述记载还可从报刊资料中得到佐证，如辽宁营口国民党党员许士贵之子与姓宦的女士结婚时，举行文明婚礼，各界员绅前往参观者约400余人，颇为热闹。⑩ 另外，地方基督教会也如在清末那样积极倡导传统婚礼的

---

① 是龙：《自由女之新婚谈》，《申报》1912年9月19日。

② 《钗裙韵语·梁令娴于归记》，李定夷编：《民国趣史》，上海国华书局，1915年，第86—91页

③ 姜泣群撰：《朝野新谭》，车吉心等主编：《中华野史》（民国卷），泰山出版社，2000年，第355—356页。

④ 《钗裙韵语·公府新式结婚记》，李定夷编：《民国趣史》，上海国华书局，1915年，第85—86页；严修：《严修年谱》，齐鲁书社，1990年，第324页。

⑤ 丁世良、赵放主编：《中国地方志民俗资料汇编·东北卷》，书目文献出版社，1989年，第105页。

⑥ 胡朴安编：《中华全国风俗志》（下），河北人民出版社，1986年，第177页。

⑦ 丁世良、赵放主编：《中国地方志民俗资料汇编·华东卷》，书目文献出版社，1995年，第665页。

⑧ 丁世良、赵放主编：《中国地方志民俗资料汇编·华北卷》，书目文献出版社，1995年，第89页。

⑨ 丁世良、赵放主编：《中国地方志民俗资料汇编·西南卷》，书目文献出版社，1991年，第32页。

⑩ 《文明结婚之仪注》，《盛京时报》1913年3月6日。

改革，力图剔掉奢靡等不合理要素，使其更加符合现代文明。[①] 当然，基督教会推广、宣扬文明结婚的目的，在于利用这种公开形式宣扬基督教，并取得了不错的成效，[②] 这与中国知识界变革婚礼的目的有根本不同。

婚礼的改良除了步骤的调整，在视觉上冲击最大的莫过于礼服的变化。锦江饭店创始人董竹君女士与革命志士夏之时结婚时，婚礼在上海日租界日本旅馆松田洋行举行。女方身穿白洋纱制成的法式连衣裙，脚穿白色半高跟的尖头皮鞋，梳法国式发结；男方身穿燕尾服、白衬衫、黑领结、黑皮鞋。他们的着装之所以都是法国样式，是因为不少知识分子向往法国的民主共和制，故其谈吐、服装等多模仿法国做派，这在当时被认为是文明而时髦的行为。[③] 张幼仪与徐志摩结婚时，她头发梳了三个并排的圆髻，排成三朵花，戴着华丽的头冠，身穿红白混合的纱裙。红色是传统新娘服饰的底色，而白色则是西方新娘的标志。因为徐志摩要一个新式新娘，所以在礼服的选择上兼具了中西方特色。[④]《妇女时报》曾刊登了刘君吉先生与陈定贞女士的结婚照，同期刊登的还有“保存国粹”的照片《中国旧式婚礼》以做比较。从照片看，旧式婚仪中男女各自站立，中间留有空隙，表情拘谨不自然。男穿对襟长袍，脚蹬元宝鞋，头戴礼帽；女穿绣缎长袍，头戴凤冠，垂帘遮面。新式结婚照片中，男女互挽手臂，表情自然、大方，男穿西式礼服，头上无冠，梳分头，穿皮鞋；女穿带花套装礼服，白纱披头。[⑤] 两幅照片刊登在一起，用无声的语言将作为“国粹”的传统婚礼隔离于“文明”之外。应当说，照片上陈定贞女士的装扮与前文《申报》中所描述的女子的服饰基本相同，而男方的服饰与夏之时则大同小异。与传统婚礼服饰相比，他们的装扮焕然一新。新与旧的差别不仅仅表现在形式上，还是文、野之间的重要分界线。

文明婚礼除了服饰的变化，在形式上还增加了一些体现文明元素的环

① 《基督教江苏联会婚丧公礼》，《新民报》1915 年第 5 卷第 8 期。
② 大盈客：《婚礼布道大收效果》，《兴华》1920 年第 17 卷第 18 期。
③ 董竹君：《我的一个世纪》，生活·读书·新知三联书店，1997 年，第 59—60 页。
④ 张邦梅著，谭家瑜译：《小脚与西服：张幼仪与徐志摩的家变》，黄山书社，2011 年，第 77—78 页。
⑤ 参见《妇女时报》1911 年第 2 期。

节，如婚礼中有演讲、唱祝福歌以及颂辞等。婚礼演讲之先河由蔡元培先生开创，“余请以演说易闹洞房。于是翰香（贵林）、朱则季（世效）、陈冕斋(懋)、汪叔明（希）、孙偶耕（翼中）、魏充叔（易）、宋燕生（恕）、陈介石(黼宸)、叶少吾（景范），各以意演说”。[①] 以此为开端，演说成为文明结婚的必要环节。演说的目的，一般在于申明新式婚礼之文明，抨击传统婚姻之愚昧。1910 年，著名活动家徐佛苏与黄剑秋在天津举行文明结婚，《大公报》创始人英敛之到场演说。其内容如下：“夫妇之道，最重爱情。有此真精神以固结于其间，则百年和合，永无反目之虞。我国数千年来，婚姻一事，专听父母之命及媒妁之言，其祸之烈，不可胜言。西方结婚，所以必讲自由者，职是之故。且我国结婚一事，繁文缛节，虚浮滥费，举皆无益。”[②] 演讲替代了传统婚礼中的闹房，既增添了几丝文明气息，同时又可借机向来宾宣扬文明结婚理念，确是一举两得。

民国初年，董伯康和侯文贞在北京铁门胡同安庆馆中文明结婚。礼毕之后，武昌起义的元老，医学、书法造诣颇深的许学源先生发表演讲，重点阐述了中国传统婚姻的优点，并认为文明结婚是在西方理念引导下将传统婚姻合理要素发扬光大的结果。[③] 宁波张某与某女校学生在上海爱文义路结婚。来宾多宁波人，仍坚持该地闹房的习俗，新娘被百般捉弄。有人出于恶作剧的心理，以新娘为新学界人物为由提议她演说，“不意语未毕，而新娘起立，慨然允诺，就妆台之旁鞠躬，滔滔不绝，力陈闹新房之恶习，带讽带刺，一时闹新房者大窘，亦可谓自讨其辱矣”。[④]

能有如此功效的还有婚礼上大唱《自由结婚》歌的环节：“改造出新中国，要自新人起。莫对着皇天后土，仆仆空行礼。记当初指环交换，拣着生平、最敬最爱的学堂知己。任你美妙花枝，氤氲香盒，怎比得爱情神圣涵天地？会堂开处，主婚人到，有情眷属，人天皆大欢喜。”“可笑那旧社会，全凭媒妁通情。待到那催妆却扇，胡闹看新人。如今是婚姻革命，女权平等，

① 王世儒编撰：《蔡元培先生年谱》（上），北京大学出版社，1998 年，第 54 页。
② 《文明结婚》，天津《大公报》1910 年 10 月 17 日。
③ 姜泣群撰：《朝野新谭》，车吉心等主编：《中华野史》（民国卷），泰山出版社，2000 年，第 359 页。
④ 《新娘演说词》，《中华新报》1917 年 7 月 5 日。

一夫一妻世界最文明。不问南方比目，北方比翼，一样是风流快意享难尽。满堂宾客，后方跳舞，前方演说，听侬也奏风琴。”① 歌词对文明结婚的描摹可谓传神之极，当这首极力渲染“学堂知己”成为“有情眷属”的歌曲在文明婚礼上响起时，肯定会引起参与者的强烈共鸣。

从整体看来，清末民初的文明结婚，主要是都市社会名流或学人的生活时尚，在地方城市和农村通行的范围非常小，实属“沧海一粟”。② 即使如此，它的出现仍具有重要意义。婚礼改良形式上表现为仪式的删减与革新，这是对传统婚礼奢华、繁缛的否定；更主要的是其精神内核的变化，婚礼中男女主体性的提升是其文明属性的真正体现。在传统婚礼中，拜谒父母环节被内置于其中，它是婚姻合法性确认的核心仪式，凸显了父权之尊贵；在文明结婚中，这一环节被剥离出来，结婚礼与见家族礼平行而立，这是代际权力消长的重要标志。

与西方的教堂婚礼和中国《仪礼·士昏礼》中的条文相比，它既没有西方的宗教色彩，又剔除了侮辱女性人格的习俗，但其中仍然活跃着传统婚姻的影子，如介绍人、证婚人依然存在，这是传统婚姻要素的保留。介绍人发挥了媒妁的作用，是二人关系正当性的见证；证婚人是婚姻有效性的见证，同时也是父母的化身，它的存在从形式上保留了父母的尊严，满足了国人“长者为尊”的文化心理。证婚人、介绍人虽然履行了父母和媒妁的职能，却只是形式的存在。如此一来，“婚姻自由，男女主之，而父母谐之”恰是文明结婚的真实写照。

“父母谐之”表明父母的职能由“专婚”转向了“主婚”，其干预婚姻的影响力削弱。不过，国人素来主张仪文，形式的保留便意味着影响力的存在。“父母主婚”说明自主结婚仍需得到父母的认可，倘若父母拒不承认又该如何呢？婚姻改良论者似乎也别无他法，只得想出一个“苦求”之法：“为子女者，总当号泣以谏之，切勿暂时小不忍以致终身大不孝也。”③ 于是，

① 《自由结婚》刊于《女子世界》1905年第11期时未署名；1906年倪寿龄编译、文明书局发行的《女学唱歌集（改良再版）》，则写明此歌作者为金一。

② 汪妙微：《昆山婚嫁之风俗》，《妇女时报》1916年第6期。

③ 《东西南北》，《民立报》1911年2月27日。

期待父母的开明便成为婚姻当事人的唯一出路。因此“文明结婚”虽被时人视为“婚姻自由”，但二者仍非同质。

如上所述，文明结婚的精神内核在于个体意志的上升与表达，如直隶天足会在其《创办章程》中，就表示了对父母和婚姻当事者双重尊重的建议。[①]然而，文明结婚一旦仪式化，那么就有仪式与精神背离的危险，而所谓的文明也有可能成了固化的标签。张幼仪为了趋新而取悦徐志摩，婚礼上穿了带有白纱的裙子，但张、徐二人是包办婚姻，整个婚礼过程也是传统的跪拜式。多年以后，张幼仪在回顾自己的婚礼时说，中国婚礼尊重的是宾客，而西方婚礼尊重的是个人。[②] 周道如女士与冯国璋的婚仪虽以文明仪式举行，而从两人的思想意识上看与传统婚姻并无二致。这说明，文明婚礼与文明结婚也并非同质性事物。

上述缺憾在五四时期得以弥补。以恋爱为核心的婚姻自由观，渗透着浓厚的个人主义色彩，推动着知识分子寻求形式与精神的统一。在传统婚仪的基本认识上，他们与清末民初的知识界并无二致，同样认为旧式婚姻“偏重礼仪不注重实际”，[③] “平常的结婚礼节，实在太麻烦”。[④] 不过，五四时期的自由结婚更注重精神的结合，这不能不影响到婚仪：“现在的婚姻，既是出于自己精神的结合，一切事情，都可以直接交涉，自然用不到问名，请期，许多虚文；就是礼帖和致意帖也何必去用他呢！”[⑤] 正因为文明婚礼突出了个人主义精神，故而成为新青年结婚的首选。

1923 年 4 月 1 日，五四运动的先锋徐颖溪女士和姚作宾举行婚礼。当时，谌小岑为记录员，他将婚礼过程详细记录下来，让我们得以细致观察其婚礼的原貌。当天下午 1 点多，谌小岑和李毅韬夫妇来到徐颖溪家。当时徐家门前停着几辆汽车，最前面的车用五颜六色的华彩进行了装饰，大门也用其装饰一新。来到家中，谌小岑首先看到了新娘徐颖溪，最使他感兴趣的是

---

① 《直隶天足会创办章程》，《直隶白话报》1905 年第 1 卷第 4 期。
② 张邦梅著，谭家瑜译：《小脚与西服：张幼仪与徐志摩的家变》，黄山书社，2011 年，第 79 页。
③ 小岑：《改造途上的婚姻——徐姚结婚记》，《星火》1923 年 4 月 3 日。
④ 刘天耳：《婚事漫谈》，《妇女旬刊汇编》1925 年第 1 集。
⑤ 妙然：《婚制改良的研究》（下），《新妇女》1920 年第 2 卷第 2 期。

新娘佩戴的红宝石戒指，套在带着白丝手套的无名指上，特别引人注目。新娘穿着紫色大黑花的绮花霞缎裙袄，鞋子同衣服颜色相同；头上未佩戴饰品，但脸上略施脂粉，白里透红，露出自然而愉快的神情。新郎姚作宾穿着一身大礼服，同样戴着白丝手套。两点钟，众人由家中启程来到结婚礼堂。礼堂正面墙壁的正中挂着一个金色的囍字，右侧墙上挂有一个泥金黑字屏，讲台上摆着三个花篮。讲台的后面同两侧各有一排椅子，预备给婚礼的主持人、证婚人、主婚人及新人家属坐。两点半，婚礼开始。主持人时子周先生先介绍了二人的履历，接着行结婚礼。新婚夫妇先相对行鞠躬礼，接着向主婚人行三鞠躬礼，再向证婚人行一鞠躬礼，最后向介绍人行一鞠躬礼。行完礼后，证婚人代表李仲吟先生致祝词，接着介绍人演说。主席提议让来宾向新婚夫妇及主婚人行一鞠躬礼道贺，新人向来宾鞠躬致谢。之后，新娘、新郎依次演说；最后李毅韬进行演说，阐述恋爱结婚的优点。[①] 在记录中，代表父辈尊严的证婚人和主婚人同样存在，演说仍是婚礼的精彩环节。不过，与清末民初的文明结婚有所不同的是，新人家属虽到场，但拜谒环节却被剔除，婚礼完全变成了朋辈、同仁聚集的场域。

时人方珍奇参加了同学李怀薪的文明婚礼，并饶有兴致地做了记录。新郎李怀薪在无线电台工作，结婚礼堂也就设置在了电台的楼下，礼堂面积虽然不大，但布置得井井有条：“俄顷，忽闻军乐洋洋，爆竹一声，始知一对新人来矣。于是，各宾客视线不约而同直射于新郎新娘面部，只见新郎眉目清秀，眉宇间时露喜色；新娘亦春风满面，姿态婀娜，不愧为一对‘小情人’(影片名)。旋由赞仪员毛君大唱其绍兴高调，令人闻之捧腹。所有证婚人、主婚人及介绍人等皆用拉夫方法临时招来，亦婚礼中别开生面者也。婚礼颇简单，历二十分钟而毕。四时许，新郎与新娘在台前摄影留作纪念。”[②] 证婚人、主婚人的临时征调，充分表明其形式化的存在，这是父辈权威弱化的表征，而形成鲜明对比的则是郎情妾意的一对新人，因恋爱而结合使他们的幸福感溢于言表。

---

① 小岑：《改造途上的婚姻——徐姚结婚记》，《星火》1923 年 4 月 3、4、7 日。

② 方珍奇：《观婚记》，《电友》1927 年第 3 卷第 1 期。

江苏南通县长宋子风与南通女子师范教员许清廛女士结婚，“鼓乐喧天中，众宾皆有演说，大都勉励之语。而在通演剧之新剧大家汪优游君，亦任招待之职，走进走出，忙碌异常。演说时一种状态，及所发之言，实堪令人捧腹，诚趣事也”。[①] 上海浦东中学数理教员陈骏生与夏宝华女士结婚，典礼在远东饭店举行，证婚人为浦东中学校长沈弗齐。“行礼时仪式庄严，助以军乐，兴致倍增。又有来宾代表即本校事务主任吴希郑先生之演说，言简意赅，尤饶趣味。礼成后，设宴款客，至十时许始散席。来宾、媒人得喜果二匣，系新娘所馈云。”[②] 在报道中，庄严的仪式、助兴的军乐以及饶有兴趣的演说都给记录者留下了深刻印象。

上述文明婚礼主要发生于知识群体，并且过程简洁、有趣。不过，并非所有的文明婚礼都推崇节俭。据《南洋周刊》报道，作者的同学冯保年与财政总长李思浩女儿结婚时，排场很大，来贺宾客众多，一时车水马龙，致使马路阻塞，交通断绝。[③] 无锡旅沪富商荣宗敬的二公子与常熟富商孙思敬之女结婚，在本宅内搭盖彩棚，布置礼堂及宴请宾客之所。礼堂前，陈列中外各界及面粉厂、纱厂赠送的珍贵礼物，四周帐帘挂满了字画。婚礼十分排场，共计三天，中外来宾观礼者不下千余人；连日宴请宾客有千余桌之多，并邀请兰社、逸社演出舞台剧，以娱嘉宾。[④]

作家周瘦鹃参加了中国早期影星黎明晖女士的婚礼，并用其生花妙笔做了记录：“甫下车，鼓乐声洋洋盈耳，方奏新婚之曲，堂中遍缀灯彩，富丽如王宫，男女宾客济济一堂，迨百余人。已而乐声大振，司仪者高呼新郎入席，则有二傧相相挟一美少年至，三人俱大礼服，襟缀鲜花，笑容可掬……未几，香风微拂，六女傧相拥新娘姗姗而来，茜纱如雪，贴地有声，御粉霞衣裙，与粉靥同其娇艳，而仪态万方，几不类平日活泼泼地依人如小鸟之小妹妹矣……此半小时中，易指环也，签婚书也，证婚人致颂词也，来宾致颂

① 《宋许婚礼纪盛》，《上海画报》1928 年第 330 期。
② 《婚礼志盛》，《浦东中学月刊》1924 年第 2 期。
③ 荃孙：《婚礼志盛》，《南洋周刊》1924 年第 6 卷第 6 期。
④ 《荣宅婚礼志盛》，《无锡旅刊》1927 年第 121 期。

词也，新郎新娘答谢也，一一如仪。礼毕，欢呼声四起，彩纸纷飞。”[①] 婚礼结束后，周瘦鹃意外得知，这场婚礼只是大中华百合公司的剧目《探亲家》中的一幕，他决定等黎女士真结婚时，必定要大闹新房以报今日之仇。结婚虽然是假的，但从上述记录我们仍可以窥探上海社会上层人士婚礼的基本情况，盛大、奢华的场面给所有人留下了深刻印象。

通过史料的简要爬梳我们发现，文明婚礼在都市知识阶层颇有市场。当然，清末至五四时期是近代中国的过渡时代，新旧思想交锋激烈，文明结婚不可避免地会受到传统势力的反对。据报载，清学部某侍郎以“现在都下结婚渐染欧习，动借自由名目，立异矜奇，实大为风俗之害”为由，请求“速定婚嫁之礼，以挽颓风”。[②] 这条新闻被刊布在《要闻》栏目中，足见其真实性。这份奏章在当时虽未产生什么实际效果，却是世人心态的反映。清末民初的报刊中反对文明结婚的大有人在，因为他们把自由结婚视为轧姘头的勾当。[③] 即使到了五四时期，仍有人认为文明结婚有失婚姻的严肃性，仪式形同儿戏，“故结婚以后，稍有意见，动辄离异，相见法庭，恬不为耻”。为了挽救日渐浇薄的风俗，作者提出：“为维持古礼起见，自出示后，民等结婚，务尚交拜古礼，以昭郑重。如以鞠躬为文明婚礼者，则以干律论。”[④] 作者的立论也确如该文的标题那样“新鲜”，他把社会风俗的浇薄归咎于婚礼的改良，既夸大了婚礼规约社会秩序的意义，也说明他对新文化带有偏见。婚礼的西化趋向，是近代社会变迁中东西文化交融的结果，显然不是这些论理所能阻挡的。

纵观文明婚礼兴起、兴盛的过程，前后婚礼步骤虽大略相同，但体现父权特色的“见家族礼”逐步退隐，直至五四时期完全消失。婚礼变革所反映的实质是代际权力关系的转移，在父权削弱的同时当事者个人的精神意志逐步得到彰显。不过，我们要注意的是，在文明婚礼中主婚人、证婚人以及介绍人等角色依然存在。在传统婚礼中，他们都是家族权力关系网的代表者，

---

① 瘦鹃：《参观黎明晖女士婚礼记》，《上海画报》1926 年第 169 期。
② 《要闻・条陈婚嫁典礼》，天津《大公报》1909 年 4 月 30 日。
③ 无妄：《闲评二》，天津《大公报》1913 年 8 月 15 日。
④ 金梦鹏：《新鲜布告》，《针报》1926 年 4 月 3 日。

而在文明婚礼中他们却是当事者社会关系网的代表者。这些角色内核的变化，在一定程度上说明婚姻当事者从“家族人”转变为了“社会人”。身份的认同使文明婚礼现场变成了同仁聚会的文化空间，同仁聚集的群体效应在特定场域放大了婚礼本身的意义，扩展了文明的影响力。

## 三、文明婚礼的省思与个性化

文明婚礼初创的时代是近代中国社会重要的转型期，故处于“草创伊始，无定制可考”[①] 的状态，不仅各地的程序与步骤不尽相同，就连婚礼上新人的着装、所用仪仗都非常混乱。所谓文明婚礼与知识界追求的文明转向尚有一定距离。

在北京，“民国光复，世界共和，宫廷内外，一切前清官爵命服及袍褂、补服、翎顶、朝珠，一概束之高阁。独见近来城市官神士庶人家，每至婚娶，新郎概穿天青马褂缎袍等件，只头戴礼帽，并不穿礼服。而新娘则家家惯用凤冠霞帔，及衫裙袍带，甚至补褂、朝珠等件，仍沿前清旧制。此婚礼之最奇者也”。[②] 在江苏宜兴，“民国以来，政体虽改，而新郎之戴顶履靴者仍属有之。然亦有喜学时髦，着大礼服，戴大礼帽，以示特别开通者。最可笑者，新郎高冠峨峨，履声橐橐，在前面视之，固俨然一新人物也，讵知背后豚尾犹存，红丝辫线，坠落及地（乡俗新郎辫线多以红丝为之）。又有所谓陪宾者，新郎之护卫也，多亲友任之，通常四人。此四人中，有西装者，有便服者，有仍服满清时礼服者，形形色色，无奇不有。……此种非驴非马之礼制，殊可笑也”。[③] 上述描述是民初共和初建时的景象，婚礼服饰和仪仗的新旧结合，并非是传统与现代的融合，恰是民初政府社会改革乏善可陈，国民思想混乱的表征。

这一状况即使在五四时期依然存在。据记载，山东济南“鲁张手下的一个某军医总监娶儿妇的时候，除了扎彩棚，唱大戏之外，凡娶亲时所用的仪仗，完全是特别从北京弄了来的；一切执事，都是红缨帽，大朝服，一色的

① 徐素英：《我乡今昔婚嫁风俗谈》，《妇女时报》1912 年第 6 期。
② 胡朴安编：《中华全国风俗志》（下），河北人民出版社，1986 年，第 17 页。
③ 胡朴安编：《中华全国风俗志》（下），河北人民出版社，1986 年，第 182 页。

亡清服装”。[①] 针对文明婚礼的这种混乱状况，有人讥讽道：“文明结婚礼在今日社会里，是一件大可以而特可以摆架子的事实，因为他们硬把历代关于婚礼上的礼节，都搜集起来演一幕滑稽大戏。”[②] 作者提及的“摆架子”符合部分国人的心理，瞿秋白曾将其概括为势力主义。[③] 在这些人的认知中，文明结婚与风俗改良并无关联，只是他们炫耀实力和取得某种身份标签的工具。南京国民政府成立后，内政部多次训示要改变此种状况，并颁布文明结婚礼。[④]

在文明结婚的典礼上，国人开始使用西洋音乐，以渲染喜庆气氛，增加人们的兴致，但有些地方因缺乏对西方习俗的了解致使洋相百出。据汪康年记载，自清末以来国人媚洋习气特别严重，“凡婚丧之事以有西洋鼓吹为体面，上海尤甚。即有预备此种鼓吹，待人雇用者，顾曲调不多，亦不审所宜”。[⑤] 西洋音乐的引进对国人来说未必不是好事，但多数人对西洋音乐都不甚了解，加之曲目单调，致使出现婚丧用同一曲目的滑稽现象。生与死在国人眼中虽都是人生要事，但其意义和心境却有天壤之别，如若知晓自家的婚礼音乐恰好在他人的丧礼上用过，不知做何感想。

上述礼服、仪仗和音乐的不足，只是文明婚礼外在形式的缺憾，五四时期的知识分子基于恋爱婚姻的考量，对文明婚礼有了新认识。婚姻自由理念的践行刚刚迈出第一步，知识界的先驱们又开始了全新的思考：自由结婚作为一种价值新理念应该如何理解、践行才能尽善尽美呢？从当时的现状看，不少人对当下婚姻的认识有失偏颇，“大多数因为主观的不同，好作混统的反对，如对旧式婚姻，总批评是桎梏式的，新式婚姻总批评是野合式的；……不知世间任何的事物，有优点必有劣点，有劣点也必有优点，婚姻也是这样的，不论是新式、是旧式，各有其优点，亦各有其劣点，旧式婚姻是应该改革的，他的优点是仍旧有存在的价值，新式的婚姻是应该提倡

---

① 王伯言：《记济南的婚嫁情形》，《妇女杂志》1928 年第 14 卷第 7 号。

② 米佳：《新式婚礼》，《贡献》1928 年第 4 卷第 4 期。

③ 《中国知识阶级的家庭》，1919 年 11 月 11 日，瞿秋白：《瞿秋白文集·政治理论编》第 1 卷，人民出版社，1987 年，第 15 页。

④ 《国府颁定结婚礼节谨注》，《北洋画报》1928 年第 5 卷第 242 期。

⑤ 汪康年：《汪穰卿笔记》，中华书局，2007 年，第 221 页。

的，他的劣点也不妨竭力的指摘；互证参考，黜瑕崇美，才是研究者的正当态度”。[①]“黜瑕崇美”、正视新旧婚制的优缺点，这是客观的持中之论。

从“黜瑕崇美”理念出发，知识界开始对文明婚礼进行反思。1917年，有人就对文明婚礼提出质疑：“即其行礼不过互相鞠躬，两两弹琴而已，其章服亦不过删除旧俗之所谓凤冠蟒袍，另着新式之水红礼服及许多之绒（?）球，披水红之帛绫而已。新郎之形式与旧无甚差异。若此文明结婚耶?”[②] 曾有人就新式婚礼一事咨询《妇女杂志》，他说：“所谓文明结婚的仪式，我尚未见过完善的，——非失之草率，即不免失之华靡。”[③] 还有人认为，新式婚礼也不免趋重于仪式，一切布置、张罗、酬酢、馈赠比之旧式婚礼不见得如何省事。证婚一事尤其可疑。婚姻既然基于恋爱，二人的情感又何必要第三者的证明呢？天下之事有待于证明的，多带有契约性质，倘若真正的恋爱也有待于第三者的保证，这和昔日的买卖婚有什么分别呢?[④] 这位读者的反思与质疑并非没有道理。

钟灵中学的两位学生对婚礼改革也提出了自己的看法。徐良知认为：“今日社会最欢迎之新式结婚，虽名目较新……仍不脱旧式结婚之恶习，不过名目上之不同耳。”故而主张，“婚礼不求诸形式”。新婚夫妇到公共礼堂，“对众人行礼，且以最短之谈话，告诸众人，一切礼物，概不收领。宴会，亦可不必。此外如音乐也，巫剧也，演剧也，皆为骗人之娱乐，一律免去。时日，不求诸卜人，好恶，不讯诸木偶，如是者，新式结婚也”。[⑤] 作为校友的吴金狮对此有相似的看法。他认为，中国婚制因礼教所囿，延续数千年而不知革新。清末以来，一些维新之士认为旧婚礼已经不适应于新时代，乃用西洋婚礼取而代之。“然以余观之，亦殊可笑，以西洋陈旧之礼节，白种人不用之形式，施之吾国社会，谓可变陈旧为新颖，岂非欺人语耶？而盲从之中国人，不知耻、不知悟也如此，诚乃今世之笑话也。”作者继续分析说，

① 王宪煦：《婚姻的研究》，《妇女杂志》1928年第14卷第7号。
② 《此之谓文明结婚》，上海《民国日报》1917年1月27日。
③ 《结婚的仪式》，《妇女杂志》1923年第9卷第10号。
④ 不平人：《婚姻是人生和社会的问题应有先决的主义》，《妇女杂志》1928年第14卷第7号。
⑤ 徐良知：《改良婚礼议》，《钟灵中学校刊》1926年创刊号。

结婚是否需要仪式，须从结婚目的入手分析。在他看来，结婚唯一的目的在于两性永久之和好。两性既生恋爱，即可同处营造共同生活，何必先行仪式才可为夫妇？结婚既然不是买卖，何必要订合同、签号，请证婚人、介绍人盖印，请社团、公共机关保证呢？“是故，虚伪者破之，正道者行之；欲更汤必换药，乃彻底之改造。”[①] 作者在文中并未明言如何彻底改造，但其中似乎已有废除婚仪之意。综合来看，两位中学生对于婚礼的见解颇为深刻。

有些激进知识分子直接提出了废除婚礼的主张，“新式结婚的礼节，什么证婚人的签字，什么夫妇间的契约，都可不必。因为这些形式上的仪式，做了也不足为夫妇间爱情的保险，不行也无妨于夫妇间关系的存在，正可不必虚行故事，费无谓的金钱”。[②] “我们对于婚姻，彻底地主张废除仪式，仪式对于婚姻是赘疣……因为我们的婚姻的生命是恋爱。至多对外声明：‘我俩是同居了！’已够了。”[③] 作者子荣对此深有同感，他说：“我以为这个仪式固然不必规定，而且还是不必有的；即使不废止，也应彻底改过才行……我对于普通的一切结婚仪式都很反对，觉得里边含有野蛮的遗习与悲猥的色彩。”[④] 陈望道在阐发自己的婚姻主张时，特意对子荣的建议表示了支持。[⑤] 谌小岑参加了徐颖溪的婚礼后曾私下认为，他们的婚礼“似乎多余。他们两人既是恋爱的结合，本来就用不着有婚礼”。

其实，简化文明婚仪在清末已有人开始实行。1903 年 8 月，有俄国留学经历的李家鏊丧妻再娶嘉兴女子杨英为妻，便登报声明简化结婚仪式，一切婚礼删繁就简、不尚虚文，谢绝亲友拜贺送礼，并声明以登报代替请柬。婚礼当天，在家中略备酒席，请亲友光临。[⑥] 在 20 世纪初的中国，此举应是凤毛麟角，即使在五四时期，也是思想前卫的青年人所为，赵元任与杨步伟的婚礼即是如此。赵元任当时在清华大学任教，罗素在中国讲学时曾任罗素的

① 吴金狮：《论婚礼仪式之亟须破除》，《钟灵中学校刊》1926 年创刊号。
② 戚维翰：《婚姻问题的我见》，《妇女杂志》1928 年第 14 卷第 7 号。
③ 陈伯吹：《婚姻问题的六个片段》，《妇女杂志》1928 年第 14 卷第 8 号。
④ 子荣：《结婚仪式的问题》，《妇女周报》1923 年第 9 期。
⑤ 陈望道：《我的婚姻问题观》，《东方杂志》1924 年第 21 卷纪念号。
⑥ 《李兰舟续娶辞贺启》，《中外日报》1903 年 8 月 30 日，转引自刘志琴主编：《近代中国社会文化变迁录》(2)，浙江人民出版社，1998 年，第 335 页。

翻译；杨步伟出身皖南望族，时为北京森仁医院的大夫。依照他俩的家庭关系、社会地位和经济实力，婚礼本应办得排场、体面，但他们蓄意向世俗发起挑战，安排了一个别出心裁的婚礼。他们觉得，“结婚是我们两个人自己的事，何必夹着一般别人在里面忙而花钱呢？所以除自己两个人以外，打算不告诉一个别人”。于是，他们先到当年定情的中山公园照了张相，然后向有关亲友发了结婚通知书，声明概不收礼。1921 年 6 月 1 日晚，他们打电话把胡适和杨步伟的同事朱徵请到家中吃晚饭，胡适带了一本自己评注的《红楼梦》作为贺礼。家中虽有厨子，但杨步伟仍亲自掌勺烧了四碟四碗家常菜。晚饭吃完后，赵元任拿出自己写好的带有中英文两种文字的结婚证书，请胡适和朱徵两人签字，当证婚人，至此他们才知赵、杨二人结婚。为了显示其合法性，结婚证书还贴了四毛钱的印花税。其结婚证书格式如下：

> 下签名人赵元任和杨步伟同意申明他们相对的感情和信用的性质和程度已经可以使得这感情和信用无条件的永久存在。
>
> 所以他们就在本日，十年六月一日，就是西历一九二一年六月一日，成终身伴侣关系，就请最好朋友当中两个人签名作证。
>
> 本人签名　杨步伟　赵元任
>
> 证人签名　朱　徵　胡　适

胡适将二人结婚的消息报告给《晨报》的翟世英，通过报道，这无仪式的结婚在当时引起了巨大轰动，连在中国讲学的罗素都认为：“够简单了，不能再简单了！”[①] 胡适在晚宴当日的日记中说：“这是世界——不但是中国——的一种最简单又最近理的结婚式。”[②]

1922 年，黄炎培的妹妹惠兼与许克诚结婚。二人商定，结婚不用婚帖、不行交拜礼、不收贺礼。黄炎培为此特别做出了解释，以释众人心中的疑团。[③] 就如时人所指出的那样，“三不”实施开来，所谓的婚礼就是一个同

---

① 杨步伟：《一个女人的自传》，岳麓书社，1987 年，第 205—208 页；《新人物的新式结婚》，《晨报》1921 年 6 月 6 日。

② 中国社会科学院近代史研究所中华民国史研究室编：《胡适日记》，中华书局，1985 年，第 73 页。

③ 黄炎培：《改婚式敬告亲友》，《申报》1922 年 3 月 21 日。

居宣言了。这不仅相异于传统婚礼，就是与流行一时的文明婚礼相比也有较大不同。

中华书局学艺部干事程本海与爱国女校的高材生胡素月女士的婚礼也足以引起世人轰动。程、胡二人均是有志于改造中国社会的有为青年，每每为社会充斥的奢华与虚伪而痛心，认为这些粉饰的婚丧仪式徒耗光明、虚掷金钱，即使所谓的文明结婚也免不掉这些缺点。作为当代青年应有革新精神，应该革除掉那些无意义的仪式。因此，他俩积极响应中华书局同仁进德会会长陆费伯鸿的号召，婚礼“只备茶点，不张筵席，不收礼物，而佐以演说音乐余兴等等趣事”。[①] 他们先期印发请帖，不仅标明了结婚的时间、地点，更重要的是清晰地阐释了两人改革旧俗婚礼的意图。1924 年 3 月 2 日，程、胡二人的婚礼在静安寺路中华书局总厂举行，男女来宾 300 余人，济济一堂。陆费伯鸿首先演讲致辞，继而沈雁冰、许士、黎锦晖、左舜生、王人路、严个凡、袁聚英等人紧随其后，纷纷表达移风易俗之必要，夸赞二人打破旧俗的勇气。最后，由新郎做恋爱报告以及答谢词。[②] 各大报刊对此纷纷进行报道，认为“婚礼简单而有意义，真是婚礼改良中的一个模范者”，“于我国礼俗上开一新纪元”。[③]

参加程、胡二人婚礼的黎锦晖，不仅是中国流行音乐的奠基人，也是破除旧俗的践行者。后来，黎锦晖与中华歌舞专修学校毕业的徐来结婚，婚礼有三项议程：首先是五分钟的结婚礼，随后是宴会和歌舞表演。作者对此评论说：“他们的简单婚礼，不但是省却许多金钱，而且还节短时间哩。”[④]

最简单的莫过于“启事”结婚法了。广州《民国日报》刊登了《最经济之结婚》，其中记录了何益善和姜桂清的结婚启事，“一对新夫妇，既不用种种之□旧式，复不行今日之文明式，只登一段广告，便做正式结合，可谓简捷了当”。[⑤] 对于五四时期的“恋爱至上论”者而言，他们只承认爱情是婚姻

---

① 《婚礼新志》《申报》，1924 年 3 月 1 日。

② 《婚礼汇志》《申报》，1924 年 3 月 4 日。

③ 袁聚英：《一个简单的婚礼》，《进德季刊》1924 年第 3 卷第 1 期。

④ 《黎锦晖之简便婚礼》，《经验报》1929 年第 1 集第 6 期。

⑤ 庐隐：《最经济之结婚》，广州《民国日报》1926 年 8 月 3 日。

成立的要素，只要双方情投意合，其他一切形式都无关紧要，只要一纸启事就足以宣告婚姻的成立。报纸结婚启事简单明了，既通过广而告之的形式表明了婚姻所具有的社会性，又简化了形式，缩减了花费，这也算是对祖宗、乡党、朋友表达敬意的一种新方式。

简化到极致的个性化婚礼主要发生于都市知识阶层。他们经济独立、思想解放，有强烈的个人主义意识，并且因为职业社会化的缘故而远离故土，能够摆脱宗族礼法的困扰。民国报人徐铸成在老家江苏宜兴结婚时，就不得不尊奉岳母的意愿举办传统婚礼。[①] 相较而言，近代都市是一个思想多元而又相对开放的文化空间，"陌生人社会"造成的疏离感使人们享有更充分的自由，从而为个性化婚礼的选择创造了条件。文明婚礼的个性化，其意义不仅仅在于消费的缩减，更重要的是使婚姻当事人与所处的社会关系做了适度剥离，在男女平等的基础上进一步凸显了当事人的个体意志，使自由的意义有了新诠释。

## 本章小结

近代社会生活的变迁在传统壁垒上打开了缺口。以留学生和驻外使领人员为主体的出洋人首开自由结婚之先河，其间虽受民族主义或种族主义的干扰，但并未消弭他们对于自由婚姻的渴望。在他们的率先垂范和婚姻自由观念的引导下，自由结婚得到新青年的青睐，成为社会风尚。不过，在新旧交替的过渡时期，传统社会结构尚未发生根本改变，婚姻新文化尚未在本土扎下根来，新旧思想交锋激烈，自由结婚的实现并不容易。知识界为了破解这一困境，围绕着"逃婚""重婚"展开了一定范围的讨论，试图为自由结婚找到新出路。但无论是重婚还是逃婚的方案，都面临着性别权力失衡所带来的难题，表明过渡时代存在着难以克服的伦理困境。青年们基于现实的诸多考量，有的以死抗争，表达了"不自由，毋宁死"的精神；多数则采用逃婚

---

① 徐铸成：《徐铸成回忆录》，生活·读书·新知三联书店，2010年，第41—42页。

来反抗包办婚姻，其中又以女性知识群体为主，表明促动女性解放的思想启蒙起了相当的作用。当然，基于女性群体思想的差异，逃婚与解放并不天然具有同质的意义。

自由结婚的实现推动着婚礼从传统向文明婚礼转向，其现代性主要体现在父子之间代际权力的转移，婚姻当事人的主体性和自由意志逐步彰显。文明婚礼的些许不足又推动了自身的个性化转向，完全体现出了婚姻当事人的自由意志。文明婚礼解构了传统伦常秩序，重构了新的人伦关系，体现了知识界塑造新民，推动国家现代转型的努力。

近代中国的婚姻变革推动了婚姻自由内涵的发展变化。清末民初的自由体现的是婚姻自主，它是在缺乏足够社交权的情况下，以实现当事者的知情权并得到其首肯为特征的。五四时期的自由是婚姻当事者权力意志的体现，它以恋爱为核心，以社交为媒介，以两性独立人格的精神结合为特征。从权力转移到精神交融，在代际之间权力消长的同时充实了婚姻的内涵，在传统神圣观念中又赋予了其高尚精神性。因此，自由结婚所组建的家庭，成为知识界所预期的培育新民的社会新组织。

# 第五章 女性解放意识推动下的自由离婚

五四时期，知识界构建的婚姻自由观以恋爱自由为前提，以结婚自由和离婚自由为主体内容，离婚取得了与结婚同等的重要性，即二者具备了相同的内在规定性。[①] 当时西方多数国家对离婚基本持保守态度，而五四知识分子为何要积极鼓吹自由离婚呢？这是因为五四解放话语建立在代际权力和性别权力张力的基础上，离婚自由被看作女性解放的重要途径。[②] 那么，知识界如何把离婚自由论逐步灌输给知识青年，并取得他们的认同？在五四离婚潮中，妇女是否得到了解放？倘若并非如此，离婚后的女性处境如何？知识界又将如何解决她们的后顾之忧？这些问题的梳理，将有助于深化理解知识界所构建的婚姻自由观。

---

① 《〈妇女评论〉创刊宣言》，《妇女评论》1921年第1期。

② 《发刊旨趣》，《妇女杂志》1922年第8卷第4号。

# 第一节　新性道德视野中的离婚观

离婚作为一种相对普遍的社会现象，是近代中国社会变迁的产物。20 世纪之前的中国社会沿袭了宗法血缘的礼教传统，对离婚采取了较为保守的态度；而清末至五四时期的知识界从个人主义出发，试图构建离婚自由观念，赋予人们自由离婚的权利。那么，知识界如何实现从保守到自由的过渡？换言之，离婚自由观念是如何逐步构建起来的？同样从维护家庭出发，传统与近代知识分子为何做出了不同选择，他们思考问题的出发点有何不同？上述问题的梳理有助于理解启蒙知识界建构离婚自由观念的逻辑。

## 一、清末民初离婚自由观念的萌发

离婚古称“仳离”，它是指夫妻双方因解除婚姻关系而分离。据考证，离婚一词在《世说新语》《晋书》中就已出现，但它并非法律用语，法律上当时称为“和离”“两愿离”或简称为“离”。① 法律意义上的“离婚”概念出现于清末新修的《大清民律草案》，并被民国法律所沿用。也就是说，离婚作为社会现象本身并不是舶来品，而“离婚”与“自由”的概念结合却是西学东渐的产物。

自周代始，中国传统社会确立了男女有别的社会秩序，并被后世学者视为社会进入文明的重要标志。② 与宗法观念相适应，婚姻之目的在于“上以事宗庙，而下以继后世”。③ 婚姻对社会生活乃至政治秩序的确立具有重要意义，故《礼记·昏义》严肃指出：“敬慎重正，而后亲之，礼之大体，而所以成男女之别，而立夫妇之义也。男女有别，而后夫妇有义；夫妇有义，而后父子有亲；父子有亲，而后君臣有正。”④ 正因为如此，离婚素为中国传统

① 陈顾远：《中国婚姻史》，上海书店影印，1985 年，第 235—236 页。
② 葛志毅：《周代贵族妇女的政治文化特征及相关的伦理观念影响》，《中华文化论坛》2004 年第 4 期。
③ （清）孙希旦撰，沈啸寰等点校：《礼记集解》（下），中华书局，1989 年，第 1416 页。
④ （清）孙希旦撰，沈啸寰等点校：《礼记集解》（下），中华书局，1989 年，第 1418 页。

所不喜："古重礼教，礼以谨夫妇为始，故明夫妇之别，隆婚嫁之礼，轻离轻合者，礼所禁也。"[①]

笼统地说，中国传统社会礼法一体，但细细分来二者又有区别。传统社会的离婚在礼法上强调"七出"，在法律上强调"义绝"。在汉代，儒家经学中明确提出了"七出"的离婚理念，[②] 它包括不顺父母、无子、淫佚、嫉妒、恶疾、多言、盗窃等七项内容，女子如有触犯，夫家则有权将其休弃回家，体现的是男子的单方面权利，故民间用休妻替代离婚。"义绝"载于《唐律》，"谓于夫妇之恩情礼仪，乖离违碍，其义已绝也"。[③] 就是说，如果夫妻之间以及双方亲属之间发生殴、骂、杀、伤、奸等行为，则官府会强制判离。不仅如此，"七出"自唐代也被正式载于法律典籍，[④] 从而实现了礼法一体。从上可知，"七出"是夫对妻的强制行为，"义绝"是官对民的强制行为。在传统社会生活的运作中，礼仪是协调社会关系的根本，法律只是"辅助教化不足之具"，[⑤] 因此休妻是传统社会的主要离婚形式。

在传统观念中，男女有别产生夫妇之义，男尊女卑产生伦常秩序。《礼记·郊特牲》中指出："出乎大门而先，男帅女，女从男，夫妇之义由此始也。妇人，从人者也……夫也者，以知帅人者也。"[⑥] 从男尊女卑的两性伦常出发，普遍性的观点认为，"七出"是男权主导下离婚特性的体现。这个判断本身并无不妥，然而却忽略了其产生的具体历史情境。陈顾远经过考证，修正了"七出"制定的动机："七出属于男方专权离婚之事，于现代诚极不合理由，然在往昔，则设此七种条件以限制其专权之行使……于社会未尝无相当之功效也。盖往昔男权高张，女子或以色衰而被弃，男子或以富贵而再娶，比比皆是。"[⑦] 也就是说，"七出"在制定之初，其本意是男权制度下对妇女权益的有限度保护。妇女如无"七出"或"义绝"之举而随意休妻，在

---

① 徐思达：《离婚法论》，天津益世报馆，1932年，第31页。
② （清）王聘珍撰，王文锦点校：《大戴礼记解诂》，中华书局，1983年，第255页。
③ 陈顾远：《中国婚姻史》，上海书店影印，1985年，第246页。
④ 岳纯之点校：《唐律疏议》，上海古籍出版社，2013年，第51、223—224页。
⑤ 徐思达：《离婚法论》，天津益世报馆，1932年，第31页。
⑥ （清）孙希旦撰，沈啸寰等点校：《礼记集解》（中），中华书局，1989年，第709页。
⑦ 陈顾远：《中国婚姻史》，上海书店影印，1985年，第242—243页。

礼教与法律两个层面都难以获得支持。此外，《礼记》中还有进一步保护妇女权益的“三不去”，作为“七出”的补充。所谓“三不去”是指，“有所取，无所归，不去；与更三年丧，不去；前贫贱，后富贵，不去”。[①]“七出”和“三不去”从礼法层面含有限制男子特权和保护妇女权益的意蕴，但由于它们仅仅是对男权的有限修正，并未根本上改变性别权力关系，故而难以改变女性在婚姻中的弱势地位。

纵观从先秦至明清时代的离婚发展脉络，大致可以宋代为分水岭。在宋以前的中国传统社会，民间的离婚现象较为普遍。春秋战国时期，离婚不为伦理所非，故“孔氏三世出妻”，曾子也以蒸梨不熟之故出妻。有研究者曾夸张地说：“战国时民间几以离婚为常事，而好合为偶然。”[②] 汉魏以降，离婚改嫁之事较为宽松，魏晋南北朝时期离婚之事颇多，唐代上层社会包括皇室离婚改嫁者亦不胜枚举。他们坚持“夫妇之道，义有离合”[③]的观念，男方、女方均可提出离婚。当然，基于传统社会男权主导的事实，由女性主动请离或求去者是少数，多数情况仍是休妻或是出妇。

至宋代，司马光、程颐等少数人力挺传统礼教“夫妇以义合，义绝则离之”的观念，认为妻如有不贤，应予以休弃，而多数官僚士大夫则逢迎“妻者，齐也，一与之齐，终身不改”的准则，认为离婚、出妻是无操守之举，从而营造出“今士大夫有出妻者，众则非之，以为无行。故士大夫难之”[④]的社会氛围。以此为肇端，自宋代以降，离婚问题在道德领域逐步由宽松走向紧缩。在程朱理学的指导下，它与两性名节紧密相连，使其成为名誉之人不能擅闯的禁区，“近世士大夫百行不怍，而独以出妻为丑，闾阎化之”。[⑤]同时，法律对于“七出”的诸多限制，也使男子对于妇女的离弃不能随心所欲。[⑥] 如果说上层社会出妻主要受制于礼法，那么下层社会的贫困则限制了

---

① （清）王聘珍撰，王文锦点校：《大戴礼记解诂》，中华书局，1983年，第255页。
② 陈鹏：《中国婚姻史稿》，中华书局，1990年，第592页。
③ 《后汉书》卷二八《冯衍传》，李贤注引《冯衍集》载衍与妇弟任武达书。
④ 夏家善主编：《温公家范》，天津古籍出版社，1995年，第157页。
⑤ （清）方苞：《方苞集》，上海古籍出版社，1983年，第128页。
⑥ 瞿同祖：《中国法律与中国社会》，中华书局，1981年，第124—128页。

离婚行为的选择，贫穷是离婚率低的另一个原因。[①] 既然男子提出离婚都很困难，妇女主动离婚更非易事。在绝大多数情况下，她们宁可在悲惨的境遇中牺牲掉也不愿被人视为大逆不道。生活毕竟是复杂多变的，即使在最传统、最保守的社会也会出现家庭破裂和夫妻离异，但在道德与法律的双重束缚下，明清社会的离婚率极低则是不容置疑的事实。[②]

离婚与结婚如影随形，它是两性关系再调整的重要方式。离婚问题又是两性伦理的重要外在表征，其社会性随着时代的变迁而有不同的表现。自由、平等观念自清末传入中国后，传统两性伦理的坚冰出现了消融的迹象，部分女性特别是受过新教育的女性内心充满了对自由的渴望。由于当时了解西方的渠道不通畅，她们对西方的两性伦理认识有偏差，故而认为“西方人的生活对女性是开放的，她们强烈地拍打着温柔的翅膀反抗禁锢她们的鸟笼”。[③] 对自由的渴望必然产生平等主张，[④] 压制离婚或者片面离婚观终究要被扬弃。

近代国势的衰落促进了知识界的反思。通过中西国情和文化的比较，他们普遍认为女性的衰弱影响了民族的进化，“我中国之所以养成今日麻木不仁之民族者，实四千年来沉沉黑狱之女界之结果也”。[⑤] 因此，国族复兴的客观要求使新知识界产生了“释放女人”的认识，以使之担负起“国民之母”的重任，这被当时的中外知识界视为拯救国族的治世良药。基督教美国监理会传教士林乐知指出，“释放女人一端，实为拯救东方诸国之良法，而中国为犹亟，因对症发药，非此不能奏效也”。[⑥] 林乐知的观点虽道出了一定的实情，但从他发表的系列文章看，显然有萨义德所提出的“东方主义”情结，秉持着西方文化优越论，试图以基督教引导中国人归化。深受西方女权观念影响的金天翮大胆地预言“20 世纪女权之谓也”，[⑦] 也提出了释放女性参与

① 赵刘洋：《妇女、家庭与法律实践：清代以来的法律社会史》，广西师范大学出版社，2021 年，第 143—145 页。

② 郭松义：《中国妇女通史（清代卷）》，杭州出版社，2010 年，第 270 页。

③ ［美］E. A. 罗斯著，公茂虹、张皓译：《变化中的中国人》，中华书局，2006 年，第 130 页。

④ ［美］J. P. 斯特巴：《为什么自由要求平等》，《哲学译丛》1997 年第 4 期。

⑤ 黄公：《大魂篇》，《中国女报》1907 年第 1 期。

⑥ ［美］林乐知、任保罗：《论中国变法之本务》，《万国公报》1903 年第 169 册。

⑦ 金天翮著，陈雁编校：《女界钟》，上海古籍出版社，2003 年，第 22 页。

公共事务的见解。不过，金天翮等人的女权观念服从于国族复兴的客观需要，这与林乐知的主观动机有所不同。

释放女性、提倡女权，必然要批判父权和夫权。知识界在批判传统家族制度时指出，片面“出妻”“出妇”抑或是压制离婚，都是对妇女权利的损害和人性的束缚。[①] 是故，近代兴起的女性思潮中俨然隐含着离婚自由的要求。反过来说，离婚自由在很大程度上是女性解放的产物。

名噪一时的康有为深受西方进化论和卢梭平等观的影响，其内涵在今天看来虽有不足，[②] 但以此为指导创作的《大同书》，中西方思想“融合得十分彻底，合之以极多的想象，遂成其独创的思想”。[③] 否定人伦、毁灭家族是康有为大同思想体系中的重要内容，而在尚未进入太平世之前，家族还有存在的必要。为了推动“三世”的演进，康有为积极改进传统家族制度。因此，揆诸历史，康有为对传统离婚观提出了质疑，“考孔氏之世亦多出妻，而《韩非子》称太公‘老妇之出夫也’，则古者夫妇不合，辄自离异，夫无河东狮吼之患，妻无中庭相哭之忧，得人道自立之宜，无终身相缠之苦”。他进而指责束缚女性的“俗儒妄为陈义之高”，使得女性受从一而终之苦：“至女子皆为终身之守，虽遇盗贼狂狡，既已误嫁，饮恨终天，无自拔救。遂使夫也不良，得肆终风之暴，而女子怀恨，竟为终身之忧。救之无可救，哀之无可哀。”[④] 康氏通过刻画礼教束缚下境遇悲惨的女性群体形象，强化了改变男尊女卑性伦理的必要性。

陈独秀在其主编的《安徽俗话报》上批评传统婚姻，认为“不能退婚的规矩不合乎情理”，[⑤] 因为包办婚姻往往所适非人，不能退婚会贻误青年们的终身幸福。不仅如此，时人还认为，片面离婚权会严重影响夫妻情感和家庭和睦：“夫妻之间，一言不合，夫可随意休之，一而再，再而三，皆随其夫

---

① 《论中国家族压制之原因》，《警钟日报》1904年4月13日。

② 孙龚、郭清：《论康有为早期的历史进化思想》，《浙江师范大学学报》2003年第5期；何金彝：《康有为的妇女观和卢梭的平等说》，《上海师范大学学报》2001年第5期；孙晓春、杜美玲：《近代中国思想界对“平等”的误释——以康有为〈大同书〉为例》，《探索与争鸣》2015年第8期。

③ ［美］萧公权著，汪荣祖译：《近代中国与新世界：康有为变法与大同思想研究》，江苏人民出版社，1997年，第448页。

④ 《大同书》，姜义华等编：《康有为全集》第7集，中国人民大学出版社，2007年，第60页。

⑤ 三爱：《婚姻》（下），《安徽俗话报》1904年第6期。

之意以为去留，不必问其有无他故也。以致全家之人，皆无相维相系之情形，虽合斋同居，而不能结成团体也。”[①] 此语虽对传统离婚现象的男权特质描述充满了想象和夸大，但其本意与康、陈二人相同，皆在批判两性离婚权的不平等。

从男女平等理念出发，知识分子尝试营造平等的离婚观念。例如，不少刊物经常介绍西方国家两性平等离婚的基本状况。《岭南女学新报》曾以《离婚新例》为题，介绍了美国当时的离婚状态与变化，并以华盛顿州为例，介绍了该州两性可以平等提出离婚的七个方面。而且文末还指出，美国议院试图对离婚问题加以限制，但引起了民众的抗议。[②] 无独有偶，民国初年的《妇女时报》也刊文介绍了美国的离婚问题，不过这次介绍的是“伦偌地”这个地方。文中指出，该地的会馆、旅社、赌市极为兴盛，是供夫妻反目、心情不爽消遣、娱乐的地方。一年四季中，春夏两季离婚率极高，秋季最少；律师为了提高收入，四处招揽生意，大打离婚官司，致使青年夫妻反目离婚者极多。美国居高不下的离婚率，引起了社会学者的担忧。[③]

通过中西婚俗的初步比较和反思，知识界开始提出自己的主张。熟识西方文化的宋恕认为，传统“七出”须改为“三出”，即“舅姑不合，出；夫不合，出；前妻男女不合，出”，此三端离婚权操诸男子，可以提出离婚请求，并以礼相待，将其送回娘家；同时，又赋予了女性的离婚权，“另设五去礼：其三与‘三出’同，二则一为妻妾不和，一为父母无子，归养，皆由妻妾做主。欲去者，向该舅姑、该夫礼辞而去”。[④] 在宋恕的设想中，关于传统女德的内容有所删减，增加了更多的情感要素，即夫妻情感不合、家庭关系不和谐是离婚的充分理由，其理念中对男权有所限制，并赋予了女性主动提出离婚的权力，体现了一定程度的平等观念。陈独秀倡言，“男女不合，都可以禀官退婚，个人另择嫁娶，以免二人不和，勉强配为夫妇，随后弄出

---

① ［美］林乐知：《论振拔女人之源流》，《万国公报》1906年第214册。

② 《离婚新例》，《岭南女学新报》1903年第5期。

③ 镜深：《美国离婚谭》，《妇女时报》1913年第10期。

④ 《六字课斋卑议（初稿）》，胡珠生编：《宋恕集》，中华书局，1993年，第32页。

不美的事来”。[①] 其陈述中，一个“都”字，将男女平等观清晰地表达出来。无政府主义者江亢虎对此明确提出，“夫夫妇以情交，以义合者也，故情义未绝，虽死可守，而情义既绝，虽生可离”。[②] 江氏在此提出了一个非常明确的观念，即情义是夫妻关系存续的要素。情与义虽然是在搬用传统概念，但已然赋予了新内涵。以笔者识力所见，情义基本可与五四时期的恋爱贞操观等量齐观，这里面已然包含了爱情的因素。

以此为基础，有人赋予了女性再婚的合理性：“寰球公理，平等相施，男可以再婚，女可以再醮，其道至平也。男不再婚，女不再醮，其义至大也。”[③] 更有意思的是，康有为在《大同书》中构想了一种男女可以随意结合、离异的婚姻关系：“两人永好，固可终身；若有新交，听其更订；旧欢重续，亦可寻盟。一切自由，乃顺人性而合天理。”[④] 在重构的婚姻伦理秩序中，离婚取得了与结婚同等的合理性。清末民初的知识分子借用传统思想资源，阐发西方两性伦理，初步提出这样一种理念：离婚合天理、顺人性，它是调节两性关系，增进两性情感的重要手段。

不过，清末民初的知识界公开鼓吹离婚自由者甚少，关于离婚观念的解构与重构的资料也是凤毛麟角。之所以出现此种状况，是因为当时知识界的目光主要集中在国家主义的政治框架上，社会改造意识薄弱，对于离婚与婚姻的关系缺少更充分的现代性认知。当时知识界的关注点在于批判家族主义，提振国族主义，故而要求提高女性的家庭地位，增强其社会责任，以期与男性共同担负起御侮自强的重任。因此，当时振兴女权的焦点只关涉结婚问题，就连力倡婚姻自由的晚清女权主义代表作《女界钟》，对于离婚也并未有只言片语。总体来看，清末民初知识界的离婚观念是散乱、浅显的，缺少系统深入的阐述与构建，这种状况直至五四时期才大为改观。

---

① 三爱：《婚姻》（下），《安徽俗话报》1904 年第 6 期。
② 亢虎：《忠告女同胞》，《民立报》1911 年 6 月 8 日。
③ 《男女平等之原理》，《清议报全编》卷 25，附录 1《群报撷华通论》，第 126—131 页。
④ 《大同书》，姜义华等编：《康有为全集》第 7 集，中国人民大学出版社，2007 年，第 76 页。

## 二、 五四时期离婚自由观的建构——以《妇女杂志·离婚问题号》为中心

五四新文化运动虽有矛盾歧义的多重面相，但它仍是孕育中国文化现代转型的思想革命，揭开了近代中国启蒙运动的新篇章。时人在解读其意义时认为，这次运动启蒙了知识青年，“渐渐觉得我是个‘人’，都想摆脱‘非人’的地位，达于‘人’的地位”。[①] 人的意识的觉醒，形塑了青年们的个性主义观念，进而使恋爱成为新性道德的核心要素。作为新观念的接受者，青年们向往自由恋爱，急欲摆脱包办婚姻的羁绊，但“过渡时代的父母往往因礼教家风的关系，不肯听他们正当的离婚。所以这般活泼有为的青年们，脱离家庭关系的有之；欺骗恋人的有之；杀妻的有之”，[②] 这一切“成为老年思想与青年思想冲突的焦点”，[③] 从而使离婚问题受到知识界的广泛关注。

面对青年们思想的剧烈变动以及上述层出不穷的社会问题，《妇女杂志》主编章锡琛以敏锐的嗅觉捕捉到了商机，将第8卷第4号议定为《离婚问题号》(以下简称为《专号》)。《专号》是指期刊将一批相关问题的文章集中于某一期，并另立名目单独发行。[④] 这种形式把讨论的议题集中、深入和系统地呈现出来，能够引导读者深化对议题的认识。从出版角度看，这是一种不错的营销手段，当时的《学生杂志》《礼拜六》等刊物都经常刊发专号。章锡琛自1921年担任杂志主编以来锐意改革，无论在形式上还是内容上都进行了革新，仅在半年时间就将销量从2000余份提高到1万余份。作为资深出版人，章锡琛与其同仁“一方面掌握住当时的社会情势与大众要求，一方面则基于他们接受外来思潮的学识与语言能力，兼顾了该刊的市场走向与

① 《怎样自觉》，《女学界》1923年第20号。

② 卓吾：《我对于婚制下弃妻者的意见和救助被弃妻的方法》，中共天津市委党史资料征集委员会、天津市妇女联合会：《天津女星社》，中共党史资料出版社，1985年，第242页。

③ 沈雁冰：《离婚与道德问题》，《妇女杂志》1922年第8卷第4号。

④ 刘宁元主编：《中国女性史类编》，北京师范大学出版社，1999年，第270页。

传播学理的两大层面”。[①] 因此，他出版的专号颇受青年人欢迎。[②]

离婚问题是五四时期妇女议题中的核心议题之一，但以专号形式讨论离婚问题还是很少见的，对于《妇女杂志》而言也是首次，在社会整体氛围相对保守的1920年代，这需要极大的勇气。因此，有读者提醒编辑说，这恐怕要惹起社会上许多人的反对，但编辑部明确表示，“这离婚问题号，无论是受人欢迎，或受人反对，都是好的。倘若既没有人欢迎，更没有人反对；社会上对于这个问题，一般都抱着无关心的态度，那就糟了”。[③] 也就是说，《专号》出版的重要目的在于引起社会对于妇女问题的关注。正因为如此，编辑部对于来稿，无论立场如何，都一律予以刊登。

《专号》栏目设置细密，开篇有《总论》，汇聚了周建人、沈雁冰等名家之作，阐发了他们对于离婚问题的诸多见解。知识界的离婚观念大力援引了西方文化资源，因此紧随其后的是《离婚问题的两大学说》栏，介绍了爱伦凯女士与福斯德博士关于离婚问题的两类意见；再接着开辟《结婚与离婚》栏，系统介绍结婚与离婚二者之间的关系。婚姻关系的变动离不开制度的支撑，离婚法则是不可忽视的重要内容，因此中外离婚法律的比较又是必不可少的板块，故有《离婚的法制和习惯》栏，与之相关的还设有《欧美离婚问题的现状》栏，介绍了英、美、德等欧美主要国家离婚问题的调查。另外，还有《关于离婚的事实及其批评》和《对于自由离婚的主张和反对》栏，刊登了当时作者们亲历的或观察到的种种离婚的事实，乃至对于离婚的态度等问题。

《专号》除却《发刊旨趣》和《编辑余录》外，共刊发72篇稿件，作者大致分为两个群体：

一是自由来稿的作者。《妇女杂志》有良好的销售渠道，能够发行到多个省、市、地区，并进入南洋等地，产生了较大的影响。[④] 在离婚专号的征

---

① 许慧琦：《〈妇女杂志〉所反映的自由离婚思想及其实践——从性别差异谈起》，《近代中国妇女史研究》2004年第12期。

② 《章锡琛自传》，绍兴县文史资料工作委员会编印：《绍兴文史资料选辑》第10辑，1991年，第38页。

③ 《编辑余录》，《妇女杂志》1922年第8卷第4号。

④ 王鑫：《商务印书馆与中国现代女性启蒙》，商务印书馆，2016年，第20页。

文中，江西作者高伯非这样写道："偶阅《妇女杂志》，登有征求离婚问题的启事。这件事恰恰碰在我的心坎里。"① 杂志设置的议题切中时弊，引起了广泛的共鸣，"海内名家，纷纷投寄大著"，② 现在能够判明省份或地区的作者有浙江的凤子女士、江西的高伯非和子甘、江苏无锡的吴末狂和吴江的严君篇、北京的李季诚女士和李邦典、湖南长沙的梦苇、山西的乔思廉、山东峄县的王思岵等人，还有不少作者无法判别来自何处。总而言之，来稿作者涉及了许多省份与地域，足见杂志和议题的影响力。

二是章锡琛的同仁与好友。《专号》的《编辑余录》中指出，承蒙海内名家纷纷赐稿，以致《专号》页数超过普通号一倍，且"还有许多精彩的文字，因为实在不能收容，不得已只可割爱"。从这一表述笔者推测，来稿数量虽多，但其中应该存在同质化问题，依然不能满足编辑部的需要。在此情境下，编辑部的同仁就需要群策群力弥补其中的不足。章锡琛以瑟庐的笔名③亲自操刀写了《福斯德博士的离婚反对论》《从七出上来看中国妇女的地位》；章氏的搭档、以性教育闻名的周建人则以本名刊文《离婚问题释疑》《中国离婚法上的三绝》，以笔名高山撰写《美国近年离婚的增加》，用笔名乔峰撰写《中国的离婚法》，与紫瑚合作刊发《欧洲各国的离婚法》等多篇文章。被誉为"当代茶圣"的吴觉农，留日期间就是《妇女杂志》的主要撰稿人之一，经同乡胡愈之的联络，吴、章二人成为志同道合的朋友。④ 吴觉农在这里撰写《爱伦凯的自由离婚论》，系统介绍了这位瑞典女性的离婚主张；另外，他还用YD的笔名⑤刊发了《白莲女史离婚记》《一件妥协的离婚》，前者介绍的是日本著名的离婚事件，后者则介绍了中国的离婚事实。儿童文学家何公超以笔名味辛⑥撰文两篇，分别为《离婚的进化》和《战后英国家庭动摇的趋势》；黄幼雄是胡愈之的表兄，与周建人、章锡琛是商务

---

① 高伯非：《江西人现在离婚的事迹》，《妇女杂志》1922年第8卷第4号。

② 《编辑余录》，《妇女杂志》1922年第8卷第4号。

③ 何玮：《"新女性"的诞生与近代中国社会——兼论与日本之比较》，厦门大学出版社，2017年，第78页。

④ 吴觉农：《怀念老友章锡琛》，宋应离等编：《20世纪中国著名编辑出版家研究资料》（2），河南大学出版社，2005年，第496页。

⑤ 金善宝：《中国现代农学家传》第2卷，湖南科学技术出版社，1989年，第40页。

⑥ 丁国成：《中国作家笔名探源》（2），时代文艺出版社，2010年，第189页。

印书馆的同事，[①] 他写的文章为《德国最近之离婚调查》。知白是朱自清的笔名，[②] 他刊发的文章为《离婚问题与将来的人生》。这部分人数量虽不多，刊发的文章却占了总数的五分之一左右，并且都是重量级文章，这不仅体现了编辑部对《专号》栏目的精心设计，也不言自明地表达了《专号》的思想导向。

在《发刊旨趣》中编者再三声明："本号中的文字，包括各种意见，我们不敢希望立时得有解决的方法，不过想作极公平的讨论，使一般人都知道注意罢了。"[③] 编辑部虽试图表明自己的中立立场，但明眼人还是看透了他们的意图。在第 8 卷第 8 号刊登的《离婚问题号的回声》中，有位读者明确指出："《妇女杂志》目下所出的离婚号，虽说是赞成的反对的两样兼收，到底你们的意思，是要提倡离婚自由。"[④] 对于这一意图，记者在回复时并未否认，只是再次申明了他们所主张的离婚的标准罢了。

那么，《妇女杂志》的同仁是如何实现自己意图的呢？自清末以来，国力的衰落推动了思想权势的转移，西方文明在中国有着不证自明的正当性。因此，援引西方理论或文明例证，阐发相关问题的正当性是知识界惯用的套路。本号作者 B. L. 女士曾指出，离婚的理论"近世最鲜明最大胆的，当推爱伦凯女士，次则易卜生、萧伯纳、倍倍儿、嘉本特、巴克司南等等"。[⑤] 在上述人物当中，爱伦凯对中国青年的影响最大。

在日本留学、尚未归国的吴觉农借用日本文化资源，写了《爱伦凯的自由离婚论》[⑥] 一文，其中开篇指出，爱伦凯女士的思想真挚、人格高洁、议论超卓，对人生的指导正确，"现在凡是谈妇女问题的，没一个不在这伟大的女思想家思想支配之下"。她的自由离婚理论尤为世界各学者所倾倒，"把离婚的必要，个人主义的肯定，贞操观念的订正，及对于儿女关系的各重大

---

① 赵畅：《上虞文史资料选粹》，中国广播电视出版社，2008 年，第 280 页。

② 龚明德：《"知白"的〈回忆闻一多〉考读》，《中国现代文学研究丛刊》2017 年第 3 期。

③ 《发刊旨趣》，《妇女杂志》1922 年第 8 卷第 4 号。

④ 《通讯・离婚问题号的回声》，《妇女杂志》1922 年第 8 卷第 8 号。

⑤ B. L. 女士：《离婚问题的实际和理论》，《妇女杂志》1922 年第 8 卷第 4 号。

⑥ 结合五四时期的文化语境，知识界关于"自由离婚"和"离婚自由"概念的运用属于同义表述，笔者在行文表述中延续了这种习惯。

问题，说得非常透彻”。[①] 这为介绍爱伦凯的自由离婚理论做了正当性的陈述。行文主要围绕三方面展开：

首先，自由离婚是否为多夫多妻主义打开了大门？主张一夫一妻者认为，自由离婚是不道德的，这将为世人打开多夫多妻主义的大门。爱伦凯认为，已婚的青年男子诱惑处女，另造家庭，或与家中仆人私通，携手潜逃，在社会上已不是秘密；未婚的男女婚前生儿育女，社会也不以为怪了。她继而反问道："没有离婚的社会上所行的坏事，如正妻以外又有妾妇，正夫以外又有恋人，依真实的意义说起来，难道可以算是一夫一妇制么?"从这些事例分析出发，一夫一妻主义者污蔑自由离婚的口实不攻自破，从而增强了自由离婚论的立论基础。

其次，自由离婚如何处理子女的关系？离婚最大的问题往往是子女抚养的问题，世间的父母多数为了照顾子女而放弃了自己的权益，牺牲了自己的独立人格。因此，爱伦凯指出，"为了要完成养育儿女的责任起见，也决无同栖的必要。假使有人把他们自己幸福的要求，放在种族的幸福要求之下，来主张同栖的必要，这种人只可称'道德的机械'。总之离婚的肯定，对于儿女的养育，也是一种最大的条件"。在她看来，离婚是摆脱困苦婚姻生活，导向幸福的必由之路，同时也为子女的抚育创造了条件，

再次，离婚与贞操是何种关系？其言外之意就是离婚是否不贞之行为。西方的基督教伦理反对离婚，要倡导离婚就要重构离婚与贞操的关系。针对这个问题，爱伦凯特别强调："所谓某人的贞操，全以他自己的力，自己的气节，自己的精神为集中点……这一种的贞操，是人生的一种态度，使恋爱能够伟大的工具。因此贞操的欲求，是自己的完成，内的操守，与心灵的威严，运行于人格感情的内部的。"既然贞操是人生相守的一种态度，推进恋爱升华的工具，这意味着贞操可以随感情的转移而变动，它以保持个人的独立人格为根基。

总之，爱伦凯所主张的自由离婚并不是鼓励有能力结婚者的随意分离，

① 吴觉农：《爱伦凯的自由离婚论》，《妇女杂志》1922年第8卷第4号。

而是为真正解决困苦婚姻而设定的，是防止错误婚姻的方法。她认为，离婚观念有助于个人主义观念的养成和爱情的不断发展，从而推动种族的进化。

其实，吴觉农并不是介绍爱伦凯自由离婚论的第一人，早在两年前就有人在《妇女杂志》刊文宣扬她的观点了。1920 年 7 月，《妇女杂志》第 6 卷第 7 号刊发了作者李三无的文章，集中介绍了爱伦凯的自由离婚观，并阐发了自己的见解。作者首先表达了对爱伦凯本人及其理论的仰慕之情，“她的书里面，详说爱情的性质，爱情和结婚的关系，把爱情这东西，看作结婚的中心要素（Centre element），很为精密周到，不偏不倚，合乎中庸。我是在近代妇女问题学者里面，最佩服最景慕爱女士的”。[①] 接着，他明确表达了文章写作的主旨，就是要与沈雁冰的译作“互相发明”，即互相补充。文章从“自由离婚”的论述入手，将焦点集中在“把爱情这东西，看作结婚的中心要素”这一点上：“我们要想明白爱女士的自由离婚，必须先明白爱女士的爱情与结婚。因为自由离婚这件事，是性的伦理上新道德（New morality）的问题，是对于旧道德（Old morality）的一种革命。必定爱情和结婚，先有不可离的关系，然后自由离婚，才能够成为一种问题。”由此开启了新文化界对爱伦凯理论的接受与阐释路线。[②] 通过作者的分析，有力地阐明了爱伦凯新性道德的要旨，即要在种族改良与个人幸福之间寻得平衡点，而爱情与幸福是新性道德关注的焦点所在。

在西方虽有爱伦凯、易卜生、萧伯纳、倍倍儿等人鼓吹离婚，但各国对离婚的宽大程度与信奉基督教的关系极为密切。天主教视婚姻为圣礼，一般禁止离婚，而新教则相对宽松一些。因此，从总体上看，爱伦凯等人的自由离婚论在西方是受批判的，而反对爱伦凯自由离婚论最力者就是奥地利的福斯德博士。章锡琛撰文介绍《福斯德博士的离婚反对论》，试图以此阐明西方社会反对离婚的基本理由。

章锡琛作为资深编辑人，显然更懂得从哪里切入来介绍福斯德博士的观点更符合逻辑。伦理道德是判断婚姻合理性的价值依据，因此他首先介绍了

---

① 李三无：《自由离婚论》，《妇女杂志》1920 年第 6 卷第 7 号。

② 杨联芬：《爱伦凯与五四新文化》，《中国现代文学研究丛刊》2012 年第 5 期。

福氏的伦理道德观念。福斯德博士从基督教原则出发，认为旧道德在维护婚姻爱情方面是有积极作用的。他指出，旧道德并不蔑视人的感情，它“惟一的目的，不过使人间的感觉性，自然性，完全隶属于精神的要求。其必然的结果，就是必须排斥结婚以外的性的关系”。[①] 也就是说，旧道德的根本作用在于使人的欲望与精神合一，从而起到维护一夫一妻制的作用。

在爱伦凯那里，自由离婚以恋爱的有无为判断依据。因此，要反对自由离婚就必须搞清楚什么是自由。福斯德博士认为，真正的自由并不是放荡和任情、愿望和私欲的自由，而是精神的自由，它的作用在于统御变化动摇的外在感官，从而实现人格的生活。确定的结婚形式，对于实现真实行为的自由最为紧要，因为“确定的形式（结婚），可以说是最坚固的永久自我的表现。……神圣化的永久的形式，不但在于外面的强迫，而且把内面的事实，藉外面来表现。所以婚姻在民法上的形式，是表示性的关系的外面结果，含有外面责任的警戒。婚姻的宗教仪式，是表示这诚挚的关系，对于人间的全内面性所具无限的意义”。由此他认为，自由恋爱是病的、颓废的现象。不仅如此，他还认为，爱伦凯只主张恋爱的做法容易与色情相混淆，性的生活秩序的维护不能完全依靠爱情来保障。主张性关系的自由，不仅容易使人成为感官的奴隶，还妨碍了文明的发展。总而言之，福斯德博士以为：“人的本性，容易流于放纵，不可不有一种形式来制御他。”[②] 从社会生活的实际看，福斯德博士的观点未尝没有道理。

上述正反两方的观点，很容易引发读者的思考。不过，离婚不仅关涉伦理道德，还需要法律制度的支持。那么，西方主要国家的法律，对于离婚又有如何规定呢？对此，作者们做了简要概述。

在《欧洲各国的离婚法》中，紫瑚与周建人合作重点介绍了英、法、德、美[③]等国的离婚法律。从总体来看，欧洲各国的离婚法与中国有很大不同，它深受基督教的影响。在其教义中，结婚不仅仅是一种社会礼仪，同时

① 瑟庐：《福斯德博士的离婚反对论》，《妇女杂志》1922年第8卷第4号。

② 瑟庐：《福斯德博士的离婚反对论》，《妇女杂志》1922年第8卷第4号。

③ 美国在地域上属于北美地区，这是目前公认的事实。但是，美、澳等国是英国殖民扩张的产物，其种族和文化与欧洲密不可分，上述国家的国民长期都以欧洲人自居。

也是在神面前的一种誓约，夫妻之间应负诚实的义务，因此二人之间的离异很难，最多只能别居，而夫妻名分依然保存。在资本主义的发展过程中，欧洲各国的离婚都出现了不同程度的松动，但由于欧洲各国的文化背景不完全相同，英、法、德等国对离婚的宽严度并不完全相同。[①]

作者无競介绍了北欧国家挪威的新离婚法。它制定于 1918 年，次年 1 月 1 日正式实施，故他认为这是欧洲各国中“最新而且很有价值的”[②] 离婚法。为此，他从日本的《国家学会杂志》特意将此译介而来。无競认为，在挪威的婚姻法中最具特色的就是离婚部分。他先介绍了 1909 年前的离婚方式，包括“裁判离婚”和“王许离婚”两种形式；其后离婚法又充实了可以申请“裁判离婚”的条件，从而使离婚更加宽松。1918 年挪威重修的离婚法中最大的特色是增加了“协议离婚”的条款，当然协议离婚并非现在我们所熟知的直接协议离婚，而是先由“劝解所”进行调停，劝解无果才可以在身份监理官处领取别居许可书，别居一年以上方可请求离婚。围绕着别居的条件和夫妻双方财产的分割新离婚法又进行了调整和完善。别居或离婚后一方如若缺乏独立生活能力，则另一方仍有继续抚养的义务，除非对方有重大过错。[③] 这一方法为五四知识界所青睐，大力提倡扶助弱势的一方。

还有不具名的作者，摘录了陈望道刊发在《觉悟》上的《俄国婚姻律》中的离婚部分，记者对此加注说：“现在世界上离婚最自由的要算劳农俄罗斯了。”[④] 文章介绍了婚姻法中“婚姻的解销”部分的 14 条，其中最核心的有两条，即 87 条“一方离婚的希望与双方相互的允诺，本律看作离婚的理由”和 88 条“离婚的请求，可以口头或书面提出”。从这两款条文的规定可见，俄国的离婚基本属于协议离婚法，除非夫妻之间有无法协调的纠纷需要法庭来裁决。相较于上述欧洲各国，俄国的离婚几乎没有什么限制，难怪记者说俄罗斯的离婚最自由。

总之，在现代工业文明的发祥地欧洲，各国的离婚律都不同程度地出现

---

① 紫瑚、高山：《欧洲各国的离婚法》，《妇女杂志》1922 年第 8 卷第 4 号。
② 无競：《瑙威的新离婚法》，《妇女杂志》1922 年第 8 卷第 4 号。
③ 无競：《瑙威的新离婚法》，《妇女杂志》1922 年第 8 卷第 4 号。
④ 《劳农俄国的离婚法》，《妇女杂志》1922 年第 8 卷第 4 号。

了松动和改变，呈现出由限制到自由的发展趋势。那么，在上述离婚法的引导下，欧美各国的离婚状况又怎样呢？周建人通过比较发现，“世界各国离婚案之多，要算美国为第一”。[①] 据万国改良会1916年的调查，美国各州的综合离婚率是每十万人口中有112人，但有几个州的离婚率比结婚率要高，因此引起了美国社会学家和宗教学家的忧虑，故而建议在学校对学生进行婚姻教育，并在法律上控制离婚。总体来看，美国离婚的主要原因为背弃、虐待，这两项占离婚总数的三分之二。在离婚原因的探讨上，周建人的看法与美国社会学家有所不同。在他看来，美国离婚率的攀升，固然与法律对离婚控制宽松有关，更重要的还是工业发展推动了女子的独立，而且19世纪以来的妇女解放运动在其中也有引导作用。

黄幼雄介绍了德国一战前后的离婚状态。他从德国第四大城市科隆入手，并以基尔做比较，集中概括了德国城市离婚发展的趋势，以此作为居民道德评价的标准。文中指出，在1885—1917年的30年间，科隆人口总数大约增长了三倍，离婚数则增长了34倍。科隆的情况在德国并不是孤例，基尔的状况与之相似。总而言之，德国都市的离婚率要比乡村高，这是因为都市人口集中，娱乐业发达，人们受到的各种诱惑比较多；并且男女交际自由，增加了婚外情的发生概率。因此，通奸是德国离婚的主要原因，这在科隆和基尔的情况是相同。通奸的过失一战前以丈夫为主，而战时和战后则以妻子为主。宗教对于离婚也有一定的影响，其中新、旧教杂婚的离婚最高，而旧教结合的夫妇离婚率最低。总而言之，德国战时到战后离婚率呈现增高的趋势是不争的事实。[②] 在何公超刊发的文章中，英国的离婚率在战后也呈现升高的趋势，结婚率反而降低了，家庭出现了动摇的趋势。[③] 总之，从作者们搜集的资料看，欧美主要国家在战后的离婚率都呈上升趋势。

我们通过对欧美离婚状况的梳理知道，这些国家的离婚率虽然在升高，但婚律对于离婚其实都是有限制的，像俄国的那种自由离婚的状况绝无仅有。而且，据日本作家本间久雄观察，在西方戏剧中，除易卜生外，鼓吹自

① 高山：《美国今年离婚的增加》，《妇女杂志》1922年第8卷第4号。
② 幼雄：《德国最近之离婚调查》，《妇女杂志》1922年第8卷第4号。
③ 味辛：《战后英国家庭动摇的趋势》，《妇女杂志》1922年第8卷第4号。

由离婚的作者也很少。[①] 也就是说，在西方如爱伦凯般公开倡言自由离婚者也是少数派。那么，中国的知识界应该如何抉择呢？是选择易卜生、爱伦凯等少数人鼓吹自由离婚，还是如福斯德博士那样固守传统限制离婚呢？

主编章锡琛对此做出了回答。他认为，即使福斯德博士反对自由离婚的主张完全正确，“在我们中国，却万万不能适用。因为中国本不是一夫一妇的国家，向来并不守福斯德所主张严格的旧道德的。我们当然不能拿他的旧道德做招牌，来反对自由离婚”。[②] 章锡琛认识到，福斯德博士之所以反对自由离婚，其目的在于巩固以恋爱为基础的一夫一妻制，而易卜生、爱伦凯等人之所以要鼓吹自由离婚，恰恰在于要重构以恋爱为基础的一夫一妻制。从婚姻家庭进化的历程看，中西方存在明显的代差，而易卜生、爱伦凯等人婚姻观点的“解放”意味，是促使《妇女杂志》同仁做出选择的重要依据，从而表明中国知识界在学习西方进程中的文化自觉。

而且，在启蒙知识界看来，离婚率升高虽是令人担忧的社会问题，但这也恰恰是社会文明、发达的重要标志。1920 年，《少年世界》刊登了张闻天撰写的《离婚问题》，其中着重分析了美国的离婚现象，在阐述离婚原因时，作者着重从宗教的衰败、个人主义精神的增进、妇女运动的发展、妇女经济的独立、城市的迅速崛起、离婚率的松弛等方面进行分析，字里行间就渗透着这样一种理念：美国离婚率的增高是文明发展进步的结果。[③]

在《专号》中不少作者依然在强化这一观念。作者紫瑚明确提出，离婚制度是随文明的进步而发生改变的。文章比较了日、美两个国家的离婚状况，分析了美国与日本离婚率高的原因，阐明了离婚对于调节两性关系和家庭建设的意义。[④] B. L. 女士同样描述了以美国为代表的欧美各国的离婚状态，分析了推动离婚率上升的各种因素，最后指出，离婚率的增加不仅是社会文明进步的必然结果，还是将来过渡到新时代的必经之路。[⑤] 周建人在分

---

① ［日］本间久雄著，幼彤译：《离婚问题的悲剧》，《妇女杂志》1922 年第 8 卷第 4 号。
② 瑟庐：《福斯德博士的离婚反对论》，《妇女杂志》1922 年第 8 卷第 4 号。
③ 张闻天：《离婚问题》，《少年世界》1920 年第 1 卷第 8 期。
④ 紫瑚：《中国目前之离婚难及其救济策》，《妇女杂志》1922 年第 8 卷第 4 号。
⑤ B. L. 女士：《离婚问题的实际和理论》，《妇女杂志》1922 年第 8 卷第 4 号。

析美国社会离婚率升高的原因时就曾指出，美国社会工业发达与女子经济独立是推动离婚率升高的内在主导因素。其潜台词就是离婚率的升高与经济发达、国力强盛有重要关联，而后者恰恰是中国知识界孜孜以求的梦想。何公超梳理了世界各民族在不同时期对待女性的态度，进而说明西方各发达国家都是从野蛮奴役女性逐渐发展到平等离婚的，这与他们文明进化的历程是相吻合的。[①] 在西学东渐的文化背景下，这些文章不言自明地在暗示着读者：西方文明的演化轨迹是中国应当学习和遵从的，西方国家女子的社会地位就是中国女子的未来。

在明确了要宣扬爱伦凯的离婚自由论后，编辑部组织的文稿又如何达成这一目的呢？要宣扬离婚自由的新性道德，便要扬弃或批判传统的性道德。周建人以本名与笔名乔峰分别刊发了两篇文章，系统阐发了自己对传统离婚观的认识。在《中国的离婚法》中，他从《大清律例》的主婚权谈起，认为传统婚姻是典型的买卖婚。在法律上，离婚有“七出”“义绝”和“不相和谐”三个方面，前两者偏重照顾男性，没有照顾到女性的权利；至于夫妇的“不相和谐”，男子可以纳妾来解决，而女性必须遵奉从一而终的贞节要求。因此，周建人认为，传统的离婚“差不多完全是对于女子的一种惩罚”。[②]《中国离婚法上的三绝》是对上文的补充。他从“礼绝”“义绝”与“恩绝”三方面，论证了古代离婚条例中的男权特性，得出了“中国古代实无所谓什么离婚，只有妇人犯了怎样的事件，可以作怎样的处置罢了”[③] 的结论。周建人秉承了五四话语论调，对传统婚姻做了全盘否定。其实，从生活层面看，周氏的观点只能代表传统婚姻的基本面相，而并非婚姻事实的全部。衣食丰足的中上层社会可能更看重礼仪道德，而下层社会受生活所迫未必如此。从没落地主家庭成长起来的周建人未必不了解下层社会的婚姻实况，但他为了服务自己的话语体系而有意将其过滤掉了。B. L. 女士等作者在阐述传统社会的离婚及女性地位时，大都如法炮制。

包括周建人在内的上述作者，在阐述传统社会的离婚观念时，总是有意

---

① 味辛：《离婚的进化》，《妇女杂志》1922 年第 8 卷第 4 号。

② 乔峰：《中国的离婚法》，《妇女杂志》1922 年第 8 卷第 4 号。

③ 周建人：《中国离婚法上的三绝》，《妇女杂志》1922 年第 8 卷第 4 号。

强化“七出”，弱化甚至抹去“三不去”，其目的在于构建饱受压迫的中国女性形象，从而生成了一套妇女解放话语。既然传统的“出妻”离婚法体现了强烈的男权特色，并且在礼法的束缚下离婚还极为不易，那么他们所追求的自由离婚观就能够充分体现男女平等。在他们看来，妇女拥有完全的离婚权是实现自身解放的重要路径。①

《小说月报》的主编沈雁冰援引历史事实和爱伦凯的自由离婚论，试图确立离婚的伦理正义性。他从回顾孔子“出妻”典故和法律的“七出”之条入手，阐明离婚问题在中国绝不是新问题。而且，离婚问题也不仅仅是维新人物的事，它应当是婚姻生活的常态。受传统父权和夫权的影响，当下离婚问题已经成为男和女、父和子（女）争斗的焦点问题，已然影响到家庭的和谐与社会的稳定，已经到了不能不重视的地步。最后，他援引爱伦凯的观点，认为理想的两性道德应当既增进种族的幸福，又能满足个人的快乐，进而表明了自己最终的观点：“离婚与个人道德无损；在男子方面不为不德，在女子方面不为不贞。”② 精通文史的李季谷用二人对话的形式，借他人之口表达了赞成自由离婚的立场。文章指出，恋爱与婚姻的关系密切，它对于个人幸福的实现和种族的改良都有重要推动作用。恋爱的有无是判定离婚的根本立足点，而恋爱在生活中又是变动的，自由结合的婚姻也会破裂而发生离婚。作者服膺爱伦凯的观点，认为自由离婚虽有弊病，但依然要比买卖婚姻要纯洁。因此，自由离婚的新性道德能够在一定程度上矫正旧性道德所产生的罪恶。③ 作者 C. N. 在阐释离婚的意义时，也秉持这种观念。④ 作者庸棠翻译了日本生田长江著的《结婚与离婚》，提倡恋爱结婚，反对赌博式的包办婚姻，同时还认为离婚会促进文明结婚的发展。对于离婚没有限制的状态，作者乐观地估计人类自身的智慧足以能够适应这种变化，而无所限制的状况又足以警醒国人来改变盲婚的状况。⑤

---

① 《发刊旨趣》，《妇女杂志》1922 年第 8 卷第 4 号。
② 沈雁冰：《离婚与道德问题》，《妇女杂志》1922 年第 8 卷第 4 号。
③ 季谷：《离婚问题对话》，《妇女杂志》1922 年第 8 卷第 4 号。
④ C. N.：《离婚的意义与价值》，《妇女杂志》1922 年第 8 卷第 4 号。
⑤ ［日］生田长江著，庸棠译：《结婚与离婚》，《妇女杂志》1922 年第 8 卷第 4 号。

北京的李季诚女士采用釜底抽薪的方法，她以重新定义贞节概念为突破口阐明了离婚的正当性。在五四知识分子看来，传统离婚观念与贞节联系在一起，成为束缚女性的工具。李季诚则认为，“离婚自离婚，贞节自贞节；贞节能否保持，并不在乎离婚不离婚”。既然离婚能与贞节脱离关系，那么如何认定贞节概念呢？她进一步指出，所谓贞节是“因真正的自由恋爱而结合成为夫妇的男女，在恋爱的心理未断或已断而未将婚姻正式解除之时，不再与第三的男女因恋爱而发生性的行为”。[①] 反之，为了保持个人人格的纯洁，恋爱消失就必须选择离婚。因此，无论包办婚姻还是自由婚姻，恋爱消失就要离婚。B. L. 女士基于女性深陷包办婚姻不能自拔的痛苦惨状大声疾呼：“我们为人类进化计，为被压迫的亲爱的姊妹计，都只有主张绝端的自由离婚。救人类的痛苦，更其是我们已成婚与将成婚的姊妹；谋人类的正义真理与幸福，是我们的责任啊！”[②] 她把自由离婚看作女性解放的手段，推动人类进化的工具，这个观点与章锡琛等人在《发刊旨趣》中的观点不谋而合。

对于上述作者阐发的自由离婚的意义，有些作者并不完全认同。周作人在译文中指出，离婚是婚姻生活中的重要问题，其意义并不弱于结婚，非常值得重视。但是，离婚提倡的意义有时间、地域的限定，其意义并非是永恒的。而且，现实中的离婚与戏剧中的有很大不同，存在很多实际困难。[③] 儿童文学家饶上达也不无忧虑地指出，西方国家正在挽救离婚而我国却在鼓吹离婚。是鼓吹离婚还是挽救离婚呢？他主张要慎重对待离婚，不要盲目跟随世界潮流。他还认识到，思想界所主张的离婚自由在社会实践中容易出偏，从而造成诸多弊病。周、饶二人从根本上并不反对离婚，他们只是对于知识界离婚价值绝对性的阐发模式持谨慎态度，提醒大家注意理想与现实、中国与世界之间的落差。

其实，周、饶二人的担心并非多余，处于新旧交替的过渡时期，自由离婚存在诸多现实困境，也确实产生了不少问题。在《关于离婚的批评》栏目

① 李季诚：《离婚与贞节及子女》，《妇女杂志》1922年第8卷第4号。
② B. L.：《离婚问题的实际和理论》，《妇女杂志》1922年第8卷第4号。
③ 周作人译：《现代戏剧上的离婚问题》，《妇女杂志》1922年第8卷第4号。

中刊登了不少离婚难的实际案例。凤子女士现身说法，诉说了自己如何受法官阻挠多年离婚而不得的艰辛经历，[①] 吴觉农详细介绍了一对离婚的夫妇是如何受到双方家族的挤压和打击。[②] 在子甘提供的案例中，一位妻子因丈夫提出离婚愤而自杀；[③] 北京的李邦典则让我们看到，两位男青年是如何用出洋留学的时机遗弃了自己的妻子。[④] 在上述案例中，影响自由离婚的因素有社会的反对、家庭的阻挠、两性独立能力的差异等，作者紫瑚对上述现象做了总结。她指出，一方面受传统习惯的因袭，社会仍把离婚看作不名誉之事，对女性的束缚尤甚；另一方面，女性多缺乏经济独立能力，离婚后难觅活路。因此，中国的离婚难具有独特性："感到这离婚难的苦痛的，只有男子的一方面，至于女子，大多数似乎不但不觉着不能离婚的苦痛，反而觉着要离婚的苦痛。"[⑤] 基于中外国情的不同，中国的自由离婚具有明显的性别特征。

自由离婚强调的是夫妻双方的自主权和平等权，而离婚权是否平等实际上取决于双方社会地位的状况。传统两性分工格局决定了当时多数女性不具备社会独立性，自由离婚权的实践缺少必要条件。上海沪江大学文学系学生陈友琴从经济角度论证了女性经济独立对自身解放的意义，强调了经济独立对女性自由离婚权实现的重要性。[⑥] 既然两性道德的理想状态是既满足个人的快乐，又能增进种族的幸福，那么对于弱势方尤其是女性就不能不加以照顾。

作者朔一指出，近年来青年男子对于婚姻的觉悟进步迅速，而妇女界则相对落后。因此，被离异的妇女将成为未来社会的重大问题。为此，他呼吁"男子对于他无爱情的妻子，尽力加以帮助，使她能够觉悟，否则只想离婚，绝不为她前途设法，不但将来的状况益加混乱，而且也是人道之敌。所以凡

---

① 凤子：《我的离婚》，《妇女杂志》1922 年第 8 卷第 4 号。
② Y. D.：《一件妥协的离婚》，《妇女杂志》1922 年第 8 卷第 4 号。
③ 子甘：《从离婚难发生的悲剧》，《妇女杂志》1922 年第 8 卷第 4 号。
④ 李邦典：《关于两件离婚的事实》，《妇女杂志》1922 年第 8 卷第 4 号。
⑤ 紫瑚：《中国目前之离婚难及其社会救济》，《妇女杂志》1922 年第 8 卷第 4 号。
⑥ 陈友琴：《经济上的离婚观》，《妇女杂志》1922 年第 8 卷第 4 号。

是差不多有离婚的动机的人，都先该为女子的前途设法才好”。[①] 梦苇则提出：“我主张绝对的自由离婚；同时又要想法子使离婚而没有害处。”[②] 他看到当时的离婚常常逼死女子，使离婚变得不道德。因此，离婚要在救济女性上下功夫，只有这样的离婚才是道德的。戴秉衡、李相杰两人不否认爱情在婚姻中的作用，但他俩更倾向于以“人道”作为离婚的标准，如此不仅有助于解决婚姻不良产生的问题，还能避免极端恶性事情的发生。[③] 上述作者秉持的理念与章锡琛等人的观念是一致的。在《编辑余录》中提到，“我们所找出的一点公平的意见，便是说离婚须顾全妇女一方面的情形”。[④]

从章锡琛以及作者们的主流意见看，他们一方面要求突破父权的束缚取得自由离婚权，以实现自我解放，求得人生幸福；另一方，他们又要求牺牲自己，照顾、迁就无辜的女性。前者构建的是伦理学中的外指型道德，它以自我解放或自由的获得为内容，追求的是平等与公正；后者是通过抑制、批评自我解决现实生活问题的内指型道德，“克己”的要求表明他们“把同情带入启蒙理性”，这可以看作启蒙者对儒家“仁”的思想一种深层而本能的反映，体现了知识界的人道主义诉求。内外道德的交互，体现了个人主义与人道主义并重的特色，西学东渐的个人主义观念呈现出了强烈的“西学东化”过程，表达了知识界在现代性构建过程中的本土化努力。

当然，不可能所有的作者都赞成自由离婚，这也是当时社会氛围的集中反映。作为文学研究会重要成员的朱自清，其离婚观念的阐发主要着眼于未来。他认为，离婚是“背逆人生情志”的。当下离婚的增多，是因为大众把婚姻仅仅看作为一种社会或法律现象，配偶双方的结合“不能深深地震荡及精神生命”。[⑤] 如此这般，人类必将弃文明而返野蛮，而离婚就是这种野蛮社会的常态。朱自清厌弃离婚的态度是基于人类未来文明进化的考量，其他论

① 朔一：《离婚与妇女问题》，《妇女杂志》1922年第8卷第4号。

② 梦苇：《离婚问题》，《妇女杂志》1922年第8卷第4号。

③ 戴秉衡：《离婚之标准》，《妇女杂志》1922年第8卷第4号；李相杰：《离婚之标准：爱情与人道》，《妇女杂志》1922年第8卷第4号。

④ 《编辑余录》，《妇女杂志》1922年第8卷第4号。

⑤ 知白：《离婚问题与将来的人生》，《妇女杂志》1922年第8卷第4号。

者反对自由离婚则着眼于当下。作者缪金源“不赞成青年男学生和智识缺乏的老婆离婚！”[①] 他认为，女性无识非己之错且再婚不易，又缺乏必要的谋生手段，易于陷入绝境。因此，作为社会的革新者，青年学生当用平民教育的方式来教育自己的妻子，以达到家庭和谐。李树庭同样认为，离婚要顾及目前男女不平等的现状，尤其是女子缺乏教育不能作为离婚的原因，要想方设法帮助她们。[②] 他们从女性本位出发，要求照顾女性的利益，其反对自由离婚的初衷与礼教守旧者有根本不同。

综合《专号》各栏目的文章，读者不难读懂期刊所传递的意图。《妇女杂志》有非常好的发售渠道，分发行所分布全国 42 个大中城市，对广大读者产生了很大影响。章锡琛主编杂志期间，将读者定位为女学生和女教员，并自我标榜“识字妇女，女校学生，人人欢迎”。读者成玉在给编辑部的信中说：“现在读本志的女子，可算做教师和师范生最多。”[③] 鉴于在女性读者中的重大影响，《妇女杂志》甚至成了长辈馈赠女性晚辈的礼物。[④] 因此，《妇女杂志》的传播效应确实达到了广告中宣传的水准。事实上，读者不仅包括女性，更多的应当是以男学生为主体的男性读者。恽代英在中华大学读书期间，就经常阅读包括《妇女杂志》在内的诸多刊物。[⑤] 在 1923 年《妇女杂志 · 我之理想配偶》的征文中，在 155 名应征者当中男性占比为 83%，其中又以学生和职员为主。[⑥] 在 1925 年《京报》副刊推出的“青年爱读书十部”征集活动中，《妇女杂志》得 11 票，排名 50，而且投票者多为 15—24 岁的男青年。[⑦] 正是这一群体的青睐，迅速拓展了《妇女杂志》的读者群，使其销量达到一万册左右。[⑧] 当时有论者指出，学生时代的青年思想“自欧化东来，五四运动之后，凡为学生者，多趋于求新”，[⑨] 并且在阅读报刊时

① 缪金源：《闺阁的平民教育与离婚》，《妇女杂志》1922 年第 8 卷第 4 号。
② 李树庭：《离婚问题商榷》，《妇女杂志》1922 年第 8 卷第 4 号。
③ 《对于妇女杂志的希望》，《妇女杂志》1921 年第 7 卷第 12 号。
④ 书奴：《我的朋友》，《妇女杂志》1921 年第 7 卷第 7 号。
⑤ 中央档案馆编：《恽代英日记》，中共中央党校出版社，1981 年版，第 242—252 页。
⑥ 瑟庐：《现代青年男女配偶选择的倾向》，《妇女杂志》1923 年第 9 卷第 11 号。
⑦ 《统计的结果》，《京报副刊》1925 年“青年爱读书特刊”。
⑧ 章锡琛：《从商人到商人》，《中学生》1931 年第 11 期。
⑨ 刘伯明讲，夏钟衍记：《我所望于学生者》，《学生杂志》1921 年第 8 卷 12 号。

“只要是新鲜的议论，总是服从”。[①] 这段文字的概括虽不无夸张之处，但从中不难想象《妇女杂志》对他们的影响力。广西青年韦杰三要与妻子离婚，各项事情准备妥当后，“只等八卷四号《离婚问题专号》的《妇女杂志》一到，离婚书一登了报，便剪下来和杂志一同寄回岳家去”。[②] 从这个事例中看到，《离婚问题号》俨然成为青年离婚的依据。

沈泽民在推介爱伦凯的《恋爱与道德》一书时指出：“新道德对于两性关系的最大改革，就是自由离婚。”[③] 自五四新文化运动以来，启蒙的深入与恋爱观念的传播使知识界对离婚问题逐渐重视，《觉悟》《新妇女》《申报》《大公报》《晨报副刊》等报刊上讨论离婚问题的文章逐渐增多，而《妇女杂志》策划的《离婚问题号》将离婚问题的讨论推向了高潮，并确立了以离婚是不是新问题、离婚是否道德、如何解决离婚难为中心的自由离婚议题框架，其后各报刊对于离婚问题的探讨大致都围绕这些问题展开。

有人就参照沈雁冰的手法，通过更详尽的历史梳理来论证离婚问题。中国有悠久的史学传统，并成为古代最辉煌的学问。知识界以此为立足点，或简或繁地梳理中国的离婚史，试图论证离婚在中国是古已有之的客观事实。1923年，《半月》杂志刊发《中国古代离婚考》一文，作者阐释说：在传统社会，不仅男子可以“七出”之名休妻，整体处于弱势地位的女性也有机会提出离婚，从而佐证了一个基本事实，女性自古就有离婚的权利。作者以古论今，目的在于提醒当下的女性，她们虽已逐步取得离婚自由权，但只有追求性情的契合而离婚才是正当的，否则婚姻会因她们的朝三暮四而发生混乱，给冬烘先生反对自由离婚遗留口实。[④] 两年之后，北京作者王重民在《妇女杂志》上发文，重点对古代的再嫁与离婚问题进行了更加绵密的论证。他认为，就历史而言，离婚与再嫁古已有之，后来演进而成为风俗之弊，是开倒车、颠倒历史了。由此，他表明了自己的最终立场：“盖鳏夫寡妇，孤身独处，实是人生不幸的事；而再娶再嫁，又是双方而为满足生活上的缺

---

① 刘伯明讲，汪崇实等记：《学生应有的态度及精神》，《学生杂志》1920年第7卷第9号。

② 韦杰三：《韦杰三集》，广西人民出版社，2006年，第49页。

③ 沈泽民：《爱伦凯的〈恋爱与道德〉》，《妇女杂志》1925年第11卷第1号。

④ 朱枫隐：《中国古代离婚考》，《半月》1923年第2卷第24期。

陷，而必有的要求。又如夫妇的相处，双方觉得有不适宜的地方，自然要改弦更张，以求相适，也是人情之当然。……礼教风俗之弊，我们不要再受他的束缚，尽管照着适宜的合理的方面去做就是了。”① 他从历史进化论出发，阐发了离婚与再嫁风俗的演变轨迹以及利弊得失。在新旧交替的过渡时代，不少读书人都有一定的国学根基，如此引经据典的论证增强了论点的说服力，从而进一步深化了离婚自由的正当性。

马克思指出，理论在一个国家实现的程度，总是取决于其满足需要的程度。如果将其中的“理论”置换为“自由离婚”，也适用于当时的现状。因婚姻专制引发的惨剧不时见诸报端，这引发了知识界的强烈忧虑。以《申报》为例，当时刊登了《杀妻别有毒心肠》《不愿作妾甘就死》《退婚也煞费苦心》《家庭惨事两则》《一段旧式婚姻的惨史》等报道，类似事件在其他报刊也并不鲜见。过渡时代的青年人，充满着对自由婚姻和新生活的渴望，却又在新旧婚制之争中饱受折磨，有人感叹地说：“自由离婚这个问题，是两性问题里最重要的问题，你看！近来多少青年男女为了这个问题，受了多少的烦恼，苦痛，演成了多少悲剧，——癫狂，出走，自杀……这是事实如此，无可讳言的，唉！这是何等迫切重要的一个问题呵！”②

对于此类婚姻惨剧，有人沉痛地说，人世间有一件事是很残忍、很罪过、很可怜的，那就是一对没有爱情甚至还互相仇视的男女，礼教与法律还要强迫他们同室而居、同桌而食、同床而睡，并且要剥夺他们的婚姻自由，使他们永远沉沦于寂寞的、惨暗的地狱中。如何避免悲剧的发生呢？他建议道：“感情不好的夫妇，就人道上讲，是决不应勉强维持这可怜的冷酷的共同生活。那么，婚姻关系，让之自由罢！换句话说：人们是要求自由结婚外，更要求自由离婚呢！”③ 为了避免婚姻悲剧的不断发生，离婚自由被看作人道的解决婚姻问题的手段，因为“这种貌合神离同床异梦的夫妻所组织的家庭与社会，家庭变做了囚牢，社会变作了人间地狱，旦暮只闻悲啼呜咽之声，生人尽成离魂弃魄之鬼，人世间几多惨事与悲剧，都是在这种家庭与社

① 王重民：《论我国古代的再嫁与离婚》，《妇女杂志》1927年第13卷第5期。

② 夏梅：《自由离婚论》，《妇女杂志》1922年第8卷第4号。

③ 李宗武：《自由离婚杂感》，《妇女评论》1922年第57期。

会的状况之下一幕幕地演映在我们的面前”。[①] 所以“自由离婚，是破坏不良结婚的一方法，由于怨偶间心身上所触发的自然要求，没有第三者可以干涉，使之消灭其怨咨，人为的法律亦不能限制渠们自愿的绝缘”。[②]

从法律层面看，《民国民律草案》虽然从来没有禁止离婚，但对离婚还是多方限制的，除非夫妻之间有严重虐待等情事发生。[③] 针对这种状况，有人认为有必要进行改良：将来的婚姻法，要采取自由离婚的原则，可以采取“协议离婚”和“呈诉离婚”两种形式。“协议离婚”只要夫妻双方同意，可函知法庭备案或登报声明，并不需要什么条件。呈诉离婚的条件，不必一定是丈夫的虐待，或夫妻一方有什么重大过失才能构成，只要性情不合、爱情破裂、不堪同居以及实际不能使婚姻保持下去的情形，都可以提请法庭判离。[④]

离婚不自由引发的惨剧时有耳闻，但离婚也会引发悲剧，因为“现在中国的社会里，一般人的脑子太旧，黑暗的势力太深，一经离婚，往往有演成自杀的惨剧；——尤以女子方面为甚，因为女子一被人离弃，便不能在社会上存立”。[⑤] 面对这种棘手的状况还能不能离婚呢？不少社会学者反对离婚，主张忍耐和牺牲。为此，有人说：“我觉得离婚实在是极道德的事，不过在现在因特殊情形——离婚常常逼死女子，变成不道德了。那么，我们只当反对现在中国的不道德离婚，不当反对离婚问题；更不当限制欲离婚的人不离婚，应当帮助欲离婚而不得的人尽行离婚。总之，离婚而不使女子发生不幸，离婚便不是不道德的了。”[⑥] 也就是说离婚自由是绝对的道德，但它的道德性必须以不使女子发生悲剧为前提。当然，也有人反对上述观点。他们认为，离婚后女性的悲惨状况是旧的社会制度造成的，并非自己自暴自弃，她们不能谋生的责任应当由社会来承担，而不应使已觉醒的男子得不到解放，而沦为旧式妇女的牺牲品。因此，作者明确主张，“我们是很明白地主张离

---

① 铁英：《过渡时代之离婚问题》，《华北日报妇女周刊》1929年第9期。
② 朱舜身：《合理的自由离婚和任意的自由离婚》，《妇女评论》1922年第57期。
③ 杨立新点校：《大清民律草案 民国民律草案》，吉林人民出版社，2002年，第357页。
④ 康：《婚姻法与妇女运动自由离婚的原则》，《新广西旬刊》1927年第2期。
⑤ 夏梅：《自由离婚论》，《妇女杂志》1922年第8卷第4号。
⑥ 梦苇：《离婚问题》，《妇女杂志》1922年第8卷第4号。

婚是要绝对自由的，不必因噎废食的去胡乱迁就”。[①]

时论从恋爱自由出发，主要讨论的是新旧结合婚姻的离婚正当性，那么自由结婚的夫妇能否离婚呢？朱希祖在《妇女周报》刊发社评时，提及一位署名顽固少年的作者，他认为只有专制婚姻才能离婚，既然是自由恋爱就不该有离婚。[②] 这种观点在当时有一定影响力，直至1920年代末仍有人坚持这一观点。一位作者在论述新旧结合的婚姻的离婚正当性时，赋予了离婚以很高的期望，把它当作女性解放的重要手段，但同时认为当“新婚姻制度成立稳固的时候，决不可允许有随意离婚的一回事”。[③]

对于这类观点，多数自由离婚论者并不赞同。朱希祖对顽固少年的观点批评说：“他不知道人原是活的，所以恋爱也是活的。凡是活的东西，都时时不息的在变动的。就恋爱而言，如果两人变动的节奏相似，恋爱当然可以继续；但如一有参差，便不免要发生破裂了。恋爱破裂之后，如果仍然勉强地继续着结婚生活，便不是恋爱自由，这是真的文明民族所不许有的。”[④] 实际上，朱氏仍用恋爱自由原则作为批判的武器，这一点也为其他论者所采用。如有人在分析这一问题时就说，“不由自由恋爱而结合的婚姻，应有离婚的自由，已经毫无疑虑了。由自由恋爱而结合的怎么样呢？我想也是非有不可”。[⑤] 为什么自由恋爱的婚姻也须有离婚自由呢？因为没有离婚自由就“维持贞节不住”，也就违背了恋爱贞操观。既然我们承认婚姻要由恋爱而来，而浪漫的爱情却不一定能随人的主观意愿而永葆激情。如果夫妇间的爱情破裂，还要勉强维持婚姻的形式，这不但违背自由恋爱的初衷，还会给夫妻双方造成痛苦。既然婚姻已经失去了存在的价值而不离婚，所谓贞操也就不存在了，还会造成性道德的堕落。还有人认为，爱情与婚姻的事实之间往往会存在差距，因此，“不惟结婚须得自由，即离婚亦须自由！否则，貌合神离，尚有什么人生的真意义？”[⑥]

① 铁英：《过渡时代之离婚问题》，《华北日报妇女周刊》1929年第9期。
② 希祖：《社评（二）》，《妇女周报》1924年第24期。
③ 陈敏书：《关于离婚问题》，《社会》1929年第1卷第5期。
④ 希祖：《社评（二）》，《妇女周报》1924年第24期。
⑤ 李季诚：《离婚与贞节及子女》，《妇女杂志》1922年第8卷第4号。
⑥ 高思廷：《理想之家庭》，《妇女杂志》1923年第9卷第8号。

知识界援引传统资源和西方资源，构建了相对完善的离婚自由观，但它要在家族主义观念根深蒂固的中国落地生根，显然并非易事。因此，“离婚自由”论必然要引起强烈反弹。

反对者普遍认为，“提倡离婚自由是一种极大的破坏行为，因为夫妇定要屡屡离异了”。[①] 传统婚姻关系是家族主义的立身之基，离婚自由是对家族主义的根本动摇，礼教维护者对离婚定然是深恶痛绝的。周建人总结分析说：“他们的根本观念，正如上面所说，肯定人性是坏的，如果婚姻说是可以自由解散，则道德必定要堕落，风化必定要败坏，男女必定要棼乱；要是夫妇有怄气，争斗，背弃，私通，以及谋害的事，这也是没法；男子宿娼，纳妾，则更不是什么重要，只是夫妻说可以自由离异，总觉得有些不可。”[②] 还有坚决固守一夫一妻制的人，对离婚自由所应有的意义也表示怀疑，他们“不论在新闻杂志中，讲坛上，或是学校的课堂里边，都表示他们担忧的意思；以为恋爱的自由，与自由离婚的不是公然开了多夫多妻主义的门路么?”[③]

不仅文化保守派强烈反对离婚，即使沾染新思潮的人也未必赞成离婚，对此有人评论说：“现在内地，对于自由结婚，已经有一部分略略表示赞同了，但是一谈起自由离婚，没有一人不是呶呶恶詈，极端表示他们反对的热忱的！就是嘴里天天说新思潮的朋友们，也都是未敢表示同意似的，可以知道国人思想的一斑了。”[④] 一些主张变革的社会学者，从社会稳定的大局出发，同样不赞成当下的离婚自由。正在美国哥伦比亚大学攻读社会学的孙本文就明确表示，在当前的过渡时代，“凡旧制订的婚姻，在既结婚后，即使夫或妻认为不适当，但一方面并无过失及心身缺点者，主张‘维持’，反对‘离异’”。[⑤] 对于此种论调，有人评论说：“他们的心目中念念不忘的是社会，以为只要社会稳定不动，牺牲点个人无妨。他们只在历史和统计表上做

① 公木：《社评（二）》，《妇女周报》1923年第19期。

② 周建人：《离婚问题释疑》，《妇女杂志》1922年第8卷第4号。

③ 吴觉农：《爱伦凯的自由离婚论》，《妇女杂志》1922年第8卷第4号。

④ Y. D:《一件妥协的离婚》，《妇女杂志》1922年第8卷第4号。

⑤ 孙本文：《我对于郑振壎一类婚姻问题的意见》，《现代妇女》1923年第27期。

功夫，不亲身去看人生。如中国从前的少有离婚案件，社会学家一定说这现象很好，然而中国从前的机械婚姻合理的地方在哪里?”① 孙本文确实是这样想的，他在评论郑振壎的婚姻史时，曾真情地劝告郑振壎式的青年要有牺牲精神，“再〈少〉一点为个人着想，多一点为社会着想；少一点为自己快乐着想，多一点为社会幸福着想；少用一点经历与可怜无助的旧式女子寻衅，多用一点经历为后辈弟妹子孙谋‘自由’”。② 在他看来，离婚自由是未来青年的福利，在当下为了社会的稳定只有隐忍与牺牲。只有如此作为的青年，才是时代所需，并将其誉为“青年英雄”。

反对离婚的声音虽然不绝于耳，但正如时人所论：“世界新潮流之鼓荡，乃天然趋势，虽有大力不能遏止。彼尽力遏止者，乃正助成其反动之势，使之鼓荡愈烈，而潮流之澎湃无所不至矣。自由也、平等也，本道德之至切实者也，乘我国百度革新、思想锐进之会，其学说汹汹而来，实具有冲墙倒壁之猛烈，将旧时专制不适用之陋习尽卷入洪涛以去，亦固其所。”③ 自由、平等理念的输入以及个人主义观念的鼓荡，激发了久已沉睡的青年人对新生活的渴望与热情，对于离婚自由的追求也就更加急迫。1920 年代末，有位作者在阐发离婚问题时说，“现实的中国社会，正在开始新生命的开拓，人们没有不想寻求新的生活，以期作一个新时代的新民的。但是一个人在打算寻求新生活的时候，自然会感到旧生活的不如意，甚至感受着旧生活的痛苦，而且期求生活的欲望愈高，愈会感觉到旧生活格外痛苦难受，结果，必定是决然来谋解除旧生活的束缚。这种努力，诚是新旧交替时代中人群，要赶上潮流、希冀做新时代的人物者所应有的”。④ 在他看来，离婚自由是破旧立新的重要手段，是新时代国民的必然选择。

新性道德论者虽然在鼓吹离婚，但其目的却在于改良结婚。“离婚问题比之结婚问题，在法律眼光之下，其地位更为重要；因为以破坏与建设二方

---

① 公木：《社评（二）》，《妇女周报》1923 年第 19 期。
② 孙本文：《我对于郑振壎一类婚姻问题的意见》，《现代妇女》1923 年第 27 期。
③ 郑逸梅：《短期之离婚》，《快活》1922 年第 32 期。
④ 陈敏书：《关于离婚问题》，《社会》1929 年第 1 卷第 5 期。

严格言之，离婚之外表为破坏，而实含有建设之意义。”① 儿童文学作家陈伯吹也认为，“离婚，在事实上并不是婚姻的破坏者，反是婚姻的第一保障者。一千的结婚，不过是一千的结婚；而一千的离婚，却是二千的结婚”。②《晨光》杂志曾以小说《还是离婚的好》为题，对此进行了阐释：赵希哲和夫人是包办结婚，并生育二子。在赵希哲外出留学的四年间，他的夫人不仅将家产卖光，还找到了自己情投意合的情人，这一切都被留学归来的丈夫知晓。面对丈夫的质问，她撒泼耍赖，拒不承认自己有错；当丈夫拿出其越轨的证据后，她爽朗地承认了自己对婚姻的不满以及和情夫的感情。因此，在媒妁和亲属的陪伴下，两人协议离婚。之后赵希哲又娶了新夫人许湘芬女士，她的品行与其前妻大不相同，深得丈夫的钟爱。一说起此事来，赵希哲总是忙不迭地说：“还是离婚的好。”③ 小说虽带有一定虚构的成分，但它所表达的主题往往是社会观念变动的反映，传递的正是离婚对于婚姻具有建设作用的理念。

在自由离婚论者看来，离婚对于自由的释放、两性关系的调节和婚姻质量的提高都有莫大关系。陈德征对此总结说：“自由离婚，在现在的社会中，是必不可少的一个过程。因离婚自由而得到真正人类的自由；因离婚自由而得到性道德的坚实；因离婚自由而得到社会暗斗的就解除；因离婚自由得到卖淫制度的制止；因离婚自由而得到两性间生理上和心理上的安全。凡是稍涉足于妇女运动的人，怕没有不首肯此说的。”④ 这一点被当时的论者反复申明，如有人就说：“夫妇的和睦有否，实能左右人生整个的精神生活，因为夫妇的相处，是永久的，不是暂时的，是密切的，不是疏远的；像这个最永久最密切的生活，该与人生发生何等重大的关系呀！……我们为谋人类生活的愉快，家庭间的融洽，社会秩序的安宁，民族的盛旺，对于这种由旧式婚姻而结合的夫妇，当然只有主张离婚了。因为只有离婚，才足以替一般打在

① 八二：《从哲理上论我国离婚律的改良》，《妇女杂志》1928年第14卷第7号。
② 陈伯吹：《婚姻问题的六个片段》，《妇女杂志》1928年第14卷第8号。
③ 昔樵：《还是离婚的好》，《晨光》1923年第7期。
④ 德征：《自由离婚和逃婚》，《现代妇女》1923年第18期。

地狱中的罪犯开辟一条重生之路。”[①]“地狱”“囚犯”等惊悚的字眼成为包办婚姻的标签，表达了作者追求精神契合幸福婚姻的热切希望。总而言之，在他们看来，自由离婚既能谋“个人幸福”，又能起到“种族改善”的作用。[②]

正因为离婚的意义如此重大，才获得了知识青年的逐步认同。1921年，陈鹤琴在调查中发现，青年们并未将离婚或退婚作为改良婚姻的主要手段，婚姻改良的焦点还主要集中在结婚问题上，这点无论在已订婚或未定婚者当中基本相同。[③]到1928年的时候，这种情况已大为改观。葛家栋的调查数据显示，在其调查的燕京大学男生中已有50.75%的人赞同离婚。其中，已婚者的比例是35.89%，已订婚者是50.00%，未订婚者为55.3%。[④]在潘光旦的调查中，青年人对于离婚的认同度更高，其中赞成单方不愿同居即可离婚的占42.1%，赞成只有双方同意才能离婚的占94%。[⑤]1930年，梁议生对燕京大学60名未婚女性进行了调查，其中只有两名女生认为应当作出自我牺牲而不离婚，其他人皆赞成离婚。在主张离婚者当中，又以赞成只有双方同意才能离婚的人数最多。[⑥]上述数据表明，在知识界的大力宣传下，离婚已和结婚一样被认同，并成为青年一代改良婚姻的重要选择。

面对知识青年性道德的这种变化，有人评论说：“现今一般青年，想借离婚去防止私通等的不道德，免除室家不睦的痛苦，实在是性的道德向上发达的一种证据。”[⑦]新性道德的倡导与观念的初步确立，其实是清末以来自由、平等理念影响逐步深入的结果，“中国近年来就离婚观念的改变而言，是一种极大的变迁，是家族主义渐次破裂而趋向个人主义的一个运动，这是随思想的潮流而来的一定的趋势，势所必至，阻遏无效的”。[⑧]这就是说，个

---

① 陈敏书：《关于离婚问题》，《社会》1929年第1卷第5期。

② 李宗武：《自由离婚杂感》，《妇女评论》1922年第57期。

③ 陈鹤琴：《学生婚姻问题之研究（续）》，《东方杂志》1921年第18卷第5、6号。

④ 葛家栋：《燕大男生对于婚姻态度之调查》，李文海主编：《民国时期社会调查丛编（婚姻家庭卷）》，福建教育出版社，2005年，第38页。

⑤ 潘光旦：《中国之家庭问题》，李文海主编：《民国时期社会调查丛编（婚姻家庭卷）》，福建教育出版社，2005年，第288—289页。

⑥ 梁议生：《燕京大学60女生之婚姻调查》，李文海主编：《民国时期社会调查丛编（婚姻家庭卷）》，福建教育出版社，2005年，第67页。

⑦ 李季诚：《离婚与贞节及子女》，《妇女杂志》1922年第8卷第4号。

⑧ 周建人：《离婚问题释疑》，《妇女杂志》1922年第8卷第4号。

人主义观念是离婚自由论萌发的根基，离婚自由论是个人主义观念的重要体现。这一现象的产生是世界潮流发展及其在中国的反映，“现代思潮，正倾向于两个相反的方向，一方面把人类社会生活展拓到全世界，他方面又把社会生活收缩成个人生活。前者是‘世界主义’，后者叫作‘个人主义’。两个潮流，互相摩荡，互相融会，互相感应，便孕育成将来社会的新生活”。① 对于个人新生活的追求是离婚自由论萌发与渐次发展的强大内驱力，这也就决定了它一旦产生必然会汇聚成为不可阻遏的社会发展思潮，进而开始改变人们的生活轨迹。

## 第二节 清末以来知识青年的离婚

以恋爱为核心的新性道德对知识青年的影响是显而易见的，他们以此来审视传统婚姻，必然会“对于一切陈调故义，都起了怀疑”。② 因此，传统婚姻遭遇到了前所未有的挑战：“在这二十世纪的中国婚姻制度，确是到了新旧交替的时代——买卖婚姻与自由恋爱互相倾轧着。在这个一倒一顺互碰的急湍的潮流中，我们只看见新的婚姻制度渐来冲破旧的婚姻制度，而旧的制度遂呈现其崩溃的状态，由此所发生的惟一而最明显的事实就是离婚。”③ 离婚现象代表的不仅仅是婚姻问题，而且它还是以婚制为表征的旧制度崩溃的表现，而知识青年则成为时代发展的先锋与旧婚制的掘墓人。

### 一、清末女权意识引导下的离婚、解约

传统社会以家族主义为根基，素来重视婚姻与家庭的稳定，因之礼法观念与法律都以抑制离婚为主要特征。然而，生活毕竟是复杂多变的，即使在最传统、最保守的社会也会出现家庭破裂和夫妻离异。在清史笔记中曾记载了这样一件事：

① 黄石：《家庭组合论》，《妇女杂志》1923 年第 9 卷第 12 号。
② 吴俊升：《我之自白》，《青光》1923 年 6 月 2 日。
③ 陈敏书：《关于离婚问题》，《社会》1929 年第 1 卷第 5 期。

> 黄某，不知何许人，父商于羊城，遂家焉。妻何氏，父在时所聘父执女也。黄阘冗不能自立，父死，遂入于下流，数年尽亡其资，至无以存活。何曰："相偕俱死，与君何益。有一策可两全，君意如何?"黄曰："苟不为门户羞，任卿所为。"何曰："妾姑母有子妇，早寡，欲得一人为伴侣。君如肯舍妾，彼譬如买婢，数十金不吝也。"黄从之。何商于姑，归告黄曰："姑始以离人夫妇，执不可，妾力言之乃可。然须郎亲笔一纸书为券，免日后有违言，姑当以五十金润笔也。"黄欣然书券。何持去，遂不归。①

上述文本记录的实例，反映的是传统社会礼法与生活之间的张力。从中我们看到，何氏之所以主动提出离婚请求，是因为丈夫黄姓无力养家，迫于生计不得已而为之。"在父系制度下，男子对女子的呼声只在她的性，而她的工作价值，他们是不记及的。然而这样错误观念的罚已降到男子身上了。女子还转来的要求，遂专在要求男子能供养他们的能力，而男子的性的价值，正如女子的工作价值一样不重要了"。② 俗话说，"久病床前无孝子，久贫家中无贤妻"。传统社会的女性普遍缺乏自立能力，在生活无以为继的情境下，妻子要点小花招，提出离婚也是无奈之举，这表明即使在礼法森严的清代离婚也是存在的。在该案例中，离婚虽仍以"出妇"形式呈现，但主动权其实把控在女方手中，表达了其在婚姻生活中的某种主动性，这也是深入理解传统性别关系面相的重要实例。

沈雁冰在谈及中国妇女运动时指出，民国"元年的呼声是重在平等，当今的是重在自由"。③ 作者对民初至五四时期妇女解放运动焦点游移变化的判断基本是准确的，但民元呼声的起点可以向前追溯到清末。早在 1885 年，康有为就已经提出了"男女平等之法"。④ 他参合诸子百家的精义，探索儒释两道之微旨，融合西方的新理念，领悟万物"齐同之理"，并将此转移到两

---

① （清）俞樾撰，徐明霞点校：《右仙台馆笔记》，上海古籍出版社，1986 年，第 8 页。

② 转引自《两性结合的基础》，《妇女杂志》1924 年第 10 卷第 11 号。

③ 佩韦：《世界两大系的妇人运动和中国的妇人运动》，《东方杂志》1920 年第 17 卷第 3 号。

④ 康有为：《康南海自编年谱》，中国史学会主编：《戊戌变法》(4)，上海人民出版社，1957 年，第 117 页。

性关系，这一时期编撰的《实理公法全书》即倡言“人类平等是几何公理”。[①] 自此以后，无论是改良者还是革命者，都公开畅言平等。改良知识分子谭嗣同、皮锡瑞和皮嘉佑父子等人，都倾向于从夫妇之伦推导男女平等观念。[②] 革命知识分子则从“天赋人权”出发，鼓吹男女平等。邹容在《革命军》中提出，“必有障碍吾国民天赋权利之恶魔焉，吾侪得而扫除之，以复我天赋之权利”，[③] 认为“天赋人权”是男女都享有的权利。倾向革命的金天翮认为，“天赋人权”为实现女权的基础。[④] 竹桩（蒋维乔）认为，“地球生人以来，斯有男女。男女童生天地间，同有天赋之权利，同有争存之能力”。[⑤] 亚特也说道：“西方新空气，行将渗透于我女子世界，灌溉自由苗，培泽爱之花……夫天生男女，各有义务，即各有应享之权利。”[⑥]

不论是搬运传统资源，抑或援引“天赋人权”理念，清末知识分子的阐发路径虽然不同，但都在宣扬男女平等，鼓吹女权。前已述及，清末知识界把近代社会积贫积弱的根源归咎于女性未尽国民之责，要实现民族国家的建构就必须吸引她们参与民族国家的建设。传统女性的生活空间主要局限于阃内或家庭中，即使是劳动妇女也难以独立走向社会。因此，要实现女权就必须破除包办婚姻，“婚姻自由，为吾国最大问题，而必为将来发达女权之所自始”。[⑦] 这些振聋发聩的新理念，不能不引起清末知识女性思想的变动，进而引导她们在婚姻问题上有所作为。换言之，女性在婚姻伦理中的权力变动，是衡量清末思想启蒙深度的重要标尺。

时人观察到，“自欧风渐染，我国女子固有弃夫他适者矣，更有已经文定，自修尺素，邮递退婚者”。[⑧] 婚约是传统婚姻关系正式确立的标志，无论

---

① 《实理公法全书》，姜义华等编：《康有为全集》第1集，人民大学出版社，2007年，第148页。

② 夏晓虹：《晚清文人妇女观》，作家出版社，1995年，第60页。

③ 邹容：《革命军》，张枬、王忍之编：《辛亥革命前十年间时论选集》第1卷（下），生活·读书·新知三联书店，1960年，第665页。

④ ［日］须藤瑞代著，姚毅译：《中国“女权”概念的变迁：清末民初的人权和社会性别》，社会科学文献出版社，2010年，第71页。

⑤ 竹桩：《论中国女学不兴之害》，《萃新报》1904年第2期。

⑥ 亚特：《论铸造国民母》，《女子世界》1904年第1卷第7期。

⑦ 初我：《女子家庭革命说》，《女子世界》1904年第1卷第4期。

⑧ 江韧兰：《论妇女醉心西法宜有节制》，《妇女时报》1911年第3期。

是在民俗抑或是法律层面都得到认可和支持，退婚相当于离婚。1903 年，《大公报》报道了无锡宣女士自主解约的案例。无锡的裘孝廉聘娶同城宣姓女子为继室，并定于 7 月间某吉日迎娶。宣女士是上海某学堂教习，本人并不同意长兄包办的这桩婚事，为此亲自修书裘孝廉要求退婚："婚配之事，我国旧例必有父母之命，欧律则听本人之意见。前者行聘之事，乃家兄一人之意，某至今方始知，万难为凭。若必欲践约，某当死入裘氏之墓，不能生进裘氏之门"云云。闻孝廉已有复书，允作罢论，退还庚帖。[①] 从报道来看，宣女士的书信既援引了中外婚姻惯例以表明其婚姻无效，又以死相逼表明了自己誓不妥协的决心，再加之裘孝廉通情达理，解约之事遂顺利解决。该报记者高度评价了此事，将其视为"女权发达之嚆矢，婚嫁文明之滥觞"。记者把解约、女权和文明链接在一起，表明他把宣女士解约行为的主体性表达看作女权发达的标志，这一行为的文明属性表明了其与世界现代性的接轨，而女学实则是隐置其中的内在支撑。

1905 年，以倡言"女界革命"为宗旨的《女子世界》，报道了另一位无锡女士杨荫榆的离婚状况："无锡杨女士荫榆，曾在上海务本女学暨苏州景海女塾肄业，自嫁于蒋某后，即不得自由入校，女士深衔翁姑及其夫之专制，即行离婚，复入务本肄业云。"[②] 报道认为，杨荫榆为争取教育权而离婚，而她的侄女杨绛的回忆录则为我们提供了另一种解释。据她回忆，时年 17 岁的杨荫榆遵父母之命嫁入了寓居在无锡的常州籍蒋家，新婚之夜她才发现蒋家少爷不仅面貌丑陋，而且智商低下，与自己无半点共同语言。为此，她痛苦万分，第二天就跑回了娘家，并以罕见的勇气进行抗争，坚决与夫家断绝了关系，从此一生没有再婚。[③] 从常理推测，杨绛作为亲属应该更了解详情，其回忆应更可信。不过，就目前来看，在"离婚"与"求学"的因果关系上，尚无法更进一步判断。

不过，《女子世界》对于这一离婚案例显然非常重视，记者陈志群和主编丁初我同时做了按语点评。陈氏评论说："此女子不依赖男子而能自立之

---

① 《婚嫁自由》，天津《大公报》1903 年 9 月 26 日。
② 《离婚创举》，《女子世界》1905 年第 2 卷第 3 期。
③ 《回忆我的姑母》，《杨绛文集（散文卷·上）》，人民文学出版社，2004 年，第 116—133 页。

先声也。此等事能多见，则婚姻自然改良，而男子自大之气、翁姑专制之风或将从此而稍杀，女士其好为其离者欤。”杨荫榆的离婚抗争被记者赋予了极高的意义，将其视为女子自立的先声、婚姻改良的基础，以及女权实现的基本途径，主编丁初我在评论中也深以为然。两相比较不难发现，杨绛女士是以亲人的身份，对其抱以同情之态度来叙述离婚事实的；而《女子世界》如同上文《大公报》的记者一样，阐发的是女学、女权与离婚的关系。其中细节虽未展开，但其潜藏之意就是女学提升了女子的主体性，激发了权利意识，为其离婚提供了思想支撑，这是启蒙者的分析逻辑。

中国历史上的传奇女性郑毓秀女士早年解除婚约的举动，在清末也引起不小的轰动。郑毓秀的外祖父郑姚，是广东有实力和影响力的大商人，曾因赈济黄河水灾而受到慈禧太后的封赐。或许是商人经常游历的结果，郑姚为人非常开明，有一定的男女平等意识，因此郑毓秀的母亲受到了良好的教育。但因风俗所迫，她的母亲同样遭受了缠足的痛苦。在孩提时代，郑毓秀的母亲就经常给她讲女性缠足的故事，以及给女性带来的痛苦，并鼓励她要跟陋俗做斗争，发展个人智慧，将来能够学以致用，为国家做贡献。在母亲的影响下，她幼小的心里楔入了追求自由的梦想。

1904年，13岁的郑毓秀得知自己即将嫁入两广总督家，而自己对未婚夫的人格、品性、学问却非常隔膜，道听途说来的传闻都是负面的，都在证明其未婚夫是个浪荡子，而且对郑毓秀上学的举动非常不满，这一切都促使郑毓秀决心解约。为了达到目的，她绞尽脑汁设计了三个步骤：先是向父母央求解约，父母迫于风俗压力未能同意；其后让哥哥写信要求对方到欧洲或美国留学，至少也要到北京读大学，此举也遭到对方的拒绝。紧接着，郑毓秀以此为借口说明二人志不同、道不合要求解约，引起对方家庭的极大不满。郑毓秀与两广总督之子解除婚约，其影响可想而知。为了平息舆论，父母只得将郑毓秀送到外地求学，后来在哥哥的帮助下到天津开始接受西方教育，最后走上了留学之路。①

中国现代知名语言学家赵元任的夫人杨步伟，早年解约的过程也可圈可

① 彭望芬：《郑毓秀女士自述（节选）》，《生活》1927年第3卷第2、8期。

点。1889 年 11 月 25 日，杨步伟女士出生在南京一个四世同堂的大家庭。她七岁时开蒙读书，先后在南京旅宁女子学堂、上海中西女墅学习。杨步伟出生三个月后，便由家人指腹为婚，与小她三个月的表弟订了婚约。随着年龄的增长和视野的开阔，她逐渐萌生了退婚的念头。在上海读书期间，她终于鼓足勇气来退婚，并得到了祖父的支持。她的祖父早年曾随曾国藩镇压太平军，攻下南京后受曾氏的委派管理工程建造，后又随同曾纪泽、刘芝田出使英法，做了多年参赞，因此思想颇为开明。在祖父的建议下，杨步伟写了一封退婚信，其中有几句是这样写的："日后难得翁姑之意，反贻父母之羞。既有懊悔于将来，不如挽回于现在。"她的祖父看到这几句颇为赞许，说："你真是成人了，证明你是配有自由权的了，因为又按古礼，又不得罪二表弟，又成全他母子日后免伤感情。我知道你将来对于自己的事情对于帮人家的事情都会弄的好的。"

杨步伟的表弟并非纨绔子弟，虽无大作为，也一度听从杨父的建议入新学堂接受教育，允诺自立才结婚。为此，杨父对于退婚之事颇为内疚，对杨步伟说："你可不可以在信上加一笔，声明牺牲你自己不嫁，将来自己独立？我也是向来拿你当儿子看待的。"她掷地有声地回答："第一我不要有条件的改革婚姻制度，第二他也不见得为着和我退了婚将来就不娶，我何必白贴在里头呢？第三因为这个缘故，我更应该嫁才能给这个风俗打破。但是我嫁不嫁须看我将来认识的人而定，我自然不会专为破除风俗乱找一个人来嫁，自然有好的我才嫁呢。我现在何必要来一个声明管着我自己将来不和男子往来呢？"在祖父的全力支持与父亲的默许下，两家的婚约最终得以解除。①

如果说无锡的宣女士、杨荫榆的离婚与女学启蒙的关系密切，那么郑毓秀、杨步伟两女士的解约行为受家庭教育的熏陶更直接一些，至少从目前接触的史料看似乎是这样。总之，教育对女子主体意识的培育有着重要作用。如果说上述离婚、解约事件是女性婚姻文明意识的重要开端，那么扬州陈榉芝女士在离婚中的权利意识则更进一步明确。扬州府女子陈榉芝与其夫潘步曾离异，之后进入学堂学习三载，并出任京口八旗女学堂教习。在此期间，

① 杨步伟：《一个女人的自传》，岳麓书社，1987 年，第 11—91 页。

她了解到西方妇女离婚的种种权利后，遂向县、府直至江宁藩司提出诉讼，要求夺回子女的抚养权，并取得赡养费。官方对其离婚之举予以认同，“离婚固非常有之事，亦非必无之事，若实有万不能合之势，则断离可也”。但在中国的礼法情境中，历来没有离婚由女方抚养子女和领取赡养费的明文规定，故其要求被驳斥、驳回，并谕令不准再提起诉讼。① 从官报对案件的陈述来看，官方对陈樨芝追讨子女抚养权和赡养费的举动非常恼火，并认为自由、平等理念是这一问题的始作俑者，扰乱了伦理纲常，“父母兄弟之间往往无伦理之可言，而夫妇不必论矣”。在官方的批评声中，我们不难看到，学堂教育对陈女士自由、平等理念的接受有着重要作用，潜滋暗长地推动了女权意识的觉醒。

上述离婚、解约事件中的女性都是那个时代的幸运儿，至少她们都能从自己所认为的不幸婚姻中解脱出来。作为后来者在慨叹之余，可能很难想象在礼教氛围浓厚的清末，做出这一举动显然是要承受不能承受之重。按照大清律法，女方无故撕毁婚约，其主婚人要受鞭笞50的处罚。② 因此，女方有很大的违法风险。再者，在传统熟人社会中，道德舆论的压力往往更难承受。鉴湖女侠秋瑾立志于革命后，恐株连家庭，故而公开声明与丈夫王廷钧等至亲脱离关系以掩人耳目。据《湘乡史地常识》记载，当时乡里亲友，莫不骇怪，认为疯癫而加以唾骂。③ 杨荫榆、郑毓秀两女士因解约之压力，被迫远走他乡去求学。在相同的时代背景下，由这三位女士离婚、解约的处境，可以推想其他女性的状态也未必不是如此。

她们离婚、解约成功的因素是多样化的，其中既有家庭的纵容与暗中支持，还有自身果敢的性格，更有学识的提高和权利意识的增长。前者在某种程度上可以视为父权支持下的女性解放，这与近代男性启蒙的轨迹基本吻合；后者显然是支持这一行为最重要的思想要素。这说明，女权意识的萌发和学识水平的提高是紧密关联的，这一切都与清末女子教育的创办密切相关。

---

① 《批京口八旗女学堂教习陈樨芝禀虐遏无生陈求伸雪由》，《南洋官报》1910年第133期。

② 马建石、杨育棠主编：《大清律例通考校注》，中国政法大学出版社，1992，第443页。

③ 转引自杨建宏编著：《铁血共和：辛亥长沙风云》，湖南教育出版社，2011年，第246页。

中国近代意义的女子教育发端于基督教会创办的女学。鸦片战争之后，传教士基于服从本国文化发展战略的需要，开始在中国创办女学，宣传男女平权理念。1844 年，英国“东方妇女教育促进会”的爱尔德赛女士(Ms. Aldersey)，在宁波创办中国大陆第一所教会女塾。[①] 此后，教会女学方兴未艾。据统计，1847—1960 年间，在五口通商口岸设立的教会女学已达到 12 所。[②] 19 世纪 80 年代以后，教会女学的发展速度加快，截止到 1902 年，全国教会学校约有 287 所，共有学生 10158 人，女生占 43%，约为 4373 人。[③] 教会女校的创办和发展是中国女子教育的近代化发端，它们传播了西方文明，启迪女性认识世界、接受科学思想，在一定程度上冲击了传统文化。

他们在创办女学的同时，还在华创办《北华捷报》《字林西报》《万国公报》等报刊，并出版了《全地五大洲女俗统考》《各国妇女》等著作，宣传男女平等思想和女子教育理念。美国传教士林乐知非常重视女性教育，他认为：“女学愈兴，国势愈强。”[④] 通过中西教育的比较，他进一步指出了教育与女学的关系，“中国教育之尤为缺少而不能与西国教育并衡者，则在于不兴女学”，而女学的兴盛对于国家兴衰有很大关系，“女子无学，终不能得真实之兴盛，西国教化之成为文明，未始不由于振兴女学之功，此则尤有厚望于国者也”。[⑤] 美国传教士狄考文同样指出，“女子无事于诵读”是中国的一大弊病，认为“人有读书之父，固可因父而开知识，如有读书之母，更可因母而益聪明，况引孩提入学问之途，莫善于母”。[⑥] 在西方人构建的启蒙观念中，女学兴盛与否直接关系到种族的进化和国家的强盛，并以此反复告诫中国知识界。

既然女学是如此重要，中国知识界对此不能不重视。早期改良主义者郑

---

① 熊贤君：《中国女子教育史》，山西教育出版社，2006 年，178 页。

② 俞庆棠：《三十五年来中国之女子教育》，庄俞等编：《三十五年来之中国教育史》，商务印书馆，1931 年，第 303 页。

③ 陈东原：《中国妇女生活史》，商务印书馆，1937 年，第 349 页。

④ [美] 林乐知：《基督教有益于中国说》，《万国公报》1895 年第 83 册。

⑤ [美] 林乐知：《中国振兴女学之亟》，《万国公报》1905 年第 200 册。

⑥ [美] 狄考文：《振兴学校论》，《万国公报》1881 年第 65 册。

观应接续了传教士的分析理路，认为中国政治和教化日渐衰落的原因在于女子不能接受教育，故而撰写《女教》提倡女子教育。其后，梁启超也认为“女学最盛者，其国最强”。[①] 少数女性先觉者对兴办女学也纷纷发表意见。卢翠女士说：“向使吾辈皆如西国之女，人人读书，人人晓得普通之学，人人习专门之业，不特以一家之中大有裨益，即一国有事，亦岂无一报效毫末哉。”[②] 冯纫兰女士也指出：“天下兴亡，女子也有责焉。”[③] 通过中西观念的比较以及教会女学的示范和引导，他们终于意识到：“西人通商我华，所到之处多开女学，以辱我国。以堂堂之中国，而无一女学堂，耻孰甚焉。”[④] 于是，由中国人自己创办的女学在清末也陆续开办起来。由此可见，近代中国女学是西学东渐的产物，而其兴盛又与不断高涨的民族主义密切相关。

“鉴于泰西女学堂造就人才之盛”，[⑤] 1898年5月，上海电报局局长经元善联合维新人士梁启超、汪康年、康广仁等人，创办了国人自办的第一所女学校经正女塾，“时则声名鹊起，远方童女，亦愿担簦负笈而来”。[⑥] 为了区别于基督教士在中国创办的教会女学，后又将其称为“中国女学堂”。在经正女塾的引导示范下，1900年广东著名女诗人叶璧华在梅县创办懿德女子小学。[⑦] 清末新政时期，中国女学迎来了快速发展的时期。截止到1907年，全国除吉林、新疆、甘肃三省外，其他各省均有女学堂，总数达428所，女学生人数达到15496人。[⑧] 其中较为有名的女学堂有上海的务本女塾、北京的京师女子师范学堂、天津的北洋女子师范学堂、南京的旅宁女学、长沙的湖南第一女学堂、浙江的爱华女学、杭州女子师范学堂、绍兴明道女师和嘉兴爱国女学社等等。各女学堂的办学宗旨不尽相同，多数学堂倾向于培养善种宜家的新贤妻良母，而东南沿海地区风气开化的民办女学则倾向于培养女性

---

① 《变法通议·论女学》，林志钧编：《饮冰室合集》第1册，中华书局，1989年，《文集之一》第43页。

② 卢翠：《女子爱国说》，上海《女学报》1898年第5期。

③ 冯纫兰：《劝兴女学启》，上海《女学报》1898年第4期。

④ 《内董事桂墅里会商公宴驻沪中西官绅女客第三集》，虞和平编：《经元善集》，华中师范大学出版社，1988年，第197页。

⑤ 《曾若渝茂才论女学堂》，虞和平编：《经元善集》，华中师范大学出版社，1988年，第192页。

⑥ 陈学恂主编：《中国近代教育史教学参考资料》（上），人民教育出版社，1986年，第327页。

⑦ 何国华：《广东最早的女子学校》，《岭南文史》1993年第1期。

⑧ 学部总务司编：《光绪三十三年份第一次教育统计图表》（1907年）。

的新道德，如经正女塾的办学宗旨就是“大开民智张本，必使妇人各得其自有之权”，[①] 广东香山女学的学约则以“国民之母”的养成为教育宗旨。[②] 总而言之，女学教育的发展对于“国民之母”观念的宣扬、女子独立人格的培育和积极人生态度的树立不无裨益。[③]

女学的发展兴盛对女权的扩张起了重要推动作用，为近代婚姻变革奠定了必要的思想根基。时人方君笄指出：“中国女子之无权，实由于无学，既以无学而无权，则欲倡女权，必先兴女学。”[④] 中国素有早婚的习俗，这阻碍了女性走向女学的征途，为此鲍蕴华女士说：“自由婚姻之风不倡，则女学永无兴盛之日。”[⑤] 陈撷芬女士补充道：“婚姻自由，为女学进步之初基。”[⑥] 杨荫榆、郑毓秀、杨步伟等女士早年的解约、离婚，恰恰进一步推动了她们学业水平的提升，正是这一变化成就了她们与众不同的人生之路。她们的生活轨迹充分印证了清末知识界当初的设想，同时也开启了近代权利意识引导下的离婚风潮。

## 二、五四时期知识青年的自由离婚

民国元年，妇女解放运动的焦点在于争夺参政权。在新文化运动的启蒙引导下，知识阶层的视野发生转换，伦理革命中的性道德问题被视为“尤为紧要中的紧要”。[⑦] 正因为如此，以爱伦凯、易卜生、萧伯纳、本间久雄等为代表的国外女权主义者的观点被陆续介绍到国内。经过知识界的反复推介和辩论，离婚自由论在知识青年中取得了一定共识，并掀起了一股离婚热潮。

离婚观念的变化与近代中国社会的巨大变迁有直接关联。有人指出，“繁盛之都市渐增，离婚之事实亦必随之而增……资产阶级的人，易流于逸乐奢淫。性欲冲动强，不易满足……其流毒必先及于上流社会及青年学生，

① 《上海新设中国女学堂章程》，《时务报》1897 年第 47 册。
② 《香山女学校学约》，《女子世界》1904 年第 1 卷第 7 期。
③ 乔素玲：《教育与女性：近代中国女子教育与知识女性觉醒（1840—1921）》，天津古籍出版社，2005 年，第 75—97 页。
④ 方君笄：《兴女学以复女权说》，《江苏》1904 年第 3 期。
⑤ 《鲍蕴华女士由神户来函》，上海《女学报》1903 年第 2 卷第 2 期。
⑥ 《鲍蕴华女士由神户来函》，上海《女学报》1903 年第 2 卷第 2 期。
⑦ 佩韦：《世界两大系的妇人运动和中国的妇人运动》，《东方杂志》1920 年第 17 卷第 3 号。

与劳动阶级的人”。[①] 都市经济的变迁推动了社会生活的变动，传统婚姻观念动摇，离婚渐成扩展趋势。在婚姻观念的变革中，首得风气之先的确实是对外界变化较为敏感的学生群体。

国内青年学生的离婚热潮肇始于留学生。应当说，清末民初的留学风潮，给了中国学生脱胎换骨的机会。他们“入了新的环境，获得一种新的觉悟，才知道人生的婚姻问题与家庭问题，如不及早解决，势必堕落自己的人格，隳灭自己的志气”。[②] 为此，他们在国内外创办刊物，宣传自由、平等新思想以启迪国人，甚至率先垂范摆脱包办婚姻。在日本振武学校读书的寿昌田，自幼即与林君复女士订有婚约，而此时林女士恰也在日本留学。林氏在日本生活艰苦，寿昌田对她时常接济。两人对彼此的学识都较为欣赏，并时常交流切磋，但议论经常难以取得共识。并且，寿昌田虽为男子，但温文尔雅、气挹芝兰，而林女士则豪气冲天，性格相差较大。为此，林女士认为，二人能得朋友之谊，未必能得夫妇之爱，不如解除婚约。这一建议得到寿昌田的许可，并在日本协议解约。[③] 对此有人总结说：“自海禁大开以来，学生多往东西洋留学，他们受了男女平权和自由学说的冲动，不但对于祖国的政治要革命，对于家庭更要革命。有的人夫妇同出洋的，就在外洋自由离了婚。这种风气屡次由留学生输入海内，传染了各学校的学生而普及于全国。”[④]

事实确实如此。近代留学运动不仅为国内青年提供了新的教育机会，同时也拓宽了中外文化交流的通道，重塑了他们的思想观念。社会各界对留学生的期望之一在于能够形成“文化导力”，引领国内新风尚。[⑤] 他们在伦理观念上的新动向，不能不影响到国内的学生：“自五四运动以来及所谓新文化运动提倡打破什么旧礼教以来，而自由恋爱，恋爱结婚，打破盲婚制，自由离婚之说，深中于青年学子的心坎里，饥者甘食，渴者甘饮，于是腾为口

① 饶上达：《离婚问题的究竟观》，《妇女杂志》1922年第8卷第4号。
② Y. D.：《我的离婚的前后——兼质郑振壎先生》，《妇女杂志》1923年第9卷第4号。
③ 《自由离婚》，《东京留学界纪实》1905年第1期。
④ 蔡智传：《中国离婚问题》，《金陵月刊》1929年第2卷第1期。
⑤ 潘光旦：《今后之季报与留美学生》，《留学学生季报》1926年第11卷第1号。

说，播之声诗，蔚成一时的风气，蒸为习尚。”[①] 五四时期广为流播的婚姻自由论，切中了不少知识青年的心坎，为他们破除包办婚姻找到了价值依据。

在《妇女杂志》的一次征文中，青年们在提及自己的包办对象时说：“那位姑娘没有什么好与不好，不过我始终抱反对态度，不愿与一个毫不相识，不曾被我爱过，没受我爱的可能性的姑娘做终身伴侣。”[②] 另一位青年也声称，自己在奉父母之命与一女子结婚后，对妻子一无好感，“我不愿意考察伊底用意，也不愿意知道伊底为人，更不愿意留神伊侍奉姑翁不？爱我不？我总之不承认那种机械式的婚姻制来支配我毕生的幸福，把那种来历不明白的人，来强夺我神圣的爱情”。[③] 从应征者的行文表述看，这些青年接受了婚姻自由观，鄙弃包办婚姻，甚至连一丝共同生活的机会都不愿意给予妻子。从后来者的角度看，这些应征者的思维太迷信恋爱而显得过于僵化，但从当时的客观实际看，他们的担忧却非空穴来风。

在当时《妇女杂志》刊出的离婚案例中，包办婚姻种下的恶果几乎俯拾皆是。作者下天披露了一位知识青年和其童养媳的相处状况：“一对小朋友，一天一天的疏远起来，其主要原因是性情不合，意志不投。无论需要怎么紧要的帮助，都不肯互相求助，而愿事败身伤。偏是他们里人又少——只有他一个祖母，一个姊姊。——往往家里有断人的时候，有时有什么要询问，而除她外又无别人的时候，却宁愿跑到邻舍去打听，而不肯互相问答的。”[④] 由其相互厌恶的程度看，二人的婚姻已无法为继。在吴觉农记录的离婚案例中，一对包办夫妇结婚四年多，在外人眼中是幸福的夫妻，但二人“性格上，智识上果然是格格不相入”，[⑤] 很难融洽相处。

其他刊物刊出的离婚启事对此也多有陈述。《觉悟》杂志刊登了知识青年傅冠雄的离婚宣言，其中说道：“我和谭永益君的结合，完全是由‘父母之命，媒妁之言’，当然说不到恋爱两字上去。从民国五年秋季成婚以来，

---

① 康：《婚姻法与妇女运动自由离婚的原则》，《新广西旬刊》1927 年第 2 期。
② 曹允栋：《我之理想的配偶》，《妇女杂志》1923 年第 9 卷第 11 号。
③ 左天锡：《我底离婚底经过》，《妇女评论》1922 年第 70 期。
④ 下天：《一件离婚的报告》，《妇女杂志》1922 年第 8 卷第 4 号。
⑤ Y. D.：《一件妥协的离婚》，《妇女杂志》1922 年第 8 卷第 4 号。

彼此性情不同，意见各异；不独夫妻恩爱之情全不发生，而且同床异梦，日增郁积，‘怨耦曰仇’，恰是咱俩的写照！六七年来，男的如断梗飘萍，舍家不顾；女的如孤鸾寡鹄，吊影独悲；到底是我害了伊，还是伊害了我呢？推本穷源，不过同是受了盲婚的痛苦罢了！”① 在形象的文学语言描述中，盲婚的青年男女在“围城”中备受煎熬，一干青年读者闻之都会动容，离婚也就成为他们摆脱包办婚姻的重要选择。商伯益和黄素玉在离婚启事中说：“因为盲从父母的命令，误听媒妁的言语……使我们现在的生活，非常的困苦；况且双方的意志性情，全都不合，倘然常此下去，我们以后总要在苦海里讨生活了。”② 王宣与刘娥英在离婚字据中大声疾呼：“无爱、不自由的婚姻，两方苦痛已久。如今表现革命精神，应该快快解放！只因无爱、不自由而离婚，绝不是因为有别的情节，故离婚并不是可耻的事情！决无仇怨的离婚，缓急扶持，仍有责任！但自离婚后，两方婚嫁，各不相干！”③ 在他们的声明中，反复强调包办婚姻与爱情的不兼容，以此阐明爱情的缺位是新旧结合的夫妇离婚的根本原因。

1920年春，北京大学开放女禁，开始招收女大学生，其他高校纷纷效仿，男女同校迅速成为不可阻遏之势。男女社交环境的宽松，为两性恋爱提供了契机，也为后续的离婚埋下了伏笔：“已经承受了包办的婚姻，而又得着新恋爱者的，或已明了非恋爱的结合，不能有幸福的男青年们，欲达到他们恋爱的目的，非和父母包办的妻离婚不可。”④ 恋爱的基本前提是双方具备大致对等的学识基础，能够进行思想交流，进而能产生精神共鸣。因此，自清末以来“学堂知己结婚姻”成为理想的择配标准，当时“一个受过新教育的男子，大都以为和一个旧式女子结婚是可耻的，所以必定要和新女子结婚”。⑤

是否受过学堂教育是区分新旧女性的外在条件，这意味着“女子无才便是德”的传统观念遭到了消解，知识女性逐渐成为青年心仪的佳偶。然而，

---

① 傅冠雄：《我和谭永益君离婚的宣言》，《觉悟》1924年2月10日。

② 《一封宣布离婚的信》，《觉悟》1922年10月9日。

③ 徐思达：《离婚法论》，天津益世报馆，1932年，第239—240页。

④ 卓吾：《我对于婚制下弃妻者的意见和救助被弃妻的方法》，中共天津市委党史资料征集委员会、天津市妇女联合会：《天津女星社》，中共党史资料出版社，1985年，第242页。

⑤ 兰萌：《女子在婚姻上的苦痛与危险》，《现代妇女》1923年第26期。

由于近代中国女子教育起步较晚，加之传统观念根深蒂固的歧视，女子教育并不发达，“女子之得入学校者尚寡”，[①] 以致“已读书的女子与未读书的女子，新式女子与旧式女子之比，和已读书的男子与未读书的男子，新式男子与旧式男子之比差得太远”。[②] 因此，两性学识水平的差距，成为青年们婚姻生活的巨大阻隔。

青年学生叶时修在 15 岁时由该县唐县长做媒，聘了郝姓女子为妻。该女子无父母兄弟，但因继承了家庭遗产之故被唐县长送到县立女子小学读书。叶时修通过测试发现，她的读书天分太差，虽有几年的学习经历，但知识并没有什么进步。故叶氏在怜悯她的同时，也愈发感觉二人并不合适。经过深思熟虑后，叶氏提出了保证郝姓女子名誉和前途等几项离婚条件，从而获得了父母的允准。[③] 作者钱如南的文章中介绍了这样一件事：一胡姓青年遵父母之命娶了幼时择定的乡下妻子，但“因为女子没有学问，心里总觉得不能满意”，故在外求学期间另觅佳偶，进而提出了离婚。[④] 陈望道先生在提及自己的第一次婚姻时曾说：“我是一个曾经过旧式婚姻痛苦的人，当十五六岁时便被强迫结婚……但是我和伊并不是不好，从姊弟的情感上讲，实在是很好的，在我们乡间，谁也说我俩是很好的一对！可是不知怎的，心里总觉彼此不安。”[⑤] 从陈氏与其前妻相处的情况看，如果仅着眼于结伴生活，彼此之间相处还是融洽的，但精神上沟通的障碍成为无法逾越的鸿沟，这种“不安”的根源与二者学识上的差异有很大关系。

东南大学教授郑振壎与妻子启如的婚姻生活可谓典型案例。郑氏本人作为东南大学教授属于高等知识分子，启如则是典型的旧式女子，性情温顺，但目不识丁。起初，仅从二人的性情、性格看彼此还能相处融洽，但随时间的推移，两人学识乃至观念的差距使两人的精神距离越来越远。在交流上，“她同我谈的，是由女仆们传来邻舍新闻，我同她谈的，是普通常识。她同

① 《读寿夫人事略有感》，高平叔编：《蔡元培全集》第 3 册，中华书局，1984 年，第 67 页。
② 菊华：《尊重女性的男子可否与自己不满意的旧式妻子离婚?》《妇女杂志》1924 年第 10 卷第 10 号。
③ 叶时修：《我底婚姻问题底过去与将来》，《觉悟》1924 年 7 月 13 日。
④ 钱如南：《离婚与弃妻》，《妇女杂志》1922 年第 8 卷第 4 号。
⑤ 陈望道：《妇女问题》(续)，《妇女周报》1924 年第 48 期。

我谈的时候，我由喉咙里发一最简单的声音回答她；我同她谈的时候，她亦如此回答我”。知识上的差距，造成了沟通上的巨大障碍，更不用谈精神上的交流。阻碍他们恋爱的还有情感表达方式的差异。郑振壎作为接受了新思想的知识分子，希望能与自己的妻子展开直接的情感交流，彼此畅快地表达爱意。但不幸的是，以启如为代表的旧式女子“往往守定‘上床夫妻，落床君子’的严训，以为对丈夫表示爱情，是有点轻贱相，所以他们终于不能做出那种表示爱情的方式”。[①] 在价值观念上，启如遵循着传统观念，即使有心按照丈夫的要求转变，但在诸多因素的束缚下并没有完全转变成新式女子，这引发了郑氏逃婚甚至离婚的想法。

郑振壎的经历在知识界中引起了普遍共鸣。许多人认为：“这不只是一人的写照，实在可以代表现代许多不美满的婚姻的经过，与最后决定的情况。”[②] 有女性读者也感同身受地说，在其“相识、不相识的姊妹中，如郑振壎夫人的遭遇，已不知有多少了！”[③] 他们夫妻日常生活交流的障碍主要在于学识的差距，而问题的产生固然是因为知识女性数量稀少，更重要的则与传统的延续有关。中国素有早婚习俗，男子结婚后可以继续求学，而旧式妻子多半没有文化，两性之间的文化水平、思想意识相差太远，再加之求学过程中发生恋爱，旧式婚姻自然难以为继。有人曾以当事人的口吻揭示了这种情况：“我对于我的婚事很满意的，因为我生存在旧社会里边，都是一种旧思想。我妻的品貌和妆奁，刚刚适宜于旧社会。到了现在的时候起了反动，看见她仿佛是冤家了。为什么呢？因为我受了文化运动的潮流，晓得女子与男子是一律的，无论文学上交际上都要平等的。哪晓得我之妻子适得其反，字也不认识的，裹足的，面上涂脂粉的，一点没有 20 世纪里边光明的现象。”[④] 因此，“被男子不满意的离婚的旧式妻子，也就比被女子不满意的离婚的旧夫多百倍”。[⑤]

① 陈待秋：《新旧的冲突》，《妇女杂志》1923 年第 9 卷第 4 号。

② 克士：《爱情的表现与结婚的生活》，《妇女杂志》1923 年第 9 卷第 4 号；许元启：《读前号》，《妇女杂志》1923 年第 9 卷第 4 号；Y. D.：《我的离婚的前后——兼质郑振壎先生》，《妇女杂志》1923 年第 9 卷第 4 号。

③ 莲史：《妇女的非人时代——促普天下男性反省》，《妇女杂志》1923 年第 9 卷第 4 号。

④ 陈鹤琴：《学生婚姻问题之研究》，《东方杂志》1921 年第 18 卷第 4 号。

⑤ 菊华：《尊重女性的男子可否与自己不满意的旧式妻子离婚?》，《妇女杂志》1924 年第 10 卷第 10 号。

上述认识与时人的社会调查结论基本相吻合。在陈鹤琴的调查中，青年学生“最不满意自己妻子的地方是缺乏知识”，[①] 在孙本文评阅的一份调查报告中青年们的心态也基本如此：“大部分人的不满意，在妻子的‘缺乏学问及才能’。”[②] 根据知识青年的普遍心态，有人据此认为郑振壎等人婚姻破裂的根本原因，就在于“他们俩的知识程度，相差得太远”。[③] 其实，对新旧结合的夫妇而言，夫妻间的差距不仅仅是知识的差距，更重要的是价值观念的差异，以及由此带来的冲突。有人概括说：“在中国现在的过渡时期，旧式妇女处的是纲常名教社会，洋式青年处的是恋爱自由社会。”[④] 如果这个分析准确的话，那么新青年和旧式妻子之间的矛盾就不是知识的差距可以囊括了，更准确地说应该是新思想和旧习惯、旧意识之间的矛盾。因此，还有人说郑振壎夫妇婚姻危机的原因在于“新旧不调和”，[⑤] 即郑氏对其夫人不满的根子在于她不是一个“新妇人”，“她即使脚也放大了，粉也不敷了，振壎先生的心理，也未必能充分爱她罢？”[⑥] 这种分析可从郑振壎的原文中得到充分的印证：“这几点钟功夫，心里虽挂念小儿，都觉得她走路、做事、说话，都有精神，不像一位太太，像一位新式女子。我很爱她，真心的爱她。我同她复合后，就是这几点钟真心的爱她。”正是因为启如新式女子的做派才赢得了丈夫片刻的欢心，上述作者对郑氏的刻画可谓入木三分、一语中的。

上述实例反映的是，接受了新观念的青年男性缘何与旧式妻子离婚。在五四时期的离婚潮中，少数受新文化运动洗礼的女性，思想也逐渐发生了改变，她们勇于追求个人幸福，像男子一样勇于向包办婚姻说“不”。T. C. T. 女士在受了五四思想的激荡后，对包办婚姻产生了强烈质疑：“我和他没有恋爱，怎样可以结合呢？况且因为学识的不同，志愿的不同，境遇的不同，所以意志性情也决不能适合，将来怎样可以过共同生活呢？”[⑦] 对于包办婚姻

---

① 陈鹤琴：《学生婚姻问题之研究》（续），《东方杂志》1921 年第 18 卷第 6 号。
② 社会科学会社会研究组编制：《大学生婚姻调查报告》，《复旦旬刊》1928 年第 2 卷第 3 号。
③ 阳少努：《重圆的希望——改良环境和增进学识》，《妇女杂志》1923 年第 9 卷第 4 号。
④ 王鉴：《尊重女性的男子可否与自己不满意的旧式妻子离婚?》，《妇女杂志》1924 年第 10 卷第 10 号。
⑤ 高歌：《没有重圆的可能》，《妇女杂志》1923 年第 9 卷第 4 号。
⑥ 莲史：《妇女的非人时代——促普天下男性反省》，《妇女杂志》1923 年第 9 卷第 4 号。
⑦ T. C. T.：《离婚者的悲哀》，《妇女杂志》1924 年第 10 卷第 2 号。

的质疑，不可避免地要走到离婚、解约的道路上。何道韫本是一名乡下女子，同绝大多数传统少女的命运一样，在她十三四岁时父母便为其代订了婚姻，找好了归宿。当时，她年纪尚轻，知识未开化，懵懵懂懂的并不知道婚姻是怎么回事，只能任凭父母做主，毫不过问。到了十七八岁的时候，由于知识的增长，她逐渐懂得婚姻的意义，并发现对方并不是自己心仪的配偶，于是跟自己的父母协商要解除婚约。在父母的支持下，何道韫走向了解约之路，虽然对方家庭过于刁顽，但并没有阻遏她解约的决心。① 何道韫的行为得到了社会人士的支持，他们鼓励妇女要勇敢解除自己不满意的婚姻，无论它是代订的还是自择的，不能因为害怕父母伤心、难堪和社会的指摘而去迁就，因为“迁就的婚姻虽至白头偕老，都是虚伪和丑恶的”。②

在这样的氛围中，不少女性开始宣判不幸婚姻的死刑。民国传奇女性褚松雪出身于浙江嘉兴官宦之家，早年受革命潮流的影响，立志要从事社会改革事业以尽国民之责任，在婚姻问题上有“不遇同志终身不字”的观念。其父母亡故后，在哥嫂的压迫下嫁给了张传经（字伯纶）。张氏出身官僚家庭，毕业于教会创办的南京金陵大学，但在其父的影响下注意力转向了仕途和享乐，这与褚的意愿背道而驰，为此二人时常发生抵牾。1921年秋，经褚提议二人离婚。③

南通女士罗鸿璇与保君建的离婚案，因牵涉当地的两个世家大族而轰动一时。1916年，在媒人的撮合下，南通罗逢吉的次女罗鸿璇与保少浦的第三子保君建订婚。1919年，保君建公费留学美国，后因生病住院结识了医院的女护士，并与之结婚。1923年，保氏携美国夫人回国并将其安顿在上海，而自己又返回南通向罗家提出结婚请求。罗女士察知详细情形后，主动提出解约。在双方家族成员的见证下，婚约最后被取消。尤为难得的是，南通社会名流张謇先生出席了这次解约的聚会，他虽痛骂保君建的自由主义，却极为赞成罗女士解除婚约。作者通过这次解约之事大发感叹，认为罗女士的行为与坚守“从一而终”理念的大家闺秀已截然不同，而这些变化皆由教育所塑

① 何道韫：《解除婚约的宣言》，《妇女周报》1924年第32号。
② 原侠绮：《告要逃免和解除婚约的姊妹》，《青光》1923年5月24日。
③ 褚松雪：《我的离婚略史》，《妇女评论》1923年第100期。

造而来。[①]

广东潮安陈良璧女士的离婚事件也引人注目。1918 年 3 月 19 日，陈良璧嫁给杨振锋为妻，其后备受婆婆和丈夫虐待，悬梁自尽未果。1921 年，杨振锋拟往浙江体操学校求学，陈氏遂将首饰典当助夫求学。谁曾想到，杨氏竟用在体操学校学到的拳术助母殴妻，陈女士遂对其婚姻产生绝望，并提出了离婚要求。潮汕当地的各大报纸都刊登了陈良璧的离婚书，历数了其夫的八大罪状，坚决宣告两人婚姻的破产。[②]

更有上海吴女士因丈夫不讲卫生等细故而提出离婚。吴女士是某女校高材生，1919 年嫁给乔家浜市立高等小学校长陈姓为妻。结婚未及一年，女方便提出离婚，理由是陈姓满身污垢，同宿有碍卫生；每晨必使婢女清洗便壶，有虐待奴仆之嫌。法院以其理由不充分驳回上诉，但吴女士已回娘家，誓不再返。[③]

在传统观念中，离婚素为国人所不喜。清末民初以来，离婚不断涌现，这极大地刺激了国人的神经，故有人说："近来法庭诉讼，男女之请求离婚者，实繁有徒。此皆前所未有，而亦为社会所不乐为者也。"[④] 面对汹涌而来的离婚风潮，政府部门出于多方考虑也试图加以限制，"自来每一高等审判厅长上任，他的例行公事中，必有一件事饬令所属司法机关严限离婚"。[⑤] 1922 年，鉴于离婚案件的增多，北洋政府司法部直接通令各省法院限制离婚：

> 离婚一事，苟有具备一定之条件者，固为法律所不禁。惟者若不稍寓限制，则与风俗前途，大有影响。此后各法院对于受理请求离婚之条件，务须严加取缔；而对于双方手续非十分完备者，尤不宜照准离异。[⑥]

1924 年，司法部针对女学生临嫁潜逃增多的现象，训令各地要予以严

---

① 《罗保两姓撤销婚约》，《妇女周报》1923 年第 4 期。
② 《陈良璧离婚的情形》，《妇女杂志》1924 年第 9 卷第 8 号。
③ 《为不卫生提出离婚书》，《申报》1920 年 5 月 24 日。
④ 无妄：《闲评二》，天津《大公报》1913 年 9 月 15 日。
⑤ 《司法部限制离婚》，《妇女杂志》1924 年第 10 卷第 2 号。
⑥ 瑟：《司法部限制离婚》，《妇女杂志》1923 年第 8 卷第 4 号。

惩。在训令中特别强调，要“取缔离婚，迭经通令在案”。[①] 各省多也按照司法部的精神进行贯彻，浙江高等审判厅通令下级审判厅说：“案查各地近来离婚之案，层见迭出，若不设法消弭，殊为世道人心之害。嗣后各级审判厅，受理离婚案，应该格外慎重，非备具民律草案第一千一百六十二条所列各款之一，并有确实证据者，不得判准离异，以示限制而挽颓风。”[②] 奉天省长王永江也“以离婚案日多，令高审厅转饬各司法机关，照新订离婚章程严行禁止，以维风化”。[③]

司法部的饬令遭到一些知识分子的质疑。萧楚女说：“北京司法部都不乏明哲博通之士，试问：欲以法律规范风化者，果应这样去做么？风化不好的原因——女学生‘临嫁潜逃’的原因，果真只是受了‘不正当学说之煽惑’么？一个能够到了‘临嫁’之时，下决心，不顾伊底名誉，羞耻，以及一切而竟至‘潜逃’的女学生，果就能以此等强迫的法律，使之为精神上之原状回复，而甘心于其本来不愿之婚姻，仍然如没有那种潜逃或要想潜逃之时的心身状态一样么？”[④] 陈望道在批驳浙江高等审判厅通令的时候说，这事共有三层“可怪”：“一、他们不曾搜求‘离婚之案，层见迭出’的缘由，并且不曾统计离婚案底数目，作为研究的对象，仔细地研究，却笼统地指为‘世道人心之害’”；“二、他们不曾知道‘世道人心之害’不是法律所能‘消弭’，‘颓风’不是法律所能‘挽’”；“三、他们不曾知道倘若限制离婚，使不相安的夫妇，不得遂渠们另娶、改嫁之愿，以致造成蓄妾，宿娼，重婚，奸非……等种种罪恶，反足以为“世道人心之害”，反足以增长‘颓风’”。[⑤] 司法部的饬令受到知识分子们的鄙视，这与五四时代注重自我解放和个性的自我发展有关。张奚若在1930年代回顾五四精神时说，五四精神的根本就是“个人解放”：“以个人的良心为判断政治上是非之最终标准却毫无疑义是它的最大优点，是它的最高价值。”[⑥] 因此，从个人的良知感悟出

① 楚女：《取缔女学生离婚问题》，《觉悟》1924年10月18日。
② 晓：《“限制离婚”底昏迷》，《妇女评论》1922年第29期。
③ 《奉天专电》，《申报》1924年3月17日。
④ 楚女：《取缔女学生离婚问题》，《觉悟》1924年10月18日。
⑤ 晓：《“限制离婚”底昏迷》，《妇女评论》1922年第29期。
⑥ 张奚若：《国民人格之培养》，《独立评论》1935年第150号。

发，去判断、衡量社会政治、法律、经济制度之是非，成为五四知识分子的共识，那些束缚人性的制度自然在批判、扫荡之列，即使再三申饬也不可能抑制已然激荡的新思想。特别是对自由结婚的夫妇而言，他们更注重精神的聚合，对于这种固守“过错离婚”的律条多不屑一顾，使其成为一纸空文。

思想前卫者往往采用报纸“声明”的方式协议离婚，既符合法律规范，又体现自由平等之意。暨南大学校长赵正平与其夫人周文洁两人的离婚即是如此。他们在离婚声明中说：

> 予等结婚十余年，家庭间素甚和睦，惟近年来因人生观之不同，并感社会服务之异趋，以及洁委身基督教之志愿，觉有各辟新生活之必要；因各诚意协商，自夏历甲子年起，断然解除夫妇契约，改以兄妹相待。此后对于原有子女，仍尽共同教养之义务，经济责任，由父方负担。其他一切行动，均由个人自主。远近亲友，未能一一告奉，特此声明。①

上述二人离婚的实际情况是否如他们所宣称的那样呢？赵正平早年参加同盟会，有革命经历，周文洁在民初也曾作为女子参政会的代表上书孙中山。② 从这点来看，他们当初的结合也算得志同道合的革命夫妻。所以，他们声称结婚十几年来感情向来和睦，此言应该不虚。另据《黄炎培日记》来看，周文洁在20年代与黄炎培等往来密切，她也应该热衷于女子平民教育。③ 由此可见，他们在职业理想上并无冲突。从现有史料看，赵、周二人的离婚确如他们宣称的那样，是因为周文洁决心献身于基督教事业，使二人的思想信仰产生了分歧，从而损害了夫妻情感。为尊重彼此的独立人格起见，他们选择了和平分手。在当时，这样的事例并不多见，由此获得了邵力子的高度赞誉：“寻常离婚的人，总由于双方情感不洽，甚至于变

① 《赵正平、周文洁两君的离婚》，《觉悟》1924年2月21日。

② 周川主编：《中国近现代高等教育人物辞典》，福建教育出版社，2012年，第455页；《女子参政会上孙中山书》，《时报》1912年3月23日。

③ 黄炎培：《黄炎培日记》第2卷，华侨出版社，2008年，第270页。

成仇雠，有的竟在离婚声明中还忍不住要把对手面辱骂几句，似乎不足以泄愤；赵、周两先生则自白为家庭间素甚和睦，而离婚的主因，乃在乎人生观的不同和对于社会服务的异趣，这真是为拥护灵魂的自由而离婚的了！”而且“‘声明’的性质，仅为奉告远近亲友；不邀律师订明，不经法律手续，亦甚可取”。[①]

当然，也有离婚后用声明这一形式昭告亲朋好友的。《崇宁旅沪学生会杂志》刊载了青年学生陆中义的一则声明：“鄙人曾经旧式婚姻的手续和张女士结婚，可是彼此都非素愿，没有情感，备受精神上的痛苦。幸今双方同意，得家长许可，已于三月十四日离婚，从此脱离桎梏，还我自由身，后当慎重从事，努力前程，尽我职责。特此声明。”[②] 从声明来看，离婚是为反对包办婚姻而起，而且在声明中并未提及自己妻子的名字，由此可以猜测学生会内部对陆中义的情况较为熟悉，故仅以张女士代替。让人感兴趣的是，离婚声明发布的杂志是一份同乡刊物，发行范围应该不大。既然如此，陆中义为何要做如此选择呢？笔者以为，他是要特意向同乡解释自己离经叛道的行为，以求得理解、认同和支持。如此一来似乎又在提醒我们，即使身居上海这样的大都市，乡土社会约定俗成的某些规则依然在影响、制约着某些新青年的行为，尤其是那些由乡村进入都市的青年。

1923年3月6日，《晨报副刊》刊登了黄亚孟与大村兢美的离婚昭告声明：“天性不合，两愿离婚，业于本年二月解除婚约，诚恐亲友未及通知，特刊声明。”有意思的是，这则昭告亲友的离婚声明仅刊登了一天，且共有49个字，只花费了一角钱。化名荆生的周作人为此大发感慨：“离婚这样重大（虽很平常）的事件，要使亲友通知，却只花一角钱，登一天分类广告就了事，我觉得是极可注意的。这虽然是当事人的自由，旁人不能干涉，但在我们看来，这件事至少总是很可注意的，因为这个广告实在很明白的表示出现代中国青年对于结婚的观念之可叹的堕落了。”[③] 在周作

① 《赵正平、周文洁两君的离婚》，《觉悟》1924年2月21日。

② 《陆中义启事》，《崇宁旅沪学生会杂志》1922年第2期。

③ 《一角钱的离婚》，1923年3月14日，钟叔河编：《周作人散文全集》第3册，广西师范大学出版社，2009年，第92页。

人看来，离婚是正当的，但广告刊登的时间太短，表明现代年轻人对婚姻太不重视，这是他们性道德堕落的表现，这个判断与五四新青年理解的离婚自由观念有冲突之处。

登报声明离婚是新人物的创举，但并非所有登报离婚者都是新人物。《半月》杂志曾刊载了这样一则离婚声明："氏夫黄维铨字贵鑫，结缡五载。前尚和洽，近忽待遇不良，视若路人，以致衣食不周，饱受痛苦，感情日恶，诟谇时闻，似此意志不合，断难共同生活。兹经双方协议，亲友作证，即日离异，解脱夫妇关系。所生一女，归黄抚养。此后男婚女嫁，各由自主。谨此声明，伏维公鉴。"① 从离婚声明看，似乎是女方主动提出了离婚，而其动机却是传统的。她表述的"衣食不周"、"饱受痛苦"等非常抢眼，这是夫妻关系恶化的主因。由此可见，马女士自立能力较弱，属于传统女性之列，但她同样选择了报刊声明离婚这种前卫形式以昭告亲友，其影响力可见一斑。

在五四时期的离婚风潮中，为摆脱包办婚姻而离婚的固然很多，而自由结婚者离婚的也不在少数。据曾为北洋政府交通总长的曹汝霖回忆："近来新式婚姻，在交友时，彼此不免有掩饰之处，等结婚后，始真相全露，故亦有离婚之事。"② 作为时代的见证者，他的回忆极具参考价值。当时不少知识分子都认为，离婚"最重要处，却不是离婚问题，实在是结婚问题"。③ 时人有针对性地指出："现在一般青年大都是孟浪式的结婚，不顾前，不虑后，单从盲目不慎审的恋爱而成立，专凭一时冲动而结合，因此结婚快而离婚更快。"④ 自由结婚的夫妇由于婚前考察不够详慎，双方对于彼此的性情、人生观等缺乏足够的了解，从而种下了离婚的根苗。

当然，即使在婚前有充分恋爱或曾经十分和睦的夫妇也避免不了离婚，这与爱情的变迁有关联。因为爱情是男女生理性和社会性相结合的产物，它是"融合了各种成分的一个体系，是男女之间社会交往的一种形式，是完整

---

① 《马雪梅离婚声明》，《半月》1923 年第 2 卷第 24 期。
② 曹汝霖：《一生之回忆》，春秋杂志社，1966 年，第 263 页。
③ 饶上达：《离婚问题的究竟观》，《妇女杂志》1922 年第 8 卷第 4 号。
④ C Y.：《婚姻问题概论》，《妇女杂志》1928 年第 14 卷第 7 号。

的生物、心理、美感和道德体验”。[①] 爱情作为一个复杂的体系，其产生和延续受到诸多因素的制约，其中任何要素的变迁都可能影响爱情的延续。爱情的转移、变迁，对遵奉恋爱婚姻观的夫妇来说，必然意味着婚姻的解体。

张竞生因发起了“爱情定则”的大讨论而名噪一时，但他的婚姻同样遭遇了爱情变迁。褚松雪女士有一次离婚的经历，之后在山西大同、阳高任教的经历也颇多波折。她坎坷的命运经报端公开后引起了张竞生的深切同情，其献身社会的豪情也让他赞赏不已。因此，张竞生立刻给褚松雪写了封短信进行安慰。自此两人鱼雁传书不绝，并在人生、学问、爱情、家庭、婚姻等方面进行了多次交流，二人发现彼此的价值观念非常接近。他们互相敬慕、钦佩，遂坠入了爱河，并于1924年结婚。

褚松雪来到北京后，在张竞生的培养、帮助下文化水平进步很快。他希望褚氏能跟自己过书斋式生活，并成为自己事业上的得力助手，但褚松雪显然志不在此。在北京革命形势的推动下，褚氏献身社会的豪情再次激发。第一次国共合作后，她担任了北京执行部的妇女部长，这些都引起了张竞生的不满。1926年，两人迁居上海后，褚松雪因参与共产党的革命活动而无力照顾家庭，从而引发了二人的激烈冲突，最终导致婚姻破裂，一个自由组合的新家庭在时代的大潮中分崩离析。[②] 毫无疑问，张、褚二人的结合是基于爱情基础之上的人格结合，而且都有服务社会的奉献精神。但二者的差异在于，张竞生主张以夫唱妇随的方式共同进退，而褚松雪更愿意以独立的姿态展示自己，在这一点上二人执拗的性格显然无法调和。

颇具讽刺意味的是，张竞生当初最欣赏褚松雪的地方，最后却成为婚姻破裂的引线，这是当时不少男性女权主义者无法逾越的心理障碍。正如程郁所指出的那样，“近代知识分子所谓女权思想主要还是围绕救国保种的目的，当某些主张触及男权私利时，便不得不显出两性的差异，其主张与实践就不

---

① ［保］瓦西列夫著，赵永穆等译：《情爱论》，生活・读书・新知三联书店，1984年，第29页。

② 参阅《浮生漫谈》，江中孝编：《张竞生文集》（下），广州出版社，1998年，第9—11页；陈漱瑜：《“性博士”传奇——平心论张竞生》，《五四文坛鳞爪》，中国文史出版社，1998年，第269—270页；张培忠：《文妖与先知：张竞生传》，生活・读书・新知三联书店，2008年，第五章之《论辩姻缘》和七章之《沪上恩怨》。

得不自相矛盾”。[①] 西蒙娜· 德 ·波伏娃曾经说过：“真正的爱情应当建立在两个自由人相互承认的基础上；这样情人们才能够感受到自己既是自我又是他者：既不会放弃超越，也不会被弄的不健全；他们将在世界上共同证明价值与目标。对于这一方和那一方，爱情都会由于赠送自我而揭示自我，都会丰富这个世界。”[②] 张竞生即使作为名噪一时的恋爱理论家，对爱情的理解和践行显然也难以达到这个高度。他有意无意渗透出来的男权思想，与褚松雪的独立精神产生了冲突，婚姻的破裂在所难免。

在五四个性主义时代，即使情感浓厚的夫妇也有可能离婚。《申报》中报道了这样一则离奇的离婚案例：臧仲举先生在本地被视为青年才俊，且有美男子之称，故择偶条件甚为苛刻；苗萃英女士丰润轻盈，有醉杨妃之誉。两人由同学发展为密友，最后结为夫妇。但二人蜜月未满，即有离婚之提议，新婚 40 天后二人终于离婚。其离婚不投诉于法官，不取证于亲族，只由双方议定，各告亲族。问其缘由，则曰性情不合。离婚后二人依旧来往不绝，形影不离，形同密友。他们二人的奇特离婚被乡人称之为文明离婚。[③] 他俩的举动为众人所不解，都想一探其中的秘密。萃英的嫂子慧娘秘询其故，答曰“乃性之情不合耳，岂容两误”。两人离婚的真正原因是性生活不和谐，不过鉴于羞于言性的传统，他们只能以“性情不合”作挡箭牌。

当时的文学创作对上述情形也有所反映。《民众文学》刊登了这样一个故事：罗世常先生和华玉坤女士结婚 36 载，二人相敬如宾、恩爱异常。华玉坤女士在此时却突然提出离婚，并委托律师全权处理此事，这让罗世常先生非常不解。在律师那里，夫妻二人进行了温馨的对话。罗先生首先向律师陈述了自己不能答应离婚的三点理由，而面对丈夫的苦苦挽留，华玉坤女士温情而又决绝地陈述了自己坚决离婚的理由：儿子长大成人、经济虽已独立，对我却越发不放在眼里，对我的照顾只是为了避免落得不孝的骂名；儿媳虽貌似恭敬，却笑里藏刀，挑唆儿子与我斗气。他们夫妻如胶似漆，我如

---

① 程郁：《近代男性知识分子女权思想的产生及其矛盾——以梁启超为典型案例》，《中华女子学院学报》2004 年第 2 期。

② ［法］波伏娃著，陶铁柱译：《第二性》（Ⅱ），中国书籍出版社，1998 年，第 754 页。

③ 王梅癯：《文明离婚之隽语》，《申报》1927 年 10 月 22 日。

捣腾他夫妻反目，又于心不忍。本来我想把这些事情告诉你，你一定会从中调剂、斡旋或袒护儿子，反而会影响我们的纯洁之爱。为了不使我们的纯洁之爱葬送在他们手里，我必须选择离婚。离婚手续办妥后，华女士遁入空门。罗先生的儿子听闻父母离婚后，马上表示母亲的行为很知趣，没有做儿女的累赘。罗先生看到儿子果如妻子陈述的那般，气得七窍生烟，随即周游四海去了。[①] 文学作品毕竟是虚构的，对于事件表述的真实性难以考证，但其中的夫妇之爱和离婚问题却是当时社会现实的投射。从作品创作的细腻程度以及离婚主题的选择看，离婚显然在当时的城市生活中并不鲜见，足以反映出新性道德对知识分子的影响。

知识青年的上述离婚行为，说明新性道德的宣传与启蒙取得了一定成效，获得了他们的认同，从而确立了离婚自由的正当性。以此为出发点，因包办而订（结）婚的知识青年们，为寻求理想中的那份爱情、营造幸福生活而离婚，而自由结婚的夫妇则因择偶失当，或是有了价值新追求同样选择了离婚。处在不同生活状态的人群，运用相同的方式来重新选择新生活，表明了离婚对于调整生活状态和提升生活质量的意义所在。

## 三、自由离婚遮蔽下的弃妻行为

知识界对于离婚自由观念的构建，既指向当下处于悲惨婚姻生活的女性，又是对未来两性伦理的规范和畅想。离婚自由的预设前提是男女平等，即两性之间权利和社会地位的平等，只有如此离婚权的赋予才能真正推动女性解放。

不过，在新旧交替的过渡时期，女性的真实处境与知识界所构建的观念有巨大落差。传统礼教的突出特征是“抑女性”，长期受礼教教化的女性背负了沉重的名节包袱，骤然之间难以脱身。即使受过教育的女性，不少人接受的仍是闺阁教育，难以与思想解放的新女性等同。[②] 更重要的是，传统贤妻良母的角色规范，使大多数女性的生活空间局限于家庭中，缺乏社会独立

① 俞慕古：《爱恋式的离婚》，《民众文学》1924年第5卷第10期。

② 小岑：《本刊第十九期的话》，中共天津市委党史资料征集委员会、天津市妇女联合会：《天津女星社》，中共党史资料出版社，1985年，第31页。

性。即使到了民国时期，女性整体的就业空间依旧很狭小，难以取得独立的社会地位。[①] 这一切都决定了多数女性在离婚行为中依然处于保守和被动状态，这与知识界当初的构想并不完全吻合。

相较而言，男性的经济、社会地位和受教育程度整体上要优于女性，他们仍旧保持着性别权力优势。传统社会以“忠孝节义范束全国之人心”，[②] 而此时儒家传统伦理已然崩塌，新伦理道德尚未完全建立，正如闻一多所观察的那样：“新思潮冲进之后，孔子底偶像打碎了，旧有的社会的制裁，不发生效力了，西方来的宗教又嫌他近乎迷信，不合科学精神，而对于艺术又没有鉴赏底能力，于美育底意义更无从捉摸，于是这‘青黄不接’的时期，竟成了‘无法无天’、‘洪水猛兽’底时期了。”[③] 道德约束力的松弛，在一定程度上助长了漠视社会责任、主张个人至上的“唯我主义”。是故，这种性别权力优势促使部分人的离婚行为脱离了知识界预设的轨迹，离婚自由在生活中演变为男子单方的弃妻。

1920 年 11 月，湖南《大公报》刊登了《这个好难解决的问题》一文，介绍了湘潭人彭襄遗弃妻子的事实。文章提到，彭襄从前是北大法预科的学生，后来到法国去留学。他到达法国后，经常给妻子写信，要求她要在家发愤读书，将来也到法国留学。其妻得信之后，就找了先生教授各科学问，学习十分勤奋。谁知上个月彭襄从法国寄回一封信，声称他在法国已经和范女士订婚，并要和妻子离婚。如果她不愿意离家，可以转嫁自己的大哥；如若不愿意转嫁，又不肯离婚，还可以寄居家中，由他每年提供生活费 50 元，条件是终身不得有外遇。彭襄家人接到信后，急得如同热锅上的蚂蚁团团转，他的妻子也深受打击，萌生了自杀之念。幸亏家里人看得紧，再加之百般劝慰，使其逐渐打消了自杀的念头，但终日仍是以泪洗面。

从报纸公布的内容看，彭襄与妻子的离婚是男子单方面的离婚。在离婚问题上，他占有牢牢的主动权，并提出了几种条件让妻子来选择，表明了这位新青年骨子里渗透出的仍是男权主义特质。作者对此非常愤慨，他批评

---

① 何黎萍：《试论近代中国妇女争取职业及职业平等权的斗争历程》，《近代史研究》1998 年第 2 期。

② 梁济：《梁巨川遗书》，华东师范大学出版社，2008 年，第 55 页。

③ 《恢复伦理演讲》，孙党伯等编：《闻一多全集》第 2 卷，湖北人民出版社，1993 年，第 319—320 页。

说："对于他的旧妻，纵然不为法律上之离婚，也应该征求她的同意。这种旧家庭的女子，无缘无故的要离弃她，岂不是命令她去死吗？"至于拿钱供养她，本来是极人道、正当的办法，"但是又为甚么与她一个这样苛刻的条件，难道她就应该寂寞一世吗，这真是专横到了十二分！"[①] 作者虽然非常愤怒，但个人并没有解决问题的良策，故而号召大家来讨论，探寻解决类似社会问题的方法。所以，彭襄弃妻之事不仅在家乡闹得沸沸扬扬，在舆论界也引起了轩然大波。

彭襄弃妻的行为在当时并不是孤立的个案。他在报道中的身份是留学生，而这一群体引领了近代中国的离婚风潮，弃妻作为离婚的一体两面，在他们身上也体现得淋漓尽致。在清末，蔡元培就注意到了这个问题，他感慨地说："男子游学外国，以得偶于彼国略受中等以下教育之女子为荣，而耻其故妇之未入学校，则弃之。呜呼！此诚过渡时代之怪状也。"[②] 民初，胡适在一次演讲的时候对此批评说："中国近年的新进官僚，休了无过犯的妻子，好去娶国务总理的女儿：这种离婚，是该骂的。又如近来的留学生，吸了一点文明空气，回国后第一件事便是离婚，却不想想自己的文明空气是机会送来的，是多少金钱买来的；他的妻子要是有了这种好机会，也会吸点文明空气，不致于受他的奚落了！这种不近人情的离婚，也是该骂的。"[③] 胡适在这里痛骂的不是离婚本身，而是痛恨把它当作升官发财的跳板和喜新厌旧的借口，这在当时并不鲜见。吴宓在日记中对此也痛斥："近乃知西人之荡佚，至于此极。宜乎吾国留美学生，上者如顾□□、魏□□，中者如庄□，下者如周金台，女子如朱胡□□之流，弃约背盟，置人于死地，比李十郎尤为负心。"[④] 显然，伦理革命打压了父权，却为夫权的恣肆打开了新空间，他们以自由的名义，以新人物的面貌，行的却是"休妻""弃妻"之举。

作家庐隐借他人之口隐晦地道出了留学生弃妻的心态，"吾辈留学生，原应有一漂亮善于交际之内助，始可实现理想之新家庭，方称得起新人物。

---

① Liming：《这个好难解决的问题》，长沙《大公报》1920年11月24日。
② 《读寿夫人事略有感》，高平叔编：《蔡元培全集》第3册，中华书局，1984年，第68页。
③ 胡适：《美国的妇人》，《新青年》1918年第5卷第3号。
④ 吴学昭整理：《吴宓日记》第2册，生活·读书·新知三联书店，1998年，第26页。

若弟昔日之黄脸婆，则偶实不类，弟一归国即与离异”。[1] 上海的新闻报纸报道了这样一则启事：

刘畹青反对王德照声明

氏夫王德照，系浙江交涉员王省三之三子；前往美国求学，氏多所资助；氏归之后，生子仁骏，向无恶感。近忽潜沪登报，捏次有亏妇职，突然声明脱离夫妇关系，完全单独行为。

氏不承认，特此登报反对。[2]

在当时留学生主动提出离婚的案件中，捏造妻子有亏妇德是他们的惯用手法，离婚理由的高度一致非常值得怀疑。在传统观念中，除非妻子道德上有污点，否则男子不能随意提出离婚，而这也说明“有亏妇德”可以作为男子提出离婚的有力武器。传统观念在此是否被借用了呢？《刘畹青反对王德照声明》似乎可以给我们的猜测提供一个佐证。在该则事例中，丈夫王德照赴美留学，归国后第一件事就是以妻子有亏妇德为由提出离婚。他选择在上海登报发布单方声明，表明他不仅未与妻子协商，极有可能也瞒住自己的父母。对此，其妻刘畹青女士予以登报驳斥，既不承认自己妇德有所亏损，又拒绝离婚。这则事例在一定程度上说明，声明中丈夫对于妻子的指斥多有不实，有亏妇德只是他单方抛妻弃子的借口，这与庐隐的表述可以相互印证。

还有的知识青年更嚣张跋扈，连这些不正当的理由也懒得捏造，就公然弃妻了。1923 年 4 月 7 日，共进社成员武止戈以报纸声明的方式，单方面宣布与包办妻子王梦真离婚；时隔一年，他又与再婚妻子吴碧云离婚。觉悟社的记者对此批评说：“须知我们赞成的是离婚自由，绝不是‘遗弃自由’呀！”[3] 北京的李邦典有个同乡去美国留学六年，妻子一直寄居在朋友家中。学成归国后，他却与发妻离婚而另娶妻室。前妻是旧式女子无法独立谋生，只得依赖前夫。前夫起先还给几个钱，后来就不再供给了，还振振有词地

① 《时代的牺牲者》，钱虹编：《庐隐选集》（上），福建人民出版社，1985 年，第 321 页。

② 《国内妇女消息·离婚的广告》，《妇女周报》1923 年第 1 期。

③ 力子：《共进社社友武止戈底离婚案》，《觉悟》1924 年 3 月 14 日。

说："我的钱还不够花，哪能再供给旁人呢，叫她先候一候吧。"[①] 旧式女子经济不能独立，其生活之艰难可想而知。

"弃妻"的闹剧在知识阶层之外的其他人群中也不断上演。上海《生活》杂志就报道了这样的事情：

> 江阴人顾德和因父残疾，自幼由母亲教养成人，并经人推荐在上海印刷工厂上班。1927年11月，经人介绍与同乡陈如海的女儿惜凤结婚。新婚蜜月期，两人感情尚好。蜜月之后，顾德和回上海继续工作，但一去之后杳无音信。因家中生活日渐艰难，顾德和的母亲便带领儿媳惜凤来上海寻亲，因探访无着落只得在附近工厂作工。工作之余，母女二人四处寻找顾德和的下落。历尽艰辛后，顾德和的母亲终于探听到儿子的住址，而且还听说要与同事的妹妹黄梅芳结婚。顾德和的母亲怕儿媳妇伤心，自己找到了儿子的住处，并向到场的宾朋诉说儿子已婚的事实。哪知道到场宾客均斥责她思想落伍，不合新思潮，说"陈氏女出身乡曲，目不识丁，实不配为德和妇"，其间还有人恫吓她。顾德和的母亲悲愤异常，企图吞针自尽，但被人救下。

记者对此评论说，顾德和如真受新思潮影响，对于父母所包办的婚事应该在议婚和结婚之时极力反对才是。既享受了新婚和蜜月，还与之发生了生理上的关系，现在又另觅新欢，说什么不同意包办婚事，这是无耻的始乱终弃，而绝非是新思潮的做派！[②] 从报道内容来看，记者的评论合乎实际。另外，从宾客斥责顾母的言论看，有两点值得注意：其一，他们认为女方出身乡曲，配不上顾氏，其中俨然隐含着城乡对立的观念，这是近代城乡二元格局在思想意识上的反映；其二，他们提出女方配不上顾氏的理由是其目不识丁，这表明对知识女性的追求已从知识阶层开始向包括工人在内的其他阶层扩散。

有论者对青年们弃妻的行为批评说："有一部分的男子，他们原来并没

① 李邦典：《关于离婚的两件事实》，《妇女杂志》1922年第8卷第4号。

② 编者：《结婚岂是儿戏?》，《生活》1928年第3卷第52期。

有什么意见，到了后来，或以为配偶者姿色不佳，容貌不扬，别处还可以求得较胜者；或以为智识不如我，才力不如我，别处还可以求得和我不相上下者；于是借着自由离婚的名义，以遂其利己之私，竟把浑然不可分的恋爱，任意的掺入许多条件进去。”① 在其行文表述中，作者态度鲜明地批评了男性离婚的诸种动机，并将其称之为“任意的自由离婚”。而且他认为，以智识、才力作为结婚和离婚的标准，这与旧婚姻制度中以金钱势力而订立婚姻，并没有什么两样。为了防止此类遗弃事件愈演愈烈，以邵力子为代表的时人主张：“在现时我国社会里，凡离婚由女子方面提出的，应绝对尊重其自由，无条件地承认伊；若由男子方面出，那便必须严重地课他底责任，非为伊妥筹善后的方策不可。”② 绝对尊重女性的离婚自由权是女权主义者解放妇女的重要手段，其在现实社会的可行性尚需要讨论，不过男性主动提出离婚已为部分论者所不容。有人就指出，“中国现有的大多数离婚案，是由于少数新式的男子，对着没有机会增进学问、智识的妻，下独断专制的哀的美敦书。可是这样离婚，无论手续十分完全，无论对于旧妻担负物质的津贴或至终身供给，都已为新社会所不齿”。③

性别权力失衡使男性在离婚行为中掌握了更多主动，它刺激了欲望的产生，“弃妻”事件故而不断地被复制、重演。不过，弃妻并非没有风险，尤其是妻子如果来自有实力的士绅家庭，如此侮辱女性名节的举动必然要遭到清算。

1921 年 11 月，长沙《大公报》刊文《又是一桩可研究的婚姻问题》，其中包含四篇文章，而三篇是长沙县立第六高等小学校长周希颂，分别写给胞兄、妻子和家乡绅耆的信，用以表明自己的离婚主张；另外一篇是周的岳父凌凤楼驳斥他所陈列的离婚理由，并替女儿表明了誓不离婚的态度。④

周希颂与妻子凌春贞在宣统年间结婚，在当时属于典型的包办婚姻，凌氏在婚后很自然地扮演着贤妻良母的角色。周则又继续在长沙师范学校

---

① 朱舜身：《合理的自由离婚和任意的自由离婚》，《妇女评论》1922 年第 57 期。
② 力子：《共进社社友武止戈底离婚案》，《觉悟》1924 年 3 月 14 日。
③ 谢扶雅：《结婚离婚的我见——敬陈于中国现代的青年》，《青年进步》1923 年第 61 期。
④ 《又是一桩可研究的婚姻问题》，长沙《大公报》1921 年 11 月 12 日。

求学，在省城读书期间即与其他女子发生恋爱。毕业之后，他就任县立第六高等小学校长，随之提出了离婚要求，并陈述了凌春贞的“十大罪状”，其中有婚姻包办、无子、无职业、无知识、缠足等。面对这些指责，凌春贞因无学识无法公开辩驳，其父面对有辱女儿名节的指控，不可能无动于衷，故他试图借助舆论的力量来澄清此事，并以此打压周希颂，希望打消他离婚的念头。

据凌父称，周、凌两人幼年订婚，结婚以后女儿恪守妇德，服侍公婆，素为乡党们所称赞。周希颂家境并不富裕，起先在乡间读私塾，夫妇感情甚为融洽。自从周氏到了长沙读书，竟然移情别恋，与他人有了感情，故而闹起了离婚。在凌父的叙述中，他称自己女儿的行为无亏于妇德，使己方立于道德的制高点上，那么有悖于家庭道德的自然就是周希颂了。在其叙述逻辑中，有两对相对的概念值得关注，即“乡塾”和“师范”、“隆熏”与“离婚”。在前者中，“乡塾”指代旧学，“师范”代表新学，新旧之间的转换使他们两人的情感由“隆熏”变为“离婚”，因此悖于道德的不仅是周希颂，而新学无形当中也被指责为制造麻烦的始作俑者。

凌父认为，女儿在婚姻生活中并无过错，女婿无故提出离婚是不道德的。他将女婿提出的离婚理由一一分析，并逐条进行驳斥。如周氏声称，两人结婚完全由父母包办，受媒妁欺骗，完全不知对方情况。凌父则认为，清末学校初兴，新学刚刚萌芽，两人结婚之时并不知晓世间有自由结婚之事。因此，两人的婚姻只能由父母包办。并且，两家的住所距离并不远，她的女儿德育、智育、体育三者都具备，彼此都知晓对方的情形，媒妁只是穿针引线促成婚姻，并未有欺骗情形。在凌父看来，父母包办结婚符合当时的实际情况，以今日之道德否定当时的实际情形是站不住脚的。而且，从凌父辩驳的言辞看，他显然熟悉新知识界的思想动态，德育、智育、体育三词的使用可见一斑。“三育”俱全，表明她的女儿与传统羸弱的无知无识的女性形象有很大区别。凌女士是否在清末上过新学堂凌父并未说明，但他的说辞意图在于表明自己的女儿并非完全是旧女性的代表。他应该清楚，当时的知识男性更喜欢有知识的新女性，以此来证明女婿提出离婚的不道德。其后，凌父对于无职业、无子、缠足的指控，依照前面的分析理路依次进行批驳，试图还女儿名节的清誉。

凌父在公开信中批评女婿虐待自己的女儿，而从周希颂给妻子的信来看，其中并不涉及肉体的暴虐，而是我们今天称之为“冷暴力”的凌虐。周氏时常故意奚落凌春贞，通过言语刺激逼迫她同意离婚。他还要求凌春贞外出做工养活自己，看似为凌氏的未来着想，实则言语中充满了威胁的意味：他不齿于凌氏依赖周家，声称她只要不离婚就不给家里钱，让她生活无着。同时，他又给凌氏讲形势，说外面的世界正在闹离婚潮，离婚并不是丑事。总之，周氏通过威逼利诱、反复劝说，试图向妻子传达这样一种理念：只要离婚，她无论在情感上还是经济上，都会有明显的改观。

信件刊出之后，果然如凌父所期望的那样，周希颂的行为引起了舆论的一片骂声。在《大公报》刊出的九篇文章中，都支持凌春贞与丈夫离婚，但赞赏周希颂行为的只有一人，其他作者则明确反对他的离婚主张。如湖南第一师范的裘懿认为，中国的婚姻就现实情况看，绝大部分人还都遵循“父母之命，媒妁之言”的程序，即使如此，里面总有几分你情我愿的成分在内，完全用“包办”“无爱情”等理由来提出离婚，是将罪责甩给社会的不负责任的表现。作者明确指出，他反对包办婚姻，更反对男子对女子的强迫离婚，因为女子尚未达到与男子同等的社会地位，还不能解决自己的生存问题。所以，作为改造家的男子，只能去扶助女性，以达到双方精神的契合。[①] 应当说，裘懿的主张和参与讨论的绝大多数作者是吻合的，这可能也是《大公报》编者的态度。因为周、凌离婚事件在当时非常具有代表性，编辑部不可能只收到九封读者来信，从八比一的刊发比率大概能推测栏目编辑的态度。

周希颂的弃妻行为在新旧知识界中都难以获得支持。无故弃妻为礼法所不容，从周希颂给家乡绅耆的信，就能推测他们对此事的态度；强迫妻子离婚，有违男女平等之意，在报纸舆论的责骂声中，他必然是声名狼藉了。在相同的时代背景下，周希颂的结局基本代表了其他弃妻者的命运。

---

① 裘懿：《我对于“周希颂和凌春贞离婚”底感想》（续），长沙《大公报》1921年11月20日。

离婚和弃妻的区别在于当事者是否考虑到了女性的意愿，能否体现平等观念和人格的尊重。离婚自由观念是知识界修正传统两性伦理，调整传统婚姻生活，推动女性解放的重要手段，其构建过程充分体现了知识界的观念理性。然而，由于两性社会地位的巨大差别，致使性别权力失衡，男性在离婚中占据更多主动权，这与知识界的预期有差距。更有甚者，父权的萎缩和女权的不振在一定程度上助长了夫权的恣肆，离婚自由论成为某些男性遗弃妻子，满足自身欲望的借口，这已背离了离婚自由观念构建的初衷。因此，离婚自由论所表达的观念理性和生活理性之间出现了巨大张力，这是过渡时代社会转型矛盾的写照。

## 第三节　五四时期自由离婚的难局

自五四新文化运动以来，“虽然世界的新潮流洋溢乎中国”，[①] 但传统礼法观念、社会结构以及两性地位并未发生根本性转变，新旧冲突激烈。这就决定了无论观念的、制度的抑或是经济的因素，都可能成为离婚的障碍，离婚自由观念的践行注定步履维艰。

### 一、法律：过失离婚裁量的阻滞

从社会发展的常态看，婚姻法是婚姻生活的制度支撑，用以调节婚姻生活的矛盾，保护当事者的权益。传统社会礼法一体，“男尊女卑”的伦理观念决定了法律制定的男权立场和男性气质。在《大清律·户律》中有若干关于离婚的条文，其中虽有保护女性的意图，以限制男性随意遗弃妻子，但其男性立场鲜明，几乎看不到女子主体性表达的条文。[②] 因此，传统的离婚俗称“出妻”是有法律依据的。

20世纪初，清廷政治衰败，国力衰微，不得已开始了新政改革。为了适

① 吴双热：《婚误》，《礼拜六》1921年第112期。
② 田涛、郑秦点校：《大清律例》，法律出版社，1999年，第212—214页。

应不断变化的形势，朝廷谕派沈家本、伍廷芳“按照交涉情形，参酌各国法律，悉心考订，妥为拟议，务期中外通行，有裨治理”。[①] 从此，中国法律开始近代化转型。借鉴欧律法系公私分立的特点，法律馆会同礼学馆共同起草了中国法律史上第一部民法典《大清民律草案》，第一次以民法而非刑律的形式加以编制和规范，实现了我国亲属立法的历史转变和观念变革。

《大清民律草案》的离婚规范，规定了两愿离婚和诉讼离婚两种离婚形式。前者是指配偶双方基于合意，以契约方式中止婚姻关系；后者是指夫妻一方以法定理由提起离婚之诉。第1362条规定了九项离婚理由：“一、重婚者；二、妻与人通奸者；三、夫因奸非罪被判处刑者；四、彼造故谋杀害自己者；五、夫妇之一造受不堪同居之虐待或重大侮辱者；六、妻虐待夫之直系尊属或重大侮辱者；七、受夫直系尊属之虐待或重大侮辱者；八、夫妇之一造以恶意遗弃彼造者；九、夫妇之一造逾三年以上生死不明者。”[②] 当夫妻一方具备上述法定事由之一时，可向法院提请离婚。上述离婚制度充分吸收了西方国家先进的立法理念，虽未完全实现男女平等，但已非常明确地赋予了女性离婚权，这与传统相比是非常大的进步。

令人惋惜的是，《大清民律草案》尚未来得及实施，大清王朝就土崩瓦解了。不过，民初执政者要面对的事务千头万绪，来不及制定更为完善的民法，只得沿用《大清民律草案》。北洋政府成立后，设立法律编查馆，开始修订民律草案，至1915年编成《民律亲属编草案》，其章目基本与《大清民律草案》相同。1918年，法律编查馆改称修订法律馆，继续对民律进行修订。他们参详《大清民律草案》，调查各省民商事习惯，并参照各国立法进行修订。1925年，《民国民律草案》完成起草工作，并成为北洋时期婚姻立法的载体。

《民国民律草案》与《大清民律草案》相比，削弱了个人主义色彩，扩大了家长权力，强化了包办婚姻制度。在离婚规范中，离婚形式依然有两愿离婚和诉讼离婚两种方式。《民国民律草案》第1151条关于诉讼离婚的法定

---

① 《德宗景皇帝实录》卷498，中华书局，1987年，第577页。

② 杨立新点校：《大清民律草案　民国民律草案》，吉林人民出版社，2002年，第174页。

事由规定，与《大清民律草案》1362条的规定相同，只是在具体适用过程中有不同的限制。而夫妻两愿离婚者，必须呈报户籍吏登记才发生效力，而且还必须经过父母或祖父母的允许，目的在于维护父母或祖父母的主婚权，这在立法观念上具有倒退性。①

即使如此，与传统的“出妻”相比，清末以来民律亲属编中关于离婚的规定，仍有其进步意义。正如时人所论：“《现行民律草案》上的离婚法，男女地位纵使不平等，但已由‘七出’而变为妇人也有向夫提出离异的权利了，不能不说是一个很大的进步。”② 还有人认为，虽然现在的诉讼离婚法需要改良，但其本身也有尊重婚姻，防止因细故离婚之弊。③ 以揭露社会黑暗、军阀横暴和婚姻不自由为主旨的《礼拜六》刊登了这样一则案例：郑士英与他的夫人朱太太一起生活了60年，朱太太本想给丈夫做80大寿，但在算命先生那里意外得知自己会克丈夫的运气，为了保护丈夫，朱太太竟然学时髦打起了离婚，但不幸的是离婚诉讼被法官驳回，其理由如下：

> 查婚姻原以义合，终身未可轻离。现行有效之前清现行刑律民事部分，仅列七出之条，而妻之请求离婚，更限于足以害及生命、名誉等特别情形。大理院此项判例，所定范围，亦从严格。本案两造间以数十年之伉俪，儿孙满堂，辄以瞽者一言，以爱为仇，忍请分离，既背乎我国礼教相沿之观念，更反乎家庭和平之精神。迷信害人，一至于此，殊堪浩叹。④

从上文来看，朱太太试图用现代婚姻观念维护夫权，离婚动机确实愚不可及。法官驳回其离婚请求，既整肃了社会风气，又维护了家庭的完整与稳固，现行法律确有时人所言的防止细故离婚的积极意义。

不过，我们也要注意到，法官驳斥的理由中提到只有危及生命、名誉等特别情形，才可以诉讼离婚。正因为这样，《民律草案》中对于离婚案由的

---

① 王歌雅：《中国近代的婚姻立法与婚俗改革》，法律出版社，2011年，第163页。
② 乔峰：《中国的离婚法》，《妇女杂志》1922年第8卷第4号。
③ 沈静虚：《法律上的离婚问题》，《新妇女》1920年第2卷第6期。
④ 天愤：《朱太太离婚》，《礼拜六》1921年第134期。

阐释，仍然达不到新性道德论者的要求。他们认为，离婚问题不但不自由，而且不平等。以第二项和第三项比较看，妻子与人通奸，丈夫就可以呈诉离婚；丈夫非要因奸非罪处刑，妻子才可以起诉离婚。言外之意就是，丈夫与处女或寡妇私通，甚至嫖娼、纳妾妻子都不得呈诉离婚。陈望道将其概括为“女是实质上不能重婚，男是形式上不能重婚”。[①] 另外，在《刑律草案》里也有相似的规定，这为男子嫖娼、讨小老婆等大开方便之门，所谓“重婚罪”实际上只是对于女性的限制罢了。[②] 这种看法引起了其他知识分子的共鸣。有人附和说，这些“可恶的法律，对于我们女子的离婚案，总是刁难”。[③] 既然如此，现行法律的合理性就受他们质疑了：“人类一向就不曾秉着至公之心去定什么法律，所以现今的离婚法都是偏在‘不许’一边的。照现今所有的离婚法——中国的最不合理，当然除外——看来，既是阻碍个人的幸福，并且还替社会上制造出许多罪恶和悲痛。”[④] 民国民律中关于离婚的规定，确实达不到性别完全平等之要求，但作者的此番言语意在情绪宣泄，而所述之事并不准确。

男女离婚权的不平等，确实给当事人造成了诸多苦难。据《盛京时报》报道：“奉天有孙胡氏者和其夫孙登三到厅呈请离婚，当经问官判孙登并无不是，着仍领回安度，该妇以未允所请，当即抽出所怀利刃将自已腹部剖开，立时昏倒不省人事。”[⑤] 惨剧发生后，孙胡氏被立即送往医院，生死未卜。我们可以试想，孙胡氏如无不可忍受之事，断然不会轻易地轻生，法律对于女性离婚权的蔑视是造成悲剧的主因。

孙胡氏的经历并不是孤例，其他女性的离婚诉讼皆有相似之处，并在众多报刊中多有报道。《中华新报》刊登了天津女学生与官僚丈夫离婚的事情，其离婚缘由有三：“一为其夫每日必花妓馆盘子钱一二元，谓之浪费；一为其夫从公，每日必着皮靴，又不以时濯足，臭味不可尝，谓之有碍卫生；一

① 陈望道：《中国民律草案与俄国婚姻律底比较》，《妇女评论》1922 年新年增刊。
② 夏梅：《自由离婚论》，《妇女杂志》1922 年第 8 卷第 4 号。
③ B L 女士：《离婚问题的实际和理论》，《妇女杂志》1922 年第 8 卷第 4 号。
④ 沈雁冰：《离婚与道德问题》，《妇女杂志》1922 年第 8 卷第 4 号。
⑤ 《离婚不允自剖其腹》，《盛京时报》1914 年 3 月 26 日。

为其夫同宿，床下必置便壶。每日清晨即使僮婢涤之，禁之不能，谓之有乖人道。”从女学生提出的离婚请求看，夫妇二人的价值观有很大的不同，故而提出离婚，而“推事某亦好事者，姑与开庭辩论，而女学生败诉矣。盖被告谓此皆中国男子通常习惯，并无虐待苛遇证据，且可严定期限逐次改良也”。[①] 在法官看来，生活习惯的不同只是生活中的细枝末节，并非离婚律中所规定的重大情由，为此驳回其离婚请求，让其官僚丈夫限期逐次改掉这些恶习。殊不知正是因为恶习难改，女学生才提出了离婚。

凤子女士是《妇女杂志》的撰稿人，她用自己的亲身经历证明了妇女离婚的艰难。凤子女士原籍为浙江仙居县，曾因婚姻生活痛苦不堪而自杀，获救后皈依基督教。为了争取个人自由，她在朋友的帮助下于1918年在其县属提起离婚诉讼。次年10月，县令以不合离婚要求判令完具，不准离婚。凤子女士被迫抗诉，案子转到浙江高审厅，转送期间仙居县强令执行原判。1920年，在台属女师校长汪本君等诸多人士的帮助、斡旋之下，终于判令离婚，脱离苦海。[②] 凤子女士以自己的离婚事实说明，在当时的司法环境中，婚姻无重大过失是很难离婚的。

上海法租界沈长庚的长女沈掌珠，经父母之命、媒妁之言嫁于闸北路卫桂林之子卫晚子为妻。订婚时媒人说卫晚子在邮局工作，但婚后才发现他并无固定工作。婚后不到两个月，沈掌珠的嫁妆就被丈夫变卖一空，尔后又强迫她佣工养活自己。在新思潮的影响下，沈掌珠提起了离婚诉讼。法官称：“你能做工养夫，你的人是很好，最有名誉的，即是据你状词所载，愿出家修行，但能养丈夫，比修行好，劝你还是不必离了。”沈掌珠虽以死相逼，但法官并未判离，坚持双方亲属进行劝谕。[③] 从法官驳回离婚请求的理由看，其动机依然是要为维护夫权张目，片面保持家庭的完整，丝毫不顾及女性个人的感受，这是当时女性诉讼离婚艰难的关键所在。

在《妇女杂志·离婚问题号》中有位江西作者高伯非，他是法律专业出身，又在政界、警界工作多年，对法官判案多有了解。他认为，离婚案诉讼

---

① 《请求离婚之理由》，《中华新报》1917年3月9日。
② 凤子：《我的离婚》，《妇女杂志》1922年第8卷第4号。
③ 直君：《社会上的奇奇怪怪：好像养猪猡》，《生活》1927年第2卷第42期。

到法庭后，“法庭也就只好一面相度情势，采用那自由心证主义，一面引用那没有颁布的《民律草案》来敷衍塞责，但求宣读了这本判词，就算他的义务尽了。究竟这本判词不论判好判歹，有没有拘束当事人的能力，他也就不管了”。[①] 其中之意是说，法官判决离婚案件只拘泥于法律条文，并不考虑当事者的实际感受，也不管当事者是否真正认同判决结果，只要能结案就万事大吉了。高警官的这番话有些许夸大其词，不过从上述案例的判决看，似乎又大致吻合。事实上，出现这种状况固然与法律条款的规定有关，而法官个人对条款理解的差异同样发生作用。

从上述离婚案例的简要梳理不难发现，女性在行使法律赋予的离婚权时，困难重重。有人总结说：“自新制颁行以来，关于离异一层，制限极严。一方虽具充分理由，他方若不赞成，终身守候，亦不能批准。然亦有可以批准之案，惟经过手续之繁难，须至数年之久，始获解决焉。”[②] 之所以如此，其根本原因在于，《民律草案》中规定诉讼离婚判决的理由集中在过失离婚层面，也就是夫妻一方只有发生重婚、通奸、虐待等证据确凿的重大过失时，才可以提起诉讼离婚，并可能赢得判决。正是这一法定案由，阻碍了女性维护自身权益的道路，让女性的解放之路近在咫尺，又遥不可及。不过，《民国民律草案》中的过失离婚裁决与西方社会基本同步，后者直到 20 世纪 60 年代才开始实行无过错离婚。[③] 因此，从这个角度看，启蒙知识界对民律草案的控诉又显得过于超前和激进。

## 二、家庭：礼教伦常的温情罗网

家庭是人类共同生活的基本场所，又是组成社会最基本的单位。中国传统家国同构的社会结构模式，决定了国家组织是家庭结构的外在延展。因此，家庭不仅是最基本的生产、生活单位，也是最基本的治理、教化单位。从这个意义上看，“齐家”取得了与“治国”同质的内在规定性。“齐家”就

---

① 高伯非：《江西人现在离婚的事迹》，《妇女杂志》1922 年第 8 卷第 4 号。

② 《泗水侨民之婚律》，《国闻周报》1927 年第 4 卷第 39 期。

③ ［美］黄宗智：《离婚法实践：当代中国法庭调解制度的起源、虚构与现实》，氏著：《经验与理论：中国社会、经济与法律的实践历史研究》，中国人民大学出版社，2007 年，第 289—290 页。

是要强调儒家的家庭伦理，成员要尊奉“亲亲也，尊尊也，长长也，男女有别”的礼教规训。在强调长幼有序、父子之亲的等级秩序中，家长对子女拥有主婚权，离婚自然要征得他们的同意。但在五四时期，由于代际观念的差异，“儿子要解散已成的婚约，大概为父母所不愿”。[①] 为此，面对儿女的离婚，大多数父母会利用家长权威与礼教的大网束缚住他们的手脚。

一位青年男学生为解约一事特向觉悟社的李毅韬请教，并诉说了自己努力解约的曲折过程：首先，他先向家长提出退婚的请求，并阐明婚姻不自由的害处，他的祖父对他痛骂：“你退婚以后，不要在家中，给我让得远远的。就怕你丈人家不由着你任性胡闹，要是你丈人家愿意退婚就退婚。我这将死的人不愿找你们这没天、没法的人骂我。”既然第一步走不通，那么他就向岳母（岳父早亡）进行交涉，而岳母并不同意，并威胁道：“你如果真要退婚，我就将我女儿，立时逼死。”他的未婚妻自杀的器具也已经准备好了，若是其坚持离婚，就准备自杀。[②] 面对如此困境，这位青年学生实在难以痛下决心去离婚。作家谢冰莹的二哥要与父母包办的小脚太太离婚，其母拍着桌子骂道：“你这东西，读了书回来做这种没廉耻、无道德的事，难道真的不顾祖宗的面子吗？你要离婚，先杀了我再说！在我没有死以前，绝对不许有这种丢脸面的事发生！”她二哥知道母亲的个性太强，如果非要离婚必然发生极端事件，只得隐忍痛苦，最后吐血而亡。[③] 这两位青年学生的解约和离婚都受到各自家庭的打压，这是众多青年共同的遭遇。

湖南浏阳的青年学生左天锡，为挣脱包办婚姻而与父母、亲族等人进行了长期争斗。他的媒人首先反对离婚，并非常严厉地说：“你是读书明理的人，夫妇底大义，你都不知道吗？你休要胡思乱想，弃妻是绝对不可的咧！”他的父母则以死相要挟：“你是这样，将来我靠哪个养老，送终，不如就死了罢！只要□分崩离析的坏现象，莫到我们眼眶子里来，就心里好过些。”其妻的伯父愤恨地说：“离婚吗？离婚吗？岂有此理！”这都给了左天锡很大

① 高山：《婚姻问题的解决难》，《妇女杂志》1923年第9卷第8号。

② 《两个婚姻问题》，中共天津市委党史资料征集委员会、天津市妇女联合会：《天津女星社》，中共党史资料出版社，1985年，第435—437页。

③ 谢冰莹：《谢冰莹文集》（上），安徽文艺出版社，1999年，第15页。

的压力。后来，他认识到，以其妻为代表的旧女性自身甚为可怜，自己不能为了追求幸福而牺牲了女子。因此，他设法让自己的妻子读书。不过，令人遗憾的是，他的妻子并不愿意读书，夫妻俩因此事发生激烈冲突。左天锡的所作所为虽遭到了亲人及邻人的严厉斥责，但鉴于夫妻双方长期分居及情感冷漠的事实，其妻最终同意了离婚。双方家族经过三次“联席会议”的反复讨论，最终也同意了他俩的离婚。经过长达七年的奋斗，左天锡终于达到了离婚的目的。[①] 在离婚中他遭到了父母戚族的强烈批判和社会舆论的指责，他的“不孝”“有伤风化”之举使他在家乡处于罪无可绾的境地，这种状况几乎是每个坚持离婚的青年要面对的困境。

另一位青年学生在与其童养媳离婚时，遭遇了相似的境遇。压力首先来自他就读的学校：“最可恶的规劝者，是他读书的一所高等小学里的校长和教员。他们甚至于以开除和不给他毕业证书恫吓他。”为此，作者感叹道：“定要他去做那不道德的强奸的事情，过那地狱的生活。以一个负教育责任的人，做出这种荒谬的事情，真可一叹！”离婚之事在其戚族中也捅了马蜂窝，亲戚族人对他无不进行痛骂。传统社会讲究“娘亲舅大”，当他先去请示舅舅时，得到了这样的答复：“这种辱及祖宗，贻笑大方的事情，不但我未见未闻，就是遍集今古的正当书籍，也找不出这么一回事来。你要是我的外甥，便休提这种违背圣人之道，小人所不屑的事情。否则，你不必认我为母舅，我也不认你为外甥。”他再去请示其从叔，他叔说：“我们的祖宗几代的光荣，便在你这一轻举妄动。你若执意要做这种无耻的事情，便不许姓立里童。”最后他去征求当地士绅的意见，其人一本正经地说：“我们这里，都是循规蹈矩，爱守古风的好百姓；你是个明理的人，万不可有这丧风败俗的行为，以开罪端。”[②]

在另一则离婚事件中，当这对夫妇将协议离婚的事情通告双方父母后，同样引来了轩然大波：

---

① 左天锡：《我底离婚底经过》（未完），《妇女评论》1922年第70期；左天锡：《我底离婚底经过》（续），《妇女评论》1922年第71期。

② 下天：《一件离婚的报告》，《妇女杂志》1922年第8卷第4号。

> 自从她到家里以后，她的父亲也赶到了。听到了这一件飞天大祸，就连夜派人到四处赶齐了各房的家长，在第二天晚上，好像开了一个家族会议。她的父亲，大发什么“夫为妇天”，“三从四德”的旧论；而且责问犯“七出”的哪一条？他的男人，这时虽有百口，也无从分辩了！而且做家长叔伯辈的，也没一个不当他做痴子看待！……当时的女的呢，一方面被父兄及校长、教员的警告，心里虽然知恢复名义，无补实际；但是当众也不敢发自愿的主张了！①

在父母戚族的压力和社会的警告下，不少青年对离婚噤若寒蝉，而报刊媒体也时常对离婚者进行控诉。吴俊升要与未婚妻薛敬言解约，薛女士的父亲薛之深对于吴俊升解约的举动愤愤不平，他给报馆的记者写信，以广告的形式证明双方确有婚姻，并且痛斥吴俊升的解约行为。② 前文提及的陈良璧女士在潮汕各报刊载离婚启事后，“当时各报的记者先生，批评的已是不少，最奇怪的，就是《平报》的记者先生，说甚么君子绝交不出恶声，陈女子这样数她夫八条罪状，吾真为陈女子惜……的话”。③ 如此这般张扬，必然使他们处于舆论的风口浪尖上，注定了这条解约之路充满了崎岖。

通过上述案例我们发现，出身于旧家庭的知识青年要离婚是何等的不易。离婚青年受到学校、老师的恫吓，地方士绅的指责，邻居的非议，这都让他们处于舆论的漩涡之中。这些要离婚或解约的青年受到了内外夹击，处于内外交困的尴尬境地。

父母明知子女的婚姻不幸福，为什么还要竭力反对子女的离婚或解约呢？因为家长们基于传统习惯的因袭，约定俗成地要恪守传统道德礼教。传统婚姻奠基于家族主义之上，在婚姻生活中如无“七出”“义绝”等过错，双方都不能随意提出离婚，“士大夫偶有非理出妻者，将不齿于士类”，④ 这种风习在诗书之家恪守较严格，并影响着社会普通家庭。因此，以自由的名义来离婚或解约，显然不符合传统道德规范，是对个人及家族的名誉的极大

① Y. D.：《一件妥协的离婚》，《妇女杂志》1922年第8卷第4号。
② 嵩出：《论薛吴的解约问题》，《现代妇女》1923年第27期。
③ 《陈良璧离婚的情形》，《妇女杂志》1923年第9卷第8号。
④ 转引自陈鹏：《中国婚姻史稿》中华书局，1990年，第597页。

损害，制止离婚必然是家族主义维护者义不容辞的责任。

我国著名农史学家叶笃庄退婚时，家人也曾因担心败坏家庭名誉而予以拒绝。[①] 民国传奇女性毛彦文对于自己的包办婚姻一度曾想解约，但此时她未来的公公刚刚去世，因此，她爸爸说："方耀堂刚去世，我们便要赖婚，这在道义上说不过去的，我会被人责骂，你非嫁过去不可。"[②] 还有一位汪姓女子，惨遭丈夫虐待，她回家向父亲哭诉要求离婚，而满脑袋礼教思想的父亲不仅不支持，反而要求她恪守妇道以赢得丈夫的欢心。但事与愿违，汪女士遭到了更严重的虐待，双方闹得不可开交。双方为了顾全面子，在调停人的说和下将此事调和，硬把一对仇家拘在一起。[③] 在上述案例中，离婚青年几乎都受到辱没祖宗、败坏家风的指责，家长为了维护家族荣誉，不惜牺牲子女的终身幸福。

面对上述离婚境况，时人感慨地说："在现社会内，自由结婚与自由离婚一样的重要。自由结婚是两性青年对于父母专制的反抗，自由离婚却是对于社会专制的反抗。"[④] 也就是说，自由结婚的阻力基本来自父母或家长，而自由离婚面对的则是以宗族为中心延展开来的乡土社会的整体压制。从上述实例看，这个判断大致是准确的。

传统中国是建立在小农经济基础之上的农业国家，在基层社会逐渐培育、形成了与之相适应的乡土特性，费孝通先生将其称之为"乡土社会"。这样的社会具有地域性、封闭性特征，成员之间因遵守共同的礼俗而获得身份认同，取得别人的信任。从另一个角度看，乡土社会正是在遵守共同礼俗的基础上，构成了一个文化统一体。在近代中国社会的现代转型中，乡土社会的特性基本保留了下来。因此，上述青年的离婚行为，就不仅仅是对父母主婚权的挑战，同时也是对乡土社会礼俗秩序的挑战，他们不可避免地要受到联合打压，这也就决定了其离婚、解约之路必然是困难重重。相比较而

---

① 叶笃庄：《叶笃庄回忆录》，陕西人民出版社，2014 年，第 139 页。

② 毛彦文：《往事》，商务印书馆，2012 年，第 38 页。

③ 不平：《旧式婚制下面的惨事》，《觉悟》1921 年 1 月 13 日；希平：《离婚并不丢"面子"》，《觉悟》1921 年 1 月 19 日。

④ 《〈妇女评论〉创刊宣言》，《妇女评论》1921 年第 1 期。

言，身处大都市的青年远离了家族、地缘和信仰等构成的传统社群共同体，则较少受到这种束缚，再加之经济的独立和个人意识的增强，故而能够达成离婚的意愿。

## 三、经济和名誉：“娜拉”出走的双重困境

“娜拉”是挪威剧作家易卜生的作品《玩偶之家》中的女主人公。在这部被称为“妇女解放运动的宣言书”中，娜拉经历了一系列家庭变故后，终于认清了资产阶级道德的虚伪，认识到了自己在家庭中的玩偶地位。她严正地向丈夫宣称：“首先我是一个人，跟你一样的人，至少我要学做一个人。”作品表达了女性不甘心做男权附庸，希望能在精神和人格上获得独立地位的愿望。这部作品被易卜生称为世界文学史上的“一个伟大的问号”，促使人们思考自己身处的这个社会到底需要什么样的道德与价值观念。

1923年5月，《玩偶之家》在北京女子高等师范学校公演，在社会上引起了强烈反响，娜拉成为新青年追求个性解放、女性解放的精神楷模和代言人，并激励了一批中国式娜拉走出家庭，奔向社会。然而，女性解放是个复杂的社会工程，并非简单地走出家庭就意味着解放，鲁迅的小说《伤逝》就是对于这一问题的思考。鼓吹易卜生主义的胡适，在《美国的妇人》中明确指出，“男女同有在社会上谋自由独立的生活的天职”。[①] 他实际上在提醒广大女性，职业是谋求独立生活的关键一步。周作人随之也表明了相同的看法，认为女性解放问题“必须以女子经济独立为基础，也是一定的道理”。[②] 鲁迅对此做过《娜拉走后怎样》的专题演讲，他认为：“娜拉或者也实在只有两条路：不是堕落，就是回来。”因此，“为娜拉计，钱，——高雅的说罢，就是经济，是最要紧的了。自由固不是钱所能买到的，但能够为钱而卖掉。”[③]《伤逝》表明缺乏自立能力的解放是虚幻的，故而他们都强调经济独立对“娜拉”们的重要性。

女性解放是启蒙运动的重要议题，而离婚自由恰是知识界为其规划的解

① 胡适：《美国的妇人》，《新青年》1918年第5卷第3号。
② 作人：《随感录·三十四》，《新青年》1918年第5卷第4号。
③ 鲁迅：《娜拉走后怎样》，《妇女杂志》1924年第10卷第8号。

放之路。《妇女杂志·离婚问题号》在其《发刊旨趣》中称："改正离婚观念，使妇女有完全的离婚权，也是谋妇女解放的方法之一。"① 这一点被新性道德的拥护者所赞同："女子方面历来受男子压迫，不如是就不能谋解放。"清末至五四时期的妇女主义者为了塑造妇女解放话语，刻意强调男女对立的紧张状态，由此水到渠成地得出结论："离婚自由的原则，是解放被压迫的妇女底武器。"② 事实恰恰相反，时人观察到，离婚"一变而为男子方面的要求；在女子方面则反看做要不得的事情。我们目击社会上的离婚事件，由女子方面提出的非常之少，由男子方面提出而女子方面争执着不肯允诺的却非常之多"。③ 正如后世论者所指出的那样："新文化运动创造了观念的奇迹，也留下了现实和伦理的难题。"④

启蒙理念与社会现实之间为什么会有如此大的反差呢？时人敏锐地观察到："中国的工业尚未发达，女子在社会上未取有职业的地位，经济及生活不能独立，所以不能打破此礼教及风俗，而受制于男子，甘处于不自然及困苦的家庭下而不能提出离婚的表示。"⑤ 女性经济上的依赖性，使其谋求自身权益的观念缺少坚强后盾，知识界所构建的理念在生活实践中难以落地生根。

女性经济上的困境与"男主外，女主内"传统性别观念有关。《易经》有云："家人，女正位乎内，男正位乎外，男女正，天地之大义也。"⑥ 这里强调"男主外，女主内"的性别分工，符合天地自然之理。中国人信奉天人合一的天道观，天地自然之理具有最高的权威，赋予了其不容置疑的正义性。我们注意到，在性别分工的描述中女性在前，意在表明家"以内为本"，实际上是突出了女性在家庭生活中的重要性。从历史进化的角度看，"男主外，女主内"的性别分工，符合农业社会生产背景下的两性生理特征，内含保护女性之意。

---

① 《发刊旨趣》，《妇女杂志》1922年第8卷第4号。
② 康：《婚姻法与妇女运动自由离婚的原则》，《新广西旬刊》1927年第2期。
③ 高山：《离婚自由与中国女子》，《妇女杂志》1924年第10卷第9号。
④ 杨联芬：《自由离婚：观念的奇迹》，《文学评论》2015年第5期。
⑤ 陈友琴：《经济上的离婚观》，《妇女杂志》1922年第8卷第4号。
⑥ （清）李道平撰，潘雨廷点校：《周易集解纂疏》，中华书局，1994年，第350页。

不过，在不容辩驳的天道观的指导下，这种性别分工模式已有僵化之嫌。更严重的是，私有制的产生确立了男性的经济支配地位，形成了男尊女卑的观念，使符合性别特征的自然分工，变成了对女性的人身束缚。男性对经济的支配地位，形成了父系宗法血缘传承机制，赋予了女性传宗接代的专职使命，并在日常生活中为家庭成员服务。既然男子支配经济，家庭的开支自然由男子提供，女性创造经济的价值已被忽略不计了。

在近代中国社会转型过程中，知识界以西方工业社会的性别分工为参照，认为女性不创造经济价值，不能为国家做贡献，是“蠹社会之资财”，[①]为“天下积弱之本”。[②] 而且，知识界还将女性依附于男性的生活状态，冠之以“依赖”之名。因此，女性经济的独立不仅被看作是实现男女平权的基础，还是国家富强之道。女性经济的独立意味着她们要实现社会性就业，这就要求社会提供就业岗位。清末以来，现代女子教育的兴起为社会培养了一批职业女性，如女编辑、女记者、女教师、女护士、女店员等，但从整体社会环境看她们的就业空间狭小，时常仍受到排斥。[③] 并且，政府主导女子教育着力推行“贤妻良母”主义，并没有刻意培育新女性向职业女性的转变意识，[④] 传统性别分工模式并未发生根本变化。

性别分工模式决定了双方经济地位的差异，影响了他们在离婚过程中的行为选择。作者紫瑚讲述了这样一件事：一位男子因与自己的包办妻子没有爱情，屡次提议离婚。他的妻子却说，你尽管去和有爱情的女子结婚，无论娶几个我都不干涉。你也可以不把我当妻子看待，只要你允许我呆在家里，即使为婢也心甘情愿，否则只有削发为尼。[⑤] 这位妻子“通情达理”的表态背后，其实透露的是传统女性不能自立的万般无奈，她只能退居其后，以求得生存之所。这位女性最后的结局到底如何，作者并没有交代，留给我们的只有一声叹息。

---

① 佛群：《兴女学说》，《中国新女界杂志》1907年第3期。
② 《变法通议·论女学》，林志钧编：《饮冰室合集》第1册，中华书局，1989年，《文集之一》第38页。
③ 蒋美华：《中国近代妇女就业初探》，《江苏社会科学》1998年第4期。
④ 程郁：《二十世纪初中国提倡女子就业思潮与贤妻良母主义的形成》，《史林》2005年第6期。
⑤ 紫瑚：《中国目前之离婚难及其救济策》，《妇女杂志》1922年第8卷第4号。

在当时，女性因离婚无法生存而被迫自杀的时有耳闻。在作者钱如南讲述的事例中，他的朋友胡某在中学时代由父母包办娶了一位旧式夫人。后来在上海求学期间，他又与女同学发生恋爱，便千方百计与妻子离了婚。更不幸的是，她的父母俱亡，兄长生活又极为困苦，离婚后因生活无着而孤苦无依，最后自杀身亡。面对如此痛心的惨剧，作者批评胡某，“说他是铁石心肠，没有了解男女平等的人”，并质问说：“这种污蔑人权的行为，岂是讲男女平等的人所当行施的吗？”① 这位女性的状况属于传统“三不去”中的“有所取，无所归”，按照《大清律》是不能“出妻”的，否则要受到杖刑，而如今她因无法受到民国法律的保护而惨死。

现代作家郁达夫的发妻孙荃的处境，相对于上述两人要好一些。郁达夫与王映霞恋爱后本想和孙荃离婚，但在其母的干预下造成了两人分居不离婚的事实。孙荃继承了郁达夫的祖产，并且按照二人的君子协定，郁达夫每月给孙荃母子 50 元大洋。饱读诗书但又不能自立的孙荃，在礼教、经济等诸多因素的束缚下只能接受弃妇的命运。除了教养子女外，只得以吃斋念佛了度余生。②

上述三位女性的命运，在五四时期的离婚潮中具有普遍性。时人感叹道：“压伏在痛苦下面不敢说离婚的妇人当真痴了吗？不然啊！她们实因为受经济的挟制乃〔不〕能喊一声，经济是可以制人们生命的。”③ 五四时期传统女性所面临的经济困境，制约了她们的婚姻选择权，也深刻影响了她们的命运。

针对上述现状有人指出：“在现在的社会里，女子没有自立的能力，片面贞操观念没有打破，所以能够自由离婚的很少。即使实现离婚，大都是因为男子喜新厌旧，而抛弃他的妻子罢了。”④ 这一评论引起了不少知识分子的共鸣：“现代的离婚，固然有女子方面提出或女子方面甘心同意的，但最大

---

① 钱如南：《离婚与弃妻》，《妇女杂志》1922 年第 8 卷第 4 号。

② 文楚：《郁达夫与结发夫人孙荃》，《名人传记》编辑部编著：《名流沧桑》，河南文艺出版社，2009 年，第 261—268 页。

③ 张友鸾：《自由离婚泛说：非法律的自由离婚》，《妇女旬刊汇编》1926 年第 2 集。

④ 记者：《这一月的统计》，中共天津市委党史资料征集委员会、天津市妇女联合会：《天津女星社》，中共党史资料出版社，1985 年，第 254—255 页。

的多数都是男子主动的。甚至于被离的女子，始终不知道这回事，最后只迫不得已的带着两泓清泪俯首应允了。”①

女性生存能力的薄弱，不仅让其自身丧失了离婚的勇气，还影响男子离婚的决心：“现在社会上的女子，在自己固然不敢对于不满意的婚姻主张离婚，即男子想主动离婚，也愈困难。”② “虽然有少数青年都想改弦更张一下，就为女子经济不能独立，也弄得进退狼狈。”③ 男子若要与无爱情的妻子离婚，因其不能自立，容易发生极端事件而招致骂名，上述胡某的离婚即是如此；如果不离婚，其中的痛苦确实又难以长期忍受；如若在外与志同道合的女子结合，又要背负重婚的罪名。因此，离婚难的问题同时折磨着男女两性。不过，男子所感受的是离婚难的痛苦，女子所感受的是要离婚的痛苦。④

就女子而言，她们“憎恶离婚，完全是为了名誉和经济”。⑤ 也就是说，除了经济的束缚外，离婚对于声誉的影响也不能不考虑。传统贞操观念主要在于规训女子，恪守贞操是她们的立身之本。因此，名誉对她们而言等同于生命。传统社会以“七出”为离婚法则，主要是以女子有无过失为离婚依据，“凡是离婚的女子，总被认为有过失的人。女子被当作货物看待，以为没有瑕疵的货物，决不会被遗弃的。”⑥ 离婚不仅损害家庭信誉，更使女子的名誉扫地，使之望而却步。

作者方民耘以《一个不敢离婚的女子》为题，讲述了这样一则事例：她的同事淑贞毕业于女子师范，在县立女子高小学校教书，平时寄居在堂哥家中。堂哥的朋友王先生做媒，将她许配给了在县立中学读书的志华。志华的父亲早亡但家境殷实，其母想娶一个读书识字并大几岁的媳妇来操持家务。作者本着恋爱结婚的道理来劝慰淑贞，让其充分了解志华的脾气秉性、谨慎结婚，但她个性软弱，又急于摆脱寄人篱下的状况，就草率答应结婚了。婚后，二人性格、志趣等方面的差异日益明显。志华虽是念书的青年学生，但

---

① 蒋慕林：《男性的离婚》，《妇女杂志》1923年第9卷第8号。
② 克士：《爱情的表现与结婚生活》，《妇女杂志》1923年第9卷第4号。
③ 混沌：《婚姻与职业：对李昭实女士说几句正经话》，《新女性》1926年第1卷第6号。
④ 紫瑚：《中国目前之离婚难及其救济策》，《妇女杂志》1922年第8卷第4号。
⑤ 高山：《离婚自由与中国女子》，《妇女杂志》1924年第10卷第9号。
⑥ 克士：《爱情的表现与结婚生活》，《妇女杂志》1923年第9卷第4号。

偏好传统妇女的装扮，对淑贞的头发、衣服、化妆等新样式百般挑剔，甚至让她裹脚。淑贞不从，志华就对其百般凌辱。无奈之下她被迫裹脚，承受了无尽的病痛。后来因为生下了一个女孩，又遭到丈夫和婆婆的双重羞辱，最后疯掉了。[①] 淑贞本来有独立职业，但因性格懦弱，又受传统贞节观念的影响而不敢主动离婚，最后牺牲了自己。

上海王女士的境遇与淑贞非常相似。她本是上海某著名中学的高材生，容貌、品德、学识超群，深得同学和老师们的喜爱。尤其是在该校当教员的郑女士，对她非常赏识，二人由师生变为挚友。郑女士有一个弟弟是医学博士，年少英俊，品性纯正，因姐姐的极力撮合，便与王女士结了婚。应当说，王女士与郑博士的结合是佳偶天成，她与丈夫的姐姐又是师生兼挚友，这桩婚姻肯定是美满幸福的。谁知王女士结婚之时，正是她悲惨生活的开始。王女士嫁过去后，没有多久，婆婆就不准她回娘家，也不准她写信回家，因为他们待她不好，怕她回家去诉苦，也怕她写信去告状，所以不得不用这种禁锢的手段。郑医生待他妻子本不坏，不过极怕他母亲。他们夫妇处在大家庭里，有时候说私房话还要传递小纸条，私下里去偷看！不但婆婆和几位小姑子待他们那样严酷，就连家里的小丫头对王女士也作威作福，做"东挑西拨"的小侦探。在校里极为赏识她的郑女士也欺侮她，使其生活暗无天日。就连有孕生产，也没有及时得到婆家人的帮助，致使孩子夭亡。[②]

王女士在婆家的遭遇，已经严重影响了她的日常生活、身体和精神健康，这样的状况有充足的理由提出离婚，但是她不敢。即使她的许多老同学怂恿她，替她寻好教员位置，她仍不敢！她的父母也只有陪着哭，不敢想到这一层。王女士、淑贞等女性都受过良好教育，而且也有一定的自立能力，为什么依然缺乏离婚的勇气？因为传统观念认为，离婚是对女子的一种惩罚，会造成名誉的损失，"因此，女子被丈夫离异，她总觉得是耻辱，要招社会上的不名誉的讥刺的"。[③] 以鲁迅为例，他和朱安的婚姻因没有爱情而极度痛苦，为此孙伏园等人建议二人离婚，由鲁迅负担朱安的生活费。当他把

---

① 方民耘：《一个不敢离婚的女子》，《妇女杂志》1922 年第 8 卷第 4 号。
② 心水：《男女关系中的一个重要问题》（下），《生活》1927 年第 2 卷第 51 期。
③ 高山：《离婚自由与中国女子》，《妇女杂志》1924 年第 10 卷第 9 号。

这个想法告诉朱安的时候，她并不同意，因为按照绍兴的习俗，一个嫁出去的女人，如果退回娘家，人们就认为这是被夫家休回家的，那样会遭到家人的歧视、舆论的谴责。鲁迅也设身处地为朱安着想，并没有强行与她离婚。① 朱安选择了孤独，最后凄凉地死去。离婚对于深受传统观念影响的女性而言是不可触碰的红线，她们非出于万般无奈不敢轻言离婚。

在男尊女卑伦常观念的影响下，勇于表达离婚意愿或主动提出离婚的女子，难以为社会所接受："如果有女子对自己婚姻不满，想提出解除婚约或离婚的时候，那是要被社会上千人唾万人骂的。"② 褚松雪离婚后，因不能见容于母家、夫家和世人而远走山西。毛彦文回忆说，她离婚后"全县城谣言蜂起，说是毛家女儿与表兄如何如何，家教不严，洋学堂害人等等，我一出去背后就有人指指点点，窃窃私语，极尽诽谤的能事，使我几乎不敢出家门，我变成名教罪人，万分难堪"，③ 被迫外出求学以平息事端。

综合上述三端，知识界所构建的离婚自由观，虽为青年们提出离婚提供了充分的学理依据，但社会整体的文化氛围、法制的建设以及女性生活状态等方面，并未为此提供充分条件，他们的离婚之路步履维艰。尤其对女性而言，受经济不独立和片面贞操观的影响，使其承受了更多压力，大多数人丧失了离婚的勇气。这既为男子提出离婚造成了无形的压力，也为无良男子弃妻大开方便之门，本应成为妇女解放手段的离婚，恰好成了这部分人满足私欲的最好借口。上述因素使得离婚呈现出较为复杂的面相。

## 第四节 五四时期知识界救济离婚的举措

五四时期，新性道德论者之所以公开倡言离婚自由，是为了赋予婚姻当事人尤其是女性的离婚权，以打破旧家庭，促进新家庭的建设。家庭是社会的细胞，为了构建健全、稳固的社会肌体，新性道德论者在鼓吹离婚自由的

---

① 段国超：《鲁迅家世》，教育科学出版社，1998 年，第 199 页。

② 袁尘影：《绥远妇女的生活》，《申报月刊》1935 年第 4 卷第 7 号。

③ 毛彦文：《往事》，商务印书馆，2012 年，第 48 页。

同时，也力所能及地预防离婚的发生。同时，他们认为，“婚姻既因为不幸福而离异，不可再使因此而更陷于苦痛”。[①] 基于离婚女性生活缺乏保障的事实，知识界倡议应对她们予以力所能及的扶助。

## 一、预防离婚问题的构想

面对五四时期层出不穷的离婚，有人曾感慨地说：“现在离婚这两个字，闹得是人人知道了。然而为什么要离婚？什么叫离婚？离婚的真义怎样？倘使照此下去，岂不要弄成一个夫不夫，妇不妇的糊涂时代？”[②] 其言外之意是，当下许多人并不清楚离婚的社会意义，盲目的离婚，搅乱了家庭生活和社会秩序，这是他不愿看到的。这种情绪弥漫于很多知识分子中，连女权主义者陈望道都说：“离婚不过是收拾敬衰爱亡的残局的一种不得已的方法。”[③] 他们认为，离婚“背逆人生情志”，[④] 违背了人类社会发展规律，只有婚姻生活才是人类社会生活的常态。因此，新性道德论者虽然相信离婚是买卖婚姻、无爱婚姻崩溃的表征，是旧婚制破产时无法避免的现象，但在他们心中离婚仍是一种病态现象，而不是治病的良药。[⑤] 他们同礼教守旧者一样担心离婚会形成风潮，从而给社会造成诸多忧患，如影响事业发展、降低人们对新式婚姻的信心，甚至影响女性的生育力等。[⑥] 面对纷至沓来的离婚事件，有人对此提出疑问：“这究竟是社会比较康健的象征呢？还是社会日就堕落的象征呢？”[⑦]

实际上，在启蒙知识界看来，离婚无论对于当事人还是社会，都难以产生积极影响。因此，他们“并没有明白的鼓吹离婚”，[⑧] 其调门明显比鼓吹恋爱低了很多。既然离婚是解决婚姻问题的消极方法，那么最好“弄到社会上

---

① 周建人：《离婚问题释疑》，《妇女杂志》1922 年第 8 卷第 4 号。
② 吴末狂：《一段离婚的事实》，《妇女杂志》1922 年第 8 卷第 4 号。
③ 陈望道：《〈自由离婚号〉引言》，《妇女评论》1922 年第 57 期。
④ 知白：《离婚问题与将来的人生》，《妇女杂志》1922 年第 8 卷第 4 号。
⑤ 瑟：《司法部限制离婚》，《妇女杂志》1922 年第 8 卷第 4 号。
⑥ 顾守恩：《离婚问题的解决法》，《复旦大学文学院法政杂志》1924 年第 8 期；徐亚生：《离婚略论》，《妇女杂志》1930 年第 16 卷第 3 号。
⑦ 王世杰：《离婚问题》，《法律评论》1927 年第 190 期。
⑧ B.L. 女士：《离婚问题的实质和理论》，《妇女杂志》1922 年第 8 卷第 4 期。

没有发生他的必要”。[①]

林语堂指出：“婚姻制度是以永久不完美的，因为人类天性是不完美的，我们不得不让这个问题以不了了之，或许只有赖天赋之平等均权意识和父母责任心之增进，始能减少这种案件的数量。”[②] 他认为，婚姻的发展状况受制于人类的天性，其自身的缺陷决定了婚姻的内在不足，使离婚无法彻底根除。或许，人类自身的平等意识和父母责任心的提高，能缓解这个问题。离婚现象能否从人类婚姻史上绝迹，这实未可知，但人类的适度干预确实能对它产生一定影响。

新性道德论者希望能在减少离婚率上有所作为。有人提出，可以从法律层面入手杜绝离婚。要杜绝离婚，法律就必须禁止离婚；只要法律上有离婚的条款，这种危险就无法避免。作者为什么主张禁止离婚呢？他通过考察发现，许多离婚皆因极细小原因引发。夫妇既然终日在一起，接触的机会自然增多，发生冲突的概率也增大，要想离婚不怕没有借口。在他看来，赞成离婚者将婚姻看作契约的观点非常值得怀疑，婚姻能否作为普通契约还需要讨论。为此，作者主张，婚姻是社会上的一种特制，个人有接受或不接受的自由，但一旦决定接受婚姻就要永远维持这种生活，无论男女发生何等重大问题，婚姻绝不能拆散。因为婚姻是社会构建的基础，事关全局，不能为了一两人的方便去破坏这神圣的关系。个人自由权的实施不能违背公益，不能不受约束，当社会与个人发生冲突时，惟有牺牲个人。因此，国法与社会舆论应当对毁弃婚约的夫妇加以讨伐，夫妻双方都被禁止离婚，这是两性绝对平等的体现。[③]

上文作者虽然主张禁止离婚，但同时也承认共同生活的夫妻不可能不发生矛盾，如若夫妻双方的矛盾到了无法调和的程度应当怎么办呢？针对这种情况，他提出“别居”一法，“到了万不得已的时候，无论男女方面，均可呈诉官厅请求析居。对于产业定一个妥当的办法。有过失的男女，判以相当

① 知白：《离婚问题与将来的人生》，《妇女杂志》1922年第8卷第4号。

② 林语堂：《吾国与吾民》，群言出版社，2010年，第143页。

③ 顾守恩：《离婚问题的解决法》（续），《复旦大学文学院法政杂志》1925年第9期。

的罪分，以昭公道。像这样办法，可以维持婚姻的神圣，免掉一切离婚的弊端，还可以救了我们文明的人格”。[①] “别居”之法是基督教文化影响下，西方国家消解离婚的通行做法。作者希望借用此法来维护婚姻的神圣，其实析产别居跟离婚并无本质区别，维持这虚假的夫妻名分，能否维护婚姻的神圣，挽救文明的人格呢？这需要深入分析。对于别居之法，其他论者做出了另一番解释：“盖别居制，较离婚制实有一优点，即别居之后加入夫妇悔过，可以重为夫妇如初，若离婚，则非另订婚约不可，且有立法例禁止离婚夫妇重为婚姻者，则覆水难收岂非天地间一恨事乎。”[②] 正如此人分析的那样，别居之法确实能为打算离婚的夫妻双方提供缓冲期，使双方能冷静思考，慎重做出决策，对于自由结婚的夫妻尤为合适。

其他论者并没有如此决绝地禁止离婚，而主张在现行法制框架内进行微观改良。有人提出，应该加强法制建设，使所有的离婚都不超脱法律控制的范围；提升法治意识，让人人都在法律的规范下离婚，这样离婚不仅可以减少，还让离婚行为都合乎法律规范；废除协议离婚，所有的离婚必须经过法庭审判。[③] 还有人提议设立专门的“家事法庭”，“因为有许多离婚的理由，都是假的。又因为普通法庭常因事繁案多，不能详细调查离婚的原由之确切与否。所以有另外创设家事法庭之必要，这或可减少离婚案件的”。在此基础上，还要用法律手段限制再婚，这样对于解决离婚问题大有裨益。[④] 有论者进一步完善了上述提议，建议设置专门的离婚检察官，调查请求离婚者所持的理由是否真实，有没有共同作弊或欺骗的事情；特设家事法庭，去审判离婚案件。法庭对于此类案件，首先要考察它是否贻害社会，进而限制离婚理由，以减少无意识的请求。再婚也要进行适当限制，必须超过一定期限方能批准再婚。[⑤] 还有论者提出，在离婚的程序上应加以限制。他认为，离婚现象的发生，真正因意见不合而非离婚不可的并不多，因各种误会而一时激

---

① 顾守恩：《离婚问题的解决法》（续），《复旦大学文学院法政杂志》1925 年第 9 期。

② 苏希洵：《离婚与别居》，《法律周刊》1923 年第 14 期。

③ 樵叟：《恋爱热潮下重婚离婚增多的救济》，《妇女共鸣》1929 年第 12 期。

④ 张闻天：《离婚问题》，《少年世界》1920 年第 1 卷第 8 期；明养：《离婚问题之社会学的研究》，《妇女杂志》1927 年第 13 卷第 7 号。

⑤ 王容川：《中国家庭问题的商榷》，《社会月刊》1930 年第 2 卷第 5 号。

愤离婚的倒不少。如此离婚的夫妇，在怒气消平之后往往会有悔意。有鉴于此，作者建议，在双方解除婚约后，必须经过一定的法定期限婚姻关系才能彻底消灭。在此期间，双方实行分居，婚姻关系依然存在，如果双方因觉悟而不愿离婚，那么可将离婚契约取消；反之，婚姻契约将被彻底取消。[①] 这与上文提及的“分居”之法有异曲同工之妙。

上述建议是否可行实未可知，但让社会问题在法律框架下有序解决，无疑充满着浓厚的理性精神。当然，也有人对上述法律举措提出疑义，认为那些办法并不能减少离婚，它只是阻止了人们的自由，[②] 故法律之外的措施显得更有意义。

法律之外莫如从职业教育入手，以促进女性就业，培育女性的社会独立性。湖南长沙的周希颂对妻子凌春贞提出离婚时，其理由就有“无职业”一条。近代知识界在构建男女平权理念时，就希望女子能与男子般为国家创造财富。为此，设立职业学校，提高女子的社会独立性，就成为部分人的主张：“这种职业学校，专收那年长失学的女子，半日读书，半日作工……对于经济方面，更可以稍稍独立……也就可以免去他的离婚思想了。”[③] 通过职业教育提升女子的自立能力，使其经济上能够独立，有利于推进夫妻情感的融洽，即使婚姻破裂女性也不至于陷于经济困境。[④]

传统女性的“无知无识”饱受新青年诟病，故有人主张通过学识教育来消弭夫妻间的知识差距，以培养共同的生活理想、情趣和习惯等。他们认为，教育是解决离婚问题的好方法。知识水平提升以后，两性不仅懂得如何选择称心如意的配偶，而且婚后还会注意共同生活理想、情趣以及生活习惯的培养。[⑤] 这种主张得到了知识界不少人的认同，纷纷建议用“闺阁的平民教育”[⑥] 来代替离婚，“如她年龄已不宜进寻常按部就班的学校，只要她能阅读，仅可多备好的书报给她看，未尝不可由自修而增益智识。即尚无阅读能

① 兴邦：《结婚离婚在程序上应加以限制的理由和办法》，《新声月刊》1930年第2卷第6期。

② 梅生：《离婚问题》，梅生编：《中国妇女问题讨论集》第5册，上海书店，1989年，第37—38页。

③ 周殿璋：《补救离婚的一个建议》，《批评》1922年第2期。

④ 樵叟：《恋爱热潮下重婚离婚增多的救济》，《妇女共鸣》1929年第12期。

⑤ 蔡智傅：《救济离婚问题之方案》，《妇女共鸣》1930年第38期。

⑥ 缪金源：《闺阁的平民教育与离婚》，《妇女杂志》1922年第8卷第4号。

力，也可以请一位相当的女教师，每日到家里来补习一二小时，渐渐的也必有进步”。[①] 对此有人说：“尊重女性的男子，哪个不想改善他的旧式的妻子的，以为既可以省了一番离婚的手续，又可以免却旧社会的指责。”[②] 他们相信教育的魔力，“只要她的丈夫，能够循循善诱，替她找一个求学和补习的机会，她一定可以得到相当的知识和成绩”。[③] 为此，他们呼吁，尊重女性的男子不要空唱高调，如果真要普及平民教育，实现妇女解放，请首先从你朝夕相处的旧式妻子做起，不要与之离婚。他们希望以此种方式创造恋爱，挽救痛苦的婚姻生活。

知识界的建言影响了部分青年，他们积极行动起来，对照时代的需求和自己的理想来改造自己的妻子。杨天真先生的妻子是毫无知识的旧女性，起先并不是他的理想配偶，但其并没有打算离婚。因为他觉得妻子也是旧制度的牺牲品，属于被压迫者，作为丈夫有义务引导她走向光明。于是，他将妻子送到女校特别班读书，其目的是希望“伊看得懂极浅近的文字就好了”。[④] 有一位未提及姓名的丈夫，“每星期分出三夜的工夫，很忍耐的教他妻子中文，随时偕他妻子去访问他的外国朋友，很小心的把许多礼貌举止解释给她听”。[⑤] 当时有如此觉悟并付诸实施的男子还有很多，如安徽怀远冯姓男子、方卓然、我觉、吴俊升等人都力图对自己的旧式妻子进行改造。[⑥] 从当时的实际看，对妻子进行教育，有利于缩小夫妻间的差距，培养夫妻情感，未尝不是过渡时代维护家庭稳定，避免妇女因离婚而遭受困厄的良策。

教育改造对于家庭生活的改善确实明显。周殿璋先生的朋友自从实行了他主张的“女子职业教育”的主张后，婚姻“甚是惬意”。[⑦] 一位叫何章钦的男子说，他对妻子进行教育后，“论到彼此的爱情，虽比不上那文明式的先

---

① 编者：《改造夫人》，《生活》1928年第4卷第2期。

② 陈淑渊：《尊重女性的男子可否与自己不满意的旧式妻子离婚?》，《妇女杂志》1924年第10卷第10号。

③ 朱英：《尊重女性的男子可否与自己不满意的旧式妻子离婚?》《妇女杂志》1924年第10卷第10号。

④ 力子：《杨天真先生底婚姻主张》，《觉悟》1924年4月23日。

⑤ 落霞：《外国人嘴里的中国新式婚姻》（下），《生活》1927年第2卷第48期。

⑥ 杨节青：《得罪旧婚制的我》，《觉悟》1924年女7月7日；方卓然—章锡琛：《机械婚下的呼吁者》，《妇女杂志》1923年第9卷第9号；我觉：《要求未婚妻入学或废约》，《觉悟》1922年12月24日；吴俊升：《我之自白》，《青光》1923年6月2日；冷泪：《不轻易离婚的青年》，《申报》1923年4月27日；碧影：《救济旧婚姻制度之一法》《申报》1923年7月7日。

⑦ 周殿璋：《补救离婚的一个建议》，《批评》1922年第2期。

天的，但较诸旧式的后天的，倒要浓厚几倍。家庭中亦有唱随的气象”。[①] 另外，还有一些被丈夫改造后的妇女满怀感情之情，撰文记述自己被改造和两性情感逐渐浓厚的过程，[②] 这些成功的案例，大大增加了“闺阁的平民教育”的可行性，为避免离婚开辟了新思路。教育层面发挥的功效引起了一些人的质疑，认为这是以“威权戕害新时代恋爱结婚的理想”，[③] 体现的仍旧是男子对于女子的支配。[④] 此论或许不错，但对于新旧结合的夫妻而言，舍此之外似乎难以找到更合适的解决之道。

上述举措不可谓不合理，但在时人看来，离婚问题的根本解决之道还在婚姻本身。离婚既然是买卖婚姻崩溃的象征，要避免离婚就要反抗包办婚姻。作者紫瑚女士从两性角度分别进行了陈述：从男子角度看，未结婚之前应竭力反对父母的包办婚姻，以免将来发生离婚难的苦痛；若已经结婚，如妻子的性情、意见、知识等与己尚不至十分冲突，则应努力培养感情、创造恋爱，使其成为自己的伴侣，不应该吹毛求疵。只要尽心去做，未必没有成功的可能。与对男性的要求相反，鉴于女性在旧式婚姻中所承受的苦难，作者以“不自由，毋宁死”的精神鼓励女性摆脱封建家庭的压迫和束缚。她认为，女性如若遇到无爱的婚姻，遭受了残酷的非人待遇，应当勇往直前和旧习惯、旧势力做斗争，决绝的提出离婚，不可委曲求全。女子为独立自由而死、为人格殉道而死、为警醒沉沦中的姐妹而死，比苟且偷安，受尽折磨、凌辱而死要光荣得多。同样是死，为什么不舍彼就此呢?[⑤] 紫瑚在“男强女弱”的性别格局基础上，对男女双方提出了自己的期待，希望他们都能够在破除旧婚制，创造新社会、塑造良好社会风气方面有所作为。

反抗包办婚姻是为了营造爱情婚姻，但这个过程并不容易，只有谨慎选择才可能规避其中的风险。他们认为，婚姻的“最重要处，却不是离婚问

① 何章钦：《请看我的对她》，《妇女杂志》1923年第9卷第4号。

② 侠侬：《从旧婚姻发生的新爱情》，《妇女杂志》1924年第10卷第2号；陈濂观：《我和他》，《妇女杂志》1926年第12卷第7号。

③ 周叙琪：《民国初年新旧冲突下的婚姻难题——以东南大学郑振壎教授的离婚事件为分析实例》，王政、陈雁主编：《百年中国女权思潮研究》，复旦大学出版社，2005年，第106页。

④ 陈望道：《妻的教育》，《觉悟》，1920年7月29日。

⑤ 紫瑚：《中国目前之离婚难及其救济策》，《妇女杂志》1922年第8卷第4号。

题，实在是结婚问题；要离婚不容易，就要结婚不容易。换一句话说，就是要结婚慎重，莫轻易从事”。[①] 那么，如何结婚才算慎重呢？慎重之举莫过于“提倡以恋爱为中心的结合——实行恋爱结婚”。[②] 因为“所谓离婚者，大多数并不是由于结婚后没有恋爱，乃是由于结婚前没有审择。换言之，无恋爱的结婚，十有九是早播下了后来离婚的种子；到离婚时，不过是由那粒种子发芽、开花而结果罢了。……我们要谋国家的巩固与安宁，不能不把离婚数量减少，而欲使离婚数量减少，非从自由结婚方面去着手不可”。[③] 婚姻改良作为社会改造的切入点，固然不能不考虑个人的幸福，但其根本着眼点在国家的安宁与稳固，作者的建议和陈述表露了浓重的家国情怀。

即使明确了以爱情作为婚姻基础的理念，要注意的问题仍然很多，如要仔细考察对方经济是否独立、他或她的朋友是否良善、知识技能是否相当、体格是否健康等等，时人都给予了非常详细的指导。[④] 还有论者基于对两性恋爱中“灵”的关注，提出用“情人制”来减少离婚。经常为《妇女杂志》撰稿的夏梅女士，热情地鼓吹爱伦凯的恋爱论：“完全的恋爱，当着男女相互为一的时候，可使发生一种强烈的渴望。这个恋爱，能使男女二人相互独立，并向着二者一体的完全方面发展；所以恋爱若为双方生命所完了的结合，那么这样的恋爱，男女相互，终身惟有一人，也只能给与一次。”这种终身只有一次的轰轰烈烈的恋爱对充满幻想和激情的青年人必然产生极强的吸引力，并引发无限的向往。在此基础上，夏梅进而认为：“这种自然的两个爱人的结合，不更比那规定的‘一夫一妻制’的好得多吗？何必定要规定这种制度呢？”[⑤] 以夏梅为代表的年轻人推崇恋爱至上论，认为恋爱的实质超越一切，包括婚制在内。因此，若以神圣的恋爱为两性结合的基础，婚制自然就可以废除，如果没有婚姻也就谈不上离婚了。废除婚制实行男女恋爱的

---

① 饶上达：《离婚问题的究竟观》，《妇女杂志》1922 年第 8 卷第 4 号。

② 夏梅：《自由离婚论》，《妇女杂志》1922 年第 8 卷第 4 号。

③ 丘式儒：《我的自由结婚观》，《妇女杂志》1928 年第 14 卷第 7 号。

④ 张友鹤：《离婚问题之我观》，《妇女杂志》1922 年第 8 卷第 4 号；赵济东：《离婚问题的研究》，《妇女杂志》1922 年第 8 卷第 4 号；明养：《离婚问题之社会学的研究》，《妇女杂志》1927 年第 13 卷第 7 号；徐亚生：《离婚略论》，《妇女杂志》1930 年第 16 卷第 3 号。

⑤ 夏梅：《自由离婚论》，《妇女杂志》1922 年第 8 卷第 4 号。

结合，作为少数人的时尚生活方式尚可，而作为离婚的根本解决之道则缺乏社会基础，实践上很难行得通。

还有人提出了“设置试办性的家庭”[①] 的主张，其方法是：男女之间有了真挚的恋爱后，婚前应该有一个试办家庭的阶段，让男女双方按家庭的组织法同居一段时间，使彼此间更加熟悉。如果双方均表示满意，可以正式组建家庭；如若双方都不满意、不愿结婚则各寻出路，免得婚后出现麻烦。这种试婚行为听起来很合理，但它的践行必须以男女平等贞操观为基础，在当时片面贞操观尚未完全打破的情况下其可行性还极其有限，这种方法的真正流行开始于 20 世纪 90 年代中后期。

要避免离婚只注意婚前是远远不够的，婚后还要注意一些问题。传统观念历来讲究以和为贵，不少家箴特别强调夫妇的和谐相处。[②] 清末时，丁初我在译介文章时就着重提出，“互让、克己、忍耐、同情也，实完全夫妇快乐之最大要素也”。[③] 民初，吴宓与陈寅恪讨论婚姻之道时也曾指出：“婚姻之要，不尽在选择，而在夫妇能互相迁就调和。”[④] 缪程淑仪等人也认为，婚后夫妇要有“互助”“相谅”的精神。[⑤] 一般而言，男女结合是抱着同一信念组建家庭的，夫妻双方人格独立，相互平等。在组建、经营家庭的过程中，夫妻双方如偶有失误之处，只要不违大德，一些细小的过失不要深究。只有如此才能消弭暴戾之气，保持婚姻和谐，离婚的风险也就在无形之中得以消解了。

上述主张确是保持婚姻和谐的要诀，但多倾向于道德要求。除此之外，时人还提出：“应多想法培养家庭间艺术的环境，还希望太太们比较的美化一点。那末，夫妇之道或不致索然无生趣，家庭的崩溃或可侥幸得免。”[⑥] 为了解决这个问题，时人特意译介国外文章，告诫女性应该注意哪些问题。有

---

① 赵济东：《离婚问题的研究》，《妇女杂志》1922 年第 8 卷第 4 号。
② 抱一：《家箴》，《生活》1926 年第 2 卷第 8 期。
③ 初我：《结婚问题研究》，《女子世界》1904 年第 1 卷第 4 期。
④ 吴学昭：《吴宓与陈寅恪》，清华大学出版社，1992 年，第 14 页。
⑤ 缪程淑仪：《离婚的预防》，《妇女杂志》1921 年第 7 卷第 4 号；徐亚生：《离婚略论》，《妇女杂志》1930 年第 16 卷第 3 号。
⑥ 沧波：《夫妇的艺术化》，《生活》1931 年第 6 卷第 13 期。

作者提出，女子要树立正确的性交观念，这有利于增加夫妻双方的生活情趣，进而保持爱情的持久。[①] 为了达到这个目的，女子要改变对于性交的错误观念，不能对此拒绝或敷衍了事。同时，要注意内衣的整洁，消除口腔、足部的臭味以及妇科疾病，始终以美的形象展现在丈夫面前。在生活中，最重要的是“要对人格加以修炼，使能臻于健全而且完美，而夫妇因为关系上的密切，更应以互相促进人格上的完全为第一种责任”。[②] 因此，妻子在完善自我人格的基础上，要对丈夫负有监督之责，以避免其人格堕落；在事业上，初创时期计划的草拟、实践当中的帮扶和改进都很重要；在情感上，要注意性格的互补和调剂以及精神和情感的安慰等。如此这般，夫妻双方在人格上日益完善、事业共同发展、情感日加稳固。

对于新性道德论者而言，保持婚姻和谐的最大秘诀莫过于浓厚的爱情。有人认为，夫妻能否相互理解是幸福的关键，“理解最深的方能使爱情纯化，筑成最高的幸福”。[③] 要增加夫妻双方的理解，婚后要在已有的学识基础上继续加强自身修养，“在在可以引起尔我见之同情。利己的分子日日减少，利他之分子即日日增多。夫妇的幸福，自然与爱情而俱增，精神的快乐自不可以言语形容了”。为保持爱情的浓厚，还有人提出要注意“离合有当，适当分居”。因为喜新厌旧是人类的特性，不管当初爱情多么浓厚，相处久了终有厌烦的时候。如果到了这个时刻，应该适当分居，以增加双方对彼此的相思之情。相思愈深，求同居的念头就愈迫切，自然会回忆起同居的快乐，加深双方的情感，这就是所谓的“小别胜新婚”。[④]

还有人提议，可以借鉴国外夫妻生活的经验，增加日常生活的情趣与交流。在国外，夫妻在工作之余，常相偕去公园或公共娱乐场所游玩，或同作击球、驾车等健身怡心等运动；每当星期假日，他们又各往近郊盘桓寻乐。这种调剂夫妻日常生活之法，大可为我们所借鉴。作者还建议：“我意在这种种的生活调剂方法之外，或再在家中多备几册书画，在志趣相投的夫妇可

---

① 味辛：《告新婚的夫妇》，《妇女周报》1923 年第 3 期。

② 徐亚生：《女子嫁后的责任》，《妇女杂志》1929 年第 15 卷第 10 号。

③ 关桐华：《爱之纯化》，《妇女杂志》1923 年第 9 卷第 8 号。

④ 卓树元：《婚前婚后与离婚》，《四中周刊》1929 年第 76 期。

以采拾一些新资料来谈论谈论，或栽几枝花草，养几样禽兽，则在闷寂的家中，也可以增多一点生趣。”[①] 近代中国影院、戏院、公园、广场、娱乐场所等社会公共生活空间的开辟，为上述提议提供了物质基础。总之，只要时刻有新鲜的话题穿插在刻板的日常生活中，爱情会时常保有新鲜感，也就能达到稳固家庭的目的。

## 二、扶助离婚女性的倡议

正如林语堂所言，由于人性弱点的存在，离婚现象是婚姻中无法规避的问题。从知识界理论构建的现实关怀看，自由离婚是破坏不良婚姻，争取人生幸福的必由之路，[②] 这确实为青年男女摆脱婚姻桎梏，探求人生真义提供了可能。不过，从过渡时期的实际状况看，自由离婚面临着不少瓶颈。在新旧交替的历史时期，制约离婚的因素多种多样，如当事人的恋爱观念、经济处境、社交生活、两性生活和儿童问题等，都影响着离婚能否顺利进行。[③]

如果从性别视角审视离婚行为就会发现，男性一般比女性拥有更充分的社会资源，在离婚中往往占据主动。女性群体因教育和价值观念的差异，可分为新旧两个阵营。新女性因具备一定的科学文化知识和较为开放的思想、宽阔的视野，其生存能力要比旧女性强；旧女性一般是小脚女人，又多是文盲，缺乏足够的社会自立能力。因此，离婚女性特别是旧女性的命运，引起了知识界的特别关注。那么，应该如何对待离婚女性呢？知识分子们由于人生阅历和学识背景各有不同，对于婚姻自由理念的理解也各有侧重。为此，他们分化成两大阵营，从而引发了知识界关于离婚问题的新一轮对话。

部分知识分子从男女平等理念出发，以恋爱为判断依据，认为离婚不必考虑女性的利益，可以牺牲她们为代价促进婚姻改良：“惟一的救济方法，只有自由离婚……在失恋时期中，谁也管不得谁的自由，离婚只要一方提出便可成立，这便是治标法的人道自由离婚。”[④] 在《妇女杂志》关于离婚问题

---

① 仲华：《嫁前与嫁后的恋爱问题》，《妇女杂志》1929年第15卷第10号。
② 朱舜身：《合理的自由离婚和任意的自由离婚》，《妇女评论》1922年第57期。
③ 陈望道：《自由离婚底考察》，《妇女评论》1922年第57期。
④ 张友鸾：《自由离婚泛说》，《妇女旬刊汇编》1925年第1集。

的征文中，作者陶俨和表达了相似的观点。他认为，如果承认夫妇间的结合以恋爱为核心要素，那么有学问的男子与目不识丁的旧女子结婚，因缺乏精神的交流，生活必定十分痛苦。如若不然，他定是蔑视女性并把其当作奴隶、玩具、生育机器看待，以玩弄女性来弥补精神的不足，这是对女性最大的不敬。为此，尊重女性的男子可以直截了当地与旧式妻子离婚。之所以如此决绝，主要目的是要刺激女性读书。女方家庭为了女儿的终身幸福，必定要迎合男性的需求送女儿求学，其求学主旨虽不当，但女子却能得到实惠。①

除却上述两种理由外，男子要驱逐旧妻，牺牲女子的理由还有不少。例如，有人认为，因无恋爱而离婚是性道德应当承认的最正当的办法。如果有丝毫的顾虑，不但自己不道德，还置妻子于不道德之境地。至于妻子感受到痛苦甚至自杀，这完全是对方缺乏智识的缘故，与因恋爱失败而发狂或自杀是相同的，绝不能算不道德。并且，所谓痛苦的大小，是相比较而言的，并不是绝对的。无爱情而同居时所感受的痛苦与离婚所受的痛苦，两相比较难以判断大小和深浅。但离婚后感到痛苦的只有女子一方，而不离婚的痛苦却是双方共同感受的，甚至还会祸及儿女。两害相权取其轻，长痛不如决绝的离婚更好。社会上的盲婚都由包办婚姻造成，而守旧派依然希望这种制度永存。如果能使他们经常见到离婚的悲剧，一定可以促使他们对婚姻制度进行反思。离婚的悲剧越多，悲惨越大，旧婚制被摧毁的速度也就越快。目前虽然牺牲了几个女子，却使未来多数女子得到了救助，获得了幸福。②

这些冠冕堂皇的言论几乎都站在男性立场，企图以牺牲女性为手段实现性道德的重建。殊不知，这种残酷的手段不仅使女性被无情地抛弃，名誉受到损害，就是生存也受到严重威胁。③ 旧式女子所面临的婚姻困境本由男权所造成，如今破解这个难局又让女性做出牺牲，解放话语当中依然充斥着赤裸裸的男权特性，故而被时人痛斥为利己主义的表现。④

---

① 陶俨和：《尊重女性的男子可否与自己不满意的旧式妻子离婚?》，《妇女杂志》1924 年第 10 卷第 10 号。

② 紫瑚：《中国目前之离婚难及其救济策》，《妇女杂志》1922 年第 8 卷第 4 号；夏丏尊：《男子对于女子的自由离婚》，《妇女评论》1922 年第 57 期。

③ 陈望道：《〈自由离婚号〉引言》，《妇女评论》1922 年第 57 期。

④ 紫瑚：《中国目前之离婚难及其救济策》，《妇女杂志》1922 年第 8 卷第 4 号。

考虑到旧式女性的实际困境，另一些知识分子主张离婚要“爱情”和“人道”并重，[①] 邵力子将其概括为“情理兼备”。[②]“理”是指婚姻成立的基本原则，新旧结合的婚姻如确实不能产生恋爱就可离婚；“情”是指人道主义，要尽量援助已经离婚的前妻，使自己良心得到安宁。[③]

知识分子为什么要以“爱情”和“人道”为离婚标准呢？他们认为，在理论上，离婚包括法律和爱情两方面，但“我国法律限制还不完全”，[④]“法律的禁止是呆板的，不能普遍的”，[⑤] 为此离婚就不能仅顾爱情而不考虑人道问题。人道主义是启蒙知识界离婚论述中的高频词之一，其中除了渗透着儒家“仁”的人本主义观念外，还是五四功利主义观念的体现。如前所述，知识界接受的功利主义，在方法上是个人主义的，在目的上却是集体主义的，它以追求“最大多数人的最大利益”作为善的尺度，其中蕴含着群体主义的考量，这与传统伦理“尚群”的传统有契合之处。因此，无论从“人”的立场出发，还是遵从个性自我发展的原则，都不能不照顾女性这一群体。

从人道主义出发，很多人认为牺牲女性的做法根本站不住脚。旧女性因受旧道德的束缚变得无知无识，这完全是旧道德的罪，不是自己造成的；而旧道德恰是以男子为本位的，并不体现女性的利益。因此，让女子做旧道德的牺牲品有失公允。[⑥] 而且，旧女性对于离婚痛苦的感受比结婚大，因为离婚的女性母家多不收留，自己又无自立能力，社会还歧视离婚和再嫁的女子。[⑦] 结婚和离婚的痛苦本身并无定数，但对她们来说，离婚一定比身在婚姻中要痛苦。[⑧] 旧女性因遭夫家遗弃而流浪街头的新闻时常见诸报端，“现今一般的婚姻生活中经济关系大抵比精神关系或感觉关系更深”，[⑨] 两相比较，生存的威胁远比婚姻的痛苦要大得多。再者，牺牲现在的女子以援助将来的

---

① 李相杰：《离婚之标准——爱情和人道》，《妇女杂志》1922 年第 8 卷第 4 号。
② 《要求离婚者的觉悟》，《觉悟》1922 年 10 月 8 日。
③ 《离婚的顾虑》，《觉悟》1922 年 10 月 2 日。
④ 李相杰：《离婚之标准——爱情和人道》，《妇女杂志》1922 年第 8 卷第 4 号。
⑤ 钱如南：《离婚与弃妻》，《妇女杂志》1922 年第 8 卷第 4 号。
⑥ 紫瑚：《中国目前之离婚难及其救济策》，《妇女杂志》1922 年第 8 卷第 4 号。
⑦ 陈望道：《〈自由离婚号〉引言》，《妇女评论》1922 年第 57 期。
⑧ 饶上达：《离婚问题的究竟观》，《妇女杂志》1922 年第 8 卷第 4 号。
⑨ 陈望道：《自由离婚底考察》，《妇女评论》1922 年第 57 期。

女子道理上不通。杀身成仁出于个人自愿，这算得上勇烈可嘉。如果要以杀人达到救人之目的未免不合理，况且将来的人是否因现在被杀的人而得救还未可知，而现在的人却由我而死，这未免过于残忍。[①]

经过讨论，知识界在离婚问题上达成一些基本共识：离婚是道德的，倘若因离婚使女子发生不幸便是不道德。[②] 那么，实施人道的离婚到底应该怎么做呢？有人提出，所谓人道的准则，就是看待我们的妻子或丈夫要用看待“人”的心。换句话说，离婚要本着双方自愿的原则，不能强迫对方离婚。同时，离婚中的优势方要照顾弱势方，要本着开发人的本能、造就向上的精神为原则，使双方都能在离婚中获益。[③] 对此，陈德征强调说：“真正懂得恋爱的人第一步，自然是尊崇一般女性，提携一般被压迫的女性。果然，使那无知的女性羞愧而死，或无形中使她饱受了人间的指摘，抑郁而死，都不是恋爱认识者所当做的了。”[④] 为此，他提议说：“发生于女性方面的自由离婚或逃婚，一无所指摘，如发生于男性方面的自由离婚，须先顾到女性生理的或心理的生活之安全。”[⑤] 即使恋爱婚也不能无原则地离婚，邵力子明确指出：“凡由恋爱而成的婚姻，是为有责任的婚姻，离婚当然要为负责任的离婚。”为此，他进一步补充说：“在现时我国社会里，凡离婚由女子方面而提出的，应绝对尊重其理由，无条件的承认伊；若由男子方面提出，那便必须严重地课他的责任，非为伊妥筹善后的方策不可。”[⑥]

从这个共识出发，其他知识分子也纷纷阐发自己的见解。有人说，之所以提倡离婚是因为社会制度和习惯的不良，“不过在这个转风移俗的当儿，我们对于离婚的条件上，加倍的注重她们离婚以后的幸福，也就够了。不然，因噎废食，去坑杀全部分受婚姻痛苦的男青年，——同时也就坑杀了全部分受婚姻痛苦的女青年，——那是多么万恶的一个事哟！”[⑦] 秋芳女士从女

---

① 紫瑚：《中国目前之离婚难及其救济策》，《妇女杂志》1922年第8卷第4号。
② 梦苇：《离婚问题》，《妇女杂志》1922年第8卷第4号。
③ 戴秉衡：《离婚之标准》，《妇女杂志》1922年第8卷第4号。
④ 陈德征：《女性观和恋爱观》，《妇女杂志》1923年第9卷第4号。
⑤ 德征：《自由离婚和逃婚》，《现代妇女》1923年第18期。
⑥ 力子：《共进社社友武止戈的离婚案》《觉悟》，1924年3月14日。
⑦ 阎平阶：《尊重女性的男子可否与自己不满意的旧式妻子离婚?》，《妇女杂志》1924年第10卷第10号。

性立场出发也赞成离婚，但她特别强调，“尊重女性的男子，对于他所不满意而离婚的女子，在友谊上道德上，应该予以相当的救济，如维持她的生活和提高她的知识”，[①] 即离婚要“顾全人道主义”。[②] 杭州一师一位叫静心的学生给陈望道写信说：“我们的人类所做的事情，总要近点人情的，非像猪狗牛羊的可以无理性的。”[③] 既然女子的弱势体现的是旧社会的罪恶，并不是其自身所造成，离婚就“必须使她以后的境遇得相当的安全”。[④] 假如“自由离婚论者，只知倡导，不知监督；只知促离，而不顾及离妇的将来；这样的人，我认为是自私的男性辩护者，女子的仇敌，社会的蟊贼！”[⑤]

还有人认为，假如“爱情”和“人道”不能并存，他“宁可牺牲爱情，不可牺牲人道”。[⑥] 作者并不反对离婚，只是为了顾全弱势女性而忍痛做出的牺牲。这位男子为什么要牺牲自己来周济旧式妻子呢？他分析说，作为受过教育的青年男子，我们必须设身处地替自己的父母和妻子考虑，对其是非多加包涵。同时，为了将来的青年着想，应该舍弃自己的幸福集中精力去极力改良社会，去为他人谋幸福，这是知识青年的责任，根本没有必要陷旧女性于悲惨之境地。当时持有类似观点的知识青年大有人在，[⑦] 他们不忍心牺牲旧女性的权益，来获取己身的自由。

周建人在总结中国的离婚问题时特别强调说：“今日的离婚问题，也可以说不是婚姻可不可离的问题，是应不应该平等而且自由的问题；在今日的中国尤其是要怎样离婚才能使两造，如有小孩则兼小孩，都不陷入困苦的问题。……我们此刻已不是讨论应该不应该自由平等的时代，我们现在是应该怎样享用这自由，我们如何可以得到平等的问题。如果这种思想是有理的，那么，应该不应该离婚，离婚应该不应该自由平等，都可以不必讨论，所要

---

① 秋芳：《尊重女性的男子可否与自己不满意的旧式妻子离婚?》，《妇女杂志》1924年第10卷第10号。

② 陆秋心：《婚姻问题的三个时间》，《新妇女》1920年第2卷第2期。

③ 《这样可以离婚么?》，《妇女评论》1922年第33期。

④ 《离婚有两全的法子吗》，《觉悟》1922年10月5日。

⑤ 蒋慕林：《男性的离婚》，《妇女杂志》1923年第9卷第8号。

⑥ 李相杰：《离婚之标准——爱情和人道》，《妇女杂志》1922年第8卷第4号。

⑦ 在《妇女杂志》第10卷第10期的征文《尊重女性的男子可否与自己不满意的旧式妻子离婚?》中，署名“菊华”“八星”“吴祖光”的作者都持类似观点；在《妇女杂志》第8卷第4期中，夏梅女士还专门对此做过批评，可见它在青年群体中有一定的普遍性。

讨论的只是要怎样离婚才能顾全双方或并小孩的幸福，不背于新的道德。”[1]婚姻既然以两性的自由、平等为基础，显然不能只关注于结婚而忘却了离婚。以平等理念为出发点来考虑离婚，显然是带有深切人文关怀的话题。它不应当是男权主义的再次宣泄，也不是极端女权主义的表达，而应该综合考虑两性利益，实现两性协作，以创造美育生活的新开端。

“离婚自由的原则，在现代中国既是普度一般青年男女受着包办婚姻种种痛苦的宝筏；救济被离婚的妇女，也是普度他们被离弃后所受种种痛苦的慈航。所以，离婚自由，固然势在必行；救济离婚后的妇女，也是现代革命青年与新社会应有的职责。”[2] 围绕着如何救助离婚中的旧女性，知识界纷纷建言献策。

对于旧女性而言，其最大的困境是自身生存能力的不足，保障她离婚后的生活是知识界关注的要点。有人认为，女性离婚后如“不能够生活，就应该负担物质上——金钱津贴——的义务，这是过渡时代所必经的路程”。[3] 这一观点得到了知识分子们的普遍认同，如孟苇提议“男子提议离婚，必须供给女子——指生活的确不能独立的女子——生活费”；[4] 卓吾也建议必须“强迫伊丈夫负担伊的生活和教育费，到伊尽自谋生活，或结婚时为止”；“强迫伊丈夫将他赢得的遗产分给伊一半，或几分之几，使伊自理生活”。[5]

凡是对旧女性报以同情心的男子，对自己的前妻都会给予经济上的支援。上文提到紫瑚的朋友某君，在与其妻离婚时将自己的家产分割给她，妻子对他的仁义非常感动，宁愿独身苦守也不愿再嫁。鲁迅在为自己与朱安的婚姻感到异常痛苦时，他的朋友孙伏园、章川岛、常维钧等人曾提议说：“既然没有感情，就送他回娘家，负担他的生活费，这是很客气也很合理的办法，何必困恼着自己，和她一起做封建婚姻的牺牲品呢？”[6] 由众

---

① 周建人：《离婚问题释疑》，《妇女杂志》1922 年第 8 卷第 4 号。
② 铁英：《过渡时代中之离婚问题》，《华北日报妇女周刊》1929 年第 9 期。
③ 南珍：《中国现代的离婚观》，《现代生活》1923 年第 1 卷第 1 期。
④ 梦苇：《离婚问题》，《妇女杂志》1922 年第 8 卷第 4 号。
⑤ 卓吾：《我对于婚制下弃妻者的意见和救助被弃妻的方法》，中共天津市委党史资料征集委员会、天津市妇女联合会：《天津女星社》，中共党史资料出版社，1985 年，第 243 页。
⑥ 转引自段国超：《鲁迅家世》，教育科学出版社，1998 年，第 199 页。

人“很客气也很合理”的表达来看，这种离婚后救助前妻的做法在新知识界已被广泛认可。

与其接受男子的馈赠，不如女性自己取得经济独立更稳妥。鉴于旧女性在经济上处于弱势的现状，不少人提议女性应该保持经济独立，只有如此才能杜绝或减少离婚，赢得人生幸福。“女子得了职业，然后经济方能独立，经济独立以后，自然可以增高妇女解放的势力。”[①] 作者王思玷利用身边两个鲜活的实例，阐明了经济独立对女性婚姻乃至人生的重大影响。作者的邻村有一姓鲍的小康之家，娶妻周氏，日子过得颇为滋润。不幸的是，几年后二人因迫不得已的原因而离婚。离婚后的鲍姓男子很快再娶；周氏离婚后搬回娘家居住，其父母面对离异的女儿整天唉声叹气，亲戚们对她也投来异样的眼神。周氏被迫外出佣工，却受不了那份清苦。最后，她嫁给了一位无产工人，生活异常艰难，吃喝都难以为继。贫贱夫妻百事哀，其再婚生活的幸福度自然可想而知。与周氏的窘境形成鲜明对比的是作者的邻居跛四姑娘，此女因腿有残疾难以嫁人，父母为其终身幸福计特意给她留了一份非常可观的田产，让其有足够的资财维持生活。跛四姑娘因经济独立，婚姻实现了自主。她自己挑选丈夫，最后招得如意郎君入赘，生活美满，婚姻幸福。通过这两个实例的对比，作者感触颇深。他认为，经济独立是妇女权益的根本保障，若无此基础，离婚必然导致悲惨的结局。[②]

王思玷的认识对于新女性同样适应，自由恋爱的婚姻若无经济做保障也难以持久。作者明星的同乡范成金女士富有新思想，在求学期间就勇于反抗包办婚姻，坚持自由恋爱，为此她承受着来自家庭和学校的双重压力。无奈之下，范女士与男友双双逃到上海，并自由结婚。由于他俩正值求学阶段，经济上都不能独立，只得坐吃山空。短短几个月，他俩的经济就破产了，最后被迫离婚。[③] 为此，时人反复告诫青年学生，经济不独立不能结婚，恋爱

① 汤鹤逸：《妇人问题》，《晨报副刊·社会》1926年3月30日

② 王思玷：《离婚与男女的经济平等》，《妇女杂志》1922年第8卷第4号。

③ 明星：《评一个离婚者》，《妇女杂志》1922年第8卷第4号。

虽是婚姻成立的根本要素，但经济却是维持婚姻的根本保障。[①]

那么，女性如何才能实现经济独立呢？正如周作人所指出的那样："妇女之经济的解放是切要的，但是办法呢？方子是开了，药怎么配呢？"[②] 有人认为，要根本解决这个问题，女子必须取得与男子平等的教育权，具有高等知识；取得平等的社交权，赢得自己的人格和尊严。同时，还要培养她吃苦耐劳的精神。[③] 杨贤江为这个提议做了最好的注脚。1920 年，他与包办妻子张淑贞协议离婚。为了不使对方"在经济上无以为生，于情谊上难以为怀"，杨贤江继续资助她读书受教育。后来张淑贞文化水平逐渐提高，明白了许多革命道理，终于也走上了革命道路。[④] 还有人提议，设立离婚妇女收容所，给予精神安慰和新观念的教育；设立妇女职业介绍所，对她们就业进行指导；设立职业学校，使她们获得相当的知识和技能。[⑤] 张竞生对此也提出了相似的看法，认为在现时情况下彻底铲除包办婚姻是不可能的，唯一能做的就是技术层面的补救。在他看来，救济的良善之策莫如"使妇人去读书兼习实业。在此学习期内，为夫的应当完全负一切的供给及指导的义务"。[⑥] 只有帮助妇女实现了自立，离婚才不违背情理。

当然，对旧女性而言，离婚后的再嫁也是解决问题的方法之一。此举虽无上述举措那般彻底，但至少也能解燃眉之急。在明清之际，社会风俗将寡妇再嫁视为不名誉之事，"再醮者则百不一二，间有之，辄为姊妹所不齿，绝之终身"。[⑦] 五四时期，知识界宣扬平等贞操观为女性再嫁找到了新依据，"寡妇由嫁夫而求性欲的满足，当然是极正大光明的行为……性欲满足的再嫁所以比食欲满足的再嫁更正大光明"。[⑧] 褚松雪在一次演讲中，曾提议让前

① 章锡琛：《青年学生的恋爱问题》，《学生杂志》1924 年第 11 卷第 1 号；Y. D.、TL 合译：《恋爱结婚与经济的关系》，《学生杂志》1924 年第 11 卷第 1 号；自谋：《青年与结婚》，《学生杂志》1930 年第 17 卷第 11 号。

② 《北沟沿通信》，1927 年 12 月 1 日，钟叔河编：《周作人文类编·上下身》，湖南文艺出版社，1998 年，第 102 页。

③ 张友鸾：《自由离婚泛说》，《妇女旬刊汇编》1925 年第 1 集。

④ 潘懋元等：《马克思主义教育理论家杨贤江》，人民教育出版社，1983 年，第 1—2 页。

⑤ 铁英：《过渡时代之离婚问题》，《华北日报妇女周刊》1929 年第 9 期。

⑥ 《"行为论"的学理与方法》，江中孝编：《张竞生文集》（上），广州出版社，1998 年，第 272 页。

⑦ 胡朴安编：《中华全国风俗志》（下），河北人民出版社，1986 年，第 387 页。

⑧ 奚明：《社评（一）》，《妇女周报》1924 年第 20 期。

夫帮助自己离婚的妻子择偶，直至将其嫁出去为止，听者皆目瞪口呆。[①] 这一提议听起来确实惊世骇俗，有多少可行性实未可知，但建立在平等贞操观基础上的妇女再嫁问题确实有了松动与变化。1928 年，《生活》杂志以《恋爱已呈白热化》为题，报道了青年吴熊与亡妻寡居的姐姐恋爱而欲结婚的事情。[②] 事件报道以后，马上就引起了一些青年的共鸣，并积极行动起来。青年李寺皿给《生活》杂志写信，明确表示自己受到了上述事件的感召，愿与一位粗通文字的寡妇结婚，并留下了详细的通信地址。[③] 邹韬奋家中一位佣工的阿妈，早年丧夫，孤苦无依。在 50 多岁时再婚，嫁给了小自己 10 岁的丈夫，迎来了人生中的第二春。[④] 再婚带来的经济依靠与情感慰藉，对于离婚或丧偶妇女而言，也是经济未实现独立之前的一种归宿。

综合上述两端，启蒙知识界把离婚自由观念当作破坏旧家庭，建设新家庭的手段，以此实现社会改造的目的，最终实现国家的安宁与稳固。因此，从根本来讲，他们并不乐见离婚的发生，因而在鼓吹离婚的同时，又试图减少离婚的发生。对于扶助离婚女性的倡议，既体现了知识界对平等观念的本土化理解，又是传统人道主义在知识阶层的延续。这些倡议虽多属纸上谈兵，但仍能为乐于扶助女性者提供一些可行的建议，从而在某种程度上减少她们的苦难。

## 本章小结

离婚自由是五四婚姻自由观中的重要内容。特定观念的塑造具有鲜明的时代性，它的确立不仅仅在于两性关系的调整和个人幸福的实现，其背后承载着知识界推动妇女解放的期盼。因此，知识界不断构建、强化女子受压迫的形象，从而为知识青年接受离婚自由观念营造了充分的舆论氛围，很多青

---

① 褚松雪：《离婚问题》，《妇女周报》1923 年第 18 期。
② 吴熊：《恋爱已呈白热化》，《生活》1928 年第 3 卷第 40 期。
③ 李寺皿：《愿意娶一个寡妇》，《生活》1928 年第 3 卷第 42 期。
④ 韬奋：《居然得到恋人》，《生活》1928 年第 3 卷第 23 期。

年顺理成章地接受了这一观念，并将之付诸实践。

中国社会的特殊性使知识界对离婚的态度表现得异常矛盾：他们一方面鼓吹离婚自由，另一方面又想方设法遏制离婚率的攀升。不过，仔细分析之后就会发现，他们二者其实具有内在的统一性。离婚自由重在权利的赋予，为破坏旧家庭、组建新家庭取得伦理价值支撑，意在反对包办和专制，这是接受了个人主义理念后知识青年个性表达的必然选择。而遏制离婚、维护家庭稳定的思路与举措，说明新知识界试图把构建新家庭当作培育新人、改良社会、塑造新国家的基地。[①] 如此便不难明白，无论是鼓吹离婚或是遏制离婚，其目标都统一指向了社会改造及现代性国家的塑造。

然而，观念与现实之间存在巨大张力。知识青年们的离婚、解约之路步履维艰、困难重重，其中既有法律过失离婚裁决的阻滞，又有乡土社会伦理的束缚。尤其对于女性而言，既有传统女性观的因袭，又受经济不能自立的挤压，她们有勇气提出离婚者终究是少数，故而五四时期的离婚仍具有强烈的男权特质，并一度成为男性弃妻的借口，这与启蒙知识界的初衷背道而驰。上述情况表明，五四时期的中国社会依然沿袭着传统轨迹运行，并未给婚姻自由的践行积淀充分的社会基础，也就影响了女权观念的扩张。表达现代性的个人主义固然为启蒙知识界所垂青，但女性的弱势激发了知识界的人道主义情怀，主张对离婚女子给予力所能及的救助和支持。因此，知识界在离婚问题上主张个性主义与人道主义并重，这是外指型与内指型道德交融的体现，表明了他们在本土文化语境中观念构建的努力。总之，无论是超前的理论与滞后的现实之间的对比，还是知识界“西学东化”的观念构建，都是转型时期中国社会矛盾的缩影，表明了现代转型中的本土特征。

---

① 瑟庐：《家庭革命新论》，《妇女杂志》1923年第9卷第9号。

# 第六章 近代民族国家话语下的独身、废婚与情人制

自清末以来，启蒙知识界渐次构建了以婚姻变革推动女性解放的路线图谱。至五四时期，婚姻变革承担起女性解放与社会改造的双重使命。这条启蒙路线的预设前提是婚姻乃人类生活的必然归宿，然而在社会改造实现的路径上，无政府主义者或其他知识分子则有不同的考量。尤其是知识女性，对于婚姻与女权实现的关系也有自己的见解和选择，这使得五四时期的解放话语充满了歧义和多变。对于上述问题的分析，有助于廓清20世纪20年来启蒙思想的复杂面相。

## 第一节 近代启蒙规训中的女性独身选择[①]

清末以来知识界策动婚姻变革，主要目的在于以实现女性的主体价值相

① 本节在笔者的课题论文《民国时期知识界对知识女性独身问题的思考》（《安徽史学》2018年第5期）基础上修改而成。

号召，动员她们参与民族国家的重建。在这个过程中，知识界构建了完整的婚姻自由观，塑造了从“国民之母”到“妇女主义”的新女性角色，试图规训她们在种族绵延、文化传承与社会服务等多个层面发挥作用。部分觉醒了的知识女性对自身主体价值的实现，有自己独特的理解和认知，并不打算以婚姻角色参与国家的重构，故而形成了中国女性发展史上罕见的独身思潮。女性独身古已有之，但作为备受关注的社会现象则肇始于五四时期。知识女性的独身引起了时人的焦虑，并将其视为严重的社会问题。分析启蒙知识界焦虑感的产生缘由，呈现舆论导向与女性独身之间的张力，重构知识女性独身的社会意义，对于认识国家、社会与女性之间微妙而复杂的关系具有重要意义。

## 一、清末以来女性社会角色的建构

甲午中日战争后，中国陷入了被列强瓜分的政治危局，迫使知识界从文化层面反思国家的前途和命运。政治危机带来的思想危机，促使知识界对本土的性别伦理进行了再思考。他们普遍认为，女性“妨文明之进化，蠹社会之资财”，[①] 是“天下积弱之本”，[②]“我中国之所以养成今日麻木不仁之民族者，实四千年来沉沉黑狱之女界之结果也”。[③] 为此，启蒙知识界把目光不约而同地聚焦到女性身上，“他的出发点是在一个全球国家的竞争当中自己觉得比不上他人，回过头来又把这种羞耻加之于身边的女人”。[④] 在关于民族国家的最初想象中，卑弱女性与当时的中国处于相互印证的同质地位，这在当时的启蒙知识界中几乎达成了共识。梁启超描述其心目中的中国是“鬼脉阴阴，病质奄奄，女性纤纤，暮色沉沉”。[⑤] 蔡锷把中西间的较量比喻为：“若罹癞病之老女，而与犷悍无比之壮夫相斗，亦无怪其败矣。”[⑥] 民族主义话语

① 佛群：《兴女学说》，《中国新女界杂志》1907 年第 3 期。

② 《变法通议·论女学》，林志钧编：《饮冰室合集》第 1 册，中华书局，1989 年，《文集之一》第 38 页。

③ 黄公：《大魂篇》，《中国女报》1907 年第 1 期。

④ 王政等：《从〈女界钟〉到“男界钟”：男性主体、国族主义与现代性》，杜芳琴、王政主编：《社会性别》第 2 辑，天津人民出版社，2004 年，第 33 页。

⑤ 《新民说·论进取精神》，林志钧编：《饮冰室合集》第 1 册，中华书局，1989 年，《专集之四》第 29 页。

⑥ 奋翮生：《军国民篇》，《新民丛报》1902 年第 1 号。

让本无关联的“女性”和“民族”成为互为象喻的两端，卑弱的女性成为相异于男性/现代化的他者。因此，去“女性化”就成为现代民族国家构建中急需解决的问题。

女性之所以被视为国家衰弱的根源，是因为她们没有为国家尽义务。那么，女性应当承担什么义务，或者扮演什么社会角色呢？传统女性的角色定位是贤妻良母，聚焦其在家庭中的身份和地位。通过中外女性角色的比较，启蒙知识界要求她们承担女国民的责任，这关涉到女性是回归家庭还是走向社会的选择，并一度引起了启蒙知识界的争论。为了平衡二者之间的关系，来自西方的范型“国民之母”受到了知识分子的欢迎。“国民之母”既可直译为“国民的母亲”，又可解释为“女国民”，它获得了兼具家庭与社会两种不同角色及权利的优势。“国民之母”仍然保持了女性作为妻子和母亲的家庭形象，不以走向社会为唯一的选择；同时它还肯定了女子作为国民应承担的义务与权利，可以用独立的声音向社会发言，不以家庭为唯一的活动场所。概括言之，“国民之母”就是“对于家不失为完全之个人，对于国不失为完全之国民”。[①] “国民之母”受到了启蒙知识界的普遍认同，并成为晚清女权思想史中的高频词。

作为承载着启蒙知识界最新认知的概念“国民之母”，成为女权宣传的重要理论武器，凡称颂女子必冠以“国民之母”的美誉。作者自立发表演讲时说：“我的姊妹们，岂不是别国人，讲生理学、人类学、进化的公理，所最敬重最尊贵的，叫国民母的么？”[②] 《中国日报》在分析女学问题时也说：“天下所最高贵，最郑重，冀以造就国民之母，视男学尤高署者。”[③] “国民之母”本身意义非凡，在提及时又冠之以最高级形容词来修饰，使其俨然成了至高无上的女性代名词。“女子者，国民之母也。欲新中国，必新女子；欲强中国，必强女子；欲文明中国，必先文明我女子；欲普救中国，必先普救我女子，无可疑也。”[④] 女性之所以被赋予“国民之母”的崇高地位，是因为

① 碧城：《兴女学议》，天津《大公报》1906 年 2 月 18 日。
② 自立：《谰言》，《女子世界》1904 年第 1 卷第 2 期。
③ 《粤吏之整顿女学》，《中国日报》1907 年 2 月 20 日。
④ 金一：《女子世界发刊词》，《女子世界》1904 年第 1 卷第 1 期。

她们在知识界构建的民族复兴路线中，处于逻辑起点的位置。

“国民之母”参与民族国家的重建，主要在于履行诞育、教育国民的职责。竹桩（蒋维乔）指出：“女子者，国民之母，种族所由来也。”[①] 吕碧城直言：“女子为国民之母，对国家有传种改良之义务。”[②] 林宗素的陈说更痛切、更充满民族意识：“女子者，诞育国民之母。今吾国之亡……所谓‘国民’者安在？吾痛夫吾国女子之不育矣……故今亡国不必怨异种，而惟责我四万万黄帝之子孙；黄帝子孙不足恃，吾责夫不能诞育国民之女子。”[③] 其痛陈之言中，包含着对女子担负养育之责的殷切期盼。

女性在担负诞育使命之外，还负有教育子女之责。先觉者在中西女性教育的比较中，认为女性素养决定国民的精神面貌：“吾国民格之卑鄙者，未始非母教有以胎之也。”[④] 反观西方，“英妇之德多醇，故其民沉毅；法妇之德多达，故其民活泼；美妇之德多慈善，故其民平和”。[⑤] 也就是说，国民的人格由“国民之母”塑造而成，国民品质的优劣与女性有直接关联，这又关系到国家在世界竞争格局中的优胜劣败，正所谓“女界者，国民之先导也”。[⑥] 在“国民之母”概念的构建中，女性的主要职责在于为国家诞育新国民。换言之，婚姻生活仍是女性人生的重要选择。

五四时期的启蒙知识界在鼓吹女性解放时，沿用了上述分析理路。《妇女杂志》主编章锡琛在《家庭革命新论》中，分析了辛亥革命后国家政局混乱与旧家庭的关系。他认为，混乱的国家由不良的个人组成，而其根源在于旧家庭。为此作者主张：“我们今后务要树立起个人造家国，非家国造个人，家国为个人而有，非个人为家国而有的观念，如果家国对于各个人只有损害而无利益，便该用了全力来把他打破，然后才有真正的革新可说。‘不全有，宁全无’，这是一切革新的根本精神，我们应该先从家庭做起。”[⑦] 那么，在

---

① 《论中国女学不兴之害》，《女子世界》1904 年第 1 卷第 3 期。
② 碧城：《兴女学议》，天津《大公报》1906 年 2 月 26 日。
③ 林宗素：《女界钟叙》，《江苏》1903 年第 5 期。
④ 碧城：《兴女学议》，天津《大公报》1906 年 2 月 20 日。
⑤ 巾侠：《女德论》，《中国新女界杂志》1907 年第 1 期。
⑥ 黄公：《大魂篇》，《中国女报》1907 年第 1 期。
⑦ 瑟庐：《家庭革命新论》，《妇女杂志》1923 年第 9 卷第 9 号。

革新家庭、改良政治这一链条中，女性又承担着什么责任呢？《新青年》对此早有预见："欲培植健良完全之国民，舍从女界上进行，其谁属哉？然则普及女子教育，改良婚姻与育儿问题，岂非今日之第一急务哉！"[①] 启蒙知识界把女性教育与改良婚姻和育儿紧密联系在一起，使之成为参与国家重构的重要手段。

在此基础上，妇女解放运动的先锋章锡琛、周建人等人提出了"妇女主义"理念，他们轻视女性在法律、社会或就业上争取平等权的取向，转而强调性的自由，并将其视为妇女解放的终极目标。"妇女主义"者强调性别分工，认为女性的意义在于"获得女性的自由，完成其性的使命，与男子及儿童共同发展全种族文化的信仰"。[②] 这一理念深刻影响了当时的知识界，并被妇女解放运动的支持者所接受。从"国民之母"到"妇女主义"，不同时期的启蒙知识分子对女性的社会角色定位却大致相同，都强调发挥女性"性"的优势，为国家生育、塑造新国民，以参与民族国家的重建。启蒙知识界以女性解放相号召，精心为她们重构了新的社会角色和使命，并深刻影响了知识界对女性社会价值的评判。

## 二、知识女性的独身取向与成因

传统社会以宗法制为伦理基础，历来强调"女有室，男有家"。清末启蒙知识界在鼓吹男女平权的同时，也围绕着"自由结婚"大做文章。是故，在新文化运动之前，独身主义几乎没有生存空间。独身问题与婚姻自由观相伴而生，五四时期形成的婚姻自由观在引导青年人自由结婚的同时，也为拒绝结婚、奉行独身主义提供了依据。[③]

所谓独身，是指终生与异性脱离共同生活关系而洁身自处。[④] 从概念上看，独身指向的是具有一定特殊性的个人生活状态，而独身主义则有所不同，它表现为将作为生活状态的独身，视为值得提倡的人生信仰，并试图影

---

① 陈华珍：《论中国女子婚姻与育儿问题》，《新青年》1917年第3卷第3号。
② ［日］原田实著，味辛译：《弗弥涅士姆概说》，《妇女杂志》1922年第8卷第5号。
③ 沈兼士：《儿童公育》，《新青年》1919年第6卷第6号。
④ 晓霞：《女子独身主义的透视》，《女子月刊》1935年第3卷第10期。

响他者。在当时知识界关于独身问题的表述中，二者往往是混用的，只有极少数论者能做出区分。

作为社会思潮的独身主义，首先成为青年学生展现个性、标榜新潮的标签。[①] 据记载，1916 年，江苏南京石坝街有富家少女 15 人，组织不嫁会，“以终身不嫁为誓”，并推举叶宝莲女士总理会务。[②] 1917 年，在江苏江阴西门外某女校，八名年长师生秘密创立“立志不嫁会”，“以立志不嫁，终身自由为目的”，会员有“劝人立志不嫁之义务”。[③] 1919 年，上海八仙桥教师蒋女士发起成立“女子不婚俱乐部”，入会成员须声明誓不婚嫁，如有违背则罚洋 600 元。[④] 1921 年，《礼拜六》杂志刊文介绍了潘文柔女士创立的妇女独身会，声称创立该会“意欲唤醒女界，祛除依赖及妒忌之恶性”。[⑤] 陈鹤琴在 1921 年的婚姻调查中发现，赞同独身者达到参与者的 16%；[⑥] 在甘南引的调查中，赞成独身的学生比例也有 13%。[⑦] 五四之后，各类报刊对于独身现象也多有报道，如《玲珑》《海涛》《新上海》等杂志经常刊载相关文章。

独身作为五四时期备受关注的社会现象，其成因并非仅仅是少数女学生“震于独身名词的新颖漂亮”[⑧] 这样简单。女性独身有着复杂的社会因素，时人对此曾做过细致的梳理，笔者以此为基础做归纳如下：

第一，由旧婚制而产生的恐婚、拒婚心理，是女性独身观念产生的重要缘由。天津觉悟社成员李毅韬回忆说：“目击人家待儿媳的残酷、虐待……做人家的儿媳实在不易，我又是在家里被我父娇养惯了的，哪能受那样的苦？独身的主意，渐渐打定了。”[⑨] 上述陈情并非夸大其词，它确是部分已婚女性的生活常态，张嗣婧的惨死就是例证。张女士毕业于天津女师，同时也

---

① 伊汝：《独身主义之研究》，《新亚》1943 年第 9 卷第 4 期。

② 童子：《南京之不嫁会》，《时报》1916 年 12 月 13 日。

③ 无聊生：《异哉立志不嫁会》，《时报》1917 年 2 月 25 日。

④ 《女子不婚俱乐部》，天津《大公报》1919 年 1 月 9 日。

⑤ 潘文柔：《妇女独身会》，《礼拜六》1921 年第 130 期。

⑥ 陈鹤琴：《学生婚姻问题之研究》，李文海主编：《民国时期社会调查丛编（婚姻家庭卷）》，福建教育出版社，2005 年，第 21 页。

⑦ 甘南引：《中国青年婚姻问题调查》，李文海主编：《民国时期社会调查丛编（婚姻家庭卷）》，福建教育出版社 2005 年版，第 120 页。

⑧ 都良：《一部分女子的独身问题》，《礼拜六》1922 年第 188 期。

⑨ 李毅韬：《我的婚姻观念的变迁》，中共天津市委党史资料征集委员会、天津市妇女联合会：《天津女星社》，中共党史资料出版社，1985 年，第 208 页。

是觉悟社成员，婚后生活颇不如意，尤其是两次生育之后备受虐待，致使身体发生严重病变，也未得到及时医治，最终惨死于婆家。① 面对家族生活的苦痛，青年们噤若寒蝉，“皆不欲踏进这个黑暗地狱，自寻困难，尤以解放的女子为尤甚”。② 张秀华女士给编辑写信说：“当男友向我提出婚姻问题时，我的脑海中就有许多夫妻生活的悲痛阴影，好像电影般一幕一幕的活跃在眼前了，于是我要结婚的念头又丧失了。”③ 觉醒女性对于传统婚姻生活的恐惧，使其望而却步。

第二，有些青年经历过退婚或恋爱的挫折，再或者有感于自由结婚的诸多误区而对婚姻悲观失望，从而产生了独身念头。情窦初开而又涉世未深的石评梅与吴天放相恋，不料却发现他早有妻室。追求爱情的渴望遭遇了现实的摧残，使其备受打击，加剧了内心的封闭，产生了独身观念。④ 魏瑞芝女士总结说：“现今潮流趋新，儿女渐知自动，由自由恋爱而达到自由结婚。但泰半眼光不远，目标难准，美满虽有，而不见多；被诱者有之，受骗者有之，一时情感作用者有之，处于性欲冲动者有之。”⑤ 上述现象确实对女性造成了不少伤害，为此她表示，我既反对旧式婚姻，更不敢赞成自由恋爱。在另一则文章中，作者用玩世不恭的口吻说，人生本来不过这么回事，没什么可值得认真，所谓的爱恨只是徒增烦恼。即使是恋爱婚姻也经不起时光的消磨，同样潜伏着解体的危险，故而对婚姻不抱什么希望。⑥

第三，社交圈狭窄且择偶过于严苛，致使部分女性婚姻失时而独身。五四时期，启蒙知识界虽极力鼓吹社交公开，但男女交际依然缺乏足够的氛围，即使是职业女性也必须谨小慎微，因为“社会无公平舆论，至影响她的事业，继而使她在社会无存在之地位”。⑦ 新青年皆以无恋爱的结婚为不道德，而“因事业上经济上及其他种种事情不能寻到恋爱的对手，便只好独身

① 颖超：《张嗣婧传》，《女权运动同盟会直隶支部特刊》1923年第3期。
② 黄石：《无家阶级》，《妇女杂志》1924年第10卷第8号。
③ 张秀华：《怎样解决“独身”与结婚的矛盾》，《青年与妇女》1946年第9号。
④ 卫建民编：《魂归陶然亭——石评梅》，人民文学出版社，2002年，第122—123页。
⑤ 魏瑞芝：《吾之独身主义》，《妇女杂志》1923年第9卷第2号。
⑥ 林鸟：《独身的人》，《杂志》1943年第11卷第1期。
⑦ C. T. YIN.：《我对于“独身”的见解》，天津《大公报·妇女与家庭》1928年第11号。

了”。[①] 由于中国女性文盲率高，部分受过新教育的女性往往又自视甚高，“不是自命为扫眉才子，就说是巾帼英雄了”。[②] 她们在求偶过程中形成了不成文的规矩：“男人非比她高一层，绝不能和她平等匹配，所以大学毕业生只能娶中学女生，留学生才能娶大学女生，女人留洋得了博士，只有洋人才敢娶她，否则男人至少是双料博士。总之，嫁女必须胜吾家，娶妇必须不若吾家。”[③] 她们抱着这种心理去择偶，很容易错过最佳婚龄而使婚姻失时。知识女性择偶的苛刻与其教育水平的提高密切相关，研究表明：“思想的丰富不会使情趣失去个性而趋于划一，而是使人更加挑剔……细腻的情趣促进爱情和友谊，并将我们的友谊限制在少数人之中。因此，更高的文化水平通常会使选择对象更为困难。”[④] 因此，有人批评说，女子大学是独身女性的制造工厂。[⑤]

第四，有些女性则受西方基督教独身观的潜移默化，立志独身以服务社会。[⑥] 吴贻芳进入金陵女子教会大学后，在同班好友徐亦蓁的影响下，开始信奉基督教，以服务社会为自己的人生观。民国时期金陵女大毕业生的结婚率极低，“大多数女孩对男孩都并不感兴趣。迄今为止，在中国人的婚姻关系中，罗曼蒂克的爱情尚未成为时髦，对于那些具有知识和文化兴趣的女子来说，结婚本身并不具有特别的吸引力”。[⑦] 皈依基督教的名医张竹君就宣称：“当舍此身，担当国家的义务，若嫁了人，儿女牵累，必不能一切自有。”[⑧] 廖增瑞的小说《天涯芳草觅归路》，集中描绘了福建教会学校的女教师群体，她们受女教士的影响，不少人保持了独身，而且还影响了部分学生的观念。[⑨]

---

① 聿文：《恋爱与独身主义》，《妇女杂志》1925 年第 8 卷第 5 号。
② 陈兰言：《我底新希望》，《妇女旬刊汇编》1925 年第 1 集。
③ 钱钟书：《围城》，人民文学出版社，1994 年，第 33 页。
④ ［保］瓦西列夫著，赵永穆等译：《情爱论》，生活·读书·新知三联书店，1984 年，第 299 页。
⑤ 宁华：《老处女何其多》，北平《妇女杂志》1943 年第 4 卷第 5 期。
⑥ 小江：《女子独身生活的研究》，《妇女杂志》1926 年第 12 卷 11 号。
⑦ ［美］德本康等著，杨天宏译：《金陵女子大学》，珠海出版社，1999 年，第 78 页。
⑧ 《张竹君女士历史》，《顺天时报》，1905 年 11 月 16 日。
⑨ 风帆：《天涯芳草觅归路》，浙江文艺出版社，1983 年，第 510 页。

整体而言，独身作为一种观念来自西方，[①] 为部分知识女性的生活选择提供了价值支撑。具体来说，中国女性的不婚主要与家庭、社会或独身女性本人有关，包括家庭制度、教育程度、经济能力、生活价值观、生育概念、宗教信仰、性道德、容貌、个性与性情等方面的影响。[②] 有人将知识女性的独身分为“绝对独身主义”和“相对独身主义”两大类，[③] 前者是指矢志不婚，决心以自由之身报效社会与国家；后者是受家族主义的威吓，或择偶遭遇困境等外在因素的影响而暂时保持独身，一旦外在环境改变，独身主张自然也就放弃了。中国知识女性的独身多由后者所致，她们暂时的独身并不能称之为“主义”。

其实，奉行或赞成独身者男女皆有，但通过粗略比较就会发现，女性在家庭、生育、就业等方面的压力远大于男性，故奉行独身者“大都在智识阶级……女子之独身者较多于男子”，[④] 知识女性自立能力强于传统女性，更具备独身的底气。在葛家栋、梁议生的婚姻调查中也发现，女性赞成独身的比例要远高于男性，[⑤] 这与当时的实际情况基本吻合。

## 三、知识界对独身的焦虑与劝诫

对于知识女性的独身观念或行为，知识界又是什么态度呢？独身中断了宗法血缘的延续，自然为礼教守旧者所不容，这自不必说。那么，启蒙知识分子对此又有何高见呢？有人认为，“独身者之人数，殆与文明程度成正比，文明程度愈高，抱独身主义者亦愈多；不开化之处，抱独身主义者，亦自较少”。[⑥] 既然独身与文明程度成正比，那么他们对此应当表示欢迎。然而实际情况远非如此，对独身持同情、支持态度者实属凤毛麟角。从当时知识界讨论独身的相关文章亦可见一斑，如《独身主义怎么解决》《独身主义的危险》

---

① 波罗奢馆：《独身主义之研究》，《妇女杂志》1919年第5卷第2号；李剑俦：《打破独身主义》，《京报》1925年2月4日。

② 游鉴明：《千山我独行？廿世纪前半期中国有关女性独身的言论》，《近代中国妇女史研究》2001年第9期，第140页。

③ 镜明女士：《我的独身主义研究》，《妇女周刊》1925年第8期。

④ 李宗武：《独身倾向与危险》，《晨报副刊》1925年7月19日。

⑤ 李文海主编：《民国时期社会调查丛编（婚姻家庭卷）》，福建教育出版社，2005年，第39、67页。

⑥ 李宗武：《独身倾向与危险》，《晨报副刊》1925年7月19日。

《独身倾向与危险》，更有耸人听闻者如《独身——卖淫》等等。知识界承认独身与文明发达之间的关系，又明确表示反对独身，其认识相当矛盾，这非常值得关注。

启蒙知识界将独身视为“社会病态”的表征，为了规劝独身者放弃自己的主张不遗余力。论者援引中外理论，反复强调独身悖逆人生情志。1918 年 3 月 24 日，正在美国留学的吴宓写道：“盖饮食男女，人之大欲。丈夫生而愿为之有室，女子生而愿为之有家。夫情欲如河水，无所宣泄，则必泛滥溃决。如以不婚为教，则其结果，普通人趋于逾闲荡检，肆无忌惮。即高明之人，亦流于乖僻郁愁，abnormal perversion；非德性坚定、胸怀超逸之士，鲜有能善其终者。”① 不少论者采用这一分析理路，反复阐述“孤阴不生，独阳不长”的道理。还有人援引西方性科学理念，认为“男女相合才能成为一个完全的人，人类健康的发达，以两性的正当的结合为基础，性欲的满足，是男女身体康健和精神发达的要素”。② 以此来反证独身主义悖情逆性，它会引起女性的心理变态，引发神经疾病。③ 莎渌女士以见证者的口吻说，有很多年龄稍长的独身女性都性情暴躁。④ 因此，悲观、孤独、缺乏活力是独身女性的集中写照。

事实上，部分独身女性确实有不同程度的烦闷症状。上海女性美玉立志抱独身主义，但最近时常感到性的烦闷和冲动，并伴有头痛和心慌等症状，为此给《玲珑》杂志写信进行求教。编辑虽未搞清美玉独身的原因，但仍从人的社会性以及两性合作的角度出发，阐述了恋爱、结婚的重要意义，试图来说服美玉放弃独身主张。⑤ 现代临床医学证明，长期的性压抑会导致神经官能症，严重者性格会发生变化，易怒易暴，更甚者将人格分裂。而且，五四时期的异性社交缺乏充分的条件，不少独身女性缺乏必要的移情路径。因此，美玉的身体症状极有可能由性压抑而来。

---

① 吴学昭整理：《吴宓日记》第 2 册，生活·读书·新知三联书店，1998 年，第 26 页。
② 俊文：《独身主义的检讨》，《申报》1935 年 4 月 14 日。
③ 亦焕：《独身主义的理想与现实》，《女声》1935 年第 3 卷第 7 期。
④ 《独身呢，还是结婚？——答莎渌女士》，《读书生活》1936 年第 3 卷第 11 期。
⑤ 《独身与性的烦闷》，《玲珑》1933 年第 3 卷第 15。

上述言论重在论述独身对女性自身的影响，而在民族国家构建的背景下，知识分子自然不会忽视独身对种族、社会和国家的冲击。知识界从遗传学角度分析，认为知识女性作为社会的优秀分子，保持独身并非民族之福。[①] 周建人沉痛指出，知识女性如若放弃生育的职责，就等于断绝了民族的优良幼苗。[②] 宁菱秋认为，养育子女，为社会创造新生命是女性固有的职责。[③] 李宗武继续分析说，独身女性大多集中在知识阶层，这对种族的繁衍、文明的传承不能不产生影响："社会之优良分子，逐渐减少，而至灭绝。愚劣分子，逐渐增加，冥冥之中，代优良分子而崛起。社会组织，完全归于低能男女之手，世界文明，顿呈一落千丈之势；文明各国，或仍为野蛮国所征服；新文明之前途，或得陷于黑暗地狱中也。"[④] 知识界基于对国家前途命运的担忧，对女性独身所带来的国民优秀分子的损耗极为不安。即使在1930年代以后，《女子月刊》《现代青年》《星期评论》《礼拜六》《中央时事周报》等刊物，仍有不少人继续发表相关文章，反复表达这一隐忧。

综上分析可知，独身现象在五四时期虽引人注目，但新旧知识界对其都难以认同，其存立空间并不大，属于社会"亚文化"。[⑤] 在现实生活中，婚姻是两性生活的常态，独身女性的比例实际上很低。据统计，即使在1934—1935年的大都市上海，女性的结婚率都达到了90%左右，年满20岁还未出嫁的女子只占出嫁女子的十分之一。[⑥] 既然如此，启蒙知识界为何对此如此焦躁呢？笔者认为，其根本原因在于女性解放衍生来的独身现象偏离了知识界的规训，脱离了为其预设的社会角色。正因为如此，独身现象才被视为"问题"，成为知识界批判独身主义的深层文化心理。

在中外性别伦理的比较和反思中，知识界将女性与救亡紧密联系在一

① 《风靡全德之独身主义》，《旅行杂志》1936年第10卷第2期。
② 周建人：《中国女子的觉醒与独身》，《妇女杂志》1922年第8卷第10号。
③ 宁菱秋：《我国女青年的倾向》，《妇女杂志》1929年第15卷第5号。
④ 李宗武：《独身倾向与危险》，《晨报副刊》1925年7月19日。
⑤ 罗检秋：《论五四时期的"独身主义"》，梁景和主编：《第二届中国近现代社会文化史国际学术研讨会论文集》，社会科学文献出版社，2013年，第37页。
⑥ 邵雍：《中国近代妇女史》，合肥工业大学出版社，2013年，第78页。

起："从晚清到'五四'新文化时期，有着落后和依从的女性身份，一直是一个与民族存亡息息相关的紧迫问题。当帝国主义侵略加剧时，受害女性成了中华民族本身的象征——被男性强权'强奸'和征服。对作为整体的中华民族的政治解放也对中国进入现代世界来说，女性启蒙成了一个先决条件。"① 从"国民之母"这一具有重要启蒙意义的概念的构建来看，其目的在于动员女性跟随男性一起重建民族国家，但当时女权的扩张却只限于"母职"角色，这在以金天翮为代表的男性启蒙知识分子那里体现得尤为明显。②

民国肇建，革命与救亡始终是中国社会发展的主题，即使五四启蒙知识分子构建的个性主义理念，也包含着个人塑造新的民族国家的殷殷期望。因此，近代中国社会的启蒙并未孕育出健全的社会性别制度。③ 五四时期的女权先锋章锡琛、周建人等人所提倡的"妇女主义"依然着重强调女性的妻职、母职身份。从"国民之母"到"妇女主义"的社会角色构建，启蒙知识界充分发挥了传统士大夫的"正女"职责，精心为女性重构了婚姻之路。既然如此，启蒙知识界显然不愿意看到传承了中华优秀基因的知识女性独身，必然要对她们进行多方劝导。含蓄一点的说："以一般女性的天性而论，获得他人的崇拜和爱恋，是比事业的成功更有意义，我们知道，任何事业的成功，都不如帮助丈夫事业成功那样快乐。"④ 露骨一点的则说："小姐，不要常说你们坐在室内，实在不平等，对国家、社会都太无用，其实你能做能安慰一个男人，使他快乐从事，岂不是间接造福社会，造福国家。"⑤ 由此不难看到，近代民族国家的建构与知识界倡导的女性解放运动，充满了浓郁的男权色彩。而且，矢志不渝坚守独身主义的知识女性比例并不高。因此，独身成为问题在很大程度上是知识界想象和构建的结果。

通过上述分析，启蒙知识界对独身现象的矛盾心态得以阐释。作为近代

---

① ［美］高彦颐著，李志生译：《闺塾师——明末清初江南的才女文化》，江苏人民出版社，2005 年，《绪论》第 1—2 页。

② ［日］须藤瑞代著，姚毅译：《中国"女权"概念的变迁：清末民初的人权和社会性别》，社会科学文献出版社，2010 年，第 83 页。

③ 侯杰、王思葳：《五四时期新女性的悲剧命运评析——以张嗣婧为例》，《妇女研究论丛》2004 年第 6 期。

④ 琼：《结婚生活与育儿》，《妇女杂志》1918 年第 4 卷第 10 号。

⑤ 王柏天：《家庭问题的复杂》，《方舟》1935 年第 10 期。

中国文明发展的参照，西方发达国家如英、美、法等国民众独身的比例相对较高，这是个性主义发达的表征，独身和文明进化建立了某种关联，并得到了知识界的认同。“西学东渐”同时也是“西学东化”的过程。启蒙知识界思维逻辑的传统特性，限定了对女性角色的重构。在启蒙与救亡框架下的女性角色构建始终与“传种”紧密相连，女性独身显然与此抵牾，知识界的焦虑感由此而来。因此，所谓的“认同”是基于文明社会性伦理的某种普遍性现象而言的，所谓“焦虑”乃是中国文化语境下知识界对女性主体价值实现脱序的紧张，二者是普遍性与特殊性矛盾的体现。

## 四、知识女性的抉择与意义解读

在新旧知识界的口诛笔伐之下，尤其是当具备了结婚条件后，那些曾经主张独身的知识女性绝大多数都与意中人共度幸福生活了。以天津觉悟社成员李毅韬和张若名为例，她们在组社时都高举独身主义旗帜，相约在运动期间不谈恋爱、不结婚。受五四运动的洗礼，李毅韬的思想发生了重要变化，也汇聚了变革社会的勇气，决心放弃自己独身的主张，按照自己本真的、自然的想法去结婚、生活，并服务于社会。[①] 在风起云涌的五四大潮中，她与志同道合的谌小岑相识、相恋，并于1922年结婚。婚后二人一起协助邓颖超创办女星社，积极进行社会改良运动。此后二人双双加入国民党，并为民族解放事业积极奔走。[②] 素抱独身主义的张若名为了反抗包办婚姻，毅然与家庭脱离关系并赴法勤工俭学。在法国学习期间，经郭隆真介绍认识了官费留学生杨堃。经过长时间的交往，她被杨堃的真诚所感动，决定与其结婚，并于1930年5月31日在里昂中学大礼堂举行了隆重的婚礼。[③] 中国第一位女教授陈衡哲年轻时曾抱定以独身成就自立的观念，拒绝任何异性的追求，但她依然没能挡住好友任鸿隽专程赴美求婚的诚意，最终抛弃了早年的独身

---

① 李毅韬：《我的婚姻观念的变迁》，中共天津市委党史资料征集委员会、天津市妇女联合会：《天津女星社》，中共党史资料出版社，1985年，第209页。

② 程世刚：《觉悟社全家福》，《党史博览》2008年第3期。

③ 杨在道编：《张若名研究资料》，中国妇女出版社，1995年，第79—86页。

主张，并于 1920 年在北京完婚。[①] 上述三位女性的选择是绝大多数独身女性归宿的写照。不过，有的因醉心于爱情而心甘情愿地结婚，有的因迫于种种压力而结婚。少数女性在为人妻母的同时不忘服务社会，以自己对女权的理解践行、体现着女性自身的价值，多数人则受社会环境的压迫或传统观念的束缚化身为贤妻良母了。

还有少数女性，如杨荫榆、石评梅、吴贻芳、林巧稚、曾葆荪、冼玉清等人，不为外界舆论所动，终生坚守自己的独身信念。"唯其独身，才有事业"，这是中国最早的女学士曾葆荪的名言。为献身自己钟爱的事业，曾葆荪、曾宝菡、曾昭燏三姐妹终身不婚。曾葆荪认为，我如果结婚，顶多能教养十个子女，从事教育事业，我可以有几千个孩子。[②] "巾帼伟人"张竹君是中国历史上第一位女西医，她将自己的一生奉献给了医疗及女权事业，在广州、上海创办了多家医院及女校，收养孤儿，并且积极为女性解放而奔走，深得社会各界人士敬仰，被誉为"中国的南丁格尔""女界梁启超"。据说，张竹君一次路遇强盗，当她报出自己的名号，歹徒听后竟然都敛容正色，鞠躬而退。[③] 岭南才女冼玉清，自幼受到良好教育，思想受陈子褒先生影响甚巨，立志委身教育以拯救中国。在她看来，"想全心全意做人民的好教师，难免失良母贤妻之职；想做贤妻良母，就不免失人民教师之职，二者不可兼"。[④] 因此，她 16 岁就立志抱独身主义，并坚守终生。这部分女性以事业为人生兴味，沉醉其中而自得其乐。以冼玉清为例，她醉心于学术而乐在其中："小姑居处，寝馈之书一床，龟甲古文，蝇头小楷。秋灯夜雨，搦管伸缣。一卷偶成，寸心自喻，人皆以为枯寂者，以正乐其清静耳。"[⑤] 在性格上，她待人和善、热情、平易、亲切，完全没有矜持高傲的派头，完全像生活在古籍中的世外之人，有封建时代闺秀作家的风范，[⑥] 并没有神经质老处女的形象。

---

① 《胡适之来函抗议》，《十日谈》1934 年第 39 期。

② 刘新初、许遂龙：《终身未嫁的知名女教育家曾葆荪》，《湖南文史》2002 年第 6 期。

③ 杨慧：《"巾帼伟人"张竹君》，《中国妇女报》2006 年 2 月 28 日。

④ 徐爽编：《冼玉清研究纪念文集》，广西师范大学出版社，2015 年，第 382 页。

⑤ 李又宁编：《近代中华妇女自叙诗文选》(1)，台北联经出版事业公司，1980 年，第 729 页。

⑥ 徐爽编：《冼玉清研究纪念文集》，广西师范大学出版社，2015 年，第 333—337 页。

五四时期知识女性的独身现象，是清末以来女权运动量变累积的必然结果，也是女性自我意识觉醒的重要表征。她们的独身首先是对传统男权的反抗，这部分女性已打破了家族主义的束缚，有了相对充分的婚姻选择权。对于独身主义的坚守者而言，其独身就不仅仅是对传统夫权的反抗，更重要的是她们以实际行动打破了带有男权特质的启蒙规训与社会角色刻画，自己选择了奉献社会的方式。她们不仅以“人”的面目示人，更以女人的独立姿态发出了呐喊，用自己对人生与奉献的阐释，勾勒了自己的人生轨迹。

知识女性的独身现象根源于近代中国社会的剧变，她们的选择与生活又不可避免地受社会发展程度的制约。对以冼玉清为代表的独身女性而言，虽然她们在事业上颇有建树，但始终处于社会舆论的包围之中，因为五四乃至民国时代并未真正给新女性的精神解放和人格独立创造坚实基础。对以陈衡哲为代表的这部分女性而言，她们以女性精英的面貌服务社会，与男子一样尽义务以实现自己作为女国民的权利，同时又承担着相夫教子的两性分工责任。与传统知识女性相比，她们显然多了份沉甸甸的社会责任；与坚定的独身女性相比，她们又多了份为人妻母的挂怀。这让我们看到，近代社会变迁中知识女性社会角色选择的复杂性与诸多无奈。

通过知识女性与启蒙知识界关于独身的博弈，我们看到性别早已演变成为“一个与权力和地位相关联的价值体系，它在个体、人际关系和文化层面上发挥作用，构造人们的生活”。[①] 因此，启蒙知识界与独身女性的张力就不仅仅是结婚与独身的生活选择之争，其深层问题是知识女性的价值到底体现在哪里，她们又该如何实现其价值。启蒙知识界着眼于民族国家复兴的宏大历史主题，希望发挥女性的生理优势，为国家、社会传承优秀基因，培育人格健全的国民，为此“母性论”“妇女回家论”倡兴不衰。“绝对独身主义”者认为，一流的女性尽责任是为了达到自身的要求，二流的女性尽责任是为了应付环境的要求。单身的女人，一样做出伟大的事业来，或做世界的翘楚。[②] 服务社会，与男子一般为国分忧，才是女性价值的最大体现。

---

① ［美］昂格尔著，许敏敏等译：《妇女与性别：一本女性主义心理学著作》（上），中华书局，2009 年，《全书概要》第 1 页。

② 建平：《勿轻视独身女子》，《健康生活》1939 年第 16 卷第 3 期。

做男子一样的女性，这是否是女性解放的归宿？女性的根本价值体现到底在哪里？她们所要追求的生活图景又是怎样的呢？这需要思考女性个人价值与社会价值之间的关系，而切入点在于两性对女性价值的认知，男性与女性之间的博弈以及时代的现实需要。在历史的发展长河中，这都是充满变数的因素。两性之间的复杂关系或许永远无法清晰地阐释出来，而这也正是不断吸引各界学者们持续关注的魅力所在。

## 第二节　无政府主义者两性关系的新构想

家庭在儒家文化传统中历来具有核心价值，中国近代的思想启蒙者承袭了这一传统，并将婚姻、家庭的重构作为民族国家建构的重要突破口，这在启蒙话语中占据主体地位。然而，无政府主义者站在民族国家的对立面，力图依靠人的意志与力量，尤其是政治力量，构建一个超越于传统中国与现代西方的未来理想世界。[①] 为达成这一目的，他们从全面平等的立场出发，主张废婚毁家，试图在中西竞争的背景下重置个人与家庭、国家与天下的关系，找到一条人类社会发展的新道路。

### 一、清末民初无政府主义者的废婚考量

无政府主义（Anarchisme）语源出于希腊文，本意是“无领导”“无强权”，日本人将其译为“无政府主义”，并被中国近代知识分子所采用，日本是中国学习无政府主义的重要理论来源。[②] 在中国近代文献中，有时也将其译为“无强权主义”“无治主义”，有时又取其音译作“安那其主义”。

作为一种思想意识，无政府主义在欧洲已有两千多年的历史了，[③] 而作为完整的思想体系则是欧洲步入资本主义之后形成的。在17—18世纪，英国的葛德文、德国的施蒂纳开始倡导无政府思想；19世纪40年代，法国的

① 张灏：《五四与中共革命》，台北《“中研院”近代史所集刊》2012年第77期。
② 路哲：《中国无政府主义史稿》，福建人民出版，1990年，第33—37页。
③ 《无政府主义和社会主义》，《列宁选集》第1卷，人民出版社，1992年，第288页。

蒲鲁东系统论述了无政府主义思想，并推动了无政府思潮的形成；19世纪60年代，欧洲出现了以俄国巴枯宁为代表的无政府主义，在19世纪末20世纪初又有以俄国克鲁泡特金为代表的无政府主义。总之，无政府主义在欧洲形成后，几经演变形成了几个政治派别，大致可分为两类：一类是以施蒂纳为代表的个人主义无政府主义；另一类是以巴枯宁和克鲁泡特金为代表的集产主义的无政府主义或共产主义无政府主义。

无政府主义是资本主义时代产生的一种社会思潮，它与资本主义生产方式的建立和发展密切相关。在工业革命的推动下，欧洲英、法、德等国相继采用先进设备和技术进行生产，社会生产力水平迅速提高。与此同时，工业化也不可避免地带来了大量人群的失业，农民、手工业者、小业主等倾家荡产，无以为生。他们流浪街头，前途绝望，对现行社会制度强烈不满，因而就需要有帮助他们摆脱绝境的思想支撑他们的行动。在这种情况下，无政府主义应运而生。它反对一切权力和权威，鼓吹个人绝对自由；认为国家是产生一切罪恶的根源，主张立即废除任何形式的国家，建立一个自由、平等的无政府主义社会；否定一切政治斗争，反对无产阶级革命，代之以暗杀等恐怖手段，谋求无政府主义的实现。无政府主义思潮在欧洲以社会主义的面貌出现，但它与马克思、恩格斯、列宁领导的无产阶级解放斗争有根本不同，故而受到后者的批判和斗争，并构成了国际共产主义斗争的重要组成部分。

在近代西学东渐的背景下，无政府主义思潮传入了中国，它的植入和被接受与近代中国不断发酵和强化的民族主义密切相关。摆脱外来的民族压迫和内部的种族矛盾、阶级矛盾，是甲午战后中国知识分子所面临的历史任务，因此民族主义成为知识分子最关心的问题。为了解决这个问题，知识分子的思想逐渐从改良转向了革命，从保守转向了激进。唯有如此，才能充分理解无政府主义缘何扎根于中国。

无政府主义在西方虽然受到共产主义者的批判，但它反政府的政治主张与中国知识分子颠覆专制政府的诉求相吻合。无政府主义思想在19世纪末开始传入中国，但真正形成思潮则始于20世纪初。1903年，清政府镇压“拒俄运动”以及随后发生的“苏报案”“沈荩案”，把爱国知识界反对专制政府的斗争推向高潮。追求自由、民主的号角越发高扬，破除专制的呼声越来越高，革命浪潮愈发汹涌。日本的无政府主义者幸德秋水说过，“无政府主义的盛行由于人们对今日国家社会的绝望；专制政府是无政府主义之制造厂”。[①] 在此背景下，少数激进旅日、旅欧青年开始着重宣传强调破坏的无政府主义了。马叙伦在《二十世纪之新主义》一文中，把无政府主义当作“二十世纪之新主义”来欢迎，并希望它在中国扎根，[②] 反映了当时部分知识分子的无政府主义吁求。

中国知识分子的无政府主义转向，其直接动因是政治革命，所关切的主旨是“中国向何处去”的问题。这不仅是政治问题，同时也是近代中国文化转型使然。西学东渐是一个东西方文化交流与融合的过程，而天朝上国的文化自尊，使中国人在“华夏与蛮夷”“东方与西方”“中学与西学”之间备受煎熬。无政府主义以一种否定一切的姿态高居于东西方之上，获得了既批判封建主义又批判资本主义的理论制高点。尤为重要的是，这一理论与中国传统的乌托邦思想有着某种天然的联系，从而为中国知识分子提供了一条既能走向富强，又能保住上国颜面的道路。因此，无政府主义能够在中国迅速传播，并一度成为中国知识分子的精神支柱。[③]

无政府主义的概念众说纷纭，难以界定。简单地讲，它是一种关于“人的解放”的社会理论，[④] 强调追求人的绝对自由，不仅要求消除国家制度，而且要求消除包括政府、法律、宗教、家庭等一切对追求个体自由构成障碍的所有强制因素，以实现一种具有最大限度个人自由的社会。因此，“复天然自由去人为束缚为独一不二之宗旨”，[⑤] 这是无政府主义追求的根本政治理想。

与西方无政府主义者以追求人的绝对自由为中心不同，中国无政府主义者则对社会解放表示出更多的关心。在无政府主义理论中，“社会”是与“国家”相对立的概念。国家无论是专制型的还是民主型的，都不过是政府

---

① 蒋俊、李兴芝：《中国近代的无政府主义思潮》，山东人民出版社，1990 年，第 12 页。

② 马叙伦：《二十世纪之新主义》，《政艺通报》1903 年第 2 卷第 14 期。

③ 张全之：《无政府主义思潮与 20 世纪中国》，《粤海风》2011 年第 5 期。

④ ［美］特里 · M. 珀林编，吴继淦译：《当代无政府主义》，商务印书馆，1984 年，第 5 页。

⑤ 马叙伦：《二十世纪之新主义》，1903 年 8—9 月，葛懋春等编：《无政府主义思想资料选》（上），北京大学出版社，1984 年，第 9 页。

操纵的傀儡，束缚了人性的自由发展，自然应在破除之列，故而他们呼吁用一种社会组织替代国家，“无政府党以万事之责归于社会，盖社会之成立，为一切人，一切人之所欲者，社会有使其充足之责”。[①] 实际上，“社会”取代了“国家”的职能。

既然要构建新的社会组织，就必须打破现有的社会基本组织——家庭，故而“废婚毁家”就成为“废灭国家”的题中应有之义。无政府主义者认为，要打破现有家庭制度，就必须实现男女平等。在他们看来，男女不平等只是一定历史阶段的产物，并非性别史的全部内容。因此，他们倡言女界革命，“于男女平等精理，言之尤详”。[②] 从天赋人权的权利观看，人类共有平等、自由、独立之权，[③] “女子同为平等之人类，其地位与男子相等”。[④] 除此之外，他们还运用近代科学知识来论证男女的构造、生育机理的相似性，试图夯实平等观的建构基础，从而冲击了男尊女卑、夫为妻纲的伦理纲常。

无政府主义思想对近代中国知识分子的影响是巨大的，他们或多或少地都有“废婚毁家”的倾向。康有为是近代中国思想界废婚毁家倡议的第一人。早在19世纪80年代，他就已经受到无政府主义的影响，[⑤] 主张夫妇两性相悦则合，不合则分；“父母不得责子女以孝，子女不得责父母以慈，人有自主之权”，“凡生子女者，官为设婴堂以养育之”。[⑥] 由此可见，他已经在尝试解除父母与子女的互相依赖关系，进而构建一个去家庭化的大同世界。

1902年，康有为集众家之长著成《大同书》，其核心观点就是“毁家灭族”。[⑦] 他认为，家庭作为一个历史范畴不是永恒不变的，人类应该去除九界之苦以求人生之乐，家庭所承担的养育、赡养、生产、教育等功能会随着生活的社会化而消亡。对于婚姻，他主张男女两人“情志相合，乃立和约，名曰交好之约，不得有夫妇旧名”；“男女合约，当有期限，不得为终身之约”；

---

① 自然生（张继）：《无政府主义及无政府党之精神》，1903年，葛懋春等编：《无政府主义思想资料选》，北京大学出版社，1984年，第36页。

② 万仕国编著：《刘师培年谱》，广陵书社，2003年，第118页。

③ 申叔：《无政府主义之平等观》（论著二），《天义报》1907年第4期。

④ 师复：《答悟尘》，《民声》1914年第5期。

⑤ 曹聚仁：《中国近代百年史话》，生活·读书·新知三联书店，2008年，第18页。

⑥ 《实理公法全书》，姜义华等编：《康有为全集》第1册，中国人民大学出版社，2007年，第149、151页。

⑦ 梁启超：《清代学术概论》，中国人民大学出版社，2004年，第203页。

"婚姻期限，久者不许过一年，短者必满一月，欢好者许其续约"。[①] 他从"性格相异"和"情欲好移"的判断出发，认为"凡魂之与魂最难久合，相处既久，则相爱之性多变"，[②]"虽禀资贤圣，断无久处能相合相乐之理者也"。[③] 因此，他建议废除男女之间长久的婚约，以符合人类本性。

谭嗣同的思想中也能看到无政府主义的影子，他的代表作《仁学》中就提出了"无家"的主张。[④]"仁"是传统儒家的核心概念，谭氏通过重释概念构建了一个颠覆传统的新社会。他认为，"仁"是世界的本源，人人具有"仁"的本质，人性是平等的。如果阻碍了"仁"的贯通，就违背了其本性和天理。中国传统的"五伦"，只有"朋友"之伦是平等，其他都违背了"仁"的本质，因而应当废除。夫妻关系是礼教男尊女卑之说的反映，体现了家庭内部权力的不平等，因而要祛除"夫""妻"之名，以朋友相称。谭嗣同将西方自由民主思想融入了儒家的"仁"，强调男女平等、民主自由，以废除夫妻之名来建构一个乌托邦社会。

蔡元培在清末革命时也受到了无政府主义的影响，"吾人对于现在国家之组织，断不能云满意，于是学者倡无政府主义，欲破坏政府之组织"，[⑤] 于是他接受了无政府主义："是时西洋社会主义家，废财产、废婚姻之说，已流入中国。孑民亦深信之。"[⑥] 1904 年，他在《俄事警闻》上发表《新年梦》，畅想了未来社会的面貌："没有父子的名目，小的统统有人教他；老的统统有人养他；病的统统有人医他。没有夫妇的名目，两个人合意了，光明正大地在公园里订定，应着时候到配偶室去，并没有男子狎娼、妇人偷汉这种暗昧事情。"[⑦] 他显然对未来社会的发展充满信心，并且对这种无家的社会情有独钟。甚至 20 年后，蔡元培依然认为："将来的社会，一定是很自由，很平等；一切人与人的关系，都有极正当、极经济的方法；不要再有现在家

① 《大同书》，姜义华等编：《康有为全集》第 7 集，中国人民大学出版社，2007 年，第 76、77 页。
② 《实理公法全书》，姜义华等编：《康有为全集》第 1 集，中国人民大学出版社，2007 年，第 149 页。
③ 《大同书》，姜义华等编：《康有为全集》第 7 集，中国人民大学出版社，2007 年，第 76 页。
④ 胡志方：《试论谭嗣同〈仁学〉中体现的无政府主义思想》，《宜春学院学报》2001 年第 1 期。
⑤ 《在清华学校高等科演说词》，《蔡孑民先生言行录》，山东人民出版社，1998 年，第 233 页。
⑥ 都昌、黄世晖记：《蔡孑民先生传略》，《蔡孑民先生言行录》，山东人民出版社，1998 年，第 7 页。
⑦ 《新年梦》，高平叔编：《蔡元培全集》第 1 卷，中华书局，1984 年，第 241 页。

庭等等烦琐的组织。”[①]

从康、谭两人的政治实践看，他们废婚之目的并不在于构建无政府主义，反而是希望以此达到废“私”立“公”的目的，进而实现民族国家的重构。中西异质的思想资源在某种程度上实现了合流，足见近代民族国家构建思想来源的多样化。与他们两人相比，蔡元培的思想深受无政府主义影响，并渗透到他的政治实践中。不过，终其一生看，蔡元培的政治思想表现为“无政府主义和民主主义复合体”的特征。[②]

1907年，无政府主义者刘师培在日本创办《天义报》，吴稚晖、李石曾等人则在法国创办《新世纪》周刊，成为当时无政府主义宣传的重要阵地。他们在其中刊发文章，大张旗鼓地宣传毁家、废婚的主张。

作者汉一指出，“社会万事，赖人而成，人之孳生，实由男女。今日欲从事于社会革命，必先自男女革命始”。上述言论表明，无政府主义者非常重视“社会”这个概念，并认为社会革命由伦理革命开端。那么，如何着手进行伦理革命呢？其根本之道就是“毁家是已”。为什么要毁家呢？作者分析说：“盖家也者，为万恶之首，自有家而后人各自私，自有家而后女子日受男子羁縻，自有家而后无益有损之琐事，因是从生……自有家而后世界公共之人类，乃得私于一人……自有家而后世界公共之婴孩，乃使女子一人肩其任……略举数端，而家之罪恶已如铁案之不可移易矣。”要解决上述问题就必须毁家，“欲开社会革命之幕者，必自破家始矣”。[③] 仔细体味作者的分析逻辑便不难明白，其废婚毁家的目的在于赋予女子社会性，使其走出家庭参与社会公共事业，这与“国民之母”的逻辑构建有共通之处。

鞠普从“去强权”的角度分析了毁家的必要性。他指出，在原始社会本无所谓家，自从有了家后以妻子为其私有物，因而有了夫权；以其子为私有物，就有了父权。因“私”而起纷争，“欲平争止乱，于是有了君权”。他认为，夫权、父权、君权“溯其始，则起于有家，故家者，实万恶之源也”。

---

① 蔡元培：《家庭新论·序》，沈钧儒著：《家庭新论》，商务印书馆，1923年，第1页。

② 李华兴：《无政府主义与民主主义的复合体——蔡元培政治思想初探》，《复旦学报》1980年第4期。

③ 汉一：《毁家论》，《天义报》1907年第4卷。

夫权、父权、君权是强权发展链条中环环相扣的三个环节，要去强权、得自由、求平等，均应从毁家开始。毁家之义，只要不结婚即可达到，“使世之父母者，不强迫其子女结婚，而世之为男女者，复知结婚之自累，不数十年，婚姻一事，已可绝迹于天壤矣”。[①] 在作者看来，废婚毁家对“去强权”而言是釜底抽薪之策，是政治改良的根本解决之道。

刘师复则着重从男女对立的角度去批评婚制。他认为，婚姻制度是强者压迫弱者、男子压迫女子的工具：“女子以生育之痛苦，影响及于生理，且累及于经济，此为女子被欺之原因。男子乃乘其弱而凌之，制为婚姻制度，设种种恶礼法以再束之，种种伪道德以迷惑之，视女子为一己之玩物。男子别有所爱，可以娶妾宿娼，女子则不能。男子妻死再娶为合礼，女子夫死再嫁即为社会所不齿。背情逆理，无复人道，莫有甚于此者矣！”在作者看来，一夫一妻制只是表面上优于多妻制。尤其是在考察了欧美国家的法律、婚仪后，他发现女子依然处于附属地位，并未改变不平等的状况。既然婚制的弊病如此之多，废婚自然理所当然，“欲社会之美善，必自废绝婚姻制度实行自由恋爱始”。男女情欲出于自然，理当自由：“二人相配之事，纯为二人之自由。苟其两个相爱，体力年岁相适，因而相与配合，此实中于公道，必不容第三人干涉，亦无事设为程式。此自由恋爱之真理也。”人情有变，爱恋有移，皆为正当，“人之体力智识无永久不变之理（即或有之，亦极鲜矣）。及其既变之后，两人之情意，必有不适，自当随时离异。……若此既离之后，或别与情意相适者合，此亦合理之自由”。[②] 总之，在作者心目中，以自由恋爱取代婚姻是消除男女对立、实现男女平等的根本之道。

上述三位作者的废婚主张在无政府主义者中具有代表性，他们的阐释角度各有侧重，分别围绕着“废私有”“去强权”“求平等”的基本理念来阐发。在其阐释路径中，家族制度被视为社会一切罪恶之根源。他们认为，作为维系传统婚姻与社会生活指导原则的“三纲”学说，扼杀了人性的基本欲求，形成了男尊女卑的等级观念，使妇女遭受了无以言表的压迫。为此，破

---

① 鞠普：《毁家谭》，《新世纪》1908 年第 49 期。

② 师复：《废婚姻主义》，1912 年 5 月，高军等主编：《无政府主义在中国》，湖南人民出版社，1984 年，第 229、231、232 页。

除“三纲”学说，宣扬男女平等是解决问题的根本。他们从“科学”“社会”“论理”三个角度论证了“人生于世间，各有自立之资格”，并将男女平等定性为“科学真理”。[①] 男女的平等与独立，被看作大同社会实现的基础。

在无政府主义者看来，人类的不平等起始于国家、政府以及家庭，而所有这一切又均根源于私有制。他们把由私有制而产生的阶级压迫与性别压迫交织在一起，认为只要消灭了私有制就能达到包括性别在内的全面平等，因而也就解决了性别问题。这一分析理路与社会理论家马克思、恩格斯、倍倍儿、波伏娃等人的观念如出一辙。[②] 在今天看来，性别压迫虽然与私有制密切相关，却依然有着自身的运作机制。然而，20世纪初的无政府主义者并没有看清这一点，故而在“去私”的问题上大做文章，在时人的上述观点中就渗透着明确的去“私”立“公”理念。汉一、鞠普论述中的“私”，其内容包括私情、私心、私产等层面。在传统家庭伦理中这都是人伦常情，但在无政府主义者追求大同的语境中却被认为是自私的表现。李石曾说：“既有家庭，则易公而为私，爱己而忌人。曰我之子故我爱之，于是慈之说出。推此以求，则人之子遂不爱。曰我之父故我爱之，于是孝之说出。推此以求之，则人之父母遂不爱。”[③] 鞠普对此评论说：“昔惟有家，情钟于一家，故私，故小。今既无家，则钟情于社会，故公，故大。”[④] 要确立天下为公的理念，就必须毁家，打破这种“私”的观念，惟有如此，自由、平等、博爱的大道才能真正实现。这种公私理念的重新阐释，在论证逻辑上更顺畅，使得破家去私的主张显得更有说服力。

实现男女平等以构建大同社会，是无政府主义者的共同理想。然而，在其话语体系的构建中，恰恰缺少女子主体性的表达，这不可避免地造成了理想构建中的性别张力。李石曾指出，“设男子另有所爱，则可娶妾嫖娼，女子则不能，其不公之至，人人得而见之。设男子得御他女，则女子亦应御他

---

① 真：《三纲革命》，《新世纪》1907年第11期。

② 李银河主编：《妇女：最漫长的革命——当代西方女权主义理论精选》，生活·读书·新知三联书店，1997年，第16页。

③ 真：《三纲革命》，《新世纪》1907年第11期。

④ 鞠普：《毁家谭》，《新世纪》1908年第49期。

男，始合于公理也”。[①] 在男性无政府主义者看来，男女要取得完全平等，女子就应该像男子一样可嫖娼、亦可多夫。然而，以何震为代表的女性无政府主义者并不同意这样的观点：“男子多妻，男子之大失也，今女子亦举而效之，何以塞男子之口乎？况女子多夫，莫若娼妓，今倡多夫之说者，名为抵制男子，实则便其私欲，以蹈娼妓之所为，此则女界之贼也。”[②] 李石曾虽然只是以打比方的方式强调男女平等，却有意或无意透露出了男性立场的两性关系。然而，何震从历史和现实的处境及立场出发，否认了这种平等，既体现了她的自然女性立场，又体现了高度的道德自觉性。

无政府主义理念显然并不仅仅着眼于“破”，对于未来大同社会的建设也有着独特的设想。破家并非不要家，而是要废除小家以建构“大同之家”，为此有人提出了“合全世界为一大家庭”[③] 的设想。在这个新型社会里，原本由家庭承担的责任，转由社会担负。传统家庭的重要任务之一就是哺育婴孩。按照康有为的设想，妇女怀孕之后就进入“人本院”，生育的婴孩由公立育婴院抚养，其父母均无抚养义务。他认为：“大同之世，人既皆养于公，父母无殊功焉，不必再从其姓以生畛域。”[④] 废除父子关系后，个人的名字以所生“人本院”的位置、院室名称命名，儿童公育颠覆了传统的家庭育子模式，使人类繁衍的过程彻底实现社会化，进而从根本上切断了以血缘为基础的宗法关系。儿童公育观念的西方源头最早可以追溯到柏拉图，他曾经设想过科学配偶以及国家管理生育和培育儿童的诸多可能。[⑤] 不过，目前尚未搞清康有为儿童公育观念与柏拉图设想的关联性，或者说该观念的思想源头到底源自何方尚不清楚。

孩子长大成人之后，其教育职责仍由社会承担，由“公立怀幼院、公立蒙学院、公立小学、公立中学院、公立大学院”教养。[⑥] 具言之，“产育者由

---

① 真：《男女之革命》，《新世纪》1907 年第 7 期。

② 震述：《女子宣布书》，《天义》1907 年第 1 卷。

③ 迦身：《无政府之研究》，1913 年 7 月 20 日，葛懋春等编：《无政府主义思想资料选》（上），北京大学出版社，1984 年，第 261 页。

④ 《大同书》，姜义华等编：《康有为全集》第 7 集，中国人民大学出版社，2007 年，第 102 页。

⑤ ［美］赫茨勒著，张兆麟等译：《乌托邦思想史》，商务印书馆，1990 年，第 107 页。

⑥ 《大同书》，姜义华等编：《康有为全集》第 7 集，中国人民大学出版社，2007 年，第 92—93 页。

公共产育院调理之。所生子女，受公共养育院之保养”。“儿童满六岁以至二十或二十五岁，皆入学受教育。无论男女，皆当得最高等之学问。”[①] 对于儿童公育其他论者则有不同设想，如何海明认为，儿童公育院的儿童“每六年为一级，每级另有特别教育的处所。经过三级和十八年的功夫，算是儿童公育完成，许其出院。和成年人一样，尽人类应尽的劳动工作义务，享人类应有的衣食住三项公平权利”。[②]

培养合格劳动者是儿童公育的重要环节。在蔡元培的理想世界里，个人在7至24岁期间接受教育，24岁至48岁为职业时期，之后为修养时期。在成人工作期间，每天做工八小时。[③] 刘师复则提议，“无论男女，由学校毕业至四十五或五十岁，从事于劳动”。[④] 康有为相信，大同世界的工作时间会随着技术的进步而减少。工人每天工作三四小时或一二小时足矣，“此外皆游乐读书之时间”。[⑤] 刘师培则提出，每人均要享受均等的苦与乐，每天工作以两小时为限，此外的时间则用来读书治学。[⑥]

大同社会里人人都要参与社会劳动，个人的工作时间、工作内容以及工作组织形式均有指令性安排，家庭也就丧失了生产功能。由此决定了财产归公是大同社会的经济基础。康有为就提倡废除财产私有制，“凡农工商之业，必归之公。举天下之田地皆为公有，人无得私有而私买卖之”。[⑦] 刘师复也同样认为，未来国界、种界都会消失，婚姻既然不存在，遗产制度自然也会消亡，这样才能有效地集中财产以实现公养、公育，“斯时无父子，无夫妇，无家庭之束缚，无名分之拘牵，所谓‘不独亲其亲，不独子其子’者，斯不亦大同社会之权舆欤？”[⑧]

---

① 刘师复：《无政府共产党之目的与手段》，1914年7月18日，葛懋春等编：《无政府主义思想资料选》（上），北京大学出版社，1984年，第315页。

② 何海鸣：《儿童公育》，《何海鸣小说集》，大东书局，1927年，第5页。

③ 《新年梦》，1904年2月17—25日，高平叔编：《蔡元培全集》第1卷，中华书局，1984年，第234页。

④ 刘师复：《无政府共产党之目的与手段》，1914年7月18日，葛懋春等编：《无政府主义思想资料选》（上），北京大学出版社，1984年，第315—316页。

⑤ 《大同书》，姜义华等编：《康有为全集》第7集，中国人民大学出版社，2007年，第161页。

⑥ 申书（刘师培）：《人类均力说》，《天义》1907年第2卷。

⑦ 《大同书》，姜义华等编：《康有为全集》第7集，中国人民大学出版社，2007年，第156—157页。

⑧ 《心社趣意书》，1912年11月，葛懋春等编：《无政府主义思想资料选》（上），北京大学出版社，1984年，第236页。

在生产社会化的同时，生活也实现了社会化和集体化。在康有为构想的大同世界里，各级政府官员都有明确分工，人们的起居、饮食都由各“度”来统一安排。公家设有供男女同居的公室、大公厅、公饭厅、公商店、公共讲堂、公图书馆等场所，原本以家庭为中心的日常生活，转由公立机构提供人们的日常生活需求。当人们步入晚年，就要进入公立养老院，“大同之世，老者无子女，即以护侍人代之”。[①] 这一点是无政府主义者共同的设想。总之，一个人从生到死，均由社会机构来满足他的基本生活需求。这些设想充分体现、赋予了人的社会属性，却忽略了人的生物属性中对情感需求的复杂性。

综上言之，中国无政府主义者的废婚主张，是构建未来新政治实体的策略考量。他们试图以废婚为手段，让个人与乡土、家庭、财产脱钩，形成一个无家、无国、无认同的新世界，[②] 从而创造一个绝对平等、极端自由的新社会。这一理念突破了以传统人伦为基础的伦理规范和价值取向，冲击了传统社会结构和儒家道德体系，具有振聋发聩的思想解放意义。后世论者多以激进与空想来评论近代的无政府主义，其实仔细梳理其文献就不难发现，这一思想的拥趸者立足中国，放眼世界，力图在解决中国问题的同时构建人类命运共同体，有着极为深切的现实关怀和世界眼光。[③]

无政府主义思潮虽来自欧洲，但中西方接受无政府主义的社会土壤并不相同。西方的社会基础在于现代工业冲击下的大量破产者的存在，他们寻求的是个体的生存或者自由；中国知识分子接受无政府主义的思想基础则是风起云涌的民族主义，他们要探求民族整体的生存或自由，个体并不具有独立的主体价值。从这个角度而言，它就有了“为国破家”[④] 的意涵。不过，20世纪初的十几年间，中国面临的首要任务是如何塑造新型的现代国家以摆脱晚清的专制统治，如何重构政治系统使大多人有机会参与到政治决策中来，以增强对国家的忠诚度，这是启蒙知识界关注的焦点，故而无政府主义势力

---

① 《大同书》，姜义华等编：《康有为全集》第 7 集，中国人民大学出版社，2007 年，第 113 页。

② 虚一：《人生大会联乡自治法》，《学汇》1922 年第 64—67 号。

③ 志平：《世界人类与世界语》，《民钟》1922 年第 1 卷第 2 期。

④ 赵妍杰：《为国破家：近代中国家庭革命论反思》，《近代史研究》2018 年第 3 期。

仍处于相对边缘的状态，这影响了其废婚主张在国内知识界的扩散。

## 二、五四时期知识界对废婚问题的讨论

五四时期，曾经处于边缘状态的无政府主义逐渐走向了思想界的中心地带。之所以发生如此变化，与当时国际国内形势的变化有密切关系。从外部环境看，一战结束后欧洲崛起了劳工运动，开展了对私有制的批判，再度引发了中国知识分子对本国及资本主义发展方向的反思。从内部环境看，民国建立后，无论革命党人抑或是其后继者，现代国家建设的尝试均不甚成功，引起了知识界对政治体制改革的全面质疑，国家主义开始退潮。在内外因素的共同推动下，无政府主义思潮逐步走向兴盛。

无政府主义思潮兴盛的重要标志就是团体和刊物的增多。辛亥革命前，无政府的宣传地域主要在国外，国内虽出版了介绍无政府主义的文章和小册子，但找不到相应的社团，也没有专门宣传无政府主义的刊物。民国初年，无政府主义者的活动主要集中在广州、上海和江浙的个别城市，刊物不多，人数也很少。在五四时期，无政府主义的触角由文化发达的沿海城市延伸到内地，杭州、漳州、芜湖、长沙、重庆、成都等地都出现了无政府主义的社团和出版物。据统计，当时宣传无政府主义的团体有90多个，刊物多达70余种。[①] 北大图书馆中就陈列着不少无政府主义书刊，如《晦明录》《民声》《实社自由录》等，对学生很有影响力。[②]

五四时期，无政府主义思潮之所以受到了青年学生的欢迎，与当时军阀政权丧权辱国、镇压爱国学生有关。对北洋政府的厌恶，积淀了接受无政府主义的思想基础。加之当时社会主义思潮喷涌，多数青年并没有确定的信仰，只有朦胧的社会主义意识，如同瞿秋白所说："隔着纱窗看晓雾，社会主义流派、社会主义意义都是纷乱，不十分清晰的。"[③] 在这种情况下，无政

① 王桧林主编：《中国现代史参考资料》，高等教育出版社，1988年，第357页。

② 《朱谦之的回忆》，1956年8月22日，高军等主编：《无政府主义在中国》，湖南人民出版社，1984年，第507页。

③ 《饿乡纪程——新俄国游记》，1922年9月，瞿秋白：《瞿秋白文集·文学编》第1卷，人民文学出版社，1985年，第26页。

府主义以它近 20 年的传播历史和经验，以推翻强权、扶助弱小、构建美好未来的社会主张，吸引了众多年轻人，北大学生中信仰无政府主义的青年比信仰马克思主义的还要多。[①] 青年毛泽东读了无政府主义的小册子后就很受影响，“赞同许多无政府主义的主张”，[②] 恽代英、澎湃、周恩来等觉悟青年，也不同程度地受到影响。

不仅如此，一些非无政府主义的刊物也不时刊发文章介绍无政府主义。因为无政府主义有个人主义和共产主义两个理论来源，它既可以用个人主义批判封建主义，又可以用共产主义批判资本主义，因而承担起了资本主义和社会主义双重启蒙的任务。[③] 正因为如此，《新中国》《解放与改造》《东方杂志》等刊物也经常介绍无政府主义主张，从而扩大了其影响力。

无政府主义在五四时期从边缘走向了思想界的中心地带，推动启蒙知识界接受了“社会”这一概念。实际上，清末民初的维新派和革命派，如梁启超、孙中山等人都谈过社会革命与改造的问题，不过他们都是在民族国家的框架下来阐释，只是把它当作民族国家重建的手段，或者说社会革命必须托庇于政治权威才能成功。然而，民初政局的乱象以及一战所带来的冲击，使知识分子对现代民主国家制度的有效性和合理性均产生了怀疑。在此情境下，无政府主义以“社会革命”替代“政治革命”来解决当下中国困境的理念被知识界所接受，从而为知识阶层的奋斗找到了新目标，提供了新动力。

如前所述，无政府主义者打破现存制度，重构新型社会组织的突破点就是废婚，五四时期的无政府主义者依然秉承这一理念。自清末以来恋爱成为构建新性伦理的核心元素，割裂或剥离恋爱与婚姻的关系是他们主张废婚的理论依据。1917 年，袁振英翻译俄裔美国无政府主义者高曼女士的《结婚与恋爱》一文，并发表于《新青年》杂志，宣传“无婚姻的恋爱”。[④] 北大法学院出版的《奋斗》杂志，在 1920 年第 3 期同时刊发了朱谦之的《自由恋爱主义》、陈顾远的《理想方面的废除夫妻制度》、卢慧根的《我对于自由恋爱

① 张国焘：《我的回忆》第 1 册，东方出版社，1980 年，第 40—41 页。
② ［美］爱德加·斯诺：《西行漫记》，生活·读书·新知三联书店，1979 年，第 189 页。
③ 蒋俊、李兴芝：《中国近代的无政府主义思潮》，山东人民出版社，1990 年，第 196 页。
④ ［美］高曼著，震瀛译：《结婚与恋爱》，《新青年》1917 年第 3 卷第 5 号。

与自由结婚的意见》、梦良的《实行自由恋爱的机会》等文章，同样在宣扬废婚的恋爱主张。[①] 婚姻的存废如何塑造个人，它与社会革命之间又是何种关系？搞清这个问题，有利于帮助青年们深入理解社会革命的意义。

只要了解五四时期思想潮流的激荡与纷杂，就不难明白在无政府主义日益走上兴盛的背景下，废婚问题引发争鸣也就在所难免。在1920年春夏之交，《民国日报》副刊《觉悟》主编邵力子顺势而为，利用自己掌控的文化平台引导知识青年对婚姻话题展开讨论。参与讨论者前后有20余人，他们以“通信”“讲演”“评论”等方式共撰文50余篇，围绕着废婚主题分别阐发了自己的婚姻主张。

引发这场辩论的作者署名哲民，即旅居上海的浙江海宁人费哲民。[②] 他在1920年初就开始向邵力子主编的《觉悟》副刊投稿，讨论五四时期知识界关注的热门话题。他给邵力子写信，总结了邵氏的婚姻自由理念，并阐发了自己的不同主张。哲民认为，“婚姻自由”与“自由”完全不是同质的概念。在他看来，婚姻自由仍然以保留婚姻制度为前提，而它恰恰是社会进化的障碍。之所以把它视为障碍，是因为自由婚姻也是压迫女子、损害女子独立人格的工具；而且有婚姻必会有父子，父子名分的拘束也会造成不平等，甚至遗产问题的产生也与婚制相关。因此，他认为：“婚姻制度是个不祥的东西；一日不废除，便永远没有光明和乐的日子。”[③] 要实现人的自由，就必须要打破、废除婚姻制度。

实际上，哲民在文中提出了三个具有时代特色的重要议题，即自由观念、女性解放与社会改造。这三者并非全然独立、毫无关系，而是紧密联系在一起的，其中女性解放是手段，社会改造是目的，人的绝对自由状态是未来社会的根本特征。

面对哲民的质疑，作为主编的邵力子立即予以回应。他在解释为何对读者倡导婚姻自由理念的同时，还对废婚的可行性表示了怀疑：“现在除掉有

① 参见《奋斗》1920年第3期。
② 费民声：《坎坷的历程：回忆我的父亲费哲民》，海宁市政协文史资料委员会，2003年，第29页。
③ 哲民：《“废除婚姻制度”底讨论》，《觉悟》1920年5月8日。

人自愿脱离婚姻底束缚以外，似乎不宜就提倡一般人都废除婚姻。”[1] 他善意地提醒说，我们固然要与社会奋斗，但也要尽量避免社会的反抗，因此主张的提出要避免相应的误会。作为刊物的主编，其职责在于维护文化公共空间的良性运转，所以邵力子并未做深层次的回应与表态。

一石激起千层浪。哲民废婚的主张一经抛出，立即招来反对者的批评，浙江嵊县的葆华首先表示反对。他是婚姻自由论者，认为："婚姻问题，应该拿自由做基础，取一夫一妇主义，这是绝对的真理。”在他看来，废婚的问题有三：其一是过于理想化，认为废除婚姻就可以解决人类社会的种种不公，是因为并未搞清楚社会不公平的根源何在；其二，过于激进，目前提倡婚姻自由尚遭到激烈反抗，废除婚姻就更可想而知了；其三，废婚会造成乱交状态，刺激人类的兽性，从而造成文明的蜕化。为此，他指出："我们主张改革的，必要求普遍的效果，实行去做才好。不是囫囵吞枣、空谈妄想，可以解决的。”[2]

面对葆华的指控，主张废婚者自然不能承认。倾向于马克思主义，而又尚未摆脱无政府主义影响的青年施存统，马上站出来为哲民辩护。正如邵力子多年以后所回忆的那样，“五四前后，马克思主义者是和无政府主义者在一起工作的”。[3] 他对葆华主张一夫一妻的婚姻自由论予以批判，并嘲讽地说："真是彻底极了，佩服的狠！”在施存统看来，有节制的自由就不是真正的自由，且诘问葆华道："要在范围以内自由，请问自由的基础在哪里？”对葆华废婚易使人陷入兽交的担忧，他批评说："兽性冲动，是龌龊的？你自己就是兽性冲动的结果，干净在哪里？”既然崇尚自由，为什么还有乱交的思维？施存统还对葆华提出的“公妻”概念予以批评，并从词源角度进行了质疑，拒不承认废婚会造成“公妻”现象。[4] 为了驳斥葆华，他坚持认为恋爱自由的一夫一妻制的人格并不比“公妻”高尚，这实际上已然否认了自己

① 力子：《“废除婚姻制度”底讨论》，《觉悟》1920 年 5 月 8 日。
② 葆华：《“废除婚姻制度”底讨论（二）》，《觉悟》1920 年 5 月 11 日。
③ 邵力子：《党成立前后的一些情况》，中国社会科学院现代史研究室编：《“一大”前后：中国共产党第一次代表大会前后资料选编》(2)，人民出版社，1980 年，第 61 页。
④ 存统：《“废除婚制”讨论中的愤语（二）》，《觉悟》1920 年 5 月 12 日。

文中所列举的妇女争取参政权、婚姻自由权、平等权等现象是争人格之判定，这不仅前后自相矛盾，而且陷入了虚无主义的境地。并且，作者追求人的绝对自由，把作为社会进化的受文化形塑的高级生物——人类的生育完全等同于兽行，容易遭人诟病。

在施存统之后，哲民为自己进行了辩护。他认为，葆华之所以把废婚误解为“乱交”“兽性”，是误解“自由恋爱”的结果。为了反驳葆华的观点，他还引用希腊哲学家柏拉图的观点来加强自己的主张，认为婚姻是强权的衍生物，是万恶的源泉，主张夫妻制度就相当于赞同强权一般。哲民最后表示，废婚是解决社会问题的根本之法。目前废婚虽有困难，但他却是将来社会发展的趋势。因为未来的理想社会是共享合作的世界，从社会主义发展的一般规律看，遗产公有、儿童公育实现后，婚姻制度自然也就没有存在的必要了。[①] 这些表述，充分表明作者将废婚看作未来理想社会的进阶之梯，也是理想社会实现的根本标志。从哲民的观点表述和阐释来看，他认为婚制是造成人类不公的根源的论断缺少严密论证，其实是提出了一个似是而非的论断，同样容易遭到质疑和批评；在向葆华进行解释时，又对其核心概念“自由恋爱”缺少阐释，使其观点缺少学理性支撑，毕竟在不少恋爱贞操论者的视野中，它被视为欲望冲动的滥性而受到批判，这显然无法让人信服，激辩在所难免。

施存统是五四时代积极追求社会改造的青年，他热切地希望通过废婚的讨论，让青年们感受到当下社会的痛苦，激发他们改造社会的热情。[②] 因此，他是参与辩论的活跃的分子，并与其他反对者发生了争鸣。

废婚者们普遍认为，婚姻是自由的牢笼，只要保持着婚姻的名义，就会在事实上形成拘役自由的枷锁。施存统在系统阐述自己废婚的根本主张时明确表示：“我底反对婚姻制度，有一个根本理由，就是我们应当要有一个‘自由的人格’，什么束缚都要反对；婚姻制度是束缚我们底自由的，所以我要极力反对。”[③] 作者笑佛对此观点表示反对。他认为，若要说婚姻是自由的

---

① 哲民：《主张废除婚制的说明》，《觉悟》1920年5月13日。
② 存统：《辩论的态度和废除婚制》，《觉悟》1920年5月21日。
③ 存统：《废除婚姻制问题底讨论》，《觉悟》1920年5月20日。

枷锁，那不如持独身主义。既要消灭婚姻的形式，又要保留婚姻的实质且有美满的结果，恐怕要到几个世纪之后人类的品格进化到高尚时代才能实现。接着，他又用从交际到好感，由好感到恋爱直至结婚的过程，表明自由结婚的高尚性，进而反问说："这种的婚姻，你能说他是没有人格的买卖吗？你能说他不是自由的人格吗？这夫妇的名词，又有怎样损害人格的地方呢？"①

面对笑佛的批评，施存统再次进行了解释。他从阐释废婚理由开始，对主要问题进行了回应。之所以主张废婚，是因为所有婚姻都要遵循一定的手续和仪式，这束缚了人的自由。正是在这个意义上，婚姻被看作囚笼。为了恢复自由就必须要废婚，打破囚笼就能实现自由人格，为践行自由恋爱积淀基础。不过，现在的社会并未提供实施自由恋爱的条件，因此在过渡时期抱独身主义是被迫的、暂时的，并非自己愿意独身。最后，他总结说："你是主张逐步改良的，我是主张根本推翻的，这是我和你大不相同的地方。"②

作者赞平对施存统的废婚观点表示强烈反对。他认为，婚姻本身没有坏处，它所产生的恶果是因为方法不良，所以只能改良方法，而不能废除婚姻，因为婚姻的存在有利于社会的发展。在他看来，婚姻的好处首先在于节制性欲，有利于个人身体健康和社会安宁；其次，婚姻能够减少社会因争夺配偶而产生的争斗，减少社会冲突。赞平质疑施存统等废婚者追求的绝对自由观念，他质问：何为自由？何为不自由呢？其言外之意，如不能从学理上做出概念的界定，其观点阐述缺乏基础，就会不攻自破。他进而指出，绝对自由是不可能实现的，"自由结婚，我赞成的；自由离婚，我也赞成的。倘说这些都要双方同意，算不得自由，那么，性交也须要双方同意，哪里能任你个人自由呢？如果说可任个人底自由，我怕除了强奸是没法的……我相信人类没有绝对的自由，决不能以我底自由侵人底自由"。③ 事实确实如此，无论是婚姻还是性交，都需要两人配合共同完成，自然需要征求对方的同意，至少从这一点来看二者并无本质区别，也就动摇了废婚者所追求的自由观。

施存统对赞平的批评不能苟同，并重点从四个方面予以回应。面对性欲

---

① 笑佛：《废除婚制问题的辩论（一）》，《觉悟》1920 年 5 月 22 日。
② 存统：《废除婚制问题的讨论（五）》，《觉悟》1920 年 5 月 23 日。
③ 赞平：《废除婚制问题底讨论》，《觉悟》1920 年 5 月 28 日。

满足需要征求对手同意的质问，他没有正面回答，只是强调满足性欲只要不带着诱骗、胁迫色彩，就是无可非议的。对于婚姻能够限制性欲的观点，他表示不能认同："婚姻制度，非但不能限制性欲，而且有时还要纵欲，因为他不必要双方同意。"关于"绝对自由"的批评，施存统同样无法正面反驳，只得采取迂回策略，表示世上没有绝对自由，只有相对的比较自由，并趁机反问赞平："自由结婚和自由恋爱，究竟哪一个比较的自由？我们还是相信比较的自由呢？还是相信比较的不自由呢？"对于婚姻能免去社会争斗的观点，施存统的观点恰好相反，他认为情死事件的发生正是婚姻制度的罪恶，是婚姻把对手视为专利所致。[①]

总体上看，施存统上述四方面的回应，存在着明显的逻辑漏洞。对于第一点，他没有正面回答，实际上也无法正面回答。关于第二点，其结论不知从何而来，如果从包办婚姻的强迫性看似乎还有站得住脚的些许理由，而从自由婚姻来看，性欲的满足不需尊重对手，征求他（她）的同意吗？这显然讲不通。在第三点上，他虽承认世间无绝对自由，但事实上其承认只是口头上的，他并未从这个结论作为起点来分析问题，依然以绝对自由来比较相对自由，使自己陷入了逻辑上的矛盾。最后，他把社会的罪恶几乎都归结为婚姻制度的存在，听起来似是而非，缺乏问题分析的严谨性，于逻辑上不通。因性欲而起冲突的事件在世间时有所闻，这是人类的嫉妒心和占有欲所致，并非婚姻制度所带来的。

废婚的观点在反对派看来过于激进，在当时并不具有可行性，也难以解决当时的社会问题。署名基的作者，就集中表达了对废婚者的看法。他认为，哲民、存统等人对婚姻缺少客观、冷静的分析，对于其优缺点缺少必要认识，只要发现其有不足就不分青红皂白，主张彻底打倒以恢复到自然状态，这是非理性的态度。[②] 施存统在总结自己此时的思想时曾说："我从前有一种妄想：以为旧的不对，立刻可以去破坏；新的很好，立刻可以去实现；只要我有了决心，不必顾社会上的情形怎么样，没有做不到的事情。所以我

① 存统：《废除婚制问题的讨论（一）》，《觉悟》1920 年 5 月 29 日。
② 基：《废除婚制问题的讨论（一）》，《觉悟》1920 年 5 月 23 日。

那时觉得家庭不对，就脱离了家庭；觉得婚姻不对，就拒绝了婚姻。”[①] 五四时代激烈反传统的文化氛围催生了婚姻变革思潮，而废婚者则走得更远、表现得更激进。除去国人思维结构的因素，废婚者普遍缺少必要的阅历和对国情的深刻认识，同时也说明五四青年对于社会改造的热情有余，而理论修养几乎都不足，表达上经常陷于自我矛盾的境地。

从废婚与反废婚双方的争论看，两派辩论的核心理念在于追求何种自由。要解释清楚这一概念，必须要搞清他们所要构建的“个人”具有什么特质，他与社会或国家又是何种关系。对于邵力子等婚姻自由论者来说，婚姻自由是当事者个性伸张的重要表征，只有个性伸张才会产生独立人格意识，而这正是现代社会国民所具备的基本品格。这样的“个人”并非绝对的价值主体，他与国家或社会仍然保持着相对的权利、义务关系。对于哲民等人而言，其废婚主张包括废弃夫妻、父子等人伦关系，目的在于摆脱一切人伦束缚，实现人的绝对自由，以解决当时乃至未来社会可能产生的种种问题。不过，如前文所言，他们探求的是民族整体的生存，个人同样不具备独立的主体价值。因此，他们所追求的人的自由既具有工具属性，又具备价值属性，并成为未来社会的基本特征。因此，废婚不仅是解决社会问题的手段，也是迈向未来大同社会的阶梯，这是废婚者们的终极关怀。[②] 从这个意义上审视废婚，我们就会发现，支持者以唯物论为武器，以进化论为指引，以社会改造为切入点，试图探索、引导中国步入文明新境地。

废婚问题的论战与五四时期兴起的社会改造热潮有关，而废婚者如施存统等人在辩论过程中之所以屡有惊人之语，其主观目的就在于引发社会的关注，激发世人的觉悟，吸引其参与到社会改造的行列中来。[③] 为了达到这个目的，施存统甚至假造了葆贞这个女性角色，使其站在自己的对立面，向自

① 存统：《青年所应受的两重苦痛》，《觉悟》1920 年 5 月 22 日。

② 哲民：《“废除婚姻制度”底讨论》，《觉悟》1920 年 5 月 8 日；存统：《辩论的态度和废除婚制》，《觉悟》1920 年 5 月 21 日。

③ 存统：《废除婚姻制问题底讨论》，《觉悟》1920 年 5 月 20 日；存统：《辩论的态度和废除婚制》，《觉悟》1920 年 5 月 21 日。

已发难。[①] 很可惜，事情的发展既出人意料又在情理之中。或许是废婚太过于激进，实际上并没有多少人对此感兴趣而参与其中，这令他非常失望，认为中国社会过于麻木。不过，这并没有泯灭废婚者们追求真理的热情，他们不仅与反废婚者进行辩论，即使废婚者之间也发生了激烈争论，交锋的篇幅甚至超过了与反废婚者的较量。

哲民提出废婚主张后，作为同盟者的施存统率先予以回应。对于其根本主张，他自然是赞同的，但同时也指出了哲民行文中的隐患，即侮辱女子人格问题，因为其行文中出现了“唉！女子还有人格么?”的话语。如果说传统女性受男权的压制而无人格，而新女性争参政权、婚姻自由权的行为，在五四话语中都是女性觉醒、争人格的重要体现。如果这都算无人格的表现，显然冲击了五四主流话语，在作者看来实在是该骂的。他进一步提醒说，李汉俊在《星期评论》中做《男女解放》一文，即使动机在于鼓吹女性解放，也因个别话语的不当而受到新女性的批评，以此警示哲民可能会受到新女性的抨击。[②]

哲民对于施存统的回护并不领情。他表示，“欢迎反对者，不欢迎辩护者”，因为自己是在进行人类社会发展规律的探索，表达的是对真理的追求，自己是无畏无惧的，所以他表示：“反对由他反对，误会由他误会，我们决不因为少数人的反抗，停止我们的进行。我们提倡，宣传只管宣传；我们只认真理，不怕强权。”对于施存统的警示，他做了辩解，认为新女性争参政权另有所图，其性质不能与废婚相提并论，至于其行为是否是女性人格的体现并未有明示。与此同时，他认为施存统犯了与自己相似的错误，贬低新女性争参政权、争婚姻自由权的行为是不明智的，故而推测其是男权主义者，恐惧女权的增长会对男权造成压制。哲民据此再次阐明自己的观点，希望发达女权，女性能在政治上能有所作为，以实现男女“共享平等的幸福”之目的。言外之意，其关注的仍是未来理想社会和谐

① 葆贞：《“废除婚制”讨论中的两封信》，《觉悟》1920年5月14日；《施复亮传》，彦奇主编：《中国各民主党派人物传（一）》，华夏出版社，1991年，第297页。

② 存统：《“废除婚制”讨论中的愤语（二）》，《觉悟》1920年5月12日。

秩序的建立。[①]

从哲民与施存统的辩论看，两人实际都主张男女平等，只是行文表述有让人误解之处，这可能是白话文尚在推广初期，其表述尚未熟练之故。除此之外，废婚者对于“自由恋爱”的理解也存在差异。施存统在阐发废婚主张时指出，男女自由恋爱的本质就是自由交媾，反对把它理解为男女精神意志的结合。在他看来，精神的结合是人与人之间的一般关系，并不是男女之间的特殊关系。男女之间的特殊关系就是交媾，它是一种无意识的冲动，不必一定要讲什么爱情。[②] 这种观点在废婚者中具有一定共识，如可九就认为，“人类是没有理性，只有冲动，感情上的冲动，尤其剧烈”。[③] 祝志安同样认为，婚姻关系就是通过法律认证的交配关系。[④] 不过令笔者好奇的是，作者是否想过，交媾既然是一种无意识的冲动，如果两性间的冲动不同步，冲动的一方又如何交媾呢？又或者，冲动的一方又如何找到同步的冲动者呢？双方要不存在精神的交流和结合，强暴者是否会造成对他们追求的自由人格的损害呢？

正是因为上述阐释存在逻辑上的漏洞，所以有些废婚者并不认同上述观点，作者以太为此专门给邵力子写信表达对于自由恋爱的看法。他认为，自由恋爱属于爱情范畴，爱情是自由恋爱的主要条件，这也是男女之情与其他情感的区别。性欲只能算是爱情的附属物，如果把性欲当作自由恋爱，那么禽兽的牝牡相逐也算自由恋爱了。为此，他最后强调说，专一的爱情是真挚的情感的表露，“断不可因他专一，就说是生殖机关的交互专利”。[⑤] 翠英给施存统和可九写信，明确表示把自由恋爱看作自由性交是招致他人反对废婚的主要缘由。在她看来，性交是人与人之间应尽的特殊义务，虽能愉悦身心，但其目的主要在于生育。然而，中国人口之繁盛已然超出了经济承受能力，故而认为“在中国今日，性交实在是没有提倡的必要。我们应该设法使

① 哲民：《“废除婚制”讨论中的两封信》，《觉悟》1920 年 5 月 14 日。
② 存统：《辩论的态度和废除婚制》，《觉悟》1920 年 5 月 21 日。
③ 可九：《废除婚姻问题的辩论（三）》，《觉悟》1920 年 5 月 22 日。
④ 祝志安：《“废除婚姻制度”的讨论》，《觉悟》1920 年 6 月 12 日。
⑤ 以太：《废除婚制问题的讨论（二）》，《觉悟》1920 年 5 月 29 日。

一般人灭节性欲，同时发展中国经济的能力”。以此为立论基础，她认为结婚的唯一目的就是求性欲，以恋爱为手段求得满足性欲的目的，这是世人误用恋爱的结果，从而招致人生的诸多苦恼，这也是她主张废婚的理由。婚姻既然等同于性欲，那么她所追求的自由恋爱就有了不同的解释：“男女间互相爱悦，并无性交欲，也无蔑视对手人格和作伪欺骗的意念参加的一种天真烂漫、最真挚、最高尚的感情。”[①] 以此来分析，自由恋爱是异性之间精神性的结合，它比婚姻更高尚。综合来看，作者的观念掺杂着对婚姻的刻板印象、有限的生活经验和当时思想界的流行新知，是多方面杂糅的综合观念体系。

废婚者都主张废除婚姻，以自由恋爱替代之，并注意到了废婚与经济变革之间的关系。他们普遍认为，经济问题是社会问题的根本，“社会底经济组织一有了变动，其余的一切组织都跟着变动。我们要改变其余的组织，必须先改变经济底组织，经济的组织一改变，其余的组织不变而自变”。[②] 但是，在自由恋爱的实施步骤上，他们之间却存在着不同见解。

作者静庐就表达了与其他废婚者不同的观点。他认为，“我们是讨论一个问题，必要熟察社会上习惯上的现状，才好下精确的批评和积极的鼓励，供其所需。倘只凭一己的理想所得，徒取决于一时，不顾现状如何，那就似盲人骑瞎马了”。他进一步分析说，现在的婚姻制度固然要革命，但革命也必须按部就班的推行，不可躐等。否则，包办婚姻制度废除之后，没有经过自由婚姻的过渡，贸然废婚，社会必然受到激荡，反而影响废婚的深入推进。静庐最后指出：“自由恋爱不妨鼓吹——是叫他们知道自由恋爱的真理；但是要使一般人都去实践自由恋爱，必须经一度的自由婚姻；自由结婚的弊病，又发觉了；那么，一般人自然会去自由恋爱，决不至于退下来，干他‘强奸式的’婚姻的。”[③] 相较于其他废婚者，作者的分析是理性的，他强调理论的阐发与推广要以社会现实为基础，只有如此才能精确地找到批评的靶子，以及解决问题的新观念。如果罔顾事实，只凭热血与激情，就如同盲人

① 翠英：《废除婚制问题的讨论》，《觉悟》1920年6月1日。
② 存统：《为什么要从事根本改造?》，《觉悟》1920年5月27日。
③ 静庐：《废除婚制问题的讨论（六）》，《觉悟》1920年5月23日。

骑瞎马，根本找不到解决问题的方法。作者在这里批评施存统等人的观点过于激进，主张观念的践行要循序渐进，有了合适的现实土壤，它自然会牢固地扎下根来。

施存统对静庐的观点表示不能认同。他认为，“既然主张自由恋爱了，怎么样又不是绝对主张自由恋爱？这种奇妙的思想，我实在不懂！”其言外之意，自由恋爱就是他反复陈述的人的绝对自由人格的体现，“绝对”是自由恋爱概念内置的题中应有之意，非绝对的自由恋爱在语意上应该是自相矛盾的，故而表示不懂。因此，他奉劝静庐说，主张自由结婚就爽快地鼓吹自由结婚，没必要假借自由恋爱的美名。至于静庐提出的废婚要遵照循序渐进原则，施存统更不认可。他以中国近代社会的政治变革作类比，认为中国没有经过君主立宪就建立了民主共和，如果承认这是政治制度的躐等，那么在废婚上躐等又何妨呢？① 作为时代青年，施氏虽在上海与陈独秀已有交往，但此时应该尚未理解他发动新文化运动的深意。如果他能深刻认识到民初政治的乱象，正是国人缺乏民主素养削弱了共和根基所致，他定能深切领会躐等的危害，也断不会以政治制度的变迁来类比废婚的实施。

儿童公育是近代启蒙思潮的产物，在新文化运动中被看作“彻底的妇人问题解决法”，“处分新世界一切问题之锁钥”，② 是女性实现解放的前提。无政府主义思潮是培育儿童公育观念的温床，废婚论战之时恰好在其备受知识界关注的时期，因此这个问题就不可避免地被提出来。在辩论中，废婚者与反废婚者有一定共识，即都把儿童公育看作解决婚姻问题的关键。③ 邵力子注意到，废婚者们普遍把儿童公育视为废婚实现的前提条件。④ 这个观察基本准确，但儿童公育如何才能实现，他们的认知还存在一定差异，并为之展开了辩论。

李绰认为，西方社会经济发达，妇女因经济独立而获得了一定地位，但

---

① 存统：《废除婚制问题底辩论（三）》，《觉悟》1920 年 5 月 25 日。
② 沈兼士：《儿童公育》，《新青年》1919 年第 6 卷第 6 号。
③ 力子：《废除婚姻制度底讨论（二）》《觉悟》1920 年 5 月 20 日。
④ 力子：《废除婚姻制问题底讨论》，《觉悟》1920 年 5 月 21 日。

在整体上社会参与度并不大，究其根本原因固然在于经济尚未发展到完美地步，而妇女的生育负担也是阻碍她们参政、就业，乃至发展妇女运动的重要阻力。因此，他认为，只有打破贤妻良母主义才能实现妇女解放，而要打破这个主义必须推翻家庭，也就是废婚。婚姻的存在造成了妇女生计的困难和职业发展的困境，因此废除婚姻既能打破遗产制，又能使妇女在职业上有所发展，伸张自己的个性。[①] 总之，李绰在文中渗透了这样的观念，即打破贤妻良母主义是实现儿童公育的前提。

对于李绰的这套说辞，翠英表示难以接受，她以儿童公育为关键词，对其观点进行了反驳。翠英认为，家庭是否废除，不在于是否废婚，而在于是否实现了儿童公育。妇女职业和生计等方面的困境，不是婚姻带来的，而是因为尚未实现儿童公育的缘故。因此，只有实现了儿童公育，废婚才有了实质意义，才能推动妇女职业的真正发展。另外，她还特别指出，儿童公育虽是自由恋爱者的主张，并将其视为废婚实现的前提，但自由结婚者同样能支持儿童公育，因为他们也会孕育儿童。[②] 翠英的阐述有两点值得关注，其一她认为婚姻与家庭的联系可以割裂，或许她认为婚姻是两个人的私事，而生育是与家庭相关的公事；其二儿童公育并非废婚社会的独特特征，这是她与其他废婚者的不同之处。面对批评，李绰再次强调了自己的观点。他坚持认为，打破贤母良妻主义是儿童公育实现的前提，只有如此才能避免儿童公育院形同虚设的尴尬。儿童公育未能实现，根本问题在于婚制的存在，不废除婚制儿童公育就无法实施，妇女的地位也就无从改变。[③]

对于翠英的上述主张，施存统也进行了回应。他认为，婚姻与家庭是紧密联系的有机体，家庭因婚姻而生，有了婚姻才能诞生家庭，废婚之后家庭自然就不存在了。以此为认知基础，他继续分析说，在儿童公育尚未实现的情况下，男女因抚育孩童不得不组成家庭，即使废除了婚姻制度，但婚姻的实质仍旧存在。儿童公育机关并非私有制的产物，在现有体制下的公育并不会普遍实现，而且把养育儿童当作商业活动是蔑视他们的人格。因此，要组

---

① 李绰：《婚姻何以当废》，《觉悟》1920年5月22日。
② 翠英：《李绰的〈婚姻何以当废〉底批评》，《觉悟》1920年5月24日。
③ 李绰：《废除婚制问题底辩论》，《觉悟》1920年5月26日。

织儿童公育机关，必须推翻私有制，只有在各尽所能、各取所需的社会才能建立该机关。最后，施存统总结道："因为我们要推翻婚姻制度，所以要实行自由恋爱；因为要实行自由恋爱，所以要儿童公育；因为要儿童公育，所以要推翻私有财产制度。"[①] 换言之，社会经济的发展才是儿童公育、废婚实现的根本推动力，表明作者已经初步具备了唯物论的思想基础，故而比李绰的认知要深刻些。

综上来看，废婚者内部围绕着自由恋爱的本质、废婚的步骤以及其与儿童公育的关系展开争鸣，其中有共识更有分歧，其激烈程度并不亚于废婚与反废婚的论战。对于废婚者内部的纷争，施存统表示："这真是一个好现象，我非常赞成。"[②] 论战是否产生共识并不是最重要的，他最关心的是如何"可以闹成一个问题"，引起人们的关注和思考。他屡次表示，"我们底唯一的目的，就是探求真理，绝不是和我们什么人为难，也不是出什么风头"。[③] 因此，废婚者们并不是"想借自由恋爱之名以行其罪恶"，[④] 而是真理的探索者，愿意拜倒在真理脚下，并以真理去征服别人，这是五四时期觉悟者与启蒙者的姿态。

这次废婚论战虽由《觉悟》主编邵力子所推动，实际上代表的是启蒙知识界探求社会改造路径的一次尝试。这次讨论，双方虽没有达成根本共识，依然深化了性与恋爱、婚姻之间的关系，加强了婚姻文化变革的氛围。与这一时期激荡的婚姻自由思潮相比，这次论战的影响力并不大，平台仅限于《觉悟》杂志，参与者仅有 20 余人，而且其他报刊对此回应的文章也并不多，但我们要充分认识到其存在的历史价值。废婚表面上是破坏婚姻和家庭等基本社会制度，实际上要确立的是个人的价值归属，以此构建新社会的基础，体现了知识分子构建未来的努力，[⑤] 因而被时人视为具有重要讨论价值的议题，[⑥] 这是清末民初知识分子对"中国向何处去"关切的延续。从这个

① 存统：《废除婚制问题底辩论（一）》，《觉悟》1920 年 5 月 25 日。
② 存统：《废除婚制问题底辩论（一）》，《觉悟》1920 年 5 月 25 日。
③ 存统：《辩论的态度和废除婚制》，《觉悟》1920 年 5 月 21 日。
④ 力子：《废除婚制问题的感想》，《觉悟》1920 年 5 月 21 日。
⑤ 赵妍杰：《面向未来：近代中国废婚毁家论述的一个特色》，《探索与争鸣》2017 年第 8 期。
⑥ 力子：《废除婚制问题的讨论》，《觉悟》1920 年 5 月 23 日。

意义上讲，无论废婚者的言论如何荒诞、惊奇，它与严肃的民族国家构建的话语体系具有同质性。

## 第三节 张竞生的浪漫“情人制”畅想

中国知识分子吸收欧洲无政府主义思想，以“为国破家”的勇气，构建了一幅无国、无家的新愿景，表达了他们对于现实政治的不满和构建新社会的努力，这是启蒙知识界民族国家构建之外的新蓝图。五四启蒙思想的歧义性，决定了社会蓝图规划的多样性。思想文化界的张竞生与之遥相呼应，提出了同质的“情人制”构想。如同废婚主张一样，他也试图通过两性关系的调整，来重构中国和世界的秩序，而“情人制”就是这个体系的核心概念。那么，他的“情人制”是如何构建起来的？其心中理想的社会又是什么样子？时人对此又如何认识？对于这些问题的认识有助于理解五四启蒙思想的复杂性，以及知识分子深切的家国情怀。

### 一、“性美论”：“情人制”构建的理论基础

1920年初，民国首批稽勋留学生张竞生从法国学成归来，并于次年10月受聘于北大哲学系。在北京大学任教的五年是张竞生一生中最为辉煌的时期，他出版了一系列思想成果，其得意之作是《美的人生观》和《美的社会组织法》，从而奠定了其在思想文化史上的地位。

《美的社会组织法》集张竞生思想之大成。他认为，中国之所以没落，主要是组织不当，“今后我国若要图存，非先讲求组织的方法不可”。[①] 为此，我们不仅要学习美国求富的经济组织法、日本求强的军国民组织法，还需要美的、艺术的、情感的组织法，而且它比富和强的组织法更重要，“凡社会能从美的、艺术的与情感的方面去组织，同时就能达到富与强”，[②] 而且能够

① 《美的社会组织法》，江中孝编：《张竞生文集》（上），广州出版社，1998年，第140页。
② 《美的社会组织法》，江中孝编：《张竞生文集》（上），广州出版社，1998年，第141页。

消弭片面求强、求富带来的凶恶与专横。从作者秉持的理念看，五四时期的中国知识界对西方世界具有的文明与强权两面形象的认识，已经到了非常理性、自觉的状态。

鸦片战争之后，如何“求强”以重新屹立于世界民族之林，是近代中国思想界迫切要解决的问题。为此，我们不惜以敌为师，仿效西方变革传统，开始了屈辱的启蒙历程。在这个过程中，西方强盗兼导师的形象不断噬咬着中国启蒙者的内心，造成了严重的心理困扰。尤其是一战爆发后，战争的残酷使西方文明危象毕露，其中专制主义对民主制度的挑战以及科学沦为杀人武器，深刻凸显了西方文明的现代性危机，严重动摇了知识界“以强为优”的社会达尔文主义信念。新困扰带来了新反思，启蒙知识界的核心人物梁启超、胡适，包括当时来中国讲学的罗素，都在重申“文明”的价值，认为以德服人的“王道”高于以力服人的“霸道”，并将其视为高于富强的现代化目标。[①] 深刻了解五四时期的文化背景，便不难明白张竞生所谓的“美”的内核就是“文明”，表明在民族国家的价值追求上他同样赞同“文明”超越“富强”的观点。因此，提倡美的社会组织，根本目的在于再造文明，而达成这一目的的切入点就是以“情人制”替代婚姻，以美治替代法治，从而构建一个美的文明的新中国。从中我们不难看到，面对辛亥革命以及欧战后中国疲弱的社会现实，张竞生有自己独特的考察与反思，充分体现了他的独创性。

“情人制”构想与西方浪漫主义及其内在的美学理念密切相关。在留法期间，张竞生主攻哲学，潜心研究卢梭的精神世界，深得其浪漫主义精髓。卢梭是 18 世纪西方浪漫主义的先驱，其思想的卓越贡献在于使启蒙思想不再局限于对理性和科学知识的推崇，增加了对感性力量的寄托，为发挥人性的内在创造精神开辟了新视野，塑造了其对个人的崇拜、对自然的赞赏、对梦幻的无限寄望、对激情的执着为核心的浪漫主义思想。[②] 德国古典主义哲学家费希特曾指出，“一个人之所以选择某种哲学，正因为他是这种人，因

① 高力克：《五四的思想世界》，东方出版社，2019 年，第 290—305 页。

② 高宣扬：《卢梭：浪漫主义的先驱》，《上海交通大学学报》2012 年第 5 期。

为一种哲学体系绝非人们可以恣意取舍的无生命的家什，它因掌握它的人的精神而充满灵性。”[①] 张竞生在精神上遭遇卢梭，挚爱卢梭、研究卢梭，并从中发现、塑造和完成了自己。卢梭追求自由、崇尚自然的精神，塑造并深化了张竞生的浪漫主义气质。

浪漫主义认为，为了更好地保持和增强文化自我更新和超越的创造力，应当用艺术的美的理念来做文化的典范，来规范、引导一切科学研究，成为人类文化发展的新典范。[②] 这深刻影响了张竞生，并塑造了他独特的美的思想。中国传统儒家思想中，就有通过诗乐教育转换气质、转变风俗，以养成君子之德的美育内容。但是，近代社会的转型和新国民的塑造对美育提出了新要求，其内容由君子道德的养成转换为现代国家精神秩序的形塑。具言之，美育的目的在于培养青年活泼高尚的情感，以创造美的人生。[③] 近代美育观念深刻影响了张竞生，故而在其著作《美的人生观》《美的社会组织法》中创造性地提出了“性美论”，宣扬美的性育理念。

美的性育是张竞生美学理念的核心，这是五四时期美育理念在性教育领域渗透的表征。他认为：美的性育意义重大，“利用性欲的精力为一切思想上、艺术上及行为上的发展……使性力变为最有出息的功效……一切最宏大的事业皆由一种变相的性力所造成”。[④] 也就是说，美的性育是人类思想、艺术进化的动力源泉，人类解释自身行为的重要切入点。总之，社会一切宏大事业的发展，都直接或间接与性育相关。

张竞生赋予了性以崇高的社会性意义，这与近代科学观念兴起背景下性理念的转变有重要关联。传统中国是典型的男权社会，男性相较于女性居于统治地位，[⑤] 对性拥有毋庸置疑的支配权。为了维护两性伦理的稳定，性是讳莫如深不能公开讨论的，从而使其陷入了神秘化，在一定程度上影响了男

① ［德］费希特：《费希特全集》(1)，第434页，转引自［德］卡西尔著，刘东译：《卢梭·康德·歌德》，生活·读书·新知三联书店，1992年，第2页。

② 郝苑：《科学与浪漫主义》，《自然辩证法通讯》2014年第3期。

③ 李石岑：《美育之原理》，《教育杂志》1922年第14卷第1期。

④ 《美的人生观》，江中孝编：《张竞生文集》(上)，广州出版社，1998年，第82页。

⑤ ［法］布尔迪厄著，刘晖译：《男性统治》，海天出版社，2002年。

女情感心理机能的正常发育。[①] 甲午战后，中国知识界在考察西方强盛之道时，充分认识到了性、婚姻、种族与国家强盛的关系，从而构建了“强国保种”的话语体系，并取得了维新知识分子的认同和共鸣。它使性超越了传宗接代的家庭伦理范畴，而与强壮种族和国家振兴紧密联系在一起。既然要强壮种族，必然要优生优育，这自然需要新的性育理念，性教育成为强壮种族以及现代转型的基础。

自近代西学东渐以来，西方的科学理念、科学知识渐次传入中国，进而悄无声息地影响着中国人的观念。谭嗣同以西方医学为媒介，了解了男女交媾的科学机理，从而突破了传统观念，进而明确提出了“多开考察淫学之馆，广布阐明淫理之书，使人皆悉其所以然”[②] 的性教育主张。西方的性科学还通过日本这一通道传入中国。1901 年，日本人神田彦太郎组织翻译了美国人法乌罗撰写的《男女交合新论》，并由上海的文轩书会和日清书馆联合发行。此时，寓居上海的孙宝瑄通过友人黄益斋的指点，在四马路的文轩书会购得此书。他从中不仅了解了男女媾和之道，而且学习到了优生优育知识，让他大开眼界。[③] 据不完全统计，1901—1911 年间，国内书局共出版了近 60 种性育书籍，而且阅读者多为倾向于新学或西学的知识分子。[④] 当时国内创办的杂志，如《教育杂志》《东方杂志》《万国公报》《申报》等也刊发了不少卫生教育文章，它们共同扩大了性教育的知识基础。应当说，清末性教育在新知识界已经初步积淀了基础。

民国创建后特别是在五四时期，知识分子围绕人的解放和女性的解放这一中心议题，从科学角度对性以及性欲等问题展开了热烈讨论，肯定了人与生俱来的性欲的合理性，强调了女性和男性在性维度上的平等权，重塑了新型两性关系。总之，在《妇女杂志》《青年进步》《中华教育界》等刊物的带动下，知识界出版了大量关于性教育的书刊，形塑了近代中国的性观念、性知识和性话语，孕育了浓厚的性教育氛围。

---

① 易家钺：《中国的性欲教育问题》，《教育杂志》1923 年第 15 卷第 8 期。
② 《仁学》，蔡尚思、方行编：《谭嗣同全集》（下），中华书局，1981 年，第 305 页。
③ （清）孙宝瑄：《忘山庐日记》，上海古籍出版社，1983 年，第 362—363 页。
④ 张仲民：《出版与文化政治：清末出版的生殖医学书籍及其读者》，《学术月刊》2009 年第 1 期。

五四时期学界所塑造的性观念、性话语，是张竞生美的性育构建的文化基础。他认为，美的性育的发展要把握三个时期：

第一，儿童时期的异性交往，有利于培养情感心理机能。在情窦未开的儿童时期，男孩和女孩要经常在一起玩耍、娱乐，过着青梅竹马、天真烂漫的生活，以培育兄弟姐妹般的情感，避免因两性隔绝而造成心理机能的异常。同时，还要让他们懂得男女生理机能的差异，以及各自存在的意义。

第二，少年时期，要充分了解性器官的构造以及交媾的生理、精神意义。到了情窦初开的年龄，要有人指导他们认识人类生殖器官的构造和生理的关系以及交媾的意义和精神的关系。为了达到上述目的，要引导他们利用青春期的活力去做有意义的事情，如可以从事一定的职业，使精力有所发泄；同时加强艺术、科学方面的修习，以克服情欲带来的困扰。

第三，成年时期，要以社交为基础培育异性间的浪漫想象和情感，提高竞争意识。待到男女的生理和心理机能都成熟之后，双方要以社交公开为基础多进行交流和接触，而不是急于进行交媾。因为交媾愈迟，愈能增进男女彼此浪漫的才思和热烈的情怀。且因相识日久，彼此都熟知对方的性情，唯恐意中人被他人夺走而产生恐惧之心；由恐惧而竞争，那么交际场中的男女可以得到情爱与美感角逐中最好的机会和结果。男女所需求的欢爱会倍加炽热，为对方牺牲的精神将格外提高。男女双方相互劝勉、共同提高，对于爱人不会产生盲目的冲动，而是有明确目的的结合。再者，条件的比较造成情爱的变迁，迫使双方必须时刻去创造、保存爱情，从而实现了爱情的创造与进化。①

通过爱情的创造与进化过程看，张竞生对于性、爱及其所形塑的两性关系充满了浪漫主义的想象，而且这种想象建立在性善论的君子人格基础上，人性的私欲和占有欲得到了充分克制和纯化。不过，这还只是张竞生美的性育思想中的一个侧面。在他看来，美的性育其核心要义在于他独创的神交法，“性育的真义，不在其泄精而在其发泄人身内无穷尽的情愫；另一方面，

---

① 《美的人生观》，江中孝编：《张竞生文集》（上），广州出版社，1998 年，第 77—79 页。

又能得到男女交媾的使命，不在生小孩，而在其产出了无穷尽的精神快乐”。[①] 为此，他又做出了详尽的解释：

第一，之所以提倡发泄情愫而不是泄精，是因为后者损耗元气，甚至会引发病痛而亡。是故，张竞生特别提倡神交法，简而言之就是情玩，进而言之就是意通。意通并非意淫，它是指爱人之间不用肉体的接触即能满足性欲的快乐，其言语、动作以及一切表情，都能使爱者与被爱者销魂失魄，眼神、表情、神色皆能互相慰藉，这些快乐都是无穷无尽的，远非交媾所能比拟。意通并非只限于人类，它于物质上并无限制，囊琴、素画、高山、流水、月影都可引发万千情愫和无限的浓情蜜意。因此，善用意通者能游神于六合的妙境，领略高尚的情怀和精微的艺术，避免了泄精对于心神的损耗。情玩就是男女之间在戏耍间，或仅采用亲吻、抱腰、抚乳就能得到性欲的满足和情感的慰藉。

第二，张竞生从优生学角度出发，提倡科学避孕、生理卫生和创造优生优育的环境。他认为，交媾不仅是两性情感本能的迸发，还是两个灵魂的融合，故要避免传统中国人无意识的生育状况。要做到这一点就要限制生育，提倡科学避孕和生理卫生。如果确实要生育，必须量力而行，以能使儿女得到较高的教养为标准，来确定孩子的生育数量。如因要怀孕而交媾，须在山清水秀之地、和风日丽的时节，以天地为洞房，树影为花烛，乘兴作种种欢舞高歌的状态。此情此景，男女彼此所享受的不仅仅是肉体的欢愉，而且在精神上与自然和谐统一，如此生育的孩童不是英雄，便为豪杰。假如要在屋内进行交媾，则房帷必须安排得美丽清洁，唯有如此才能得到极端乐趣，只有为兴趣而交媾才能使肉欲变为精神的快乐。在这里，他以近代优生学为基础，又融之以浪漫主义的自然想象，试图推动两性实现精神的愉悦与和谐统一。

在张竞生看来，美的性育能够改进、创造新型的两性关系，这是推动爱情创造和进化的不二法门，而神交法又是其美的性育之中的神来之笔，但这

---

① 《美的人生观》，江中孝编：《张竞生文集》（上），广州出版社，1998 年，第 79 页。

一点却受到了周作人的质疑。他认为，神交思想古已有之，在《素女经》《楼炭经》中多有提及，并非张竞生本人的独创。且神交之法听起来太过于玄虚，意通要以人的关系为根本，求以精神上的愉快；情玩之法“是悠谬的方法”，在性的病理学上称之为“触觉色情”，使性器官长久兴奋得不到满足，会养成种种疾病。美的生活应当是健康的，故这一点与其美的宗旨相违背。[①]

知识界虽对其理念有所质疑，但这并未影响到其思想体系的完善。他认为，美的性育的推进，能够而且必须改变身体的样貌，比如面部、胸部和阴部等。美的性育之所以能够改变身体的样貌，是因为性欲强壮者能使鼻部发达，这将改变国人丑陋的面部，增加性别魅力，增强性别间的吸引力，[②] 这一切又将反向助推美的性育的创化。

张竞生指出，国人面貌的突出问题在于鼻子小且扁，以致两边颧骨突出，眼睛暴露，两耳贴得不紧，嘴部太宽或翘起。因此，只要鼻子高大起来，耳、眼、鼻、口、颊等部位，就会变得整齐分明。而且，女子的桃腮和男子的美须是增加性别魅力的重要条件。至于胸部，他认为男子在于发展宽大的胸围和强健的肋骨，以表达男性的阳刚美。这一审美趋向完全颠覆了传统文弱风流的白面书生形象，反映的是男子健壮与充满生命活力的象征，符合当时国人的审美标准，[③] 其既是国家强盛的隐喻表达，又强烈表明了作者发达种族的意愿。与之相反，女子胸部的作用则在于增加曲线，以表达女性的阴柔美。受礼教思想的影响，中国女性素有束胸的习俗，“女人的双乳，是一种幽密的东西，肉峰般堆凸在胸前，是认为可耻的，于是不顾利害加以紧缚”，[④] 以消除肉欲、完成精神的纯化。为此，张竞生提倡“天乳运动”，呼吁女性解放乳房，“女性之美，奶部极占重要的部分。她们臀部稍为广大，奶的突出正在使一身的上下部相称。而以奶的表现更使女子加上一层之美

① 《沟沿通信之二》，1924年8月27日，钟叔河编：《周作人散文全集》第3册，广西师范大学出版社，2009年，第473页。

② 《性美》，江中孝编：《张竞生文集》（下），广州出版社，1998年，第276页。

③ 从当时的广告《医弱丹》（天津《大公报》，1929年5月12日）的文本叙述，可以窥测当时的审美取向。

④ 赵难人：《健美与乳房解放》，《玲珑》1936年第6卷第19期。

……故奶部一行开放，不但女子一方面得到身体与心灵各方面的利益，而且使社会也活泼泼有生气了”。[①] 他认为，女子胸部的发达不仅释放了个性，而且女性美能够激发出社会的生机和活力。

在张竞生人体美的认知中，美的男子应该有硕大的鼻子，浓密的胡须，结实的肌肉；美的女性应具备高耸的鼻子，艳丽的桃腮，丰满的乳房等，而这些很显然是西方人种的基本特征，这是对西方人种优越论的变相阐述，是自晚清新民、强种学说兴起后对理想国民最大胆的构想。[②] 男女的外在形体美，会增强异性间彼此追求的意愿，产生欣赏、尊敬或崇拜的情绪，进而萌发彼此占有又合二为一的欲望，由肉体的享受最终推动情感的升华。又因个人生活并行各异，再加之社会生活的变迁和进化，两性对情感的需求也可能会发生变化。因此，固定婚制不可能适应对方全部的情感要求，尤其是对文化修养较高的人群，“情人制”的出现也就顺理成章了。

综上言之，“性美论”以五四时期的性科学话语为基础，以“情人制”为指向，以浪漫的两性恋爱关系为手段，以构建文明、富强的新社会为依归。浪漫的两性关系，有利于激发、释放个体意识，这是构建充满生机、活力的新社会的伦理基础。这与主流启蒙知识界所构建的恋爱婚姻观虽有差异，但实际上都属于伦理革命的范畴，体现了相同的强种、新民、保国的现实关怀。

## 二、“情人制”：“美的政府”运行的伦理基础

1924 年，张竞生出版了《美的人生观》一书，这既是对科学与玄学论战的间接回应，又是他美学思想研究的结晶。在该书序言中，他开宗明义地提出，美的人生观“是一个科学与哲学组合而成的人生观，它是生命所需要的一种有规则，有目的，与创造的人生观”。[③] 它能在丑恶的物质生活中探寻到一种美妙有趣的作用，又能在疲弱的精神生活中锻造出一个刚毅活泼的心

① 《大奶复兴》，江中孝编：《张竞生文集》（下），广州出版社，1998 年，第 285 页。

② 李蓉：《论张竞生性话语的建构》，胡星亮主编：《中国现代文化论丛》第 8 卷第 1 期，南京大学出版社，2013 年，第 41 页。

③ 《美的人生观》，江中孝编：《张竞生文集》（上），广州出版社，1998 年，第 28 页。

灵。无论是历史进化、社会组织还是个人观念的创造都必须以“美的人生观”为根本指导。他认为，假如能够实实在在地把这些美的观念和事实研究相结合并实施起来，不仅对于个人的享受产生无穷乐趣，而且还能推动学术研究的创造和社会组织的系统化。以美学思想统领社会生活、学术研究和社会组织，是张竞生理想社会构建的灵魂。

中国近代社会的沉沦，激发了知识分子改造社会、构建民族国家的梦想，政治、文化背景各异的知识分子设计了不同的实现路径。作为秉承了五四精神的知识分子，张竞生对理想社会和政府的组织有自己深入而有独特的思考。如果说《美的人生观》的立足点是个人，讨论的是人的生存方式之美，那么《美的社会组织法》则立足于社会，讨论的是社会组织的架构之美。他认为，社会进化与人类自身的进化进程具有一致性，都有从模仿到创造的过程，但“组织为人类及社会最高的进程”。[①] 只有通过一个“美的，艺术的，情感的组织法”，才能实现国家的富强与社会的公平正义。

美的社会组织应当包括社会职业分工、社会信仰崇拜、国家职能部门以及实施美治管理等内容，希望以此设计建立一个美的政府，以美的原则治国理政和进行国际间的交流。在这里，张竞生独创了“美治”概念，以与传统的鬼治、近代的法治相对应。在他看来，鬼治可以吓唬传统社会中愚昧无知的先民，但并不适应于近代；法治可以约束工业时代的人民，却妨碍了人的聪明才智的发展。因此，未来社会必须采用“美治”，它不但能满足人们衣食住行的基本需求，而且能够在物质满足和精神娱乐两个层面不断得到提高。

在这个美的社会里，所有机关皆以“广义的美”为根本指导，其中国家的最高权力机关是“爱美院”，它由全国各地平等竞赛选出的“五后”“八王”组成。“五后”由女性组成，包括美的后、艺术的后、慈善的后、才能的后、勤务的后；“八王”由男性组成，包括美王、艺术王、学问王、慈善王、勤务王、技能王、冒险王、大力王。政府下辖八个行政部门，包括国势部、工程部、教育艺术部、游艺部、纠仪部、交际部、实业与理财部、交通

① 《美的社会组织法》，江中孝编：《张竞生文集》（上），广州出版社，1998年，第139页。

与游历部。政府首脑及所辖八部均对“爱美院”负责，“爱美院”有弹劾政府官员的权力，以此来保证美的政府各项职能高效有序的运行。从国家政治架构的设计看，其模式具有民主共和制的特征，这其实是对民国政府民主机制失灵的回应。不过，这种模式融国家和社会于一体，既不同于知识界关于民族国家建构的想象，又不同于无政府主义主张，是介于二者之间的“第三条道路”。

政府下辖的八个部门各有其固定职能，其中又以国势部最为紧要，其根本职能是培育美好国民，制造佳男美女。八个部门分工虽然不同，但职能运转的根本原则都须从爱与美两方面齐头并进，“以美趣为依归而以情爱为究竟”。这样，爱和美的成功，就是“情人制”的成功。为什么要实行“情人制”呢？张竞生认为，婚姻是一种失败的社会体制。从历史上看，婚制是夫妇痛苦的根源，无论是多夫多妻制、一夫多妻制、一妻多夫制还是一夫一妻制，都体现了男子自私的欲望，成为压抑女子和背逆人性的工具。男女的交合本为乐趣，而爱情的范围不只限于家庭之内，故就时势的推移和人性的要求，一切婚姻制度必定逐渐消灭而代为“情人制”，这与无政府主义者推论废婚的逻辑如出一辙。

那么，“情人制”有何特征呢？张竞生解释道：“顾名思义，情人制当然以情爱为男女结合的根本条件。”在“情人制”下，两性可能天天有伴侣而终身却得不到一个固定的爱人，又或许终身得不到伴侣却能时时领略真正的情爱。在“情人制”下真正值得赞美的，是女子自待如花、自我珍重，男子待女子如园丁呵护、欣赏花卉一般，这是张竞生对理想的两性关系的描绘，以此表达“情人制”下爱的真义，它既“不是占有，也不是给与，乃是欣赏的”。① 只有“情人制”中的男女才能彼此互相欣赏，杜绝占有之心。

在张竞生眼中，“情人制是男女结合最好的方法”。那么，其优越性又体现在哪里呢？依照他的分析，“情人制”的优越性体现在三个方面：

第一，男女在未定情之前，必定会彼此努力以讨对方的欢心。在这样的社会中，两性必然注意装饰和修养的提升，性格和才能也必然日趋上进，于

---

① 《美的社会组织法》，江中孝编：《张竞生文集》（上），广州出版社，1998 年，第 151 页。

是在外貌、品性两方面产生种种吸引异性之法，同时又生出种种竞争。吸引和竞争相互冲击、调和，从而生出“爱的创造”与“美的进化”来。“爱的创造”乃是对钟情之人时时想出新花样、新行为、新表情使他（她）快乐，促进爱情日增以免被别人夺去。“美的进化”则须依靠同性之间的竞争和催促。男子要取得女子的欢心，女子要赢得男子的青睐，不得不讲求仪容，揣摩心境。男子或女子认为其竞争对手的容貌和才能胜于我，一切情场优势必为其把持，于是不免要发奋整饬容貌，努力提升才能与性情。爱和美属于“情人制”下的孪生儿，本是同根相生：要爱不能不美，由美自能得到爱。一个社会如能实行“情人制”，自然能得到爱与美的创造和进化。

第二，“情人制”下的男女生活比固定夫妻的生活更丰富。“情人制”中的男女生活是变动不拘的，他们的固定是相对的、暂时的。如要保持这个暂时固定的状态，情人们必须时时从外、内两方面进行努力：对外则当使二人之外的情人风潮不会打搅他们的生活，只要心中有主见就不会逐波随流；对内两性须要时时把美感和情感保存与增进。两人若想继续从前情人的生活，必须相互尊重彼此的嗜好、习惯，并从事自己喜好的职业。总之，男女两性应当保持彼此独占的戒心，知道情爱和嗜好一样可以变迁，故要彼此努力保存旧的和创造新的情爱。只有如此，男女两性才能在夫妻式的生活中得到情人式的快乐。

第三，失去了爱情的男女可以实现轻松的离合。爱的破坏在昔叫作离婚，破坏就是解脱，破坏乃创造新生命不可缺失的历程。男女既不能彼此欣赏于情爱之中已属罪大恶极了，男子或女子还要借什么名义来霸占对方，这就更无情理了。两性爱到极致，本无所谓合，更无所谓离。但既有所合便有所离，离合本是小事，情爱的有无才是两性结合的根本。

综上所述，“情人制”实施的意义在于使男女充分了解爱情的意义，明确两性的结合在于爱情。爱情的变迁和进化，促使他们不得不努力创造、更新情感，而且人在一时可以专爱一人，又能泛爱他人。[①] 总而言之，“情人制”就是要在情爱的竞争中创造、实现两性间的动态和谐。

---

① 《美的社会组织法》，江中孝编：《张竞生文集》（上），广州出版社，1998年，第152—155页。

构建“情人政治”的理想社会必须以两性的独立自由，尤其是女性的独立为基础。换言之，就是要重建女子的中心地位。那么，如何达成这一目的呢？张竞生撰诸历史，发现原始母权制社会是以女性为中心的。随着私有制的发展，父权制逐步取代了母权制，女性遭遇了具有世界意义的失败而变为男性的附庸。如何改变这种现状呢？他认为，母权制社会下，女子的中心地位体现在性交的选择、母性的保护以及家庭经济的支配等方面。借鉴历史经验再加之个性化的思考，他认为今后女性的影响在于“普遍的情爱，真正的美趣，及广义的牺牲精神”。具言之，女性应以“性交为一种艺术与一种权柄借以操纵男子”，这是其构建的新女性的核心特征。在此情境下，男子只有借助情爱才能获得女子芳心，受性欲所驱使不得不让自己成为“情爱之人”。如此这般，男子的理智会日趋“情感化”，而女子受男子影响其情感会逐步趋向“理智化”，这样理智与情感在男女两性之间实现了相互的协调。总之，提高女性地位是实施“情人制”的必要条件，而这又是美的社会组织方法的核心要件。为此，张竞生建议，要在妇女中组织“情人社”，研究如何做情人的艺术，如何进行精神和经济的互助以及避孕的方法。

美是情爱的根源，要做情人须先做美人，女子要努力培养自己成为美趣之人。为此，张竞生提议，要多多成立“美人会”，让女子在其中修习各种技艺、培养各种雅趣，进而带动男子共同进步。因此，新女性对社会的主导作用，就是以情爱培养情人，以美趣造就美人，以牺牲精神塑造女英雄。女子不再是父权制下性的奴隶，而在性事和生育上掌握自主权，这就是张竞生心中理想、完美的社会。

不过，我们细细品味就会发现，“情人政治”虽然以女性为中心，其在社会生活中居于主导地位，但女性本身并不具有终极的价值意义，她只有以“性事和生育”参与到“情人政治”生活中来，才能获得性别的意义。其实，这个思路与“国民之母”以及“妇女主义”建构逻辑是一致的，都是动员妇女以自身“性”的优势参与民族国家的构建，同样带有强烈的男权主义特质。

“情人制”的实践意义不仅在于民族国家的振兴，它还是世界大同实现的必要手段。要实现大同，就必须打破区域、民族、国别的界限，推而广之“情人制”就演变为“外婚制”。是故，张竞生说：“爱是广大的，不是局部的，外婚制乃是一地方的男女与别地方相结婚之谓，它是最能推广情爱的范围，故有提倡去组织的必要。”① 由此看来，“情人制”是“外婚制”的实践基础，“外婚制”是实现大同的组织保障。

“外婚制”产生于旧石器时代中晚期，由血缘集团的杂婚制发展而来，它与“内婚制”是一组相对的概念，张竞生将其外延扩大为己所用。在他看来，之所以实行“外婚制”，是因为“人性对于情爱有扩张到极大范围的倾向”，而且人类对于“性交一事带有‘放肆’及害羞的性质，男女太亲近之人对于性交总不免害羞，不敢尽情放肆，遂使彼此不能得到性交的乐趣，所以人类喜欢与外族疏远之人结婚”。因此，“外婚制”能够推动“情人制”的发展。又因为战争、经济侵略招致人类相互仇视，文化的冲突也难以使各民族融洽。人类的相互了解依赖于情感的沟通，而要达成这一目的莫如从广义的婚媾入手，因此“外婚制”又是促进种族间相互了解、实现世界大同的最好方法。“情人制”从“内婚制”延展到“外婚制”，婚姻圈以中国为中心向世界扩散，表明作者要以传统“天下观”的层级运动轨迹，来推广其新型政治组织的雄心，以渐次实现大同社会的建构。

实行“外婚制”，使汉族与世界各民族婚媾对我们有什么帮助，对世界有什么影响呢？张竞生认为，如与俄国人通婚，吸收她们冒险、神秘与宏大的性格，其刚强的性质足以弥补汉民族文弱的缺陷，而我们会给她们温柔优容的心情；如与欧美人通婚娶得外国妻，她们管理家庭、保育婴儿的经验及积极向上的精神会对我们发生重大影响，对于家庭的改革与社会的改造会起到积极作用。总之，以爱的名义可以与日本、印度、非洲各族以及澳洲群岛的妇女通婚，最低限度也应该在国内实现各民族的互婚、南北方的互婚。只有这样，才能把我们的精血灌输到世界各民族中，以吸收先进民族的优秀文化，改造落后、衰弱、野蛮的民族，使世界各民族携手踏入光明之路。康有

① 《美的社会组织法》，江中孝编：《张竞生文集》（上），广州出版社，1998 年，第 155 页。

为在《大同书》中曾明确提出过“杂婚之法”，[①] 他希望以“通种”之法逐渐消弭人类外貌、形体等方面的差异，进而实现人类的平等，为大同社会的实现筑基。相较之下，张竞生的“外婚制”有异曲同工之妙，不过他的关注点更倾向于文化融合，从而使人类达于更文明的境地。

有研究者评论说：“取消家庭，以情人制代替婚姻制，是迄今为止最为大胆，也是走得最远的乌托邦构想。”[②] 但这一思想的始作俑者却并非张竞生。早在古希腊时期，柏拉图就表示：“这些女人应该归这些男人共有，任何人都不得与任何人组成一夫一妻的小家庭。”[③] 他担忧小家庭会有损城邦精神，故而暗示要取消家庭。法国空想社会主义者傅立叶则明确主张取消家庭，他说：“上帝希望依照几何学正确性规律使一切东西都是自由和协调的，而我们则采取了家庭制度。在这种制度下，只有专横、虚伪、非正义、不和、压迫；每个家庭里集体利益和个人利益总是矛盾的……可以依照自愿调换朋友、情人、合伙者。”[④] 从傅立叶的陈述可以看到，他不仅厌恶家庭，而且明确提出了“情人制”主张，久居法国又充满了浪漫主义气息的张竞生不可能不受傅立叶的影响。与柏拉图的国家本位主义不同的是，两人强调的都是社会本位。

总之，无论是异族通婚的大同理想，还是女性中心的“情人制”，其中不变的是张竞生那浓厚的家国情怀。以美的性育为思想核心，他精心构建了一个以实现“情人政治”为依归的美的政府，来推动富强、平等、有序的理想社会的实现。[⑤] 张竞生希望通过性的解放达到个人的解放，渐次实现民族国家的复兴。他的思想虽然带有明显的男权主义印记，且过度夸大了女性美德以及情感的作用，对社会问题的解决过于浪漫，却抓住了人类社会发展的两个根本性问题，即“公道”和“自由”，凸显了以“情人制”为伦理基础的美的政府的合理性和前瞻性。

浪漫的情人制对知识分子产生了一定的吸引力，“那些放荡不羁的有文

① 《大同书》，姜义华等编：《康有为全集》第 7 集，中国人民大学出版社，2007 年，第 47 页。
② 张培忠：《文妖与先知：张竞生传》，生活 · 读书 · 新知三联书店，2008 年，第 331 页。
③ ［希］柏拉图著，郭斌和等译：《理想国》，商务印书馆，1997 年，第 190 页。
④ ［法］傅立叶著，赵俊欣等译：《傅立叶选集》第 2 卷，商务印书馆，1981 年，第 119 页。
⑤ 《美的社会组织法》，江中孝编：《张竞生文集》（上），广州出版社，1998 年，第 139—252 页。

化的人，无论男女，就他们的本能而言，一般都是主张多配偶的”。[①] 在他们看来，一夫一妻制根本满足不了情感的需要。剧作家田汉一生与多名女子有情感纠葛，为此他感慨地说：“婚姻是一条绳索套上脖子，好不自由。最好不结婚，用情人制。”[②] 与田汉关系密切，并成为他第四位夫人的安娥，其爱情观也与此基本吻合。她认为，相爱的男女之间应该重视爱情而忽视形式。女人为什么非看重结婚这个形式？假如男女的结合是基于爱情的话，同居也好，结婚也罢，有什么关系呢？用结婚做爱情的保障几乎是不可能的。[③] 从田、安两人的言论看，他们重视爱情的内容超过了形式，特别是从安娥一生坎坷的情感经历看也确实如此。对于田汉而言，他所钟情的情人制成了其在众多女性间周旋的伦理价值支撑。

张竞生的著作《美的人生观》和《美的社会组织法》是1920年代上海的畅销书，[④] 其倡导的“情人制”自然也会被时人所了解，但了解和观念的接受完全是两回事。在1920年代的中国，即使倡导一夫一妻制的爱情婚姻观尚且只能在知识群体的少部分人中践行，此种破坏婚制的奇谈怪论更难以在社会立足。维护传统礼教者自不必说，即使爱情婚姻观的赞成者对此也嗤之以鼻。许广平在信中就曾以张氏的“情人制”揶揄鲁迅，表示他可以如赏花般去审视其他女性。鲁迅随后在致许广平的信中说：“至于张先生的伟论，我也很佩服，我若作文，也许这样说的。但事实怕很难，我若有公之于众的东西，那是自己所不要的，否则不愿意。以己之心，度人之心，知道私有之念之消除，大约当在二十五世纪。”[⑤] 鲁迅的意思很明显，张竞生的“公有”理念太过于理想化，严重脱离现实。著名思想史家蔡尚思，在其1931年出版的《伦理革命》中对此也提出批评。他认为，张竞生“就是替被压迫到几千年的女子鸣不平，出而主张女性中心社会一类，吾人也极表同情。不过由社会眼光、历史眼光来观察，可以说：他这些主张，多是做梦，而且非真

---

① ［英］罗素著，靳建国译：《婚姻革命》，东方出版社，1988年，第93页。

② 刘大伟、刘岸：《聂耳》第2卷，文化艺术出版社，2012年，第229页。

③ 《漫议安娥性别意识》，盛英编著：《女性·女神·女性文学》，南开大学出版社，2012年，第353页。

④ 姚一鸣：《中国旧书局》，金城出版社，2014年，第219页。

⑤ 鲁迅：《两地书》，《鲁迅全集》第11卷，人民文学出版社，2005年，第166—167页。

理”。[①] 还有些年轻人面对近代中国亟待解决的诸多社会问题，对张竞生的理念不理解、不认同。1927 年，时年 20 岁的金仲华大学毕业后进入美的书店做编辑，他对书店以性育为主要业务的做法非常不理解。为此，他说：“张先生，我不明白，现在中国正需要大力变革社会，提高女权，解放妇女，推翻封建余孽，可你为什么要写书鼓吹性解放和‘外婚制’呢?”[②] 张竞生虽然百般解释，但金仲华对此并不能认同，借故离开了书店。

理念过于超前和浪漫化，势必要与社会生活脱节。五四时期的民国社会礼教氛围浓厚，伦理新理念主要限于婚姻自由，取消家庭在新旧知识界中认同度都不高。再者，“情人制”构想与人的占有欲相冲突。爱情属于个人的内在情感，具有明显的排它性，这一点包括张竞生亦不能免俗。当褚松雪弃他而去时，张竞生也忍不住在《新文化》上恶语相向，周作人对此讥讽说：“张先生在攻击褚女士的告白中，四次提到‘情人’字样，倘若张先生是言行一致的，便不应这样说。在张先生所主张的‘情人制’中，这岂不是没有什么吗？而张先生以为犯了弥天大罪，屡说有情书可证，这岂不是临时又捧礼教为护符，把自己说过的话抛之九霄天外么？……爱之欲其生，恶之欲其死：这正是旧日男子的常态。我们只见其中满是旧礼教，不见一丝儿的‘新文化’。”[③] 张竞生用自己的行为消解了亲手构建的爱情变迁论和性话语神话，凸显了“情人制”理论构想与现实之间的巨大张力。

## 本章小结

在近代中国的现代转型中，婚姻变革被预设为民族国家构建的重要环节。不过，五四启蒙思想的多源性，决定了民族国家构建路径的多样性。无政府主义或受其影响的知识分子，抛弃了“家庭是社会基本组织”的既定认

① 蔡尚思：《伦理革命》，《蔡尚思全集》第 8 册，上海古籍出版社，2005 年，第 100 页。

② 白槐：《金仲华传》，文汇出版社，2014 年，第 24 页。

③ 《关于〈新文化〉上的广告》，1927 年 3 月 25 日，钟叔河编：《周作人散文全集》第 5 卷，广西师范大学出版社，2009 年，第 94 页。

识，试图从“废婚破家”入手重置个人与家庭、国家与天下的关系，从根本上铲除私有制的根源，从而达到推翻强权，实现男女平等，构建大同理想社会的目的。张竞生以浪漫主义美学理念为指导，构建了以“情人制”为特征的浪漫两性关系，以此作为“情人政治”的伦理基础，进而重构国家制度的运作机制，达致一个富强、平等、有序的理想社会，文明的重塑是其根本价值指向。从国家机制的构建看，张竞生的理想介于构建新国家与无政府之间，是一个融国家、社会于一体的新政治组织。无论是废婚的无政府主张，抑或是情人政治，其思想来源虽都有明确的欧洲血统，而承接的却是传统天下观的思想基础。废婚的理念阐发带有强烈的主观性，无论当时还是后世都受到空想的质疑和批判，实际上他们的思考逻辑是立足于现实，着眼于未来的。[①] 在女性经济日益独立、主体意识日益增强的当代社会，不婚已经成为不少青年人的生活选择，这表明他们的设想具有一定的前瞻性。

在知识界启蒙话语的构建中，无论是结婚、废婚抑或是“情人制”，都体现了浓厚的男权主义色彩，为女性所构建的角色基本都是要其发挥“性”的优势，参与民族国家或社会组织的建构。从“国民之母”到“妇女主义”，都是这一状况的反映，而张竞生构建的女性中心主义体现得更为强烈。作为具有主体意识的女性，她们对于自己以何种身份获得社会认同有自己的考量，故而偏离了知识界的角色规训，决心以独身姿态实现女性的主体价值。她们的生活选择，引起了启蒙知识界的关注和焦虑。独身女性与启蒙知识界关于女性角色的博弈，表明双方在女性主体价值实现认知上的性别张力。

独身、废婚和“情人制”是近代中国社会转型的产物，反映的是个体对于社会角色的选择或者民族国家出路的多样性思考。在多样化的思考或选择中，其共通之处在于他们都试图阐释个人与社会的关系。从这个意义上看，它们与重塑婚姻以实现社会改造的阐释路径具有同质的意义。这充分表明，无论是结婚、废婚还是独身，支撑其选择的个人主义伦理并不具备终极价值属性，其意含介于个人与社会之间，这是西方思想源流在本土语境中自我调适的结果，也只有在调适中才有可能为中西文化的融合开辟空间。

---

① 《废除婚制讨论中的感想》，《觉悟》1920年5月21日。

# 结　语

20 世纪初的 20 多年间是近代中国社会思想变动最为剧烈的时期，它不仅影响了近代中国历史的发展走向，甚至开拓了 20 世纪中国社会变迁的新方向，在此背景下发生的婚姻变革正是时代变迁的缩影。从这个意义上讲，婚姻变革恰好可以成为透视 20 世纪初期中国社会的棱镜。因此，捋清婚姻变革与社会变迁的内在联系，深入剖析文化重建中婚姻所承载的历史使命，乃至思想观念与现实社会缘何出现巨大张力，有助于深刻理解中国当时的社会现状。而且，通过对近代中国人婚姻观念变革以及行为选择的阐释，能够揭示转型时期个体的主体特性和自我身份认同，把握启蒙知识界思维模式的文化特性，进而为深入理解中国人当下的思想、行为，以及探索中国人未来的精神进化路向提供参照。

## 一、20 世纪初期婚姻变革的特征

恩格斯在《家庭、私有制和国家的起源》中指出，生产力的发展是父权制建立、婚姻家庭形式变革乃至阶级国家出现的根本动因，[①] 这一认识符合人类社会发展的基本规律。母权制到父权制的更替意味着性别权力的转移，从而影响了婚姻、家庭组建的规范和形式。西周时期的封建宗法血缘制塑造了传统婚姻的基本规范，深刻影响了中国人的生活，并在生命机理和灵魂深处打上了印记。

清末以来，启蒙知识界基于应对外部挑战的需要，逐步萌生了伦理革命的观念。五四时期深受唯物史观影响的李大钊，在回顾近代伦理变动与社会变迁之关系时指出，“有了那种物质的要求，才有那种精神的道德的要求”。[②] 这里的“物质”并不是指纯粹的生产力，而是以生产力发展为核心的社会变迁。事实确实如此，清末以来的伦理革命与强国的梦想紧密联系在一起，“吾国讲求外事数十年，言艺而窳，言兵而败；明者则求其所以然之故于学政。顾政与学所设所施，不能无骇于其异于我者也，明者则又求其所以然之故于伦理”。[③] 由此可见，伦理变革是近代知识界深入学习西方，实现近代强国梦想的新选择、新路径。伦理变动必然会引发婚姻规范的革新，这是近代婚姻变革的内在逻辑与动力。因此，从这个意义上讲，近代婚姻的嬗变并非完全是生产力变革的结果，更是解决民族危机的应激性产物。

从唯物论的角度看，婚姻习俗作为社会文化的重要组成部分，是相应社会形态以及社会生产方式的产物。传统婚姻习俗以家族主义为伦理基础，它是农业文明的产物；而五四时期形成的婚姻自由理念以个人主义为伦理基础，它是资本主义工商社会的产物。从包办婚姻向自由婚姻的转变，是近代中国由农业社会向工商社会转型的精神表征。不过，在近代中国社会的经济结构中，资本主义要素始终不是占主体地位的生产方式。1920年，新式生产在工农业总产值中仅占6.21%，到1936年也不过占13.04%。人民生产生活所需的全部农产品和67.54%的工业品都依靠传统产业来提供。[④] 换言之，

① ［德］恩格斯：《家庭、私有制和国家的起源》，《马克思恩格斯选集》第4卷，人民出版社，1995年，第1版序言，第2页。

② 《物质变动与道德变动》，1919年12月1日，《李大钊全集》第3卷，人民出版社，2006年，第116页。

③ 张鹤龄：《京师大学堂伦理学讲义》，中研院历史语言研究所藏，光绪二十八年排印本，第1页。

④ 许涤新、吴承明主编：《中国资本主义发展史》（第三卷·下），人民出版社，2005年，第756页。

近代经济发展的不平衡，表明社会并未为婚姻自由理念的践行奠定扎实的物质基础。观念先行与经济发展的错位，影响了婚姻自由理念践行的深度和广度，形成了独具特色的婚姻变革特征：

第一，婚姻变革地域主要集中在大都市，又以青年知识群体为实践主体。

近代中国的现代化转型极不平衡，其特征之一就是形成了二元格局的经济结构，其中既有近代产业部门，又有传统产业部门，而后者多集中在内陆农村，前者多集中在口岸城市且与世界资本主义体系紧密相连。[①] 资本主义经济的发展推动了近代大城市的兴盛与繁荣，城市日益成为新文化资源的创造与传播中心。城市中心地位的形成，使多数寻求新知识的读书人不得不向城市靠拢，汇聚于城市。因此，知识阶层改变了耕读传家的生活模式，逐渐疏离了农村，增强了对城市的认同，呈现城市化特征。[②]

新的生产方式产生了新的劳动方式，促进了职业的分化，增加了现代职业者日益频繁的合作。经过彼此间不断的碰撞、摩擦、整合，产生了新的价值观、文化观和生活观。“前资本主义的职业造就了传统人，现代人则因现代职业而不断丰富和完善自己的现代人格和现代属性。”[③] 城市知识分子在现代职业的催化下，逐步酝酿出个人主义观念。近代知识分子承袭了传统士人传承、创新思想文化的传统，面对国家的沉沦主动承担起文化重建的历史使命，以婚姻变革为特征的伦理革命就是其切入点。女性解放是婚姻变革的前提，为此他们利用现代技术条件，创办各种启蒙刊物，如清末的《女学报》《新民丛报》《江苏》《浙江潮》等，五四时期的《新青年》《妇女杂志》《觉悟》《妇女周报》等。以此为文化传播平台，他们积极宣传婚姻自由理念，激发女性的主体意识，承担起构建民族国家的重任。总之，知识分子在城市的聚集，使之成为婚姻变革的主要发生场域。

---

① 龚会莲：《变迁中的民国工业（1912—1936：一种制度分析的视角）》，陕西人民出版社，2009 年，第 32—34 页。

② 何一民：《近代中国城市发展与社会变迁》，科学出版社，2004 年，第 361—364 页。

③ 忻平：《从上海发现历史：现代化进程中的上海人及其社会生活（1927—1937）》，上海人民出版社，1996 年，第 62 页。

婚姻自由理念在城市空间的传播，得到了知识阶层尤其是青年学生的热烈回应。清末科举制度的废除，推动了近代新式学堂教育的跃进发展。至1909 年，全国公立、私立学校共 38047 所，学生总数达 1638884 人。[①] 民国之后，学堂教育发展突飞猛进。截止到 1936 年，民国时期专科以上的毕业生达 210827 人，中学毕业生则达 400 万人以上。[②] 中等教育以上的学校大都集中在县城之上的城市，高等教育尤其如此，如在 1936 年，全国专科以上的学校共 108 所，其中上海 25 所，北平 14 所，广州 7 所，南京 6 所，仅这四个城市的高等院校就几乎占全国总数的二分之一。[③] 新学堂不仅是传播西学新知的重要场所，还为塑造基于现代学校体制的代际共同体提供了可能，从而成为青年学生接受知识与形塑价值观念，以及情感体验的重要场所。因此，他们不仅很快接受而且积极实践婚姻自由理念。1921 年，教育家陈鹤琴面向全国的婚姻调查中，应征者多半是青年学生，即是此种状况的反映。

第二，青年知识群体的婚姻观念呈现新旧杂糅的态势。

20 世纪初期的 20 多年间，中国社会处于新旧交替的过渡时代，思想变动剧烈，涉及“中西新旧”四个文化次元的融会贯通问题。文化的融汇与重塑是个长期的动态过程，而中西、新旧是异质文化的融合，在过渡时期难免出现阻滞现象，呈现新旧杂糅的态势，这不可避免地会影响到青年人婚姻自由观的样态。

五四新文化运动以欧洲启蒙为蓝本，以个人主义替代家族主义，但在废除礼教伦理和解放自然人性的同时，依然面临着市民伦理欲望与儒家德性的难题，深受传统观念影响的知识分子游移“在市民伦理与君子理想之间”。[④] 自由知识分子胡适早年留美时曾声称，“吾于家庭之事，则从东方人；于社会国家政治之见解，则从西方人”。[⑤] 因此，他在公开场合鼓吹个性主义，倡言妇女解放，而个人仍遵从“父母之命，媒妁之言”，迎娶了小脚太太江冬

① 桑兵：《清末兴学热潮与社会变迁》，《历史研究》1989 年第 6 期。
② 张瑞德：《社会阶层与流动》，《中华民国史社会志》（上），台北“国史馆”，1998 年，第 389—390 页。
③ 教育部教育年鉴编委会编：《第二次中国教育年鉴》，商务印书馆，1948 年。
④ 高力克：《五四的思想世界》，东方出版社，2019 年，第 95 页。
⑤ 曹伯言整理：《胡适日记全编》第 1 卷，安徽教育出版社，2001 年，第 516 页。

秀。胡适去世后，蒋介石在其挽联中写道："新文化中旧道德的楷模，旧伦理中新思想的师表。"这恰是对胡适生平思想观念最好的概括。

作为新文化运动的旗手，胡适的思想观念尚游移在"新思想旧道德"之间，而作为被启蒙的普通知识青年，其思想亦可见一斑。章锡琛在批评当时的"新女性"时说："她们会剪发，会穿旗袍，会着长筒丝袜和高跟皮鞋，她们也会谈女子解放，男女平权，乃至最时髦的国民革命。然而你如果一考察她们的道德观念，她们却依旧崇拜孝亲敬长之风，勤俭贞淑之德，夫唱妇随之乐。在旧式小姐的身上，穿上一套新式的衣服，这正是现代的所谓'新女子'!"女性的精神风貌是映射男性思想状况的一面镜子。她们之所以如此完全是男性塑造的结果，"他们一方面需要新思想的女子作自己的装饰，一方更需要旧道德的女子供自己的实用"。[①] 这一总结可谓深中肯綮，在瑟庐"我之理想配偶"的调研中完全可以验证这一结论。参与调研的知识男性既要求自己的配偶具有一定新思想，同时又要求她们做好贤妻良母，承担相夫教子的传统职责；女性既勇于追求婚姻自主，渴望浪漫爱情，潜意识中又希望得到男性的庇护。有论者评论说，"女性被'现代化'武装一番无非是为了更理所当然地为男权中心社会所接纳，更好地为男人服务，从而也积累了更好地为男人所观赏和把玩的资本"。[②] 这一论断虽有以偏概全之嫌，但切中了大部分所谓"新女性"的心理。女性的问题显然并不仅仅是其自身的问题，而是社会性别塑造的结果，实际上是两性精神风貌的共同反映。

第三，婚姻自由理念践行中呈现出两性合流与分流的特点。

性别不仅具有生理特征，它还是一个与权力相关的价值体系。从这个角度看，传统社会的夫妻双方就是对立统一的矛盾结合体。从其统一性看，"男耕女织"的经济合作模式共同支撑着家庭，构成了社会最基本的生产、生活单位，并一起接受家长的管理；从其对立性看，"男尊女卑"的两性伦理又造成了两性关系的内在价值紧张。因此，传统社会的性别关系表现出"合"与"分"的双重特征。

---

① 章锡琛：《新思想旧道德的女子》，《新女性》1928年第3卷第6期。

② 刘慧英：《遭遇解放：1890—1930年代的中国女性》，中央编译出版社，2005年，第242页。

在近代社会的转型过程中，重塑的两性伦理依旧表现出“合”与“分”的双重特征。从父子代际权力的转移看，作为子辈的男性试图与女性联手推翻代表专制主义的家族制度，从而实现了双方的“合流”。如前所述，近代启蒙知识界在中西伦理文化的比较中发现，中国女性不仅是国际竞争的旁观者，还是国家发展的绊脚石。要改变这一现状，就必须改变旧有的伦理关系，因此启蒙知识界以男女平权相号召，鼓吹女性解放，其目的在于动员其参与民族国家的建构。建立新政权就必须打碎专制的旧政权，在家国同构的模式下铲除家族制度就等于挖掉了专制主义的根基。[①] 因此，在批判、反抗家族主义，实现婚姻自由的过程中，两性联手合作实现了“合流”，使婚姻变革具有了男性与女性双重解放的特征。[②]

从男权与女权的争斗看，双方又具有“分流”的特点。近代启蒙者在号召让渡男性权力实现男女平权时，要求女性要发展自身能力，并承担相应的义务。[③] 因此，权力的让渡并不是无条件的，它以女性发展自身能力为前提，以与男性共担义务为目的。例如，启蒙知识界普遍希望女性要具有自立能力，而这要以经济独立为基础。然而，近代中国社会的发展并未给女性的自立提供广阔的空间。现代女子教育的兴起为社会培养了一批职业女性，如女编辑、女记者、女教师、女护士、女店员等，但从整体的社会环境看，女性就业岗位稀缺，就业仍受到排斥，贤妻良母仍是多数男性对女性角色的最大心理预期，这固然要归咎于传统习惯的因袭，也与启蒙知识界对女子主体性的建构不足有关，在一定程度上束缚了觉悟女性的手脚。觉悟社成员张嗣婧虽有反抗北洋政府的勇气，最终却被虐杀于旧家庭之中，即是这一状况的反映。

女性自立能力的普遍缺失，削弱了其婚姻自由理念的践行能力。例如，她们在逃婚过程中，就因经济的困扰而进退失据、狼狈不堪，前文中提到的江西籍万朴女士的遭遇就是最好的证明。在离婚问题上，其自由的实现本是

---

① 吴虞：《家族制度为专制主义之根据论》，《新青年》1916年第2卷第6号。

② 梁景和、廖熹晨：《女性与男性的双重解放——论清末民初婚姻文化的变革》，《史学月刊》2012年第4期。

③ 《男女之心的革命》，《妇女杂志》1924年第10卷第10号。

解放女性的手段，但提出离婚者却多为男性，究其原因在于女性自立能力差，缺乏提出离婚的底气，甚至助长了男性弃妻的气焰。这都与启蒙知识界的初衷相违背，确是过渡时代性别差异的真实境况。

第四，婚姻自由理念中个人价值认知的歧义与纷争。

近代中国婚姻变革与伦理革命的关系密切，前者的实现以伦理革命为基础，后者则以婚姻变革为塑造、推进手段。在伦理观念从清末的家族主义转向国家主义，再转向五四时期的个人主义的同时，婚姻理念也从包办转向自主，至五四时期则形成了完整的婚姻自由观。它以个人主义为基础，以恋爱为核心，并且打通了恋爱与贞操的界限，实现了二者的同质性构建，为一夫一妻制确立了伦理基础。

婚姻自由观虽以个人主义伦理为基础，以追求个人幸福的实现为目的，但在其背后国家依然或明或暗的在场。换言之，个人的幸福仍不具有终极意义，谋求大众的幸福乃至国家的新生依然是五四知识分子的价值追求。启蒙知识分子信奉“个人造国家”① 的新理念，组建新家庭、塑造新青年是实现这一目的的重要手段。因此，以恋爱贞操观为指导，组建和谐、稳固的一夫一妻制家庭，构建积极向上、充满生机活力的社会秩序进而推动国家的现代转型，是启蒙知识界鼓吹婚姻自由的深层目的。

在西方具有绝对价值的个人主义伦理，在中国则演变为具有相对价值的伦理原则，它被置放在个人与国家或社会之间，实现了“西学东化”。这一现象不仅表现在婚姻自由观中，就是在貌似激进的无政府主义的废婚或者张竞生的“情人制”中，其个人主义仍不具有终极价值，同样是构建理想大同社会的手段而已。如同在传统一体化结构中个人不具备独立价值相似，在启蒙知识界构建的意识形态与政治社会结合的新一体化结构中，个人仍不具备西方社会那样的终极价值。

然而，以章锡琛、周建人为代表的少数启蒙知识分子，在个人主义伦理的实践中则走得更远，他们把个人幸福的实现看作最高的价值原则。因此，他们的恋爱自由理念在一定程度上超越了作为启蒙知识界共识的恋爱贞操

① 瑟庐：《家庭革命新论》，《妇女杂志》1923 年第 9 卷第 9 号。

论，故而主张“如果经过两配者的许可，有了一种带着一夫二妻或二夫一妻性质的不贞操形式，只要不损害于社会及其他个人，也不能视为不道德”。[①]其后在柯伦泰女士的“新恋爱道”的讨论中，又倾向于“恋爱私事论”的观点，认为性道德可以与职业生活、公共生活及其道德脱离而单独存在。诚如前文所言，二人在性道德上有扩容的考量，而正是如此使其伦理观念更趋近于原子化的个人。章、周二人的宏论遭到启蒙同仁陈大齐的抨击，认为这是在为“一夫多妻”张目，从而引发了双方的论战。论战规模虽然并不大，却表明章、周二人在恋爱观念上走得过远，已经引起了其他启蒙者的不安，其根源恰恰在于伦理价值的个人本位和社会本位之争。启蒙知识界关于个人伦理价值认知的分歧，在一定程度上引起了婚姻自由观内涵理解的纷乱，五四时期婚姻自由实践中的乱象与此不无关联。

## 二、婚姻变革与秩序重塑的关联

婚姻观念是伦理文化的重要内容，其革新是社会文化转型的结果。在近代中西角逐过程中，西方国家以强力证明了自身文明的优越性，从而引发了国内文化权势的转移，传统文化的形象整体转向负面，而西方文明则有了不证自明的正当性与合理性。西方的进化论由于和目的论的历史观和宇宙观紧密相连，赋予了知识界推动历史、创造未来的世俗正当性，从而为民族崛起提供了合理预期，因而成为晚清以来中国知识界和思想文化领域最强有力的精神符号之一。[②]受进化论的影响，借用西方文明批判传统文化，就成为五四前后启蒙知识界推动文化转型的套路。正是在这样的文化背景下，传统婚姻习俗受到了全面清算。启蒙知识界为了推动婚姻变革以实现女性的解放，构建了“困顿——解放”话语体系，他们以传统与现代二元截然对立的姿态重塑婚姻伦理。

近代中国社会转型的特殊性，在于它和启蒙救亡的时代主题紧密相连。因此，由社会转型引发的婚姻变革，必然和救亡的时代需求密切关联。近代

① 章锡琛：《新性道德是什么》，《妇女杂志》1925 年第 11 卷第 1 号。
② 王中江：《进化主义在中国的兴起：一个新的全能式世界观》，中国人民大学出版社，2010 年。

中国社会的动荡与变迁，引发了知识界思想文化的更新和价值体系的重建。从救亡的根本目的出发，清末知识界开始思考个人、家庭与国家之间的关系，试图打破传统中国人修身、齐家、治国、平天下的层级，把个人从家国体系中剥离出来，使“子民”转变为“国民”，最终达到为国家服务的目的。他们认为，国民的塑造始于家庭，这就需要打破旧家庭、创建新家庭，女性也需要承担不同以往的责任，因而塑造了“国民之母”的新女性形象，进而促进了清末民初的婚姻变革。民初宪政的失败，促使启蒙知识分子重新思考个人、家庭与国家之间的关系。他们试图把个人从国家主义框架中释放出来，成为具有独立人格的个体，进而编织个人塑造家庭、国家的关系链，使个人成为这个关系的主体。这一变化赋予了婚姻新使命，从而为婚姻变革提供了新的思想支撑。个人主义中浓厚的乐利主义背景，强化了恋爱婚姻观的道德合理性。总之，为改造国民性以推动个人解放，实现从人格依附的臣民文化向人格独立的公民文化转型是近代中国启蒙的主要课题，从而为该时期的婚姻变革提供了强劲的思想支撑。

诚如上文所言，婚姻变革是近代伦理革命的产物，而伦理革命又为共和制度的塑造提供价值支援。启蒙知识界传统与现代二元对立的思想态势，虽在一定程度上反映出思想的偏激，但伦理革命实际上抓住了中国传统文化的根本特征。在世界文明体系中，中华文化是与西方宗教型文化相比肩的伦理型文化，这是传统文化中最为长久、深固的特征。孟子有言，“天下之本在国，国之本在家，家之本在身”，其表述的不仅是个人、家庭、国家三者之间的层级关系，它还表明在古代中国人的思维模式中，是以家的内在结构和外延象征来建构自身在社会和国家的位置。从这个意义上看，传统社会伦理始于并基于家庭伦理，它们一起构成了农业社会伦理关系和伦理秩序的形态，构成了传统文化的特征。

在传统思维模式中，家庭伦理的源头在于夫妇之伦。《周易·序卦》中指出：“有天地然后有万物，有万物然后有男女，有男女然后有夫妇，有夫妇然后有父子，有父子然后有君臣，有君臣然后有上下，有上下然后礼仪有所错。”[①] 这番

---

① （清）李道平撰，潘雨廷点校：《周易集解纂疏》，中华书局，1994 年，第 313 页。

论述不仅清晰地阐释了传统社会伦理产生的渊源和其中的逻辑关系，而且从天道自然发展的视角，肯定了传统伦理内在的演变机理及其结构、秩序的合理性。在上述阐释结构中，男女性别是天地自然孕育之结果，夫妇之伦也就是天道所确定的伦理秩序在人间的映射和起点。从夫妇之伦到君臣之礼，伦理秩序融入了日常与政治生活，使儒家伦理在宗法家族、乡绅自治、国家官僚机构三个层次得到认同，从而形成了宗法一体化结构，即意识形态与政治社会的一体化，这是中国传统社会的结构特征。

社会乃至文化结构的变动是中国近代社会转型考量的重要内容，它关系到现代民主政治框架是否有牢固的社会根基。金观涛、刘青峰指出："在西方工业文明冲击下中国传统社会不得不开放，传统一体化结构再也不能保持不变了，但系统却呈现出一种新的行为模式：它用意识形态更替来建立新的一体化结构以适应工业文明冲击下的新环境。这种行为模式使得意识形态与政治结构一体化的组织方式继续保持下来，呈现出中国社会深层结构巨大的历史惯性。"① 这种深层的社会文化结构为什么会被保留下来呢？他们通过深入分析发现，清末以来中国思想界利用权利、民主、科学、公理、社会等西方政治术语建构意识形态模式时，"中国文化并没有改变自己正当性论证的推理结构"。② 推理结构的延续，意味着近代中国人在利用传统思维模式，分析解决20世纪中国所面临的时代课题，这必然使意识形态与政治结构的一体化特征被完整保留下来，并成为文化重建中的关键组织环节。

推理结构是思维方式的体现。所谓思维方式，是指"主体与客体在相互作用中首先形成主体的动作结构，然后这动作结构内化为头脑中的思维图式"。③ 它的形成与民族所处的自然地理环境、政治、经济和文化结构有密切关系，且一旦形成便积淀为深沉的文化意识，具有稳定性，并内化为反映民族文化的重要表征。中国传统思维在演化进程中，形成了整体性、直觉性等诸多特性。例如，直觉性"注重超越世界与现实世界的合一，注重以人为中

① 金观涛、刘青峰：《开放中的变迁——再论中国社会超稳定结构》，香港中文大学出版社，1993年，第45页。

② 金观涛、刘青峰：《观念史研究：中国现代重要政治术语的形成》，法律出版社，2009年，第69页。

③ 刘奎林、杨春鼎编：《思维科学导论》，工人出版社，1989年，第215页。

心的万物融通”。[①] 思维中“互渗律”意识充满了对宇宙万物人文性的玄想，推动了“天人合一”的有机体宇宙观、认识论以及道德本体论的形成。上述特性的延续和保留，不可避免地影响近代中国知识分子的思维方式。

了解了传统社会的独特社会以及文化结构便不难明白，清末以来启蒙知识界“借思想文化解决问题”的方法，实际上是中国传统一体化结构的产物。从《易经》所阐发的夫妇伦理与政治纲常之间的关系，可以看到传统思维的逻辑立基于“道德本体论”之上，即社会政治的发展与其背后的文化、伦理有渊源一体的重要关联，文化、伦理与政治构成了一个有机整体。因此，伦理变革就被视为政治秩序重塑的必然选择，这是塑造国本的内在要求。于是，当启蒙知识界认为民初宪政的失败在于僵化保守的文化传统时，文化的批判与重建必然要引发伦理革命。

美国学者爱德华·希尔斯认为，作为传统延续下来的规则，是那些最成功地适应了环境变化的有效益的规则。[②] 传统的稳定性决定了现代变迁的路径和限度。清末以来知识界激烈的反传统，如对家族主义的批判等，在进化论的影响之外，它还是一体化结构中意识形态更替的关键环节和特定方式。具言之，清末以来启蒙知识界对个人与家庭、国家关系思考的伦理革命，就是意识形态更替的具象表达，而夫妇之伦的婚姻变革又成为其逻辑链条的起点。以婚姻变革为表征的伦理革命，是启蒙知识界重构新一体化结构的开端，目的在于以内部的调整来对抗外来的挑战，进而推动传统的现代转型。

## 三、个体的价值认同与精神进化

20 世纪初期中国婚姻观念的变迁，经历了从包办到自主，复至自由的过程，并在五四时期形成了完整的婚姻自由观。自由观念的深化，使启蒙知识界在国家未来的构建中有了不同的路径选择：多数人选择恋爱婚姻观，试图以恋爱作为组建家庭的新伦理，以培育符合时代与国家需要的新青年；有少数人试图废婚毁家，或以情人制替代家庭，构建一种个人联合体的新国家。

---

① 周春生：《直觉与东西方文化》，上海人民出版社，2001 年，第 54 页。

② ［美］希尔斯著，傅铿等译：《论传统》，上海人民出版社，1991 年，第 273—274 页。

路径选择的差异固然表明了五四时期启蒙思想来源的多样性与复杂性，但其共通之处在于他们都在思考如何重置个人、家庭、国家或社会之间的关系，其中内置的核心问题是个体的身份、价值认同以及精神的进化。

马克思指出，人是一切社会关系的总和，这是理论界目前对于人类本质最深邃的概括。这一论断意在强调人的社会属性，表明人的价值和身份认同只有回归社会网络才能得到充分体现。传统社会以家族为本位，个人的价值归属在于家庭，并以家的内在结构和外延象征来建构自身的位置，个体并不具备独立的价值。个体意识是现代价值理念和文明秩序的基础，而作为传统中国主流意识形态的儒家文化中的威权主义政治伦理、家族主义宗法伦理和重农抑商的经济伦理都使自由独立的个体缺失，成为近代中国社会转型的根本精神障碍。为此，把个人从家庭中剥离出来，由依附于家庭的人变为精神独立的个体是启蒙知识界着力解决的中心问题，象征着中国思想界个人意识的觉醒。

马克思将社会形态的演进即人的解放进程，概括为从“人的依赖关系”到“以物的依赖性为基础的人的独立性”，复至“自由个性”的辩证历史过程。[①] 虽然他的意图在于阐述从封建主义到资本主义，最后达致共产主义的社会演变规律，但清晰地表达了这样一个事实，即构建在资本主义工商社会基础之上的个性解放和主体自由，是人的解放的必由之路。以个性解放为基本诉求的启蒙精神和以人的解放为终极目标的共产主义，代表了人类文明两个辩证否定的历史阶梯，但它们其实都是启蒙精神的产物，正是在这个意义上它们实现了合流，共同推动了五四个性解放时代的来临。

中国近代资本主义工商业的发展和商业化都市的形成，为个性解放和主体自由的追求提供了物质基础。五四新文化运动的个人主义思潮，代表着“人”的觉醒，它以个性伸张和自我实现为价值目标，这在五四时人看来恰是构建现代民族国家的根基。从普遍意义看，文化是个人的归属。近代民族国家构建的过程，即是新文化的创造过程；而观念的传播与接受的过程，则是向现代性聚拢的身份转化和认同的过程。民族国家的构建需要具有现代性

---

① ［德］马克思：《经济学手稿》，《马克思恩格斯全集》第46卷（上），人民出版社，1995年，第104页。

身份的“新民”的出现，因此启蒙思想的传播、接受史就是“新民”的塑造史。思想的传播者既启蒙他者又自我启蒙，他们与接受者共同进行着传统身份的蜕变和新身份的塑造，以此在重构的一体化结构中寻找到自己的位置和精神归属，最终实现自我价值的认同。正如许纪霖所说，“自我”与“民族国家”是“相互形塑、彼此镶嵌的积极的互动性元素”，[1] 这也同时可以验证查尔斯·泰勒的观点：“本真性的自我只有在一定的社会与文化的架构之中，才能获得自我的理解与认同，而与别的自我进行交往与对话又是自我认同过程中不可缺少的。”[2]

美国学者孔飞力认为，“现代性”有着多种形式的存在，也有着各种替代性的选择，不同的国家可以通过不同的方向走向现代化。[3] 也就是说，“现代性”并非是一个“中性”的概念，其实现路径和形式的选择与本国的文化传统有密切关系，这决定了“现代性”的多样性。“现代性”的方向与“人”是互塑的，“现代性”的客观要求激发了启蒙知识者的现代意识，而他们所秉持的文化传统又形塑了“现代性”的形式、特点和精神气质。因此，对于“人”的阐释，就是剖析“现代性”特征的好切口。

从西方现代化的历史经验看，个人主义是现代性的核心。不过，这种源发性的西方个人主义在五四时期只是昙花一现，它在中国的跨文化传播中与本土文化传统产生了互动，即“西学东渐”产生了一个文化选择和文化融合的“西学东化”过程。传统儒家理念中的群体主义与个人主义相融合，构成了“群己平衡个人观”的思想范式，既彰显了现代性的个体价值，又保留了传统文化重群的价值传统，这是中西文化传统互动的产物，体现了中与西、现代与传统的交融。坚持“群己平衡”的个人主义，是“一种有限的个人主义”，[4] 它为个体与群体的价值都预留了空间。总之，伦理革命的向度围绕着救亡的时代主题不断调适和变焦，最终实现了在地化。由此就会发现一个有

---

① 许纪霖：《家国天下：现代中国的个人、国家与世界认同》，上海人民出版社，2017 年，第 16 页。

② ［加］泰勒著，程炼译：《现代性之隐忧》，中央编译出版社，2001 年，第 54 页。

③ ［美］孔飞力著，陈兼等译：《中国现代国家的起源》，生活·读书·新知三联书店，2013 年，《译者导言》第 7 页。

④ 高力克：《五四的思想世界》，东方出版社，2019 年，第 43 页。

趣的现象，清末以来尤其是五四知识分子，以传统与现代势不两立的文化态度，形塑的却是二者调和的文化路线，这在婚姻新文化中有鲜明的体现。

显而易见，这种有限的个人主义并非西方源发性的，而是融入了传统一体化结构，呈现中国文化特征的伦理观念。从这个意义上看，近代中国的社会面貌虽然发生了重大变化，但稳定的传统文化结构却是新文化的内核，这表明文化意义上的中国从来就是中国自身。只有明晰了近代伦理革命的限度，才能深入理解中国人何时代表自己，何时又会回归集体的行为选择。由此也就不难理解，为何追求多彩生活的当代中国人，在突发事件爆发时能够积极响应国家号召，主动回归集体或社会，合力应对社会公共危机。

总之，20世纪初20多年的伦理变动，主要表现在个人价值的阐释上，其目的在于不断激发个人的主体意识，培育“人”的个性，锻造个人能力，释放个人潜能，以获得世俗意义上的幸福与快乐，进而引导他们参与到救亡和民族国家构建的序列中来。其中涉及一个与中国相关的哲学命题，那就是先进的中国人在追寻什么样的自己，又力图构建一个何种形态的国家。睁眼看世界的中国人，从文化传统出发审视世界，又依据审视世界的镜像重塑自己和国家。塑造生发的原动力与文化传统、世界发展潮流以及在国际体系中的定位等因素密切相关。

历史是人类自身的历史。人作为历史发展的主体，其精神风貌是时代特征的集中反映，因此其精神进化史就是透视历史最光亮、透彻的镜子，只有通过它才能照耀历史的深处，指明更清晰的精神进化之路。“从历史中获取意义，获取人生在某个时刻具有的确定性和行动的立足点，这是试图了解历史的人所追求的。”① 从这个意义上讲，对于晚清至五四时期婚姻史的研究，不仅能剖析这个历史时期的社会变迁与思想变动，反映人的精神追索过程，而且能够通过这段历史反观今天，洞悉五四之后的百年中国如何发展而来。厘清这段历史，有助于把握当代中国以及中国人凝聚其身的基本特性，为探索未来中国的发展之路，提供新的参照物和立足点。

---

① ［英］柯林伍德著，何兆武等译：《历史的观念》，北京大学出版社，2010年，《序二》第4页。

# 参考文献

## 一、马列经典与专业理论

### (一) 马列经典

L

中共中央马克思恩格斯列宁斯大林著作编译局编译：《列宁选集》，人民出版社，1992年

M

中共中央马克思恩格斯列宁斯大林著作编译局编译：《马克思恩格斯选集》，人民出版社，1995年

### (二) 专业理论

D

[法] 波伏娃著，陶铁柱译：《第二性》，中国书籍出版社，1998年

F

陈顺馨、戴锦华编：《妇女、民族与女性主义》，中央编译出版社，2004年

李银河主编：《妇女：最漫长的革命——当代西方女权主义理论精选》，生活·读书·新知三联书店，1997年

H

[英] 罗素著，靳建国译：《婚姻革命》，东方出版社，1988年

J

[美] W·古德著，魏章玲译：《家庭》，社会科学文献出版社，1986年

L

[美] 希尔斯著，傅铿等译：《论传统》，上海人民出版社，2009年

Q

[保] 瓦西列夫著，赵永穆等译：《情爱论》，生活·读书·新知三联书店，1984年

X

[英] 霭理士著，潘光旦译注：《性心理学》，生活·读书·新知三联书店，

1987 年

Z

［日］滋贺秀三著，张建国等译：《中国家族法原理》，法律出版社，2003 年

费成康：《中国的家法族规》，上海社会科学院出版社，2002 年

梁景和：《中国社会文化史的理论与实践》，社会科学文献出版社，2010 年

## 二、传统文献及法律典籍

### （一）传统文献

B

《百子全书》，浙江人民出版社，1984 年

（清）陈立撰，吴则虞点校：《白虎通疏证》，中华书局，1994 年

D

（清）王聘珍撰，王文锦点校：《大戴礼记解诂》，中华书局，1983 年

L

（清）孙希旦撰，沈啸寰等点校：《礼记集解》，中华书局，1989 年

M

（清）焦循撰，沈文倬点校：《孟子正义》，中华书局，1987 年

S

（清）阮元校勘：《十三经注疏》，中华书局，1980 年

Y

周振甫译注：《诗经译注》，中华书局，2002 年

（汉）郑玄注，（唐）贾公彦疏，王辉点校：《仪礼注疏》，上海古籍出版社，2008 年

Z

（清）李道平撰，潘雨廷点校：《周易集解纂疏》，中华书局，1994 年

### （二）法律典籍

D

田涛、郑秦点校：《大清律例》，法律出版社，1999 年

杨立新点校：《大清民律草案　民国民律草案》，吉林人民出版社，2002年
吴建龠编：《大理院解释例汇编》，上海易堂书局，1924年
大理院编辑处编印：《大理院判例要旨汇览续编》，1924年
T
岳纯之点校：《唐律疏议》，上海古籍出版社，2013年
Z
施启扬编：《最高法院判例要旨：一九二七年至一九九四年》，台湾最高法院发行，1997年

## 三、年谱、传记、回忆录

C
蔡元培：《蔡元培自述》，中国言实出版社，2014年
王世儒编撰：《蔡元培先生年谱》，北京大学出版社，1998年
D
中央文献研究室第二编研部、周恩来思想生平研究会编：《邓颖超自述》，解放军出版社，2014年
J
夏仁虎：《旧京琐记》，北京古籍出版社，1986年
陶菊隐：《蒋百里传》，中华书局，1985年
L
丁文江、赵丰田编：《梁启超年谱长编》，上海人民出版社，2009年
万仕国编：《刘师培年谱》，广陵书社，2003年
N
谢冰莹：《女兵自传》，中国华侨出版社，1994年
Q
王铁仙、刘福勤：《瞿秋白》，江苏人民出版社，2015年
S
《1897—1987：商务印书馆九十年——我和商务印书馆》，商务印书馆，

1987 年

T

杨廷福编：《谭嗣同年谱》，人民出版社，1957 年

W

张声震：《往事如斯》，中共党史出版社，2014 年

中国社会科学院近代史所编：《五四运动回忆录》，中国社会科学出版社，1979 年

罗久芳：《我的父亲罗家伦》，商务印书馆，2013 年

［马］温梓川：《文人的另一面》，广西师范大学出版社，2004 年

曹聚仁：《我与我的世界》，上海三联书店，2014 年

董竹君：《我的一个世纪》，生活·读书·新知三联书店，1997 年

毛彦文：《往事》，商务印书馆，2012 年

吴学昭：《吴宓与陈寅恪》，清华大学出版社，1992 年

X

葛浩文：《萧红评传》，北方文艺出版社，1985 年

戴绪恭：《向警予传》，人民出版社，1981 年

徐铸成：《徐铸成回忆录》，生活·读书·新知三联书店，2010 年

Y

颜惠庆著，吴建雍等译：《颜惠庆自传：一位民国元老的历史记忆》，商务印书馆，2003 年

严修：《严修年谱》，齐鲁书社，1990 年

杨步伟：《一个女人的自传》，岳麓书社，1987 年

曹汝霖：《一生之回忆》，春秋杂志社，1966 年

叶笃庄：《叶笃庄回忆录》，陕西人民出版社，2014 年

Z

郑超麟：《郑超麟回忆录》，东方出版社，2004 年

谢德铣：《周建人评传》，重庆出版社，1991 年

陈福康：《郑振铎传》，上海外语教育出版社，1996 年

邹嘉骊编：《邹韬奋年谱》，上海文艺出版社，2005年

## 四、文集、文选、资料集

A

阿英：《阿英文集》，生活·读书·新知三联书店，1981年

C

陈植锷点校：《徂徕石先生文集》，中华书局，1984年

陈寅恪：《陈寅恪集》，生活·读书·新知三联书店，2001年

任建树等编：《陈独秀著作选》，上海人民出版社，1993年

蔡楚生：《蔡楚生文集》，中国广播电视出版社，2006年

高平叔编：《蔡元培全集》，中华书局，1984年

（清）龚炜：《巢林笔谈》，中华书局，1981年

D

田建业校：《杜亚泉著作两种》，新星出版社，2007年

E

（清）李颙：《二曲集》，中华书局，1996年

F

（清）沈复：《浮生六记》，人民文学出版社，1999年

朱采真编：《废妾号》，北京进步研究社，1935年

G

金满城：《鬼的谈话》，商务印书馆，1928年

郭沫若：《郭沫若全集》，人民出版社，1992年

H

（清）魏象枢：《寒松堂集》，陕西人民出版社，1992年

欧阳哲生编：《胡适文集》，北京大学出版社，1998年

J

任白涛编：《近代恋爱名论》，上海文艺出版社，1989年

陆费逵：《教育文存》，中华书局，1922年

徐铸成：《旧闻杂忆续篇》，四川人民出版社，1982年
李又宁编：《近代中华妇女自叙诗文选》，台北联经出版事业公司，1980年
李又宁、张玉法编：《近代中国女权运动史料》，龙文出版社股份有限公司，1974年
L
林语堂：《林语堂文集》，群言出版社，2010年
吕思勉：《吕思勉集》，花城出版社，2011年
鲁迅：《鲁迅全集》，人民文学出版社，2005年
李大钊：《李大钊全集》，人民出版社，2006年
郭真：《恋爱论ABC》，世界书局，1929年
梁实秋：《梁实秋散文》，人民文学出版社，2005年
李达：《李达文集》，人民出版社，1980年
柳亚子：《柳亚子文集》，上海人民出版社，1986年
M
张有德编：《马振华女士自杀记》，社会新闻社，1928年
《马振华哀史》，上海群友社，1928年
李文海主编：《民国时期社会调查丛编（婚姻家庭卷）》，福建教育出版社，2005年
毛泽东：《毛泽东早期文稿》，湖南出版社，1990年
P
潘乃穆编：《潘光旦文集》，北京大学出版社，1994年
Q
上海古籍出版社编印：《秋瑾集》，上海古籍出版社，1991年
（清）徐柯编撰：《清稗类钞》，中华书局，1984年
瞿秋白：《瞿秋白文集·政治理论编》，人民出版社，1987年
S
胡珠生编：《宋恕集》，中华书局，1993年
孙中山：《孙中山全集》，中华书局，1985年

冯友兰：《三松堂全集》，河南人民出版社，2001年
陈旭麓主编：《宋教仁集》，中华书局，1981年
傅学文编：《邵力子文集》，中华书局，1985年
T
蔡尚思、方行编：《谭嗣同全集》，中华书局，1981年
姜义华等编：《康有为全集》，中国人民大学出版社，2007年
湖南省社会科学哲学研究所编：《唐才常集》，中华书局，1980年
W
汪康年：《汪穰卿笔记》，中华书局，2007年
张允侯等编：《五四时期的社团》，生活·读书·新知三联书店，1979年
上海图书馆编：《汪康年师友书札》，上海古籍出版社，1986年
湖南省哲学社会科学研究所编：《五四时期湖南人民革命斗争史料选编》，湖南人民出版社，1979年
中华全国妇女联合会、妇女运动历史研究室编：《五四时期妇女问题文选》，中国妇女出版社，1981年
葛懋春编：《无政府主义思想资料选》，北京大学出版社，1984年
高军等主编：《无政府主义在中国》，湖南人民出版社，1984年
X
蒋梦麟：《西潮·新潮》，岳麓书社，2000年
张枬、王忍之编：《辛亥革命前十年间时论选集》，生活·读书·新知三联书店，1960年
Y
王栻主编：《严复集》，中华书局，1986年
刘晴波主编：《杨度集》，湖南人民出版社，2008年
林志钧编：《饮冰室合集》，中华书局，1989年
（清）俞樾撰，徐明霞点校：《右仙台馆笔记》，上海古籍出版社，1986年
（清）张履祥：《杨园先生全集》，中华书局，2002年
黄远庸：《远生遗著》，商务印书馆，1984年

Z
中国民主促进会中央宣传部编：《周建人文选》，中国文史出版社，1988年
江中孝编：《张竞生文集》，广州出版社，1998年
章太炎：《章太炎政论选集》，中华书局，1977年
汪林茂编：《浙江辛亥革命史料集》，浙江古籍出版社，2013年
王均熙编：《章士钊全集》，文汇出版社，2000年
夏东元编：《郑观应集》，上海人民出版社，1988年
车吉心等主编：《中华野史》（民国卷），泰山出版社，2000年
徐辉琪编：《中国妇女运动历史资料（1840—1918）》，中国妇女出版社，1991年
钟叔河编：《周作人散文全集》，广西师范大学出版社，2009年
梅生编：《中国妇女问题讨论集》，上海书店，1989年
郑逸梅：《郑逸梅选集》，黑龙江人民出版社，1991年
中国第二历史档案馆编：《中华民国史档案资料汇编》，江苏古籍出版社，1994年
钟叔河主编：《走向世界丛书》，岳麓书社，1985年
陈学恂主编：《中国近代教育史资料汇编》，上海教育出版社，2007年
刘宁元编：《中国女性史类编》，北京师范大学出版社，1999年
钟叔河编：《周作人文类编》，湖南文艺出版社，1998年

## 五、日记、书信

H
曹伯言整理：《胡适日记全编》，安徽教育出版社，2001年
耿云志编：《胡适遗稿及秘藏书信》，黄山书社，1994年
L
中华书局编辑部：《梁启超未刊书信手迹》，中华书局，1994年
W
吴学昭整理：《吴宓日记》，生活·读书·新知三联书店，1998年
（清）孙宝瑄：《忘山庐日记》，上海古籍出版社，1983年

Y

中央档案馆编:《恽代英日记》,中共中央党校出版社,1981 年

## 六、方志、调查报告

B

李家瑞:《北平风俗类征》,商务印书馆,1937 年

D

李景汉:《定县社会概况调查》,中国人民大学出版社,1986 年

S

金陵女子文理学院社会学系:《社会调查集刊》,金陵女子文理学院社会学系,1939 年

Z

胡朴安编:《中华全国风俗志》,河北人民出版社,1986 年

丁世良、赵放主编:《中国地方志民俗资料汇编》,书目文献出版社,1989 年

## 七、报纸、杂志

### (一)报纸

A

《安徽俗话报》

B

《北京画报》

C

《晨报》《萃新报》

D

《大公报》(天津、长沙)《第一晋话报》《道南报》

F

《妇女时报》《妇女周报》

G

《国民报》《广益丛报》

J

《觉悟》（《民国日报》副刊）《警钟日报》

L

《留美学生季报》《岭南女学新报》

M

《民国日报》《民立报》

N

《女学报》（上海）《女子白话旬报》

Q

《清议报》

S

《顺天时报》《申报》《盛京时报》《神州女报》《世界日报》《时务报》

T

《台湾民报》《天义报》

W

《万国公报》

X

《新民丛报》《笑林报》

Y

《亚东丛报》《牖报》《越铎日报·小铎》

Z

《中外日报》《直隶白话报》《中华新报》

**（二）杂志**

B

《北京女子高师文艺会刊》

C

《晨报副镌》

D

《独立评论》《东方杂志》《大陆》《童子世界》《大共和星期画报》《东中学生文艺》

F

《妇女杂志》《妇女年鉴》《妇女旬刊汇编》《妇女鉴》《饭后钟》《妇女评论》《法律评论》

G

《国闻周报》《国际公报》

H

《湖北学生界》《汉声》《华北日报妇女周刊》

J

《江苏》《教育杂志》《解放与改造》《家庭研究》《京报副刊》《进德季刊》《金陵月刊》

M

《每周评论》《莽原》

N

《女子世界》《女学界》《女星》《女权运动同盟会直隶支部特刊》《南洋官报》

Q

《青声》《清华周刊·书报介绍副刊》《情化》《青年友》《青光》《青年与妇女》

S

《社会世界》《少年社会》《生活》《少年中国》《上海影坛》《社会学杂志》

T

《同泽半月刊》

X

《新青年》《新潮》《学生文艺丛刊汇编》《学生》《现代妇女》《新女性》

《现代评论》《新评论》《新世界学报》《新黎里》《新妇女》《新世纪》《新文化》

Y

《扬子江》《原子》《医学世界》《云南教育》《云南》

Z

《中国新女界杂志》《正谊》《中华妇女界》《浙江潮》《政艺通报》

## 八、民国档案

C

《陈其琮关于刘定瑞坚持欲与其女儿订婚并欲来面见请备案饬警保护的呈（一）》，北京档案馆藏京师警察厅档案，J181—18—22139，1924年6月

《陈其琮关于刘定瑞坚持欲与其女儿订婚并欲来面见请备案饬警保护的呈（二）》，北京档案馆藏京师警察厅档案，J 181—18—22140，1924年10月

## 九、民国及今人著作

### （一）民国论著：

G

陈一清：《关于订婚结婚离婚之法律问题》，上海精诚书店，1931年

J

王政：《家庭新论》，中国文化服务社，1946年

L

［瑞］爱伦凯著，朱舜琴译：《恋爱与结婚》，社会改进社，1923年

徐思达：《离婚法论》，天津益世报馆，1932年

M

生活周刊社编辑：《迷途的羔羊》，生活书店，1932年

N

金天翮著，陈雁编校：《女界钟》，上海古籍出版，2003年

S

陈学昭：《时代妇女》，女子书店，1932 年

Z

陈东原：《中国妇女生活史》，商务印书馆，1937 年

陈顾远：《中国婚姻史》，上海商务印书馆，1936 年

唐年华：《中学生生活》，上海中学生书局，1931 年

麦惠庭：《中国家庭改造问题》，商务印书馆，1935 年

陈顾远：《中国法制史》，商务印书馆，2011 年

**(二) 今人论著**

B

章开沅、罗福惠：《比较中的审视：中国早期现代化研究》，浙江人民出版社，1993 年

C

[美] 杜赞奇著，王宪明等译：《从民族国家拯救历史：民族主义话语与中国现代史研究》，社会科学文献出版社，2003 年

[美] 贝奈特著，金莹译：《传教士新闻工作者在中国：林乐知和他的杂志(1860—1883)》，广西师范大学出版社，2014 年

F

孟悦、戴锦华：《浮出历史地表——现代妇女文学研究》，河南人民出版社，1989 年

[德] 倍倍儿著，葛斯、朱霞译：《妇女与社会主义》，中央编译出版社，1995 年

[美] 昂格尔著，许敏敏等译：《妇女与性别》，中华书局，2009 年

G

陈永森：《告别臣民的尝试——清末民初的公民意识与公民行为》，中国人民大学出版社，2004 年

金观涛、刘青峰：《观念史研究：中国现代重要政治术语的形成》，法律出版社，2009 年

［美］高彦颐著，李志生译：《闺塾师——明末清初江南的才女文化》，江苏人民出版社，2005年

J

何一民：《近代中国城市发展与社会变迁（1840—1949）》，科学出版社，2004年

赵园：《家人父子：由人伦探访明清之际士大夫的生活世界》，北京大学出版社，2015年

［美］萧公权著，汪荣祖译：《近代中国与新世界：康有为变法与大同思想研究》，江苏人民出版社，1997年

K

金观涛、刘青峰：《开放中的变迁——再论中国社会超稳定结构》，香港中文大学出版社，1993年

L

李喜所、元青：《梁启超传》，人民出版社，1993年

石云艳：《梁启超与日本》，天津人民出版社，2005年

杨联芬：《浪漫的中国：性别视角下激进主义思潮与文学（1890—1940）》，人民文学出版社，2016年

张仁善：《礼·法·社会：清代法律转型与社会变迁》，天津古籍出版社，2001年

段国超：《鲁迅家室》，教育科学出版社，1998年

钱钢、胡劲草：《留美幼童——中国最早的官派留学生》，文汇出版社，2004年

郭松义：《伦理与生活——清代的婚姻关系》，商务印书馆，2000年

M

宁骚：《民族与国家——民族关系与民族政策的国际比较》，北京大学出版社，1995年

［英］安东尼·史密斯著，叶江译：《民族主义：理论、意识形态、历史》，上海人民出版社，2006年

[西] 诺格著，徐鹤林等译：《民族主义与领土》，中央民族大学出版社，2009年
张艳：《媒介呈现、生产与文化透析：民国〈申报〉征婚广告镜像》，商务印书馆，2017年
N
余华林：《女性的重塑：民国城市妇女婚姻问题研究》，商务印书馆，2009年
刘慧英：《女性、启蒙与国民话语》，人民文学出版社，2013年
[法] 布尔迪厄著，刘晖译：《男性统治》，海天出版社，2002年
O
[奥] 米特罗尔著，赵世玲等译：《欧洲家庭史：中世纪至今的父权制到伙伴关系》，华夏出版社，1987年
P
魏义霞：《平等与启蒙——从明清之际到五四运动》，中华书局，2011年
Q
梁景和：《清末国民意识与参政意识研究》，湖南教育出版社，1999年
罗志田：《权势转移：近代中国的思想与社会》，北京师范大学出版社，2014年
[美] 魏定熙著，张蒙译：《权力源自地位：北京大学、知识分子与中国政治文化（1899—1929）》，江苏人民出版社，2015年
毛立平：《清代嫁妆研究》，中国人民大学出版社，2007年
S
[美] 艾凯：《世界范围内的反现代化思潮——论文化守成主义》，贵州人民出版社，1991年
[美] 卢苇菁著，秦立彦译：《矢志不渝：明清时期的贞女现象》，江苏人民出版社，2010年
王鑫：《商务印书馆与中国现代女性启蒙》，商务印书馆，2016年
W
高力克：《五四的思想世界》，东方出版社，2019年

夏晓虹：《晚清女性与近代中国》，北京大学出版社，2004 年
夏晓虹：《晚清文人妇女观》，作家出版社，1995 年
乔丽华：《我也是鲁迅的遗物：朱安传》，九州出版社，2017 年
X
陈湘涵：《寻觅良伴——近代中国的征婚广告》，台北“国史馆”，2011 年
[美] 李海燕著，修佳明译：《心灵革命：现代中国爱情的谱系》，北京大学出版社，2018 年
[美] 凯特·米莉特著，钟良明译：《性的政治》，社会科学文献出版社，1999 年
费孝通：《乡土中国　生育制度》，上海世纪出版集团，2007 年
张邦梅：《小脚与西服：张幼仪与徐志摩的家变》，黄山书社，2011 年
何玮：《“新女性”的诞生与近代中国社会——兼论与日本之比较》，厦门大学出版社，2017 年
Y
刘禾：《语际书写——现代思想史写作批判纲要》，上海三联书店，1999 年
何绍斌：《越界与想象：晚清新教传教士译介史论》，上海三联书店，2008 年
黄杨：《一世情缘：梁思成与林徽因》，安徽人民出版社，2000 年
Z
陈鹏：《中国婚姻史稿》，中华书局，1990 年
[美] 汤尼·白露著，沈齐齐译：《中国女性主义思想史中的妇女问题》，上海人民出版社，2012 年
王歌雅：《中国近代的婚姻立法与婚俗改革》，法律出版社，2011 年
罗福惠：《中国民族主义思想论稿》，华中师范大学出版社，1996 年
葛兆光：《宅兹中国：重建有关“中国”的历史论述》，中华书局，2011 年
钱穆：《中国文化史纲要》，商务印书馆，2000 年
郑大华：《中国近代思想脉络中的民族主义》，社会科学文献出版社，2018 年
萧公权：《中国政治思想史》，辽宁教育出版社，1998 年
林毓生：《中国意识的危机——五四时期激烈的反传统主义》，贵州人民出版

社 1986 年版

徐扬杰:《中国家庭制度史》，人民出版社，1992 年

[美] 柯文著，雷颐等译:《在传统与现代性之间——王韬与晚清改革》，江苏人民出版社，1998 年

曲广华:《中国近代文化与五四社团》，吉林大学出版社，2004 年

戈公振:《中国报学史》，生活·读书·新知三联书店出版社，2011 年

方汉奇:《中国近代报刊史》，山西人民出版社，1981 年

李长莉:《中国近代社会生活史》，中国社会科学出版社，2015 年

瞿同祖:《中国法律与中国社会》，中华书局，1981 年

[日] 须藤瑞代著，姚毅译:《中国"女权"概念的变迁：清末民初的人权和社会性别》，社会科学文献出版社，2010 年

刘慧英:《遭遇解放：1890—1930 年代的中国女性》，中央编译出版社，2005 年

[美] 孔飞力著，陈兼等译:《中国现代国家的起源》，生活·读书·新知三联书店，2013 年

## 十、学术论文

### (一) 期刊论文

A

杨联芬:《爱伦凯与五四新文化》,《中国现代文学研究丛刊》2012 年第 5 期

C

秦方:《从幽闭到出走：清末民初女性困顿—解放话语形成及实践》,《妇女研究论丛》2017 年第 7 期

李长莉:《从"杨月楼案"看晚清社会伦理观念的变动》《近代史研究》2001 年第 1 期

黄锦珠:《从儿女之私到男女恋爱：五四时期妇女报刊上的恋爱问题》,《东亚观念史集刊》2017 年第 12 期

E

余华林:《20 世纪二三十年代知识界对贞操的现代诠释》《近代史研究》2020

年第3期

程郁：《二十世纪初中国提倡女子就业思潮与贤妻良母主义的形成》，《史林》2005年第6期

F

许慧琦：《〈妇女杂志〉所反映的自由离婚思想及其实践——从性别差异谈起》，《近代中国妇女史研究》2004年第12期

J

［日］清地ゆき子著，姚红译：《近代译词“恋爱”的成立及其意义的普及》，《东亚观念史集刊》2014年第6期

谷秀青：《集团结婚与国家在场——以民国时期上海的“集团结婚”为中心》，《江苏社会科学》2007年第2期

黄顺力、王风先：《近代中国知识分子的择偶倾向与取舍——以报刊媒介的两性话题为视角》，《厦门大学学报》（哲学社会科学版）2012年第5期

施晔：《近代留日小说中的东京镜像———以向恺然〈留东外史〉为代表》，《社会科学》2010年第3期

L

卢明玉：《林乐知〈全地五大洲女俗通考〉对妇女解放思想的引介》，《甘肃社会科学》2009年第6期

M

赵妍杰：《面向未来：近代中国废婚毁家论述的一个特色》，《探索与争鸣》2017年第8期

N

黄文治：《“娜拉走后怎样”：妇女解放、婚姻自由及阶级革命——以鄂豫皖苏区为中心（1922—1932）》，《开放时代》2013年第4期

梁景和、廖熹晨：《女性与男性的双重解放——论清末民初婚姻文化的变革》，《史学月刊》2012年第4期

Q

游鉴明：《千山我独行？廿世纪前半期中国有关女性独身的言论》，《近代中

国妇女史研究》2001年第9期
黄兴涛：《清末民初新名词新概念的“现代性”问题—— 兼论“思想现代性”与现代性“社会”概念的中国认同》，《天津社会科学》2005年第4期
S
陈文联：《论五四时期探求“婚姻自由”的社会思潮》，《江汉论坛》2003年第6期
王印焕：《试论民国时期京津两市区婚姻自由的实施进度》，《北京社会科学》2006年第6期
郑大华：《论中国近代民族主义的思想来源及形成》，《浙江学刊》2007年第1期
李恭忠：《Society与社会的早期相遇：一项概念史的考察》，《近代史研究》2020年第3期
何黎萍：《试论近代中国妇女争取职业及职业平等权的斗争历程》，《近代史研究》1998年第2期
W
杨念群：《五四前后“个人主义”兴衰史——兼论其与“社会主义”“团体主义”的关系》，《近代史研究》2019年第2期
赵妍杰：《为国破家：近代中国家庭革命论反思》，《近代史研究》2018年第3期
侯杰、王思葳：《五四时期新女性的悲剧命运评析——以张嗣婧为例》，《妇女研究论丛》2004年第6期
X
高翔宇、周雨霏：《性别、媒介与消费：1928年马振华自杀案的社会透视》，《海南大学学报》（人文社会科学版）2019年第4期
Z
张晨怡：《种族、国民与民族——辛亥革命时期三种民族主义话语辨析》，《明清论丛》2011年第11期
王秀田：《章锡琛与〈妇女杂志〉改革》，《首都师范大学学报》2011年第

3期
杨联芬：《自由离婚：观念的奇迹》，《文学评论》2015年第5期
杨力：《中国现代性观念的起源："五四"科学语境中的性话语分析》，《四川大学学报》（哲学社会科学版）2019年第6期

**（二）学位论文**

J
赵良坤：《近代中国征婚广告探析——以〈大公报〉为例（1900—1937）》，四川大学硕士学位论文，2006年
W
曹一帆：《五四时期"恋爱自由"讨论的伦理困境——以"第一次爱情大讨论"为中心》，北京师范大学硕士学位论文，2013年

# 后　记

本卷是“20世纪中国婚姻史研究”成果的第一部分，作为整体研究的一部分压根儿没想过要单独写一个后记，来反省多年来的学术心路。接到通知的那一刹那，十年来的酸甜苦辣、点点滴滴瞬时涌上心头，但真要下笔又不知从何说起。大致翻阅了一下以前的资料，从立项准备到动笔之前，关于提纲、资料以及研究方法的正式研讨至少有十六次；书稿成文之后，课题组成员之间线上、线下相互评阅、交流，请专家进行修改，有多少次已经记不清了。在这期间，尤其要感谢课题组的张志永和王歌雅两位老师，他们不辞辛劳，在篇章结构、研究方法、史料解析乃至行文等诸多方面，都提出了很多精当的指导建议，让我获益匪浅。现在比较来看，无论是提纲还是文稿，跟先前已经完全不同了。本卷书稿虽由我来执笔，但其实是课题组成员集体合作的产物。当然，文责概由本人来承担。

今天提到婚姻和家庭，重在强调其社会生活的意义，但在传统家国同构的体制和思维模式下，它们不仅是社会生活单位，而且还是传统意识形态建构的重要载体。婚姻、家庭被看作社会生活以及社会礼仪生发、拓展的原点，在这个意义上“齐家”取得了与“治国”同等的政治意义。在西力冲击之下，中国社会开始了艰难的现代转型。不过需要注意的是，近代中国社会的变与不变是相伴而生的。近代知识阶层从传统“天下观”向现代“世界观”转型，推动现代民族国家建构时，秉承的依然是伦理、政治一体化的传统思维模式，并据此认为伦理转型才是推动社会变革的根本。按照这个逻辑，政治整肃的源头在于改良婚姻、家庭，20世纪初的启蒙知识人就在这样的背景下推动了伦理文化的现代转型，开启了婚姻变革思潮。因此，近代中国婚姻变革的伦理指向是现代民族国家的建构。

基于建构现代民族国家的现实需要，中国近代伦理变革发生了两次转向，即从家族主义转向国家主义，随后又从国家主义转向个人主义。五四时期，伦理文化转型的显著标志就是“个人的崛起”。不过，在传统文化观的关照下，它并未成长为西方原发性的个人主义，而是实现了在地化，生成了介于个人和群体之间的新型伦理，即“有限度的个人主义”。它既肯定个人权利的正当性，同时又要求维护群的利益，从而为二者都预留了伦理价值空间。清末至五四时期伦理文化的转型，奠定了当代中国社会伦理的基础，并在很大程度上影响着当代中国人的精神风貌和生活轨迹。具言之，当代社会的代际关系、性别关系、个人与集体等伦理关系的样貌，乃至婚姻、家庭生活的现代价值评估都与此有着密切关联。从这个视角来看，本卷选题的意义不能低估。

不过，选题本身所具有的历史意义是一回事，能否完成写作目的、完整地呈现这一意义又是另一回事。课题负责人梁景和教授对各卷书稿的基本要求，就是既要保证研究内容的丰富性，又要体现学术的创新性。鉴于学界既有的研究现状，要完成这一目标并不容易。通过十年艰苦的摸索和众多师友的协助，如今这个难题不同程度地得到了解决，希望能对关注婚姻史研究的读者有所裨益。

学术研究的过程非常艰难。不过，颇感欣慰的是，自己还能在专业领域做一些比较感兴趣的事情，这要特别感谢导师梁景和教授，是他引导我走上了社会文化史研究的道路，帮我圆了多年以来的学术梦想。社会文化史的学习帮我打开了历史研究的一扇新窗口，让我意识到历史研究和日常生活可以贴得如此之近，看似琐碎的日常生活同样能融入大历史的发展脉络，它使历史研究变得更加有趣、有温度。正是因为有了兴趣，我才沉浸在社会文化史领域乐此不疲，支撑我完成了这部书稿。

要感谢的人很多，师长、亲朋和家人，他们的关爱是我前行的动力，没有他们的支持和帮助自己不可能走到今天。一路走来，虽在学界籍籍无名，但也乐在其中！

谨以此对自己十几年来的学术心路做一个小结！